"혹 그 언행에 기록할 만한 것이 있으며,

혹 그 시문에 전할 만한 것이 있더라도

모두 적막한 구석에서 초목처럼 시들어 없어지고 만다.

아아, 슬프도다!" - 조희룡

1. 「야장단련冶匠鍛鍊」, 김득신, 지본담채, 27.0×22.4㎝, 간송미술관 소장.

여항의 상민이나 천민으로서 학문을 했던 사람은

먹고살기 위해 생업을 가져야 했다.

그들은 저자에서 구리 그릇을 만들어 팔기도 하고,

담배통을 깎고 부채를 수선하면서 글을 읽었다.

그들에게 경전은 추상적인 이론에 그치지 않고

노동하는 몸의 언어로 번역되고 실천되었다.

2. 「자모육아慈母育兒」, 신한평, 지본담채, 31.0×23.5㎝, 간송미술관 소장.

신한평은 신윤복의 부친. 어린아이에게 젖을 물린 어머니와 옆에서 서운한 듯 울고 있는 큰아이, 그리고 얌전하게 앉아 있는 딸이 안방의 풍경을 여실히 보여준다.

3. 「호귀응렵豪貴鷹獵」, 김홍도, 지본담채, 34.2×28.0㎝, 간송미술관 소장.

겨울에 어느 귀인이 하인들을 거느리고 매사냥을 하고 있다. 힘차게 날아가는 매와 달려가는 사냥개가 수확물이 있음을 알게 한다. 활이며 칼에 기량이 빼어나고 힘이 장사인 여항의 협객들도 이렇게 매사냥에 함께 나섰을 것이다.

4.「신행」『단원풍속화첩』, 김홍도, 지본담채, 27.0×22.7㎝, 국립중앙박물관 소장.

『예기』에 혼인은 만 가지 복의 근원이라고 했다. 누구나 백년해로를 꿈꾸며 부부가 되지만, 남편이 먼저 세상을 뜨는 경우, 아내는 열녀의 길을 택하곤 했다. 열녀가 되는 것은 비극이고 불행이지만, 기어이 생사고락을 함께하려는 선택이라는 점에서 가슴 뭉클한 부부의 의리를 느끼게도 한다.

5. 「세검정도洗劍亭圖」, 유숙, 지본담채, 26.1×58.2cm, 국립중앙박물관 소장.

사대부들은 물론, 여항의 시인들도 종종 시회를 열었던 세검정 일대의 풍경. 이곳은 지금의 종로구 부암동, 무계동 일대인데, 북한산에서 내려오는 세 갈래 물이 합해지므로 삼계동三溪洞이라 불러왔다. 항은巷隱 최태완崔泰完 이 삼계고사三溪故事를 이어갔던 곳이 바로 여기쯤이다.

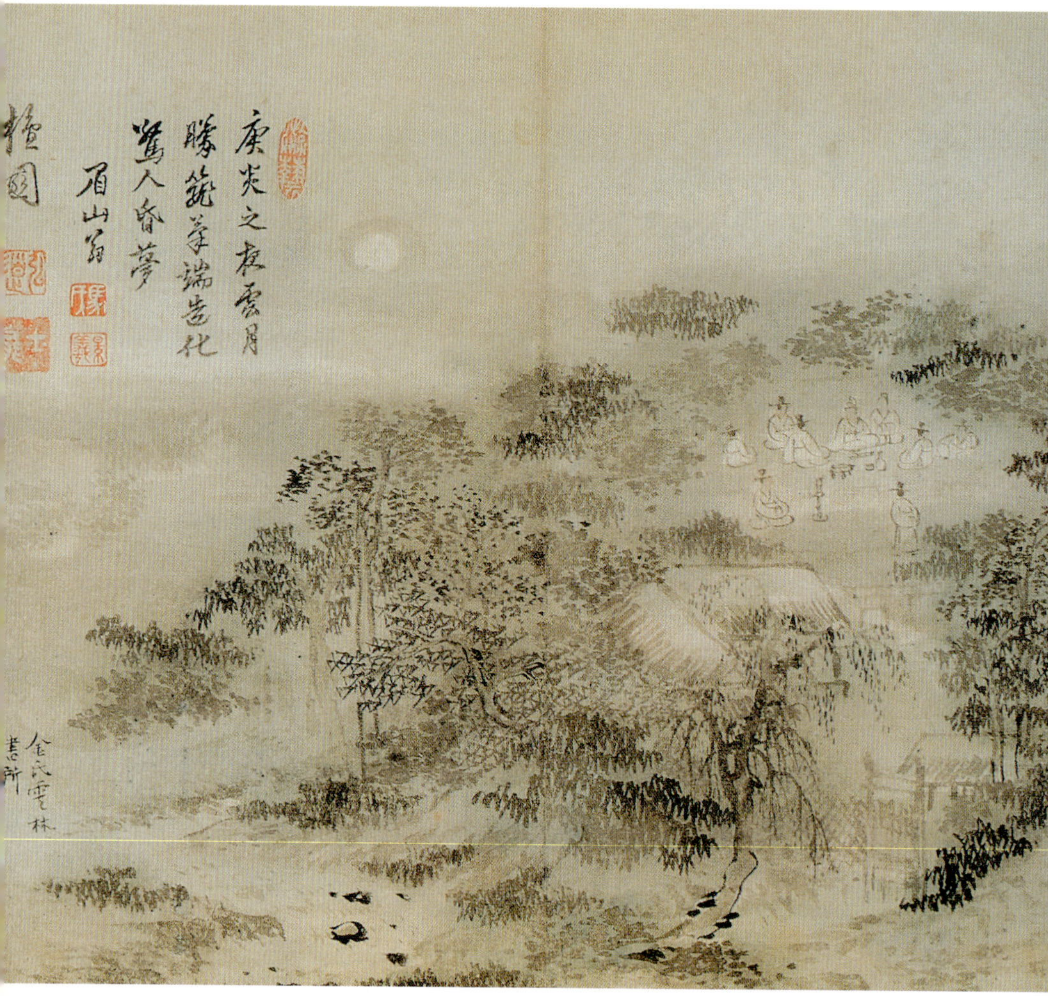

6. 「송석원시사야연도松石園詩社夜宴圖」, 지본담채, 25.6×31.8㎝, 개인 소장.

천수경千壽慶 · 장혼張混 · 임득명林得明 등 13인의

경아전들이 송석원시사를 결성하고, 서울 북서쪽 필운대에서

시회를 열던 모습이다. 이 그림은 여항인들의 활발한 문학활동과

소박한 아취를 듬뿍 느끼게 해준다. 지금도 옥인동 47-253번지 근방의

암벽에는 추사의 글씨라고 알려진 '송석원' 석 자가 새겨져 전한다.

7. 「벽오사소집도碧梧社小集圖」, 유숙, 지본담채, 14.9×21.3㎝, 서울대학교박물관 소장.

여항시인들의 모임인 벽오사 동인들이 시회를 열던 모습. 가운데 앉아 그림을 그리는 이가 조희룡이다.

①

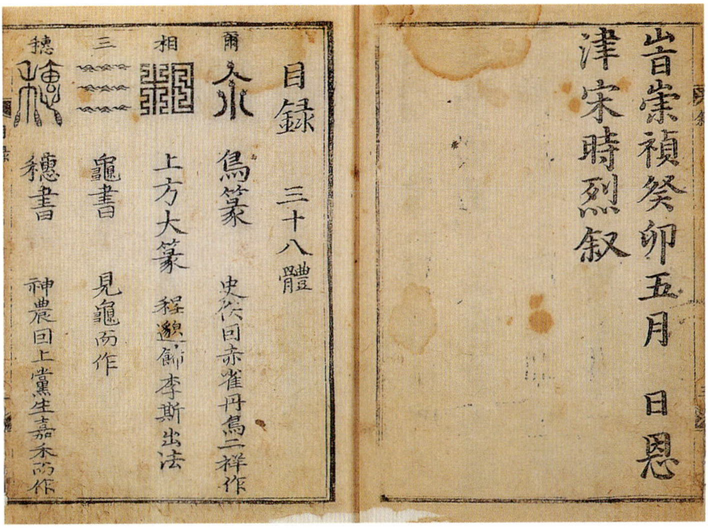

②

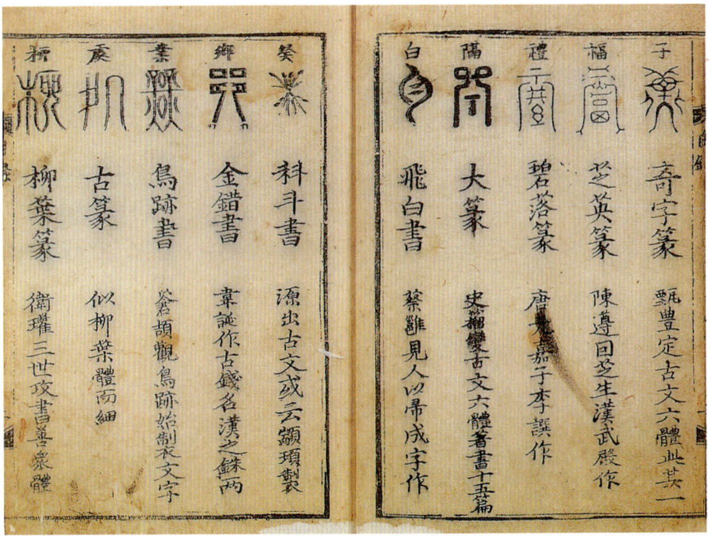

8. 『전대학篆大學(대학장구서)』, 김진흥, 송시열 서, 판본 선장, 37.1×24.3cm, 예술의전당 서예관 소장.

김진흥金振興이 전자篆字 글씨에 조석으로 깊이 몰두하여 서른여덟 가지의 전자 서체에 능통하게 되었다. 그가 쓴 『대학장구大學章句』.

③

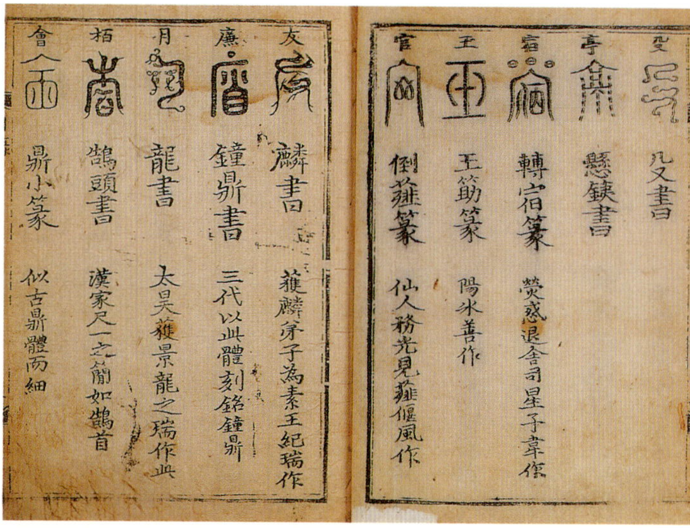

变 凡又書
亭 懸鍼書
宿 轉宿篆 熒惑退舍司星子韋作
王 王筯篆 陽氷善作
官 倒薤篆 仙人務光見薤偃風作
友 麟書 獲麟弟子為素王紀瑞作
應 鐘鼎書 三代以此體刻銘鐘鼎
月 龍書 太昊獲景龍之瑞作此
栢 鵠頭書 漢家尺一之簡如鵠首
會 鼎小篆 似古鼎體而細

④

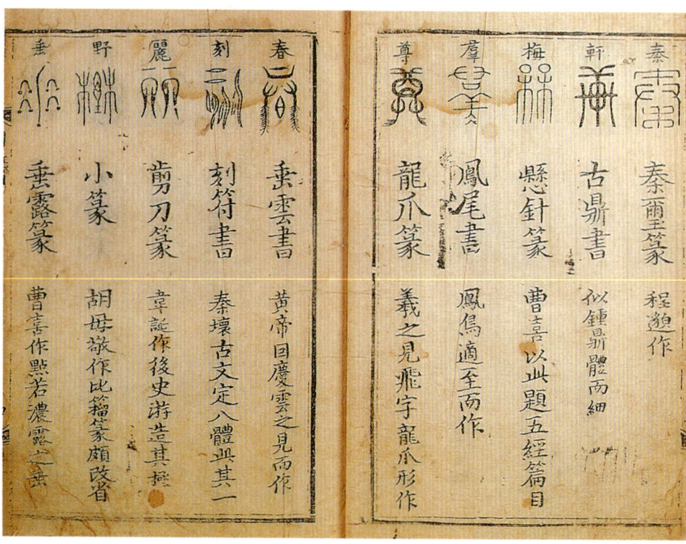

秦 秦璽篆 程邈作
軒 古鼎書 似鍾鼎體而細
梅 懸針篆 曹喜以此題五經篇目
摩 鳳尾書 鳳鳥適至而作
尊 龍爪篆 羲之見飛字龍爪形作
春 垂雲書 黃帝因慶雲之見而作
刻 刻符書 秦壞古文定八體此其一
麗 剪刀篆 韋誕作後史游造其撥
野 小篆 胡毋敬作比籀篆頗改省
垂 垂露篆 曹喜作點若濃露之垂

9. 「현이도賢已圖」, 조영석, 견본채색, 43.3×31.5㎝, 간송미술관 소장.

갓을 쓰고 도포 차림을 한 채 장기에 몰두한 모습에서 여항인의 한가로운 정취가 느껴진다. 권9에서는 바둑 · 의약 · 음악 · 점술 등에 특출한 재주를 지녔던 여항인들의 면모가 다양하게 기술되어 있다.

고목 곁에서 책을 읽다가 잠시 덮고 물을 바라보며
생각에 잠긴 선비의 얼굴이 평화롭다. 이 책에 등장하는
벽란 노인, 혹은 수선水仙 같은 사람들은 물에 대해
특별한 견식과 조예를 지녔던 이인異人들이다.
그윽한 관조 끝에 물안개처럼 피어나는 삶의 깨달음은
얼마나 시원한 것이었을까.

10.「고사관수도高士觀水圖」, 조영석, 지본수묵, 27.0×18.3㎝, 선문대학교박물관 소장.

이향견문록

이향견문록

이조시대 탁월한 서민들 이야기

유재건 지음 — 실시학사 고전문학연구회 옮김

글항아리

초판 서문

□ 『이향견문록』을 내면서

우리가 강남 대치동 기슭의 실시학사實是學舍에서 벽사碧史 선생을 모시고 고전문학의 자료를 읽어온 지는 이미 여러 해 되었다. 그러나 실시학사 고전문학연구회의 이름으로 그 성과를 엮어내기는 이 책이 처음이다.

이조후기 여항인閭巷人과 서민층庶民層의 생활을 살피고자 강의와 독해 방식으로 『이향견문록』을 읽다가 대우재단의 연구 지원을 계기로 본격적인 역주 작업을 하게 된 것이다.

『이향견문록』은 1862년경 겸산兼山 유재건劉在建(1793~1880)이 펴낸 일종의 전기집傳記集이다. 중인 · 서리 및 서민 출신으로 인물과 행적이 뛰어난 308명의 전을 수집 · 정리하기도 하고 직접 저술하기도 하여 이런 류의 전기물 가운데 가장 방대한 자료를 담은 것이다. 여항의 서민층으로서 학행學行 · 충효忠孝 · 지모智謀 · 여범女範에서 뛰어난 인물로부터 서화書畵 · 잡예雜藝 등 일기일능자一技一能者 및 승려僧侶 · 도인道人 등 방외인方外人에 이르기까지 실로 갖가지 인간 군상을 그려놓았다. 중세의 규범적 인간상과 함께 바야흐로 근대적 사회로의 진전 과정에 나타나는 다양한 인간의 모습을 드러내 보여준다. 상품화폐경제와 서울의 도시적 발달을 바탕으로 몰락한 양반과 시정市井 · 촌여村閭의 동태를 그려보였던 박지원朴趾源 · 이옥李鈺 등의 단편들이 양심적 사대부로서의 현실인식과 그에 따른 인간관의 표현이었다면, 『이향견문록』

은 여항인 자신이 여항인과 서민층의 삶을 통해 그것을 보여준다는 데 또다른 의의가 있다 하겠다.

저자인 겸산 유재건은 규장각에 근무한 서리로서 「열성어제列聖御製」 편찬의 공로로 왕의 은전을 받았고, 고종 때는 상호군上護軍의 직함을 받기도 하였다. 시문과 함께 서예에도 뛰어난 여항인의 대표적 인물이었다.

서울 도성의 서북부, 지금의 옥인동 · 통의동 일원에는 형편이 좋은 중인서리 출신들이 집을 지니고 살던바 여기에서 여러 명칭의 시사詩社가 이루어지기도 하였으니, 유재건과 최경흠崔慶欽이 주도한 직하시사稷下詩社도 사직단社稷壇 아랫마을에서 이루어진 일종의 살롱 형태의 시인 그룹이었다. 이들은 전대前代의 『소대풍요昭代風謠』『풍요속선風謠續選』을 이어 『풍요삼선風謠三選』 등의 시선집을 남기기도 하였다. 이조후기의 정치 · 사회적 격랑 속에서 일종의 무풍지대를 이루고 있는 것이 이들 중인 · 서리층이었다. 그들은 정치 담당자가 아니어서 명분과 이념적 부담을 벗어나 있는 처지에서 자신의 재능과 기예로 사대부와는 또다른 기능적 임무를 담당했던 것이다. 이러한 신분적 특수성이 우리 사회의 근대적 전환 과정에서 새롭고 유용한 활동을 하게 되고, 이로 인해 더욱 역사적으로 주목되기도 하였다.

이러한 자기계층의식, 신분적 집단의식이 『이향견문록』을 낳게 한 것이어서 자연히 많은 인물과 재예才藝를 보여주고 역사 자료로 남기고 싶었던 것이라 하겠다. 풍요집의 편찬과 전기물의 정리는 같은 의식과 목적에서 이루어졌다. 이러한 까닭으로 인물 전기의 기록 양식이 사대부 문학의 전傳 양식 전통과는 같지 않을 수 있다. 비교적 자유롭게, 객관적 사실을 논평 없이 기록해 보여주는 형태로 나타나게 된 것이다. 이는 편찬자가 그 서문에서도 밝힌 말이다. 『이향견문록』의 분석과 유재건의 의식에 대한 검토는 이 책의 해제에서 구체적으로 다루어질 것이므로 생략한다.

책의 출간이 예정보다 늦어지게 된 것은 우리 회원들의 불민 때문이었다. 벽사 선생을 모시고 우리와 비슷하게 시작한 실시학사 경학연구회經學硏究會는 이미 그 성과를 두 권의 책으로 내놓았다. 보행에 불편을 겪으면서도 항상 우리들의 지척거림을 꾸짖고 문맥과 자구 하나 하나에 지도를 아끼지 않으신 선생님의 정성을 생각하며 우리 자신을 반성한다. 아울러 이 책이 완성되기까지는 현재의 회원 외에도 진재교씨 등 여러 동학이 참여했으나 개인적인 사정으로 부득이 마무리를 함께하지 못한 점을 서운하게 생각한다.

끝으로 『이향견문록』의 역주 작업을 번역 과제로 채택, 지원해주신 대우재단과 출판을 맡은 민음사에 감사드린다.

1996년 12월

실시학사 고전문학연구회

김시업

개정판 서문

실시학사 고전문학연구회에서 『이향견문록』을 출간한 지 꼭 10년이 되는 올해에 개정판을 내게 되었다. 『이향견문록』은 우리 실시학사 고전문학연구회의 이름으로 세상에 나왔던 첫번째 책이었기에, 개정판에 임하여 감회가 없을 수 없다.

지난 10년 사이 우리 사회의 독서 지식계도 그 풍토가 많이 변화해, 일반 대중을 위한 고전번역물들이 서점의 서가를 적지 않게 차지하게 되었다. 우리 고전에 대한 대중의 수요가 상당히 늘어났다는 반가운 조짐이리라. 이제 21세기의 시점에서 『이향견문록』을 다시 살펴보니 그 가치가 새삼 귀중하게 다가온다. 비록 양반으로 태어나지 못했기에 이조후기 사회에서 억눌려 지낼 수밖에 없던 숱한 중인 양민 그리고 천민들이었지만, 그래도 자신을 방기하기 않고 참된 자아를 실현하기 위해 분투한 308명의 인물들. 그 아름다운 이야기들이 21세기 '무한경쟁' 사회를 살아내야 하는 오늘날의 갑남을녀들에게 줄 위로와 희망이 결코 간단치 않을 것임을 확신하게 되는 것이다. 일찌감치 절판되어 서점에서는 볼 수 없었던 실시학사의 『이향견문록』이 이번 개정판을 통해 더 많은 독자들과 의미 있는 만남을 갖게 되기를 기대해본다.

10년의 세월이 흐르는 동안 우리 학계에도 많은 변화가 있었다. 특히 한국학 관련 데이터베이스와 공구 서류가 10년 전 그때와는 비교도 할 수 없을 만큼 확충되어 우리 고전을 연구하고 번역을 하는 데 있어서 많은 도움을 주고 있다. 이번에 개정판을 내면서 이러한 성과를 가급적 최대한 수용하려고 노력했다. 원문 교감을 다시 하여 오식을 잡아내고 그에 따른 오역을 바로잡았으며, 미진했던 주석들을 보충했다. 또한 편마다 핵심이 되는 제목을 달아 읽기 좋게 배려했다.

실시학사 고전문학연구회 또한 그사이 변화가 없지 않았다. 대치동에서 이곳 화정으로 자리를 옮겼고, 고전문학연구회는 『이향견문록』에 이어 『조희룡전집』(1999) 『이옥전집』(2001) 『변영만전집』(2006) 등을 번역·출간했다. 또한 현재는 새롭게 발굴된 이옥의 저작을 포함한 『이옥전집』 증보판 출간을 준비하고 있으며, 유득공의 『이십일도회고시』의 번역을 진행하고 있다.

이처럼 꾸준히 우리의 고전을 번역하는 작업을 지속할 수 있었던 것은 순전히 벽사 이우성 선생님의 귀한 가르침이 있기 때문이다. 벽사 선생님께서는 10여 년을 한결같이 불편하신 노구에도 불구하고, 우리들이 번역해온 원고를 자구 하나에 이르기까지 세심하게 지도해주고 계시다. 선생님의 자상한 가르침은 우리가 어려운 고전을 번역하는 작업을 묵묵히 수행해 온 원동력이 아닐 수 없다.

『이향견문록』 개정판을 맞이하여, 그동안 벽사 선생님으로부터 입은 학은을 되새기며 선생님의 강녕을 진심으로 기원하는 바이다. 아울러 개정판의 계기를 제공해준 글항아리 출판사에게도 감사의 인사를 전한다.

2008년 1월

신익철

□ 해제

1. 머리말

이 책은 겸산 유재건의 편저 중 하나인 『이향견문록』을 우리말로 옮기고 주석을 붙여 낸 것이다. 1974년 아세아문화사에서 나온 영인본을 대본으로 삼은 것인 바, 그 원본은 서울대학교 중앙도서관 소장 필사본이다. 실시학사 고전문학연구회에서 벽사 선생님의 지도하에 동학들과 함께 번역을 시작한 것은 1993년인데, 만 3년 동안 깁고 다듬어 이제 마무리를 짓고 책으로 출간하게 되었다.

19세기는 우리나라 역사상 가장 다사다난했던 시기였다. 안으로는 지배층에 대한 민중의 저항이 거세져 1811년의 홍경래 난, 1860년의 진주민란, 그리고 전국적으로 크고 작은 민란이 끊임없이 이어졌고, 밖으로는 서구 열강이 세력을 뻗쳐와 병인양요(1866)·신미양요(1871)가 일어났다. 유재건은 바로 이 시기를 살았던 중인 출신의 지식인이었다. 이 격동의 시기에 그가 여항인의 문학과 서민층의 삶을 기록한 『풍요삼선』(1857) 『고금영물근체시古今詠物近體詩』(1861) 『이향견문록』(1862)을 편찬한 일은 중요한 의미를 지닌다. 그럼에도 불구하고 그동안 유재건에 대해 별반 연구가 이루어지지 못했다. 그것은 위의 3종의 책 이외에 유재건과 관련된 자료가 거의 드러나 있지 않다는 점이 가장 큰 이유이겠지만, 한편으로는 그가 보수적인 성향의 인물이라는 선입견이 작용하여 그다지 주목하지 않았기 때문일 것이다.

기존의 논의를 보면, 겸산과 그가 편찬한 책에 대하여 각기 이해하는 시각의 차가 상당하다. 임창순 선생은 겸산을 "철저히 봉건체제의 윤리에 맹종하는 정신"의 소유자이며 『이향견문록』 역시 그 결과로 나타난 산물이라고 파악하는가 하면, 윤재민 교수는 "특별히 보수적이지도 진보적이지도 않은 인물이다. 중인문학의 작가들을 크게 예교주의적 인물과 낭만주의적 인물로 나누어본다면, 유재건은 그 중간"이라고 파악하였다. 또한 정옥자 교수는 "유재건은 직접적이며 강경한 방법을 배제하고 온건하나 객관적 타당성을 부여하는 방법으로 스스로의 신분적 한계를 극복하고 자기 계층의 신분 상승을 도모"한 인물로 보았다. 이렇게 여러 가지로 평가되고 있는 유재건과 그가 편찬한 책에 대해 그 실상을 살펴볼 필요가 있다.

여기서는 우선 『이향견문록』의 편찬의식과 서술 내용 및 수법의 특징을 고찰하려고 한다.

2. 편저자 겸산의 인간 면모

현전하는 겸산의 글은 『이향견문록』에 재수록한 『겸산필기』 80항과 『고금영물근체시』의 「서序」 1편, 근체시 17편이 전부다. 그가 남긴 글이나 그에 관한 글이 매우 적기 때문에 그의 인적 사항 및 의식 성향에 대해 자세히 알기 어렵다. 그러나 겸산이 선집한 3종의 책이 19세기까지의 여항의 문학과 인물전을 가장 방대한 규모로 집성한 것인만큼, 그는 여항문인들 사이에서 그 문학적 안목을 인정받았으리라는 점을 쉽게 짐작할 수 있다. 역사상 시문 선집을 편찬한 사람을 보면, 대체로 그 방면에서 일정한 위치를 점유하고 있는 이들이었기 때문이다.

겸산은 『호산외기壺山外記』(1844)의 저자 조희룡趙熙龍, 『희조일사熙朝軼事』(1866)의 저자 이경민李慶民, 『풍요삼선』을 함께 편찬한 최경흠 등과 '직하시사'(1853)를 결성한 한 사람으로서, 당대 여항의 시인 · 예술가들과 폭넓은 교유를 했다. 그럼에도 불구하고 그의 이름은 다른 사람의 시나 문文에서는 거의 발견되지 않는다. 그는 규장각의 서리를 지냈고 『열성어제』(고종 2년, 1865)를 편찬하는 일에 공이 있어 상호군의 은전을 입었다고도 하는데, 구체적 사실은 확인되지 않는다. 겸산의 인간 면모를 알 수 있는 글로는 오직 조희룡의 『이향견문록』 서문과 장지완의 『고금영물근체시』 서문이 있다. 해당 부분을 보자.

"겸산은 흉금이 바다처럼 깊고 넓어 남의 좋은 일을 즐거워하여 귀로 듣고 눈으로 본 것을 모두 그물질하듯 끌어 모았고, 그 언행 그 시문뿐 아니라 한 가지 재주 한 가지 능력이라도 모두 특별히 기록하였다. 그 뜻의 부지런함이 어찌 공연한 일이겠는가?"

조희룡, 「이향견문록서」

"겸산자는 겸허하게 스스로 분수를 지키고 물物과 더불어 다투지 않았다. 나이가 지금 칠십인데, 문을 닫고 맑게 앉아 날마다 문묵文墨으로 업業을 삼는다. 젊어서부터 시의 편찬에 종사하였는데, 이는 모두 이전에 읊조리기를 끊임없이 하여 외운 것이다. 그러므로 친구들의 시편도 왕왕 유형별로 편입시켜놓았다."

장지완, 「고금영물근체시서」

조희룡의 글에는 겸산이 당시 사람들의 시문뿐만 아니라, 갖가지 예능인을 널리 기록하는 자세가 나타나 있고, 장지완의 글에는 겸산이 분수를 지키면서 맑게 살아가는 모습이 나타나 있다. 그가 『풍요삼선』을 편찬하고, 『소대풍요』를 중인重印하는 데 중심 역할을 한 것도 이런 자세가 반영되었을 터이다. 『이향견문록』 또한 겸산의 이러한 자세의 연장선상에서 나온 것으로 볼 수 있다.

3. 편찬 동기

『이향견문록』에 조희룡이 쓴 서문을 보자.

"저 여항의 사람에 이르러서는 칭찬할 만한 경술經術도 훈업勳業도 없는 것이고, 혹 그 언행에 기록할 만한 것이 있으며, 혹 그 시문에 전할 만한 것이 있더라도 모두 적막한 구석에서 초목처럼 시들어 없어지고 만다. 아아, 슬프도다! 내가 『호산외기』를 지은 까닭도 여기에 있다. 친구인 겸산 유재건이 나와 같은 심정에서 여러 사람의 문집 속에서 더듬고 찾아 모아 이미 입전된 사람 약간 명을 얻었고, 입전된 것이 없는 사람은 스스로 전傳을 지었는데, 모두 280명이나 된다."

이 글에 의하면 조희룡 자신의 『호산외기』와 유재건의 『이향견문록』 편찬 동기는 일치한다. 모두 '역사적 평가'를 의식한 기록 행위인 것이다. 이런 의식은 겸산이 『이향견문록』「의례」 부분에서 언급한 편찬 동기나, 『고금영물근체시』「서문」에서 "장차 태사씨太史氏의 채택을 위하여 갖추어둔다"고 밝힌 데서도 똑같이 확인된다.

매우 상투적인 저작 동기로 보일 수도 있는 이 '역사적 평가를 기다리는 의식'을 우리는 19세기의 겸산에게서는 좀더 의미 깊게 받아들일 필요가 있다. 양반이 아닌 중인의 한 사람으로서 그런 정도의 역량을 지니고 있었다는 점, 자기 계층의 사람들에 대한 애정과 신뢰를 바탕으로 널리 수록하고 자세히 기술했다는 점, 역사의 방향 자체가 여항 서민층의 역할이 차츰 증대되던 시기였다는 점을 고려해보면 매우 긍정적으로 주목해야 할 의식으로 여겨진다.

그가 여항인의 삶이 지닌 의미와 역량을 역사적으로 평가받게 하려는 의식이 뚜렷했다는 것은 『이향견문록』을 편찬하며 인용한 서책이 여항인들의 문집이 대부분이라는 점에서도 드러난다. 겸산은 자신이 직접 쓴 『겸산필기』에서 84항을 옮겨온 것은 물론이고, 그 외 대부분의 항목을 여항인들의 문집에서 인용하였다. 조희룡의 『호산외기』에서 29항, 장지완의 『비연상초斐然箱抄』에서 15항, 『침우담초枕雨談草』에서 11항, 정래교의 『완암집浣巖集』에서 12항, 작자는 미상이지만 그 신분은 아마도 서리였을 것으로 추정되는 『진휘속고震彙續考』에서 14항, 조수삼의 『추재기이秋齋紀異』에서 10항, 신광현의 『위항쇄문』에서 10항, 이경번 · 이진홍의 『연조귀감掾曹龜鑑』에서 9항, 고시언의 『성재집省齋集』에서 4항, 그리고 『소대풍요』에서 5항, 김희령의 『소은고素隱稿』에서 4항, 김낙서의 『호고재고好古齋稿』에서 3항, 홍세태의 『유하집柳下集』에서 2항, 박기열의 『국은고菊隱稿』에서 1항, 박영석의 『만취정집晩翠亭集』에서 1항, 이상적의 『은송당집恩誦堂集』에서 1항 등인데, 이상으로도 이미 『이향견문록』 총 287항 중 215항으로 전체의 74퍼센트를 차지

한다. 또한 작자 미상의 『범곡기문凡谷記聞』에서 6항, 『청구야담青邱野談』에서 16항, 『좌계부담左溪裒談』에서 3항 등을 인용하였고, 별도로 관찬官撰인 『춘조春曹 삼강록三綱錄』에서 13항을 인용하였다.

양반 사대부 문집에 있는 여항인에 관한 기록을 1, 2항씩 인용한 것으로는 허목의 『미수기언眉叟記言』, 채제공의 『번암집樊巖集』, 홍양호의 『이계집耳溪集』, 남공철의 『금릉집金陵集』, 윤행임의 『방시한집方是閒輯』『석재고碩齋稿』를 들 수 있다. 그중에서 6항을 인용한 것은 『번암집』인데 유일한 경우이자 가장 많은 인용에 해당한다. 그러니 양반 사대부의 문집에서 인용한 것은 『이향견문록』 전체의 10퍼센트도 채 안 되는 것이다.

또, 겸산은 사대부의 문집과 여항인의 문집에 공통으로 입전立傳되어 있을 경우에는 여항인의 글을 옮겨 싣고 있다. 예를 들면, 홍양호의 『이계집』에는 『이향견문록』 권2에 효자로 실린 문기방이나 권 9에 실린 조광일 외에, 홍차기 · 이몽리 · 피재길 등에 대한 전이 실려 있는데도 겸산은 그것을 인용하지 않고 홍차기 · 피재길은 『청구야담』에서, 이몽리는 『완암집』에서 인용해 싣고 있다. 그런데도 『이향견문록』을 "그 인용서부터가 양반층의 기록을 많이 채록했으며, 충신 · 충복의 기사를 여러 항에 걸쳐 싣고 있다(임창순 선생)"고 한다면, 그것은 실상을 벗어난 지적이다.

이상에서 겸산이 『이향견문록』을 편찬한 동기를 고찰해보았다. 그는 여항인의 문학 · 예술적 재능과 개성적 삶을 기록하여 그것이 역사적 평가의 대상이 되게 하려는 뜻을 지니고 있었다. 그에 따라 여항인의 시각과 필치로 쓴 기록들을 적극 인용하고, 스스로 노력을 더하여

『이향견문록』 편찬에 열중하였던 것이다.

4. 목차와 내용

『이향견문록』은 중인과 여항 서민층 인물들의 삶을 모은 전기집이다. 이와 비슷한 내용의 책으로 조희룡의 『호산외기』와 이경민의 『희조일사』가 있지만, 『이향견문록』이 입전 대상의 인물 수가 가장 많고 분류가 체계적이다. 『이향견문록』의 권별 목차와 인물의 덕목 유형을 보면 이러하다.

권차	입전 덕목	총 인물 수	겸산이 직접 기술한 인물 수
1권	학행	14	2
2권	충효	52	3
3권	지모	41	12
4권	열녀	30	1
5권	문학	29	16
6권	문학	22	10
7권	문학	20	9
8권	서화	33	16
9권	의학 · 바둑 · 잡예	21	5
10권	승려 및 도가류	25	10

위의 표를 보면 목차에서 '학행'이 '충 · 효 · 열'이라는 봉건적 윤리 이념보다 더 앞서 1권에 와 있는 것이 눈에 띈다. '덕행과 경술이 있는 선비로서 일세의 사표가 될 만한 사람들'이 중인층에서 나온 것을 자부하는 마음이 그렇게 만들었을 것이다. '학문을 한다'는 것은 실무적 기술을 익히는 중인층 신분에서는 매우 힘든 일이기 때문이다. 그리고 10권에서 유학자뿐만 아니라 승려 및 도가류의 사람들을 많이 수록한 것도 주목된다.

입전된 인물의 신분을 보면, 2권의 충효나 4권의 열녀, 9권의 잡예의 항목에는 일반 서민이 다수 포함되어 있지만 그 외에는 대부분 중인이다. 그들은 대개 문학과 서화 · 의학 · 음악에 종사하며 재능을 발휘하고 개성적 삶을 살았던 것이다. 이는 벼슬길에 진출하는 데 명백히 한계가 있었던 중인들로서는 필연적인 선택이나 마찬가지이므로 그들의 생활 특징이라 하겠다.

또한 그 입전된 인물 중에서 겸산이 직접 기술해 넣은 인물의 수를 보면, 문학에서 35인, 서화에서 16인, 지모에서 10인, 승려 · 도가류에서 10인의 순서로 되어 있다. 그런데 학행과 충 · 효 · 열의 항목은 매우 적은 수의 사람을 입전해 넣었다. 실제 중인들의 재능이 그러했던 까닭도 있겠지만, 겸산이 중인층의 문학적 · 지적 능력과 재능을 기록으로 남기는 데 주력한 때문이기도 할 터이다. 전은 입전 대상의 선정 자체가 이미 대단히 결정적인 의미를 가진다는 점을 고려할 때, 겸산이 당대의 윤리 규범에 합당한 인물을 기록하는 데 주력하지 않고 중인의 재능이나 개성적인 삶에 중심을 둬 대상을 선정한 것은 바람직한 일이라 하겠다. 중인들을 포함하여 일반 서민은 늘 양반들에게 교화의 대상으로 비칠 뿐이어서 그들의 문화와 생활이 전해지는 것이 드문데, 이 자료는 실존 인물의 일생을 통해 중인 및 서민의 삶과 재능을 구체적으로 제시해주고 있다. 그 점이 이 책의 주요 내용이다.

5. 서술의 특징

겸산은 인물을 입전함에 기존의 방식과 다른 수법을 쓰고 있다. 사실을 되도록 요약해서 전함으로써 간명한 기사체를 구사하는 것이다. 이런 서술 수법은 19세기와 같은 격동기에서는 그 의미를 주목할 만하다. 격동의 시기에 오직 간명한 사실 전달만이 필요했던 것은 당연한 일일 터이기 때문이다.

겸산 자신이 인물을 직접 기술해 넣었을 경우에는 글 끝에 '대체로 사실을 적은 것이다' 라고 부기하여 '사실' 임을 굳이 밝히고 있다. 다른 사람의 글을 인용했을 경우는, 문학적 수식과 윤리적 훈계가 담긴 부분을 삭제하여 간명한 기사문을 만들고 찬贊이나 논평을 삭제해버렸다. 사대부의 글을 인용하면서도 그런 식으로 삭제한 것이 많다. 이계 홍량호가 쓴 「조의사광일」은 글의 분량을 반으로 줄여서 인용하였고 주인공에 대해 매우 긍정적인 찬조차 삭제하였다. 중인 신분으로서, 사대부가 높이 평한 찬을 기꺼이 옮기지 않았던 것이다.

중인이 쓴 글을 인용하면서도 마찬가지 태도를 보였는데, 정래교의 『완암집』에서 효녀와 효부의 전을 인용하면서 「효녀 취매」는 그 논찬을 그대로 옮겨왔으나, 「오효부전」에서는 전체 글의 반 정도 분량이나 되는 논찬을 완전히 삭제해버렸다. 『호산외기』 42편의 전 가운데서

29편을 인용하면서 평이나 찬을 그대로 둔 것은 12편(「김효자수팽」「권효자재중」「엄열부」「김종귀」「김석손」「장우벽」「김영면」「이동」「이재관」「엄계흥」「조수삼」「김완철」)이고, 15편(「유주사세통」「김신선가기」「임희지」「이익성」「김홍도」「이양필」「이홍윤」「천수경」「왕한상」「김양원」「오창열」「전기」「김완」「신두병」「박기연」)은 평과 찬을 모두 삭제하였다.

겸산의 이러한 서술 태도는 조희룡이 주관적 판단을 뚜렷이 하여 문학성 짙은 글을 쓴 점과 비교해보면 대조적이다. 겸산은 사대부의 관점에서 평한 것을 따르거나 중인의 처지로 구구하게 울분을 토하는 것보다 사실만을 제시하는 것이 객관적이면서도 설득력이 있다고 생각했던 것이 아닐까. 즉 이러한 편집과 서술은 우연의 소산이 아니라 일정한 기준을 가지고 의식적으로 행한 일인 듯하다. 겸산이 직접 기록한 인물의 경우, 한결같이 논찬 없이 서술하고 사실 요약 위주의 기사문체를 구사한 것과 다른 사람의 글에서 논찬을 삭제한 태도에 공통점이 나타나기 때문이다. 겸산은 기존의 윤리 규범을 맹목적으로 추종하기 싫을 때 논찬을 삭제하고 사실만 남겨두어 평가를 유보하는 방법을 택한 것으로 보인다. 이 책의 내용이 모두 인물전인데도 책의 제목을 '이향견문록'이라고 정한 것에서도 전 양식에서 오는 가치판단의 부담을 줄이고자 한 흔적을 읽을 수 있다.

겸산의 이러한 서술 태도는 전통적인 전 양식의 해체 과정을 보여주는 것이다. 다만 그러한 경향이 전체에 일관되어 있지 못하다는 점에서 그 해체가 불완전하다고 할 수 있다. 그러나 그러한 불완전성에도 불구하고 전에서 교훈적 서술을 지양하고 논찬을 삭제한 의미는 자못 크다. 특히 논찬 부분은 형식적 구속력이 강한 전의 종합적 결론 부분

이기 때문이다. 이조후기에 수많은 전 작품이 야담적인 성향을 띠었지만 그러나 이 형식에서 벗어나지 못했던 점을 생각해보면 잘 알 수 있다. 겸산이 여항 인물의 특성과 그 일생을 기록하되 객관적 전달을 위주로 해 문학적 효과는 감했으나, 전의 중요 양식에 속하는 논찬을 삭제함으로써 중세 윤리의 규범적 평가와 일정한 거리를 유지하여 새로운 가치관이 들어설 자리를 마련한 점은 주목할 만하다.

6. 맺음말

이상에서 『이향견문록』의 편찬의식과 서술 내용 및 수법의 특징을 살펴보았다. 겸산은 중인층의 시문과 일반 서민의 삶에 대해 매우 각별한 애정을 가지고 있었으므로 가능한 한 여항인의 시각과 필치로 된 자료를 수집하여 책으로 엮었다. 그들의 재능과 삶에 대해 간략히 사실을 기록하여 후세에 전하려고 했다.

또한 기존의 윤리 규범적 가치에 입각하여 기록 대상의 인물됨을 평가하려고 하지 않았다. 그것은 전의 중요한 결론이라고 할 수 있는 논찬 부분을 상당수 삭제한 것에서도 볼 수 있다. 물론 전편을 일관되게 삭제하지 않은 점에서 불완전한 측면이 있다. 그러나 전 형식의 불완전한 해체는 새로운 사고와 가치관을 향한 길을 열어놓았다는 데 더 큰 의미가 있다. 기존의 가치에서 벗어나 새로운 가치를 지향하려 할 때, 어설픈 반발이나 울분보다 '사실의 객관적 제시'는 설득력을 증폭시키기 때문이다. 겸산의 『이향견문록』 편찬 태도에서 그가 현실에서 한걸음 전진하기 위해 고심했던 흔적을 읽을 수 있는 것이다.

19세기 사회에서 겸산과 같은 중인층 지식인들이 어떻게 그들의 역량을 의미 있게 발전시켜 나아갔던가는 보다 총체적으로 조명되어야 할 과제일 것이다. 사대부 문학의 최고 수준을 보여준 문인 학자들의 의식이나 작품과 그 수준을 비교하는 관점을 벗어나, 그들 나름의 의식과 문예가 양적 질적으로 어떤 변화를 거치고 있었던가를 검토하는 일이 필요하다고 생각된다.

1996년 2월

이 지 양

□ 일러두기

1. 이 책은 1974년 아세아문화사가 영인출판한 『이향견문록』을 대본으로 번역하였다. 원본은 서울대학교 중앙도서관본이다.
2. 번역은 원의에 충실하기 위하여 축자역逐字譯을 주로 하고 필요한 곳에 주석을 달았다.
3. 주석을 붙일 경우 해당하는 줄의 끝부분에 ▮로 표시해두었다.
4. 역문 뒤에 원문을 첨부하였으며, 원문 자체의 오자는 바로잡고 각주를 달아 이를 밝혔다.
5. 역문 각 편에는 권차에 관계없이 순차대로 일련번호를 붙여 찾아보기 쉽게 하였다.
6. 각 편의 역문과 원문 말미에다 원래 표기된 인용서를 밝혔다.
7. 역문 각 편마다 원문에는 없지만 내용의 핵심을 전달하는 제목을 달아 두었다.
8. 각 편의 번역자는 책 끝부분에 밝혀두었다.
9. 이 책에 나오는 기호는 다음과 같이 사용한다.

   『 』: 책명　「 」: 편명

   〔 〕: 음은 다르지만 뜻이 통하는 한자

   ‘ ’: 강조, 인용

   “ ”: 대화

차례

【권2】 충효

【권3】 지모

【권4】 열녀

【권5】 문학 I

【권6】 문학 II

【권7】 문학 III

【권8】 서화

【권9】 의학·잡예

【권10】 승려·도가류

이향견문록서里鄕見聞錄序

내가 십 년 전에 금강산을 유람하여 삼순三旬 동안이나 다니다가 돌아왔다. 바다는 출렁이고 산악은 높이 솟아 그 나타나는 광경은 무어라 형용할 수 없었다. 유람객들의 지팡이와 수레는 단란하게 지내왔고 연기와 구름은 변함이 없었다. 여러 가지 신령스런 굴혈窟穴과 여러 가지 신비스런 전우殿宇들, 이런 것들이 요컨대 일대사一大事의 인연이 되었다.

구룡연九龍淵 · 만물상萬物相 · 수미봉須彌峯 · 옥경대玉鏡臺 등의 여러 경치는 금강산 중에서도 특히 뛰어난 것이지만, 한 언덕 한 구렁이 혹은 기이한 경치로 특징이 있는 것들에 이르러서도 만약 이름을 붙여 널리 전파한다면 위의 구룡연 · 만물상 등의 대열에 낄 수 있을 터인데, 모두 덮여지고 가리어져서 거친 수풀과 우거진 넝쿨 사이에 파묻혀진 것이 많다.

이를 보고 생각하건대 사람 또한 이와 같다. 관각館閣에서 날개를 펼쳐 문명文明을 빛내고, 낭묘廊廟에서 위의를 갖춰 옥촉玉燭을 조화함으

관각 홍문관과 예문관 등 문한文翰과 사명辭命을 담당하는 국가의 기구. 이조시대 문인들의 가장 선망하는 관청이었다.
낭묘 의정부 대신들을 위시한 정부 고위 관료들이 모여 국사를 의논하는 곳
옥촉 옥으로 만든 촛대. 태평성대를 이루는 왕정의 상징

로써 육경六經에서 우러나온 것이 모든 민생에 파급되는 것이니, 이러한 분들은 말할 필요도 없지만 저 여항의 사람에 이르러서는 칭찬할 만한 경술經術도 훈업勳業도 없는 것이고, 혹 그 언행에 기록할 만한 것이 있으며, 혹 그 시문에 전할 만한 것이 있더라도 모두 적막한 구석에서 초목처럼 시들어 없어지고 만다. 아아, 슬프도다!

내가 『호산외기壺山外記』를 지은 까닭도 여기에 있다. 친구인 겸산兼山 유재건劉在健이 나와 같은 심정에서 여러 사람의 문집 속에서 더듬고 찾아 모아 이미 입전立傳된 사람 약간 명을 얻었고, 입전된 것이 없는 사람은 스스로 전을 지었는데 모두 280명이나 된다. 정성스럽게 한 책을 만들어 제목을 『이향견문록』이라 하고 나에게 서문을 요청한다. 내 어찌 감히 사양할 수 있겠는가?

나라 수천 리 안에 인물이 번성하니 언행 · 시문으로 가히 전할 만한 사람이 어찌 한정이 있겠는가마는 모두 인멸되어 알려지지 않고 있다. 겸산은 흉금이 바다처럼 깊고 넓어 남의 좋은 일을 즐거워하여 귀로 듣고 눈으로 본 것을 모두 그물질하듯 끌어 모았고, 그 언행 그 시문뿐 아니라 한 가지 재주 한 가지 능력이라도 모두 특별히 기록하였다.

그 마음의 부지런함이 어찌 공연한 일이겠는가? 그는 후세 사람으로 하여금 이 책에서 감발感發됨이 있기를 바란 것이니 어찌 일가一家의 글일 뿐이겠는가? 세상의 교화에 보탬이 클 것이다.

이 뜻은 내가 명산名山에서 깨달아, 겸산의 글에서 나타낸 것이다. 아아, 숨겨진 빛을 밝혀내어 찬연燦然히 세상에 나오게 하였으니 태사太史가 쓴 글이나 석실石室 속에 보관된 것 이외에 태평성대의 교화 육성의 아름다움을 징험할 수 있는 것은 아마 여기에 있으리라.

임술(1862, 철종 13)년 중양절에 평양 조희룡은 쓴다.

태사 중국 고대에 역사의 기록을 책임진 사관

석실 속에 보관된 것 중국과 우리나라에서 역사 기록을 오래 보존하기 위해 명산에 석실을 지어 사적史籍을 보관했다. 이조시대 각처의 사고史庫가 그 예다.

조희룡 자는 치운致雲, 호는 호산壺山 · 우봉又峯 · 철적鐵笛 · 단로丹老 · 매수梅叟 · 석감石憨. 본관은 평양. 저서는 『호산외기壺山外記』『석우망년록石友忘年錄』『우해악암고又海岳庵稿』『한와헌제화잡존漢瓦軒題畵雜存』『해외난묵海外?墨』등이 있다.

이향견문록의례里鄕見聞錄義例

이향里鄕에서 어질고 착하다 칭할 자가 예로부터 어찌 그 한정이 있으랴마는 많은 자들이 인몰되어 전함이 없으니 가슴 아프고 애석하지 않은가? 이에 듣고 본 바를 모아 10권으로 엮는다.

- 덕행德行과 경술經術이 있는 선비로서 이 세상에 사표師表가 될 만한 분들을 수편首篇으로 엮는다.
- 효孝와 충忠, 이윤彝倫의 대절大節에 있어서, 부모를 섬김에 힘을 다하고 나라를 위하여 일신一身을 잊은 이들을 이제 기록하여 제2권으로 엮는다.
- 지혜가 혐의嫌疑를 벗길 만하고, 신의가 약속을 지키게 할 만하고, 청렴함이 재산을 나눠줄 만하고, 의義에 거居하여 뒤돌아봄이 없고, 혐의를 당하여 구차히 벗어나려 하지 않고, 이익을 보고 그것을 굳이 가지려 하지 않는 것은 황석공黃石公이 말한바 영호英豪와

황석공黃石公 진대秦代의 은사로, 진시황을 저격하려다 실패해 하비下邳로 도망치던 장량張良에게 『태공병법太公兵法』을 전해주었다고 한다. 황석공이 지은 것으로 전해지는 『소서素書』에 보면 "신의는 약속을 지킬 수 있고, 청렴은 재산을 나눌 수 있으면 이런 사람이 호豪이다" "이익을 구차히 얻으려 하지 않으면 이런 사람이 걸傑이다"라고 말한 구절이 있다.

준걸俊傑이다. 이들 약간 명을 얻어 제3권으로 엮는다.

- 고금古今에 여성의 모범으로 칭할 수 있는 자로서 정렬貞烈을 먼저 기록하고, 또한 현모賢母와 숙원叔媛과 효녀 그리고 현명한 부인婦人 중 순미한 덕이 있거나 비첩婢妾으로서 탁이한 정절貞節이 있는 자를 함께 기록하여 제4권으로 엮는다.
- 문학과 사한辭翰이 빛나고 훌륭하여 이 시대에 이름난 자들이 매우 많다. 제5, 6, 7권으로 엮는다.
- 서화로써 명성이 예원藝苑에 드러난 인물 가운데 임금에게 알려지거나 멀리 중국에까지 전파된 자를 기록하여 제8권으로 엮는다.
- 무릇 예술로서 칭할 수 있는 자 중에는 의술이 가장 뚜렷하고, 장기·바둑·노래·가야금·점술 등 일기일능자一技一能者를 아울러 기록하여 제9권으로 삼는다.
- 도가道家와 불가佛家에 높은 수행과 이적異蹟으로 칭할 수 있는 자들이 많다. 합쳐서 제10권으로 엮는다.

소문으로 듣고 직접 본 것들을 여러 해 동안 수집하였으나, 기록한 것이 넓지 못하다. 이 뒤에 만약 새 자료를 얻은 것이 있거든 각 편에 속재續載할 것이다. 이를 후대後代의 군자君子에게 깊이 바라는 바이다.

겸사거사兼山居士 씀

□ 인용서목

육화 이상국 찬六化李相國撰 · 1편

『보만재집保晩齋集』 · 2편

『미수기언眉叟記言』 · 1편

『뇌연집雷淵集』 · 1편

『청구야담靑邱野談 』· 15편

『해동외사海東外史』 · 2편

『석재고碩齋稿』 · 1편

『근재집近齋集』 · 1편

이좌랑 맹휴 찬李左郎孟休撰 · 1편

『천예록天倪錄』 · 4편

『번암집樊巖集』 · 6편

『이계집耳溪集』 · 2편

극옹 이상서 찬屐翁李尙書撰 · 1편

『금릉집金陵集』 · 3편

『풍고집楓皐集』 · 2편

연천 홍상국 찬淵泉洪相國撰 · 1편

영야 서상서 찬寧野徐尙書撰 · 1편

심암 조상국 찬心菴趙相國撰 · 1편

『계서잡록溪西雜錄』 · 2편

『죽천한설竹泉閒說』 · 4편

『좌계부담左溪裒談』 · 2편

추사 김시랑 찬秋史金侍郎撰 · 1편

송석 김상서 찬松石金尙書撰 · 1편

『청성집靑城集』 · 1편

『진휘속고震彙續考』 · 14편

『앙엽기盎葉記』 · 1편

『매옹한록梅翁閑錄』 · 2편

『학산한언鶴山閒言』 · 1편

『유하집柳下集』 · 2편

『완암집浣巖集』 · 12편

『성재집省齋集』 · 4편

『소대풍요昭代風謠』 · 5편

『청구야사靑邱野史』 · 2편

『춘조삼강록春曹三綱錄』 · 13편

『추조흠휼당지秋曹欽恤堂志』 · 1편

『만취정고晩翠亭稿』 · 1편

『호고재고好古齋稿』 · 3편

『추재기이秋齋紀異』 · 10편

『호산외기壺山外記』 · 29편

안우 현재 찬安又玄齋撰 · 1편

박국은 찬朴菊隱撰 · 1편

『김소은고金素隱稿』 · 4편

『은송당집恩誦堂集』 · 1편

『비연상초斐然箱抄』 · 9편

『침우담초枕雨談草』 · 11편

『위항쇄문委巷鎖聞』 · 10편

『박씨가장朴氏家狀』 · 1편

『여리등장閭里等狀』 · 1편

『최씨가장崔氏家狀 』 · 1편

『연조귀감掾曹龜鑑』 · 9편

『범곡기문凡谷記文』 · 6편

이휴휴거사 찬李休休居士撰 · 1편

『겸산필기兼山筆記』 並不懸註 · 84편

【권1】

학행

學行

구리 그릇 만들어 판 도학자

시은 한순계 · 증손 섬 | 1

옛날의 은자들은 대체로 저자에 은거하는 이가 많았다. 설공薛公은 아교를 팔며 한단邯鄲 저자에서 은거하였고, 한백휴韓伯休는 약을 팔면서 장안長安 저자에서 은거하였으며, 엄군평嚴君平은 점을 팔면서 성도成都 저자에서 은거하였다. 저들의 뜻이 세상과 완전히 결별하려는 것이었다면, 산꼭대기나 물가가 그들의 숨을 곳인데, 스스로 비속한 일을 감수하며 장사판 속에 숨은 것은 무슨 까닭인가?

그런데 시은市隱 한순계韓舜繼 선생의 은거함을 살펴보면, 그 마음이 자신의 은거를 스스로 드러내는 데 구구하지 않으려 했음을 알게 되는바, 또한 어찌 저자와 저자 아닌 곳을 가렸겠는가? 아! 이것을 보니 그 은거의 고상함을 알겠도다.

설공 중국 전국시대 조趙나라의 현인. 조나라 도읍인 한단邯鄲에서 은둔하며 지냈는데, 위나라 공자公子인 신릉군信陵君이 그의 명성을 듣고 찾아와 교유한 일이 있다. 『사기』에는 설공이 한단에서 '장漿(음료의 일종)'을 팔았다고 기록돼 있고, 『고사전高士傳』에 의하면 아교를 팔았던 것으로 기록돼 있음

한백휴 한강韓康. 중국 후한시대 패릉覇凌 사람으로 '백휴' 는 자다. 세상에 이름을 드러내기 싫어해 장안長安의 저잣거리에서 약을 팔며 30여 년을 살았는데, 한번 부른 약값은 절대로 바꾸지 않았다고 한다.

엄군평 엄준嚴遵. 중국 한나라 촉蜀 땅 현인으로 '군평' 은 자다. 성도成都의 저잣거리에서 점을 치며 살았는데, 하루에 번 돈이 백 전이 되면 곧 그만두고 들어가 저술을 했던 것으로 유명하다. 저서로 『도덕지귀론道德指歸論』이 있음

한순계 생몰년 미상. 개성의 사현사四賢司에 제향되었으며, 시문집 『시은집市隱集』이 전하고 있다.

선생은 자가 인숙仁叔으로 선조 때 사람이다. 맨 처음의 본적은 교하交河였는데, 중세中世에 송도松都, 開城로 옮겨와 살았다. 과의교위果毅校尉 한만령韓萬齡이 그의 아버지이고, 효력부위效力副尉 한의정韓義貞이 그의 조부이다. 선생은 어머니를 지극한 효성으로 섬겼는데 좋은 음식으로 봉양하지 못하는 것을 걱정하여 구리 그릇을 만들어 팔았다.

그가 만든 그릇은 정교하고 값도 변동이 없었기에 그릇을 사는 사람들은 매양 선생의 가게로 가고 다른 공장工匠에는 가지 않으니, 다른 공장들이 때때로 실리失利하는 일이 있었다. 선생은 "이익을 혼자 차지할 수 없다" 하며, 사양하여 스스로 취하지 않았다.

한번은 동銅을 사다가 주조鑄造하는데 금이 용로熔爐에서 튀었다. 자세히 보니, 동이 모두 금金이었다. 즉시 그 주조하던 것을 중지하고는 동이 조잡하다 핑계하며 모두 거두어 그 주인에게 돌려주었다. 이와 같이 선생의 장사는 도道에 어그러지지 않았으니, 그 값 받는 것도 겨우 어머니를 봉양할 정도만 취하였고, 여유가 있으면 여러 족친族親 가운데 가난한 자들에게 나눠주곤 하였다.

어머니가 일찍이 병이 위급하였을 때 의원이 "검은 집비둘기가 아니면 효험이 없을 것이다"라고 하였다. 때는 한밤중이었으므로 선생은 거리를 이리저리 돌아다니며 슬피 우는데 어떤 사람이 검은 집비둘기를 소매에 넣고 지나가다 "꿈에 한 노인이 나에게 이것을 그대에게 주라고 하였소"라고 하였다.

교하 경기도 파주의 옛 지명
과의교위 무관 정5품의 품계
효력부위 무관 정9품의 품계

어머니가 세상을 떠나니 선생은 삼 년 동안 소식疏食에 소금을 넣지 않았으며, 용로熔爐와 풀무와 주물틀을 모두 걷어치우고 죽는 날까지 다시 저자를 향하지 않았다. 이것은 선생의 장사가 어머니를 위한 장사였기 때문이다.

선생은 비록 저자에서 발신發身하였으나 자신을 다스림이 매우 엄격하였다. 집안사람이 과실이 있으면 그와 더불어 말을 하지 않아 그 스스로 두려워 심복心服하게 하였고, 밤이면 용로 옆에 등불을 켜놓고 고인古人의 글을 읽다가 마침 좋은 뜻이 떠오르면 시를 짓곤 하였는데, 뛰어나고 의연하여 외울 만한 것이 많았다.

화담花潭 서경덕徐敬德이 도학道學을 함께할 만한 사람임을 알고 산중에 들어와서 강론講論하기를 청하였으나, 선생은 어머니의 연로함을 이유로 사양하였다.

한 시대의 현인군자賢人君子였던 문성공文成公 이이李珥와 문간공文簡公 성혼成渾과 같은 이들도 늘 도道를 강론하기 위하여 선생을 찾아가 날이 저물 때까지 함께 담론談論하곤 하였다. 그를 시은이라고 칭한 것은 위 두 분의 발상이었다.

유수留守 정언지鄭彦智가 선생의 훌륭한 행실을 들어 조정에 보고하고 정역征役을 면제시켜주고자 하였다.

그러나 선생은 말하였다.

유수 개성 · 강화 · 광주 · 수원 등 방어상 요긴한 곳에 파견했던 정2품 외관직
정언지 1520~?(중종 15~?), 자는 연부淵夫, 본관은 동래. 1588년 문과급제, 형조좌랑 · 정언 · 지평을 거쳐 승지 · 대사헌 · 대사간을 역임했음. 정여립鄭汝立 모반 사건에 연루되어 귀양을 가기도 했는데, 곧이어 임진왜란이 일어나 다시 관직에 기용되었다.

"그럴 수 없습니다. 호戶가 있으면 세稅를 물고, 몸이 있으면 부역負役에 나가는 것이 백성의 본분입니다. 백성이 세를 물지 않고 부역도 하지 않는다면 어찌 백성이라 할 수 있겠습니까?"

그리고 그의 세 자식을 다시 정병正兵에 귀속시키며 "백성의 본분에 당연한 것이다"라고 하였으니, 이것은 선생의 은거가 자신의 본분을 지키기 위한 은거였기 때문이다.

선생은 쉰아홉의 나이로 세상을 떠났다. 임종 무렵 집안사람에게 목욕을 시키고 자리를 바르게 하도록 이르고 편안히 앉아 숨을 거두었는데, 붉은 기운이 방 안에 가득하더니 사흘 만에 사라졌다. 사내옹四耐翁 안경창安慶昌이 선생과 서로 친숙하게 지냈는데 감탄하며 "이인異人의 죽음은 진실로 평범한 사람들과 다르구나!" 하였다. 묘는 송도松都의 어느 마을 어느 언덕 위에 있다.

숙종 병인丙寅(1686)년에 유수留守 이숙李塾이 마침내 선생의 행실을 계문啓聞하여 선생의 마을에 정려문을 세웠으며, 금상今上, 영조 기미己未(1739)년에 유수 정우량鄭羽良이 또한 선생의 선행을 계문하여 선생에게 사헌부司憲府 지평持平을 추증하였다.

선생은 김산金山 백석근白石斤의 딸에게 장가들어 아들 응충應忠 · 응

이숙 생몰년 미상. 중종 임금의 후손인 봉산군蓬山君 이형신李炯信의 아들. 그의 아들 이기홍李箕洪은 송시열의 문인이었음

정우량 1692~1754(숙종18~영조30),자는 자휘子翬, 호는 학남鶴南, 본관은 연일延日. 1723(영조4)년 문과급제하여 영의정에 이르렀음

사헌부 관료 규찰, 시정 논란, 풍기 단속을 맡은 관청. 홍문관弘文館, 사간원司諫院과 함께 삼사三司를 이루어 사류 층의 여론을 대변하고, 형조刑曹 · 한성부漢城府와 함께 삼법사三法司를 이룬 검찰 기구

지평 사헌부의 정5품 관직

김산 경상도 김천시의 옛 이름

염應廉 · 응훈應勳 삼형제를 낳았으며, 손자와 증손은 많아서 이루 다 기록할 수 없다. 응충의 손자 섬暹은 효행으로 정려문이 세워졌고, 섬의 아들 태진泰鎭도 효행으로 칭송받았다.

『보만재집保晩齋集』

상제喪制에 밝았던 얼자 시인

촌은 유희경 | 2

유희경劉希慶은 자가 응길應吉이며 강화江華 사람이다. 나이 열셋에 아버지가 돌아가시자 흙을 짊어다가 장사를 지내고 이어 묘를 지키며 떠나지 않으니 근처의 중이 그를 가엾게 여겨 무덤 곁에 토막土幕을 지어 주고 죽을 끓여 권하였다.

공은 어머니를 모심에 지극히 효성스러웠다. 어머니가 병환이 오래되어 항상 자리에 누워 계셨는데 밤낮으로 그 곁에서 모시며 조금도 게을리 하지 않았다. 이따금 깔았던 자리를 걷어다 동소문 밖 시냇가로 나가 손수 빨아서 바위에 말리면서 그 옆에 앉아 책을 읽으니 보는 사람들이 기이하게 여겼다.

일찍이 동강東岡 남언경南彦經을 좇아 『문공가례文公家禮』를 배웠는데 특히 상제喪制에 밝았다. 전례典禮를 널리 상고하여 고금의 변천을 깊

남언경 생몰년 미상, 자는 시보時甫, 호는 동강東岡, 본관은 의령宜寧. 서경덕徐敬德의 문인. 1588(명종 21)년에 학행으로 천거되어 헌릉참봉獻陵參奉이 되고 지평현감砥平縣監에 기용됨. 양명학陽明學을 숭상했다고 한다. 미원서원迷源書院에 제향됨

문공가례 『주자가례朱子家禮』. 우리나라에 전래돼 국가의 전례典禮와 사대부가의 생활 규범의 근거가 되었으며, 조호익曺好益(1545~1609)의 『가례고증家禮考證』, 김장생金長生(1548~1631)의 『가례집람家禮輯覽』 등 많은 주석서도 저술됐다.

이 터득하였으므로 드디어 상喪을 잘 치른다고 이름이 알려졌다. 국상國喪 때에 절차를 줄여서 하려는 의논이 나왔으나 그 제도를 능히 아는 자가 없었다. 이에 공을 불러 처리하게 하니, 사대부 집안에서 상이 나면 반드시 공을 청해다가 집례執禮를 부탁하였다.

임진왜란 때에 임금의 수레가 서쪽으로 피난하니 공은 눈물을 흘리며 강개한 어조로 의사義士들을 불러 모아 관군을 도와서 적을 토벌하였다. 이 일이 알려지자 선조 임금이 교지敎旨를 내려 포상하며 말하였다.

"희경아, 네가 오직 의분義奮을 떨쳐 왜적을 토멸할 것으로 뜻을 삼으니 내 그것을 가상히 여기노라."

이때 국가가 다사다난하여, 조사詔使가 서로 바라다보일 만큼 잇달아 오가니 모든 비용이 너무 많이 들었다. 호조戶曹의 재정이 고갈되어 재상 중에 근심하는 분이 있으매, 공은 "백인호白仁豪 등 몇 사람을 불러 계책을 물어보면 일이 가히 이루어질 것입니다"라고 하여 마침내 그들의 힘을 얻게 되었다. 이에 대한 포상으로 통정대부通政大夫의 품계를 받았다.

무오戊午(1618, 광해군 10)년 역신 이이첨李爾瞻이 모후母后를 폐하려고 일

집례 예식을 집행하거나 도와주는 사람

조사 중국 황제의 조서詔書를 받들고 온 사신

백인호 생몰년 미상. 자는 여일汝逸, 호는 국재菊齋, 본관은 수원水原. 참판을 지냄

통정대부 이조시대 정3품 당상관의 품계. 유희경의 경우는 실직實職 없이 품계만 준 것임

이이첨 1560~1623(명종 15~인조 1), 자는 득여得輿, 호는 관송觀松 · 쌍리雙里, 본관은 광주廣州. 1582(선조 15)년 사마시에 합격. 선조의 후사後嗣 문제로 대북大北과 소북小北이 대립하자, 대북의 영수領袖로 광해군의 옹립을 주장했음. 이 일로 갑산甲山에 유배됐다가 광해군이 즉위하자 예조판서에 오름. 1617(광해군 9)년 정인홍 등과 함께 폐모론廢母論을 발의해 인목대비를 유폐시킴. 1623(인조 1)년 인조반정으로 광해군이 폐위되자 참형됐다.

을 꾸미면서, 여러 부로父老들을 협박하여 소疏를 올리게 하고 어기는 자는 형벌을 주었는데 공은 홀로 듣지 않았다. 평소 이이첨과 친했는데 이때에 이르러 절교하였다. 외출하다가 길에서 만나, 이이첨이 성내며 책망하자 공은 대답하였다.

"소인은 어머니가 계셔서 봉양이 급하므로 공의 문하에 나아갈 여가가 없었습니다."

인조반정仁祖反正 후에 대신들이 그의 절개를 보고했던바, 임금은 특별히 명하여 품계를 올려주었다. 처음 공은 예禮를 아는 것으로 사대부들 사이에서 일컬어졌는데 이때에 이르러서는 사대부들이 그의 절개를 높이 사서 더욱 그를 공경하고 중하게 여겼다.

박엽朴燁이 의주義州를 다스릴 때 사나움이 심하여 사람 죽이기를 풀 베듯 하였다. 공의 아들이 박엽에게 미움을 받아 박엽이 장차 죽이려고 하였는데, 공의 아들임을 물어 알고는 풀어주었다. 사람들은 "공의 어짊이 능히 박엽으로 하여금 그 사나움을 잃게 하였다"라고 하였다.

공의 사람됨이 조용하고도 욕심이 적었으며 천성이 산수山水를 좋아하였다. 집이 정업원淨業院 아래에 있었는데 그 시냇가에 나아가 돌을 쌓고 대臺를 만들어 이름을 '침류대枕流臺'라 하였다. 그 주변에 복숭아나무, 버드나무 수십 그루를 심었는데 봄마다 붉고 푸른 것이 시내와 계곡을 난만히 비출 때면 공은 당시唐詩 한 권을 손에 들고, 하나의 궤

박엽 1570~1623(선조 3~인조 1), 자는 숙야叔夜, 호는 국창菊窓, 본관은 반남潘南. 1597(선조 30)년 별시문과別試文科에 급제, 광해군 때 평안도 관찰사를 지냄. 인조반정 때 광해군의 심복이라 하여 죽임을 당함

정업원 고려와 이조시대 도성 안에 있던 여승방女僧房. 고려시대 개경에 있던 것을 이조 때 서울 창경궁昌慶宮 서쪽으로 옮겼다. 유생들이 척불 정책을 주장해 몇 차례 혁파되기도 했으나 번번이 복구되다가, 1621(선조 40)년 완전히 없앴다.

几, 하나의 술병으로 그 가운데 앉았다 누웠다 하며 휘파람과 읊조림으로 종일 즐기면서, 스스로 호를 '촌은村隱'이라 하였다. 그의 시는 '한담閒淡'하여 당풍唐風에 가까웠으므로 사암思庵 박상공朴相公이 매우 칭찬하였다. 공경公卿 대부大夫들이 모두 침류대에 나와 시와 노래를 지어 주고받으며 다투어 서로 돌려보았다. 세상에서 말하는 『침류대시첩枕流臺詩帖』이라는 것이 그것이다.

영안위永安尉 홍공洪公이 날마다 내방하였는데 인목왕후仁穆王后는 그가 자주 외출한다는 것을 듣고 일찍이 사람을 시켜 따라가보게 했던바, 한 노인과 더불어 큰 소나무 아래에 마주앉아 있는 것이었다. 그 이후로 홍공이 외출한다는 것을 들을 때마다 궁중의 고기산적을 하사하였다. 나중에 그 땅은 궁중에 편입되었다가 도총부都摠府의 자리가 되었으나, 소나무는 아직도 있어서 사람들이 그것을 알아보고는 "이 나무는 유劉 아무개가 손수 심은 것이다"라고 한다.

공은 나이가 이미 많았으나 정신과 기골이 매우 강건해서 사대부 중에 금강산을 유람하려는 자가 길을 안내해줄 것을 요청하면 곧 용기를 내어 나섰으며 연로함을 핑계로 거절하지 않았다.

일찍이 정암靜庵의 현철賢哲함을 사모하였는데, 도봉서원道峯書院이 창건될 때 공이 실로 그 실무를 담당하였다. 그곳의 산수를 사랑하여 거

박상공 박순朴淳(1523~1589, 중종 18~선조 22). 자는 화숙和叔, 호는 사암思庵, 본관은 충주忠州. 서경덕의 문인. 1553(명종 8)년 친시문과親試文科에 장원, 1572(선조 5)년 영의정에 올라 14년간 재직. 동서당쟁 때 영평永平의 백운산白雲山으로 은퇴함

홍공 홍주원洪柱元(1606~1672, 선조 39~현종 13), 자는 건중建中, 호는 무하당無何堂, 1623(인조 1)년 정명공주貞明公主에게 장가들어 선조의 사위가 되었다. 저서로 『무하당집』 6권이 있음

도총부 오위도총부五衛都摠府로 오위의 군무軍務를 총괄하던 관청. 중종 때 설치된 비변사가 임란 때 군국軍國의 사무를 담당하게 되자, 그 기능이 상실되고 도성의 경비만을 담당하는 기구로 축소됨

기서 여생을 마칠 계획을 세우고는 이징李澄에게 부탁하여 「임장도林庄圖」를 그리게 하고, 사대부들에게 시와 서문을 요청하여, 그 뜻을 표현하였다. 그가 죽자 도봉산 아래에 장사 지냈다.

공은 나이가 여든이 넘었기 때문에 품계가 가의대부嘉義大夫에 올랐으며 후에 아들 일민逸民이 원종훈原從勳을 받았기에 자헌대부資憲大夫 한성부 판윤漢城府判尹에 추증되었다. 가정嘉靖 을사乙巳(1545, 인종 1)년에 나서 숭정崇禎 병자丙子(1636, 인조 14)년에 생을 마치니 나이는 아흔둘이었다. 아들 다섯이 있었는데, 순민舜民 · 우민禹民 · 성민聖民 · 사민士民 · 일민이었으며, 친손 · 외손 및 증손이 이백여 명이나 되었다.

『유하집柳下集』

정암 조광조趙光祖(1482~1519, 성종 13~중종 14). 자는 효직孝直, 호는 정암靜庵. 남곤南袞 등 사장파詞章派에 대립하여 도학 정치를 주장하다가 기묘사화己卯士禍 때 죽임을 당함. 후에 영의정에 추증되고 문묘에 배향됨

도봉서원 1573(선조 6)년 지방 유림의 공의로 조광조의 학문과 덕행을 추모하기 위해 도봉산에 창건한 서원으로, 1696년에는 송시열을 추가 배향하였음

이징 1581~?(선조 4~?), 궁중 화원. 자는 자함子涵, 호는 허주虛舟. 태조의 진영眞影을 개수한 공으로 동반東班 6품직을 제수받음

가의대부 종2품의 품계. 나이가 80이 된 사람은 한 품계를 더 올려줬는데, 유희경이 이미 통정대부通政大夫였기 때문에 가의대부를 주었다.

원종훈 원종공신原從功臣에게 주는 녹훈祿勳. 원종공신은 정공신正功臣 이외에 작은 공을 세운 사람에게 주는 칭호

자헌대부 정2품의 품계

가정 중국 명나라 세종世宗의 년호(1522~1566)

숭정 중국 명나라 의종毅宗의 년호(1628~1644)

양반 선비들의 스승이 된 천민 학자

고청 서기 | 3

서기徐起는 자가 대가待可, 호는 고청초로孤青樵老, 본관은 이천利川이다. 공주 공암사公巖祠에서 제향祭享하고 있다.

수암守菴 박지화朴枝華가 지은 묘갈명에서 다음과 같이 말하였다.

공은 어려서부터 글을 읽을 줄 알았다. 일곱 살 때에 동네 서당에서 배웠는데, 어느 날 서당의 수업이 끝나려 할 때 공이 시를 지어 그 선생에게 주었다.

서당을 오래도록 헐지 말아	書堂長勿毁
내가 성인 현인을 배울 수 있게 하소서	使我學聖賢

선생은 그가 보통 아이가 아님을 알고 놀라 칭찬하였다.

서기 1523~1591(중종 18~선조 24), 젊어서 토정土亭 이지함李之函에게 배움. 저서로 『고청선생유고孤靑先生遺稿』 1책이 있음

박지화 1513~1592(중종 8~선조 25), 자는 군실君實, 호는 수암守菴, 본관은 정선. 서경덕의 제자. 특히 기수학氣數學에 뛰어났고, 벼슬은 현감을 지냈다. 문집으로 『수암유고守庵遺稿』가 있다.

일찍이 어머니가 심한 병이 들어 거의 죽게 되었다. 공이 손가락을 깨물어 피를 내어 약에 타서 드렸더니 어머니가 소생하였다. 이때 공은 아마 열 살 아래의 나이였을 것이다.

그는 자라면서 학문에 더욱 힘써 백가百家와 많은 기예에 대한 학설을 섭렵하지 않은 것이 없었고 더욱 선학禪學을 흠모하더니, 나이 이십 남짓에 비로소 우리 유교의 도가 바르다는 것을 알아 전날의 배움을 모두 버리고 이소履素 이중호李仲虎의 문하에 나아가 『대학大學』 『중용中庸』 등의 유교 경전을 배웠다. 뒤에 공주 계룡산 고청봉 아래 공암孔巖이란 동네에 터를 잡아 그곳에서 살았다.

그 고을의 선비들이 경외敬畏하여 그를 높여 스승으로 삼지 않는 이가 없어, 찾아오는 이가 날로 더욱 많아졌다. 여기에서 십팔 년 동안 살았는데 경사經史에 침잠하여 흔연히 즐기면서 먹는 것조차 잊었으며, 한 번도 외부의 사물로써 그 마음에 얽매이게 하지 않았다. 말년에 얻은 바가 더욱 높고 밝아졌다. 만력 신묘辛卯(1591, 선조 24)년에 병으로 생을 마치니 나이는 예순아홉 살이었다.

명銘은 다음과 같다.

아! 대가待可는 噫待可
우리나라에서 태어나 生吾東

이중호 1512~1554(중종 7~명종 9), 자는 풍후風后, 호는 이소재履素齋, 본관은 전주. 동몽훈도童蒙訓導를 거쳐 1554년 사과司果를 역임. 성리설에 밝아 서경덕과 예론을 강론하기도 하였으며, 문장도 높이 평가되었음

어려서는 천하고	少也賤
늙어서는 곤궁했네.	老益窮
삼분오전三墳五典에 노력하여	劬墳典
그 몸을 빛내었고	賁厥躬
문도를 가르쳐	授門徒
바르게 어린 학생을 길렀다.	正養蒙
고청봉은 우뚝 솟아 있고	孤青峻
금강수는 툭 트이어 있네	錦水空
요산요수樂山樂水로	有二樂
일생을 보존하였네.	保始終
산에는 달	山有月
강에는 바람	江有風
한 조각의 빗돌로	一片石
무덤을 표시하노라.	表幽宮

『소대풍요昭代風謠』

삼분오전 본래 삼황오제三皇五帝의 전적典籍을 지칭하는 말인데, 일반적으로 유교 경전을 의미

『주역』의 일인자

고두표 | 4

고두표高斗杓는 자가 운원運元, 본관은 개성開城이다. 성품이 밝고 개결하며 속되지 않고 학문을 좋아하였는데, 더욱 『주역周易』에 침잠하여 은미하고 오묘한 이치를 투철하게 이해했다. 당시 학자들이 크게 추앙하고 칭찬하여, 고청孤青 이후의 일인자라 여기기까지 했다.

그는 매양 "우리 유교의 도는 연원淵源이 '경敬' 한 글자에 있다"라고 하였다. 그래서 『심경心經』『근사록近思錄』 등의 책을 읽기 좋아하고 몸으로 체득하여 힘써 탐구하였다. 평생토록 퇴계退溪, 율곡栗谷을 우러러보아 두 선인이 남긴 책을 손에서 놓지 않았으며, 「태극도설太極圖說」을 읽다가 '중정인의中正仁義'의 설說에 이르면 항상 침잠하여 가슴에 새기지 않은 적이 없었다. 그는 병이 위독해지자 부인을 물리치고 자리를 바로 하고 죽었으니, 가히 평소의 수양을 알 수 있겠다.

『소대풍요』

심경 · 근사록 『심경』은 중국 송나라 진덕수眞德秀가 지은 책으로 정심正心을 근본으로 삼는 수양서. 이조시대 성리학의 입문서로 널리 읽힘. 주석서로 이황의 『심경석의心經釋疑』, 정약용의 『심경밀험心經密驗』 등이 있다. 『근사록』은 송나라 주자와 여조겸이 함께 엮은 책으로, 여기에는 일상생활에서의 수양에 필요한 사항이 실려 있음

태극도설 중국 송나라 주돈이周敦頤(1017~1073)의 저서. 인간 의식의 발생과 중정인의의 문제를 제시하면서 천지天地 · 일월日月 · 사시四時 · 귀신鬼神과 그 덕을 하나로 하는 성인의 경지를 제시함

반촌의 습속을 바로잡다

죽헌 안광수 | 5

안광수安光洙는 자가 성로聖魯, 호는 죽헌竹軒, 본관은 순흥順興이다. 아버지는 절충장군折衝將軍 안도정安道挺인데 그 선대로부터 성균관 반촌泮村에 흘러들어와 살게 되었다. 반촌의 습속이 기질이 강한 자는 바둑 · 장기로 세월을 보내거나 협객으로 자처하였고, 인색한 자는 이익에 급급하여 능히 예교禮敎를 따르는 자가 드물었다.

안광수가 탄식하며 다음과 같이 말하였다.

"성균관은 수선首善의 땅인데 풍기와 습속이 이래서야 되겠는가?"

이에 총명한 젊은이 칠십여 명에게 발의하여 계를 만들고 '제업문회齊業文會'라 이름하였다.

그 인재의 높고 낮음에 따라 경사자전經史子傳을 가르치고, 어버이를 섬기고 어른을 공경하는 도리로 밤낮으로 가르치고 따르게 하였다. 관혼상제冠婚喪祭에 대하여 손수 그림을 그려 백성들이 쉽게 알도록 하

절충장군 무관 정3품 당상관의 품계
반촌 성균관을 일명 반궁泮宮이라 불렀고 그 앞의 마을은 반촌이라 했다. 반촌에는 성균관의 사역인들이 거주했는데 주로 도살업에 종사했다.
수선의 땅 '수선'이란 말은 다른 곳보다 나은 지세地勢라는 뜻인데, 서울 또는 성균관의 지위를 일컫는 말로 쓰였음

여 정자程子 · 주자朱子의 교범과 준칙을 벗어나지 않게 하였다. 매달 초하루에 그 무리를 전부 모아 잘하고 못함을 시험하여 상과 벌로 권면하고 징계하였다. 이에 반촌 젊은이가 모두 분발하여 따랐다.

안광수는 말하기를 "학업이란 여유 있게 익히고 누리는 것이 귀중한 것이다. 그렇지 않으면 기상이 긴박緊迫하고 협착狹窄하여 공자의 '풍우영귀風雩詠歸' 와 거리가 멀게 될 것이다"라고 하며 좋은 절후에는 아름다운 경치를 찾아 그 무리와 함께 술을 즐기고 시를 지었다. 그 시편이 합하면 수백 편이 되고 담긴 뜻은 유연悠然하고 심원深遠하였다. 이로 말미암아 양성한 인재가 매우 많았으며, 그들이 이미 장성하여 성년이 되어서는 서리나 전복典僕이 되어 모두 공자의 문묘에 공경하고 제사에 삼가는 것을 알고, 각기 임무 수행에 거르는 일이 없었다.

그러나 광수는 한갓 말로써 가르침을 삼을 뿐만 아니라, 또한 능히 자신을 반성하여 그 근본을 세웠다. 상중喪中에 있으면서 나물밥으로 삼 년 동안 지내고 아침저녁으로 곡읍哭泣하여 아무리 심한 병일지라도 폐하지 않았다. 그 다른 처사도 기록할 만한 것이 많았다. 성균관의 장長이 그 소문을 듣고 종종 선물로 그를 장려하였다.

안광수가 죽으매 반촌 사람들이 노소 구별 없이 슬프게 울부짖기를 자기 집에 모시던 어른이 돌아가신 듯 초상初喪에서 장사葬事에 이르기까지 일을 맡아 남에게 뒤지는 사람이 없었다. 또한 기일忌日과 생일,

풍우영귀 『논어』 「선진先進」의 "무우에서 바람 쐬고 읊조리다 돌아온다風乎舞雩, 詠而歸"에서 나온 표현. 이는 본래 공자의 제자 증점曾點이 자신이 정말로 하고 싶은 바를 말한 것인데, 이러한 여유로운 풍류를 공자는 매우 크게 칭찬했다.

사시 명절날에 일찍이 그에게 배운 사람이 그를 위해 제수祭需를 갖추고 제사를 도왔는데 십여 년 동안 하루같이 하였다.

이에 동네의 부로父老들이 서로 의논하여 말하였다.

"우리 반촌의 젊은이가 노인을 공경할 줄 알아, 노인이 무거운 짐을 이고 지지 않게 된 것은 안 선생의 힘이다. 옛날에 향선생鄕先生이 죽으면 향사鄕社에서 제사를 지냈다고 하니, 그렇다면 안 선생 같은 분의 제사를 어찌 그 제자들만 지내게 하겠는가?"

드디어 서로 재물을 거두어 안광수의 제사를 지냈다.

『보만재집』

향선생 그 지방에서 명망이 높은 선비

위기지학에 힘쓴 수학자

율촌 한이형 | 6

한이형韓以亨은 영조 임술壬戌(1742)년 10월 17일에 태어났다. 어려서는 영리하고 총명하며 엄하기가 어른 같았으나, 다섯 살 때 아버지를 여의어 배울 기회를 잃어버리고 무뢰배들과 어울렸다.

스물여섯 살 때 우연히 어떤 집에서 『근사록』을 보고 홀연히 깨달은 바 있어, 비로소 '위기지학爲己之學'이 있는 줄 알았다. 드디어 혈기를 꺾고 독서를 하게 되었다. 일찍이 스승에게 배운 바가 없었고 한결같이 스스로 이해하였으며, 밤낮 부지런히 육경六經을 다루어 은미한 말이나 깊은 뜻을 모두 연구하였다. 예학禮學에는 더욱 정통하여 의혹되거나 분명치 않은 점을 강구하여 논변한 것이 매우 많았다.

우리나라에는 수학數學이 알려져 있지 않았는데 당시 교수敎授로 있던 문광도文光道란 이가 기하법幾何法을 창도唱導하였다. 그런데 공이 한

위기지학 남이 알아주는 것을 목적으로 하지 않고 자신의 내적 수양을 위하여 하는 학문. 『논어』「헌문憲問」에 "古之學者爲己 今之學者爲人"라는 구절에서 유래

교수 종6품의 관직으로 육조 · 관상감 · 전의감典醫監 · 산학청算學廳 등의 기관에서 전문적인 실무를 담당하던 관직

문광도 1753(영조 29)년 음양과 시험에서 천문학 전공으로 합격한 기록인 『잡과방목雜科榜目』에 보인다. 본관은 남평南平이며, 삼력관三曆官 · 겸교수兼敎授 · 의영고주부 · 감목관 등을 지냈다.

번 그 책을 보고는 열흘이 채 못 되어 기하법을 모두 꿰뚫었다.

문장에는 비록 힘을 쓰지 않았지만, 시문이 예스럽고 아취雅趣가 있어서 의연히 염락濂洛이 남긴 소리와 같았다.

그가 어머니를 섬길 때는 온화한 용모에 기쁜 얼굴빛으로 대하며 맛있는 음식을 극진하게 봉양하였다. 어머니가 편찮으실 때는 의관을 푸는 법이 없었고 그 곁을 한시도 뜨지 않았다. 어머니가 돌아가시자 여막廬幕에서 기거하고 거친 밥을 먹으며 상례를 극진히 하였으며, 봄 가을의 시제時祭 때는 심의深衣와 큰 띠[大帶]를 하고 그 엄숙함을 다하였다. 평소 알 수 없는 병을 앓아 이부자리를 걷을 사이가 없었지만 하루라도 사당의 새벽 참배를 거른 일이 없었다.

날마다 뜻 맞는 선비들과 경전의 뜻을 강구하고 연마하는 것으로 일을 삼고, 이따금 좇아서 배우는 자가 있으면 가르치기를 게을리 하지 않았다. 일찍이 삼대三代의 정치에 뜻한 바가 있어 두세 명의 뜻 맞는 선비와 횡거橫渠 선생이 남긴 뜻을 따라, 밭 한 뙈기를 사서 '정井' 자로 구획하여 옛 제도를 강구하고 예교禮敎를 숭상하여 당대에 시행할 만하다는 사실을 밝히고자 하였다. 그러나 뜻 맞는 선비들이 차례로 세

염락 염계濂溪의 주돈이 周敦頤(1017~1073), 낙양洛陽의 정호程顥(1032~1085)와 그의 동생 정이程頤(1033~1107)를 지칭한 것으로 송대 도학의 발원지를 의미

심의 고사高士들이 입던 웃옷. 흰 베로 만든 두루마기 모양으로, 소매가 넓고 검은 비단으로 가를 둘렀음

큰 띠 제복에 매는 띠로 무늬 없는 비단으로 만듦

삼대 중국 고대의 하夏 · 은殷 · 주周로, 성왕聖王에 의한 이상적 정치가 실현됐던 시대로 일컬어진다.

횡거 선생 장재張載(1020~1077). 중국 송대의 유학자, 자는 자후子厚, 횡거는 호. 유가와 도가 사상을 조화시켜 우주의 일원적 해석을 설파하여 정명도程明道 · 정이천程伊川 · 주자에게 영향을 끼쳤음. 저서로 『역설易說』『서명西銘』『동명東銘』 등이 있다.

밭 한…구획하여 정전법井田法을 지칭한다. 중국 고대 하 · 은 · 주 삼대의 전제田制로서 전지田地를 '井' 자 모양으로 9등분하여 8구역을 분배, 경작하게 하고 중앙을 '공전公田' 으로 만들어 그 수확을 국가에 바치게 한 제도

상을 떠나 끝내 뜻을 이루지 못하였다.

무술戊戌(1778, 정조 2)년 겨울에 가릉嘉陵의 율촌栗村에 터를 잡고 집을 지었다. 농사를 감독하여 어머니의 뜻을 받들고 글을 읽어 자손을 가르치니, 향리의 선비들이 그 풍치風致를 듣고 좇아 배우는 이가 많았다.

이에 작은 재실齋室을 수리하여, 학문에 힘쓰고 뜻을 고상히 하는 도道를 담은 기문을 지었다. 또한 횡거 선생의 "덕성을 높이고 학문을 지향한다"는 말을 미루어 넓혀서 괘도掛圖로 만들어 앉은 자리 오른쪽에 걸어놓았다. 그 내용은 다음과 같다.

> "마음을 보존하여 방탕히 하지 않는 것, 선하지 못함을 고치는 것, 자신에게 없는 것을 더욱 아는 것, 이것은 덕성상의 이익이요, 글을 읽어 의리를 구하는 것, 사물을 응접해 자세히 살피고 처리하여 그 온당한 바를 얻는 것, 전인前人의 언행을 많이 아는 것, 이것이 학문상의 이익이다."

이것으로 때때로 자신을 반성하였으니, 여기에서 그가 지향한 올바름과 각고刻苦한 공부를 볼 수 있다.

봄가을로 날이 좋을 때마다 학생들을 데리고 호계虎溪의 수석水石 사이에 가서 노닐었는데, 종일토록 시를 읊조리고 즐기며 돌아오기를 잊곤 하였다. 일찍이 도연명陶淵明의 「귀거래사歸去來辭」에 차운하고 말

가릉 지금의 경기도 가평군加平郡 지역
덕성을…지향한다 이 글의 원문은 "尊德性而道問學"으로 『중용』 제26장에 나옴

하기를 "고인을 흠모하고 산수를 독실히 사랑함은 그런대로 도연명의 뜻과 거의 비슷할 것이다"라고 하였다. 역시 그의 고상한 뜻과 스스로 만족하는 즐거움을 상상해볼 수 있다.

무신戊申(1788, 정조 12)년 겨울에 왕이 그의 이름을 듣고 불렀으나, 불행히도 다음해 5월 12일에 서울의 여사旅舍에서 생을 마쳤다. 왕이 매우 애도하여 관에 쓸 재목을 내려주고 돈과 베로써 부의賻儀하였다.

아! 공의 자질이 특이하고 견식이 뛰어나서 일찍이 부형父兄의 가르침과 사우師友 간의 계도啓導가 없었건만, 하루아침에 소스라치듯 깨달은 바가 있었고 심성을 존양存養하는 묘방과 격물치지格物致知의 공부가 도에 깊이 이르렀다. 또한 음양陰陽·이기理氣의 변론과 예악禮樂·도수度數의 상세함, 일월성신日月星辰의 왕래와 산천 도로의 원근, 고금 인물의 어짊과 그렇지 못함, 성공과 실패에 이르기까지 통달하지 않음이 없었다. 한결같이 겸손으로 처신하여 털끝만큼도 자긍自矜하거나 가식하는 뜻이 없었다. 또 문자文字의 말단 기예에 힘쓰려 하지 않아서 저술이 많지 않고 시문 한 권이 있을 뿐이다. 호는 율촌栗村이라 한다.

『만취정고晩翠亭稿』

도연명 도잠陶潛, 중국 동진東晋의 시인, '연명'은 자, 호는 오류선생五柳先生. 봉록俸祿을 위해 허리를 굽힐 수 없다고 하여 팽택현령彭澤縣令을 사직하고 고향으로 돌아오면서 「귀거래사」를 지었다. 저서로 『도연명집』이 있음

"봄의 뜻을 가장 먼저 알겠네"

퇴정재 김항령 | 7

퇴정재退靖齋 김공은 휘諱가 항령杭齡, 자는 경노景老이다. 성품이 자애롭고 어질며 공손, 근검하며 효성스럽게 부모를 섬겼다. 부모님이 돌아가시자 삼 년 동안 내실內室에 발을 들여놓지 않고, 음식과 거처를 한 번도 가묘家廟 앞을 떠나서 하지 않았다. 형제간에 우애로워 이불을 함께 덮고 한 밥상에서 밥을 먹었다. 자식과 조카들을 교육시킬 때는 엄히 하여 의로운 방향으로 인도하였다. 이에 따라 황黃씨 · 백白씨 · 박朴씨 등 삼효자와 이름을 나란히 하여, 세상 사람들이 '사우四友'라고 일컬었다. 삼효자가 죽으매 그는 매번 상복을 입었고, 그 자식들을 마치 자기 자식인양 보살폈다.

초년에는 가난하여 벼슬살이를 하였는데, 어머니가 돌아가시자 용단을 내려 사퇴하고는 두문불출 독서하였다. 특히 『논어』를 좋아하여 늙도록 읽기를 게을리 하지 않았다. 저술로는 『퇴정재집退靖齋集』 2권이 있다.

일찍이 지은 시가 있다.

홀로 누우니 천기天機에 익숙해지고　　獨臥天機熟

문을 닫으니 해가 더디 가는구나.	閉門白日遲
고요히 산새 지저귐 들노라니	靜聽山鳥語
봄의 뜻을 가장 먼저 알겠네.	春意最先知

공은 곧 나의 돌아가신 조모祖母 단인端人 김씨의 부친이시다. 돌아가신 할아버님 이약헌공以約軒公이 일찍이 퇴정공에게 가르침을 받았는데, 자손들과 함께 자리할 때마다 그의 덕행과 문학을 일컫곤 하였다.

『겸산필기兼山筆記』

단인 정8품 및 종8품 문무관의 부인에게 주는 품계
이약헌공 필자 유재건의 조부 유상우劉相祐. 이약헌은 호, 자는 신민愼敏, 본관은 강릉

뛰어난 학행으로 명성이 대궐까지

만취정 박영석 | 8

박영석朴永錫은 자가 이극爾極, 본관은 전주, 만취정晩翠亭이라고 자호自號하였다. 언제나 방 안에 꿇어앉아 『논어』를 끊임없이 읽으며 성묘나 조상弔喪할 때가 아니면 문밖을 나서지 않고, 제삿날이 아니면 안채로 들어오는 법이 없었다.

편지를 대신 써주고 그 품삯을 받아 제사를 지냈고, 아내는 남의 묵은 솜옷을 수선해주며 호구책을 마련하였다. 그런데도 서로를 대할 때 원망하는 일이 없었다.

당시 사람들이 모두 군자라고 칭하였지만 또한 그의 깊이를 아는 자가 없었다. 송희정宋喜鼎이라는 이가 그의 죽음을 애도하여 글을 지어 곡하였다.

"그를 두고 부인네나 어린아이라 하기도 하고, 불사佛士라 하기도 하고, 군자라 하기도 하니, 인자仁者는 인仁을 보고 지자知者는 지知를 보는 것이다. 내가 보기에 그는 효자일 따름이다."

박영석 1734~1801(영조 10~순조 1), 여항시인. 서울 순화방順化坊 누각동樓閣洞에 거주하며 송석원시사松石園詩社에 참여, 장우벽張友璧 · 천수경千壽慶 · 장혼張混 등과 교유하였다. 저서로 『만취정유고晩翠亭遺稿』 1책이 전함

신유辛酉(1801, 순조 1)년에 생을 마치니 향년 육십칠 세였다. 일남일녀를 두었고 문집 한 권이 있다.

찬하여 말한다.

일찍 이利와 의義를 분별하여 의심하지도 의혹하지도 않고
자력으로 부모를 섬겨 남이 주는 것을 바라지 않았다.
집 안에만 있어도 명성이 퍼져나가니 누가 감히 막을 수 있고
재물을 예에 맞게 사용하니 어찌 남용濫冗이 있겠는가.
유혹을 끊고 뜻을 굳건히 하여 단정히 앉아서
묵묵히 성현의 경전을 읽고 저 패관잡설은 수치로 여겼다.
몸소 실천하고 성실히 체험하여 의와 예에 집약시키니
벗들이 구름처럼 따라와 말과 웃음이 잘도 어우러졌다.
성현의 남긴 뜻으로 인재를 도야하매 언제나 여유가 작작하고
질문에 따라 답하되 알기 쉬운 문으로 들어오게 하였다.
의심나는 뜻은 실낱같이 분석하고 더러운 마음씨는 얼음을 녹이듯 하니
대개 위인偉人이라 말들 하지만 어찌 그 진면목을 다 알 수 있겠는가?
썰렁한 부엌에 연기도 나지 않건만 자리엔 봄바람이 가득하고
검게 그은 창문 컴컴해져도 말쑥한 얼굴엔 빛이 난다.
명성은 대궐까지 알려졌지만 자취는 먼 산림山林의 은사隱士와 같아
조정에서 등용하려 했지만 '미천한 처지' 라고 사양하니
겸손도 핑계도 아니요, 이 구학邱壑을 편히 여김이라네.
가난하나 원망도 허물도 하지 않으니 어찌 부귀를 부러워할 것이며
지위 없음 근심하지 않으니 천작天爵이 길吉하고 이利하기 때문이다

상제上帝를 밝게 섬김이 육십칠 년

생生을 온전히 하여 돌아가시니 그 공功이 미약하지 않도다.

『김소은고金素隱稿』

천작 하늘에서 받은 벼슬이라는 말로, 날 때부터 하늘이 내려준 덕성을 의미한다. 『맹자』「고자 상告子 上」에 "仁義忠信, 樂善不倦, 此天爵也. 公卿大夫, 此人爵也"라는 대목이 있음

세 번 밀쳐 넘어뜨려도 평심을 잃지 않다

학관 이몽리 | 9

이몽리李夢鯉는 자가 재연在淵이다.

지난날 나는 죽동방竹東坊에 살면서 서너 해 동안 학생들을 가르쳤다. 그 당시 재연은 겨우 열 몇 살밖에 안 되었지만, 책을 끼고 나의 집에 찾아와서 배우기를 청함이 매우 간절하였는데 행동거지가 단정하고 엄숙하여 마치 어른과 같았다. 나는 마음속으로 매우 기특하게 생각하여 드디어 구두를 떼어 『소학小學』『논어』『맹자孟子』 등의 책을 가르치니 재연은 능히 그 뜻을 이해하고 있었다. 여럿이 모여 있을 때에는 떠들고 웃는 일이 드물고 장난도 치지 않아 모든 행동이 법도에 맞았으며, 움직일 때는 반드시 예를 갖추었다. 그런데 나는 본디 재연의 스승이 될 만한 학술이 없는 사람이었다. 그리하여 매양 스승의 호칭을 사양했지만 재연이 나를 존경하여 섬김은 조금도 감해지지 않았다.

재연은 집이 매우 가난하여 부서진 침상과 거친 자리에 거처하면서

나 이 글의 저자 정래교鄭來僑
죽동방 지금의 중구 을지로 2가 장교동 일대

푸성귀도 제대로 먹지 못했지만 항상 편안해하였다. 여항閭巷의 자제들을 모아 가르쳤는데 수십 명이 모두 깔끔하게 예와 겸양謙讓으로 몸을 가꾸었다. 마을에서 싸움하는 자들도 함부로 그의 문 앞에 가까이 가지 못하였으니 "이학군자理學君子가 사는 곳이다"라고들 말하였다.

지난번에 어떤 대신大臣이 그의 행실을 높이 평가하여 조정에 아뢰어 관곡官穀을 가지고 그를 도와주었다. 지금의 재상宰相 조공趙公이 그를 불러 이문학관吏文學官으로 삼으려 하니 그가 고사固辭하려 하거늘, 내가 고인의 의리를 끌어다 출사出仕를 권하였다. 왕의 비답批答이 내려 직職을 부여하려 할 즈음 재연은 죽고 말았다. 벼슬하는 일이 재연의 평소 뜻이 아니니, 그의 출사함과 출사하지 않음은 진실로 논의할 만한 것이 아니다. 돌아보건대, 지금 우리 중에서 뜻을 돈독하게 하여 학문에 힘씀이 재연과 같은 이가 몇 사람이나 되겠는가? 아! 애석하도다. 재연의 그때 나이는 서른아홉 살 때였다.

『완암집浣巖集』

이몽리는 도를 배우는 사람으로 세상에 알려져 있었다. 당시 재상가의 종이 권세를 믿고 방자하여 길을 막고 사람들에게 욕을 해도 그 횡포함을 어떻게 할 도리가 없었다. 하루는 그 종이 대취하여 길을 가다가 이몽리를 만났는데, 그의 느린 걸음이 엄연히 법도에 맞음을 보고

조공 조현명趙顯命(1690~1752, 숙종 16~영조 28). 자는 치회稚晦, 호는 귀록歸鹿, 본관은 풍양豐壤. 숙종 때 문과에 급제해 영조 때 영의정에 이르렀다. 저서로 『귀록집歸麓集』이 있음

이문학관 외교문서나 관용官用 공문公文인 이문吏文을 다루던 승문원의 관리

손가락질을 하면서 크게 비웃었다. 이윽고 손으로 그를 밀어 길에 넘어뜨렸다. 이몽리는 안색을 바꾸지 않고 드디어 일어나 걸어갔는데, 걸음걸이가 처음과 같았다. 몇 걸음 가지 않아 또다시 그를 밀었으나 이몽리는 안색을 바꾸지 않고 걸음걸이가 또 처음과 같았다. 이렇게 세 번이나 밀었으나 세 번 일어나 다시 처음과 같이 하니, 종놈은 비로소 매우 이상하게 여기고 일어나 절하면서 "공은 정말로 이학理學을 공부하시는 분입니다. 소인이 어리석어 알아보지 못했을 뿐입니다. 어찌 모욕할 수 있겠습니까?"라고 하였다.

나는 아직 이몽리 그 사람을 만나보지는 못했으나 이 한 가지 일을 듣고서도 그 학문을 알 수가 있다. 만약 평소에 깊은 함양涵養이 없었다면, 어떻게 횡포한 자를 대처하여 그 평상을 잃지 않음이 이와 같을 수 있겠는가? 비록 사납고 어리석은 종이라 할지라도 마침내 머리를 굽혀서 참회하여 굴복했으니, 이 어찌 도가 사람을 감화시킨 것이 아니겠는가?

나는 이몽리가 여항에서 난 사람으로, 도를 배움이 능히 이와 같음을 가상하게 여겨 드디어 이 글을 쓰게 되었다.

『근재집近齋集』

나 이 글의 저자 박윤원朴胤源. 인용서목 해설『근재집』참조

경전과 성리에 통달한 고아 출신 선비

무성자 박상우 | 10

무성자無聲子 박상우朴常遇는 자가 춘장春長이다. 고아에다 가난하여 공부를 하지 못했는데, 나이가 들자 뜻을 돈독히 하여 글 읽기를 좋아하게 되었다. 그리하여 경經·사史·자子·집集과 백가百家의 책을 보지 않은 것이 없었으며, 또 이치를 궁구하는 데 뛰어나 여러 술수에 관한 책을 이해하지 못함이 없었다. 그중에서 경전經傳과 성리性理의 학설에 가장 밝았다.

일찍이 「경서독법經書讀法」 한 편을 지었다.

> 옛날에 성인聖人이 민생의 여러 어려움과 인심人心이 쉽게 위태롭게 됨을 염려하여 『주역』을 지어 천도天道를 밝혔고, 『서경書經』을 전술傳述하여 인사人事를 밝혔으며, 『시경詩經』을 산정刪定하여 성정性情을 바르게 하였고, 『춘추春秋』를 지어 선악善惡을 밝혔으며, 『악기樂記』로 화합시켰고, 『예기禮記』로써 절제시켰다. 이 모두 자기 자신을 닦아 남을 기르는 방법인 것이다. 그것을 체득한 이는 성인이고 그것을 본받은 이는 현인이다. 비록 본받고자 하여도 그 본령을 모른다면 역시 어려울 것이다. 여기 조그만 소견所見을 경문經文 아래에 표기表記하여 뒷날의 지자知者

를 기다린다.

『주역』은 천도를 밝힌 것이다. 선천先天의 음양의 교착交錯은 건乾과 곤坤이 주재主宰하며, 후천後天의 일월日月의 행도行度는 감坎과 이離가 주재한다.

해의 오르고 내림, 나아가고 물러감으로 삼음삼양三陰三陽의 육효六爻가 서고, 추위와 더위, 건조하고 습한 것이 이루어진다. 성인이 그 상象을 살펴 괘효를 만들었고, 그 움직임을 파악하여 신화神化를 이루었다.

『서경』은 인사를 밝힌 것으로, 천하를 다스리는 규범이다. "인심은 위태롭고 도심道心은 은미하여, 순정하고 전일해야만 진실로 그 중中을 잡을 수 있다." 이는 인심은 이리저리 왔다갔다하고 사려思慮가 있어 위태롭고, 도심은 고요하게 움직이지 않고 무사무려無思無慮하여 은미隱微하다는 말이다.

순정純精하다는 것은 잡되지 않다는 말이고, 전일專一하다는 것은 두 가지가 아니라는 말이다. 중中은 도道의 체體이고 경敬의 근본으로 중용中庸의 중과 같다. 집執은 고집한다는 말이다.

『시경』은 정情을 말한 것이다. 성정의 발현과 사물의 교감交感에서 부부夫婦보다 앞서는 것이 없다.

"요조窈窕한 숙녀여! 군자의 좋은 짝이로다", 이것이 바로 수신제가修身齊家의 시초요, 치국평천하治國平天下의 근본이다. 그러므로 "군자의 도는

인심은…잡을 수 있다 『서경』「대우모大禹謨」의 한 구절
요조한…짝이로다 『시경』「관저關雎」 편의 한 구절
군자의…만들어진다 『중용』 제12장의 한 구절
생각에…없다 『논어』「위정爲政」 편의 "子曰, 詩三百, 一言以蔽之, 思無邪"에서 나온 말

부부에서 그 단서가 만들어진다"는 것이다. "생각에 사특함이 없다"는 것이 그 진정眞情이다.

『악기』는 화和를 말한 것으로 성정을 다스린다.

『춘추』는 전법典法을 말한 것으로 선善을 선양宣揚하고 악惡을 금한다.

『예기』는 절제를 말한 것으로, 경敬을 주로 하여 경하지 않음이 없는 것이다. "점잖은 모습으로 무엇을 생각하는 것처럼 하고 말을 하는 태도가 안정되어 있으면 백성을 편안하게 할진저!"라 하였으니, 자신을 다스려 남을 편안하게 하는 도가 이 한 장에 있는 것이다.

『중용』은 성性을 밝힌 것으로 성誠과 명明에 대한 학學이다. 중中으로 체體를 삼고 화和로 용用을 삼는다. 그 다음이 충서忠恕이다.

『대학』은 지知를 밝힌 것이다. "명덕明德을 밝힌다"는 것은 자신을 닦는다는 것이고, "백성을 친애한다"는 것은 사람을 편안하게 한다는 말이다. 남과 내가 함께 이루어지는 것이 지선至善이다. "그 덕을 밝히고자 한다면 지知를 치致함에 달려 있고, 그 지를 치하고자 함은 격물格物에 달려 있다"고 하였으니, 여기서의 격물이란 곡진함을 이루는 것이다.

『논어』는 배움을 말한 것이다. 중인 이하는 반드시 학문에 의지하여 알기 때문에 「학이學而」편이 첫 장이 되었다.

『맹자』는 이利를 말한 것이다. 이利는 병의 뿌리가 되고 인의仁義는 약이 된다. 『맹자』 7편의 전체 뜻은 첫 장 "하이리오국何以利吾國" 한 구절에

점잖은…할진저 『예기』「곡례曲禮」의 한 구절
그 덕을…달려 있다 『대학』 경經 1장의 한 구절
하이리오국 '어떻게 하면 우리나라를 이롭게 할 수 있는가?'라는 뜻으로, 『맹자』「양혜왕梁惠王」 편 첫머리에 나오는 말

있고, 이 한 구절에서 중요한 것은 이利자 한 자인 것이다.

그에게 수업하는 자들이 여럿이었는데 분석하고 토론하는 자리에서 자세하고 빠짐없이 깨우쳐주니 감발感發된 자들이 많았다.

『겸산필기』

충청도의 인물, 학서선생

학서 이지화 | 11

이지화李至和는 자가 군협君協이다. 서학西學의 서쪽에 살았으므로 사람들이 학서선생學西先生이라 불렀다.

어려서 아버지를 여의었으며 술을 좋아하고 주저함이 없이 협객과 같은 생활을 하다가 나이 삼십에 비로소 혈기를 꺾고 독서를 하여 수연粹然한 선비 같은 사람이 되었다. 두 형과 함께 살았는데 백씨伯氏는 이복형異腹兄이었다. 어머니의 성질이 까다로워 백씨를 더욱 용납하지 않는 바가 있었지만, 학서가 화목하고 즐거운 태도를 다하여 어린애 같은 장난을 치면 어머니가 한 번 웃고는 그쳤다. 며느리들 사이의 관계도 화합하여 너, 나가 없었고 아이들에겐 정해진 엄마가 없을 정도였다.

항상 『근사록』과 여러 성리학 서적을 읽었고 날마다 『중용』 『주역』을 외웠으며 시는 도연명과 위응물韋應物을 숭상했다. 더욱이 글씨를 잘 썼는데 소해小楷와 행초行草는 모두 왕희지王羲之 왕헌지王獻之 부자를

서학 관립 교육기관인 사부학당四部學堂의 하나로 여경방餘慶坊, 지금의 광화문 부근에 있었음

위응물 중국 당나라 시인. 소주자사蘇州刺史를 지냈으므로 위소주韋蘇州라고도 부름. 왕유王維 · 맹호연孟浩然 · 유종원柳宗元과 함께 '왕맹위류王盟韋柳'라 일컬어질 정도로 시인으로서의 명망이 높았음

본받았으므로 세상에서 '기이한 재주'라고 칭했다. 사람을 대함에 소탈하면서도 공경스럽고 삼가는 모습이 반듯했으며, 엄전하여 예가 아닌 것은 감히 범하지 않았다. 입으로는 일찍이 남을 헐뜯은 적이 없었고 비록 역사 기록물이라 할지라도 가부可否를 변별하지 않았으니 사람들이 이를 단점으로 여겼다. 이러한 점은 아마도 방덕공龐德公의 풍도를 들었기 때문이 아닌가 여겨진다.

늘그막에 영춘永春에서 살았는데 마을 사람들이 사모하고 감화되어 한목소리로 '군자'라 일컬었다.

충청도의 풍속에 매양 천섬薦剡이 있을 때면 서로 다투는 것이 마치 시장 같았다. 참판 김정균金鼎均이 관찰사가 되어 "문장 · 학문의 뛰어남과 품행의 방정함이 이지화보다 나은 자가 있다면 응당 첫번째 자리를 넘겨줄 것이다"라고 말하니 사람들이 무어라 하지 못했고, 결국 이지화가 조정에 천거되었다. 사람들은 김참판의 공정함에 감복하며 학서의 실행實行을 더욱 신뢰하게 되었다.

『침우담초枕雨談草』

왕희지 중국 동진東晋의 서예가. 자는 일소逸少. 해서 · 행서 · 초서에 특히 뛰어났으며, 대표작으로 「난정서蘭亭序」 등이 유명함

왕헌지 자는 자경子敬. 왕희지의 아들로 예서와 초서에 능했다. 왕희지와 함께 '이왕二王'이라 일컬어짐

방덕공 중국 한나라의 은사. 남을 헐뜯지 않는 덕이 있어 제갈공명이 스승처럼 존경하던 사람

영춘 지금의 충북 단양군 영춘면

천섬 과거에 응시하지 않은 사람에게 지방관이 특별 추천하여 벼슬을 주는 제도

김정균 1782~1847(정조 6~헌종 13), 자는 태수台叟, 호는 서어鋤漁, 본관은 안동. 이조판서 김상용金尙容의 후손으로 벼슬은 대사헌에 이르렀음

중국인이 만 리 밖에서 사모한 사람

판향 함진숭 | 12

함진숭咸鎭嵩은 자가 성중性仲인데, 사람들은 판향선생瓣香先生이라 불렀다. 학문을 좋아했지만 집이 가난하여 밤에 불 밝힐 밑천이 없었으므로 눈을 감고 단정히 앉아 오경五經을 외우다가 날이 새는 줄도 알지 못했다. 문장을 좋아하지 않았지만 간혹 짓기도 하였다. 성리학性理學에 더욱 정진하였고 『경설존고經說存稿』 4권과 유집遺集 2권이 있다.

몸소 압록강 이북으로 나간 적이 없었는데도 중국의 인사들이 우리나라 사람을 만나면 곧 판향선생의 안부를 묻곤 했다.

호산거사는 말한다.

판향선생이 집 밖을 나선 적이 없었으나 중국 사람들로 하여금 만 리 밖에서 사모하게 했다. 그런데도 그는 흰머리가 될 때까지 경서를 궁구하다가 끝내 시골구석에서 초목과 같이 사라지고 말았으니 슬플 따름이다.

『호산외기壺山外記』

천체의 운행에 통달한 주역선생

석천 김영 | 13

김영金泳은 영남 사람이다. 떠돌다가 서울에 살게 되었고 석천石泉이라 자호하였다. 성격이 침착하고 신중하여 탐구와 사색을 좋아했다.

젊을 적부터 산술算術을 몹시 좋아하여 영육盈朒·구고句股 등의 산술법에 그 정력을 다하지 않음이 없었는데도 본원本源의 곳에 도달하지 못했다. 스스로 심력을 다하여 사색하기를 여러 해 하니 결국 우울증을 얻어 여러 차례 위험한 지경에 이르렀다. 이에 앞서 배운 것들을 모두 버리고 『주역』 한 책을 반복해서 연구했다. 수십 년이 지나 하루는 홀연히 어떤 깨달음이 있게 되자 길게 탄식하여 "수數는 하도낙서河圖洛書에 근본한 것이요, 하도낙서는 하나의 이理에 근본한 것이니, 이는 곧 형이상形而上의 도道이며, 수는 곧 형이하形而下의 기器이다. 그 이를 궁구하지 않고 단지 그 수만 궁구한다면 종내 기에 국한되어 도에 나아가지 못할 것이다"라 하였다.

나이가 사십이 넘어서도 항상 홀로 살며 이치의 탐색에 골똘할 뿐

영육 고대의 계산법으로 구장산술九章算術의 하나. 구장산술이란 방전方田·속미粟米·차분差分·소광少廣·상공商功·균수均輸·영육·방정方程·구고 등이다.
구고 산술법의 하나. 직각삼각형의 밑변을 구句, 높이를 고股, 빗변을 현弦이라 한다.

장가들 생각을 하지 않았다. 문정공文貞公 죽하竹下 김상국金相國이 인륜 대의를 가지고 꾸짖자 드디어 마지못해 아내를 맞이하였으나 여전히 살림살이에 뜻을 두지 않았다. 부서진 몇 칸 집은 바람과 햇볕을 가리지 못하는데도 『주역』 연구에 몰두하여 있었으므로 사람들이 모두 '주역선생周易先生' 이라 불렀다.

정조 무신戊申(1788)년에 일식日食의 도수度數가 북경北京과 차이가 있자 김영을 불러들여 설명케 하였던 바 임금의 뜻에 맞았다.

그 이듬해 기유己酉(1789)년에 현륭원顯隆園을 옮길 적에도 김영에게 하관하는 시각을 아뢰게 했다. 그때가 한밤중이라 곧 「중성신기中星新記」를 지어서 올렸다. 임금이 거듭 명하여 특별히 삼력관三曆官을 붙여주고 제생諸生을 교수敎授하여 그 학學을 전수케 했으나, 그는 속으로 달가워하지 않았다.

관직에 얽매인 지 여러 해인데 관복에 띠를 두르고 직무를 받들지 않았기 때문에 제생들 가운데 그의 얼굴을 아는 자가 드물었다. 그러나 매양 천체의 운행을 관측할 적에는 반드시 김영에게 먼저 묻고 난 이후에야 왕에게 보고드릴 수 있었다.

경신庚申(1800, 정조 24)년에 양금洋琴이 나라 안에 성행하는 것을 보고 해석海石 김재찬金載瓚에게 "이는 살벌한 소리입니다. 동방은 목木에 속하는데 금金의 소리가 한창 성하니 금이 실제로 목을 이긴 것이라 앞

김상국 김익金熤(1723~1790, 경종 3~정조 14). 자는 광중光仲, 죽하는 호, 본관은 연안延安. 1763(영조 39)년 정시문과에 급제했고 후에 영의정에 이르렀다. '문정文貞' 은 그의 시호다.

현륭원 정조의 생부인 사도세자의 무덤으로 수원에 있음

김재찬 1746~1827(영조 22~순조 27), 김익의 아들. 해석은 호. 1774(영조 50)년 등과했고 규장각 직제학 등을 거쳐 좌의정에 이름 『해석유고』가 있음

으로 사특하고 어그러진 변란이 아주 가까운 곳에서 일어날 것입니다"라고 했다. 다음해 신유辛酉(1801, 순조 1)년에 예수교 옥사가 일어나 연좌되어 죽은 자가 매우 많았지만 관련자들이 뿌리 뽑히지 않아서 지금에 이르도록 근심거리가 되고 있다.

대개 그의 학學은 사물의 이치를 궁구하는 데 전심專心하였지 역행力行을 중요하게 여기지는 않았다. 이에 항상 "지위가 있은 후에야 비로소 실행을 말할 수 있다. 지위가 없는 사람은 단지 그 아는 것을 논할 수 있을 뿐이지 반드시 그 행동을 논할 수 있는 것은 아니다. 그렇지만 안다면 실행은 그 가운데 있는 것이다"라고 했다.

또 "자기의 몸을 닦고자 하면 남에 대해 알지 않을 수 없으며, 남을 알고자 한다면 하늘에 대해 알지 않을 수 없고, 하늘을 알고자 한다면 『역易』을 알지 않을 수 없다. 그러므로 『역』은 학문을 함에 있어서 처음과 끝이 되는 것인저!"라고 했다.

평상시에는 어눌해서 마치 말을 못하는 것 같았지만 치란治亂의 이유와 천인天人의 분변을 논하는 경우에는 마치 막아놓은 강물을 트는 것 같았다. 의문이 풀리지 않는 대목을 질문하는 자가 있으면 곧 재미있게 말이 이어져서 종일토록 권태를 느끼지 않았다. 벼슬아치나 선비들이 자주 찾아와 질문하였는데 대개 그 실마리를 얻고서는 흐뭇해하지 않는 이가 없었다. 또 율려律呂에 정통해서 말이 혹 그것에 이르면 문득 한숨을 쉬며 "만약 내가 일정한 지위를 얻는다면 지금의 악樂

예수교 옥사 1801년에 일어난 신유사옥辛酉邪獄. 정조가 죽은 후, 벽파僻派가 시파時派를 견제하고 천주교 확산을 저지하기 위해 일으킨 사건이 모두 고장古章을 회복하게 될 것이다"라고 하였다. 『원악原樂』과 『성률총서聲律總敍』를 저술하여 그러한 뜻을 드러내기도 했다.

유고는 산실된 것이 많다. 문인門人들의 초록抄錄에 섞여 나오는 것으로 『역상계몽易象啓蒙』 『기삼백해朞三百解』 『도교전의道敎全義』 『관물유약觀物牖鑰』 등의 책 몇 편이 있을 따름이다.

나이 육십이 지나 생을 마쳤으며, 그때 아들이 하나 있었는데 아직 어렸다.

『국은고菊隱稿』

내가 해석海石 김상국金相國의 문하에서 손님 한 사람을 보았는데 '주역선생'이라 했으며 우뚝하여 장자長子의 풍모가 있었다.

일찍이 "혼돈개벽이라 말하는 것은 곧 뇌雷·풍風·산山·택澤이 변화되고 옮겨지는 것이고, 천天·지地·일日·월月은 만고萬古에 자여自如한 것이다. 어떻게 그렇다는 것을 아는가? 건乾·곤坤·감坎·리離의 형상은 네 가지가 반대되는 것이 아니지만, 뇌震·손巽·간艮·태兌는 전도되고 호용互用되는 것이다. 이것이 혼돈개벽의 유행流行함을 아는 것이니 그저 봄가을과 밤낮의 변화 같은 것일 뿐이다"라고 했다. 나는 그때 아직 어리석어 그 뜻을 이해하지 못했지만 그것이 남을 답습한 이야기가 아님은 대강 알 수 있었다.

몇 해를 더 살다가 을해乙亥(1815, 순조 15)년 봄에 굶어 죽었다. 아아! 유감스럽게도 당시에 그 단서를 다 질문해보지 못하고 다만 마음속에

내 이 글의 저자인 김희령金羲齡. 이 책 권7의 「11 소은 김희령」 참조

생각만 하고 있었도다. 근래에 박이습朴而習으로부터 문고文藁와 팔괘八卦가 착종錯綜된 그림, 삼대三代의 손익損益에 대한 설을 얻어 보니 비로소 사람들이 그를 '주역선생'이라 하는 것에 그럴 만한 까닭이 있음을 알게 되었다.

선생은 한편으로 율력律曆에 능통해서 일찍이 "신과 인간이 화합하여 봉황이 날아와 춤추는 것은 반드시 덕이 있는 사람을 기다려 나타나는 것이나, 순舜임금의 소소簫韶와 같은 음악은 율려가 그 속에 있을 것이니 어찌 다시 짓는 것이 어렵겠는가?"라고 했다.

그가 찬한 『신법중성기新法中星記』와 『누주통의漏籌通義』는 발행되어 세간에 행하고 있고, 그가 만든 지평일귀地平日晷와 적도의赤道儀는 서운관書雲觀에 보관되어 있다.

『소은고素隱稿』

그 단서를…못하고 사물의 양극兩極 즉 시종始終 본말本末 등을 빠짐없이 들어 상세하게 가르친다는 뜻으로 『논어』「자한子罕」편의 "我叩其兩端而竭焉"에서 나온 말

박이습 박기열朴基說. 이습은 자, 호는 국은菊隱, 본관은 밀양. 이지화의 제자

서운관 관상감觀象監의 별칭. 천문 · 지리 · 역수에 관한 사무를 맡아보던 관청

미수 허목의 스승, 불우한 문장가

총산 정언옹 | 14

선생의 성은 정씨, 휘는 언옹彦瓮, 자는 우용宇容, 아버지는 본관이 백제 땅 탕정湯井, 온양이다. 젊어서 널리 책을 읽고 문장을 지으매 명종 · 선조 때에 이름이 났다. 그 문장이 섬부贍富하면서 심오하고, 마음대로 지었으면서도 까다로우며, 억양抑揚이 있어 풍유諷諭를 잘하였다. 굴원屈原과 송옥宋玉을 근본으로 하고 양웅揚雄 · 사마상여司馬相如 · 한유韓愈 · 유종원柳宗元을 참고하여 일가를 이루었다.

송천松川 양응정梁應鼎이 칭하기를 "천고의 뛰어난 재주이니 천 년 뒤

굴원 중국 전국시대 초楚나라 사람. 이름은 평平, 자는 원原. 회왕懷王을 보필해 삼려대부三閭大夫를 역임. 작품으로 「이소離騷」「구가九歌」 등이 있다.

송옥 중국 전국시대 사람. 굴원보다 시대가 조금 뒤지며, 혹자는 굴원의 제자라고도 한다. 초나라 대부가 되어 문학시종文學侍從이라는 작은 벼슬을 지냈다. 후에 참소를 받아 관직을 떠나 일생 동안 우울하게 뜻을 얻지 못하였다. 작품은 「구가」「풍부風賦」「고당부高唐賦」 등이 있다.

양웅 중국 서한西漢 사람. 자는 자운子雲. 사부辭賦로 명성이 났으며 저서로는 『태현경太玄經』이 있다.

사마상여 중국 서한 사람. 자는 장경長卿, 아명은 견자犬子였으며, 인상여藺相如의 사람됨을 흠모하여 상여相如라고 개명. 경제景帝 때 무기상시武騎常侍가 되었다. 작품으로 「자허부子虛賦」「상림부上林賦」「대인부大人賦」 등이 있다.

한유 중국 당나라 사람. 자는 퇴지退之, 호는 창려昌黎. 사륙변려문四六騈儷文을 비판한 고문 운동의 주창자로 후세 문장의 모범이 되었다.

유종원 중국 당나라 사람. 자는 자후子厚. 당송팔대가의 한 사람. 저서로 『유선생문집柳先生文集』『용성록龍城錄』 등이 있다.

양응정 1519~1581(중종 14~선조 14), 자는 공섭公燮, 호는 송천松川, 본관은 제주. 명종 때 문과에 급제하고 벼슬은 대사성에 이름. 『송천집松川集』『용성창수록龍城唱酬錄』이 있다.

라도 이런 작품을 짓지 못할 것이다"라고 하였다. 태상太常 차천로車天輅가 「만인갱萬人坑」에 주를 다니 사람들이 다투어 외워 당시에 널리 퍼졌다. 만력萬歷연간 국자감 시험에 「옥모玉貌」편을 올리니 장원으로 뽑혀 '정옥모'라 호칭되었다고 하니 당시에 이름이 크게 알려졌다.

성품이 높고 굳세어 세상에 아첨하지 않았으므로 권귀權貴에 거슬려 위험에 빠져 죽음에 이르게 되었다. 옥중에서 변명하는 글을 올려 비록 풀려났으나 오히려 배척을 받아 뜻을 얻지 못하는 불우한 처지로 궁한 길을 걷게 되니, 그것이 그의 운명이었다. 그는 종신토록 도움을 받지 못했으나 지켜온 바를 바꾸지 않고 절조를 더욱 굳게 지켜 생도를 가르쳤으며 호를 총산선생葱山先生이라 하였다.

굴원은 원망하면서도 그리워하였고, 양웅과 사마상여는 과장되면서도 아리따웠고, 반고班固는 난삽하였고, 한유는 평이하였고, 유종원은 심각하였으니, 대체로 초사楚辭는 고아하고, 한부漢賦는 화려하고, 당시는 고시를 변화시켜 배율排律로 한 것이다. 선생은 제가諸家의 글을 모아 『소학삼체騷學三體』를 만들어 세상에 간행하였다.

선생은 명나라 가정嘉靖 14년(1535)에 나서 만력 40년(1612, 광해군 4)에 죽었으니 나이는 일흔여덟 살이었다. 자식은 없었다. 나는 나이 이삼십 때에 정희성鄭希聖·봉벽奉璧과 함께 선생에게 배웠는데, 나는 『예기』「단궁檀弓」 등의 고경古經을 배웠고 두 사람은 모두 문장을 배운 이들이다. 이제 선생이 돌아가신 지 60년이 되어 당시 함께 어울리던 선

차천로 1556~1615(명종 11~광해군 7), 자는 복원復元, 호는 오산五山·난우蘭隅·청묘거사淸妙居士, 본관은 연안. 선조 때 문과에 급제했고 문장으로 이름이 높았음. 저서로 『오산집五山集』『오산설림五山說林』 등이 있다.
나 이글의 출전인 『미수기언』을 지은 허목許穆

비는 다 죽고, 나는 여든 살로 세상에 남아 있다. 그래서 좋은 날을 가려서 무덤을 손보니, 단갈單碣을 세운 자는 전 파주목사 정동설鄭東卨과 유생 봉천추奉千秋이다. 실로 정·봉씨의 두 집 자제인 것이다. 아울러 기록한다.

『미수기언眉叟記言』

【권2】

충효

忠孝

육십 년을 기다린 시묘살이

효자 박태성 | 1

효자 박태성朴泰星은 그의 선조가 밀양 사람이다. 어려서 서울에서 살았는데 서울 사람들이 그를 '박효자'라 불렀고, 늙어서는 고양高陽의 청담淸潭에서 살았는데 청담 사람들이 그가 사는 곳을 '효자동孝子洞'이라 불렀다.

태성이 태어난 지 삼 년 만에 부친이 돌아가셨다. 얼마쯤 성장한 뒤에 어머니께 꿇어앉아 고하였다.

"살아 계셔서는 얼굴도 뵙지 못했고, 돌아가셔서는 상주 노릇도 못하였으니, 저는 어디에도 쓸모없는 놈입니다. 저의 심정은 추복追服하기를 청합니다."

어머니는 난색하며 말하였다.

"너의 부친께서 불행히 일찍 돌아가셨는데도, 내가 참고 사는 것은 너를 위해서다. 그러니 네가 죽은 사람을 위하여 죽는 것이 어찌 산 사람을 위하여 사는 것만 같겠느냐? 다행히 장성한 어른이 되면 산 사

고양 지금의 경기도 고양시
추복 상중에 사정이 있어 입지 못한 상복을 뒷날에 입는 것

람에게는 할 말이 있게 되고, 죽은 사람도 죽지 않음이 되는 것이다."

태성은 눈물을 흘리며 공경히 어머니의 명을 받들어 결국 추복을 하지 않았고, 다만 냄새나는 음식과 육류를 멀리한 채 죽만 마신 것이 삼 년이었다. 어머니 또한 다시 억지로 만류하지 못하였다.

어머니가 일찍이 병으로 눕자 태성은 의대衣帶를 풀지 않고 받들며, 죽은 반드시 손수 끓이고, 약은 반드시 먼저 맛보았다. 평생에 재물은 사사로이 비축하지 않았고, 쓸 때에도 대충 쓰지 않았으며, 일은 반드시 아뢴 후에 실행하였다.

봉양한 지 마흔여섯 해 만에 어머니가 돌아가셨는데, 어머니가 돌아가신 지 열일곱 해가 아버지가 돌아가신 해였다. 아버지 묘소에 가서 곡용哭踊하고, 단袒을 하고, 수질首絰과 요질腰絰을 매고, 최복衰服을 입고, 지팡이를 짚어 처음 당하는 초상과 같이 하였다. 산 아래 여막廬幕을 짓고 하루 두 번씩 무덤에 올라가 슬프게 곡하였는데 바람 불고 눈비가 내려도 그만둔 일이 없었다. 산의 좁은 길과 위태로운 암벽에는 급류와 웅덩이가 있고 빽빽한 숲이 많았으며, 인가가 멀리 떨어져 있어서 사나운 짐승이 길에 빈번히 다녔다. 그래도 그는 아무런 일이 없는 듯 그대로 눌러 있었다.

매양 서리 내린 새벽, 달이 컴컴한 가운데 홀로 가면 오직 그의 그림자뿐인데도 자세가 숙연하여, 잡귀 도깨비들이 감히 희롱하지 못하였다. 어떤 새가 태성과 함께 울면서 늘 그 자리에 있었는데, 태성이 울

곡용 상중의 의식으로, 죽음을 슬퍼해 통곡하고 도약하는 것
단 상중의 복식으로 왼쪽 소매를 벗는 것
아버지가…하였다 부친이 작고했던 해로부터 61년이 흘러 같은 간지가 돌아왔음을 뜻함

부짖으면 새도 따라 울었고, 곡이 끝나면 새 또한 그쳤다. 새는 메추리 몸에 비둘기 색으로 사람들은 결국 이름을 짓지 못하였는데, 이사천李槎川과 조각로趙閣老가 그를 위해 「이조異鳥」 시를 지었다.

청담의 농민인 손孫씨 형제 세 명이 묘제墓祭를 지내고 햇볕을 쬐며 잠이 들었다. 꿈에 머리가 하얀 어른이 "일어나거라, 박효자의 곁에 사람이 없게 해서는 안 된다"라고 하며, 지팡이로 그들의 등을 쳤다. 깨어나보니 등이 은은히 아픈 듯하였다. 세 사람이 그들의 꿈을 말하니 꿈이 한결같았다. 급히 포복해 가서 보니, 태성은 막 아침밥을 먹고 있는 것이었다.

여막생활이 끝날 무렵 그의 아들에게 "나는 돌아가지 않겠다. 묘소 옆에서 생을 마쳐야 소임을 다할 수 있을 것이다"라고 하였다. 이에 집을 이사하여 따라오는 이들이 있어, 사 년 만에 촌락을 이루었다.

관찰사가 막료幕僚로 불러들이려 하였으나, 태성이 고사固辭함에 관찰사는 의롭다 생각하고 허락하였다. 때는 지금 임금〔영조英祖〕 재위 21년(1745)으로 효도의 정치를 돈독히 하시고자, 팔도의 군 · 현으로 하여금 초야草野의 절행節行이 뛰어난 자들을 찾아내도록 하였다. 고양군의 수령이 태성을 보고하니 임금은 그의 마을에 정려문을 세울 것을 명하였는데, 태성은 분에 넘친 듯 감히 받아들일 수 없다고 하였다. 객이 타일러 말하기를 "임금의 명령이니 어길 수 없다"라고 하였고,

이사천 이병연李秉淵(1671~1751, 현종 12~영조 27). 자는 일원一源, 사천은 호, 본관은 한산韓山. 김창흡金昌翕의 문인이며 벼슬은 음보蔭補로 부사府使에 이르렀다. 시에 뛰어나 영조시대 최고의 시인으로 일컬어지기도 했다. 『사천시초槎川詩抄』 2책이 전함

조각로 조현명趙顯命(1690~1752, 숙종 16~영조 28). 각로閣老는 영의정의 별칭으로 조현명이 당시 영의정이었으므로 '조각로' 라고 한 것임

향리의 자제들이 곧 함께 일을 성사시켰으니, 정려문에 표시하기를 '효자박태성지문孝子朴泰星之門' 이라 하였다. 아아, 아름답도다!

찬贊하여 말한다.

내가 이인석李寅錫군에게 들으니 태성의 처가는 가산家産이 부유하였는데, 송사訟事를 잘하는 자가 있었기 때문에, 관아가 그 재산을 공평히 분배해주었다. 태성도 거기에 한몫 끼었는데, 불의로 받게 된 것을 부끄럽게 여겨 사양하고 받지 않았다. 태성은 가난이 심하여 해진 베옷으로도 허리를 가리지 못하였으니, 그가 자신을 깨끗이 하고 지조에 힘쓰는 것이 이와 같았다. 선비는 반드시 재물에 임하여 청렴한 후에야 모든 일을 할 수 있다고 하였으니, 이 사람이 어찌 명예를 탐하여 그러했겠는가? 주자는 '추복하는 뜻이 또한 후덕厚德함에 가깝다' 고 하였는데, 예에 합당하다고 하지 않고 후덕함에 가깝다고 한 것은, 그것이 후세 사람에게 가르칠 수 있는 것이 아니기 때문이었다. 후세 사람에게 가르칠 수 없는 것으로, 다른 사람들이 능히 따를 수 없는 것을 태성은 지니고 있었던 것이다.

이좌랑 맹휴 찬李左郎孟休撰

얼굴빛을 따라 뜻을 받들다

공참 안태신 | 2

공참工參 안태신安泰新은 타고난 성품이 도타웠으며 용모와 행동이 바르고 정중했다. 집에서는 효도하고 우애가 있었으며 남과 교제할 때에 온화하고 상냥했다. 젊어서는 책 읽기를 좋아하여 뜻을 과거에 응시하여 출세하는 데에 두었으나 어버이가 늙어 이루지 못했다.

결국 나이 스물일곱에 남행南行으로 부름을 받아 벼슬길에 나섰는데 부친상을 당하여 너무 슬퍼하다 수척해져 상을 이기지 못하고 죽었다. 그 향리의 사람들이 예조禮曹에 알려 정문旌門을 세우기를 청하니 예조에서 임금에게 아뢰어 윤허를 얻었다.

등장等狀한 내용은 이러하다.

서울 서부西部 지역의 사직司直 고故 안태신은 일찍부터 『시』와 『예』의 가르침을 따랐고, 성장해서는 순수한 절조가 있었습니다. 어려서 어머니를

공참 공조참판工曹參判의 줄임말. 『순흥안씨족보順興安氏族譜』에 의하면 안태신이 참판에 추증되었다고 나온다.
남행 음서蔭敍. 공신功臣 또는 현직 당상관堂上官의 자손을 과거에 의하지 않고 채용하던 일. 이처럼 음사蔭仕하는 관원을 음관蔭官 또는 남행관南行官이라 부른다.
사직 오위五衛에 소속된 정5품의 관직

여의게 되자 슬픈 면모에 몸이 수척하여 이미 '어른' 이라는 칭찬이 있었습니다. 아버지를 모시는 데는 얼굴빛에 따라 잘 받들고 언제나 아버지의 뜻을 어기지 않아, 집안과 이웃들이 이구동성異口同聲으로 모두 칭찬해 마지않았습니다.

그 아버지가 나이 칠십여 세에 늙고 병들어 의원과 약이 효과가 없게 되어 거의 임종에 이르렀습니다. 그는 애통하고 황망하여 스스로 손가락을 잘라 떨어지는 피를 아버지의 입에 넣으니 숨이 끊어진 지경에서 다시 소생하여 드디어 며칠의 연장延長을 얻었습니다. 부친이 돌아가신 뒤에는 입에 물도 대지 않고 가슴을 두드리고 땅을 치는 것이 상례의 법도를 넘어섰습니다. 하관한 뒤에도 애통한 마음을 견디지 못하여, 여막에서 무덤을 지키는 두 해 동안 밤낮으로 곡을 하다가 끝내 상을 이기지 못하여 죽게 되었습니다.

참된 효를 실행했으니 극히 가상하므로 마땅히 정문을 세워 표창하는 은전이 있어야 합니다.

그의 후손은 번창하여 지금은 여항의 세력 있는 집안이 되었다.

『겸산필기』

여향의…집안 『잡과방목』을 보면 안태신의 증손 안증득安曾得이 1773년(영조 49)에 율과律科에 합격했던 기록이 있다.

그 아버지에 그 아들

동추 박수천 | 3

동추同樞 박수천朴受天은 자가 성수聖守, 효자 박태성朴泰星의 아들이다. 그 아버지가 추복으로 시묘살이를 하여 심정이 괴롭고 형편이 어려웠다. 이에 아전이 되어 병조에 복무하여 매양 저물어서 돌아왔는데, 그때마다 몸소 쌀을 지고 삼십 리 밖의 아버지를 찾아가서 살펴드리다가 병조에 출근한 것이 무릇 십팔 년이 되었다. 이웃 사람들이 탄식하여 "진짜 박효자의 아들이다"라고 하였다.

그는 『대학』과 『중용』을 즐겨 읽어 평생토록 그치지 않았다. 항상 말하기를 "검소하면서 인색한 것은 검소가 아니고, 검소하되 능히 베풀 줄 알아야 검소함이 된다"고 하였다.

일찍이 교외에서 여인이 슬프게 곡하는 것을 보고 그 이유를 물었더니 시아버지와 남편이 죽었는데 염습하여 장사 지낼 수 없다는 것이었다. 그는 곧장 성안으로 들어가 돈 삼십 꿰미를 빌려 그 여인에게 주었다.

동추 동지중추부사同知中樞府事로 중추부의 종2품 벼슬인데, 이조후기에는 주로 중인과 서민들이 받는 직함에 불과했다.

아버지의 상을 당해 과도한 애통으로 몸을 상하여, 삼 년 내에 수염과 머리는 다 희어지고 얼굴과 정신은 쇠약해져서 결국 죽고 말았다.

『박씨가장朴氏家狀』

채마밭에 참기름 주다

정효자 | 4

정효자鄭孝子는 부여 사람으로 그 이름을 알 수 없다. 그는 성품이 성실하고 질박하여 효도에 순수독실純粹篤實하니 그 고을 사람들이 감화받았다. 어떤 상생庠生이 찾아갔는데 마침 끼니때가 되었다. 닭을 잡아서는 어머니께 드리고 채소 반찬으로 손님을 대접하는 것이었다.

조금 뒤에 그 집 사람이 "노부인께서 당에서 내려오셨습니다"라고 하자 정효자는 곧장 달려들어갔다. 상생이 가만히 살펴보니, 그 모친이 허리를 구부려 손에 든 병으로 채소밭에 물을 주고 있는데 정효자가 그것을 받아 돕는 것이 마치 어린아이 같은 모습이었다.

그가 나오기를 기다려 요청하였다.

"제가 백 리 길을 발이 부르터가며 온 것은 선생의 높은 덕과 두터운 행실을 존경한 까닭이니, 선생은 무엇을 가르쳐주시겠습니까?"

정이 얼굴빛을 바꾸며 말하였다.

"가난하게 살면서 배움이 적고 허물을 적게 하려고 해도 잘 되지 않는데, 외람되게도 버림을 당하지 않아 멀리서 찾아오게 하였군

상생 '상庠'은 중국 고대의 학교. 상생은 학교에서 공부하는 사람을 이름

요."

상생이 다시 앞으로 다가갔다.

"조금 전에 노부인께서 당에서 내려오시는 것을 제가 살펴보니, 노부인이 손에 든 병으로 채소밭에 물을 주는데 선생이 그것을 받아 도우셨습니다. 제가 노모를 섬길 때에는 옷은 가볍고 따스한 것으로 해 드리고 음식은 반드시 여러 가지로 준비하였으며 움직이실 때는 심부름꾼이 있어 당신 발로써 당 아래로 내려오지 않게 한 것이 여러 해입니다. 스스로는 어버이를 소홀하게 섬기지 않았다고 여깁니다. 그런데 지금 선생의 행함이 이와 같으니 예는 그렇게 하는 것입니까?"

정은 추연히 말하였다.

"다만 가난하고 구차한 처지에 어찌 예를 말할 수 있겠습니까? 시골 사람인 제가 무식하여 능히 예로써 어머니를 모시지 못하였습니다. 어머니가 늙고 정신이 없으셔서 조금 전에 채소밭에 준 물은 실은 참기름입니다."

상생이 깜짝 놀라며 말하였다.

"그렇다면 선생이 그렇게 도운 것은 무엇 때문입니까?"

"어머니가 늙고 정신이 없어서 그러하신 것이니 어쩌다 정신이 날 때는 반드시 후회하면서 한탄할 것입니다. 차마 후회하면서 한탄하는 마음을 갖게 할 수 없었기 때문에 도운 것입니다."

이에 상생이 눈을 크게 뜨면서 감사의 절을 하였다.

"깨우친 바 있습니다."

『위항쇄문委巷瑣聞』

아버지의 출옥과 아들의 죽음

동자 홍차기 | 5

충주忠州의 동자童子 홍차기洪次奇는 어머니 뱃속에 있을 때에 그 아버지 홍인보洪寅輔가 살인죄에 연좌되어 옥에 갇히게 되었다. 차기가 태어난 지 오륙 개월 지난 후, 어머니 최씨는 원통함을 하소연하러 서울에 갔다. 홍차기는 중부仲父에게 양육되니, 중부를 아버지로 부르며 인보의 아들임을 알지 못했다.

겨우 서너 살 때에 여러 아이들과 장난하여 놀다가 갑자기 놀라 울며 먹지 않았는데 이런 것이 한 달에 세 번이나 되었다. 집안사람들이 그것을 괴상히 여겨 자중에 읍내 사람들에게 그날을 알아보니 곧 고을 원이 죄수를 신문한 날이었다. 듣는 이들 모두가 이상하게 여겼다. 가족들은 차기의 마음을 상하게 할까 저어하여 더욱 그 아버지의 일을 숨겼다.

홍차기가 열 살이 되었을 때에 그 아버지는 자신이 늙었는데도 출옥할 기약이 없어 하루아침에 명이 다하여 자식을 볼 수 없게 될까 두려워했다. 이에 집안사람들로 하여금 사실대로 알리고, 차기를 데리고 옥문에 이르도록 했다. 차기는 아버지를 껴안고 대성통곡했다. 이때부터 차기는 읍내에 살면서 나무를 해다가 쌀로 바꾸어 아버지를 봉양했다.

몇 년 뒤에 어머니 최씨가 여러 번 조정에 하소연하였으나 아무 회답도 받지 못한 채 서울에서 객사하였다. 반장返葬을 마치고 차기가 울면서 아버지에게 하직 인사를 드렸다.

"어머니가 아버지의 억울함을 하소연하였으나 이루지 못한 채 원한을 머금고 돌아가셨습니다. 또한 장성한 자식이 없으니 비록 어리지만 제가 아니면 누가 다시 아버지를 죽음에서 벗어나게 할 수 있겠습니까?"

아버지가 그 연약함을 염려하여 허락하지 않으나 차기는 빠져나와 도보로 잠행하여 서울에 들어가 신문고申聞鼓를 쳤다. 그 사실이 해당 관서 책임자에게 내려갔으나 역시 밝혀지지 않자 차기는 서울에 머무른 채 돌아가지 않았다.

이듬해 여름 크게 가물어, 임금이 조칙으로 중앙과 지방에 유시諭示하여 중죄수를 다시 심리하게 하였다. 차기가 대궐 밖에 엎드려 고위 관리로 조정에 나가는 자를 만나면 문득 울면서 아버지의 억울함을 하소연하기 무릇 십여 일이었다. 이것을 보는 자 가운데 감동하지 않은 이가 없어 종종 음식을 갖고 와서 그에게 먹였고, 혹은 그의 머리를 빗어 이를 없애주기도 하였다.

형조판서가 죄수의 심리 문제로 입시入侍하여 홍차기의 상황을 아뢰었다. 임금은 그를 측은히 여겨 해당 조사관에게 상세히 조사하여 보고하도록 하자, 조사관은 옥사가 오래되었고 사실에 현혹됨이 있으므로 가부간可否間에 둔다고 아뢰었다. 임금이 특명으로 죽음을 면해주고 영남으로 귀양 보내라고 하였다.

처음 해당 조사관에게 명령했을 때에 차기는 찌는 듯한 더위를 무릅쓰고 삼백 리를 달려 관청에 이르러 소리 높여 울면서 아버지의 목숨을 빌었다. 임금에게 보고를 올릴 즈음에는 차기가 또 급히 달려 역마를 앞질러 갔는데, 서울에 다다르기 백 리 전쯤에서 병이 들었다. 동행하는 사람이 잠시 머물기를 권했으나 차기는 안 된다고 말하고 부축받으며 여관에 이르렀다. 아픔을 참고 다시 대궐 앞에 부복했는데 천연두에 심하게 걸려 나흘 만에 의식을 잃고, 때때로 헛소리를 질렀다.

"제 아버님이 살게 되었습니까?"

아버지의 사면이 내려지자 옆 사람이 큰 소리로 그에게 알렸더니 차기가 놀라 깨어나면서 소리쳤다.

"정말입니까? 저를 위로하려는 것이 아닙니까?"

이에 판결된 글을 읽어주었더니 홍차기는 눈을 떠서 보고 손을 들어 하늘에 세 번 축원하고 벌떡 일어나 춤을 추며 말했다.

"아버님이 살아나셨다! 아버님이 살아나셨다!"

그리고는 넘어진 채 말을 못 하더니 그날 밤 홍차기는 결국 죽었다. 그때 나이 열네 살이었다. 아버지가 옥에 갇힌 때에 태어나서 아버지가 출옥하는 날에 죽은 셈이다. 원근遠近 사람들이 그것을 듣고 그를 위해 눈물을 흘리지 않는 이가 없었다.

『청구야담靑邱野談』

강의 신神이 아버지 시신을 찾아주다

효자 이병연 | 6

이병연李秉淵은 서천舒川 사람이다. 그의 아버지가 용당龍塘을 건너다가 배가 뒤집혀 빠져 죽었다. 병연은 강을 따라 소리쳐 울며, 손가락을 깨물어 피로 글씨를 써서 하늘과 신에게 제사를 지냈다. 석 달 동안 이와 같이 곡하며 기도하였다. 어느 날 밤, 손가락을 깨물어 나온 피로 붓을 적셔 다시 강신江神께 제사를 지내고 천막으로 돌아와 선잠이 들었는데, 어떤 노인이 어슴푸레한 모습으로 와서 알려주기를 "네 부친이 이르렀다"고 하였다.

문득 물 위에 한 시체가 떠내려오면서 점점 강기슭으로 가까이 오기에 바삐 나가보니 곧 부친의 시신이었다. 그는 시신을 끌어안고 통곡하였다. 장사를 지낸 뒤 무덤 곁에서 삼 년간 여막살이를 하였다.

『삼강록三綱錄』

서천 지금의 충청남도 서천군

진정 예를 아는 사람

치옹 송규휘 | 7

송규휘宋奎輝의 부친은 송시성宋時聖으로, 부모를 위해 효도하다 죽었다. 영조 30년에 해당 관서에서 임금에게 보고하여 왕의 명령으로 한성좌윤漢城左尹을 추증하고, 드디어 그 마을에 정려문을 세웠다.

송생은 어렸을 때부터 곧 스스로 맹세하길 "나의 아버지가 효행을 다하다 돌아가셨으니, 내가 부모에게 효도하지 못한다면 무슨 면목으로 저승에서 돌아가신 아버지를 뵐 수 있겠는가?" 하였다. 그러므로 부친의 생존 시부터 벌써 지극한 효행으로 소문나기에 이르렀다.

아버지가 일찍이 병들었을 때였다. 송생은 황황히 안색에 우울한 빛을 띠고, 밤에도 옷을 벗지 않았으며, 몸소 모시면서 약을 달이고, 아버지가 약을 마시고 난 후에야 곧 감히 물러나 식사를 했다. 매양 똥을 맛보고 그 병세를 파악했는데, 한 번도 난색을 표하지 않았다. 밤낮으로 목욕재계하고 하늘에 빌면서 자신이 아버지를 대신하기를 원하였으나, 얼마 후 어찌할 수 없게 되었다. 드디어 칼로 손가락을 잘라 피를 내어 입에 흘려넣어 하루를 연명시켜 드렸다.

한성좌윤 한성부에 속한 종2품 관직

상을 당한 후에는 곡하고 우는 것이 너무나 슬퍼서 거의 살아남을 수 없게 되었다. 어머니가 눈물을 흘리며 지나치게 애통해하지 말라고 타이르니, 송생은 감히 목 놓아 울지 못하고 매양 한밤중에 일어나 앉아 어린아이처럼 울었다. 옆 사람들이 그 때문에 감동했다.

복상服喪을 끝마치자 그 아버지를 섬기던 대로 어머니를 섬기며, 온화한 용모와 즐거운 낯빛으로 하루도 그 곁을 떠나지 않았다. 처자식에게 당부하여 감히 사사로이 재물을 소유하지 못하게 하고, 어머니의 기거起居를 도와줄 때는 어린아이와 같이 하여 그 어머니가 늙어감을 잊게 하였다. 집이 비록 가난해도 맛있는 음식으로 공양하길 오직 정성스럽게 하여 어머니로 하여금 가난함을 잊게 하였다. 이와 같이 삼십 년을 하루같이 하였다.

어느 날 밤, 어머니가 갑자기 병들었다. 병세가 매우 위급하여 의원을 맞아 치료하기 전에 드디어 또 손가락을 잘랐으나 효험이 없었다.

모친상을 받들 때도 아버지가 돌아가셨을 때와 한결같이 하였다. 이에 무덤 곁에 거처하며 조석朝夕으로 반드시 곡하였고, 때로 「육아장蓼莪章」을 외우다 '부모님 날 낳으시매 수고하셨네'라는 구절에 이르면 그 소리 더욱 흐느끼니, 조문하러 온 손님이 눈물 흘리며 가지 않는 이가 없었다.

송생이 이때에 이미 노쇠하여 드디어 병에 걸리니, 의원은 슬픔을 절제하면 병이 저절로 나을 것이라고 하였다. 그러나 애통함으로 몸

육아장 『시경』 소아小雅 「육아蓼莪」 편을 말함. 효자가 그의 부모를 끝까지 봉양하지 못하는 안타까움을 노래한 시로 "蓼蓼者莪, 匪莪伊篙, 哀哀父母, 生我劬勞"라는 구절이 있다.

을 상하는 것이 갈수록 심하고 병은 마침내 낫지 않아 일 년이 못 되어 결국 죽고 말았다. 아아, 슬프도다!

옛날에 공자가 번지樊遲의 질문에 대답하길 "살아 계셔서는 예로써 섬기고, 돌아가셔서는 예로써 장사 지내고, 예로써 제사를 올린다"라고 하였으나, 예를 잃어버린 지 오래되었도다. 오늘날 사대부는 거상居喪함에 오직 벼슬에 오르거나, 연회를 베풀거나, 기녀와 음악을 즐기지 않는 것만으로 스스로 효라고 여길 뿐이어서, 부모가 살아 계실 때나 장사 · 제사 지낼 때에 능히 예를 다하는 자가 거의 드물게 되었다. 송생과 같은 자는 가히 예를 안다고 말할 수 있을 것이다.

대저 독실한 행실을 하는 사람을 칭찬하는 것은 세상의 교화를 도탑게 하고, 민풍民風을 두터이 해서 후세 사람에게 근본이 있음을 알게 하려는 것이다. 송생이 행한 바를 고찰해보건대 국법에 있어서 마땅히 효자로 정려할 만하다.

『금릉집金陵集』

살아…올린다 『논어』「위정」 편에 나오는 것으로 "樊遲曰: 何謂也? 子曰: '生事之以禮, 死葬之以禮, 祭之以禮.'"이 있다.

필운대 아래 신동

동자 김중진 | 8

동자童子 김중진金重鎭은 여항인의 자손으로, 그의 아버지는 김만학金學萬이라 한다. 태어나서 가정과 서당의 교육이 없었으나, 총명하고 영민함이 매우 뛰어났다.

다섯 살에 책을 읽을 줄 알았으며, 한 번 보면 외울 수 있었고, 기질과 도량이 조숙하여 행동거지가 평범한 아이들과는 달랐다. 항상 부모 곁에 있으면서 식사 때에는 반드시 모시고 앉아 배불리 맛있게 드시는지를 살펴보았고, 잠잘 때는 자리가 찬지 따뜻한지 만져보았다. 조상께 제사 드리는 날에는 어른들과 함께 목욕재계하고 제사에 참석했는데, 하루는 그가 잠깐 잠이 들었던 까닭에 알리지 않았다. 중진은 제사에 참석하지 못한 것을 한스럽게 여겨 그날 하루 종일 아무것도 먹지 않았다.

여덟아홉 살에 『소학』을 읽었는데 외우고 익히기를 그치지 않았으며, 무릇 책 속에 있는 효제孝悌의 도리와 소쇄灑掃의 절목을 모두 본받아 실천하였다. 부모는 그가 몸을 상할까 염려하여 매양 금지시키곤 했지만, 오히려 더욱 쉬지 않고 힘써서 마치 뒤지지 않으려는 듯하였다.

열한 살에 시에 대한 공부가 크게 진전되었다. 집이 필운대弼雲臺 아래에 있어, 문사文士들 중에 오고가면서 노닐고 구경하는 이가 많았다. 중진이 반드시 그들의 모임에 참여했는데, 그의 시구가 기발하여 노련한 선비들이 모두 물러앉으며 탄복하니, 일시에 회자되어 모두 '신동神童'이라 하였다.

열두 살에 어머니가 전염병에 걸리자 중진은 지키며 보살펴, 여러 날 밤 눈을 붙이지 아니하였다. 상을 당해서는 곡소리가 끊이지 않고 물 한 잔도 입에 넣지 않았으며, 상주 노릇으로 예를 지킴에, 한결같이 어른과 같았다.

장례가 끝난 뒤에 그의 아버지에게 고하길 "저는 평소 잠시라도 어머니를 떠난 적이 없으니, 지금 차마 어머니의 체백體魄을 버려두고 돌아갈 수 없습니다. 원컨대 삼 년 시묘살이하면서 돌아가신 어머니의 혼을 위로하고자 합니다"라고 하였다.

아버지는 크게 괴이쩍게 여겨 들어주지 아니하니, 이로부터 중진은 애통으로 몸을 상하게 하는 일이 더욱 심하였다. 아버지가 엄하게 타이르고 꾸짖어서, 오직 조석상식朝夕上食에 곡하는 것 외에는 슬픈 모습을 나타내지 않았지만, 육즙肉汁을 권하면 한사코 먹으려 하지 않았다. 매양 여막의 일로써 때때로 울면서 간청하니, 아버지가 측은히 여겨 말하였다.

"내 평생 오직 너 하나 일점혈육이 있을 뿐인데, 만약 네가 여막에

필운대 인왕산 아래에 위치하며 도성 안의 명승지로 이름이 높았다. 특히 여항시인들이 이곳에서 시회를 자주 열었기에, 당시 이를 두고 '필운풍월弼雲風月'이라는 말이 있었다고 한다.
조석상식 상중 의식의 하나로 아침저녁으로 영전에 음식을 올리는 것

살면 나는 누구와 함께 사느냐? 또한 열두 살 먹은 어린애가 여막을 사는 것이 예라는 말은 들어보지 못했다."

중진이 "여막에서 어머니를 모시는 것은 불과 삼 년이지만, 아버지를 봉양하는 것은 그 날이 무궁할 것입니다. 예전에 촌은村隱 유희경劉希慶은 열세 살에 아버지 묘소에서 여막을 살았는데, 어린 마음에 항상 본받고자 하였습니다. 어찌 나이가 어리다 하여 지극한 정을 폐할 수 있겠습니까?"라고 하며 간청을 그치지 아니하니, 아버지는 어쩔 수 없이 허락하였다.

이에 묘소 아래 거하면서 하루 세 번씩 곡하며, 살피고 쓸기를 게을리 하지 않았다. 이와 같이 하기를 반년 만에 병이 생겨 날로 깊어지고 심해졌다. 아버지가 들것에 싣고 돌아와서 의원에게 치료를 받았으나 아무런 효험이 없었다. 임종 시 아버지에게 고하여 말하였다.

"제가 지금 죽게 되면, 아버지에 대한 불효가 큽니다. 다만 어머니께서 가빈假殯되신 채 해를 넘기게 되니, 이것이 더욱 가슴 아플 뿐입니다. 원컨대, 급히 길吉한 묏자리에 영원히 묻으시어, 제가 황천에서 한을 품지 말게 해주십시오."

말을 마치고 죽으니, 나이 겨우 열세 살이었다. 길을 가는 사람들이 이것을 듣고 눈물을 흘리지 않는 이가 없었다.

색은索隱 씨는 말한다.

가빈 장례를 정식으로 치르기 전에 임시로 매장하는 예식

예로부터 신기神奇한 아동들은 세대를 걸러 혹 있어왔지만, 열두 살에 경전에는 밝더라도 그만한 효행은 들어보지 못했으며, 일곱 살에 부모 침석에서 부채로 시원하게는 해드려도 그만한 문장은 드러내지 못하였다. 그런데 지금 중진은 어린아이로서 능히 지행至行과 기재奇才를 겸하였으니, 어찌 크게 기이하다 하지 않겠는가?

중진이 죽은 뒤에, 그의 아버지는 그가 남긴 시 십여 편을 수록하여 여러 이름난 선비들을 만나 뵙고, 서문을 부탁해 얻어서 합하여 한 권을 출판하여 세상에 유포시키려 한다. 이것은 가히 중진을 죽지 않게 할 것이다. 아, 슬프도다.

『성재집省齋集』

색은씨 이 글의 필자인 고시언高時彦이 평評을 달기 위해 자신을 객관화시켜 지칭한 것으로, 숨은 일을 찾아낸다는 뜻이 담겨 있음

문익점의 후손

판윤 문중욱 | 9

판윤 문중욱文重郁은 자가 기팔起八이며, 부민후富民侯 문익점文益漸의 후예이다. 그는 어려서부터 지성으로 부모를 사랑하여 곁을 떠나지 않고, 부모가 진지를 들지 않았으면 감히 수저를 들지 않으며, 먹을 것을 항상 갖추어두고 뜻을 잘 받들어 부모를 기쁘게 하는 데 힘썼으며, 어버이가 편찮으실 때는 밤낮으로 곁에서 보살피면서 의대를 풀지 않았다. 혼자된 누이가 가난하게 살자 아비 없는 조카를 자식처럼 돌보았다. 오래 봉양하지 못함을 지극한 아픔으로 여겨 화려한 의복을 입지 않고, 음악과 여색을 가까이하지 않고, 입으로는 재리財利를 말하지 않았으며, 비록 문방文房의 조그만 물건이라도 함부로 남에게 구하지 않았다.

그는 평생토록 높고 굳세어 남을 쉽게 허여하지 않았다. 그러나 궁하고 급한 사람을 보면 그를 구제함에 있어서 남에게 뒤질까 두려워

문익점 1329~1398(충숙왕 16~태조 7), 초명은 익첨益瞻, 자는 일신日新, 호는 삼우당三憂堂, 본관은 남평. 고려 공민왕 때 문과에 급제하고 창왕 때 좌사의대부左司議大夫를 지냈다. 사신으로 중국 원나라에 들어가 덕흥군德興君을 왕으로 내세우는 일에 가담했으나 실패하고, 돌아올 때 목화씨를 붓 자루 속에 넣어가지고 와서 심어 우리나라에 처음으로 목화를 번식시켰던 일이 유명하다.

하였다. 사람을 정답고 곡진하게 대하여 경계境界를 두지 않았으나 시비사정是非邪正을 논할 때는 확고한 주견이 있어 조금도 흔들리지 않았다. 대개 그 단정하고 개결한 절조는 하늘로부터 나왔고, 맑고 근엄한 풍모는 가정교육에서 얻은 것으로 비록 옛 선비라도 이에 넘지 않을 것이다.

공이 이미 죽은 지 15년 뒤에 부관部官이 그의 평소 뛰어난 효행을 조정에 알려서 정려문을 내려주는 특명이 있었다. 또 마을의 부로들이 연명하여 조정에 호소하니 거듭 포상하여 한성판윤으로 추증하였다. 세상에서 그것을 모두 영광으로 여겼다.

『완암집』

부관 경성 오부五部의 행정사무를 맡은 이

불량배가 피하다

효자 김익춘 | 10

김익춘金益春은 자가 인수仁叟, 본관은 김해金海로 사재감司宰監의 아전이다. 어려서부터 효성스럽고 우애가 있었으며, 즐겨 책을 읽었다. 아전이 되어서는 크고 작은 일에 공손하고 조심하여, 여러 사람들 속에 처하는 것이 마치 처녀와 같았다. 손으로 『논어論語』 장구章句를 베껴 항상 소매에 넣어두었다가, 공무를 보는 틈틈이 앉으면 반드시 그것을 보았다. 동료 아전이 혹 눈총을 주는 자가 있어도 익춘은 개의치 않았다.

익춘은 인달방仁達坊 도가리都嘉里에서 살았는데, 동네에는 불량한 젊은이가 많았다. 이들이 항상 동네에서 행패를 부리니 동네에서 또한 악당으로 대하였다. 익춘은 항상 드나들면서 불량한 젊은이들을 보면, 반드시 앞으로 나아가 절하고 읍揖하였다. 불량한 젊은이들이 처음에 조롱한다고 여겨 화를 내며 따지니, 익춘은 "여러분은 제 형님들의 연배이니, 어찌 이렇게 안 할 수 있겠습니까?"라고 하였다. 불량배

사재감 궁중에서 쓰는 생선 · 고기 · 소금 · 땔나무 · 숯 따위를 공급하던 관아. 『경국대전經國大典』에 어물魚物 · 육류肉類 · 식염食鹽 · 소목燒木 · 거화炬火를 담당한다고 기록되어 있음

인달방 조선시대 한성부의 행정구역으로 지금의 사직동 방면

들은 곧 겸연쩍어하며, 당치않은 일이라고 하였다. 그 뒤로는 멀리서 보아도 피하여 숨어버렸다.

나이 스물한 살에 모친상을 당하였는데, 아버지의 깨우침과 타이름이 있었기에 예를 넘어서 애통으로 몸을 상하게 하지 않았다. 그해 겨울, 그의 아버지가 돌아가시자 익춘은 울부짖고 가슴을 치며 먹지 않아 기절했다가 다시 살아났는데, 그러기를 여러 번 하였다. 그의 형은 그가 부모 잃은 슬픔에 목숨을 잃을까 염려하여, 빈소를 차린 후 임시로 마을의 다른 집으로 옮겨가 있게 하여 보지도 듣지도 못하게 하려 했다. 익춘은 반대했으나 허락을 받을 수 없었다. 마을의 다른 집에 가서도 머리가 난발로 뒤엉킨 채 거적자리에 흙덩이를 베고 지내니, 비애가 더욱 심하고 기운이 떨어져 병들게 되었다.

매일 새벽이면 반드시 최복에 지팡이를 짚고 가서 문 앞에 엎드려 통곡하고 돌아왔으며, 상식上食을 올리는 저녁에 또한 아침에 곡하듯 하였다. 병이 날로 심하여지니 형은 "본디 익춘이 병들까 염려하여 임시변통으로 그곳에 머물게 하였더니, 도리어 병이 들었구나" 하고, 부축하여 집으로 돌아왔다. 익춘은 더욱 기운이 쇠퇴하여 소상小祥도 못 지내고 죽었다.

인근 마을에 착한 사람이나 착하지 못한 사람이나 할 것 없이 모두 그를 불쌍히 여겨 서로 함께 상의하고 춘경春卿에게 장狀을 올려서, 정려문을 세울 수 있었다.

소상 사람이 죽은 지 일 년 만에 지내는 제사. 기년제朞年祭, 연상練祥
춘경 예조판서의 별칭. 예조를 춘조春曹라고도 했음

나의 종형從兄 대재大哉씨가 그와 더불어 집을 나란히 하여 살았는데,[나] 그 사실을 자세히 갖추어 말해주었다.

이어서 말한다.

부모를 잃고 과도한 애통에 빠져 목숨을 잃는 것은 예가 허락하지 않는 것이다. 익춘 같은 이 또한 과도한 애통에 빠져 목숨을 잃었다고 말할 수 있지 않은가? 내가 듣기에 익춘은 평소에 경전을 좋아하였고, 사람됨이 효성스럽고 우애가 있었다 하니, 어찌 예로써 상주 노릇 할 줄 몰라서 고인의 가르침을 어기는 일을 했겠는가? 그의 죽음은 아마 '부모상은 진실로 스스로를 다하는 것이다' 라고 생각한 것이었는데, 불행히 기운이 의지를 따르지 못하여, 그의 생명이 끊어진 것이리라! 아아 슬프도다!

『호고재집好古齋集』

나 이 글의 저자인 김낙서金洛瑞

위항의 예학 군자

학고당 백윤구 | 11

학고당學古堂 백윤구白胤耇는 자가 이맹頤孟이다. 효도와 우애가 타고난 천성이어서 어버이를 섬김에 지극한 정성으로 극진히 하였다. 예학에 조예가 깊어 상례와 제례祭禮를 반드시 옛사람의 법도에 합치되게 하였다. 김퇴정재金退靖齋·박만취정朴晩翠亭과 친하여 끊임없이 오가며 연구하고 탁마琢磨함이 많았다. 그가 죽자 동리에서 '효행탁이孝行卓異'로 예조에 아뢰어 정려문을 세웠다. 『학고당집學古堂集』 1권이 있어 출판되어 유포되고 있다.

오천烏川 정판서鄭判書가 그 문집에 다음과 같이 썼다.

> 위항에 있으면서 오래된 예학의 오류들을 논하고, 서민이면서 당세當世 치도治道의 요점을 말하며, 개연히 요순의 태평 시절로 바로잡아 돌려놓음을 자기의 임무로 삼은 사람은 참으로 걸출한 현호자류賢豪者流이니,

김퇴정재 김항령金杭齡
박만취정 박영석朴永錫
효행탁이 효행이 탁월하고 남다르다는 뜻. 정려문을 세우도록 조정에 추천하는 항목 중 하나
정판서 미상. 단 '오천烏川'은 '영일迎日'의 옛 지명으로 정판서의 본관을 나타냄

내가 들은 바로는 근래 작고한 백윤구가 바로 그 사람이다.

내가 그 논조의 일단을 한번 들어보기도 전에 그는 이미 옛사람이 되었다. 매양 그를 생각할 때면 슬픔과 한스러움이 그치지 아니하였다. 하루는 그 아들 백겸문白謙門이 그의 행장과 유고를 가지고 내곡內谷 윤사빈尹士賓을 안내자로 삼아, 와서 일언一言을 청하였다. 나는 행장과 유고를 펼쳐 훑어보기를 마치지도 않은 채, 옷깃을 여미고 탄식하며 말하였다.

"풍부하다, 그 이론이여. 문사文詞는 다만 여사餘事일 따름이로다."

그가 예를 논함에 있어서는 소昭와 목穆을 분변하여 오묘五廟를 세우는 것을 첫째로 삼았는데, 그 나머지 조항도 모두 찬연하여 볼 만하였다. 정치를 논함에 있어서는 또 정전법을 시행하고 학교를 진흥하는 것을 나라를 다스리는 긴요한 일로 여겼다. 그 밖의 절수折受를 파하고 면세를 없애라는 등의 여러 설 또한 이해를 지적·진술하여 오늘날 고질적 폐단에 적절히 들어맞으니 이 어찌 천고의 남다른 견식을 지닌 사람이 아니겠는가?

그의 학문은 대개 충신효제로 그 근본 바탕을 삼았으며, 마음을 세우고 행동 규범을 마련함에 반드시 옛사람과 같이 될 것을 스스로 기약하였다. 그러므로 문자언어로 표현하는 것을 대충대충 적당히 하기를 좋아하지 않으며, 반드시 요순堯舜과 삼대三代가 아니면 다 구차스러운 것이라

윤사빈 윤득관尹得觀(1710~?, 숙종 36~?). '사빈'은 그의 자이며 본관은 해평海平이다. 어유봉魚有鳳의 문인으로, 젊어서는 시로 이름이 났으며 노년에는 경학에 몰두했다.

소와 목 종묘나 사당에 신주를 모시는 차례. 천자天子가 모시는 사당의 경우를 보면, 시조始祖를 가운데에 모시고 그 왼쪽 줄을 소, 오른쪽 줄을 목이라 하여 2·4·6 세世를 '소'에, 3·5·7 세를 '목'에 모시어 삼소삼목의 '칠묘七廟'다.

오묘 제후가 모시는 사당은 이소이목二昭二穆의 '오묘五廟'다.

절수 임금의 후궁이나 왕자들이 임금으로부터 땅이나 면세전免稅田을 자기 앞으로 나누어 받는 것

고 여겼으니, 그가 이 세상에 대하여 간절한 마음을 가지고 잊지 못했던 것은, 일상에 구속된 세속 선비들이 입으로 지껄이고 귀로 들어 흘리는 것과는 같은 것이 아니다. 그가 주장했던 것을 오늘날 실행할 수만 있다면 우리나라의 예는 한당漢唐의 고루함을 씻고, 지극한 정치는 요순시대의 거룩함에 비견될 수 있었을 터인데, 안타깝게도 끝내 그 한두 가지도 펼쳐보지 못하고 뜻을 지닌 채 죽었으니, 탄식을 이길 수 있겠는가.

내곡內谷 윤공尹公이 또한 그 문집에 이렇게 제題하였다.

현인은 어느 시대에나 나오는 것이 아니고, 나온다 하더라도 불행하게 지내기도 하는데, 우리 학고당 백군 같은 이가 바로 그 사람이 아닐까! 처음에 그는 박담옹朴澹翁에게서 수업하였는데, 담옹은 나의 글방 스승으로 그와 내가 함께 배웠다. 내가 호상湖上에서 공부할 때에 약간 해득된 바가 있어 그에게 말하면, 그는 의문이 풀리는 듯 마음에 들어하였다. 그래서 나는 그가 학문을 좋아하는 것이 원래부터 그러했음을 알았다.
그는 겸허하게 스스로를 낮추어 세상에 알려지기를 바라지 않았기 때문에 세상에서는 그가 학문하는 사람임을 알지 못하였다. 그의 옥 같은 용모와 예스런 마음은 하늘이 준 아름다운 자질이다. 집이 가난하고 어버이가 늙으셔서 뜻을 굽혀 미관말직에 나아갔으나 손에서 한 번도 책을 놓은 적이 없었다. 뜻을 세움에 반드시 옛사람을 본받을 것을 스스로 기약하며 일찍이 이렇게 말하곤 하였다.

박담옹 박창원朴昌元

"후세에 좋은 풍속이 없는 것은 모든 일에서 옛것을 본받지 않기 때문이다. 공부자孔夫子가 『서경』을 산정刪定할 때 우하虞夏로부터 시작하면서, 첫머리에 '계고稽古'라는 두 글자를 계시하여 후세에 명하였다. 이는 옛것은 본받을 만하기 때문이다. 한당漢唐같이 비루한 것은 옛것이 아니다."

드디어 『서경』의 「열명說命」 편에서 뜻을 취하여 '학고學古'라고 집에 편액하고, 그중에 거처하면서 허리를 구부려 읽고 정밀하게 생각하며 힘써 실천하기를 밤낮으로 부지런히 하였다. 그의 드러나지 않은 덕과 숨겨진 행실에는 참으로 본받을 만한 것이 많았다.

그의 학문은 대개 사물을 밝히고 윤리를 살피는 것을 위주로 하였는데, 자공子貢이 부자夫子에게서 듣지 못한 것을 스스로 체득함이 있었다. 또, 일찍이 이런 말을 하기도 했다.

"예는 인仁의 용用이 되니, 예에 밝지 못하면 능히 인에 편안할 수가 없다."

그리고 예학에 힘을 기울여 그 대지大指를 발견해냈다. 몇 해 전에 나라에 효소孝昭·휘녕徽寧 양전兩殿의 상이 있어, 임금이 특별히 관청을 개설하여 『상례보편喪禮補編』을 엮어낼 것을 명하였는데, 본 청의 여러 관료들이 그를 불러 그 일을 돕게 하였다.

계고 『서경』 첫머리의 "曰若稽古". '옛일을 상고해보면'이라는 뜻
서경 「열명」 편에 "學于古訓, 及有獲"이란 구절이 있다.
자공이…있었다 공자의 고제高弟였던 자공도 공자가 성性과 천도天道에 대해 말하는 것은 들을 수 없었다는 말이 『논어』 「공야장公冶長」에 보인다(子貢曰. "夫子之文章, 可得而聞也; 夫子之言性與天道, 不可得而聞也"). 여기서는 백윤구가 성리학에 조예가 깊었음을 말하고 있다.
효소·휘녕 양전 효소전은 숙종의 두번째 계비繼妃 인원왕후仁元王后(1687~1757)를, 휘녕전은 영조 비 정성왕후貞聖王后(1692~1757)를 이름

그는 '나라를 다스림은 예로써 해야 하는 것이고, 종묘에서 소목昭穆을 차례 있게 함은 예의 큰 제도이며, 소와 목이 나뉜 후에 신神과 사람의 위치가 정해져 길흉의 예를 둘 곳이 있다' 고 생각하였다. 드디어 10조목의 의議를 올림에 '소목지설昭穆之說' 을 첫머리로 삼아 임금께 아뢰어주기를 청하였다. 오묘의 제도를 세움으로써 천 년의 오류를 바로잡아 주자의 유지遺志를 달성시켜, 중국에 성인이 출현하는 날 우리에게 와서 법을 취해가게 해야 한다고 하였으니, 이는 그의 평소 뜻이었다.

그 나머지 여러 설도 대개 정밀한 뜻이 깊은 곳에까지 들어갔다. 권형숙權亨叔이 일찍이 그의 '속폐俗弊' '계자戒子' 등에 관한 설을 보고는 '그의 뜻이 구차하지 않고 말이 속되지 아니하다 하더니 과연 그렇다' 고 하였다.

『상례보편』을 편집하는 일을 마치지도 아니하였는데, 그가 갑자기 죽었다. 여러 관료들이 몹시 슬퍼하고 안타까워하여 그의 효행을 경연經筵에서 아뢰니, 임금은 특별히 명하여 정려문을 세우게 하였다.

그러나 그가 임금께 아뢰어 바르게 하고자 하였던 것은 끝내 이루지 못하였다. 그는 실로 뜻을 지닌 채 가버린 것이다.

앞의 두 「서문」을 보면 그의 덕성과 학문을 볼 수 있을 것이다.

『겸산필기』

권형숙 권진응權震應. 형숙은 자, 호는 산수헌山水軒, 본관은 안동으로 영조 때의 문신

그가…죽었다 윤봉구尹鳳九(1681~1767, 숙종 7~영조 43)의 문집 『병계선생집屛溪先生集』 권15에 「백군윤구묘표白君胤耈墓表」가 실려 있다. 이 글에 따르면 백윤구는 1758(영조 34)년 4월 8일에 죽었다. 향년 마흔아홉 살이었다.

남편은 효자, 아내는 열녀

판윤 이사룡 · 처 고씨 | 12

이사룡李思龍은 진우당眞愚堂 이덕함李德涵의 아들이다. 어릴 적부터 일상적인 언동이 다른 사람들을 사랑하고 공경하며 윗사람을 잘 받들었다. 어머니의 병환이 여러 해 지속되자 옷 띠를 풀지 않으며, 약 수발들기를 사오 년 동안 하였다. 상을 당해서는 애통해함이 사람들을 감동시켰으며 장례와 제사를 일체 예법에 따라 했다.

아버지를 섬김에 있어 머리가 허옇게 셀 때까지, 한결같은 정성과 효심으로 뜻을 받들고 봉양할 물자 준비하기를 오십 년 동안 하루같이 하였다. 아버지가 병환이 여러 달이 되자 밤낮으로 곁에서 간호하며, 눈을 붙이지 않았고 약은 반드시 몸소 달였다. 아버지가 그의 나이 많음을 민망히 여겨 잠시 쉬게 하자 그는 울며 말하였다.

"아들 된 자로서의 직분을 이러한 행동으로 만분의 일이라도 다하고자 합니다."

병이 점차 위독해지자 똥을 맛보아 그 변하는 맛을 살펴보았으며, 눈물을 흘리며 자신의 몸을 대신 죽게 해달라고 하늘에 빌었다. 곁의

이덕함 권6의 「건우당 이덕함」 항 참조

사람들이 그로 인하여 울었다. 드디어 상을 당해서는 일흔 노인의 몸으로 슬픔 때문에 수척해졌고 죽과 물과 소금과 나물로서 삼년상을 마쳤는데, 제전祭奠을 드리면서 곡할 때마다 병을 무릅쓰고 애통해하였다. 겨우 삼 년을 마치고 죽게 되니, 소문을 들은 사람들 중에 눈물을 흘리며 존경하고 찬탄하지 않는 이가 없었다. 뒤에 효로써 한성부 판윤에 추증되었다.

그의 처 고씨는 시어머니가 병이 들자 주야로 약시중을 들며 잠시도 게을리 하지 않았고, 상을 당해서는 애통해함이 남들을 감동시켰다. 시아버지를 모신 오십 년 동안 한결같이 정성스럽고 공경스러웠다. 가난하고 어려운 사람에게 진휼하고 베푸는 것을 좋아하여 족친 중에 그의 힘을 입어 사는 자가 매우 많았다. 나이가 예순이 지났는데도 시아버지가 병이 들자 약시중을 드는 데에 소홀함이 없었고 늙은 나이를 핑계로 스스로 쉬지 않았다. 또한 시아버지가 돌아가시자 삼 년 동안 삼베옷을 입었다.

남편이 병이 들자 목욕재계하고 자기 몸으로 대신해줄 것을 하늘에 빈 것이 여러 번이었다. 옷은 띠를 풀지 않았고 눈을 붙이지도 않았으며 약은 반드시 몸소 걸렀다. 남편이 죽게 되자 따라 죽고자 하였다. 아들딸들이 울며 말리자 그는 말하였다.

"옛날에 부인이 이런 경우를 당하면 경중을 헤아림에 있어, 절개를 세우는 것은 쉽고 아비 잃은 아이를 보살피는 것은 어렵다는 정론이 있어왔다. 그러나 나의 경우는 너희들이 이미 다 성장하였으니 남편을 따라 죽는 의리가 구차하게 사는 것보다 중요하다. 마음속으로 이미 결정하였으니 다시 말하지 말라."

드디어 칠 일 동안 굶고서 죽었다. 임종 때에 제사 받들기를 경근敬謹히 하고, 절약과 검소로 가정을 지켜나갈 것을 자손에게 당부하였다. 열녀烈女로서 정려문을 세우게 되었다.

『여리등장閭里等狀』

계모를 친어머니처럼

동추 최도식 | 13

동추同樞 최도식崔道植은 자가 사일士一이고, 본관은 충주忠州이다. 어려서 어머니를 여의고 계모에게 양육되었다. 열서너 살쯤 되어서부터 지성으로 뜻을 받들고 배다른 아우들과 살면서 모두와 우애를 지극히 해서 계모의 마음을 기쁘게 해드렸다. 또한 계모의 친정이 가난하게 지내자 항상 힘써 도와줘서 늘 계모의 마음을 흡족하게 해드려 듣는 이가 탄복하였다.

열아홉 살이 되어서는 후한 값을 치르고서 맛난 음식과 가볍고 따스한 옷을 계모에게 지성으로 마련해드렸다. 자신이 직접 가서 물건을 구매해오니, 장사치들 사이에서 좋은 물건은 보관해두었다가 최효자에게 판다는 말이 있게 되었다. 최효자는 옷감 한 조각 쌀 한 톨도 마음대로 하는 것이 없고 남에게 베푸는 것이나 형제간에 나누어 가지는 것을 오직 계모의 말에 따랐다. 세 번 장가를 들었는데 혼수를 장만하는 데 있어 조금도 사사로이 하지 않았다. 이웃 사람들이 그 효성에 감탄하여 '최효자 집'이라고 불렀다.

정조 병진丙辰(1796년, 정조 20)년에 청렴 근면하고 효행이 있음으로써 특명으로 장용영壯勇營의 수리首吏로 차임差任하고, 인하여 선혜청宣惠廳

서리를 겸하게 했다. 지성으로 계모를 봉양하여 오십 년을 하루같이 하였다. 지금 임금 병진(1856, 철종 7)년 춘조의 계문啓聞으로 인하여 정려문을 세우라고 명하였다.

『최씨가장崔氏家狀』

장용영 1793(정조 17)년에 정조가 왕권 강화를 위하여 수원에 설치한 금위조직禁衛組織. 정조가 죽자 1802(순조 2)년에 혁파되었음

선혜청 1608(선조 14)년 대동법大同法의 실시에 따라 대동미大同米·대동포大同布·대동전大同錢의 수납과 공가의 지출을 맡은 관아. 국초의 상평창常平倉과 진휼청賑恤廳이 선혜청에 예속되었고, 균역법均役法이 실시된 이후에는 균역청까지 통솔하여 그 기능이 확대되었다.

효성의 감응

취수당 최정헌 | 14

최정헌崔廷憲은 자가 숙도叔度, 호는 취수당醉睡堂, 본관은 해주海州이다. 그는 천성이 지극히 효성스러웠다.

열아홉 살에 고양高陽 시골집에 있을 때 아버지의 병환을 위해 약을 구하러 서울로 가는데, 도중에 갑자기 마음이 경동되면서 마치 누군가가 뒤에서 잡아당기는 듯하였다. 이에 빨리 달려서 집으로 돌아오니 아버지는 운명 지경에 이르렀고 온 집안사람들이 통곡하고 있었다. 그런데 배와 가슴 사이에 아직 따스한 기운이 남아 있었다. 이에 손가락을 깨물어 피를 드리니, 조금 뒤에 되살아나서 9년을 더 향수하였다. 사람들이 효성의 감응이라고 했다.

『소대풍요』

손가락을 태워 어머니를 살린 기적

연지 효자 | 15

연지아燃指兒는 미천한 신분의 사람이다. 집안이 매우 가난하여 아내를 얻지 못했기 때문에 반백의 나이에도 사람들이 아이로 불렀고 그 성명도 알 수 없다.

노모를 봉양함이 지극히 효성스러워 혼인 잔치하는 집안이 있다는 말을 들으면 하인 복장을 하고 가서 일해주면서 떡이나 국수를 가져다가 어머니께 드리며 즐겁게 웃는 것으로 낙을 삼았다. 자신은 변변한 옷 한 벌 없으면서 어머니에게는 맛난 음식을 갖추어 드렸다.

한 양반이 그 효행을 듣고 때때로 보살펴주다가 나중에는 자기 집으로 불러들였다. 뒤에 그 양반이 과거에 올라 경기도 근방의 수령 자리를 얻게 되었다. 장차 부임할 때에 차마 그를 남겨두고 떠나지 못하자 연지아가 이에 개연히 말하였다.

"소인의 어머니가 오늘까지 살아 계시게 된 것은 나리의 덕분입니다. 감히 작은 보답이라도 아니할 수 있겠습니까? 청컨대 명령대로 따르겠습니다."

이에 그 양반은 기뻐하면서 데리고 갔다.

얼마 되지 않아 어머니가 죽었다는 소식이 오니, 원님이 눈물을 흘리며 "너로 하여금 끝까지 어머니를 모시지 못하게 한 것은 나의 잘못이다"라고 하고는 부의를 후하게 주려고 하였다. 그는 모두 사양하고 다만 작은 병을 구하여 참기름을 담고는 허리에 찬 채 짚신을 메고 길을 떠났다. 길 가다가 객점에 들러서도 물 한 모금, 간장 한 방울 입에 넣지 않고 불 그릇을 찾아, 그곳에 기름을 붓고 왼손 가운뎃손가락을 담그고 불에 태웠다. 밤을 새워 어둠을 불사르니, 손가락이 새까맣게 타게 되었다.

이틀 만에 집에 도착하니 동네 할미가 맞이하여 위로하는데, 그 할미는 일찍이 어머니의 수발을 부탁했던 사람이었다. 어머니가 어디 계시냐고 묻자, 할미는 죽은 지 닷새가 되었는데 염할 사람이 없어 그대로 방에 있다고 했다. 그가 곡도 안 하고 방으로 들어가니 어머니는 홑베이불을 덮고 있었다. 이에 그가 부시를 쳐 불을 붙여 손가락을 태우니 마치 관솔불 같았다. 그는 천천히 어머니에게 다가가 이불을 젖히고 소리쳤다.

"어머니, 어머니! 제가 여기 있습니다. 제가 여기 있습니다."

손가락이 반쯤 타들어갔을 때 어머니가 희미하게 숨을 쉬는 것 같더니, 조금 있다가 "아이야, 네가 왔느냐?" 하였다. 다음에는 눈을 뜨고 바라보며 말하였다.

"네가 보고 싶어서 무척 괴로웠다."

어머니는 죽을 며칠 먹고는 평소처럼 움직이게 되었다.

그가 사또께서 고맙게도 어머니를 뵐 수 있도록 보내주셨다고 말하는데 돈과 양식이 뒤이어 이르렀다. 어머니는 눈물을 줄줄 흘리며 당부하였다.

"아이야, 네가 반드시 잘 섬겨서 은덕을 저버리지 말아라."

마을 사람들은 어머니가 다시 살아난 것을 듣고 모두 기이하게 생각하였으며, 원님 또한 사람을 시켜 탐지하고는 무척 다행으로 여겼다. 그러나 손가락을 불에 태운 일은 끝내 아무도 알지 못하였다. 일 년 남짓 지나서 어머니가 돌아가시자 사람들이 그가 왼쪽 손가락을 사용하지 못하는 것을 보고 캐물어 자세한 곡절을 알게 되었다. 듣는 이들 모두 코끝이 찡해지지 않은 이가 없었다.

『위항쇄문』

호랑이에게 개를 얻다

연기 효자 | 16

연기燕岐현의 백성 아무개는 그 이름은 알지 못한다. 어머니가 학질에 걸려 위태롭게 되어 개고기를 먹고 싶다고 하는데 가난해서 마련할 수가 없었다. 아내에게 의논하자, 아내가 말하였다.

"친정집에 전부터 기르던 개가 몇 마리 있는데, 어머니 성품이 엄하시니 당신이 가서 오라버니 두 분에게 간청해보면 혹 들어주실지 모르겠습니다."

처가는 산을 사이에 두고 있어서 하룻밤을 걸어야 갈 수 있는 곳인데 그는 마음이 바빠서 해질 무렵에 도착하였다. 처남들을 보고 얘기하니, 처남들이 "어머니가 엄하셔서 쉽게 될 성싶지 않다"고 하고 들어가서 고했으나 과연 허락하지 않았다. 그는 아픈 가슴을 어루만지며 집으로 돌아올 수밖에 없었다.

밤이 깊어 산 중턱에 이르렀을 때 불빛 같은 것이 보였다. 서서 자세

연기 공주목公州牧에 속했던 현명縣名. 지금의 충남 연기군

하룻밤을…곳 원문은 "宿舂可至"라 되어 있는데, '숙용宿舂'은 본래 『장자』「소요유逍遙遊」의 '백 리를 가는 자는 밤새 곡식을 찧어 양식을 마련하고, 천기를 가는 자는 세 달 동안 양식을 모아야 한다適百里者宿舂糧, 適千里者三月聚糧'는 구절에서 나온 표현이다.

히 살펴보니 호랑이가 쭈그리고 앉아 무언가를 품고 있는데, 바로 개였다. 그는 매우 기뻐하며 두 손을 모으고서 타일러 말하였다.

"내 어머니가 병이 드셨는데 개고기를 먹고 싶어하신다. 네가 차라리 나를 물어뜯을지언정 개는 나에게 양보해다오."

그러자 호랑이가 개를 놔두고 꼬리를 끌며 가버렸다. 그는 개를 껴안고 급히 달려 돌아왔는데, 집에 거의 왔을 때도 날이 아직 밝지 않았다. 부인이 맞이하여 보고는 뛸 듯이 기뻐하였다. 삶아서 어머니께 드리니 어머니가 실컷 배불리 먹고는 병이 씻은 듯이 나았다. 남편이 그제야 아내에게 얘기하니, 아내는 눈물을 떨어뜨리며 말하였다.

"산신령께서 어머님을 도우셨네요. 하지만 어머님이 아시게 하지 마세요."

어머니가 놀랄까 염려해서 그런 것이었다.

『위항쇄문』

저승에서 아버지를 돌려보내다

효자 이종희 | 17

이종희李宗禧는 전의全義 사람이다. 그가 아홉 살 때 온 집안이 병에 걸려 그 부모와 노비가 일시에 앓아누웠는데 오직 그만 병들지 않았다. 아버지 광국光國이 오랫동안 앓아 열이 내리지 않고 기운이 막혀서 이틀이 지나자 온몸이 싸늘하게 식어갔으나 아무도 살펴볼 사람이 없었다. 종희가 홀로 당황하여, 앓고 있는 노비를 발로 차 일으켜 급히 죽을 끓이게 했다. 그리고는 칼로 네 손가락을 잘라 피를 사발에 쏟아 아버지 입에 연이어 부으니 숨이 돌아와 가냘픈 호흡이 코와 입으로 새어나왔다. 그는 매우 기뻐하며 한 사발을 다 복용케 하니 아버지가 이에 소생하였다.

다음날 또 기운이 막히자, 종희는 울부짖으며 하늘에 기도하고 또 여러 손가락을 잘라 피를 죽에 타서 다시 한 그릇을 드렸다. 그때 홀연히 방 안에 외치는 소리가 있었다.

"종희야, 너의 정성이 하늘을 감동시켜 명부冥府에서 이미 네 아비의 목숨을 허여하였으니 너는 안심하고 비통해하지 말아라."

전의 공주목에 속했던 현. 지금의 충남 연기군 전의면 집안사람들 중 그 소리를 듣지 않은 이가 없었는데, 모두 "장단長湍 생원님 목소리다"라고 했다.

장단 생원은 바로 이종희의 외할아버지 윤겸尹謙으로, 세상을 떠난 지가 이미 오래전이었다.

아버지가 완전히 소생하고 어머니 또한 뒤이어 병이 나으니 사람들이 칭찬하여 말하지 않는 이가 없었다. 동리 사람들이 본 읍에 글로 보고하매 고을원이 매우 기특하게 여겨 이종희의 효행을 모두 열거해 상을 내리고, 또 조정에 보고하여 정문을 세우도록 하였다.

『청구야담』

장단 지금의 경기도 장단군

부디 효행을 포상하지 마세요

효자 오천송 · 손 철조 | 18

오천송吳千松은 본관이 의성義城이다. 어버이를 섬김이 지극히 효성스러웠다. 가세家勢가 빈궁하여 품을 팔아서 부모님을 봉양하였고, 초상을 당해서는 자신이 직접 흙을 져다가 장사를 지냈으며, 묘소에 여막을 짓고 삼년상을 지냈다.

그의 손자 철조哲祖는 태어난 지 돌도 안 되어서 부친상을 당하였다. 자라나서는 매양 아버지의 얼굴도 알지 못한 것과 아버지에 대한 복상도 하지 못한 것을 지극히 가슴 아프게 여겨서, 평생에 사람들과 더불어 즐겨 웃는 일이 없었으며, 항상 불안해함이 마치 죄인인 듯하였다.

어머니가 형의 집에 계셔서 조금 멀리 떨어져 있었는데, 비록 공역公役으로 분주하여도 아침저녁으로 문안을 드렸으며, 비바람이나 추위나 더위로 인하여 그만두는 일이 없었고, 맛있는 음식으로 받드는 것이 시종일관 변함없었다.

모친상을 당하자 애통함이 상례에서 지나쳤으나, 장사와 제사에 정성을 다하여 여한이 없도록 하였다. 그의 돌아가신 아버지의 갑년甲年을 맞이해서는, 제사상을 차리고 울부짖으며 땅을 치는 것이 처음 당한 초상과 같이 하였다. 그리고는 최복衰服을 입고 시묘살이를 하며, 채소와 죽으로 삼 년을 마쳤다.

고을 사람들이 그 일을 보고하니, 고을 수령이 그의 효행에 감동하여 포상을 청하려 하였다. 그러나 그는 울부짖으며 그만둘 것을 호소하였다. 대개 그의 뛰어난 효행이 마음에서 우러나온 것일 뿐, 세상에 알려지기를 바라지 않았기 때문이었다.

『청구야담』

호랑이가 지켜준 산삼 여덟 뿌리

효자 박사신 | 19

박사신朴士信은 함양咸陽의 호장戶長이었다. 아버지가 허증虛症을 앓고 있었는데, 의원은 삼蔘이라면 효험이 있을 것이라고 하였다. 때는 대한大寒이었다. 자신이 몸소 지리산 영원사靈源寺로 가서 삼을 찾는데, 문득 노승이 나타나 한 마른 줄기를 가리키며 캐어보라고 하였다. 삼 여섯 뿌리를 얻으니 매우 컸는데, 노승은 간 곳이 없었다.

삼을 가지고 돌아올 때, 절에서 무뢰배 오륙 명이 삼을 겁탈하려 하였다. 그런데 호랑이가 곁에 나타나 계속 으르렁거리니, 그 무리는 모두 도망쳐 흩어졌다. 이에 삼을 가지고 와서 달여드리니 아버지의 병환이 곧 나았다.

어머니가 병들었을 때에는 두 차례나 손가락을 잘라서 며칠간 목숨을 연장할 수 있었다.

『청구야담』

호장 향리직의 우두머리
영원사 경상남도 함양군 마천면 삼정리 지리산 중턱에 있는 사찰

봄마다 비단 자리 펼친 듯한 묘

효자 권재중 | 20

효자 권재중權載中은 성품이 매우 효성스러웠다. 부모가 돌아가시자, 서쪽 뜰 수십 리 밖에 장사 지내고, 초하루와 보름에는 반드시 무덤에 성묘하러 갔다. 이 일을 평생토록 그만두지 않았다.

무덤의 흙에 사초莎草가 덮여 있지 않아 사람들 중에는 괴이하게 여기는 이들이 많았으며, 혹은 가난하여 사초를 입히지 못한다고 생각하였다.

도성의 서쪽 영은문迎恩門 앞의 사초는 우리나라에서 제일 좋은 것이었기에, 산릉山陵을 조성하는 외에는 사채私採를 금하였다. 권효자가 성묘 가는 길은 이 문을 지나가야 했는데, 매양 한적한 곳으로 가서 사초를 사방 반 자쯤 캐어서 소매에 넣고 가는 것을 상례로 하였다. 한번은 지키는 사람에게 꾸짖음을 당했으나, 지키는 자가 그 이유를 듣고는 감동하여 놓아주었다. 이와 같이 한 것이 몇 년 지나매, 하나

사초 무덤에 입히는 잔디
영은문 중국에서 오는 사신을 맞아들이던 문. 1536(중종 31)년 모화관 남쪽 홍살문 자리에 영조문迎詔門을 세웠는데, 후에 영은문으로 개칭됐음. 대한제국이 성립되자 독립협회의 서재필 등이 이 문을 부수고 독립문을 세웠음
산릉 임금이나 왕후의 무덤

의 산록山麓을 다 덮게 되어 바라보면 마치 비단 자리를 펼쳐놓은 듯하였다. 오늘날까지도 '권효자의 묘' 라고 한다.

찬하여 말한다.

옛사람이 부모에게 효도한 일은 많았으나, 이러한 사례는 아마 없었을 것이다. 해마다 봄바람에 풀이 돋아나면 권효자의 마음 또한 그 잎사귀들처럼 함께 푸르리라. 세상에는 묘각을 크게 세우는 자들이 헛되이 건물의 크고 화려함만을 자랑하고, 왕왕 노래하고 춤추고 도박하는 곳으로 쓰는 일이 이루 헤아릴 수가 없다. 이 무리들로 하여금 권효자의 일을 듣게 한다면 어찌 이마에 땀이 젖지 않겠는가?

『호산외기』

어머니를 십 년 더 살게 하다

효자 홍명관 | 21

홍명관洪命寬은 본관이 수원水原이다. 어릴 적부터 정성과 효도가 순수純粹하고 돈독敦篤했다.

나이 겨우 열한 살에 그 부친의 병이 위독해지자, 손발을 주물러드리고 울부짖으며 살아나시길 빌었으나, 결국 목숨을 구할 수 없었다. 시체를 붙들고 곡하고 몸부림치며 여러 번 기절했다가 깨어났다. 눈비를 피하지 않고 묘를 돌보며 부여잡고 호곡號哭하니 지나가던 사람들이 차마 보지 못했다.

어머니가 여름에 창병瘡病을 앓았는데 악취가 맡지 못할 지경이었다. 명관은 밤낮으로 그것을 입으로 빨았는데 이십 일이 넘도록 조금도 게을리 하지 않았다. 어머니는 오래된 다른 병이 있었는데 늙어서 더욱 고질이 되었다. 의원에게 물어 약을 구하고 똥을 맛보아 증세를 살펴보았는데 끝내 의약이 효과가 없게 되자, 명관이 손톱을 자르고 머리를 깎고 피로 글씨를 써서 하늘에 기도하였다. 어머니의 병이 드디어 나아서 십여 년을 더 살았다.

『삼강록三綱錄』

눈물인가 앵두인가

효자 오태관 | 22

오태관吳泰觀은 본관이 파주坡州다. 일찌감치 과거 공부를 그만두고서 부모에 대한 정성과 효도를 독실篤實히 실천하였다.

어머니가 병이 들어 앵두를 먹고 싶어하였는데, 때는 유월이라 구할 수 없었다. 그는 나무를 부여잡고 밤이 새도록 슬피 울었다. 아침이 되어 바라보니 문득 여남은 개의 앵두가 나뭇가지와 잎사귀 사이에 달려 있어서 따서 갖다드렸다. 다음날 일찍 또 구했더니 마찬가지였다. 이런 일이 십여 일이나 계속되었다.

어머니의 병이 위중해졌을 때, 손가락을 깨물었는데도 피가 나오지 않자 절구에 찧으니 피가 뚝뚝 흘러나왔다. 그것을 마시게 하니 어머니는 위독한 상태에서 다시 소생하여 며칠의 목숨을 더 부지하였다.

아버지의 병환이 장차 운명殞命할 지경에 이르러서는, 한데서 지내며 하늘에 빌기를 자신의 몸이 대신 죽게 해달라고 하며 머리를 땅에 찧어 피가 흐르기까지 하였다. 아버지는 곧 소생하여 수명을 오 년 더 이었다. 상을 당하여서는 한결같이 옛 예법에 따랐다.

『삼강록』

효천에 고기가 많은 이유

효자 김치린 | 23

김치린金致麟은 본관이 태인泰仁이다. 부모를 섬김에 지극히 효성스러웠다. 아버지가 등창으로 오래 고생했는데 드시는 것이 오직 물고기뿐이었다. 물이 얼어 고기가 줄어들자 하늘에 애절히 축원하고 얼음이 녹은 곳에 그물을 쳤다. 한 자가 넘는 고기 수십 마리가 갑자기 그물로 들어왔다. 그 뒤에도 가기만 하면 반드시 물고기를 얻으니 고을 사람들이 그 내를 '효천孝川'이라고 불렀다.

『삼강록』

호랑이의 보호와 눈밭의 뱀

효자 이근 | 24

이근李根은 본관이 횡성橫城이다. 효성을 선천적으로 타고나서 나이 겨우 다섯에 햇과일을 얻으면 반드시 부모님을 생각하여 먼저 먹지 못했다. 아홉 살에 어머니가 등창으로 고생하자 고름을 빨기도 했다.

일찍이 의원을 찾아가다 밤에 길에서 사나운 짐승과 마주치게 되었다. 이근이 울면서 "어머니를 위해 약을 구하러 간다" 하니 호랑이가 앞서기도 하고 뒤서기도 하여 마치 보호하며 동행하는 것과 같았다. 의원이 생사生蛇를 복용하는 것이 좋다고 했으나 때가 겨울이라 구할 수가 없었는데 홀연히 한 자 남짓한 뱀[甘帶]이 눈밭 위에 나와 있는 것이었다. 드디어 그것을 복용하여 효과를 거두니 사람들이 모두 기이하다고 감탄했다.

『삼강록』

감대 본래 『장자』의 '지네가 뱀을 달게 먹는다蝍且甘帶' 라는 말에서 나온 것인데, 이후에는 커다란 뱀을 가리키는 말로도 사용되었다. 『오주연문장전산고五洲衍文長箋散稿』 '충蟲' 조 참조

겨울의 자라탕

효자 이방익 | 25

이방익李邦翼은 본관이 북청北靑으로 충신 고故 이희당李希唐의 현손玄孫이다. 방익의 아버지가 우연히 깊은 물에서 목욕을 하다가 실족하여 물에 빠졌다. 방익이 뛰어들어 아버지를 안고 나오니 다행히 둘 다 무사할 수 있었다.

아버지가 병들자, 의원이 "마땅히 자라탕을 복용해야 한다" 했으나 해가 섣달이었다. 방익이 소리 내어 울면서 얼음을 깨고 한 길 남짓 물에 들어갔다. 다행히 자라 한 마리를 잡았고 또 구하자 다시 얻을 수가 있어 병이 쾌히 회복되었다. 어머니가 돌아가시자 방익은 십 년 동안 아버지를 곁에서 모셨는데 지극한 정성으로 부지런히 받들어 하룻밤도 아버지 곁을 떠나지 않았다.

『삼강록』

이희당 이지란李之蘭(1331~1402, 충혜왕 1~태종 2)의 8대손. 대대로 함경도 북청에서 살았는데, 임진왜란이 일어나자 정문위鄭文爲(1565~1624, 명종 20~인조 2)와 함께 의병을 일으켜 분전하다 전사했다.

가을 앵두와 가물치

효자 신옥 | 26

신옥辛沃은 본관이 파주坡州다. 어릴 적부터 지극한 효행으로 이름이 나 있었다. 일찍이 어머니가 병이 깊어 앵두를 먹고 싶어했는데 때가 마침 여름에서 가을로 바뀌는 시절이라, 그것을 구할 수 없음을 알고 앵두나무 아래를 맴돌며 소리 내어 울었다. 그때 문득 보니 아래로 늘어진 가지 하나가 땔감 더미 아래로 들어가 있는데, 열매가 잘 익어 있었다. 그것을 따 어머니께 바쳤다.

의원의 말이 가물치가 신비한 효험을 보인다고 말했으나 본래 그 지방에서 나는 것이 아니라 애를 태우며 어찌할 줄 몰랐다. 그때 마침 고기를 들고 지나가던 사람이 그의 간절한 마음에 감복하여 값을 받지도 않고 주었다. 그것을 삶아 드시게 하자 병이 곧 나았다.

『삼강록』

허벅지를 베어 약으로

효자 이제극 | 27

이제극李濟極은 본관이 풍천豊川이다. 부모를 섬김에 효도를 다하였다. 아버지가 이틀거리 학질에 걸렸는데 오래되어도 낫지 않았다. 의원의 말에 사람 고기가 효험이 있다고 하자, 제극이 곧 허벅지를 손바닥 크기만큼 잘라 구워 올리니 아버지의 병이 곧 나았고 아들의 상처도 바로 아물었다. 고을에서 그의 효성을 칭찬하지 않는 이가 없었다.

『삼강록』

풍천 지금의 황해도 송화군

밭도랑에 내려온 자라

효자 박주국 | 28

박주국朴柱國은 본관이 춘천春川이다. 몸을 닦고 행실을 돈독하게 하였으며 『소학』을 즐겨 읽고 어버이를 섬김에 정성을 다하였다. 아버지가 이질을 앓은 지 두어 달이 되었는데 거의 구제할 수 없는 지경에 이르렀다. 의원이 "자라를 먹어야만 병이 낫는다"고 하였다. 그때 마침 장맛비로 계곡물이 크게 넘쳐 구할 길이 없게 되니, 그는 울부짖기를 그치지 않았다.

그 아버지가 정신이 혼미한 가운데 크게 소리쳤다.

"신인神人이 나에게 이르기를 '네게 효자가 있어 하늘이 그 정성에 감동하여 네 집 문 앞 밭도랑에 큰 자라를 내린다' 라고 했다."

그가 곧 그 자라를 잡아다가 드리니 아버지의 병이 금방 나았다.

아버지가 꿩적을 먹고 싶어했다. 주국이 곧 가까운 숲속을 갔더니 새매가 낚아챈 꿩 한 마리가 떨어져 있어서 가져다 드렸다.

『삼강록』

하루에 칠백 리를 달려오다

효자 황재 | 29

황재黃載는 예안禮安의 지인知印이다. 일찍이 송경松京, 개성에 머물고 있을 때 그의 어머니가 병이 든 꿈을 꾸고는 돌아가게 되었는데, 타고 가는 말에게 말하였다.

"빨리 가서 어머니의 병을 볼 수 있게 해다오!"

말이 머리를 낮추는 것이 마치 알아듣는 것 같았다. 하루에 칠백 리를 달리니, 말은 집에 일 리쯤 못 미친 곳에서 죽고 말았다. 사람들이 기이하게 여겨 '황재의 효성에 감동한 것'이라고 말하고 거두어 묻어 주었다.

어머니가 정말로 병이 들어 있었기에, 그는 울부짖으며 약 수발을 하였고 어머니가 돌아가시자 시묘살이 삼 년을 하였다. 건문建文 신사申巳(1401, 태종 1)년에 정려문을 세우고 복호復戶를 하였다.

『연조귀감掾曹龜鑑』

지인 지방 관아의 관장官長 아래에서 심부름하는 이
건문 중국 명나라 혜제惠帝 때 연호(1399~1402)
복호 충신 · 효자 · 열녀에게 호역戶役 등의 부과를 면제하던 일

열한 살의 효심

효자 옥종손 | 30

옥종손玉從孫은 동래 아전인 옥석근玉石根의 아들이다. 나이 열한 살에 아버지가 몹쓸 병에 걸리자 스스로 손가락을 잘라 피를 약에 타서 드리니 아버지의 병이 바로 나았다. 이 사실이 보고되어 정려문을 세우고 역役을 면제해주었다.

『연조귀감』

왼손 무명지를 약으로

효자 유석진 | 31

유석진兪石珍은 고령高靈 아전이다. 아버지 유천을兪天乙이 몹쓸 병에 걸려 날마다 한 번씩 발작을 하고 그때마다 기절을 하였다. 석진이 밤낮으로 곁에서 모시기를 게을리 하지 않았고 하늘을 향해 울부짖으며 하소연하고, 의원과 약을 널리 구하였다. 사람들이 말하기를 "산사람의 뼈를 갈아서 피에 타서 마시면 나을 수 있다"고 하자 석진이 곧 왼손 무명지를 잘라 말대로 하여 드리니 그 병이 나았다.

『연조귀감』

집은 모선당, 호는 효사재

효자 이탁영 | 32

이탁영李擢英은 의성의 호장이다. 사람됨이 충성스럽고 성실하여 부지런하고 유능하였다. 임진왜란 때에 공로가 많았으므로 난이 평정되자 동료 친구들이 면향免鄕을 청하라고 하였다. 탁영은 사양하며 말했다.

"신하가 되어 나라를 위해 노력을 다하는 것은 떳떳한 직분이다."

물러나 둔산芚山 아래에 살면서 어머니를 지극한 효성으로 봉양하여 '효사재孝思齋' 라고 자호하였고 『정만록征蠻錄』 『해이록解頤錄』을 지었다.

읍지에 다음과 같이 적혀 있다.

> 17살에 아버지가 타향에서 죽어 수백 리 길을 관棺을 모셔와 반장하였다. 어머니가 나이 예순에 두 눈이 멀게 되니 밤낮으로 곁을 떠나지 않고 직접 숟가락으로 진지를 드렸다. 의원을 부르고 약을 알아보는 일을 천 리라도 마다 않고 찾아갔으며 병이 위독하자 똥을 맛보기까지 하였다.

면향 향리의 역役을 면제하는 제도. 나라에 공이 있거나 근무를 오래했거나 한 집안에 세 아들이 있으면 한 사람은 면제했음

돌아가시자 애통함이 과도하였고 장례에 대한 일이 아니면 말도 하지 않았다. 한 칸 집을 지어 아버지 어머니의 위패를 안치하고, 그 집 이름을 모선당慕先堂이라 한 뒤에 아침저녁으로 절을 올렸다. 뒤에 감사의 보고로 복호를 하였다.

『연조귀감』

희민연의 어원

효자 신희민 | 33

신희민愼希閔은 거창居昌의 아전이다. 어머니를 섬김이 지극히 효성스러웠다. 겨울에 어버이가 병이 들어 생선회를 먹고 싶어하였는데, 두꺼운 얼음 때문에 그물질을 할 수 없었다. 희민이 얼음을 치면서 부르짖으니 고기가 얼음을 뚫고 나왔다. 이것을 사람들이 효성의 감응이라 하였다. 이 일이 알려지자 정려문을 세우게 되었고 지금까지도 그 냇물을 '희민연希閔淵'이라 부른다.

『연조귀감』

좋은 나무와 기이한 풀

효자 김원명 | 34

김원명金遠鳴은 안동安東의 아전이다. 아버지 상에 시묘살이 삼 년을 하였고 복을 마친 후에도 오히려 소식素食을 중지하지 않았으며 날마다 반드시 아버지 무덤에 가서 곡을 하였다. 방 안에 아버지의 옷을 걸어 두고 종신토록 추모하는 마음을 붙였으며, 좋은 나무와 기이한 풀을 무덤 앞에 심지 않은 것이 없었다. 홀어머니를 봉양하면서 맛있는 음식을 반드시 몸소 장만하였다. 어사인 농암農巖 김창협金昌協이 두 차례나 그 집을 방문하였고, 조정에 알려져서 이미 정려문을 세우게 되었다.

『연조귀감』

김창협 1651~1708(효종 2~숙종 3), 자는 중화仲和, 호는 농암農巖 · 삼주三洲, 본관은 안동. 김수항金壽恒의 아들로 숙종 때 문과에 급제해 사헌부 지평 · 대사성 등을 거쳐 청풍부사로 있다가 기사환국己巳換局으로 아버지가 사사賜死되자 은거했다. 갑술옥사甲戌獄事로 아버지가 신원伸寃됨에 따라 대제학 · 예조판서 등에 임명되었으나 사퇴하고 학문에 힘써, 문장과 학술로 일가를 이뤘다. 저서로 『농암집農巖集』이 있음

아내에게 두 번 절하다

임효자 | 35

임효자林孝子는 상주尙州 단밀현丹密縣의 사람이다. 지위는 비록 미천하나 천성이 효성스러워 지극한 정성으로 어머니를 모시니 집안이 감화되었다. 하루는 그 처가 푸닥거리를 위해 기름을 짜서 두 항아리에 채워 방안에 두었다.

시어머니는 나이가 여든을 넘은지라 정신이 흐려 항아리를 요강으로 잘못 알아 손에 들고 조그만 채마밭으로 들어갔다. 파를 심어놓은 두둑을 따라 조금씩 부었다. 어린 손녀가 그것을 보고 급히 부르며 말하였다.

"할머니! 할머니! 무슨 일을 그렇게 하세요……."

그 어머니가 빨리 아이의 입을 막으면서 말하였다.

"놀라시게 하지 말아라!"

궐녀는 천천히 낮은 소리로 시어머니에게 말하였다.

"오줌은 모름지기 물을 섞어서 주어야 해요. 또 어머니께서 일을 직접 하실 필요가 없으니 제가 대신하겠어요."

몰래 기름을 되가져다 놓고 다시 요강을 가져와 두둑에 물을 제대로 주어, 끝내 시어머니가 알지 못하도록 하였다. 날이 저물어 임효자가 저잣거리에서 돌아오니 소녀가 맞으면서 자초지종을 이야기하였다. 임효자는 곧 뜰에 내려와 그 처를 향해 두 번 절을 하였다.

『번암집樊巖集』

사량의 집만 불타지 않다

효자 백사량 | 36

백사량白士良은 전주부全州府 사람이다. 정해(1767, 영조 43)년 봄에 전주부에 불이 났는데, 그날은 큰바람이 불어 성 안팎 수천 호가 삽시간에 불에 다 타서 남은 것이 없었다. 사량의 집은 바로 불길이 마주치는 곳이어서 맹렬한 화염이 집 지붕 주위를 싸면서 십여 길로 치솟고 있다가 불길이 빙빙 돌며 가버려서 마치 음으로 돕는 자가 있는 것 같았다. 불이 꺼지자 성에 올라 바라다보니 검게 타버린 것이 끝이 없었는데, 한 군데 지붕 이엉이 선명한 것이 있었다. 그것이 사량의 집이었다. 사람들이 이상하게 여기지 않는 이가 없었다.

사량은 천성이 지극히 효성스러웠다. 일찍이 전라감영과 전주부의 이역吏役에 예속되어 있었는데, 이역 때문에 어머니의 봉양을 어길 수 없어서 스스로 그 역을 사퇴하였다. 구걸하고 꾸어서 어머니를 봉양함이 극진하였다. 어머니가 돌아가시자 삼 년 동안 무덤을 지키는데, 아들이 병이 들어 집사람이 오라고 해도 오지 않았고, 아들이 죽어도 또한 오지 않았다. 온 전주부 사람이 지극한 효자라 칭하였다.

이에 군자는 말한다.

사량의 집이 타지 않은 것은 하늘의 뜻이다. 하늘이 이렇게 한 것은 사람들에게 자식으로서 그 어버이에게 효도하는 것은 하늘이 내려보아서 돕는다는 사실을 알게 하려는 것이다. 크도다! 효자라는 것은 하늘이 아는 바이니 사람이 되어 효도를 하지 않을 수 있겠는가.

『번암집』

아들 대신 동생을 기르다

효자 윤명상 | 37

윤명상尹明相은 본관이 파평坡平이다. 날 때부터 매우 지극한 품성이 있어, 부모를 섬김에 자신이 할 수 있는 일은 남김없이 다 하였다. 그가 어릴 적에 아버지가 그를 매질하려 하였는데, 마침 날씨가 차가운 때라 그는 화로 위에 회초리를 쬐어 따뜻하게 만든 다음에 갖다드렸다. 그가 이미 장성한 뒤에도 부모께 사랑을 다함에는 이런 마음씨를 미루어 확충함이 많았다. 그러므로 그의 효도에는 시종 유감이 없었다고 한다.

그후에 어머니가 젖먹이를 두고 죽었는데 명상 역시 이제 갓 젖먹이 된 아들이 있었다. 그는 아내에게 동생을 젖 먹이게 하고 그의 아들은 늙은 여종에게 젖 먹이도록 하였다. 그후 동생은 마침내 온전히 자라났지만 그 아들은 젖이 끊어져 죽었다. 그런데도 그의 아내 또한 감히 한마디 말도 꺼내지 못하였다.

나의 집은 명상의 집과 이웃하여 있었는데 어릴 때 그가 사는 마을을 지나노라면 반드시 그의 슬픈 곡읍 소리를 듣게 되었다. 길 가던 사람들이 혹 탄식하며 말하기를 "이는 윤효자의 곡소리다"라고 하였다.

그러나 명상은 지조가 굳고 개결하며 고집스러워 남을 잘 포용하지 못하였다. 그는 남의 불의를 보면 문득 격분하여 면전에서 꾸짖어야만 하고 조금도 참을 줄 모르니 사람들이 대개 그를 꺼리고 미워하였다. 그러나 그의 효도에 대해서는 비록 그를 미워하는 사람이라도 덮을 수 없었다.

그의 아내가 젖을 먹여 키웠던 동생의 이름은 명시明蓍이며 또한 놀라운 행실이 있었다. 명상은 결국 아들이 없는 채 죽었는데, 명시가 자기 아들로 형의 뒤를 잇게 하고 자기는 일가 사람의 아들을 양자로 삼아 형의 은덕에 보답하였다고 한다.

『뇌연집雷淵集』

해동검루

효자 김창국 | 38

김창국金昌國은 강도江都 사람이다. 집이 가난하여 진무사鎭撫使의 측근 군교軍校로 예속해 있었는데, 때때로 밤에 옛사람의 글을 읽는 것으로 스스로 즐거워하였다. 부모를 섬김에 효성이 지극하여, 그 음식에 혹 부주의로 모래라도 들어가면 반드시 그 아내를 회초리질하였는데, 그 아내 또한 뉘우쳐 울 뿐 원망하는 마음을 먹지 않았다.

우리나라 풍속에 매년 연초에 반드시 매복선생賣卜先生(점치는 사람)에게 운명運命을 묻곤 하였다. 어느 해 창국은 그 아버지의 수명이 긴지 짧은지 물어보았는데, 점괘에 "12년을 넘지 못한다"라고 나오자 창국이 말없이 눈물을 흘렸다. 이로부터 날마다 목욕재계하고 마니산 신령에게 기도하였는데, 바람 불고 비오고 춥고 더운 날에도 게을리 하지 않고 하루에 꼭 두 번씩 기도하였다. 12년이 지났는데도 그 아버지

강도 경기도 강화군을 일컫던 말
진무사 진무영鎭撫營의 최고 벼슬인 종2품직. 진무영은 강화도의 해방海防 군무를 관장하는 군영으로 숙종 26년에 설치됐음
마니산 인천시 강화군 화도면에 있는 산으로 강화도에서 가장 높다. 마니산 산정에는 단군왕검이 하늘에 제사 지내기 위해 마련했다는 참성단塹星壇이 있어 고려 · 조선시대에도 제사를 지냈으며, 지금도 개천절에는 제전이 올려진다.

는 죽지 않았다. 고을에서 조정에 보고하기를 "김창국이 십 년 동안 기도하여 아버지의 명命을 이었으니 지성을 다한 효입니다" 라고 하였다. 조정에서 그 고을에 정려문을 세우고 '해동검루海東黔婁' 라고 하였다.

『석재고碩齋稿』

검루 중국 전국시대 양梁나라 사람인 유검루庾黔婁. 그는 아버지가 병이 들어 위독하자 똥을 맛보아 병세를 짐작했으며, 저녁이 되면 매양 북극성을 향해 절하며 자신이 아버지의 병을 대신하게 해달라고 기도를 올렸다고 한다. 『양서梁書』「효행전」에 입전돼 있다.

좋은 것은 어머니 먼저

효자 이익삼 | 39

이익삼李益三은 임피臨陂 향리이다. 어머니를 섬기매 효성스러웠으며, 집에서 항상 그 아내에게 훈계하기를 의식衣食 봉양에 정성을 다해 어그러짐이 없도록 하라고 하였다.

관아에서 퇴근하여 밥을 먹다가 혹 좋은 음식이 상에 있으면 어머니께 "이 음식을 먼저 맛보셨습니까?"라고 물어보았다. 어머니가 "이미 먹었다"고 하면 기뻐하였고, "먹지 못했다"고 하면 아내를 몹시 꾸짖어 말하기를 "좋은 음식이 있으면 어찌 감히 어머니께 올리지 아니하고 내게 내어오는가?" 하였다.

겨울과 여름으로 절기가 바뀔 때 아내가 새 옷을 내어오면 반드시 그 어머니를 살펴보아 아직 헌 옷을 입고 계시면 아내를 꾸짖어 조금도 용납하는 일이 없어, 혹 몇 달을 쳐다보지도 않았다. 때문에 비록 그 몸이 오랫동안 관청에 매여 집에 있을 때가 드물더라도, 아내가 어머니를 받드는 데에 그 삼감과 정성을 다하여 감히 게으르거나 소홀히 하지 못했다.

임피 전라남도 옥구군에 속해 있던 현명

무릇 선비로 고인의 책을 읽는 자 중에 또한 혹 그 아내에게 잡혀서 부모를 잘 섬기지 못하는 자가 이를 본다면 부끄러움이 없을 수 있겠는가? 익삼의 부친 또한 이러한 행실이 있어 효로써 정려문이 세워졌으니 아마도 대를 물린 효인가 보다. 이웃 마을에서 또한 효자라고 일컫지 않는 이가 없다.

『매옹한록梅翁閑錄』

상복을 입지 못한 한

판윤 오인식 | 40

오효자吳孝子는 이름이 인식寅植이고 자가 자경子敬, 호는 소계昭溪, 본관은 해주海州이다. 천성이 지극히 효성스러웠는데, 네 살 때 아버지를 여의고는 울부짖으며 젖을 먹지 않으려 하면서 어머니에게 말하였다.

"저만 상복을 안 입으니 어찌된 일입니까?"

어머니가 "너는 너무 어려서 상복을 입을 수 없다" 하니 "어리다 해서 상복을 안 입는 것이 예란 말입니까?" 하고는 엉엉 울었다.

어릴 적부터 능히 어버이를 섬길 줄 알아서 홀어머니와 할머니를 모심에 밝고 부드러운 태도로 어버이의 뜻을 기쁘게 하기에 힘썼다. 집에 있을 때는 곁을 떠나지 않았고 밖에 나갈 때는 거처를 알렸다. 집안이 원래 가난하였지만 조석 지공支供에 온 힘을 쏟았다.

어머니가 병환이 들자 안절부절 어쩔 줄 몰라 근심에 싸인 채 곁에서 모시고 돌보았으니 약을 달이거나 죽을 끓이는 일을 다른 사람에게 시키지 않았다. 변기를 씻고 똥을 맛보는 등의 일에 온 힘을 기울이지 않음이 없었으며, 밤에는 목욕재계하고 한데서 지내면서 자신이 어머니의 병을 대신하게 해달라고 빌었다.

상을 당해서 슬픔이 지나쳐 거의 몸을 부지하지 못할 지경이었으나,

상사를 치름에 있어서는 반드시 정성을 다하여 유감이 없도록 하였다. 이때에 전염병이 휩쓸어 사람들이 낙엽 지듯 죽었다. 일가친척들이 모두 말하길 "권도權道를 따라 속히 장사 지내는 것이 좋겠다"라고 하는데도, 의연히 흔들림 없이 끝내 달을 넘겨 장사를 지냈다. 묘에 여막을 짓고 삼 년 동안 소식을 하며 눈물이 거적자리를 적시니 자리가 문드러져 썩을 정도였다.

그는 남의 부모가 생존해 있는 것을 보면 문득 눈물을 글썽이며 "저 사람은 정말 어찌하여 저리도 하늘에서 복을 많이 받는가?" 하고는 오열을 그치지 않았다.

제삿날을 당해서는 마음을 오로지 하여 재실齋室에 거하면서 거의 다른 사람과 만나지 않고, 아들과 조카들에게 말하길 "정성으로 제사를 지내야만 신이 반드시 흠향하는 것이다"라고 하였다.

아버지가 돌아가신 지 60주년이 되자, 이에 석 달 동안 시묘살이를 하면서 상복을 입고 거친 음식을 먹으며 아침저녁으로 무덤에 절하고 청소하였다. 날씨가 춥거나 눈이 내리거나 개의치 않고 울부짖기를 처음 당한 초상 때와 같이 하였다. 이때 그의 나이 예순넷이었다.

관직에 있어 매달 일정한 녹봉이 들어오자, 생전에 봉양하지 못했던 것을 지극히 한스럽게 여겨 절약하고 저축하여 제전祭田을 마련하고 묘소 주위를 단장했다. 풀을 베거나 나무를 심을 때 모든 것을 직접 하였다. 묘각墓閣을 짓고자 했으나 힘이 모자라 이루지 못하였는데 공인工人들이 의롭게 나서서 함께 도와, 몇 달도 안 되어 완성되었다. 그의 돈독한 효행이 다른 사람을 감복시킴이 이와 같았다.

그는 평소에 근엄하고 침묵을 지켜 말을 하지 못하는 듯하였으며,

겸손하고 신중하고 온화하며 공경스러웠다. 자신의 삶은 검소하여 늙어서도 명주옷 따위를 가까이하지 않으며 말하였다.

"일찍이 아버지를 여의고 상복을 입지 못하였으니 천지간의 죄인이다. 가볍고 따스한 옷이 마음에 편안하겠는가?"

『논어』를 즐겨 읽었는데 특히 효제孝悌에 관한 가르침에 힘을 기울여 일생토록 실천하였다. 그가 죽은 뒤에 여러 사람의 의논이 일치하여 그 효행을 조정에 알리니, 경조윤京兆尹을 추증하고 정려문을 세웠다. 그의 선친은 검교檢校 군기감軍器監 휘 인유仁裕이고, 동부령東部令인 방서邦瑞는 그의 증조부이다. 찬하여 말한다.

> 어려서 재롱을 부림에 그 얼굴이 부드러웠고, 성장해서 봉양함에는 그 힘을 다하였으며, 늙어서 사모함에는 그 예가 극진하였도다. 똥을 맛보아 병세를 알려고 한 것은 유검루와 같은 정성이요, 부모를 잃은 슬픔이 지나쳐서 기절했다가 깨어난 일은 하자평何子平과 같은 행실이도다. 세상의 홀어머니로 하여금 모두 이러한 아들을 두게 한다면 어버이에 대한 사랑이 확립되고 인륜이 돈독해질 것이로다.
>
> 송석松石 김상서金尙書 찬

경조윤 한성부판윤의 별칭
검교 정원 이외에 임시로 증원할 때나, 실지 사무를 보지 않고 직함만 가지고 있게 할 때 벼슬 앞에 붙이는 말. 이조초기에는 높은 벼슬에만 쓰였으나, 후기에 이르러는 미관말직에 붙이기도 했음
동부령 서울의 오부 중 하나인 동부의 참봉
하자평 중국 남조南朝 때 송나라 효자로 이름난 인물. 그는 모친이 세상을 떠나자 슬퍼함이 상례를 넘어서 매양 곡용을 하며 기절했다가 겨우 깨어나곤 했다. 이때 기근과 전쟁이 연이어 팔 년 동안이나 묘소를 돌보지 못했다. 그는 주야로 통곡하고 가슴을 치고 발을 구르며 애통해하는 소리가 언제나 상례를 치를 때와 같았다고 한다. 『송서宋書』「열전列傳」'하자평何子平' 조 참조

풍수風樹의 슬픔

교관 윤민성 | 41

교관敎官 윤민성尹民性은 자가 수경秀卿, 호는 동산東山, 본관은 파평坡平이다. 천성이 어릴 적부터 지극히 효성스러웠으며 성장하여서는 정성과 효도가 더욱 독실하더니, 어버이의 상을 마치고 나서 끝내 병으로 죽었다. 고을 사람들이 등장等狀하여 임금님의 행차 길에 일제히 호소하니, 춘조에서 정려문을 내리는 은전恩典을 베풀 것을 회계回啓하였다.

그 등장은 대략 다음과 같다.

> 고故 학생學生 윤민성은 천품이 뛰어나고 효성과 우애를 하늘로부터 타고나, 어릴 적부터 벌써 어버이를 사랑하는 마음이 절실하였습니다. 성장하여서는 부모에게 효도하고 봉양함에 정성스럽고 공경함이 더욱 독실하여서 아침저녁으로 문안드리는 일이나 음식을 받드는 절차에 지극함을 다하지 않음이 없었습니다. 하루 종일 곁에서 모시고 즐거운 얼굴

등장 관청에 연명連名으로 하소연하는 일. 등소等訴
회계 임금의 하문下問을 재심再審하여 상주上奏하는 것

과 부드러운 태도로 부모의 마음을 기쁘게 하였는데 사십 년을 하루같이 하였습니다. 예로부터 칭찬하는 선침온피扇枕溫被 같은 효성도 윤민성에게 견주어보면 그것이 아름다움을 독차지할 수는 없을 것입니다.

아버지가 다섯 해 동안이나 병환으로 항상 자리에 누워 있었는데, 그는 좌우에서 부축하면서 근심이 얼굴에 어리었습니다. 약은 반드시 직접 맛보았고 옷을 벗는 일이 없었으며, 어버이의 대소변이 흘러 젖게 되면 몸소 요강을 씻었습니다. 자질子姪이나 종들이 없는 것이 아니었으나 그의 어버이에 대한 정성이 남에게 그것을 대신하도록 하고 싶지 않은 것이었습니다.

부모는 그가 고생하여 초췌해진 것을 걱정하면서 그만 가서 쉬라고 타일렀으나 잠이 드신 것을 보고서야 비로소 잠시 물러났습니다. 때로 혹 잠깐 잠이라도 들면 소스라쳐 일어나 문밖에서 기척을 살피었으니 이렇게 하는 것이 하룻밤에 서너 번이 되기도 하였습니다. 어쩌다 매우 피곤하여 몸이 안 좋으면 잠시 자제들에게 대신하게 하였으나, 그런 때도 편안히 쉰 적이 없었고 매일 밤 한데서 자며 자신이 병을 대신하게 해달라고 빌었습니다. 아버지의 병환이 점점 위독해지자 그는 초조함을 견딜 수가 없어 손가락을 잘라 피를 입속에 흘려 넣었습니다. 그의 이같이 지극한 효성은 아마도 천지신명이 지켜보았을 것입니다.

초상을 당하여서는 감히 땅을 치며 통곡하거나 뛰지는 아니하고 노모를 극진히 위로해드렸습니다. 그러나 그의 아버지를 잃은 지극한 슬픔은 보

선침온피 여름에는 베갯머리에 부채질해 시원하게 하고, 겨울에는 제 몸으로 잠자리를 따뜻하게 한다는 말로, 효자의 행실을 이름

는 이로 하여금 눈물을 떨어뜨리게 하였으니, 장사를 치르고 조석상식을 올리는 데 정성을 다하였습니다. 늙은 어머니가 계신 까닭에 감히 곁을 떠나 시묘살이를 할 수는 없었으나, 매달 꼭 서너 번은 무덤에 가서 절하고 청소하였는데 비나 눈이 오는 날이라도 게을리 한 적이 없었습니다. 무덤 앞에서 통곡할 때는 슬픔이 하늘과 땅에 사무쳐서 근방의 마을에서 그 소리를 듣고는 "윤효자가 산소에 왔나 보다" 하고, 와서 곡을 그치라고 하였습니다. 그의 효성이 사람들을 감동시킴이 이와 같았습니다.

신사辛巳년에 모친상을 당하자 울부짖고 땅을 치고 뛰면서 거의 기절했다가 겨우 살아났는데, 상사를 치루는 범절은 신종愼終의 법도를 극진히 하였습니다. 이때에 전염병이 휩쓸어 많은 사람들이 임시변통에 따라 장사를 서두르라고 권하였으나 그는 끝내 굽히지 않고 예에 따라 장사를 지냈습니다. 반년 동안 묘소에 거처하면서 아침저녁으로 절하고 청소하였으며, 삼 년간 시묘살이를 하면서 흘린 눈물에 거적자리가 썩어 문드러졌습니다. 돌아가신 아버지의 제삿날을 맞아서는 반드시 서재에 거처하면서 경건함을 다했습니다. 삼년상이 끝나자마자 원기가 다 빠져나가 병이 이미 고질이 되었습니다. 그 스스로 살아나지 못할 것을 짐작하고 아우와 아들 들에게 말하였습니다.

"나의 죄가 깊고 무거워 양친을 잃고 영원히 풍수風樹의 슬픔을 안고 지냈으니, 내가 죽거든 관을 맞추거나 염을 할 때 모쪼록 검약하게 하여 황천에서 거듭 죄를 짓는 일이 없도록 하여라."

그리고 며칠이 지나서 죽었습니다.

신종 부모의 임종에 대해 모든 절차를 신중히 하는 것아! 슬프도다. 형제간에 우애 있고 친척 사이에 화목하게 지낸 것은 곧 그의 효심의 연장인 바, 일일이 열거할 필요가 없겠습니다. 다만 그는 태어난 후로 어버이가 있음만을 알았지 그 자신이 있음을 알지 못했으니, 하늘이 낸 효성이 아니라면 어찌 이와 같을 수 있겠습니까?

지금 어진 임금께서 위에 계시어, 교화가 크게 행해져서 조그만 행실과 절의라도 풍속을 두터이 할 수 있는 것이 있다면 모두 채집하여 장려하는 은전을 베풀지 않음이 없습니다. 그런데 이처럼 뛰어난 효행은 고인에게도 부끄럽지 않은 것이니, 빨리 해당 관청에 명령을 내리시어 순전하고 지극한 효행을 자세히 살펴보시고 특별히 정려의 은전을 내리시기를 엎드려 바랍니다.

한성부와 예조에서 회계하여 증직하는 은전을 시행함이 마땅하다고 아뢰니, 이조에 명하여 동몽교관童蒙敎官의 직을 주었다.

『겸산필기』

풍수의 슬픔 자식이 어버이를 봉양하고자 해도 어버이는 이미 돌아가 봉양할 수 없음을 이르는 말. 「한시외전韓詩外傳」에 나오는 "나무는 고요하고자 하나 바람이 그치지 않고, 자식은 봉양하고자 하나 어버이는 기다리지 않는다樹欲靜而風不止 子欲養而親不待"라는 구절에서 유래한 말로 '풍수지탄風樹之嘆'이라고도 함

동몽교관 아동의 교육을 담당한 4품직 벼슬

머리털을 잘라 편지에 넣고

좌윤 강효원 | 42

강효원姜孝元은 본관이 진주晉州다. 인조 정축년(1637, 인조 15) 소현세자昭顯世子가 심양沈陽에 볼모로 잡혀갈 때에 시강원侍講院 관리들이 배종陪從하였는데 효원은 시강원의 서리胥吏로서 수행하였다.

심양에 들어가서 필선弼善 정뇌경鄭雷卿이 그의 충성과 신실함이 의뢰依賴할 만함을 알고 더욱 그를 중히 여겼다. 정명수鄭命壽를 죽이려 하다가 일이 누설되어 정뇌경과 함께 죽었다. 우리 조정이 그 시신을 돌려받아 동대문 밖에 장사 지냈다. 경조좌윤京兆左尹으로 추증하고 정려문을 세웠으며 대대로 녹을 주었다.

처음 구금되었을 때에 스스로 반드시 죽게 될 것을 알고 머리털을 잘라 옷 속에 넣고 편지를 써서 어머니께 영결을 고했다. 죽음에 임하

시강원 세자시강원. 세자의 교육을 담당하던 관청
필선 세자시강원의 정4품 관직
정뇌경 (1608~1639, 선조 41~인조 17). 호는 운계雲溪, 본관은 온양. 1630(인조8)년 별시문과에 급제해 정언 등의 언관言官을 역임했고 소현세자를 배종, 필선이 되었다. 정명수의 처벌을 주장하다 일이 누설되어 청의 관헌에 의해 처형당했다.
정명수 (?~1653, ?~효종 4). 평안도 은산殷山 출신의 천예賤隷. 명나라가 후금 토벌을 위해 원병을 요청할 때 강홍립姜弘立의 휘하로 출정했다가 1629(인조 7)년 포로가 되었다. 이듬해 다른 포로들은 석방됐으나 정명수는 청나라에 살면서 말을 배우고, 조선의 사정을 자세히 밀고해 청나라 황제의 신임을 얻었다. 심양에서 왕을 모독하고 청으로 보내는 세폐歲幣를 가로채는 등 악행을 일삼다가 1653(효종 4)년 모살당했다.

여 종자從者에게 "내가 지금 나랏일로 죽으니 무엇이 한스럽겠는가? 돌아가 집사람에게 늙으신 어머님을 잘 봉양하여 내가 있을 때와 같이 잘 모시라고 전해다오"라고 했다.

『청구야사靑邱野史』

고사리로 먹고살다

은사 전만거 | 43

전만거田滿車는 해주海州 사람으로 수양산首陽山 아래에 은거하고 있었다. 그 산에는 고사리가 많았고 청성묘淸聖廟가 세워져 있었는데 청성묘는 백이伯夷 숙제叔齊의 사당이다. 만거는 나이 칠십에도 작은 일에 구애됨 없이 뜻이 크고 기개가 있었다. 아내와 더불어 수양의 들에서 농사지으며 때때로 밤에 독서하였는데 그가 현자賢者임을 아는 이가 없었다.

숙종 기묘己卯(1699, 숙종25)년에 크게 기근이 들자, 조정에서 연경燕京으로부터 곡식을 빌려 여러 지방을 진휼하였는데 만거는 시를 지어 사양하였다. 그 시는 다음과 같다.

듣노라니, 연경의 곡식을	聞道燕山粟
동쪽으로 이만 곡이나 들여왔다고	東輸二萬斛
해서 백성에겐 나누어주지 말라	莫貸海西民

수양산 황해도 해주 서북쪽에 있는 산
청성묘 중국 은나라의 현인 백이와 숙제를 추모하여 세운 사당. 1687(숙종 13)년 황해도 해주의 유생들이 중국과 지명이 같은 수양산 기슭에 건립

수양산 고사리가 푸르고 살지거니. 首陽薇蕨綠

또 다음과 같이 지었다.

내 본래 청빈하여 소 한 마리 있는데 我本淸寒有一牛
밭 갈기 그치고 골짝의 가을을 한가로이 노닌다 輟耕閒放峽中秋
소를 타고 세상길로 향하지 않으리니 騎來不向人間路
그 옛날 귀 씻은 물 마실까 걱정되기 때문일레 恐飮當年洗耳流

이어 산속으로 들어가 고사리로 연명했으나 그의 종말은 알지 못한다.

『해동외사海東外史』

해서 황해도의 별칭
귀 씻은 물 요堯임금이 허유許由에게 나라를 물려주고자 했으나, 허유는 이를 극구 거절하고 물가에 가서 귀를 씻었는데, 소부巢父는 허유가 귀를 씻은 물을 소에게조차 먹이려 하지 않았다는 고사

폐위된 인현왕후를 호위하다

검률 이진화 | 44

검률檢律 이진화李震華는 자가 욱재郁哉, 본관은 정선旌善이다. 숙종 기사己巳(1689, 숙종15)년에 역적 허견許堅과 윤휴尹鑴의 당黨이 국정을 장악하고 인현왕후仁顯王后를 폐하였다. 공은 후원喉院 검율로서 분망히 뛰어다니며 지붕 있는 가마를 빌려 요금문曜金門 안까지 들어갔으며, 왕후를 친정으로 모셔갈 때도 공은 관복을 입은 채 울부짖으며 뒤따랐다.

곤전壼殿의 지위가 회복된 후에, 임금께서는 이진화를 불러들여 상을 주고 소원을 물었다. 그가 대답하길 "신의 맡은 바 직책이 족하온

검률 형조刑曹 율학청律學廳에 배속된 종9품의 관직명
허견 ?~1680(?~숙종 6년), 남인南人의 영수였던 허적許積(1610~1680, 광해군 2~숙종 6)의 서자. 1680년 복창군福昌君 · 복선군福善君 · 복평군福平君 등과 반역을 꾀한다는 서인西人의 고변告變으로 주살誅殺되었는데, 이 일은 허적을 비롯한 남인이 실각하는 경신대출척庚申大黜陟(1680, 숙종 6)의 빌미를 제공했다.
윤휴 1617~1680(광해군 9~숙종 6), 자는 희중希仲, 호는 백호白湖 · 하헌夏軒, 본관은 남원南原. 쉰여덟 살(숙종 1)에 유일遺逸로 관직에 올라 우찬성右贊成에 이름. 당색에 구애됨이 적었으나 예송논쟁에서 남인으로 활약, 허견許堅의 역모 사건에 잘못 연루되어 사사賜死됨. 그의 저술은 1929년 『백호문집白湖文集』, 1974년 『백호전집白湖全集』으로 간행됨
숙종 기사년에…폐하였다 1689(숙종 15)년에 후궁 소의장씨昭儀張氏(張禧嬪, ?~1710) 소생을 세자로 정호定號하는 문제를 계기로 서인이 축출되고 인현왕후가 폐출되었다. 여기서 윤휴 등의 남인을 역적으로 표현하는 것은 경신대출척으로 허견과 윤휴 일파를 몰아냈던 서인의 입장이 반영된 것이다.
후원 승정원의 별칭. 승정원은 왕명의 출납을 담당한 관청으로 정원政院 · 은대銀臺 · 대사代詞 등으로 불림
요금문 창덕궁 안에 있는 문
곤전 중궁전中宮殿으로 왕후를 지칭

데, 어찌 감히 다른 것을 바랄 수 있겠습니까?"라고 하니, 영원히 승정원의 검율로 있도록 명하셨다.

아! 공은 미관말직微官末職으로서 임금의 위엄을 예측하기 어려운 때를 당하였으나, 창망蒼茫한 가운데에서도 자진하여 홀로 나서 국모國母를 호위하였으니, 비록 옛날의 충신열사와 견주어보아도 부끄러움이 없을 것이다. 그가 임금께 아뢴 말 또한 이와 같이 염퇴廉退하였으니, 어찌 사생궁달死生窮達로서 그 마음이 흔들릴 자였겠는가.

『흠휼당지欽恤堂志』

염퇴 벼슬에 진출하기 위해 구구한 행동을 하지 않고 개결하게 은퇴하려는 정신

지혜로운 성환 역리成歡驛吏

최노 | 45

최노崔老는 성환成歡 역리驛吏다. 대대로 성환역에서 아전을 해왔는데, 나이 일흔 살쯤에 무신戊申의 난亂을 당하였다. 그 당시 역적의 세력은 불길처럼 번져 영호남 지방도 경계를 엄중히 하고 있었는데, 역승驛丞 강백姜柏은 달아나고, 이 때문에 마을은 텅 비어 병아리와 닭과 젖먹이 강아지만이 마당에 흩어져 울고 있었다. 최노는 차마 떠나지 못하고 늙은 역졸과 함께 정자와 관사를 지키게 되었다.

적의 우두머리 이인좌李麟佐가 삼천의 병사를 이끌고 와 이 역에 주둔하였는데, 밤이 되자 풍악을 울리고 술을 마시니 최노는 음식을 부지런히 마련해주었다. 이에 사점四點이 치자, 적의 무리들은 모두 잠에

성환 지금의 충남 천안군 성환읍
역리 역에 소속된 이예吏隸로서, 일반 향리보다 낮은 신분
무신의 난 이인좌와 정희량의 난. 1728(영조 4)년 정권에서 배제된 소론과 남인의 일파가 연합해 무력으로 정권 탈취를 기도한 사건. 이인좌가 중심이 됐기 때문에 이인좌의 난이라고도 하며, 무신년에 일어나 무신난이라고도 함
역승 찰방察訪의 별칭. 조선시대 각 도의 역참驛站 일을 맡아보던 종6품의 외직 문관 벼슬
강백 1690~1777(숙종 16~정조 1), 자는 자청子青, 호는 우곡愚谷, 본관은 진주晋州. 이인좌의 난 때 성환찰방에 재직, 순무사 오명항吳命恒을 도왔다 하여 분무공신奮武功臣 1등으로 올랐으나, 논란이 있어 철산鐵山에 유배됨. 저서로 『우곡집愚谷集』 6권이 있다.
이인좌 ?~1728(?~영조 4), 본명은 현좌玄佐, 본관은 광주廣州. 영조 즉위로 소론이 정계에서 배제되자, 남인들과 공모해 스스로 대원수라 칭하고 청주성을 점령, 난을 일으킴. 안성에서 패전해 대역죄로 능지처참됨

떨어져 경탁警柝 소리도 들리지 않고, 깃발과 등불도 모두 사라져 고요한 것이 마치 사람이 없는 것 같았다. 최노는 역졸로 하여금 역 뒷산에 숨어 엎드려 크게 소리치게 하였다.

"성환의 역리 최노야!"

"예!"

"의금부義禁府 기마병 천여 명이 장차 역적을 잡으러 올 것이다. 너희 역승은 어디 있기에 말에게 여물을 먹여 기다리지 않느냐? 만약 그렇게 하지 않으면 목을 베리라!"

최노가 그 소리를 이어 "예, 예"라고 응답하니, 외친 소리가 숲과 계곡을 진동하였고, 나무 막대를 흔들어 좌우로 부딪쳐 마당에 말을 풀어놓으니, 서로 굽으로 차고 달려 그들을 교란시켰다. 적의 무리들은 막 깊이 잠들려 할 때에 변란이 발생하니, 갑자기 황급하여 경동驚動을 진정시키지 못하고 태반이 흩어져 도망쳐버렸다. 이인좌가 급히 군대를 수습하였으나, 군사의 기세는 마침내 떨치지 못한 채 원수元帥에게 붙잡히게 되었다.

최노는 늙어 죽고 이름마저 전하지 않지만 읍 사람들은 그를 '최충신崔忠臣'이라 하였다.

『해동외사海東外史』

경탁 경계하기 위해 치는 방망이
의금부 왕명을 받들어 대죄大罪를 다스리던 관청
원수 이인좌의 난 때 도원수都元帥를 지낸 오명항을 가리킴

갈대밭을 태워 어가의 길 밝히다

애남 | 46

애남愛男은 연원부원군延原府院君 이광정李光庭의 종이다. 선조 임진년에 이공李公이 사서司書로 궁정에서 당직하고 있었는데, 그날 밤 왜구의 침공 경보警報가 급박하여 임금이 서울을 떠나 서로西路로 피난하였다. 이공이 어가御駕를 호종扈從하여 떠났는데 애남도 말고삐를 잡고 따라갔었다.

어가가 달려 임진臨津 나루터에 도달하자 앞에는 큰 강이 흐르고 칠흑 같은 밤이었는데, 진부津夫는 모두 달아나서 배가 어디에 있는지 알 수 없었다. 여러 호종하는 백관들이 황겁하여 달리 조처할 방도가 없었다. 애남이 고삐를 버리고 달려가자 이공이 말위에서 탄식하였다.

"일이 급한데 애남이 또한 나를 배반하고 달아난단 말인가?"

조금 있으니 갈대밭에서 불이 솟아 양쪽 언덕이 대낮처럼 환하여졌다. 임금이 놀라 그 까닭을 물었으니, 이것은 애남이 주머니의 부시를

이광정 1552~1627(명종 7~인조 5), 자는 덕휘德輝, 호는 해고海皐, 본관은 연안沿岸. 1590년에 문과에 급제했고, 임진왜란이 일어나자 선조를 호종했으며, 1597년 정유재란 때 접반사接伴使의 임무를 맡았다. 호조 · 공조 · 예조판서를 거쳐 대사헌을 지냈으며 청백리로 이름이 높았다. 1604년 연원군에 봉해졌다.
사서 세자시강원에서 경사經史와 도의道義를 가르치던 정6품관

쳐서 마른 갈대 덤불에 던져 그 불길이 언덕 위의 빈집에 번졌던 것이었다. 애남은 돌아와서 전처럼 조심스럽게 말고삐를 잡고 있었다. 주위에서 이 일을 아뢰었다. 임금은 "기특하다. 애남이여!"라고 하고, 호종하는 백관과 군졸들도 모두 혀를 차며 칭찬하기를 "지혜롭다. 애남이여!"라고 하였다. 이에 언덕 한쪽에 놓여 있는 나룻배를 발견하여 임금이 잘 건너게 되었다.

난이 평정되자 임금이 서울로 돌아와 공신을 크게 봉할 때에 이공을 효절협책호성공신效節協策扈聖功臣이라 책策하고 또 애남에게 봉작封爵을 내리려 하니, 이공이 말하였다.

"신이 이미 분수에 넘치는 공훈을 받았는데, 종이 어떻게 같이 조정에서 공훈을 받을 수 있겠습니까?"

임금이 비록 이 일을 그만두었으나 애남에게 가선嘉善의 자資를 특별히 내려주었고 이공을 대할 때마다 "경의 애남은 잘 있는가?"라고 물었다. 때때로 애남을 불러 차비문差備門 밖에 이르게 하여 은으로 된 큰 잔으로 술을 내리기도 하였다.

이공이 애남의 노비 문서를 태우고 집을 구해 따로 살게 하자, 애남이 말하였다.

"상전이 계신데 종이 어디로 가서 살 수 있겠습니까!"

애남 부부가 나이 팔십여 세에 이공의 행랑채에서 죽었다.

『번암집』

가선 가선대부嘉善大夫. 종2품으로 이조초기에는 문무반에 한해 주었으나, 후기에는 종친宗親이나 의빈儀賓도 이와 관련한 칭호를 받게 되었다.
차비문 편전便殿의 정문正門. 편전은 임금이 항상 거처하는 궁전

아전이 선무공신으로

제흥군 고언백 | 47

고언백高彦伯은 교동橋洞의 아전이다. 무과에 올라 종군하여 반적叛賊을 칠 때 용감하게 힘껏 잘 싸웠으며, 원수元帥의 표하장령標下將領으로 병졸을 끌어 모아 적을 토벌하였다. 임금이 특별히 당상堂上의 관계官階를 주고 양주목사에 임명하고 능침陵寢을 보호하도록 하였다. 임금이 그 공을 칭찬하여 거듭 품계를 더하였고, 대곤大閫을 두루 맡아 가는 곳마다 직책을 다하였다. 선무공신宣武功臣으로 책하여 제흥군濟興君으로 봉하였다.

『연조귀감』

교동 인천시 강화군에 속한 섬

반적 『선조수정실록』 25년 7월 1일 기사를 보면 고언백이 '반호叛胡'를 토벌한 공이 있다고 기록돼 있다. '반호'는 북쪽 변방의 여진족을 가리키는 것으로 생각됨

원수 도원수 권율權慄을 가리킨다. 고언백은 임진왜란 때 권율의 휘하에서 많은 전공을 세운 바 있다.

능침 경기도 구리시 인창동에 있는 '동구릉東九陵'. 여기에는 태조 이성계의 건원릉健元陵도 자리하고 있다.

대곤 곤수閫帥라고도 하는데, 평양 · 함경 양도의 병마절도사와 수사水使를 총칭하는 말이다. 여기서는 높은 무관직을 두루 역임했다는 뜻으로 쓰임

선무공신 선조 37(1604)년에, 임진왜란 때 큰 공을 세운 무신에게 내린 훈공勳功을 이름

전등신화를 가져오다

수호 임기 · 아들 우춘 · 부 홍씨 | 48

임기林芑는 본관이 개령開寧, 자호는 '수호자垂胡子' 이다. 백의종사白衣從事로 임명되어 여섯 번이나 북경에 다녀왔는데, 그때 『전등신화剪燈新話』를 가져왔다. 선조 임진년에 왜적에게 죽었고 아들 임우춘도 정유재란에 포로가 되어 그 처 홍씨와 함께 죽었다. 이 사실이 보고되어 정려문이 세워졌다.

『연조귀감』

임기 안정복安鼎福의 『상헌수필橡軒隨筆』에 의하면 임기는 사육신의 한 명인 이개李塏의 외손으로, 윤춘년尹春年과 함께 『전등신화』에 주석을 냈으며, 그의 턱 아래 살이 늘어져서 '수호垂胡'라 자호한 것으로 나와 있다. 그런데 이규경李圭景은 『오주연문장전산고』의 '전등신화변증설剪燈新話辨證說'에서 연대가 잘 맞지 않는다는 점을 들어 임기가 이개의 외손이라는 점에 의문을 표하고 있다.

백의종사 벼슬 없이 임시로 일을 맡아보게 하는 제도

전등신화 중국 명나라 구우瞿佑가 찬한 전기傳奇 소설집

"허리의 옥룡검은 알리라"

수문장 문기방 | 49

문기방文紀房은 자가 중률仲律, 고려 명신 강성군江城君 문익점文益漸의 후손으로, 대대로 장흥長興에 살았다. 아버지 문형文炯이 꿈을 꾸었는데, 지붕 위에 큰 별이 날아 떨어져 땅을 환히 빛나게 하는데 옆 사람이 '이는 방성房星이다' 라고 말하였다. 놀라 깨어나니 등이 땀으로 젖어 있었다. 그날 밤에 아들을 낳아 '기방紀房' 이라 이름하였다.

어려서 놀이할 적에 죽마를 타고 종이를 잘라 깃발을 만들어 스스로 장군이라 호칭하였는데, 뭇 아이들이 명령을 따르지 않은 적이 없었다. 열다섯 살에 역사책을 읽다가 「장순전張巡傳」과 「허원전許遠傳」의 대목에 이르자 강개한 마음으로 무릎을 치면서 책을 덮고 눈물을 흘렸다.

팔 힘이 남보다 뛰어나고 말타기 · 활쏘기를 잘하였는데, 육촌 동생 명회明會와 함께 신묘辛卯(1591, 선조 24)년 무과에 나란히 급제하여 수문장에 선발되었다. 임진년에 왜적이 크게 군대를 동원하여 침입해오거늘

방성 이십팔수二十八宿의 넷째 별로 '천마天馬' 를 상징

장순전과 허원전 장순과 허원은 당 현종 안사安史의 난 때 수양睢陽을 사수해 반란군을 막아낸 명장으로, 『신당서新唐書』 「열전」 '충의忠義' 부에 두 인물의 전이 나란히 실려 있다.

기방이 명회와 함께 의로운 뜻을 세워 향내鄕內의 병사들을 모아 전라 병사 이복남李福男을 따랐다.

정유년 팔월에 적이 숙성령宿星嶺을 넘어오자 병사가 순천으로부터 이리저리 돌아 남원에 도착했는데 군졸들이 모두 달아났고 단지 편장編將과 비장裨將 오십여 명만 남아 있었다. 적의 기세가 성을 핍박하자 기방과 명회가 눈을 부릅뜨고 손에 침을 뱉으며 말하였다.

"오늘 마땅히 죽음으로써 나라에 보답하리라."

북을 치면서 남문으로 들어가니 적들이 성을 여러 겹으로 에워싸고 있어 활을 당겨 마구 쏘아 적을 무수하게 죽였다. 기방은 오른손의 손가락이 모두 떨어져나가자 다시 왼손으로 적을 사살하여 왼손마저 빠져버렸다.

그러자 기방이 시 한 구절을 읊었다.

평생 나라 위해 죽으려는 뜻	平生殉國志
허리의 옥룡검은 알리라	腰下玉龍知

이어서 명회가 읊었다.

북소리 들리는데 힘이 다하였으니	力盡鼓聲裏

이복남 ?~1597(?~선조 30), 본관은 우계羽溪. 무과에 급제하고 1597년 왜적의 재침 때 전라병사로 명나라 부총병副總兵 양원楊元을 따라 남원을 수비하다가 전사함

숙성령 전라도 남원 동쪽 30리에 있는 고개

편장 각 영문營門의 부장副將

비장 감사 · 유수 · 병사 · 수사 · 견외사신遣外使臣 들을 따라다니며 돕던 무관 벼슬의 하나

그 누가 위태로운 사직을 부지할 것인가　　　誰扶社稷危

이 시구를 피로써 적삼에 쓰고 드디어 병사兵使와 함께 육박전으로 싸우다가 죽으니, 때는 정유년 8월 16일이었다. 종 감금甘金이 피 묻은 적삼을 가지고 시체 가운데에 엎드려 있다가 빠져나와 집으로 돌아와서 두 사람의 순절한 상황을 자세히 진술하였다. 그 피 묻은 적삼으로 고산高山에 장사 지냈다.

『이계집耳溪集』

고산 지금의 전라북도 완주군 고산면

네 살배기 세자를 업고 수천 리 길을

장사 오효성 | 50

숭정 정축丁丑(1637, 인조 15)년에 소현세자와 효종孝宗대왕이 인질로 심양瀋陽에 들어갔다. 능천군綾川君 구인후具仁垕는 팔장사를 천거하여 행차를 따르게 하였다. 박배원朴培元, 조양趙壤, 신진익申晋翼, 장애성張愛聲, 오효성吳孝誠, 김지웅金志雄, 박기성朴起星, 장사민張士敏 등이었다. 그들은 모든 일을 주선하면서 측근에서 호위하여 시종여일始終如一하였다.

갑신甲申(1644, 인조 22)년 세자가 우리나라로 돌아올 때, 현종顯宗의 춘추는 겨우 네 살이었는지라 가마에 앉으려 하지 않았다. 사람을 시켜 업게 해도 울기를 그치지 않았는데, 유독 오효성이 업으니 울음을 그쳤다. 이에 걸어서 수천 리를 오니 옷 잔등이 다 썩었다. 후에 효종은 병풍에 팔장사의 그림을 그리라고 명했는데 특히 오효성은 현종을 업고 있는 형상으로 그리게 하였다.

병신丙申(1656, 효종 7)년 별군직청別軍職廳을 만들어서 팔장사에게 좋은 옷과 후한 녹봉을 주고 이른 아침부터 밤 늦게까지 임금을 시위하게

구인후 1578~1658(선조 11~효종 9), 자는 중재仲載, 호는 유포柳浦. 선조 때 문과에 급제, 인조반정 때 이등 훈신, 효종 때 우·좌의정 등을 지냄

하며, 자손에게 세습하도록 하였다.

하루는 효종이 편전에 나와 술자리를 마련케 하였다. 술이 취하자 오효성을 불러 친근함을 보이려고 팔을 잡고 말을 건네려 하였는데, 오효성은 머리를 조아리며 굳게 사양하였다. 임금은 매우 화가 나서 긴 거문고를 들고 오른쪽 어깨를 쳐서 팔을 다치게 하니, 팔이 곧 굽어져서 움직이지 못하고 마비되었다. 임금은 술이 깨자 뉘우치고 더욱 총애를 더하였다.

이아정李雅亭『앙엽기盎葉記』

별군직청 임금의 좌우에서 호위를 맡아보던 관청

"너는 종이 아니지 않느냐"

원수 유극량 | 51

유극량劉克良의 어미 옥대玉臺는 정승 홍섬洪暹의 계집종이다. 실수로 옥술잔을 깨뜨리고 죄받을 것이 두려워 달아났다. 조령鳥嶺에 이르자 기갈飢渴이 들고 괴롭고 지친 데다 두 발에는 물집이 생겼다. 잠시 폭포 위 바위에 누워 쉬며 눈을 붙였는데, 홀연히 맹호猛虎가 나타나 크게 으르렁대는 바람에 옥대는 그만 넋을 잃고 말았다.

그날 극량의 부친 유좌수劉座首는 부인을 잃어 장사를 치르느라 일군을 모아 산역山役을 하고 있어서 산 위는 분주했지만 집 안은 적적하였다. 봉분을 만든 뒤 좌수는 볼일이 있어 급급히 집으로 돌아오니 마루 앞 봉당에 열여섯 살가량 되어 보이는 계집아이가 있었으니, 바로 옥대였다. 드러누워 있는 모습이 이미 죽은 듯한데 가슴에 약간 온기가 있었다. 매우 의아하였지만 급히 따뜻한 방으로 안아들여 침을 내어

유극량 ?~1592(?~선조 25), 연안延安 유씨의 시조. 자는 중무仲武. 선조 초에 무과에 급제, 위장衛將을 거쳐 1591(선조 24)년 전라도 수군절도사가 되었다. 이듬해인 임란 때 조방장助防將으로서 죽령을 수비했으나 패배, 이어서 수어사守御使 신할申硈의 휘하에 들어가 임진강에서 적을 방어하다가 전사했다. 병조참판에 추증되고 개성의 숭절사崇節祠에 제향됨

홍섬 1504~1585(연산 10~선조 18), 자는 퇴지退之, 호는 인재忍齋. 본관은 남양南陽. 중종 때 문과에 올라 선조 때 우의정 · 좌의정을 거쳐 영의정에 세 번 중임되었다. 『인재집忍齋集』이 있음

입에 넣어주고 손발을 주물러주니, 한참 뒤에 비로소 숨을 내쉬었다. 계속하여 죽을 먹이며 구료하여 점차 생기가 돌아오니, 어엿한 처자였다.

자세하게 그 내력을 말했는데, 대개 맹호가 입에 물고 조령으로부터 연안延安 읍내에 이르렀던 것이었다. 옷깃은 조금 찢어졌지만 피부는 상처 입지 않았다. 이에 좌수의 후처가 되어 아들 극량을 낳았다.

그런데 오래지 않아 극량은 아버지를 여의었고 어머니는 몹시 가난했기에 송도로 옮겨가 살았는데, 궁핍하여 생활하기 힘들었다. 극량은 조금 자라자 땔감을 져서 생계를 마련하였고, 장성하여서는 울연히 담력과 지략이 왕성하였다.

성안에 훌륭한 저택이 있었는데 평소에 귀신의 재액이 있어 여러 해 동안 비어 있었다. 극량이 그 얘기를 듣고 직접 주인을 찾아가 약간의 값을 치르고 그 집을 사서 먼저 자신이 묵어보았다. 한밤 삼경이 되자 흰 도포에 흰 띠를 두른 열두 장부가 돌연히 창문 자물쇠를 열고 잠자리로 침입해오는 것이 아닌가. 극량이 떨쳐 일어나 주먹으로 휘둘러 치니 모두 달아나 뒤꼍 대숲 사이로 숨어 들어가는 것이었다. 극량이 다음날 그곳의 땅을 다섯 길쯤 파내니 은銀으로 만든 동자童子 열두 구가 나왔다. 이로부터 가산이 조금 넉넉해져서 비로소 무술을 배워 무과武科에 오르고 벼슬을 제수받았다.

조정의 여러 선배 관료들은 다투어 장수의 재목으로 그를 천거하여, 장차 영달하여 이름이 드러나도록 해주려 하였다. 그러자 그의 어머

연안 황해도에 있는 고을. 연백평야로 유명하다.

니가 극랑에게 말했다.

"나는 본래 어느 양반 댁의 계집종으로 죄를 짓고 멀리 달아나서 너의 아버지를 만나 너를 낳았다. 너의 근본이 비천한데 갑자기 부귀해짐은 상서롭지 못하다."

극랑은 곧 주인댁을 찾아가 그 실정을 말하고, 상소하여 과방科榜에서 삭제되게 하고 다시 종이 되려고 하였다.

홍정승은 "너는 나의 종이 아닌데 어째서 이런 말을 하느냐?"라고 하였다. 극랑이 대답하였다.

"어머니가 이미 그것을 말하였는데, 어찌 감히 법을 어기고 과거에 올라 상전을 배반하고 임금을 속이겠습니까?"

홍정승은 그를 의롭게 여겨 속량贖良하는 문권文券을 그에게 주었다.

극랑은 임진년壬辰年에 부원수副元帥로서, 임진강에서 신할申硈을 도와 적을 방어하며 힘껏 싸우다가 죽었다.

『좌계부담左溪裒談』

과방 과거에 급제한 사람의 성명을 기록한 책. 방목榜目

신할 ?~1592(?~선조 25), 본관은 평산平山. 남도병마절도사南道兵馬節度使를 지냈으며, 임진왜란 때 임진강에서 전사했다. 신립申砬 장군의 동생

혀를 뽑힌 좌수座首

이술원 | 52

이술원李述源은 거창居昌 좌수座首로 있으면서 무신역변戊申逆變을 당하였다. 고을원 신정모申正模는 어두운 밤에 달아나 몸을 피하여 간 곳을 알 수 없었다. 이술원은 빈 관아를 굳게 지키면서 감영監營의 관문關文을 기다리고 있었다. 적의 괴수 이능보李能輔가 갑작스럽게 현 안으로 들이닥쳐 병장기를 모두 끌어내려 하자, 이술원은 이를 저지하고 그들의 요구를 들어주지 않았다. 적은 크게 노해 마구 때렸는데 이술원이 적을 꾸짖기를 멈추지 않자 적은 그 혀를 뽑아 죽여버렸다.

슬프다! 이봉상李鳳祥, 남연년南延年의 죽음은 진실로 나라의 망극한 은혜 때문이지만 이술원의 경우는 본디 나라의 은혜를 입은 바 없으며, 서울 사람들과 사귄 바가 없는데도 능히 충성과 반역을 분변分辨하여 아주 명백한 입장에서 의로운 죽음을 택했다. 아아, 충성스럽도다.

『좌계부담』

좌수 수령의 보좌역으로 지방 향청의 가장 높은 직책

관문 상급관청에서 하급관청에 시달하는 공문

이봉상 1676~1728(숙종 2~영조 4), 자는 의숙儀叔. 이인좌李麟佐의 난 때 충청절도사忠淸節度使로 있다가 난군에게 잡혀 죽었다.

남연년 1653~1728(효종 4~영조 4), 자는 수백壽伯. 청주영장淸州營將이 되어 토포사討捕使를 겸임하다가, 이인좌의 난 때 청주성이 함락되자 난군에게 죽었다.

권3

지모

智謀

은화 천 냥으로 미인을 구제하다

역관 홍순언 | 1

역관 홍순언洪純彦이 만력萬曆 병술丙戌(1586, 선조 14) · 정해丁亥(1587, 선조 15)년간에 절사節使를 수행하여 북경에 갔을 때이다. 새로 생긴 한 청루青樓가 있었는데 문틀 위에 편액扁額을 걸고 '은화 천 냥을 가져오지 않으면 마음대로 들어오지 못함'이라고 써놓으니, 중국 한량閑良들이 값이 비싸서 모두 감히 엄두를 내지 못하였다.

순언이 그것을 듣자 마음으로 '값이 이러하다면 반드시 빼어난 미인이리라' 생각하였다. 시험 삼아 문에 들어가 자세히 물어보니, 이는 화류계花柳界의 창기가 아니고 모某 시랑侍郞의 딸이었다. 모 시랑이 공금公金 수만금을 포탈하여 바야흐로 옥에 갇혀 사형을 당할 지경이었다. 가산家產을 다 내어놓고도 징렴徵斂이 인척들에게까지 미치었으나, 부족한 바가 아직도 삼천 금이나 되었다.

원래 시랑은 아들이 없고 단지 한 명의 딸만 있는데, 그 용모와 재주가 대단히 출중하였다. 그 딸이 슬픔과 원통함을 이기지 못하여 몸을

절사 동지冬至 · 정조正朝 · 성절聖節 등의 절일節日마다 보내는 사신. 인조 22(1644)년 이후부터 일 년에 한 번 동짓날을 전후해서 보내 동지사라고도 함

팔아서 아버지의 목숨을 구하려는 것이었다. 순언은 그 얘기를 듣자 가여워서 시랑의 딸을 불러보려고도 않고 곧장 문을 나왔다. 그가 일행 중 여러 사람들로부터 가진 것을 모아보니 그 수가 천금에 이르렀다. 그것을 청루로 보내주고, 그는 곧 사행을 따라 돌아와버렸다.

시랑의 딸은 몸을 더럽히지도 않고 천금을 얻어 공금을 채워넣고 아버지의 목숨을 구하였다. 그 은혜에 감사하고 덕을 기리며 마음에 새겨 잊지 않았다. 청루에서 나와 집으로 돌아간 뒤에 상서尙書 석성石星의 후처가 되었다. 그녀는 수놓은 비단을 특별히 짜서 필匹마다 '보은報恩' 두 글자를 수놓아 행인行人 편이 있을 때마다 부지런히 조선으로 부쳐 보냈는데, 해마다 연례年例행사로 삼아 그치지 않았다.

임진년 왜구의 침입 때, 선조는 용만龍灣으로 파천播遷하여 특사特使를 보내 명나라에 원군을 청하였다. 이때 홍순언이 또 따라갔다. 석성은 당시에 병부상서兵部尙書 자리에 있었는데, 부인에게서 홍역관의 높은 의리에 대하여 익히 들었다. 부인은 홍역관이 왔다는 것을 알고 상서에게 간절히 요청하여 그를 주선해주도록 하였다. 석상서는 위로 황제에게 알리고 아래로 조정에 부탁하여, 특별히 제독提督 이여송李如松으로 하여금 장수 삼십여 명과 기병騎兵 몇만 명을 거느리고 가서 조

석성 ?~1597, 중국 명나라 문신. 자는 공진拱震, 본관은 동명東明. 여러 관직을 거쳐 병부상서에 올랐다. 임란 때 이여송李如松에게 군사를 주어 원군을 파견하는 한편, 심유경沈惟敬을 보내 조선과 일본 간의 강화회담을 주선하기도 했다. 울산 · 남원 등지에서 명나라 군사가 대패하자 파면되고 체포돼 옥사했다.

해마다…않았다 서울의 서부에 보은단동報恩緞洞이라는 동명이 있었는데 홍순언이 살았던 곳으로, 그가 보은의 비단을 받았던 데서 유래한 이름이다.

용만 평안북도 의주군의 옛 이름

이여송 ?~1598, 자는 자무子茂, 호는 앙성仰城. 임진왜란 때 우리나라에 원병 4만을 이끌고 와서, 이듬해 고니시 유키나가[小西行長]에게 점령된 평양을 탈환하기도 했음

선을 구해주도록 하였다. 또 군량미와 포상의 은을 내려보내 나라의 살림에 보탬이 되게 하였으니, 마침내 왜구를 몰아내고 국토를 평정하였다. 이는 진실로 신종황제神宗皇帝가 우리나라를 도와준 은덕이지만, 석상서의 부인 또한 많은 공로가 있었다고 할 만하다.

『청구야담』

신종황제 중국 명나라 황제(재위 1572~1619)

밥 지으며 『주역』 읽는 선비에게 30냥

역관 한원 | 2

한원韓瑗은 자가 백옥伯玉이다. 어려서부터 과거 공부를 하였으나 합격하지 못하고, 뒤에 사역원司譯院에서 벼슬하였다. 일찍이 북경으로 가는 길에 옥전현玉田縣에 이르렀을 때이다. 어떤 밥 짓는 자가 손에 『주역』을 들고 읽고 있는 것을 보고 괴이하게 여겨 물어보았다. 그는 한미한 선비로서 가난하여 품을 팔아 관부館夫가 되어 있는 사람이었다. 마음으로 가엾게 생각하여 전대 속에서 은 서른 냥을 꺼내 주었다.

한원은 뒤에 바닷길로 중국에 가다가 갑자기 바람을 만나 표류하여 등주登州에 닿게 되었다. 바다를 지키는 수졸이 발견하고 구타하면서 즉시 배를 돌리라고 하였다. 배 안에 있는 사람들은 모두 당황하였으나 어쩔 도리가 없었다. 홀연히 한 관인이 수문 입구를 지나가는 것을 보고, 한원이 그에게 나아가 사정을 구두로 전하였다. 그 사람이 자세히 보더니 가마에서 내려와 손을 잡으며 말했다.

옥전현 중국 하북성河北省에 있던 지명
바닷길로…표류하여 광해군과 인조 때는 육로로 중국을 왕래했는데, 만주족이 득세한 후 육로를 봉쇄하자 뱃길로 다녔으므로 생겨난 일이다.
등주 산동성山東省 봉래현蓬萊縣에 있던 지명. 항구가 있었음

"그대는 나의 은인이 아닙니까? 내가 바로 옥전에서 밥 짓던 사람입니다. 그대가 나의 딱한 사정을 구제해준 덕에 힘입어 다행히 진사가 되어 이곳의 지주知州로 왔습니다. 오늘 서로 만나게 된 것은 하늘의 뜻입니다."

그 사람은 식량과 반찬을 넉넉하게 주었으며 군문軍門에 나아가 제주題奏를 요청하고 백금 삼백 냥과 고운 비단 삼십 필을 주면서 말하기를 "감히 옛 은혜에 보답합니다"라고 하였다. 일을 마치고 돌아오니 임금이 옥권玉圈을 하사하고 첨추僉樞를 제수하였다.

한원은 사람됨이 청렴하고 정직하여 한가하게 살면서 졸박함을 지켰으며, 서사書史를 좋아하여 게을리 하지 않았다.

『진휘속고震彙續考』

지주 주와 현의 책임자. 수령
제주 나라의 긴요한 사무를 상급 기관에 문서로 아뢰는 것
옥권 옥으로 만든 망건 관자. 종1품 이상은 환옥環玉 관자이고 정3품 당상관은 조각을 한 옥관자를 함
첨추 정3품 당상관인 첨지중추부사僉知中樞府事의 약칭. 여기서는 실직이 아닌 명예직으로 제수한 것임

백두산 정계비를 세우다

역관 김지남 · 자 경문 | 3

김지남金指南은 자가 계명季明, 호는 광천廣川이다. 연경에 가서 『자초방煮硝方』을 사가지고 돌아와 시험해보니 소득이 몇 배나 되었으며, 품질 또한 뛰어났고 폭발력이 맹렬하였다. 약천藥泉 남구만南九萬이 그를 시켜 편찬하여 책을 만들게 하고 이름을 『신전자초방新傳煮硝方』이라고 붙여 서울과 지방에 유포하였다.

임진壬辰(1712, 숙종 38)년에 목극등穆克登과 국경을 정할 때, 우리 측 책임자인 접반사接伴使 박권朴權이 김지남을 데리고 가서 목극등과 반복 논변한 끝에, 드디어 백두산 정상 천지天池의 북쪽을 중국의 경계로 하고 남쪽은 우리 땅으로 삼았으며, 천지가에 정계비定界碑를 세워 국경을 정하였다. 또 산 형세와 강역疆域을 그림으로 그려서 두 벌을 만들었는데, 한 벌은 중국에 한 벌은 우리나라에 보관하게 하였다.

남구만 1629~1711(인조 7~숙종 37), 자는 운로雲路, 약천은 호, 본관은 의령宜寧. 숙종 때 영의정을 지냈고, 문집으로 『약천집藥泉集』이 있다.

신전자초방 화약을 만드는 데 필요한 염초焰硝를 달이는 것을 설명한 책. 1698(숙종 24)년에 간행

목극등 백두산 정계 당시의 중국 측 실무 책임자. 당시 그는 오나총관烏喇摠管을 맡고 있었다.

접반사 외교사절을 응대하는 등의 외교적 임무를 맡은 관직

박권 1658~1715(효종 9~숙종 41), 자는 형성衡聖, 호는 귀암歸菴, 본관은 밀양密陽. 문과에 급제하고 대사헌 · 병조판서를 지냈다. 백두산 정계 당시의 우리 측 실무 책임자

명곡明谷 최석정崔錫鼎은 김지남에게 『통문관지通文館志』를 찬술하게 하여 간행하였다.

그 아들 경문慶門은 자가 수겸守謙인데, 임진년에 정계定界할 때에 부자가 함께 파견 명령을 받았다. 그는 인품과 도량이 중후하고 생각이 깊으며 글 읽기를 좋아하였다. 전후로 임무를 맡아 사신을 따라감에 뜻이 나라를 위하는 데 있었다. 그는 재물에 집착하지 않고 의를 즐겨 하여 의전義田을 만들어두고 가난한 일가를 구제하였다.

『진휘속고』

정계비 백두산정계비. 이 비는 1712년에 청의 요구로 경계를 정하고 압록강과 토문강의 분수령에 세웠다. 그 비문에 "서로는 압록강이 되고 동으로는 토문강이 된다. 그러므로 물이 나뉘는 산에 돌에 새겨 기록한다西爲鴨錄 東爲土門 故於分水嶺上 勒石爲記"라고 새겼다. 그 뒤에 '토문'의 위치 비정 문제로 우리와 청나라 간에 논란이 됐으며 만주사변으로 일본에 의해 제거됐다.

최석정 1646~1715(인조 24~숙종 41), 자는 여화汝和, 명곡明谷은 호. 본관은 전주全州. 문과에 급제해 이조판서·영의정을 지냈다. 저서로 『명곡집明谷集』이 전한다.

통문관지 사역원司譯院의 연혁과 사대교린事大交隣, 그리고 인물人物 고사故事 등 사적을 쓴 책. 김지남이 편찬해 1720(숙종 46)년에 간행

의전 가난한 일가를 구제하기 위해 마련하는 전토

종묘사직을 김상궁이 망치니

옥호 김충렬 | 4

김충렬金忠烈은 자가 이언而彦, 호는 옥호玉湖 또는 설봉雪峰이며 본관은 김해다. 동평위東平尉의 『공사문견록公私聞見錄』에서 다음과 같이 말하였다.

광해조 때에 총희寵姬 김상궁이 권세를 제 마음대로 부려 인심이 분개하고 들끓었다. 김충열은 이러한 사정을 보고 상소하기를 '혁혁한 주나라를 포사褒姒가 망쳤거늘, 우리 조선 삼백 년 종묘사직은 김상궁이 망치고 있으니 신은 전하를 위해 통곡합니다' 라고 하였다.

소疏가 올라갔으나 승정원承政院의 논의가 일치하지 않아 마침내 각하却下되고 말았다. 그러나 충열은 그 자신 미천한 처지에 있으면서도 남이 감히 말하지 못하는 것을 말하였으니 그의 충성되고 곧은 기운은 지금까지도 늠름하다. 이것은 대대로 조정에서 직언을 숭상하고 권장한 효험인 것이다. 『소대풍요』

동평위 정재륜鄭載崙(1648~1723, 인조 26~경종 3)을 말함. 자는 수원秀遠, 호는 죽헌竹軒, 본관은 동래東萊. 효종의 다섯째 딸인 숙정공주淑靜公主와 결혼해 동평위가 되었다. 공사간公私間의 듣고 본 것을 기록해 『공사문견록』이라는 야사를 남겼다.

포사 중국 주나라 유왕幽王의 총희寵姬. 포褒 지역 사람이 바친 사람이므로 포사褒姒라 부른다.

평양의 대협객

오위장 이충백 | 5

이충백李忠伯은 평양의 대협객이다. 그는 술 마시고 기운 쓰기를 좋아하였다. 불평한 심기가 있을 때면 문득 사람을 구타해서 죽이니, 그가 출입할 때에 사람들이 감히 곁눈질도 못했다. 광해군 시절에 박엽朴燁이 평안도 관찰사가 되어 왔는데, 그는 사납기가 범과 같아서 하루라도 사람을 죽이지 않고는 마음이 풀리지 않았다. 박엽이 항상 "사람 천 명을 죽여야 내가 화를 면할 것이다"라 하니, 평양 사람들이 걸음을 멈추고 숨을 죽인 채 벌벌 떨면서 아침저녁으로 죽기를 기다리는 형편이었다.

한 기생이 얼굴이 곱고 아름다워 박엽이 몹시 사랑하였는데, 충백이 몰래 그 기녀와 간통하다가 발각되었다. 박엽은 급히 기마병을 내보내 뒤쫓아가서 체포하게 하였다. 체포하러 가는 자를 앞에 불러 활과 화살을 직접 주면서 경계하기를 "산 채로 잡아올 수 없거든 사살하라"고 하였다. 충백이 도주하여 마둔포麻屯浦 어귀에 이르니 봄물이 넘쳐

박엽 1570~1623(선조 3~인조 1), 자는 숙야叔夜, 호는 국창菊窓, 본관은 반남潘南. 선조 때 문과에 급제해 황해도 병마절도사 · 평안도 관찰사 등을 역임했으나, 인조반정 후에 사형당함

흐르고, 추병追兵은 바로 뒤에서 쫓아오고 있었다. 충백은 도리 없이 벌거벗고 헤엄쳐서 급히 달아나 애포艾浦의 민가에 숨었다. 얼마 있지 않아 불현듯 마음이 불안하고 초조하여 여러 일가친척으로부터 베 백 필을 얻어 말에다 싣고 남쪽으로 내려갔다. 얼마 후에 추병이 과연 도착하여 온 마을을 샅샅이 뒤졌으나 충백이 없자 그냥 돌아가고 말았다.

충백은 서울로 들어와서 개백정, 도박꾼들과 어울려 다니면서 호협한 행동을 거리낌 없이 하였다. 어느 날 저녁 기방에 들어가서 자는데, 창기의 서방인 악소년惡少年이 가만히 소문을 듣고는 들이닥쳐 지게문을 발로 차서 넘어뜨리고 재빨리 등불을 켜서 방 안을 비추었다. 그의 한 손에는 예리한 비수가 번뜩이고 있었다. 충백은 창기를 껴안고 누워서 꼼짝도 하지 않았다. 소년은 더더욱 성을 내어 큰소리로 호통쳤다.

"너는 어떤 놈이기에 이 칼을 겁내지 않으냐?"

"나는 평양의 장사 이충백이다."

"그렇다면 네가 능히 나와 같이 술을 마실 수 있겠느냐?"

"있고말고."

충백이 즉시 일어나서 옷을 입으니, 소년은 창기에게 소리를 질러 말술과 큰 고깃덩이를 내오게 하였다. 그러더니 선 자리에서 커다란 잔을 끌어당겨 스스로 한 잔 마시고 이내 잔에 술을 부어 충백에게 주었다. 충백이 단숨에 다 마셔버리니, 소년이 칼끝에 고기를 꽂아서 충백의 입에 넣어주었다. 충백은 입을 크게 벌리고서 덥석 받아먹었다. 소년은 그제야 약간 어려워하였다. 충백이 이에 자신이 차고 있던 칼을 빼어 소의 넓적다리 살을 베어가면서 씹고 마셨는데, 그 모습이 태연자약하였다. 소년이 머뭇거리면서 말하기를 "당신은 참으로 장사다. 나는 당신만 못하다" 하고, 드디어 죽음을 맹세하는 친한 벗이 되었다. 이로부터 충백의 명성이 자자하여 서울의 모든 악소년들의 위에 솟아나게 되었다.

당초 충백이 도망갔을 때, 박엽은 충백의 아버지를 잡아다가 옥에 가두고 말하기를 "네 아들이 오지 않으면 너를 석방하지 않을 것이다" 하였다. 그런 지 반년이 지난 후에 '감사가 날마다 아버지를 들볶는다'는 소문을 듣고, 충백이 드디어 칼을 잡고 평양으로 내려갔다. 때마침 감사가 관아에 앉아 있는데, 병사들의 위의威儀가 매우 씩씩하였다. 충백은 곧바로 들어가서 뜰아래에 서서 말하기를 "이충백이 감히 뵈러 왔습니다" 하였다. 박엽이 뜻밖의 일이라 한참 동안이나 주시하였다. 충백의 옷차림이 단정하고 매우 무용武勇이 있어 보이니, 박엽의 성난 빛이 약간 누그러졌다. 이때에 김한풍金漢豊이 장교로 옆에서 모시고 있었는데, 박엽이 시험 삼아 충백과 씨름을 해보라고 하니, 충백은 내심 죽음을 면할 수 있겠다고 좋아하였다. 그런데 한풍이 자기보다 힘이 센 것을 염려하여 눈짓을 보내자 한풍은 마음속으로 알아차리고 일부러 오래도록 결말을 내지 못하는 체하였다. 충백이 한풍의 느슨함을 틈타서 단숨에 넘어뜨리니 박엽이 주시하고 있다가 크게 웃고 말하였다.

"내가 하마터면 잘못 장사를 죽일 뻔하였구나" 하고는 술을 내리고, 막하에 있게 하였다.

인조 정묘丁卯(1627)년 호란胡亂에 적을 벤 공으로 특진하여 호군護軍의 품계를 받았는데, 그때 충백의 나이는 스물일곱이었다. 얼마 뒤에 집을 떠나 도원수 김자점金自點의 중군中軍으로 불려가서 오위장五衛將에 제수되었다. 병자丙子(1636)년에는 돌격장으로서 평안도 절도사 홍명구洪命耉에게 종군하여 근왕병勤王兵으로 금화金化로 가다가 길에서 적을 만나 적의 머리 몇 급을 베었다.

백전柏田의 싸움에서는 큰소리로 호통을 치며 곧바로 전진하여 적의 선봉을 사살하였다. 그 전투에서 패한 뒤에는 절도사 유림柳琳의 군에 투신하여 용기를 다하여 힘껏 싸웠다. 남한산성이 함락되고 싸움이 그쳤다는 말을 듣고는 고향으로 돌아가서 다시는 벼슬하지 않았다.

『번암집』

호군 군대 편제인 오위五衛의 정4품 벼슬. 명종 이후에는 실직이 아닌 명예직

김자점 1588~1651(선조 21~효종 2), 자는 성지成之, 호는 낙서洛西, 본관은 안동. 음직으로 진출하여 영의정을 지냈다. 효종의 반청 정책에 반대하고 역모를 꾀해 사형당함

중군 전체 군진軍陣에서 중앙에 자리잡고 있는 군대. 또는 주장主將이 거느리는 가장 정예한 군대

오위장 오위의 우두머리. 종2품 또는 정3품의 무관직

홍명구 1596~1637(선조 29~인조 15), 자는 원로元老, 호는 나재懶齋, 본관은 남양南陽. 문과에 급제해 평안도 관찰사를 역임. 병자호란 때 근왕병勤王兵을 이끌고 금화에서 싸우다가 전사

유림 1581~1643(선조 14~인조 21), 자는 여온汝溫, 본관은 진주晋州. 선조 때 무과에 급제해 삼도수군통제사·총융사 등을 역임. 병자호란 때는 평안도 병마절도사로 금화에서 적을 크게 무찔렀다.

책을 함께 순장하다

동리 정윤 | 6

동리東里선생은 성은 정鄭, 이름은 윤潤, 자는 덕공德公이다. 아버지는 정희교鄭希僑인데 부자가 함께 속리산 기슭에 숨어 살면서 늙어 죽을 때까지 산에서 나오지 않았다. 이런 까닭에 고을 사람들이 칭하여 동리선생이라 하였다.

그 아버지 희교는 열일곱 살 때에 윤을 낳았는데 아내가 일찍 죽었으며, 윤 또한 집안이 가난한 탓에 장가들지 못했다. 정윤은 손재주가 많아서 음식이나 의복을 봉양함에 있어 때를 놓치지 않았으며, 부인네들보다 도리어 솜씨가 좋았다. 따라서 평생 동안 아버지의 밥상에는 고기반찬이 오르지 않은 적이 없었으며, 솜옷을 꼭 맞고 편안하게 입혀드릴 수 있었다. 그런데 그 자신은 도토리를 줍고 나뭇잎을 엮어 그것으로 기한飢寒을 면했다. 이 때문에 정윤이 마흔 살 때에 이미 아버지보다 더 초췌해 보였다.

정윤 부자가 사는 집은 천여 권의 책을 쌓아두어서 책이 차지하는 자리가 사람이 앉고 눕는 데의 배나 되었다. 윤이 소싯적에 어떤 이가 아버지에게 책을 팔아 아들을 장가보내는 것이 어떻겠느냐고 권하자, 아버지는 문득 손을 내저으면서 "그만두시오. 나는 차라리 자손이 없는 것은 괜찮으나, 이 책이 없어서는 안 되오" 하였다.

대개 정희교는 다만 책을 좋아하는 벽癖이 있을 뿐만 아니라 그것이 선대로부터 전해오는 것임을 또한 중시한 까닭이었다. 정윤이 자라서 밭 갈고 나무를 하거나 고기 잡을 때에는 반드시 책을 가지고 갔으며, 밤에는 섶으로 불을 밝혀 책을 보았다. 그리하여 얼마 지나서는 우하虞夏의 글과 선진한위先秦漢魏의 시를 비롯해서 역사 전기나 문집 등을 거침없이 외워 한 글자도 빠뜨리는 일이 없었다.

정희교는 논책論策을 잘하고, 정윤은 시부詩賦에 뛰어났다. 고을의 젊은이들 중에 와서 배우기를 청하는 자가 있으면 그를 밭둑 위에 앉히고 붓과 벼루를 밭고랑에 놔둔 채 나란히 밭을 갈고 나면 어느새 글 한 편이 이루어졌다. 사람들이 어째서 당신은 과거를 보지 않고 이처럼 고생을 사서 하느냐고 물으면, 희교는 웃으며 말하였다.

"과거로 벼슬하는 것이 어찌 밭을 갈면서 할 수 있는 일이겠는가?"

사람들이 그 고상함에 더욱 탄복하였다.

희교가 죽을 때 나이가 여든 살이 넘었고, 정윤 또한 일흔 살에 가까웠다. 그런데도 그는 수의를 입히고 염을 하거나 봉분을 만들고 나무 심는 일을 몸소 다 하고 다른 사람을 시키지 않았다. 그리고 책을 모두 순장殉葬하였다. 시묘살이로 상을 마치고 다시는 밭갈이나 고기잡이를 하지 않으면서 말하였다.

"어버이가 안 계시니 내 먹고 입는 데 대해 염려할 필요가 없다."

그리고는 오직 풀뿌리를 씹고 물을 마실 뿐이었다. 죽을 때에 조카와 생질들에게 아버지 무덤 곁에 묻어달라고 당부하였는데, 이때 그의 나이 또한 여든 살이었다.

경원자經畹子는 말한다.

"내가 속리산을 유람할 때 동리東里를 지나다가 선생의 옛집을 물어 보았다. 마을 사람 중에 생전의 선생을 보았던 자가 그 무덤을 가리키며 전해오는 사실을 이야기하는데 간간이 탄식을 하면서 눈물을 떨어뜨리는 것이었다. 내가 이에 황량한 무덤가에서 서성이며 선생의 높은 풍치를 우러러 사모하였다."

삼가 선생을 위하여 찬을 짓는다.

높고 높은 남악南岳 아래 동리가 있으니
돌로 치면 온윤溫潤한 미옥美玉이요, 나무로는 멀구슬나무나 가래나무처럼 빼어나다.
초연한 기상의 빼어난 사람들이 여기에 함께 탄생하였으니,
아버지는 고상한 선비요, 선생은 효자였다.
상산사호商山四皓의 높은 나이와 방덕공의 아름다운 자字라.
외우고 읽어 공부에 고심하면서도 낚시와 주살로 맛난 음식 봉양하였네.
잠조簪組를 초개처럼 여겼고, 나뭇잎으로 옷을 삼았으며
밭갈이로 식력食力하였고, 무덤에 책을 묻어 아버지의 뜻을 따랐다네.

경원자 조수삼趙秀三(1762~1849, 영조 38~헌종 15)의 호. 이 책 권6의 「추재 조수삼」 항 참조
상산사호 중국 한나라 고조高祖 때 세상의 어지러움을 피해 상산商山(섬서성陝西省 상현商縣의 동쪽에 있는 산)에 숨은 동국공東國公·하황공夏黃公·녹리선생鹿里先生·기리계綺里季의 네 백발노인을 이르는 말
방덕공의 아름다운 자 방덕공은 중국 후한 말의 은자로 유표劉表가 여러 차례 불렀으나 응하지 않고 처자와 함께 일생을 녹문산鹿門山에서 마친 사람이다. '방덕공의 아름다운 자'란 말은 정윤鄭潤의 자가 덕공德公으로 방덕공의 이름과 글자가 같아서 이렇게 말한 것이다.
잠조 관에 꽂는 비녀와 인끈. 여기서는 벼슬함을 뜻함
식력 자기의 노동력으로 먹고사는 것

내 지금 남녘 유람 길에, 세월은 멀어도 사람은 가까이 있는 듯.
남긴 빛이 눈에 가득하고, 높은 풍치는 듣는 이를 용동聳動시키네.
옛터에 배회하면서 삼가 조문을 짓는다.

『추재기이秋齋紀異』

은 열 냥의 인연

염시도 | 7

염시도廉時道는 허정승許政丞 집 사람이다. 일찍이 길에 떨어진 은 몇 일鎰을 주웠다. 애써 그 임자를 찾으니, 바로 관각館閣 김공金公 집 물건이었다. 김공은 곧 청성부원군青城府院君인데, 염시도의 행동을 매우 가상히 여겨 그냥 그에게 주려고 하였으나 받지 않았다. 그 은을 잃은 종이 문밖에서 기다리다가 그의 가속을 데리고 절하며 사례하여 말하였다.

"그 은은 말을 판 대금이었습니다. 지난번에 술에 취하여 잃어버렸는데 상전댁이 매우 엄하여, 비록 잠깐 거짓으로 아뢰어 모면하고 있었지만 끝내는 매 맞아 죽게 되었을 것입니다."

그 종에게 딸이 있었는데 나이가 여남은 살쯤 되어 보였다. 그 딸이 앞에 와 엎드려 울며 "소녀가 마땅히 몸을 바쳐 아버지를 살려주신 은

허정승 허적許積(1610~1680, 광해군 2~숙종 6)을 말함. 본관은 양천陽川, 자는 여사汝事, 호는 묵재默齋 · 휴옹休翁. 남인의 영수로 현종 · 숙종 때 영의정을 지냈는데, 1680년 서자 허견許堅의 역모 사건에 연루되어 사사되었다.

김공 김석주金錫胄(1634~1684, 인조 12~숙종 10)를 지칭. 자는 사백斯百, 호는 식암息庵, 본관은 청풍淸風. 1680년 남인의 잔여 세력을 박멸하고자 허견이 모역한다고 고변케 해 이들을 추방하고 그 공으로 청성부원군青城府院君에 봉해졌다.

혜를 갚겠습니다" 하였는데, 염시도가 뿌리치고 가버렸다.

허견許堅의 역옥逆獄이 일어나자, 그의 상전이 염시도에게 "지금까지 너에게 베푼 것도 없는데, 네가 차마 함께 화를 입어서야 되겠느냐?" 하고 억지로 떠나게 하였다.

그는 순흥順興 부석사浮石寺로 가서 밤새도록 상전을 생각하며 울었다. 꿈에 어떤 사람이 타이르기를 "마땅히 원해암遠海庵으로 가야 할 것이다" 하였다. 이튿날 두루 찾아서 그곳을 알아내니, 산꼭대기에 있었다. 한 늙은 중이 가부좌를 하고 앉아 있는데 마치 마른 나무둥치 같았다. 중이 눈을 슬며시 떠서 보고 말하였다.

"네가 올 줄 알고 있었다. 나를 기억하겠느냐?"

염시도가 자세히 살펴보니 일찍이 출가한 그의 종조부從祖父였는데, 아직도 어릴 적에 보았던 모습이 어렴풋이 남아 있었다. 그가 놀라 울부짖으니, 종조부가 말하길 "울지 마라. 이 아래 절이 있으니 그리로 가야 한다" 하였다.

염시도가 헤어지기 슬퍼서 주저하니 "여기는 머물 곳이 아니다" 하며 종조부가 재촉하였다.

그가 절로 내려가니 어떤 중 하나가 있었다. 종조부의 말을 전하자, 그 중은 "나의 스승입니다" 하고는, 또 말하였다.

"허정승 집은 이미 망하였고, 그대를 뒤쫓는 자가 장차 이를 것입니

허견의 역옥 1680년 허견이 복창군福昌君·복선군福善君·복평군福平君 등과 함께 반역을 꾀한다는 서인의 고변으로 허견·허적을 비롯한 남인이 주살당한 옥사. 경신대출척

순흥 부석사 경상북도 영풍군 순흥면에 있는 사찰. 676년 문무왕의 명으로 의상이 창건. 『삼국유사』에 창건 설화가 전함

다. 그러나 큰 화는 없을 것이며, 나라의 명령 또한 도피하여서는 안 될 것이니 속히 나가십시오."

염시도가 산 밖으로 나가니, 과연 붙잡혔다. 그때 청성부원군이 판금오判金吾로 있었는데, 임금께 아뢰어 연좌連坐를 면하게 하고, 또 재물을 주어 집을 마련하게 하였다. 염시도는 이로부터 장사를 시작하였다.

훗날 염시도가 장사차 영남 어느 고을에 갔다가 촌사村舍에서 비를 만났다. 갑자기 한 여인이 황망히 뛰어나와 절하면서 "은혜로운 군자께서 과연 오셨군요" 하였다.

그가 연유를 물으니, 바로 청성부원군 집의 은을 잃어버렸던 종의 딸이었다.

그 여인이 말하였다.

"저의 부모는 이미 돌아가셨고, 제 몸도 면천되었습니다. 군자의 비첩婢妾이 되어 전일의 은혜를 갚고자 하여 비구니 복장을 하고 탐문해 찾았으나 찾을 수가 없었습니다. 몇 년 전에 이리 와서 길쌈을 하여 재산을 모으면서 날마다 북두칠성에게 빌었더니, 어젯밤 꿈에 누가 말하길 '네가 바라는 이가 올 것이다' 하더니, 이제 과연 맞았습니다. 이 어찌 하늘이 사람의 소원을 들어주심이 아니겠습니까."

염시도가 그 정성에 감동하여 마침내 데리고 돌아와서 아내를 삼고 청성부원군 집 곁에 살 집을 정하였다. 염시도는 늘 그의 상전을 위해 원통함을 호소하였다.

판금오 판의금부사判義禁府事의 별칭. 의금부의 종1품 관직관인으로 유명한 풍원豊原 조공趙公이 염시도의 후예를 찾으니, 손자 하나가 장원掌苑의 아전으로 있다고 하였다.

또 들으니 영조가 일찍이 친히 기우제를 거행하러 가는데, 염시도가 임금이 행차하는 길에 엎드려 아뢰기를 "행여 남인南人의 억울한 죄수를 석방하시면 하늘이 마땅히 비를 내릴 것입니다."

임금이 그 말을 듣고 얼굴빛이 바뀌며 즉시 석방하라고 명하였다. 시종侍從들이 그것이 불가하다고 고집하고, 그 참망僭妄한 죄를 다스리기를 청하였으나 허락하지 않았다. 임금이 돌아올 때에 과연 비가 내렸다.

남인의 옥사에 관련된 장수 이삼李森이 출옥할 때에 목에 칼 씌운 자리에 벌레가 생겨 있었다고 한다.

『위항쇄문』

조공 조현명趙顯命(1690~1752, 숙종 16~영조 28)을 지칭
장원 장원서掌苑署. 궁중 정원의 꽃과 과일나무 등에 관한 일을 맡은 관아
이삼 1677~1735(숙종 3~영조 11), 자는 원백遠伯, 본관은 함평咸平. 숙종 때 무과에 급제, 영조 때 이조판서를 지냄. 경종 때 남인과 노론이 왕세자 책봉 문제로 대립해 옥사가 일어났는데, 이삼은 이 일에 연루돼 경상도 곤양으로 유배된 일이 있었다. 저서로 『관서절요關西節要』가 있음

청렴결백한 호조 서리

지부 김수팽 | 8

김수팽金壽彭은 자가 상노商老로 영조 때 사람이다. 호걸스러운 성격에 큰 절도節度를 보여준 일이 많아 옛 열장부烈丈夫의 풍도가 있었다. 탁지度支의 서리가 되었는데 청렴결백으로 자신을 지켰다.

동생은 혜국惠局의 서리였다. 일찍이 동생의 집에 들렀는데 동이들이 마당에 줄지어 있고, 검푸른 흔적이 군데군데 있었다.

"무엇에 쓰는 것인가?"

"아내가 푸른빛 염색업을 합니다."

그는 노하여 아우를 매질하면서 말하였다.

"우리 형제가 모두 후한 녹을 받고 있는데도 이 같은 것을 업으로 한다면 저 가난한 사람들은 장차 무엇을 생업으로 하겠는가?"

그리고는 동이를 엎어버리게 하니, 푸른 염료가 콸콸 흘러 도랑에 가득 찼다.

일찍이 수팽이 공문서를 가지고 판서의 집에 가서 결재를 받으려 했

탁지 호조의 별칭
혜국 선혜청의 별칭

는데, 판서가 마침 손과 더불어 바둑을 두고 있으면서 그를 보고는 머리만 끄덕이고 전과 같이 바둑을 두는데 몇 시간이 지나도 그치지 않았다. 수팽이 뜰을 지나 마루에 올라가 손으로 바둑돌을 흩어버리고 내려왔다.

"죽을죄를 지었습니다. 죽을죄를 지었습니다. 그러나 이 일은 국사國事라 늦출 수가 없습니다. 결재를 청하오니 다른 서리에게 주어 실행케 하소서."

수팽이 곧 사의辭意를 표하고 나가니 판서가 사과하고 그를 만류하였다.

우리나라의 법에 민간의 처녀로 궁녀를 충당하게 되어 있었다. 수팽의 딸이 거기에 뽑히자 수팽은 궁중의 문을 밀치고 들어가 호소하고, 또 나와서 등문고登聞鼓를 쳤다. 담당 관청에서 면밀히 조사하여 그 실정을 파악, 보고하였다. 임금이 비답하기를 "무릇 궁녀를 뽑을 적에는 액속掖屬의 여자로서 하고 민간의 처녀는 대상에 넣지 말라"고 명하고 이를 정식 법으로 삼게 하였다. 수팽의 청원을 따른 결과다.

이보다 앞서 임금이 환관에게 호조의 돈 십만 냥을 가져오게 했는데 이때가 한밤중이었다. 수팽이 마침 숙직이어서 거절하고 따르지 않자 환관이 꾸짖고 독촉하였다. 수팽이 느린 걸음으로 판서의 집으로 가서 결재를 받은 후에야 비로소 돈을 내주니 날이 이미 밝아 있었다. 임금이 그 사실을 알고 그를 가상히 여겼다. 이때에야 수팽의 이름을

등문고 백성이 억울한 일이 있어 왕에게 호소할 때 치는 북. 신문고의 별칭
액속 궁중에서 잡역雜役하는 하인들

듣고 위와 같은 특별한 은총이 있었던 것이다.

찬하여 말한다.

그 사람을 머리에 떠올리니, 마치 맑은 바람이 숙연히 사람에게 스며오는 것 같다. 들으니, 그가 어린 시절에 집이 가난하여 어머니가 몸소 불 때고 밥 짓는 일을 하였다. 어느 날 부엌 아궁이 밑에서 금덩이를 담아둔 항아리를 발견하게 되었는데 즉시 전과 같이 묻어버리고는 집을 팔고 다른 집으로 이사를 갔다. 그제야 비로소 남편에게 말하였다.

"갑자기 부자가 되는 것은 상서롭지 못합니다. 그런 까닭에 금을 취하지 않았습니다. 그 집에 그대로 눌러 있었다면 금이 묻혀 있는 곳에 마음이 항상 끌리지 않을 수 없을 것입니다."

이런 어머니가 아니었다면, 수팽 같은 아들을 낳을 수 없었을 것이다.

『호산외기』

부모 상중에도 서리는 평상복

주사 유세통 | 9

유세통庾世通은 자가 공원公元으로 중국어 역관이다. 어버이를 섬김에 효성스러워 아버지가 돌아가시자 시묘살이를 삼 년 동안 하면서 애통해하여 몸이 상하는 것이 정도를 지나쳤다. 집이 가난하여 주사籌司의 아전이 되었는데 몸가짐이 검소하고 절도가 있었으며, 옛 장자長者의 기풍이 있어서 곤궁한 친척과 가난한 친구 중에 혼인과 상장喪葬을 치루지 못하는 자는 반드시 주선해주었다.

세통이 평안도를 담당하여 업무를 보았을 때, 통문관通文館에서 중국에 들어갈 때 원포原包 이외에 가포加包를 가져가자는 논의가 있어 영의정 홍洪대감에게 요청하는 글을 올렸다.

홍대감은 허가하고자 했으나 세통이 따르지 않고 "이것은 중요한 문제라 불가不可합니다"라고 하였다.

주사 비변사의 별칭
통문관 사역원의 별칭
원포 중국에 가는 사신과 그 수행원이 가지고 가던 은·인삼 등의 물화. 수량은 일정하게 정해져 있어 이를 원포라 함
가포 원포 이외에 특별히 보태어 가져가는 물화
홍대감 홍봉한洪鳳漢(1713~1778, 숙종 39~정조 2). 자는 익여翼汝, 호는 익익재翼翼齋, 본관은 풍산豊山. 영조 때 문과에 급제해 영의정에 이름. 저서로 『정사휘감正史彙鑑』 『익익재만록翼翼齋漫錄』이 있음

대감이 웃으면서 여러 역관에게 "어째서 담당 아전을 먼저 만나보지 않았느냐?" 하였다.

여러 역관이 세통을 찾아가서 가포를 가져가지 않을 수 없는 실정을 자세히 알렸다. 세통이 "과연 그와 같다면 내가 대감에게 말씀드리고 허락하겠습니다" 하였다. 여러 역관이 그 뜻에 감사하여 백만 전을 주었는데 세통은 받지 않고 해마다 오만 전을 평안도 담당 아전에게 가져다주는 것으로 예例를 삼기로 약속받아, 지금까지 시행되고 있다.

서리들이 부모상을 당하면 집에서는 삼베옷을 입지만 밖에서는 평상복을 입으니, 사람들은 상중임을 구분하지 못하였다. 세통은 어머니가 돌아가자 그 옷의 화려함을 슬퍼하였다. 그래서 묘당廟堂에 아뢰어, 백립을 쓰고 겉에 흑단령黑團領을 입되 그 빛을 우중충하게 했는데, 이는 세통으로부터 시작된 것이다.

글은 반드시 『주역』『논어』『중용』 등의 경전만을 읽고 사특하고 음란한 글은 보지 않았다.

『호산외기』

흑단령 벼슬아치가 입던 공복公服의 하나. 깃이 둥글고 검은 빛깔

주막에 들려오는 곡소리

천관 이연 | 10

천관天官의 서리書吏 이모李某가 외읍外邑에 나가 당참전堂參錢 수백 금을 얻어서 장차 가지고 돌아와 부모를 봉양하려 하였다. 밤에 어떤 주막집에서 자게 되었는데 매우 슬픈 곡성이 들려 주인에게 물었더니 이렇게 답하는 것이었다.

"이웃에 사는 집이 일전에 염병으로 온 식구가 다 죽고 오직 한 여자 아이만 살아남아, 어찌할 바를 모르고 밤낮으로 울기만 한답니다."

이李가 그것을 듣고 측은한 마음이 들어 곧장 가서 물어보고는 가진 돈으로 초종장사初終葬事에 필요한 물품을 사고, 일 잘하는 사람을 구해 함께 가서 염습을 하고, 이어 그 선영에 장사 지내준 뒤 떠났다.

집에 돌아오자 노친은 그의 등을 어루만지며 '잘했다' 고 하였다.

그의 후손들이 번창하여 지금까지 이어지고 있다고 한다.

『겸산필기』

천관 이조吏曹의 별칭. '천관' 은 육조六曹 중 으뜸 부서라는 뜻
당참전 수령이 새로 나가거나 다른 고을로 옮길 때, 늘 일을 부탁하는 서리에게 주던 돈. 당참채堂參債 · 당참가堂參價
초종장사 초상初喪부터 졸곡卒哭까지의 장례 절차

가난할수록 사양하라

혜국 김연 | 11

옛적에 김모金某라는 사람이 어느 대감의 문하에 있었다. 집은 가난하고 부모는 늙어 일정한 월급이 필요하였다. 하루는 선혜청 서리 한 자리가 비어 대감이 그를 그 자리에 앉히려 하였는데, 그는 대감에게 이렇게 말했다.

"특별히 두터운 보살핌을 입어 은혜가 하늘과 같습니다. 다만 죽은 이는 저의 옛 친구입니다. 몇 개월 병을 앓는 동안 매일 문병하러 다녔는데 지금 만약 그 자리를 대신한다면 친구의 죽음을 다행으로 여긴 것처럼 되지 않겠습니까? 진실로 원하지 않습니다."

대감이 그를 어질게 여기고 다른 사람으로 대신하게 하였다.

그 뒤에 또 결원이 있었는데 다시 대감에게 답하길 "지금 대감 문하에 있는 아무개가 곤궁함이 저보다 심합니다. 우선 그를 먼저 뽑으십시오"라고 하니 대감이 더욱 착하게 여겼다. 뒤에 또 결원이 있어 그때야 비로소 임명되었다. 그 사실을 들은 사람들은 "가난하면서도 사양할 줄 알았으니 고금을 통해 짝할 만한 사람이 없다"라고 칭찬해 마지않았다.

그의 후손들이 번성하였는데, 이 사람이 곧 동애東厓의 선조라고 한다.

『겸산필기』

동애 『호산외기』에 나오는 김완金琬과 동일인. 이 책에는 '김환金瓛'으로 되어 있다.

극형 받은 자의 시신을 훔치다

학록암 윤수하 | 12

학록암鶴鹿庵 윤수하尹壽河는 자가 원일元一이다. 의기를 중히 여겨 열사烈士의 풍도가 있었다. 젊었을 때 어떤 재상가에 출입하였는데 그 재상이 큰 옥사에 관련되어 극형을 받았다. 그는 이에 분연히 밤을 틈타 시신을 몰래 지고서 도망하여 그의 선영에 묻어주었다. 관청에서 조사 추적했으나 날이 지나도 잡지 못하여 그만두게 되었다. 재상의 자손들은 그의 은혜에 감동하여 대대로 잊지 않았다.

윤씨의 후손들은 계속 이어져, 지금은 여항의 거족巨族이 되었다.

『겸산필기』

죽었다가 살아난 자가 있느냐?

문김생원 | 13

문김생원文金生員이란 사람은 그 이름을 모르는데 서울 양민良民의 자식이다. 모습은 작달막하고 못생겼는데 생원이라고 자칭하였다.

영조 때 그의 조카딸이 궁중에 뽑혀 들어가고 그후 숙원淑媛에 봉해지자 집안이 갑자기 번창해졌다. 숙원에게는 성국聖國이란 동생이 있는데 육상궁毓祥宮의 소감小監이 되었다. 이에 숙원은 홀로 생원이 가난하고 벼슬에 있지 못함을 부끄럽게 여겨, 궁정宮廷에 적籍을 걸어주려 했으나 생원은 간곡히 사양하였다.

성국은 평소 교활하고 사나웠으며 공부도 안 하고 또 술까지 좋아하였는데, 궁감宮監이 되자 사람들이 모두 무서워하여 똑바로 보지도 못하였다. 생원은 오랫동안 빈곤하였으나 항상 집안사람들에게 경계를 시켜 성국이 보낸 음식·물품 등을 받지 못하게 하였으며, 관계를 끊고 내왕하지 않았다. 성국 역시 더이상 그를 부르려는 생각이 없어졌다.

숙원 내명부內命婦의 종4품 품계
육상궁 영조의 친모인 숙빈淑賓 최씨崔氏의 신주를 모신 묘

하루는 생원이 가슴을 쓸며 탄식하였다.

"우리 집안을 망하게 할 자는 성국이다. 떠나지 않는다면 장차 연루될 것이다."

이에 처자에게 말하였다.

"사람 중에 죽었다가 다시 살아난 자가 있느냐?"

"없습니다."

"만약 그런 일이 있다면 어떻겠느냐?"

"그 같은 다행이 어디 있겠습니까?"

"늙어서 명을 마치지 못하는 것은 창문 밑에서 일찍 죽느니만 못한 법이다. 더구나 지금 나는 일흔이 다 되어서 비록 죽더라도 유감될 것도 없다. 내 장차 가정을 버리고 멀리 유람하면서 내 한평생을 마치련다. 바라노니 오늘이 내가 죽은 날이라고 생각하라. 내가 마땅히 한 해에 한 번은 보러 올 것이다. 한 번 만나는 것도 오히려 기이한데 내가 팔십, 구십까지 살게 된다면 함께 만날 수 있는 것이 열 번 스무 번은 될 것이니 그 같은 다행스러움이 어디 있겠느냐?"

그날 즉시 지팡이와 신발을 꾸려 처자와 결별하고 역내域內의 이름난 산천을 유람하였다. 깊숙한 숲과 험준한 골짜기, 절벽의 사찰, 골짜기의 누각 중에 대략 감상할 만한 것이 있다는 이야기를 듣기만 하면 곧 가서 머물렀고, 머무르게 되면 반드시 오래도록 노닐며 지냈으나 떠나고 머무르는 것에 또한 마음을 두지 않았다. 가는 곳에서는 항상 김생원이라 칭했는데 대개 문씨文氏 족속과 구별하고자 했기 때문에 그 어머니의 성을 쓴 것이다. 그리하여 동리에서 평소 알고 지내던 사람들은 모두 '문김생원文金生員'이라 불렀다.

매년 그해가 저물어갈 무렵에는 반드시 와서 성묘하였고, 돌아갈 때 집에 들르곤 했는데, 이틀 밤을 묵지 않았다. 떠날 때에 처자식들이 옷을 잡고 흐느껴 우는데도 생원은 조금도 연연해하는 기색이 없었다.

뒤에 팔십여 세가 되자 이에 떠나지 않고 머무르면서 다음과 같이 말하였다.

"성국이 죽게 되면 아마 화를 면할 것이다. 또 내 기력이 점차 떨어지니 멀리 다니기에는 마땅치 않고 나도 장차 진짜 죽게 될 것인데, 어찌 차마 부모님이 물려주신 몸을 도로道路에서 죽게 하여 까마귀나 솔개의 먹이가 되게 하겠는가."

이에 집 안에 기거하며 두문불출杜門不出하다가 한 해 남짓 지나서 세상을 마쳤다.

정조正祖가 즉위함에 숙원이 마침내 죄로써 죽으니 문씨 족속이 드디어 망하게 되었다.

『호고재고好古齋稿』

의심받고도 태연한 약주릅

이달문 | 14

달문達文은 성이 이李로 나이 마흔에 총각이었다. 약주릅 일로 어머니를 봉양하였다.

하루는 달문이 아무개네 가게에 갔는데, 주인이 값은 백금百金이고 무게는 한 양兩이나 되는 인삼 여러 뿌리를 내어 보이며 말하였다.

"이거 어떤가?"

"참으로 좋은 물건이군요."

주인은 마침 내실로 들어가고 달문은 등을 돌리고 앉아 창밖을 바라보고 있었다. 이윽고 주인이 나와 말하였다.

"달문아, 인삼은 어디 갔지?"

달문이 돌아보니 인삼이 없었다. 이에 웃으며 "마침 사고 싶어하는 사람이 있어 제가 이미 넘겨주었습죠. 이제 곧 대금을 보내드릴 겁니다"라 했다.

이튿날 주인이 불로 쥐구멍을 그슬려 쥐를 잡으려다가 세워놓은 궤짝 뒤에서 종이로 싼 물건이 있는 것을 발견하였다. 꺼내어 살펴보니 어제 그 인삼이었다. 주인은 깜짝 놀라 달문을 불러 그 일에 대해 일러주며 말하였다.

"자네는 왜 인삼을 못 봤다고 말하지 않고 '팔았다' 고 거짓말 했는가?"

"인삼을 내가 이미 보았는데 갑자기 없어졌으니, 내가 만약 '모른다' 고 하면 주인께서 나를 도둑놈이라고 보지 않을 수 있었겠습니까?"

이에 주인은 부끄러워하며 번거로울 정도로 고맙다고 인사를 했다.

이 당시 영조대왕은 백성들 중에 가난해서 관례冠禮나 혼례婚禮를 올릴 수 없는 자들을 불쌍히 여겨, 관청에서 자금을 대주어 그 예를 올리게 하였다. 그리하여 달문도 비로소 혼인을 하였다.

달문은 늘그막에 영남지방으로 내려가 양민 자식들을 모아 장사를 시키며 그 생을 꾸려나갔다. 매양 서울 손님을 보게 되면 눈물을 흘리며 혼례를 치르게 해주셨던 임금님의 성대한 덕에 대한 일을 말하곤 했다 한다.

『추재기이』

죽을 때까지 술을 끊다

동추 유후택 | 15

우리 일가의 증조부 항렬인 동추공同樞公은 휘가 후택厚澤, 자가 경장景長이다. 정조 때에 비서성秘書省의 사준司準이 되었는데 교정校正을 잘 보아 여러 번 가자加資의 상전賞典을 입었다.

젊은 시절에는 술을 잘 마셔 간혹 양이 지나칠 때가 있었다. 어머니 정부인貞夫人 박씨는 그의 몸이 상할까 걱정하여 술을 경계하도록 타이르니, 그는 드디어 술을 끊을 것을 결심하고, 다시는 한 잔의 술도 마시지 않았다. 일가친지들은 그의 효심을 칭찬하였다.

뒷날 좋은 술이 생기자, 정부인이 그에게 말하였다.

"오늘 마침 좋은 술이 있다. 나는 네가 전날에 술을 좋아하던 것이 생각나는구나. 이 한 잔을 네게 줄 터이니, 너는 이 술을 마시도록 해라."

그는 무릎 꿇고 대답하였다.

"소자小子가 불초하여 근심을 많이 끼쳐드리다가, 다행히 자상하신

비서성 교서관校書館의 별칭. 경서經書와 사적의 인쇄·반포와 향축香祝·인전印篆의 임무를 담당한 관청
사준 교서관의 종8품 잡직, 책의 인쇄·출판 과정에서 원고 낭독, 교정 등을 맡았다.
정부인 정2품 및 종2품 문무관의 부인에게 주는 품계

가르침을 받들어 겨우 광약狂藥을 끊었습니다. 이제 몇 년도 채 안 됐는데 어찌 감히 다시 마실 수 있겠습니까? 비록 맛있는 술을 내려주신다 하여도 진실로 감히 그 뜻을 받들지 못하겠습니다."

정부인은 그 말을 착하게 여겨 다시 강권强勸하지 않았다.

그는 종신토록 술을 마시지 않았고 여든다섯 살까지 살았다.

『겸산필기』

책 사이의 금은도金銀刀를 돌려주다

석사 홍윤수 | 16

홍윤수洪胤琇공은 자는 계일啓一로, 집이 가난했으나 독서를 좋아하였다. 붓 가게나 책점에 드나들면서 겨우 입에 풀칠할 정도의 생계를 꾸려, 처자에게 항상 배고픈 기색이 있었다.

어느 날 친구가 경서 몇 함函을 되팔고자 하였다. 그가 그것을 가지고 단골로 매입해주던 집에 도착하여 훑어보는데, 문득 책 사이에 끼어 있는 칼 한 자루를 발견하였다. 금은金銀과 대모갑瑇瑁甲으로 장식되어 보물이 될 만한 것이었다. 그는 즉시 원래 주인을 찾아가서 그것을 돌려주었다. 그때 사람들은 모두 그를 칭찬하였다.

그는 곧 나의 할아버지 이약헌以約軒공의 고종사촌이다. 할아버지는 일찍이 그에게 편지를 보내 학문에 힘쓰라고 한 적이 있었다.

『겸산필기』

대모갑 바다거북이류의 등과 배 껍데기. 공예품의 재료로 쓰임
이약헌 유상우劉相祐의 호

권공정權公井

동추 권정일 | 17

동추同樞 권정일權廷一은 젊은 시절 집이 가난하였는데 인왕산仁王山 아래에 살면서 물자의 수급需給을 잘 처리하여 여러 만금萬金을 모았다. 매양 한 해가 저물고 날이 추워지면 사람을 시켜 전곡錢穀을 많이 짊어지고, 옛날 친지나 이웃 마을의 곤궁한 사람을 찾아서 구휼해주었다. 사람들은 지금까지도 그 일을 칭송하고 있다.

일찍이 마을 가운데 우물을 파고 두레박줄로 편히 물을 퍼올리게 하였는데, 마을 사람들은 그의 은혜에 감동하여 우물 벽면에 '권공정權公井' 세 글자를 새겨 그를 기리었다.

『겸산필기』

노래박자 매화점을 만들다

죽헌 장우벽 | 18

장우벽張友壁은 자가 명중明仲, 호는 풍죽헌風竹軒이다. 탁락卓犖한 성품이 일반 사람과 다르고 효성과 우애로 소문이 났다. 기록하고 송독하는 것을 일삼지 않았지만, 때때로 문장을 지으면 훌륭하고도 우아하여 외울 만하였다.

일찍이 그 자식을 훈계하여 말하였다.

"비록 반고班固·양웅揚雄의 뛰어난 재주와 권문세족의 부귀를 지녔다고 하더라도 진실로 명분과 교양에 결함이 있으면 세상에서 자신을 세울 수 없느니라."

음보蔭補로 통례관通禮官에 충원되었는데, 일 년이 채 못 되어 관직을 버리고 떠나며 "어버이가 계시지 않으니 봉록은 받아 무엇하랴?"라고 하였다. 그리고는 산수에서 방랑하여 한 언덕, 한 골짝도 빠짐없이 다

풍죽헌 『호산외기』에는 '죽헌'이라고 되어 있다.
반고 중국 후한 사람으로 자는 맹견孟堅이다. 후한 최고의 사부가辭賦家로 일컬으며, 명제明帝의 명을 받아 『한서漢書』를 찬하였다.
양웅 중국 전한 사람으로, 자는 자운子雲. 사부辭賦로 명성이 났다. 저서로 『태현경』 등이 있다.
음보 조상의 음덕으로 벼슬함
통례관 조회朝會, 제사祭祀에 관한 의식을 담당한 통례원通禮院의 관원

넜다고 한다.

음악의 이치를 깨달아서 스스로 노래 박자의 '매화점梅花點'을 마련하였는데 그것이 음악의 훌륭한 지침이 되기도 하였다. 날마다 인왕봉仁王峯에 올라가 거침없이 노래하다가 돌아오곤 하여, 사람들은 그곳을 가리켜 '가대歌臺'라고 하였다.

나이 팔십에 집에서 죽었다. 서벽정西碧亭 서쪽에 단풍나무 한 그루가 있는데 드리운 그늘이 몇 이랑이나 된다. 서울에서 단풍숲으로 큰 구경거리가 되었는데, 바로 공이 아잇적에 손수 심은 것이다. 그의 손자 창昶이 나에게 시를 부탁하여 그곳의 돌에 기록하였다.

찬하여 말한다.

금속으로 된 악기, 석제 악기, 현악기, 대로 만든 악기, 박으로 만든 악기, 흙으로 빚은 악기, 가죽으로 만든 악기, 목제 악기 등 모든 악기가 매화오점에 귀착되고 있으니, 신령한 생각의 지극한 경지에 이르는 것이 아니면 불가능했을 것이다. 소화昭華의 피리에 비교해도 그 효용이 넓으니, '거마산림車馬山林'이니 하는 것은 다만 장난일 따름이다.

『호산외기』

매화점 우리나라 고전음악 악보에서 가사 · 시조 따위의 창법을 표시한 매화 무늬의 기호
소화의 피리 한고조 유방劉邦이 처음으로 진나라의 함양궁咸陽宮에 들어갔을 때, 동銅으로 주조된 인형 12개 중 하나가 '소화지관昭華之琯'이라고 새겨진 옥피리를 들고 있었는데, 그 피리를 불면 거마가 산림에서 나오고, 그치면 거마가 사라졌다고 하는 전설이 있다.

궁 안이 물 끓듯 하더라도

만취헌 유광진 | 19

정조는 재위 이십사 년 동안 넓고 크게 문덕文德을 펼쳐 규장각奎章閣을 창설하고 육학사六學士를 두었는데, 서리에 이르기까지 반드시 자신을 깨끗이 지키고 문예가 있는 자들로 충원하였다. 심원한 임금의 거처에 출입하며 밝은 성덕聖德을 뵈옵고 옥음玉音을 받드는 것은, 대개 주관서사周官胥史가 있어온 이래로 없었던 일인데, 맨 처음 이에 선발되어 해당된 자가 유광진劉匡鎭군이었다.

군은 자가 일지一之, 본관은 남원南原이다. 처음에는 승정원의 서리가 되었다가, 정조 무술戊戌(1778)년에 규장각 서리로 옮겨갔다. 기미己未(1799, 정조 27)년에 조모의 상을 당하여 돌아가신 아버지 대신 상주가 되었는데, 탈상 전에 관직에 오르는 것은 예가 아니라 하여 사직辭職을 청하고 여막을 지켰다. 삼년상이 끝나자 영희전감永禧殿監에 임명되었

규장각 정조 즉위년(1776) 창경궁 안에 설치된 기구로 조선시대 역대 임금의 글·글씨·고명顧命·유교遺教 등을 보관하던 궁중 도서관. 학문 연구와 서적 편찬에 있어 큰 역할을 했다.

육학사 중국 당나라 한림학사翰林學士를 전례로 삼아 임명한 6명의 규장각 각신閣臣으로, 제학提學 2명, 직제학直提學 2명, 직각直閣 1명, 대교待教 1명을 지칭함. 『규장각지奎章閣志』 참조

주관서사 『주례』에 나오는 서리 제도로서, 후세에는 일반 서리를 지칭

영희전감 영희전의 6품 관직. 영희전은 조선조 태조·세조·원종·숙종·영조·순조의 영정을 봉안하고 제사를 지내던 곳

다. 금왕今王(순조) 임신壬申(1812)년에 세상을 떠났는데 나이는 일흔다섯이었다.

군은 어렸을 때, 체구가 조그마하고 예쁘게 생겨 모습이 처자와 같았으며, 단아하고 자상하면서도 담력이 있었다. 그가 승정원에 있을 때, 혹 엄중하고 다급한 일을 당하여 궁 안이 물 끓듯 하고, 관리들이 놀라 제대로 조치를 못 할 때에도 그는 편안하고 느긋하게 대처하여 아무 일 없는 듯하였다.

당시 병정丙丁(1776~1777)년간에는 권흉權凶들의 횡행이 심하여 다른 사람들은 감히 그들의 잘못을 바로잡지 못하였으나, 그는 의리義理에 의거하여 결정하고 조금도 흔들리지 않았다.

그가 규장각에 있을 때에는 정조의 지우知遇가 여러 서리들보다 특별하여 상을 내려주는 은혜를 여러 차례 입었다. 임금은 그가 사직하려는 것을 듣고 하교下敎하여 "이는 사대부도 하기 어려운 것이다"라고 하였다. 이 화곤華袞의 한 글자가 군을 백 년 후에도 살아 있게 할 것이다.

군은 부모를 섬김에 효성스럽고 친척 간의 화목을 돈독히 하여, 그에게 힘입어 혼례와 장례를 치르는 집이 십여 곳이나 되었으나, 정작 자신은 거친 음식을 편안히 여겼고, 관이나 수의壽衣 등을 평소에 준비해두지도 않았다. 평소에 말하거나 웃는 일이 드물었으며, 엄정하고

병정년간 정조가 세손世孫으로서 대리청정을 하던 시기에 영조의 총애로 국정을 좌우하던 화완옹주和緩翁主·정후겸鄭厚謙·홍인한洪麟漢 등이 집권 노론 벽파와 결탁해 정조를 모해했던 일

화곤 임금의 복장을 지칭하는 말로 임금이 신하를 칭찬하는 것을 '곤포袞褒'라고도 한다. 이 글에서 '화곤의 한 글자'는 바로 정조가 유광진을 칭찬한 말을 이름

깔끔하게 몸을 가져서 걸음걸이도 조심스럽고 법도가 있었다. 책 보기를 좋아하여 늙어서도 게을리 하지 않았으며, 시가 '농려穠麗' 하여 낭송할 만하다.

극옹屐翁 이상서李尙書 찬

『종저방』으로 구황작물 재배법 전파

학포헌 서경창 | 20

학포헌學圃軒 서경창徐慶昌은 자가 명중明重이다. 주사籌司의 서리로서 『종저방種藷方』을 주해註解·번역하고 전국에 반포하여 구황작물救荒作物이 되도록 하였다. 신미辛未(1811, 순조 11)년 관서關西의 역적들이 변란을 일으켰을 때에는 군량을 공급하는 계획에 많은 부분을 차지하였다. 을해乙亥년 기근이 들었을 때 또한 '이속지책移粟之策'을 찬하여 당시 사람들이 칭송하였다.

일찍이 「을해탄乙亥歎」이란 시를 지었다.

경기京畿로부터 삼남에 이르기까지	畿甸曁三南
진휼賑恤을 하려 해도 쌓인 곡식 없으니	賑貸無蓄積
구제하여 살릴 공사의 계획은	濟活公私計

주사 비변사의 별칭
종저방 고구마 재배에 관한 책으로 저자와 연대는 미상. 이 책에는 선조에서 광해군년간에 고구마가 처음 도입됐으며, 1633(인조 11)년에 비변사에서 그 보급에 노력했다는 기록이 있음
관서의 역적 홍경래洪景來의 난을 지칭함. 홍경래가 평안북도 가산嘉山을 근거로 봉기했으므로 이같이 지칭
이속지책 흉년이 든 지방을 위해 곡물을 수송·공급하는 정책. 가령 함경도에 흉년이 들면 경상도의 곡식을 보급하는 것 등. 『맹자』「양혜왕」 상上에 "하내에 흉년이 들면 그 백성은 하동으로 이주시키고, 곡식은 하내로 옮긴다河內凶 則移其民 於河東 移其粟 於河內"는 구절이 있음

오직 곡식을 옮겨옴에 있을 뿐이건만 惟在移其粟
동쪽 바다에는 바람과 파도가 많다 하고 東海多風濤
북쪽 뱃길에는 침몰이 있을 뿐이라 하네. 北船報沈溺
요즘 선비들 독서를 하지 않아 今士不讀書
여러 고을에선 다투어 곡식 매매 금지하네. 列郡爭遏糴
불쌍하도다! 사도의 백성들 哀此四道氓
개천과 골짜기에서 뒹구네. 半塡溝與壑

요즘 선비들…금지하네 『맹자』「고자告子」 하下에 "제방을 굽게 쌓지 말며, 쌀 매매를 금지하지 말라無曲防, 無遏糴"이란 구절이 있음
사도 황해도 · 강원도 · 평안도 · 함경도

이불에 난 칼자국

동추 박원묵 | 21

박원묵朴元默은 자가 공후公厚이고, 초명初名은 성묵性默으로, 효자 박태성朴泰星의 증손자이다.

젊은 시절 호걸협객의 기질이 있었다. 기생집에서 잠을 자려다가 이불에 칼자국이 있는 것을 보고 괴이하게 여겨 물어보았다. 기생은 지난밤 사사로이 정을 통하던 사내가 발각되어 찔린 것이라고 하였다. 그는 마음속으로 '나는 늙으신 어버이가 계시고 또 형제마저 없으니, 방탕함에 내맡겨 부모님께서 남겨주신 몸을 상하게 할 수 없도다'라고 생각하였다.

그날 밤으로 헤어져 돌아와 낮이나 밤이나 학문에 힘을 쓰며, 부모님께 봉양하길 극진히 하였다. 매일 아침에 몸소 집안 어른들을 찾아가서 안부를 물었으며, 그들 중 가난하고 궁핍한 이들을 도와주는 것이 일상의 일이 되었다. 비록 소원한 인척들이라도 혼인이나 초상, 제사를 도움에 부족함이 있을까 두려워하면서, 때를 놓치는 법이 없었다.

집안의 종손宗孫이 일찍 세상을 떠나 자손이 끊기자 그는 밤낮으로 걱정하였는데, 나이 오십에 임박하여 비로소 사내아이를 보아 즉시

종손의 뒤를 잇게 하였다. 그는 의리의 실천에 과감하여 아무도 말릴 수 없었다.

『겸산필기』

선친의 뒤를 잘 계승하다

노촌 유한겸 | 22

노촌蘆村 유한겸劉漢謙은 자가 사수士受이고 만취헌晩翠軒의 아들이다. 천성이 정직하고 화평和平하며 단아端雅하였다. 술을 좋아했지만 정신이 흐려지는 지경에까지 이르지는 않았다. 사부詞賦를 잘 지었으나 다작多作은 하지 않았다. 소리, 여색, 재물 따위는 하나도 좋아하는 것이 없었고, 오직 경서만을 스스로 즐겨 늙어서도 게을리 하지 않았다.

내각內閣의 사호司戶로 있을 때 친상親喪을 당하자 이에 물러나겠다고 청하였는데, 사람들이 모두 그를 칭찬하면서 "선친先親의 뒤를 잘 계승하였다"고 말하였다.

만년晩年에 남전감南殿監에 제수되었다.

『겸산필기』

만취헌 유광진劉匡鎭
내각 규장각의 별칭. 강화도의 사고史庫를 외규장각이라 불렀기 때문에 궁중의 규장각을 내각이라 하였다.
사호 서리의 별칭
남전감 남전南殿은 남별전南別殿의 별칭. 이조의 태조 · 세조 · 원종 · 숙종 · 영조 · 순조의 영정을 모신 전각인데, 후에 영희전이라고 개칭. 남전감은 남별전의 사무를 맡아보던 직책

담배통을 팔고 부채를 수선하다

연박 | 23

연박烟朴이란 자는 담배통을 파는 자로서, 성은 박朴인데 그 이름은 모른다. 늙어서는 해진 부채의 수선을 업으로 삼았다.

그는 성인이 되어서도 글자를 알지 못하였다. 그러다가 소학언해小學諺解 한 책을 얻게 되었는데, 언문諺文조차 몰라 가게를 같이 하는 사람에게서 국문의 반절反切을 배우게 되었다. 그런데 국문을 깨치게 됨에 따라 한문도 헤아리게 되어 점차 개명開明하기에 이르렀다.

사서四書 및 송나라 선비들의 글을 읽고서 독실히 배우고 힘써 행하여 분수를 지키며 조심스럽게 살아가니, 세상에 차츰 이름이 나게 되었다. 연촌淵村 민閔판서가 한양에 갔다가 저자 옆에서 머리를 매우 공손하게 숙이고 있는 자를 보았다. 돌아와서 물어보니, 누가 "그 사람은 연박입니다"라고 하였다.

드디어 밤을 이용하여 불러보았는데, 그때 나도 그 자리에 있었다.

반절 한글의 자모를 의미. 원래 반절이란 한자의 음을 표시하는 방법으로, 두 글자의 초성과 중·종성을 합하는 방식을 뜻하지만, 여기서는 한글의 옛 속칭으로 쓰였다. 최세진崔世珍의 『훈몽자회訓蒙字會』에 "언문의 자모는 세상의 이른바 반절이다諺文字母, 俗所謂反切"라는 말이 있다.
민판서 미상

질박하고 촌스러운 바탕과 성실하며 조심하는 태도는 본연의 좋은 점이 있었으나, 다만 견문이 너무 고루하였다. 경전의 뜻을 설명하기 시작하자 눈을 감고 가만히 듣고 있다가, 의문이 해소되고 깨달음을 얻는 곳에 이르면 크게 소리 내어 "옳습니다"라고 하였고, 더욱 옳다고 생각되는 곳에서는 그때마다 절을 하였다. 하룻밤 사이에 몇십 번 절을 했는지 모른다.

일찍이 시간을 아낄 것을 논하며 그는 이렇게 말하였다.

"정월 초하루 자시子時에 태어나서 백 세가 되는 섣달 그믐날 해시亥時에 죽어야만 비로소 삼만육천 일이 되는데, 이미 그런 사람이 없으니 그렇다면 사람의 수명이 얼마나 되겠는가."

대개 그처럼 고행苦行을 하며 힘써 배운 것은 예부터 드문 바였다. 고명高明한 사람을 만나 다듬고 마름질함을 얻지 못한 것이 애석할 따름이다.

『침우담초』

나 이 글의 필자인 장지완張之琬

책상 위에 국조 전례

동추 배광옥 | 24

동추同樞 배광옥裵光鈺은 자가 유성有成이다. 총명함이 남보다 뛰어나, 기억하고 외우는 것을 잘하여 역대 왕계王系와 옛날의 사실들을 많이 알고 있었다. 춘조의 계제사稽制司에서 일을 맡고 있었는데, 당시에 '일을 잘 처리한다'고 일컬어졌다. 매양 나라의 중대한 의식이 있을 때면 전례前例를 살펴 조처함에 합당치 않은 적이 없었고 조금도 어긋나거나 실수함이 없었다. 집 안에 다른 서적은 없고 책상 위에는 오직 국조國朝의 전례典禮에 관한 글만 있어 밤낮으로 열람하였다. 이에 일이 생기면 대응하기를 메아리가 울리듯 하였으니, 대개 평소 축적한 바가 있었기 때문이다.

『겸산필기』

계제사 예조에 속해 있던 관청. 제도 전반의 전거典據 고증考證과 의식 절차를 분담하던 기구
국조 현 왕조를 말함. 여기서는 이조를 가리킴

집을 팔아 김부제학의 장례를

송간 서의석 | 25

송간松磵 서의석徐義錫은 자가 영수潁叟로, 술을 좋아하고 시를 잘하며 기개가 있었다. 젊어서 광호廣湖 김부제학을 섬겼는데, 부제학이 죽음에 가난해 장사 지낼 수 없자 송간이 집을 팔아 장비葬費를 도왔다. 사람들이 그의 의로움을 칭찬했다. 부제학에 대한 만사는 다음과 같다.

이십 년 살던 강가에 영원히 음향이 숨겨지고	廿載江干永閟音
빈 당은 대낮에 물과 구름으로 잠겨 있네	空堂白日水雲沈
위의와 용모는 지난날 문신의 반열에 으뜸이었고	儀容疇昔冠奎列
문장과 아취는 지금 사림의 추앙하는 바이라	文雅如今推士林
금 촛대 그림자 속에 학學을 연 것이 원대하고	金燭影中開學遠
자양의 책 속에 연원을 이음이 깊도다	紫陽篇裏繼源深
아! 이 세상에서 따라가려 해도 닿지 않으니	嗚呼斯世追無及
아픔을 되씹으며 긴 세월 눈물만 옷깃에 가득하네	茹痛長年淚滿襟

『겸산필기』

김부제학 미상
자양 주자의 고향 지명. 즉 주자를 뜻함

마음 심心자 세 개

무구자 김경직 | 26

김경직金敬直은 자가 희중熙重, 호는 무구자无咎子다. 사람됨이 간직簡直하면서도 오만하지 않고 공손하면서 아첨함이 없고 검소하면서도 인색하지 않았다. 사람과 더불어 잘 사귀어, 충고할 때에 조용하고 강요하지 않아 다른 사람으로 하여금 감사하고 후회하게 하였다. 또 사람들의 분란을 잘 해결하고 사람들의 군색하고 급한 일을 잘 처리하여 모두들 칭찬하였다.

학문을 좋아하여 이치를 궁구하였는데, 일찍이 『논어』를 읽을 적에 매일 한 장씩 읽어 오묘한 뜻을 궁구하다가 혹 이삼 일에 이르렀고, 삼 년을 읽자 자득自得함이 있는 듯이 느껴졌다.

항상 말하길 "『논어』 20편 498장은 장장마다 차례가 있어, 하나도 착란된 것이 없다. 편 가운데 '심心' 자가 세 개 있으니, 마음에 하고자 하는 대로 하여도 규범에 넘지 않는다는 것은 성인聖人의 마음이요, 그 마음이 석 달 동안 인을 거슬리지 않는다는 것은 안자顔子의 마음이요, 배불리 먹어도 종일토록 마음 쓸 일이 없다는 것은 범인凡人의 마음이다"라고 하였다.

또 말하길 "『맹자』 「호연장浩然章」은 도를 전하는 글이다. 북궁유北宮

黝 · 맹시사孟施舍의 용기가 있은 뒤에라야 능히 증자曾子의 용기가 있을 수 있고, 능히 호연지기浩然之氣를 기를 수 있다"라고 하였다.

또 말하였다.

"도연명의 「귀거래사歸去來辭」에도 역시 '심心' 자가 세 개 있는데, 그 말의 뜻이 모두 도를 닦는 뜻이다. 그러나 아는 사람이 드물다."

『겸산필기』

북궁유…있고 『맹자』 「공손추」 상에 나오는 일화. 맹자는 부동심不動心의 의미를 설명하며, 당시 용사勇士로 일컬어지던 북궁유 · 맹시사의 용기는 기세를 부리는 것이며, 공자의 제자인 증자의 용기는 심성의 수양에서 우러나온 것이라 하였다.

은 또한 그대의 물건이다

홍이양금 | 27

서울 오천梧泉에 사는 이씨는 여러 대 동안 부자였는데, 그 증손 · 현손에 이르러 가산이 탕패하여 그 집을 홍씨에게 팔았다. 그 집 마루 한 기둥이 기울어 무너지려고 하여, 홍씨가 개수하다가 작은 덩어리의 은 삼천 냥을 발견하였다. 대개 이씨 조상이 감추어둔 것이었다. 홍씨가 이씨를 불러 돌려주었더니, 이씨가 "은은 비록 우리 조상이 감추어 둔 것이나 명문明文도 없고 집도 이미 그대에게 팔았으니, 은 또한 그대의 물건이다"라고 하여 서로 사양하여 마지않았다. 이 일이 관에 보고되고, 관에서는 조정에 아뢰었다. 임금이 하교하였다.

"우리 백성 가운데 이와 같이 어진 사람이 있으니, 누가 지금 사람이 옛사람과 같지 않다고 하는가?"

그 은을 반으로 나누라고 명하고 모두에게 벼슬을 내렸다.

『추재기이』

천재가 죽다

진종환 | 28

진종환秦鍾煥은 자가 중경重磬이니, 규장각 각감奎章閣閣監 진동석秦東奭의 아들이다. 흉금이 담박하고 기운이 없어 무능한 것 같았고 그 행동거지는 소탈하고 질박하여 호사豪奢하는 집안의 자제와는 달랐다. 종요鍾繇 왕희지의 서첩을 임모하여 핍진하지 않은 적이 없고, 또 김생의 필의筆意를 좋아하여 웅혼하고 고아함이 마치 절벽에 떨어지는 돌 같았다. 그 시를 읽으면 창연히 빼어나고 연연淵然히 빛나서 깊이 소릉少陵의 진수를 얻었다. 악부시 여러 편은 모두 연조燕趙의 기氣가 있다.

팔 힘이 남보다 뛰어나서 이십 근이 되는 쇠몽둥이를 휘두르면서 두어 발을 뛰어오를 수 있고, 살결이 단단하여 손으로 만지면 마치 철판을 만지는 것 같았다. 단단한 쇠뇌를 잡아당겨 다섯 발에 네 발을 맞

각감 규장각 잡직의 하나. 임금의 초상화 봉안소를 지키는 일을 맡음

종요 중국 삼국시대 위나라의 서가書家. 자는 원상元常으로 초서에 능했다.

김생 711~791(소성덕왕 10~원성왕 7)자는 지서知瑞, 김구金玖로도 불린다. 일생을 서예에 바쳤으며 예·행·초서에 모두 능하여 '해동의 서성書聖'이라 칭해졌고, 송나라에서도 왕희지를 능가하는 명필로 알려졌다. 작품은 「백률사석당기」「유점사편액」 등이 있었다고 하나 전하지 않음

소릉 두보의 고향. 즉 두보를 말함

연조의 기 연과 조는 전국시대의 나라 이름인데 이 지역에는 비분강개하는 선비가 많이 있었다고 전한다. 여기서는 진종환의 악부시풍이 씩씩하고 굳세었음을 말하고 있다.

출 정도였다. 담략이 있어 일찍이 밤에 맨손으로 호랑이를 숲속까지 추격하였고, 무예에 정진하여 창으로 춤추고 봉을 구사함이 모두 신묘한 경지에 이르렀다. 일찍이 달밤에 졸개들을 물리치고, 함께 산속에 들어가 한번 시험 삼아 철장을 들고 뛰어올라 대략 십팔 무예의 기법을 보이는데, 나는 것과 같아 산새가 모두 놀랄 정도였다.

중국 사신을 맞이한 접반사接伴使가 용만龍灣에서 머물렀는데, 우당羽堂 조趙판서가 여우 · 담비의 아름다움에 대해 말하자 그가 모양과 성질 그리고 여러 짐승들의 품급을 말하는데 빠지는 것이 없었다. 이에 『본초本草』를 가져다 이름을 시험 삼아 물어보니 외워 대답하는데 착오가 없었다. 판서가 크게 놀라 돌아와서 '천재'라고 사람들에게 말하였다. 원래 바둑 두기를 좋아하였는데 거의 적수가 없었지만, 일찍이 계속 이기지 않고 국수國手와 상대할 때에는 반드시 한 점만 져주었다.

그는 세도가가 만나고자 하면 기뻐하지 않으며 말하기를 "다섯 말의 쌀로 허리를 숙이는 것을 고인도 수치로 여겼는데, 하물며 평원군平原君의 문객이 될 것을 구하지도 않는 자는 어떠하겠는가?"라고 하였다. 간혹 여러 곳에서 헐뜯고 나무라는 말이 들려도 끝내 현달한 관리들과는 얼굴 한번 대한 적이 없었다.

그가 일찍이 말하길 "우리 할아버지가 나라의 은혜를 입음이 산과

조판서 조병현趙秉鉉(1791~1849, 정조 15~헌종 15)을 가리킴. 우당은 호. 자는 경길景吉이고, 또다른 호로 성재成齋가 있으며 본관은 풍양豊壤이다. 세도가인 풍양 조씨가의 중심인물이었으며, 벼슬은 호조판서 · 평안도 관찰사 등을 역임

다섯 말의…것 원문은 '오두절요五斗折要'로, '오두'는 하급 관료의 박봉을 상징. 일찍이 도연명은 "나는 다섯 말의 쌀 때문에 허리를 굽힐 수 없다"고 말한 바 있다(『진서』「은일전」).

평원군 중국 전국시대 조나라의 공자로 이름은 승勝. 그는 당시 이름난 유력자로서 수천 명의 식객을 거느렸던 것으로 유명하다. 여기서는 조선후기 세도 가문을 비유하는 말로 쓰이고 있다.

바다와 같지만, 내가 어리석고 모자란 미미한 존재라 본받을 수가 없다. 다만 본분에 따라 먹고 마시면서 세상의 법망에 저촉됨이 없어 보답하지 않는 보답이 되길 바랄 뿐이다"라고 하였다.

"그대의 재주는 장차 어디에 쓸 것인가?"라고 물으면, 이렇게 답하였다.

"나에게 세월을 빌려주어 군대에 머물게 한다면 용기를 부릴 수 있고 또 싸우는 방법도 알 수 있을 것이다."

이어서 슬픈 노래로 초나라 소리를 지으면서 희극으로 꾸미니, 맑고 뛰어나고 원만하고 변전變轉하여 또한 세속에서 비교할 만한 것이 아니었다.

쉰두 살에 죽으면서 죽음을 슬퍼하는 뜻이 없었고 처가 결별하면서 슬피 우니 "당신의 목숨 또한 다 되었다. 한곳에 상종함이 멀지 않을 것이다"라고 하며 손으로 물리쳤는데, 과연 그해 겨울에 처 역시 죽었다.

그가 죽은 뒤에 정씨 집으로 출가한 그의 여동생이 국문으로 그의 행장을 기록하여 일가 사람을 시켜 장중규張仲圭에게 전하였다.

"죽은 오라버니가 좋아하는 사람으로 선생과 같은 분이 없으니, 오라버니를 불후不朽케 해주시기를 빕니다."

그리하여 내가 글을 만들어 그에게 주었으니, 또한 규합閨閤 중의 기이한 일이라 할 만하다.

『침우담초』

장중규 장지완. 중규는 자. 인용서목 해설 『침우담초』 참조

팔뚝만 한 산삼

김채삼인 | 29

김씨 성을 가진 양민이 영평永平에 살았는데 삼 캐는 일을 생업으로 하였다. 하루는 그의 동료 두 사람과 더불어 백운산白雲山의 가장 깊숙한 곳에 들어가 높이 올라 내려다보니, 아래로 암벽이 있는데 사면이 깎아 세운 듯 말[斗]과 같았고, 그 가운데에는 인삼이 무더기로 자라나 있어 몹시 탐스러웠다. 세 사람은 놀라움과 기쁨을 이기지 못하였으나 내려갈 길이 없었다. 드디어 둥우리를 엮어 칡끈으로 묶고, 김씨를 그 가운데 앉혀 둥우리를 매달아 내려가게 하였다.

김씨가 마음껏 캐내 십여 묶음씩 만들어 둥우리 속에 담으면 두 사람은 위에서 끌어올렸다. 캐기를 거의 끝마쳤을 무렵, 두 사람은 삼을 나누어 갖고 둥우리를 버려둔 채 가버렸다. 김씨는 다시 나올 수가 없었다. 사방의 절벽을 둘러보니 깎아 세운 듯 백 길이나 되어 날개가 없으면 나갈 수도 없고, 또 먹을 만한 것도 없었다. 다만 남은 삼을 캐어 먹는데 어떤 것은 크기가 팔뚝만 한 것도 있었다. 육칠 일 동안 밥을 먹지 못했지만 기운은 매우 충만하였다. 밤이면 암벽 아래에 자며

영평 경기도 포천군 지역에 있던 현명

온갖 계책을 생각해보았지만 뛰쳐나갈 방도가 없었다.

하루는 암벽 위를 바라보니 한 마리의 커다란 구렁이가 곧바로 김씨가 누워 있는 곳으로 오고 있었다. 김씨는 속으로 반드시 죽게 되리라 생각했다. 그런데 구렁이는 그의 앞을 비껴 지나치더니 곧바로 둥우리를 묶은 줄을 내렸던 암벽을 향해 갔다. 길이가 십여 길은 되었는데 김씨 앞에 꼬리를 두더니 계속 흔들어댔다. 김씨는 스스로 생각하였다.

'이 구렁이가 사람을 보고도 물지 않으니 아마도 나를 구하려는 뜻이 있나 보다.'

드디어 허리띠를 풀어 구렁이 꼬리에 꽉 묶고 사타구니를 벌려 엎드리고 꼬리의 끝을 힘껏 붙잡았다. 구렁이가 꼬리를 한 번 휘두르자 그는 자기도 모르는 사이에 이미 암벽 위에 올라와 있었다. 구렁이는 곧 수풀로 들어가버려 간 곳을 알 수 없었다. 김씨는 그것이 신물神物임을 알게 되었다.

드디어 옛길을 찾아 산을 내려오는데 두 사람이 모두 큰 나무 아래에 쭈그려 앉아 있었다. 김씨는 멀리서 말했다.

"너희들이 아직도 여기에 머물러 있었느냐?"

모두 대답을 하지 않았다. 앞으로 나아가보니 죽은 지 이미 오래되었고 그들의 삼은 하나도 없어진 것이 없었다. 김씨는 그 까닭을 알 수 없었다.

급히 하산하여 두 사람의 집에 알려주었다.

"내가 두 사람과 삼을 캐어 돌아오는데, 구토와 설사를 하더니 모두 죽어버렸습니다. 아마 독물을 잘못 먹어서 그런 것 같습니다. 채취한 것은 비록 공평하게 나눴지만 내가 어찌 차마 그것을 가질 수 있겠습니까?"

그는 두 집에 모두 나눠줘 장례비로 충당케 하였고 자신은 하나도 갖지 않았다. 또한 입을 다물고 그 사건에 대해 말하지도 않았다. 두 집은 평소 그를 믿어왔기에 모두 의심하지 않고 시체를 거두어 장례를 잘 치렀다.

그후에 김씨는 나이가 아흔이 넘도록 건강하기가 소년과 같았다. 아들을 다섯 두었는데 모두 곡식을 쌓아놓고 부유하게 살았으며 손자·증손 대에까지 번성하여 여리閭里에서 위세가 대단하였다. 김씨는 백 세쯤 되어 병 없이 죽었는데 임종할 때에야 비로소 그 일을 여러 자식들에게 말해주었다.

"무릇 사람의 사생死生과 부귀는 하늘이 살피지 않음이 없다. 너희들은 절대로 사악한 생각을 하여 두 사람처럼 신의 노여움을 촉발시키지 말라."

『청구야담』

조상에 대한 끈질긴 사랑

최규현 | 30

최순옹崔淳翁은 일찍이 김장군金將軍을 좇아 심하深河의 전투에서 전사하였으나 신분과 지위가 미천하여 그 사적이 크게 드러나지 않았다. 지금 몇백 년이 지나서 혹 옹의 이름을 물어보면 아는 자가 드물다.

그의 칠대손인 최규현崔奎顯은 이를 걱정하여 두루 사대부와 문사들을 방문하여 지誌 · 전傳 · 서序 · 발跋 · 가歌 · 시詩 · 명銘 · 찬贊 등을 얻은 것이 근 백 편이나 되는데, 장차 세상에 간행하려 하였다. 최순옹의 죽음이 비로소 다시 드러나게 되었으니, 진실로 그의 마음씀이 부지런하고 또 끈질기다 하겠다.

우리나라는 누차 병화兵禍를 겪었으니 금산錦山의 전투와 강도江都의 난리에 무릇 절개를 지키다 죽고, 맡은 바 일을 하다 죽은 이가 몇 명이 되겠는가? 혹 후세에 전해지고 혹은 전해지지 못하는 것은 하늘에

김장군 김응하金應河(1580~1619, 선조 13~광해군 11). 자는 경의景義, 본관은 안동. 1619년에 명의 원병 요청으로 도원수 강홍립姜弘立의 좌영장左營將으로 출병해, 중과부적인 상황에서 분전奮戰하다 장렬히 전사했다. 후에 명나라에 의해 요동백遼東伯에 봉해졌다.

금산의 전투 임진왜란 때 충청도 금산에서 있었던 전투. 의병장 조헌趙憲(1544~1592)과 의병 칠백 명이 치열한 전투 끝에 순국했음

강도의 난리 병자호란 때 종묘사직의 신주神主와 종실宗室, 조신朝臣들이 피신해 있던 강화가 함락된 사건. 수많은 관민官民이 자결 또는 순국했다. 이때 순절한 이들의 위패가 강화도 충렬사忠烈祠에 모셔져 있음

달린 것이지만, 그 전해지는 것은 후손의 정성과 어짊에서 말미암음이 많다. 규현이 바로 그런 사람이라고 일컫는 것이 어찌 지나치다 하겠는가!

규현의 모습은 야위고 곤궁해 보였으나 베옷 입고 짚신 신고서 현달한 벼슬아치의 문에 나아가 시종 부탁한 것은 옹의 일에 관한 것일 뿐이요, 그밖의 것에는 담박하여 아무런 바람이 없었다.

『금릉집金陵集』

게으른 자 일어서게, 탐욕한 자 청렴하게

김완철 | 31

김완철金完喆은 이李정승의 겸인傔人이다. 이공이 조정에 들어와 정승이 되었을 때이다. 일찍이 창릉昌陵으로 임금을 모시고 다녀와서 차를 마시고자 했으나 그러지 못하였다. 이에 노하여 혜국의 음식 담당 아전을 갈아치우고 완철로 대신하게 하였다.

선혜청에는 반과법飯果法이라는 것이 있는데, 정승이 출타하면 반드시 음식을 올리고, 올리는 일이 끝나면 아전은 이에 퇴청한다. 아전이 퇴청한 후에는 비록 먹고자 해도 요구하지 않는 것이다. 완철은 선혜청에 가서 그 이유를 물어보고 돌아와, 이공을 뵙고 하직 인사를 하였다. 이공이 그 까닭을 물으니 대답하였다.

"퇴청을 명한 후에 차를 찾으셨다니 이는 소인을 위한 까닭이었다고 여겨집니다. 대감께서는 낭묘廊廟 위에서 국정을 총괄하시는 처지에 계시온데, 이번 일은 거의 백성을 속이는 일에 가깝습니다. 장차 대감께 무엇을 바라겠습니까?"

이정승 이은李溵(1722~1781, 경종 2~정조 5). 자는 치호稚浩, 호는 첨재瞻齋, 본관은 덕수德水. 영조 때 문과에 급제해 우의정에 이르렀다.

창릉 예종睿宗과 안순왕후安順王后의 능. 경기도 고양에 있음이공은 부끄러워하며 사과하고 이에 그 아전을 복직시켰다.

완철이 일찍이 사람들과 더불어 백운대白雲臺에 올라간 적이 있었다. 산허리 비탈길 아래는 천 길의 낭떠러지로, 열 사람이 가는데 능히 지나간 자는 겨우 한두 명 정도였다. 그 사람들도 더위잡고 오르고 기어서 건너기는 했지만 눈이 어지럽고 다리가 후들거려 왔던 길을 다시 내려오지 못하였다. 완철이 이에 그들을 업고서 내려왔는데 마치 평지와 같이 하였으니 이 또한 예로부터 드물게 듣던 일이다.

찬하여 말한다.

> 완철의 풍도風度를 들으면, 게으른 자가 일어서고, 탐욕한 자가 청렴케 되고, 약한 자가 용감하게 될 것이다. 소자첨蘇子瞻은 장돈章惇이 깊은 낭떠러지를 굽어보며 가파른 절벽에 글씨 쓰는 것을 보고 모진 사람임을 알았다고 했는데, 어찌 완철이 모진 사람이겠는가?

『호산외기』

소자첨 소식蘇軾. 중국 북송의 문인. 자첨은 자, 호는 동파東坡. 당송팔대가의 한 사람으로 아버지 소순蘇洵과 동생 소철蘇轍이 모두 문장에 뛰어나 삼소三蘇라 일컫는다.

장돈 중국 북송 사람. 자는 자후子厚. 왕안석王安石의 신법파에 적극 참여했던 사람으로 소식과 대립적인 관계에 있었음. 일찍이 두 사람은 함께 남산南山을 노닐다가 선유담仙遊潭에 이르렀는데 그 아래로 만 길 낭떠러지가 있었다. 장돈은 소식에게 선유담을 건너 벽에 글씨를 써보라 권유하였으나 소식은 두려워 그렇게 하지 못하였다. 그러자 장돈은 태연히 선유담을 건너가 절벽에 큰 글씨를 쓰고 돌아왔다. 그러자 소식은 장돈에게 자신의 목숨을 쉽게 내놓으니 다른 사람도 쉽게 죽일 수 있겠다고 말하자 장돈은 크게 웃었다고 한다『사문유취事文類聚』 권48, '유산제명遊山題名' 조 참조

아전을 보고 피하다

오위장 이흥윤 | 32

이흥윤李興潤은 충후忠厚하고 독신篤愼한 사람이다. 정조 때에 관각에 속한 관리의 선발에 뽑혀, 얇은 얼음을 밟는 듯 깊은 물을 대하듯 일심一心으로 임금의 뜻을 받들어 이십 년을 하루같이 하였다. 궁궐의 일은 비록 자제나 집안사람에게라도 일찍이 한마디도 언급하지 않았고, 날마다 연부蓮府나 장군의 집 자제들과 더불어 주선하며 지냈으나 또한 일찍이 거들먹거리지 않았다.

무릇 궁중이나 정부의 일에 참여한 것이 매우 많았으므로 그의 노고를 인정하여 외직을 제수한 것이 열 몇 번이었지만 모두 사양하였으며, 조정에 있는 벼슬아치들이 모두 그를 예우하였으나 또한 이로써 스스로 자긍하지 않았다.

일찍이 한 재상과 정당政堂에 앉아 이야기하고 있는데, 늙은 아전이 서류를 가지고 뒤뚱거리며 오자 흥윤은 문득 일어나 자리를 피하였다. 아전이 가고 나서 재상이 그 까닭을 물으니 이렇게 말하였다.

"저 아전은 저의 오랜 벗입니다. 대감께서 비록 저를 사랑하여 마루

연부 대신大臣의 저택. 정승·대신을 부르는 말

위에 앉게 해주셨으나 어찌 홀로 마음이 편하겠습니까?"라고 말하였다.

그 독실하고 삼가는 것이 이와 같았다.

품계가 숭정崇政에 이르렀다. 아들 중근重根이 젊은 나이에 별군직別軍職에 충당되고 남양부사南陽府使에 이른 것도 아버지 덕분이었다.

『호산외기』

숭정 종1품 문무관의 품계

평양 황고집 이야기

황순승 | 33

평양 황고집은 유명한 사람이다. 믿음직한 말과 과단성 있는 행동은 어그러지거나 휘어진 곳이 없거늘, 세상 사람들은 그의 실상을 공정히 살피지 않고 대충 판단해 성질이 편협하고 자기 고집만 우겨대는 자로 치부하니 이는 잘못이다.

아들이 아내를 얻었을 때이다. 신부新婦는 자고 나면 아침에 의당 시부모에게 문안을 올리는 법이므로 황고집은 일찍 일어나 의관을 갖추고서 내당으로 들어가 자리에 앉아 있었다. 그런데 오래 기다려도 신부가 여전히 나오지 않는 것이었다. 황고집이 의아히 여겨 며느리가 데리고 온 계집종을 불러 신부가 세수하고 빗질하지 않았는가 물었다.

"날이 밝기 전에 이미 세수하고 빗질하였습니다."

"그런데 왜 나를 보러 나오지 않느냐?"

"아버님께서 사당에 아침 배알하신 후에 나아가 뵈려 합니다."

황고집은 고개 들며 놀라워하고 고개 숙여 탄식하며 말하였다.

"그렇지. 옳도다! 그 말이여. 날마다 사당에 배알하는 것이 진실로 예이거늘, 다만 내가 능히 행하지 못한 것이다. 오늘부터 나도 그것을 행하리라. 옳도다! 그 말이여."

즉시 웃옷을 갖추어 입고 가묘에 나아가 절하였다.

그런 후에야 신부가 바야흐로 나와 배알하였다. 황고집은 기뻐 얼굴빛이 환해지며 말하였다.

"새아기가 능히 나를 예로써 가르치니 진실로 우리 집 며느리다. 황씨 가문이 장차 크게 번창하려는가 보다!"

이로부터 며느리를 더욱 존중하였고, 며느리 또한 그 집안을 화목케 하며 실수함이 없었다.

세상에서는 황고집이 특이한 행실이 많다고들 한다. 물건 값을 깎아 제수 용품을 장만하지 않으며, 자신의 편리함에 따라 먼 곳의 벗을 조문하지 않으며, 사특한 모습은 쳐다보지도 않으며, 길을 갈 때는 지름길로 다니지 않으며, 밭에 벌레가 있어도 던져버리고 죽이지 않으며, 무덤의 흙으로 만든 다리라고 하여 피하여 그냥 물로 건넜다고 한다. 이러한 것은 대개 사람들이 하기 어려운 것이다. 그러나 내가 들은 바로는, 그는 착한 일을 하는 데 주저함이 없고 감추거나 인색한 바가 없었으며 실로 타인과 더불어 선을 행할 도량이 있는 인물이다. 이 사람을 어찌 성질이 편협하고 집요하다고 논할 수 있겠는가. 경전에 이르기를 "선을 택하여 굳게 잡으라擇善而固執之"고 하였는데, 황고집이 바로 그런 사람이 아니겠는가.

자신의 편리함에…않으며 장지연張志淵의 『일사유사逸士遺事』에 의하면, 황순승이 볼일이 있어 서울로 올라갔는데 서울에 있는 친구가 마침 세상을 떠났다. 같이 간 사람이 문상을 가자고 하니, 황순승은 이를 거절하며 "내가 이번에 서울에 온 것은 볼일 때문인데, 어찌 이 일에 겸해서 친구 집의 문상을 때워버릴 수가 있겠는가"라고 말했다 한다.

선을…잡으라 『중용』에 나오는 말

그의 이름은 순승順承이며 숙종 때의 사람이다. 후손이 번창하여 지금은 평양의 거족이 되었다고 한다.

『소은고素隱稿』

들라 하오리까 말라 하오리까

김대섭 | 34

김대섭金大涉은 본관이 평양이다. 곰 같은 얼굴에 용 같은 수염을 하였으며 눈빛이 형형하여 특이한 형상이 있었다. 성품은 우직하고 『손자병법孫子兵法』을 즐겨 읽어, 밤에 술을 놓고 책을 읽으면서 마셨다.

그는 총각 시절 머리를 땋은 채로 감사監使의 지인知印이 되었으며 일찍 어머니를 여의었다. 아버지는 늙고 병들어 문밖으로 나가지 못하였다. 대섭이 힘을 다해 봉양하면서 극진히 공경하고자 하였으나 그 방법을 알지 못하였다. 이에 관찰사를 섬기는 예로 아버지를 섬겨서 부르면 대답하고 심부름하는 것을 관부官府에서 하는 것처럼 하였다. 아버지에게 고할 때 "소자"라고 하고 아버지의 명이 있으면 곧 "예이" 하면서 크고 공손히 대답하였다.

명절에 그 동료들이 아버지를 뵈려 하면 대섭이 문밖에서 제지하고 무릎걸음으로 들어가 아뢰었다.

"소자 황공하옵게도 삼가 아룁니다. 아무개가 뵙고자 하니 들라 하오리까, 말라 하오리까?"

아버지가 "들라" 하면, 대섭이 "예이" 하며 크고 공손히 대답하고는 데리고 들어가는데 발걸음을 재촉하며 걸을 때 단정하고 절할 때 가지런하도록 하였다. 예가 끝나면 대섭은 엎드린 채로 나아가 여쭈었다.

"소자 황공하옵게도 삼가 아룁니다. 이들이 이미 뵙고 인사를 드렸으니 곧 물러가도록 허락함이 어떠할까 모르겠습니다."

아버지가 "그래라" 하면 대섭이 하직 인사와 발걸음을 재촉하였다. 그 친구들은 모두 관청의 소속으로 무뢰배였는데 대섭의 풍채를 보고 숙연하지 않음이 없어 감히 떠드는 자가 없었다.

그는 나가서 당직할 때면 술에 취한 적이 많았다. 또 협객으로 자임하여 불평스러운 일을 만나면 문득 기운이 발동하여 창 같은 수염을 떨치며 주먹으로 못되고 완악한 놈들을 내리쳤는데, 아버지가 이를 듣고 그만두라고 하면 곧 손을 놓았다. 술을 지나치게 마시면 아무도 말릴 수 없었지만, 아버지가 술을 그만하라 명하니 드디어 술을 끊고 마시지 않았다. 아버지가 돌아가시자 상주 노릇을 매우 슬프게 하였다. 지금 군교軍校의 한 사람으로 있다.

『비연상초斐然箱抄』

지인 각 관아에서 관청 인장을 맡아 관리하는 이속

무슨 일로 옥황상제 노릇을 하랴

김중진 | 35

오이를 푹 쪄서 초간장을 치고 생강 · 후추 등을 섞어놓으면 연하고 맛이 있어 이가 없는 노인에게도 드릴 만하다. 그것을 속명으로 과농瓜濃(오이무름)이라 한다.

정조 때에 김중진金仲眞이란 사람이 나이 늙기도 전에 이가 모두 빠졌기 때문에 사람들이 조롱하여 '과농'이라 불렀다. 그는 익살스런 농담과 상말을 잘하였는데, 세태와 인정을 곡진하고 섬세하게 담아내어 종종 들을 만하였다. 그의 '세 선비 소원담'은 다음과 같다.

옛날에 선비 세 사람이 하늘에 올라가서 옥황상제에게 호소하면서 각기 그 소원을 진술하였다.

첫째 선비가 말하였다.

"저는 이름난 가문에 태어나 모습은 관옥冠玉 같고 다섯 수레의 책을 독파하고 삼장三場에 모두 장원으로 뽑혀 청한淸閑과 요직要職에 재주가 적합하지 않음이 없어서 절충折衝과 보필輔弼에 능히 그 직책을 다하며, 그

삼장 과거 시험에 있어 문과의 초시初試 · 복시覆試 · 전시殿試를 말함

림으로 운대雲臺나 능연각凌烟閣에 들어가고 이름이 역사책에 오르는 것이 바로 제 소원입니다."

상제가 측근 신하들을 돌아보며 "어쩌면 좋겠는가?" 하니 문창성文昌星이 "그는 항상 음덕이 있어서 남에게 드러나고 있으니 이런 보답을 받아도 지나치지는 않을 것입니다"라고 하였다. 상제가 "소원대로 들어주어라" 하였다.

둘째 선비가 말하였다.

"사람이 살아가는 데 빈궁한 것은 실로 견디기 어려운 일입니다. 떨어진 옷이 살을 가리지 못하고 술지게미와 쌀겨도 달게 먹어야 하며, 아내의 울음과 아이의 울부짖음은 오히려 한담에 속하고 주림과 추위가 몸에 절박하여 항심恒心을 보존하기 어렵습니다. 그러니 원컨대 부자 늙은이가 되어, 반드시 내 손으로 돈꿰미 수만금을 저장하고 종자 수천 말을 뿌려서 어버이를 섬기고 처자식을 돌보는 데 형제들을 괴롭히지 않으며, 관혼상제에 그 예를 다 갖추게 하고 가난한 친척과 곤궁한 친구를 돌봐주는 일과 나그네와 거지의 숙식과 동냥을 상대하는 데 어려움이 없어 각각 환심을 다하도록 할 수 있다면, 진실로 만족하겠습니다. 다시 무슨 소원이 있겠습니까."

상제가 말하였다.

"슬프도다, 그 가난함이여. 지극한 소원이 이것뿐인가"라고 하고 사록司

절충과 보필 절충은 쳐들어오는 적을 막는다는 뜻으로 주로 대외관계에 대한 일, 보필은 제왕을 보좌한다는 뜻으로 주로 내정에 관한 일을 가리킨다.
운대 중국 후한 때 공신 28명의 초상을 걸어두었던 곳
능연각 중국 당나라 공신 24명의 호상을 그려두었던 곳
문창성 북두칠성의 여섯째 별로서, 학문을 맡아 다스린다고 한다.

祿에게 명령하여 대신 판결하게 하였다. 사록이 명령을 받들고 나가 섬돌 위에 서서 말하였다.

"너는 들어라. 너는 전생에 부를 믿고 가난한 사람을 업신여겨서 남의 급한 처지를 생각해주지 않았으며, 술을 즐기고 여색에 빠져 은백銀帛을 허비하고, 달면 삼키고 쓰면 뱉어서 오로지 입과 배를 위한 일을 일삼았고, 정精한 것만 취하고 추麤한 것은 싫어하여 처자를 힐책하고, 하늘이 주신 만물을 함부로 낭비하여 아까운 줄 모르는 채 남용하여 절제가 없었다. 이는 네가 스스로 취한 것이다. 누구를 원망하고 누구를 탓하랴. 다만 너의 선대 조상들이 겸손하고 검소하였으며 의로운 것이 아니면 취하지 않았으므로 너의 소원을 들어주겠다. 너를 봐서가 아니고 네 조상들 때문이다."

두 사람은 빠른 걸음으로 나갔다. 남은 한 선비는 홀로 팔짱을 깊이 끼고 뜰 구석에 서서 눈은 껌벅껌벅 멀리 바라보고 입은 묵묵히 말이 없었다. 상제가 "너는 무슨 소원이 있느냐" 하니 선비가 곧 얼굴빛을 가다듬고 무릎을 굽혀 향안香案 앞에 나아가 엎드려 두세 번 헛기침을 하고 나서 아뢰었다.

"신의 소원은 이 두 사람과 다릅니다. 신의 사람됨은 성벽이 청한淸閑을 사랑하여 부귀공명 모두를 구하지 않습니다. 원컨대 산을 등지고 물을 굽어보는 곳을 찾아서 간소하게 띳집 몇 칸을 짓고, 몇 경頃의 논을 두고 몇 그루의 뽕나무를 심어, 하늘에는 홍수 한발이 없고 땅에는 세금 부역

사록 별의 이름으로, 수명壽命·식료食料·관작官爵 따위를 관장한다고 한다.
은백을 허비하고 원문에는 '화사은백花使銀帛'이라 되어 있는데 '화사'는 '소진하다'는 뜻으로 보인다.
향안 향로나 향합을 올려놓는 상床. 여기서는 옥황상제 앞에 있는 책상을 두고 한 말

이 없어서 아침밥 저녁죽을 배불리 먹기에 충분하고 겨울의 솜옷과 여름의 갈옷은 다만 온전하고 깨끗하기만을 바랍니다. 아울러 자식들이 직무를 나눠 맡아 훈계하고 타이르는 일로 수고롭지 않고, 노비도 부지런히 노력하여 시키지 않아도 스스로 밭 갈고 베 짜는 일을 맡아, 안으로는 복잡한 일로 누累가 되는 것이 없으며 밖으로는 방문객의 번거로움이 없으면, 신은 이에 소요자적逍遙自適 한가롭게 만족하면서 마음에는 애써 하고자 하는 것이 없고 몸 또한 평안하고 건강하여 나이 백 세에 이르러 병 없이 죽는 것이 소원입니다."

그가 말을 미처 마치기 전에 상제는 문득 의자를 어루만지며 말하였다.

"아아, 이것이 이른바 청복淸福이란 것이다. 대저 청복이란 세상 사람들이 모두 원하는 것이지만 하늘에서 매우 아끼는 것이다. 만약 사람마다 구하고, 구한다고 다 얻어진다면 어찌 너뿐이겠느냐. 마땅히 내가 먼저 차지하여 누릴 것이니 다시 무슨 일로 수고스럽게 이 옥황상제 노릇을 하겠는가."

여기에 이어서 말한다.

"담론이란 것이 조금만 적중하여도 사람 마음의 어지러움을 풀어준다. 이른바 '과농'이란 사람은 비록 시대의 어지러움을 풀어주었다고 일컬을 만한 것은 없으나, 그가 입에서 나오는 대로 비유를 취한 것은 큰 것을 깨우칠 만하다고 하겠다."

『소은고』

신부의 치마 반쪽

김육지 | 36

육지대사六指大師는 본관이 안동으로, 김씨金氏 성의 대족大族이다. 집에 재물이 넉넉하고, 효성스럽고 우애를 돈독히 행하였으며, 또 문장文章을 잘하여 진사에 올랐다.

하나뿐인 형이 일찍 죽자 그가 형의 아들을 기르며, 자신의 아들보다 더 사랑해주었다. 그는 형의 재산을 증식하여 따로 그것을 저축해 두었는데, 장차 조카가 장성하기를 기다렸다가 주려는 것이었다. 그를 위해 신붓감을 택해두고, 약속된 날이 되자 김생金生은 조카를 인솔해가서 예식禮式을 거행하였다. 이날 저녁, 형의 아들이 나와서 김생에게 급히 아뢰었다.

"밤이 깊어 신부가 비로소 방에 들고 촛불을 껐을 때입니다. 어떤 도적놈이 문을 떼어내고 들어와 '네가 기어이 나의 정을 배반하는구나. 이제부터 서로 단절됨이 이 비단천과 같다'라고 꾸짖더니, 비단 찢는 소리가 들렸습니다. 촛불을 가져다 본즉, 신부의 치마 반쪽이 없어졌습니다. 그를 아내로 맞아들여 사당祠堂의 제사를 받들 수는 없사오니 떠나가기를 청합니다."

김생은 "서두르지 않을 수 있겠느냐? 어찌할 수 없다" 하고 조카를 데리고 돌아왔다. 경사慶事가 이루어지지 못한 것을 한恨하였으며 마침내 신부 집과 절교하였다.

신부는 본래 법도 있는 집안에서 자라나 평소에 교양을 갖추고 있었으며, 그 도둑이 어디로부터 왔는지도 알지 못하였다. 몇 년이 지나자 신부는 부모께 말씀을 여쭈었다.

"저는 이미 폐인廢人이요, 우리 가문과도 무관한 처지입니다. 돈 삼천 꿰미를 얻고자 하오니 버린 셈 치시길 바랍니다."

신부의 아버지는 가엾게 여겨 허락하였다. 이에 신부는 흰 옷을 입고서 계집종 한 명을 데리고 김생의 이웃으로 가서, 집 하나를 세내어 술을 팔며 생활을 꾸려갔다. 술은 맛이 좋고 안주도 좋은 데다 값도 자못 저렴하게 받았다. 외상술을 주어 결손이 있어도 외상값 독촉을 혹독하게 하지 않았는데, 단지 헌 옷을 받기만 하고 돈을 요구하지 않았다. 이런 까닭에 원근의 사람들이 기뻐하였고, 김생 부자 또한 와서 술을 마시곤 하였다. 계집종이 문밖에서 손님 음식 시중을 드는데, 용모를 정결하게 하였고, 몸가짐이 엄격했으므로 손님들이 술에 취해도 감히 농지거리를 못하였다. 신부는 이미 김생과도 가까이 지내 김씨 집의 짧고 긴 옷가지들을 거의 다 알아내었다.

그로부터 오랜 뒤, 어떤 사람이 외상값 때문에 비단치마 남은 폭을 가지고 와서 갚는 것이었다. 급히 자기가 잃어버렸던 것과 맞춰보니 꼭 들어맞았다. 바로 김생의 집종이 가져온 것이었다. 신부가 이미 잃었던 치마 반폭을 찾은 뒤에 날을 정하여 크게 음식을 마련하고 계집종을 시켜 마을의 부로父老들을 초청하였다.

"저의 집주인은 빈한한 선비의 집 과부입니다. 생계를 위하여 이곳에 와서 우거한 것이 삼 년이 되었으니 마을 어른들의 은혜를 입은 것입니다. 십분의 일의 이득을 좇아 다행히 여유가 있게 되었는데, 이는 다 어른들 덕택입니다. 장차 고향에 돌아가 여생을 보내고자 하므로 변변치 않은 술과 안주를 마련하여 어른들의 은혜에 보답하고자 합니다."

마을 사람들이 이미 그의 재행才行을 어질게 여기던 터라, 매우 즐거워하며 좋다고 하였다.

기일이 되자 마당가에 큰 자리를 마련하고 귀천을 분별하여 앉혔다. 김생 부자 또한 와 있었다. 술 순배가 끝났을 때 계집종이 "잠시 기다려주십시오" 하였다. 조금 뒤에 신부가 성장盛裝을 하고 천천히 걸어나오니 여러 사람이 다 놀라 얼굴빛을 바꾸었다. 계집종이 자리를 펴니 신부가 앞에 와서 머리를 숙여 말하였다.

"저에게 죽어도 눈을 감을 수 없는 한이 있습니다. 비옵건대 어른들께서는 원통한 일을 다스려주십시오."

어른들이 다 깜짝 놀라면서 서로 돌아보는데 신부가 말을 이었다.

"저는 곧 좌석에 계시는 김진사님 조카의 처입니다. 결혼하던 첫날밤에 도적이 장난하여 치마 반쪽을 잃었습니다. 규중처녀가 누명을 입었으니 죽어도 수치는 남을 것입니다. 생각건대 이 일은 저의 집에서는 원인을 알 수 없는 것이었습니다. 그러므로 성姓을 고치고 정체를 숨기며 괴로움을 참아 여기에 이르렀습니다. 이제 잃었던 치마 반쪽이 나왔습니다."

이어서 품 안에서 찢어진 비단 폭을 꺼내가지고 하나로 맞추어 보이며 말하였다.

"뒤집어썼던 오명이 씻겼으니 죽어도 한이 없습니다."

말을 마치고 들어가니 좌우에 있던 사람들이 다 실색하였다. 김생이 조카를 불러 말하였다.

"가보아라. 저 사람이 죽으려 할 것이다."

급히 달려 들어가보니 과연 목을 매는 중이었으므로 구하여 멈추게 하였다.

다음날 김생이 그 종을 잡아다가 사람을 물리치고 신문하니, 종이 말하였다.

"이 일은 안방마님의 명령입니다. 주인어른께서 세 아들이 있는데도 형의 아들을 더 사랑하고, 형의 유산은 날로 늘어나는데 세 아들은 가난하였습니다. 그런 까닭에 혼인을 방해하여 성사되지 못하게 한 것입니다."

김생은 이에 다른 죄를 핑계하여 그 종을 죽이고, 신부를 맞아 집으로 돌아와서 형의 유산을 모두 물려주었다. 또 늙었다는 이유로 집안일은 세 아들에게 맡기고, 후원에 따로 초당을 짓고 아내와 단 둘이서 거처하며, 여러 아들에게 아침에 한 번씩만 문안을 드리게 하였다. 아내가 몸소 밥을 짓고 그릇을 씻으면서 내외의 정이 매우 두터웠다.

어느 날 밤, 바람이 크게 이는 소리가 들렸다. 김생은 베개를 뒤척이며 잠들지 못하였는데, 아내는 깊은 잠에 잠겨 있고 사방은 고요하였다. 김생이 몰래 일어나서 바람 방향을 따라 불을 지르고는 일부러 변소에 갔다. 이미 죽었을 것으로 생각될 때에 큰소리로 "불이야" 하고 외치니, 여러 아들이 달려왔으나 구하지 못하였다. 김생은 슬피 곡하고 상을 마친 뒤 여러 아들에게 말하였다.

"너희 어머니가 죄가 있는 까닭에 내가 죽였다. 그러니 자기 아내를 죽인 자가 어찌 사람 노릇을 하겠느냐. 장차 산에 들어가 중이 되겠다. 중은 속세 사람이 아니니 다시는 부자父子가 될 수 없다. 그렇게 하지 않는 자는 비록 조카일지라도 용서하지 않겠다. 너희들 어머니도 죽였는데 하물며 너희들 따위에 있어서랴."

드디어 금강산에 들어가 머리를 깎으니 이때 그의 나이 오십여 세였다. 왼손의 손가락이 여섯 개여서 사람들이 그를 '육지대사'라고 불렀다. 대사는 본래 유학儒學을 한 선비였으므로 불가의 언행을 숭상하지 않았다. 문사로서 산에 놀러온 자와 말을 할 때면, 정자·주자의 가르침에 따라 충효로써 권면하였다. 누가 불교의 경전經典에 대하여 물으면 "선비는 마땅히 경서의 교훈을 존중해야 할 것인데, 어찌 경서 밖에서 진리를 찾는단 말이오?" 할 뿐 대답하지 않았다.

오랜 뒤에 대사의 회갑이 되었다. 아들들이 말하기를 "비록 엄한 명령이 있었지만 회갑은 인간 세상의 큰 경사다" 하고, 이에 옷 한 벌을 마련하였다. 조카가 앞서서 인도해가니 대사가 큰소리로 호통을 쳤다. 조카가 뜰 아래에 엎드려 감히 쳐다보지도 못한 채 옷 보자기를 올려 축수祝壽드리니, 대사가 버선 한 켤레만을 받아두면서 말하였다.

"네가 왔기에 받는다."

조카가 울며 말하였다.

"여러 종형제들이 문에 있으니 한번 만나보시기를 애원합니다."

대사가 큰소리로 호통치며 엎드린 조카를 일으켜 물러가라 하니, 여러 아들은 눈물을 흘리며 돌아갔다.

건륭乾隆(1736~1795) 말년에 대사가 백네 살로서 영남의 산사山寺에 머물러 있었는데, 사람들이 찾아와 뵙고 현세불現世佛이라 일컬었다. 어느 관찰사가 대사가 풍수風水에 밝다는 말을 듣고 상견할 것을 청하였으나 허락하지 않았다. 그때 마침 어느 촌가村家의 아들로서 자못 총명하고 지혜로운 아이가 있어서 대사에게 글을 배웠는데, 얼마 뒤에 요언妖言을 한 죄로 큰 옥사獄事에 걸렸다. 그 말이 대사에게 연루되었으므로 관찰사는 이를 핑계로 잡아들였다. 그런데 임금의 전지傳旨를 받아보니 "요인妖人의 초사招辭에 이름이 나온 자를 형장刑杖을 쳐서 추문推問한 뒤에 석방하라" 하였다. 대개 임금은 그가 이처럼 나이 많은 노인인 것을 몰랐던 것이다. 관찰사는 후회하였으나, 다시 주청하기가 어려워서 잡아들여 대령하게 하였는데, 대사는 산에서 이미 내려와서 기다리고 있었다.

관찰사가 오백伍佰에게 타이르기를 "늙은 사람이니 그 형장이 살에 닿지 않게 하라" 하였다. 대사가 형틀에 나아갔는데, 미처 형장을 들기도 전에 한마디 염불을 외고는 죽어버렸다. 백성들이 원문轅門을 둘러싸고 서 있다가 모두 그것을 신이하게 여겼다.

남전외사藍田外史는 말한다.

옛날에 김경흠金景欽 노인이 이야기해주었다.

'젊었을 때 대사를 금강산에서 만났는데 몸이 풍만하고 용태가 좋았다.

초사 법관의 신문에 따라 죄인이 진술한 말
오백 군대 편제의 한 단위인 '오伍'의 우두머리라는 뜻인데, 여기서는 형刑을 집행하는 사람
원문 관청의 바깥문
남전외사 장지완(1806~1858, 순조 6~철종 9)의 별호인 듯함

그때 대사의 나이가 구십여 세였건만, 두 젖에서는 유즙이 나왔으며 산에 다니는 것이 나는 것 같았다. 아마도 그의 수양修養에 남다른 방법이 있는 듯하였다. 더불어 말해보니 다 육경의 은미하고 심오한 내용이었고, 일찍이 선禪의 종지宗旨를 꺼내는 일이 없었다. 대개 재기才氣가 남보다 뛰어난 바가 있는 사람이었다.'

아내를 중하게 여기는 것은 우리나라의 풍속이다. 일찍이 보건대 아내를 죽이거나 내쫓은 자는 기화奇禍를 당한 예가 많다. 백여 세의 노인이 형틀 위에서 죽은 것은 예율禮律에서 벗어난 것이다. 혹시 세상의 풍속과 달리하였기에 하늘의 재앙이 따른 것인가.

『비연상초』

도적을 변호하다

향인우도 | 37

어떤 시골 사람이 친상親喪을 치르려고 시장에서 소 한 마리를 팔아서 돌아오다가 산골짜기에서 도적을 만났다. 그는 애걸하였으나 도적들은 들어주지 않고 또 칼을 들이대며 위협하였다. 그때 홀연히 골짝 어귀에서 기침을 하며 오는 기척이 들려서 보니, 이 고을의 도적 잡는 포교로 이제 막 시장을 기찰하고 오는 길이었다. 포교가 나아가 도적을 포박하려고 캐어물으니, 도적들은 모두 두려워하고 위축되어 몸둘 바를 몰라했다.

시골 사람이 천천히 변호하여 말해주었다.

"전일에 이 두 사람에게 빚을 지고서 아직 갚지 못하였는데, 이제 송아지를 팔고 오다가 마침 서로 만나게 된 것입니다. 빚을 갚으라는 것뿐 다른 까닭은 없습니다."

포교가 미심쩍던 것이 풀린 듯 돌아보며 윽박지르지 말 것을 권하니, 모두 "예예" 하였다. 포교가 가버린 뒤 도적들이 크게 감복하며 말하였다.

"저희들의 죽을 목숨이 살게 되었습니다. 맹세컨대 지금부터 어진 사람이 되겠습니다" 하고, 드디어 그 시골 사람을 경호하며 숲에서 벗어난 뒤에 가버렸다.

나의 벗 소은자素隱子가 이 이야기를 듣고 말하였다.

“사람이 바야흐로 재앙을 당하여 다급할 때는 비록 지혜로운 사람이라도 미처 좋은 꾀를 낼 겨를이 없는 것이다. 그런데 무식한 시골 사람으로서 온화하고 침착함이 이와 같았으니 ‘혐원嫌怨을 덕으로 갚는다’ ‘오랑캐의 나라에서도 살아갈 수 있다’는 말이 바로 이 사람을 두고 한 말이 아니겠는가.”

『위항쇄문』

소은자 여항시인 김희령金義齡의 호

혐원을…있다 원문은 ‘이덕보원以德報怨’ ‘만맥가행蠻貊可行’인데 이는 모두 공자가 했던 말들로, 각각 『논어』「헌문憲問」 편과 「위령공衛靈公」 편에 나온다.

약사발을 차버린 의리

홍동석 | 38

홍동석洪東錫은 선혜청의 서리로 이우당二憂堂의 겸인이다. 신임辛壬년간에 소론의 대관臺官들이 계啓를 올리려 하면서 글씨를 짐짓 홍동석을 시켜 쓰게 하였다. 홍동석은 붓을 던지고 말했다.

"자식이 손수 아버지의 죄명을 적을 수 없습니다. 겸종들은 관원에 대해 부자의 의리가 있으니, 소인은 계사啓辭를 쓸 수 없습니다."

여러 대관이 노하여 그를 가두고 형을 받게까지 하였으나 그는 끝내 쓰지 않았다.

이우당이 제주도로 유배를 가게 되자 홍동석은 선혜청에서 스스로 물러나 따라갔다. 사약이 내려올 무렵에 회헌晦軒도 말을 달려 출발하였지만 30리가량 못 미쳐 금부도사禁府都事가 먼저 들어가 약사발을 빨리 마시도록 재촉하였다. 홍동석은 옆에서 "죄인의 아들이 얼마 있지

이우당 조태채趙泰采(1660~1722, 현종 1~경종 2). 자는 유량幼亮, 이우당은 호, 본관은 양주楊州. 노론사대신의 한 사람으로 신임옥사에 연루돼 진도에 유배된 후 사사됨

신임년간 신축(1721)년과 임인(1722)년 두 해에 걸쳐 일어난 옥사. 이 사건은 왕세제(영조) 책봉 문제로 노론과 소론이 대립한 것으로, 소론의 공격으로 노론사대신이 죽고 노론이 실각했다.

대관 사헌부의 대사헌 이하 지평持平까지의 벼슬

회헌 조관빈趙觀彬(1691~1757, 숙종 17~영조 33). 자는 국보國甫. 회헌은 호. 이우당 조태채의 아들

금부도사 의금부의 벼슬. 죄인의 추국推鞫·호송·사약 전달 등을 담당

않아 들어온다고 들었사오니, 조금 시각을 늦추어 부자간에 상면할 수 있도록 함이 어떠한지요"라고 간청하였으나, 금부도사는 허락하지 않았다. 홍동석은 이에 약사발을 차서 엎질러버리니 여러 사람이 모두 대경실색大驚失色하였지만 어찌할 수 없었고, 금부도사는 부득이 약사발이 바닷물에 빠졌다고 계를 올렸다. 회헌이 들어오고 금부에서 다시 사약을 보내기까지 달포가 걸렸다. 사약을 마시게 될 때에 이르러 이우당이 회헌을 돌아보면서 "너는 동석이를 친동기로 보아야 할 것이다"라고 말하였다. 홍동석은 상여를 보호하여 서울로 올라갔다. 그 뒤에 홍동석은 다시 선혜청의 서리가 되어 대대로 이어받게 되었고, 그의 자손들은 조씨 문하에 출입하면서 안팎으로 혐의 없이 지냈다.

『계서잡록溪西雜錄』

진정한 보답

노동지 그 이름은 전하지 않는다 | 39

노동지盧同知는 남양南陽 사람이다. 활을 잘 쏘는데 운수가 기박해서 매양 초시의 방榜에는 붙지만 회시에 떨어졌다. 어느 날 인정人定 후 술이 취한 김에 육조 앞 큰길에 버티고 서 있었다. 그날은 어영청御營廳에서 순라를 도는 날이었다. 나졸이 그를 붙잡자 그는 손으로 나졸을 후려쳤다. 패장牌將이 달려오자 또 패장을 때려주었다. 연달아 네댓 명을 때려눕히고 그 자리를 떠나지 않았다. 각 패牌의 나졸들이 우르르 몰려들어 그를 결박지어 이튿날 아침을 기다려 대장大將 아문衙門 밖에다 대기시켰다. 대장은 곧 안국동安國洞 홍정승이었다.

홍공이 그를 잡아들이라 명하며 물었다.

"너는 순라법의 뜻을 아느냐?"

"아옵니다."

"그런데 왜 순라군을 때렸느냐?"

인정 밤에 통행을 금하기 위해 종을 치던 일. 매일 밤 10시에 스무 번 쳤음
어영청 삼군문三軍門의 하나. 효종 3년 설치돼 고종 21년에 폐해짐
패장 관아나 일터의 일군을 거느리는 사람. 여기서는 순라군의 책임자
홍정승 정조의 외조부인 홍봉한洪鳳漢

"한 말씀 드린 다음 죽고 싶어서이옵니다. 잠깐 결박을 풀어주소서."

홍공이 명하여 결박을 풀어주니 노군은 일어나서 아뢰는 것이었다.

"소인은 곧 남양의 거자擧子로 약간 용력도 있고 말 타고 활쏘기에 능하온데, 운수가 기박하와 회시에 응시한 것이 무려 십여 차례에 이르렀으되 이번에 또 낙방을 하고, 스스로 신세를 돌아보니 죽고 싶지만 죽을 수도 없습니다. 재상의 문하에 의탁을 해서 발신發身할 꾀를 세워보고자 해도 또한 길이 없습니다. 시방 명망이 사또使道보다 더 나은 분이 없기로, 저으기 한번 뵙고자 하였으나 문지기의 가로막는 바 되어 일부러 이런 계교를 부려본 것입니다. 순라군을 두들겨 패면 반드시 이 뜰 아래 잡혀올 것이라, 한번 존안尊顔을 뵙고 사정을 말씀드릴 수 있기 때문입니다. 만약 때리지 않고 기껏 야경을 범하기만 하면 집사청執事廳에서 곤장이나 얻어맞고 쫓겨날 것이니 무슨 수로 이 뜰 아래에 들어올 수 있겠습니까? 또한 한 사람이 두 사람을 상대하면 둘의 용력이 있다고 쳐줄 것인데 소인은 다섯 사람을 때려눕혔으니 다섯 사람의 용력이 있다고 할 것입니다. 사또께서 이놈을 문하에 거두어주심이 어떠할지요."

홍공이 그를 눈여겨보더니 웃으며 말하였다.

"어젯밤에 두들겨 맞은 장교는 어디 있느냐?"

그 장교가 명을 받고 대령하자, "너희들 교졸校卒 다섯 놈이 저 한 사

거자 과거 응시자
집사청 공사를 집행하는 청사. 여기서는 어영청에 딸린 실무자들의 집무처

람에게 두들겨 맞았으니 장차 어디다 쓸 것이냐? 너는 장교의 패를 풀어놓고 물러가거라" 하고 이어 그 전령패傳令牌를 노군에게 채워주고 문하에 있게 하였다.

그는 사람됨이 범백사에 영리하고 민첩해서 매사가 주인의 뜻에 맞았다. 이 때문에 총애가 날로 높아져서 안팎의 크고 작은 일들을 모두 맡겼는데 그가 처사하는 것이 적절해서 한 가지 일도 성글고 염려되는 바가 없었다. 홍공은 그를 좌우 수족같이 여기게 되었다.

노군은 별군관別軍官으로부터 승급해서 오랫동안 근면하였던 공으로 선사포宣沙浦 첨사僉使가 되었다. 부임할 때 홍공이 감영 및 병영兵營에 편지로 부탁해서 매사에 돌봐주도록 하였다. 그러나 노군은 삼 년의 임기가 지나도록 한 번도 홍공의 문하에 편지를 올려 문안을 드리지 않으니, 홍공 문하 사람들은 모두 그를 은혜를 저버린 사람이라고 의심했다.

그가 임기를 마치고 돌아올 때 홍공께 배알하러 찾아가니, 홍공은 흔연히 기뻐하였다.

"그간 무고하였으며 관직생활의 소득이 얼마나 되느냐?"

"소인이 사또의 은택을 입어 좋은 진鎭을 맡아서 삼 년의 수입으로 남양의 전토를 매득하였기로, 이제 평생을 자족하게 지낼 만하옵니다."

전령패 명령을 전하는 표
별군관 훈련도감 · 금위영 · 어영청 · 수어청 등에 속한 사관士官의 일종
선사포 지금 평안북도 서해안에 있던 지명
첨사 진영鎭營에 배치된 무관직. 동첨절제사同僉節制使를 말함

홍공은 "매우 다행한 일이로구나" 하고 기뻐하는데, 노군이 이내 일어서서 하직을 고하는 것이었다. 홍공이 놀라 "네가 여기 와가지고 어이 머물러 있으려 않고 곧 돌아가려 하느냐?" 하자, 그가 말하였다.

"소인이 정성을 바쳐 사또께 힘을 다하였던 것은 장차 구하는 것이 있어서였습니다. 이제 소득이 바라던 바를 넘어 흡족하온데 다시 무엇하러 남아 있겠습니까? 이제 떠날까 하옵니다."

홍공은 할 말이 없어 허락하였다.

노군이 홍공의 문을 나설 때 누군가 그에게 은혜를 저버렸다고 책망하자, 노군은 웃으며 말하였다.

"내 어찌 모르겠느냐? 내가 대감의 문하에 있은 지 십여 년이다. 여러 곳에서 보내온 물건을 사또께서 어찌 일일이 다 살피시겠느냐? 여간한 물건은 모두 우리 같은 무리들의 소용이 된다. 내가 보잘것없는 진의 첨사로 비록 온 진의 힘을 기울여 봉물을 바치더라도 겸종배傔從輩들의 소유물밖에 되지 않을 것이매, 매우 긴요치 않은 것이라 내가 하지 않은 것이다."

그는 남양으로 돌아간 뒤로는 다시 왕래하지 않았다.

병신丙申(1776)년에 이르러 홍공은 실각하여 고양高陽 문봉文峯의 선영先塋 아래 은거하였다. 그때는 겸종 가운데 어느 누구도 모시고자 하는 자가 없었다. 노군은 비로소 지팡이를 짚고 찾아가서 조석으로 모시며 시중을 들었다. 홍공의 병환이 위중해지자 옆에서 간호하며 몸소

병신년 영조가 죽고 정조가 즉위한 해. 홍봉한이 사도세자 사건으로 정조에게 미움을 받아 실각한 해이기도 하다.

시탕侍湯을 하고, 돌아가신 뒤에는 직접 염습歛襲하고 입관入棺하였다. 장사를 마치자 노군은 통곡하고 돌아갔다.

『계서잡록』

민간 신앙이 된 뱀을 죽이다

박만호 | 40

화장사華藏寺의 불전 뒤에 바위굴이 하나 있는데, 그 깊이를 알 수 없었다. 비가 오려 하면 푸른 연기 한 줄기가 그 굴에서 새어나왔다. 노승들이 전하는 말로는 커다란 이무기가 그 속에 숨어 있어 숨을 내쉬기 때문에 그렇다는 것이었다.

한 중이 학질을 앓았는데, 시험 삼아 그 굴 앞에 앉아 있었더니 병이 나았다. 이로부터 사람들이 모두 이를 신봉하게 되어 원근의 어리석은 백성들이 병에 걸리면 반드시 그 앞에서 빌었다. 향과 쑥, 떡 같은 것을 차려두고 북을 둥둥 치면, 곧 뱀이 나와 먹는 것이었다. 마침내 이런 식으로 길들여져 상례가 된 것이 거의 오십 년에 이르렀다.

장단長湍에 사는 박만호朴萬戶라는 사람이 누렁개를 데리고 팔뚝에는 창응蒼鷹을 얹고 준마를 타고 이곳에 이르렀다. 때마침 한 노파가 병든 아이를 안고서 굴 앞에서 정성을 드리고 있었는데, 뱀이 머리를 내밀어 차린 것을 먹었다. 박만호가 이를 보고 깜짝 놀라서 흰 깃털 화살

화장사 경기도 장단부 보봉산寶鳳山에 있던 절
만호 각 도의 진鎭에 속한 종4품의 군직軍職

을 꺼내 뱀의 머리를 정통으로 맞추어 죽였다. 절의 중들은 놀라 허둥대며 다투어 무릎을 꿇고 뱀에게 절을 할 뿐이었다. 박만호는 얼굴빛 하나 변하지 않고 채찍을 휘두르며 가버렸다. 이리하여 그 요괴妖怪가 없어지게 되었다.

그후 십여 년 동안 박만호는 고을살이로 영전하여 목사 · 부사를 역임하고, 늙어서 고향 집으로 돌아왔다. 고향의 친족들을 거느리고 절에 가서 계회禊會를 열었는데, 백발이 바람에 나부끼고 용모가 근엄하면서도 돈후敦厚하였다. 여러 중들이 자세히 보고 말하길 "이 노인이 그때 뱀을 죽인 사람 같다" 하며, 이에 서로 반신반의하며 노복에게 물었다.

"이 분이 장단 사는 박만호가 아니신가?"

그 노복이 맞다고 대답하니 여러 중들은 혀를 차며 감탄하였다. 박만호는 좌객들에게 말하였다.

"이 절에 예전에 요사스런 뱀이 있었는데, 내가 화살을 쏴 죽였다. 중들은 내가 반드시 후에 재앙을 받았을 것이라고 생각했나본데, 지금 나는 나이도 들고 지위도 높다. 뱀은 곧 한낱 미물에 지나지 않는데 어찌 사람에게 화복禍福을 줄 수 있단 말인가? 하물며 자고로 뱀을 죽여 복을 받은 사람이 허다하였으니, 어리석은 중들의 미혹됨이 진실로 웃을 만하다."

이에, 좌객들이 모두 탄복하였다.

박만호가 어떤 사람인지는 모르겠으나 반드시 사리에 통달한 뛰어난 사람일 것이다. 그 자손들이 번창하다고 한다.

『죽천한설竹泉閑說』

면천을 거부하다

이유성 | 41

이유성李有成은 개성開城의 천인賤人으로, 팔척장신八尺長身에 용모가 헌칠했다. 일찍이 인부로 산릉山陵에 일하러 갔었는데 읍재邑宰로 감독하는 이가 본래 관상을 잘 보았다. 군중 속에서 유성을 바라보고 마음속으로 매우 기이하게 여겨 불러 물었다.

"너는 어떤 사람이냐?"

유성이 사실대로 대답하였다. 그러자 읍재가 말하였다.

"아깝도다! 타고난 처지가 천하기는 하지만, 역시 특이한 얼굴이다. 아름다운 이름이 세상을 덮을 것이요, 수복壽福이 지극히 원대하리라."

드디어 군부軍簿에서 이름을 없애주고 물러가도록 하였다.

유성은 상업에 종사하여 집에 재물이 넉넉하게 되었다. 어머니를 섬김이 지극히 효성스러웠는데 하루는 어머니에게 물었다.

"일찍이 우리 식구는 사족士族의 가노家奴라고 들었는데 여러 대 동안 숨어 지냄은 의리상 좋지 않습니다. 어머니께서는 옛 주인의 성명과 관향貫鄕을 기억해낼 수 있겠습니까?"

어머니가 '후우' 탄식하며 말하였다.

"내 나이 열네 살 적에 너의 아버지가 행상차 서울에 왔단다. 나는 이웃집 노파에게 유인되어 하룻밤을 함께 지냈는데 너의 아버지가 억지로 끌고 내려왔다. 그때 어찌 돌아가려 하지 않았겠는가마는 내가 어리고 약하여 돌아가는 길을 알 수가 없었다. 세월만 끌다가 이제 늙어버리고 말았다. 너의 주인어른은 김감찰金監察이었는데, 그 이름은 잊어버렸다. 서울의 어느 동에 살고 있을 것이다. 주인어른과 마님은 나를 친딸같이 여겨 먹을 것은 반드시 나누어주시고 매를 든 적이 없었다. 슬하에 아가씨 한 분만 두셨는데 그 아가씨가 나와 동갑이라 항상 함께 지내고 놀았다. 선명한 그 얼굴과 눈매가 꿈속에 늘 보이지만 이제껏 사십여 년 동안 주인댁 소식을 아득하게도 듣지 못했구나."

"종으로서 주인을 배신하고 신하로서 임금을 배반함은 그 악惡이 꼭 같은 것입니다. 오랫동안이나 찾아뵙지 않는다면 반드시 하늘의 재앙이 있을 것이니, 저는 신공身貢을 준비하여 꼭 찾아뵙겠습니다. 다만 주인의 이름을 모르니 어떻게 찾아야 할지요?"

"주인의 함자는 기억할 수 없지만 동반同班의 아무아무 비복婢僕들은 모두 나이가 나보다 적었으니 반드시 모두 죽지는 않았을 것이다. 이들을 통한다면 아마 찾을 수 있을 것이다."

유성이 즉시 베 몇 단端과 토산물을 갖추어 김감찰의 옛집을 찾아가니, 감찰은 이미 십 년 전에 죽었고 마님은 연로年老하여 가난하게 살고 있었으며, 하나뿐인 따님도 마님보다 먼저 죽고 없었다. 유성이 공물을 가져다 바치고 사연을 빠짐없이 이야기하니, 마님은 한편으로

감찰 사헌부의 정6품 벼슬. 관리들의 비위, 회계 감시, 의전儀典 감독 따위의 일을 맡음
단 포백布帛을 재는 단위. 1단은 18척 내지 20척

놀라워하면서 한편으로 슬퍼하였고, 집안의 늙은 여종들도 함께 감탄하였다. 그리고는 유성을 후하게 대접하여 보냈다. 유성이 돌아와 어머니에게 이야기하니 어머니는 실성失聲하여 슬프게 통곡하였다. 이때부터 정기적으로 신공을 바치는 것 외에도 철마다 물품을 바쳤는데 거의 빠지는 달이 없었다.

오륙 년이 지나 마님의 병세가 위독해졌다. 유성이 기별을 듣고 달려가서 진귀한 음식을 많이 올렸더니 마님은 슬퍼하고 감동하였으며, 임종할 무렵 문서를 작성하여 면천免賤시키려 하였다. 유성은 누차 사양하였으나 들어주지 않았다. 마님이 돌아가시고 난 뒤에 최복을 입고 힘을 다해 장례를 치르고는 면천문서를 묘 앞에서 태워버리고 통곡하고 갔다.

사람들이 그 까닭을 물으니 유성이 대답하였다.

"모자母子가 사십 년 동안 숨어 지낸 것은 그 죄가 매우 무겁거늘 마님께서 인자하여 불문不問에 부쳐두셨으니 그 은혜가 무겁다고 할 수 있는데 도리어 문서를 받을 수 있겠습니까?"

이 말을 들은 사람들이 탄복하였다. 주인집 문중에서는 그를 의롭다 하여 문서를 다시 만들어 잘 타이르며 주었다. 삼 년 동안 명절날에는 꼭 제수를 바쳤으며 종신토록 제사를 주관하는 집에 성의를 다했다.

당시에 유수留守 강현姜顯이 일찍이 그 일을 들었다. 그 용모의 헌칠함과 거룩함을 보고 더불어 은근히 이야기를 나누고는 탄식하였다.

유수 개성 · 강화 · 광주廣州 · 수원 등 국방에 있어 요긴한 곳을 맡아 다스리던 정2품의 외관직
강현 1486~1553(성종 17~명종 8), 자는 현지顯之, 호는 신안新安. 경상도 산청 출신으로 중종 때 문과에 급제해 벼슬이 대사성 · 형조판서에 이르렀다.

"옛 열사의 풍도가 있고 지성스러운 효까지 겸하였으니 참으로 특이한 사람이다."

유성의 명성은 원근에 전파되어 사신使臣으로 개성부開城府를 지나는 이들은 그를 불러 만나지 않음이 없었으며, 만나보면 반드시 숙연히 더욱 공경을 표하며 "특출하도다! 이 사람이여. 이렇게 특출하지 않고서야 어떻게 그러한 의로운 행동을 해낼 수 있었겠는가?"라고 하였다.

개성부의 유생儒生과 일반 주민들이 유수에게 글을 올려 주상께 아뢰고, 뛰어난 행실을 밝게 드러내어 이로써 백성들을 권면시킬 방도로 보일 수 있기를 바랐다. 그러자 유수가 즉시 이들의 글을 전달받아 아뢰니 중종中宗께서 특별히 복호를 내리고 개성부로 하여금 먹을 것을 넉넉하게 주도록 했으니, 진실로 역사상 드문 특이한 일이었다.

유성에게는 네 명의 아들이 있었는데 모두 상업으로 치부하였으며 효성도 극진하였다. 유성은 노년을 편안하게 지내면서 나이 아흔이 되어 세상을 떠났다. 그의 자손들 중에는 서울과 지방으로 흩어져 사는 이들이 매우 많았는데, 그중에는 무과를 통해 국경 지방의 수령을 지낸 이도 있으니 어찌 선善을 쌓은 응보應報가 아니겠는가? 지금까지 개성 사람들은 미담美談으로 삼고 있다 한다.

『죽천한설』

【권4】

열녀

烈女

낙숫물이 쨍그랑하는 소리

정부인 임씨 | 1

정부인 임씨林氏는 김학성金鶴聲의 어머니다. 일찍이 과부가 되어 학성과 그 아우가 어렸을 적부터 남의 옷을 바느질하여 입에 풀칠을 하고 두 아들을 스승에게 보내 공부시켰다. 하루는 처마의 낙숫물이 땅에 떨어지는데 그 소리가 쨍그랑하였다. 밑을 내려다보니 땅속에 커다란 항아리가 묻혀 있는데, 그 속에는 백금이 가득 차 있었다. 임씨가 재빨리 그것을 파묻어서 그 사실을 아는 사람이 없었다. 뒷날 임씨는 친정 오라버니에게 부탁하여 그 집을 팔고 궁벽한 곳에 있는 작은 초가집에서 살았다.

후에 남편의 제삿날을 맞이하여 임씨는 술을 마련하고 오라버니를 오도록 청하였는데 두 아들도 함께 있었다. 이에 임씨가 탄식하면서 말하였다.

"돌아가신 남편께서 이 고아들을 미망인에게 맡기셨는데, 항상 애들이 끝내 뜻을 성취하지 못하여 시부모와 남편의 혼령을 굶주리게 할까 두려워했습니다. 지금 내 머리가 이미 희어졌고 두 아들도 능히 아버지의 뜻을 이어가고 있습니다. 나는 조만간 죽을 것인데, 황천에 가서도 족히 할 말이 있을 것입니다."

그러고 나서 금 항아리를 묻었던 일을 말하였다. 오라버니가 "어째서 그처럼 금을 더러운 것으로 여겼는가?" 하고 묻자, 임씨가 대답하였다.

"재물이란 것은 재앙입니다. 까닭 없이 커다란 금덩이를 얻는 것은 상서롭지 못한 것이니, 갑작스런 재앙이 있지 않으면 또한 반드시 죽을 것입니다. 또 사람의 삶은 마땅히 궁핍한 것을 알아야 합니다. 두 아들이 아직 어린데 그들로 하여금 의식의 편안함에 젖게 한다면, 학업의 정진에 온 힘을 쏟으려 하지 않을 것입니다. 그리고 빈곤한 처지에서 자라지 않으면 어찌 재물이 쉽게 오지 않는다는 것을 알겠습니까? 때문에 나의 거처를 옮겨서 백금에 대한 욕심을 끊은 것입니다. 지금 어느 정도 모은 재산은 나의 이 열 손가락으로 마련해놓은 것이니, 갑자기 내 앞에 나타났던 백금 덩이와는 비교할 수 없습니다."

오라버니는 누이의 식견이 고원함에 탄복하였으며, 자식들은 어머니의 근고勤苦함에 감동하였다. 일가친척들도 이를 듣고서 서로 검소절약하기를 권면하였다. 임씨가 천수를 마침에 이르러, 자손들이 번성하여 한 마을을 이루다시피 하니, 사람들이 어머니에 대한 하늘의 보답이라고 하였다.

『위항쇄문』

제사상 음식이 약소한 이유

김씨 | 2

임광택林光澤의 처는 김씨인데, 제사 지낼 때마다 임광택이 돈을 주는 것이 일정하였다. 어느 날 제사상 음식이 조금 약소한 것을 보고 그 이유를 물으니, 김씨가 말하였다.

"이제야 당신에게 말할 수 있겠습니다. 그 돈 가운데에는 부정하게 들어온 것이 많은 줄 내가 알았기에 언제나 바느질품을 팔아 대신 제사상 음식을 갖추었던 것이고, 오늘은 마침 돈이 모자랐을 뿐입니다."

전날에 준 돈은 어찌했느냐고 묻자 "저축해서 당신이 훗날 쓰실 비용에 보태고자 했습니다" 하고 열어 보이는데, 돈이 담긴 병과 항아리가 쌓여 있는 것이었다. 임광택이 깜짝 놀라서, 그날로 일을 그만두었다.

『위항쇄문』

임광택 경아전京衙前 출신의 여항시인. 문집으로 『쌍백당유고雙栢堂遺稿』가 전한다.

오직 며느리의 길을

안협 효부 | 3

안협安峽 민가에 어떤 여자가 나이 열일곱에 이천의 농부에게 시집갔는데, 몇 개월 만에 남편이 병들어 죽었다. 늙고 앞 못 보는 시어머니가 있었는데, 그에게 다른 자식은 없었다. 그녀는 바느질, 길쌈을 하거나 품을 팔아 맛난 음식을 봉양하며 밤낮으로 게으름이 없었다. 시어머니는 몸을 움직이거나 음식을 먹을 때에 늘 며느리를 필요로 했는데, 부르면 응하지 않음이 없이 좌우에서 모시면서 남편이 살아 있을 때보다 더 열심히 했다.

친정 부모가 청상의 혼자 몸으로 의지할 바가 없음을 불쌍히 여겨 개가할 것을 권하니, 그녀가 말하였다.

"사람마다 각기 뜻이 있는 법이니, 어찌 억지로 권할 수 있겠습니까? 하물며 제가 떠난다면 시어머니는 어느 곳에 두겠습니까? 제 운명이 진실로 기박하오나 이를 따를 뿐이옵니다."

어느 날 친정어머니가 병이 위독하다고 하여 부르니 그녀는 어찌할 수가 없었다. 시어머니에게 거짓으로 아뢰기를 "앞마을에 굿하는 집

안협 강원도의 옛 현 이름. 지금의 강원도 이천군에 속함

이 있어 오라고 하니 갔다가 곧 오겠습니다" 하고 시어머니의 손을 이끌고 "배고프시면 밥은 여기 있고, 물이 필요하시면 저기 있습니다" 하고 하나하나 일러주었다.

이에 허둥지둥 친정집에 도착하니, 어머니는 아무렇지도 않았고 "너는 네 남편의 어머니가 있는 줄만 알고, 네 몸이 태어난 바는 살피지 않느냐?"고 하는 것이었다. 그녀가 울며 말하였다.

"감히 그러한 것이 아닙니다. 어머니께서는 좋은 자식들과 며느리가 있어 슬하에서 받들어 모시고 있습니다만, 저희 시어머니는 제가 아니면 살아갈 수가 없습니다. 바라옵건대 어머니께서는 불초자식을 괘념치 마시옵소서."

그리고 일어나 작별하려고 하였다.

"네 말이 참으로 아름답기는 하다. 그러나 어찌하여 길러준 정은 가벼이 여긴단 말이냐?" 하고 삶은 닭과 개고기를 주니, 그녀는 대충 몇 숟가락 뜨고 고기는 남겼다. 어머니는 웃으며 "네가 아마도 시어머니에게 남겨드리려나 보구나. 따로 마땅히 음식을 보내드릴 것이다" 하니, 대개 달래어 먹이려는 것이었다. 그녀는 이미 그 뜻을 눈치채고 바깥을 내다보면서 "고향을 떠난 지 오래되어 마을 모습도 다시 알아볼 수 없었습니다. 제가 어릴 적에 찬합이 갖추어져 있었는데 지금도 있습니까?" 하고 몰래 고기 몇 덩어리를 쌌다.

드디어 집을 나와 달려가는데, 길이 아주 낯설고 산촌의 해는 이미 졌다. 희미하게 짐승 한 마리가 앞에서 서성거리는 것이 보였다. 집에서 기르던 삽살개로 알고 '이것이 나를 인도해줄 수 있겠다' 기뻐하며 그 뒤를 따라가는데, 걸음마다 바늘 같은 가시덤불, 뾰족한 바위 덩이였다. 별빛을 받으며 달을 이고 한밤중에야 집에 도착했다.

시어머니가 어째 이리 늦었느냐고 책망하니, 그녀는 부드러운 말로 꾸며대었다. 품속의 고기를 꺼내 시어머니 앞에 펼쳐놓고, 등잔에 불을 붙이고 솥에 물을 데우는데 사나운 소리가 들리기에 보니 호랑이가 마당에 있는 것이었다. 그제야 조금 전의 짐승이 삽살개가 아니라 호랑이임을 깨달았다.

날이 밝자 이웃 사람들이 그 사실을 알아내고 모두 모여서 감탄하며 말하였다.

"효성스럽도다, 이 집 며느리여. 지극한 효성이 아니라면 어찌 이런 일이 있을 수 있겠는가?"

현감에게 보고하여 그 집은 복호를 내렸다.

『위항쇄문』

오직 딸의 길을

이효녀 | 4

이효녀李孝女는 평양 사람 이화지李華之의 딸이다. 도광道光 갑신甲辰(1824, 순조 24)년 봄에 화지는 토포영討捕營의 장교가 되어서 도둑을 잡고 있었는데, 죄도 없이 옥에 갇혀 죽을 지경에 이르렀다. 이효녀는 그때 겨우 열두 살이었지만 울부짖으며 관아에 호소하였다. 집이 가난하여 길거리에서 구걸하여 아버지를 봉양하였는데 팔 년 동안 조금도 거른 일이 없었다. 바야흐로 아버지께 식사를 드리려고 옥에 들어갈 때면, 의기양양 기쁜 낯빛을 지어 보였으니, 화지가 걱정하고 분해하면서 먹지 않으면 그녀는 일부러 말하길 "아무개 공께서 힘을 내어 도와주신다고 합니다. 좋은 소식이 없다고 걱정하지 마세요" 하였다. 화지가 그 허망함을 알면서도, 자기도 모르게 실소를 하고 억지로 딸을 위해 배를 채웠다. 매양 아침부터 낮까지 구걸을 하고 저녁부터 해가 질 때까지 구걸을 하였는데 반드시 신선한 음식을 구해서 드리고 먹다 남은 밥은 올리지 않았다.

이해 가을에 그녀는 발이 부르터가며 서울에 올라가 임금이 거둥하

토포영 정3품 진영장鎭營將이 관할하는 병영. '토포'란 도둑을 잡는다는 뜻

는 길에서 징을 울렸다. 서리배들이 모두 그 정성에 감동하여 곡진하게 그녀를 이끌어주기는 하였으나 조사를 해도 억울함을 풀지는 못하였다. 이와 같이 하기를 무릇 세 번이나 하여, 신묘辛卯(1831, 순조31)년에 이르러 마침내 풀려나 무산茂山으로 귀양 가게 되었다.

무산은 북쪽의 외지고 고립된 지역인데 딸은 도보로 따라가며 힘을 다해 아버지를 받들고 봉양했다. 무산 사람들이 그녀의 소문을 듣고 아끼고 흠모하지 않는 이가 없었으며, 다투어 부인과 여식으로 하여금 함께 어울려 그 행실을 배우게 하니 그녀도 은혜로운 마음과 의리로 그들을 대하였다. 그러므로 봉양에 편리한 물품을 먼 데서도 보내지 않는 곳이 없었다. 무산에 거처한 지 오 년 만에 사면되어 풀려나게 되자 무산 사람들은 눈물을 뿌리면서 그녀를 전송했다. 그녀도 남은 재물을 모두 풀어서 이웃 마을까지 두루 나눠주었다.

무릇 십삼 년 동안에 육천여 리를 다니다 돌아와 대동관大同館 아래에 거처했으므로 살림살이가 더욱 쓸쓸하였지만 딸은 정성껏 일을 주관하고 힘썼다. 몇 년 사이에 재물도 점점 넉넉해지고 몸가짐에도 법도가 있어, 이에 혼인을 바라는 사람이 날로 많아졌다. 화지가 사윗감을 택해서 딸을 시집보내려고 하니 딸이 말하였다.

"아버지는 아들이 없고 저 하나뿐인데 제가 다른 사람에게 시집을 가면 누가 아버지를 봉양하겠어요. 또 제가 저자에서 구걸을 할 적에 처음에는 가까운 사람들을 찾아다니다가 끝에 가서는 어디든 구걸하

무산 지금의 함경북도 무산군
대동관 평양에 있었던 사신의 숙소

지 않은 데가 없는 지경에 이르렀습니다. 처음 구걸할 때는 기꺼이 맞아주더라도 다시 찾아가면 인상을 찌푸리며 주었으니, 즐거우면 형제같이 지내다가도 살기 어려워지면 전혀 상관없는 사이처럼 변하게 되는 것을 싫증나게 보아왔습니다. 지금 하늘의 도움을 받아 긴긴 세월이 지나 하루아침에 신선처럼 되었습니다. 만약 다른 사람에게 몸을 맡기게 되어, 지아비를 따르면 효를 손상하게 될 것이고 아버지를 따르면 부인의 도를 어기게 됩니다. 둘 다 하고자 한다면 하나도 제대로 하지 못할 것입니다. 어찌 천하에 아내의 아비 보기를 자기 아비 보듯 하는 남자가 있겠습니까?"

이로 인하여 원근의 많은 사람들이 그녀를 더욱 어질게 여겼다. 이 고을에서 벼슬하는 사람이 혹시라도 안부를 묻고 선물을 보내오면 그녀는 사양하고 말하였다.

"내가 어찌 남보다 낫겠습니까. 단지 불행을 만났을 뿐입니다. 입장이 바뀌지면 그렇게 되니 내가 무슨 특별함이 있겠습니까."

임인壬寅(1842, 헌종 8)년 가을에 직지어사直指御史 김익문金益文이 조정에 보고하니 예조에서 아뢰었다.

"네 번이나 원통함을 호소하고 천 리 길을 따라다니며 아비를 봉양했으니 진실로 지극한 정성이 아니면 어찌 이와 같을 수 있겠습니까? 복호의 은전을 베풀어 뭇사람이 놀라 바라보게 함은 합당합니다. 그러나 아비를 편히 모시는 것 때문에 맹세코 시집을 가지 않겠다는 것

직지어사 암행어사의 별칭

김익문 1806~?(순조 6~?), 자는 공회公晦, 본관은 청풍. 1838년 문과에 합격하고 고종조에 들어와서 판서를 역임

은 비록 지극한 정성에서 나왔다 하더라도 폐륜을 면하지 못합니다. 무릇 혼인하는데 때를 넘긴 사람을 엄하게 찾아 가려내는 것이 원래 법전에 있으니 각 도의 수령에게 분부하여 이것으로써 깨우치고 알려주면 어떠하겠습니까?"

임금께서 "그렇게 하라"고 하였다. 이에 평안도 관찰사 아무개와 평양부 서윤庶尹 아무개가 모두 조칙으로써 일러주었으나 그녀는 전에 했던 말을 다시 하며 듣지 않았다.

내가 일찍이 화지를 불러와 물은 적이 있다. 딸은 나이가 서른둘이고 성품과 자질이 무르고 약하며 말하는 태도도 남과 다르지 않았다. 성품이 얌전하고 조용하며 본디 화초를 좋아하여 늘 물을 주었다. 생업에 부지런히 힘썼으나 자신을 위해 쓰는 것은 매우 박하였고, 아버지를 공양하는 데는 자못 사치스러워 오히려 비단옷과 폐물로 아버지를 꾸며주지 못함을 한스러워하였다.

어떤 사람은 "그 여자의 행실은 제영緹縈에 비해서도 부끄럽지 않겠지만 시집가지 않은 것은 지나친 것이 아닌가" 하였다. 나는 말하였다.

"그렇지 않다. 무릇 사람은 각자 자기의 뜻을 행할 따름이다. 나라의 법에 이른바 가난하고 곤궁하여 혼기가 지난 사람은 관리가 도와주도록 되어 있지만 어찌 이효녀와 같은 이를 가리키는 것이었겠는가? 남녀의 정욕은 감정을 억누르고 명예를 구하는 자들이 참아낼 수

서윤 한성부 · 평양부에서 판윤을 보좌하던 종4품의 벼슬
제영 한 문제 때의 효녀. 아버지인 순어의淳於意가 사형을 당하게 되어 제영이 관비官婢가 됨으로써 아버지의 죄를 속량하겠다고 청원하자 문제는 그 뜻을 가엾게 여겨 육형肉刑을 면제함

있는 것이 아니다. 더구나 그녀의 말은 또한 느낀 바가 있어 나온 것이어서 감정이 없는 자 같지는 않다. 사람들은 마땅히 그 뜻을 슬퍼하고 그 행동을 가상히 여겨야 하리라. 예전에 서중거徐仲車 선생이 나이가 장년을 지났는데 장가들지 않고 말하길 '장가들되 마땅한 사람이 아니면 장차 어머니의 근심이 될 것이다' 하였으니, 아! 그녀의 뜻은 곧 서중거 선생의 뜻이다. 후사가 없는 허물은 그의 책임이 아니다."

그러므로 나는 말한다.

"부모를 모시는 데 힘쓴 사람은 효녀의 뜻을 알 수 있을 것이다."

『비연상초』

서중거 서적徐積(1028~1103). 중거는 자로, 중국 송나라 때의 문인. 효행과 덕행으로 이름이 높아 '절효節孝'라는 시호를 받았다.

미망인의 생사가 무슨 큰일이기에

절부 하씨 | 5

하씨河氏는 덕천德川에 살았다. 그의 할아버지는 개성 사람인데 아버지 하천일河千一이 가산嘉山으로 이사하여 그곳에서 살았다. 순조 11(1811)년 겨울 토적土賊 홍경래가 가산을 함락시키자 천일은 그 난리를 피해 덕천으로 들어갔다. 적이 평정되자 천일은 가산으로 돌아와 그녀를 덕천의 선비 김여황金麗璜에게 시집보냈다. 여황 또한 외롭고 가난한 처지로 살다가 아들 하나를 남기고 얼마 뒤에 죽었다. 하씨의 부모는 하씨의 뜻을 꺾고자 했으나 따르지 않고, 시아버지를 모셔 천수天壽를 마치게 하였다.

처음 여황이 죽으매 집은 더욱 어려워 깊은 골짝 안에 장사를 지냈다. 덕천이 본디 깊은 골짜기인 데다 그 골짜기는 더욱 깊은 산골이라 무덤들이 초라하게 널려 있고 여우나 너구리가 대낮에 우짖는 곳이었다. 그녀는 어린 자식을 데리고 들어가 나무에 기대어 움막을 만들고 묘 옆에 살았다. 바느질을 잘하여 품을 팔아 조석제전朝夕祭奠을 받들

덕천 지금의 평안남도 덕천군
가산 지금의 평안북도 가산군

고 그 나머지는 저축하여 남자의 옷을 지어두었다가 여황의 생일을 당하면 묘 앞에서 불태우기를 해마다 상례常例로 삼았다. 평소에 가난하여 여황이 의관을 갖추지 못했던 것을 슬퍼해서였다.

이에 덕천 사람들은 그의 굳은 절개를 가엾게 여겨 지사地師에게 풍수가 불길하다는 핑계를 대게 하여 묘를 넓은 곳으로 옮기도록 하고, 무덤 옆에 따스한 방을 마련해 살게 하였다. 그녀는 얼마 있다가 어린 아들마저 잃게 되니 더욱 의지할 곳이 없었다. 친정 부모가 또 억지로 개가改嫁시키려 하자 그녀는 짐독鴆毒을 먹었으나 이상하게도 죽지 않았다. 이어 여막에서 또 삼십 년을 살았는데, 때 낀 얼굴에 남루한 옷차림으로 지내며 방 밖에 나가지 않았다. 재봉하는 일감 때문에 인가人家에 다닐 적에는 반드시 깊은 밤중을 이용하였지만 표범이나 호랑이도 덤비지 못하였고 행인들은 백 보 밖에 피해주었으니, 모두 그에게 감화를 받았기 때문이다.

그녀는 정조 병진丙辰(1796, 정조 20)년 생이니 올해 나이가 마흔아홉이다. 수령과 사객使客으로 이 읍을 지나가는 사람이 종종 존휼存恤하고 또 시여施與를 하는 경우가 있으나 모두 물리쳤다.

기해己亥(1839, 헌종 5)년에 크게 흉년이 들었다. 어떤 사람이 하씨의 이름을 위조하여 정문呈文을 올려 진휼할 것을 청하였는데, 군수 정헌용鄭憲容이 미두米豆 십여 포를 허락하였다. 그녀는 내용을 모르고 있다가 마을 아낙네들이 축하를 하자 크게 놀라고, 관청에 출두하여 거짓 서

사객 왕명을 받들고 지방에 임시로 파견되어 나가는 관원
존휼 수령이 관내 백성 또는 유림에게 성의를 표해 선물을 보내는 것
정문 개인이 관청에 자기 사정을 호소하여 올리는 글. 또는 하급 관청에서 상급 관청에 보내는 공문서 따위

류임을 밝혔다. 군수가 "진위 여부를 논하지 말고, 우선 네 살림에 보태 쓰도록 하라"고 하자 그녀는 "아! 미망인未亡人 한 사람의 생사가 무슨 큰일이기에 감히 관에 누를 끼치겠습니까?" 하고 사양하여 받지 않았다.

경자庚子(1840, 헌종 6)년 봄에 내가 평양에 머물면서 그녀의 행적을 들었고, 덕천 땅을 지나면서 사람들이 그녀의 사는 곳을 가르쳐주었다. 큰 산은 높이 솟아 있고 긴 강물엔 물결이 이는데, 멀리 바라보고 서성거리매 새삼 마음을 가다듬게 되었다.

평양에 있는 김지경金志卿은 옛것을 좋아하는 선비다. 나그네로 덕천에서 노닐고 있었는데 내가 편지를 세 차례나 주고받아 비로소 그 행적의 상세함을 얻었기에 이렇게 적는 것이다.

『비연상초』

돈을 맡긴 뜻

고절부 | 6

절부의 성은 박씨朴氏요, 지아비의 성은 고씨高氏인데 양갓집 아들이며 집은 남정현南旌峴에 있다. 남편이 죽은 지 백 일 만에 절부가 칼로 스스로 목을 찔러 죽었는데 그때 나이 스물여덟이었다. 절부가 죽은 날 온 동네가 깜짝 놀랐으니, 그 집 문에 들어와보는 자들로 가득 메워졌다. 혹은 대단하다 여기고 혹은 울었는데, 다들 크게 한숨을 쉬며 '열부로다' 하였다. 절부 남편의 고모의 아들인 안시철安時喆은 내 집에 있는 사람이다. 그가 나에게 이야기를 해주었다.

"고씨가 병이 났을 때 어떤 사람이 산 사람의 피를 마시게 하면 병이 나을 것이라고 하니, 절부가 즉시 자신의 팔을 베어 한 사발 남짓 피를 내어 먹였으나 효험이 없어 마침내 남편이 죽고 말았습니다.

자녀도 없었고 남편의 친족 또한 단출하여 후사로 세울 사람도 없어 절부는 조용히 빈렴殯斂을 마련하여 조부의 묘소 옆에 장사 지냈습니다. 얼마 후 가산을 모두 팔더니 돈 오천을 저에게 맡기는 것이었습니다. 그 까닭을 물으니 열부는 '그저 드리는 것입니다' 라고 하더군요.

내 이 글의 필자 김조순金祖淳

그 시댁에는 분묘가 각기 다른 산에 있었는데 조용히 묘지기에게 돈을 주어 모두 한 산으로 이장하게 하고, 함께 묘를 쓰지 못한 분은 합장을 했습니다. 그 일이 끝난 뒤에 비로소 저에게 이렇게 말하더군요.

'자식도 없고 또 친족도 없으니 누가 다시 주관하겠습니까? 차라리 옮겨다가 골육끼리 서로 한곳에 모이게 함만 못합니다.'

남편이 죽은 지 백 일째 되던 날, 묘에 가서 통곡하고 돌아와 그날 밤 드디어 자결하였습니다. 지금에야 돈을 맡긴 뜻을 알았습니다."

내가 그 말을 듣고 또한 나도 모르게 실성하여 "아! 열부로다" 하였다. 나는 다시 물어보았다.

"절부가 평소에도 볼 만한 행실이 있었느냐?"

"평일에 남보다 뛰어난 점은 없었습니다."

"그렇다. 옛날 충신 의사의 경우도 흔히 이와 같았다. 말로만 달콤하게 하는 자는 그 말을 반드시 실천하지는 않으며, 비상한 덕이 있는 자는 조그만 일에 주의하는 것을 잊기도 한다. 절부가 어찌 별다르게 보였겠는가? 비록 그러하나 그의 죽음은 사람들이 모두 따라할 수 있는 것이지만, 그의 드러내지 않는 일처리는 독서하는 군자도 오히려 따르지 못할까 걱정해야 할 것이다. 아! 진실로 절부이다."

나는 또 생각해보니 절부가 비록 이와 같이 거룩하나 여항의 착한 사람들이 조정에 알려지기 어렵고, 설사 알려진다 한들 가족도 없고 친족도 없으니 정려나 복호도 시행할 수가 없다.

슬프다! 이에 촛불을 잡고 그 일을 글로 써, 시철時喆로 하여금 열부의 묘소에 비를 세우게 하고 '고절부지묘高節婦之墓' 라고 쓰게 하였다.

『풍고집楓皐集』

독을 마셔 남편을 살리다

엄열부 | 7

엄열부嚴烈婦는 박씨이니, 그 남편 엄재희嚴載禧는 만향재晩香齋 엄한붕嚴漢朋의 증손이다. 재희가 일찍이 병으로 누웠는데, 열부가 돌보기를 조금도 게을리 하지 않았다. 시어머니가 점쟁이에게 병든 자식의 운수를 헤아려보게 하니 "부인에게 나쁜 살煞이 끼어서 그 영향이 남편에게 미치는 것이니 부인이 죽어야 남편이 살아날 수 있습니다"라고 하였다. 부인의 친정어머니가 알고 그를 미워하여 다른 점쟁이에게 시험해보니 말이 꼭 같았다. 부인이 그 어머니에게 "제가 죽는 것은 스스로 해낼 수 있으나, 남편이 살아난다는 것은 기약할 수 없습니다"라고 하였다. 어머니가 위로하기를 "네가 죽어서 남편이 반드시 살아난다면 네가 죽는 것을 허락할 수 있으나, 그것을 기약할 수 없다. 더군다나 점쟁이들의 망령되고 허탄한 말이 모두 이와 같음에 있어서랴!" 하였다.

남편의 병이 날로 위독하게 되자 부인은 밤낮으로 부지런히 보살폈다. 시부모는 그가 힘들어 장차 병이 날까 걱정하여 친정에 돌아가서

엄한붕 자는 도경道卿으로 비변사 서리 출신이다. 글씨를 잘 써 이름이 났다.

며칠 동안 쉬게 하였다. 친정으로 온 날 저녁, 웃고 이야기하면서 조금도 슬픈 기색이 없었다. 잠자리에 들 때에 어머니에게 말하였다.

"부모님의 품 안을 떠난 것이 이제 몇 해가 되었나요."

이에 옷을 벗고 어머니 이불 속으로 들어가서 젖을 어루만지고 빨면서 어린아이처럼 굴었다. 한밤중에 홀연히 옷을 걸치고 일어나는 기척이 있어 어머니가 어디 가느냐고 물으니, 측간에 간다고 하였다. 어머니가 자다가 깨서 더듬어보니 자리에 없었고 불러보아도 대답이 없었다. 이에 놀라 일어나서 촛불을 켜들고 자취를 따라가니 동쪽 행랑 아래에 누워 있었다. 다가가보니 죽어 있었다. 잔과 사발이 그 곁에 있었는데 남은 찌꺼기는 대로黛滷였다. 당시 그의 나이가 열일곱이었으며, 때는 가경嘉慶 임신壬申(1812, 순조 12)년 칠월이었다.

남편의 병은 곧 나아, 지금 나이는 마흔여덟이다. 그 시아버지 엄성간嚴性簡이 아직 살아 있는데 나이 일흔셋으로 나에게 울면서 이 이야기를 해주었다.

호산거사는 말한다.

옛날의 여자가 그 남편을 따라 죽는 것은 남편이 죽은 뒤의 일이고 먼저 죽어 남편의 목숨을 기구祈求했다는 일은 듣지 못하였다. 아, 아름답도다! 혹자가 말하기를 '한번 죽는 것은 어려운 일이다. 남편이 혹시라도 그대로 일어나지 못하면 부인이 먼저 죽는 것이 남편의 죽음을 늦추는

대로 맹독성이 있는 청록색의 간수
엄성간 자는 주경主敬, 호는 야로野老, 본관은 영성寧城. 엄한붕의 손자

데에 무슨 도움이 되겠는가. 부녀자들이 점쟁이의 말을 혹신酷信함이 이와 같다.' 아! 남편이 죽으면 반드시 아내는 따라 죽어야 한다는 의리를 열부는 평소 마음속에 쌓아두었기에 한번 죽음으로써 보답하고자 한 것이다. 한갓 남편이 죽은 뒤에 죽는 것보다는 차라리 남편이 죽기 전에 먼저 죽어서 남편이 살아나기를 만분의 일이라도 바랐던 것은, 유검루庾黔婁가 자신의 몸으로써 아버지의 목숨을 구하려 한 것과 같은 일이다. 자신을 죽여서 남편의 목숨을 기원한 사람은 엄열부뿐이다.

부인이 죽어야 남편이 산다는 것은 이치상 그럴 수 없는 것이다. 그런데도 오히려 조용히 목숨을 버리는 것을 고향으로 돌아가듯 하였다. 그러니 남편이 죽은 뒤에 울부짖다가 기절하거나 작심하여 죽는 것은 절부에게는 족히 말할 것도 못 된다. 아내가 죽고 곧 남편이 죽더라도 아내의 죽음은 진실로 천고에 빛날 만한 것인데, 하물며 아내가 죽자 남편이 살아난 경우에 있어서랴! 하늘이 반드시 부인의 소원을 따라 천추에 홀로 가지고 있는 미덕을 성취시켜준 것이다. 이러한 의리는 일월日月과 더불어 빛을 다툴 만하다. 그런데 점쟁이의 말을 혹신하여 마침내 이에 이르렀다고 말하는 것은 구차하여 논의할 것도 못 된다. 가만히 지나간 옛날의 일을 헤아려보면, 꼭 죽어야 할 처지에 있으면서 구차하게 삶을 살다가 이름과 몸을 함께 망친 자가 어찌 한정이 있겠는가? 이런 무리들은 온갖 점쟁이로 하여금 점괘를 뽑아가지고 죽음이 길하고 삶이 흉하다고 하는 이치를 설명하게 한들 끝내 죽겠는가!'

『호산외기』

어머니가 될까, 못 될까

변의고 | 8

생원 변항원卞恒遠이 상처喪妻하고 장차 이씨녀李氏女에게 장가들려고 하였다. 간략히 먼저 폐백을 하고 아직 장가들지 아니하였는데, 제주목사의 막리幕吏로 나갔다가 제주에서 죽었다. 부고를 듣고 이씨는 머리를 풀고 초상집에 달려가니, 변씨 집에서는 문을 막았다. 이씨가 자살하려고 하여 서로 한 달 남짓 버티다가, 부득이 그를 맞아들여 고부가 서로 의지하게 되었다. 이씨는 자애와 효성이 둘 다 극진하여, 전처의 자식을 어루만져 길렀는데 이제 이십여 년이 되었다.

굳은 절개와 높은 행실은 비록 중용에서 지나침이 있다고 말할 수 있지만 은하수와 같이 멀고 탁월함은 말할 필요조차 없다. 그러하나 전처의 자식이 이씨의 상복을 입을 때를 당하여 어찌해야 하는가? 이씨는 처녀이면서 과부로서의 절개를 지켰고, 효성스런 며느리가 되었고 어진 어머니가 되었으니, 어찌 계모의 복服을 입지 않으리오?

어떤 사람은 "예법에 신부가 문에 들어와 시부모를 뵙지 않았으면 아직 며느리가 된 것이 아니다"라고 하니, 이미 친영親迎을 하고 조례醮禮를 올렸더라도 아직 며느리가 된 것이 아니라고 말한 뜻임을 알겠다.

자사子思가 말하기를 "급伋에게 아내가 되면 이는 백白에게 어미가 되는 것이요, 급에게 아내가 되지 못하면 이는 백에게도 어미가 되지 못한다"라고 하였다. 전자로 보면 그 아비에게는 감히 아내가 되지 못함이요, 후자로 보면 자식이 어찌 그를 어미로 맞아들일 수 있겠는가? 만약 삼년상을 지내고, 합장合葬을 하고 신주를 사당에 모시는 절차를 밟는다면 혼령은 거기에서 편안하겠는가? 예라는 것은 마음에 알맞게 조절하는 것으로 외형을 도모하는 바가 아니지만, 그 사정事情의 큰 둘레는 넘지 못한다.

두 가지 설이 어떠한가? 답하건대, 예절은 의로써 일어난다. 그러나 성인이 아니면 감히 예를 세우지 못하는 것이니, 이는 조정에 알려 처분을 기다림이 마땅하다. 천박한 사람이 억단臆斷할 바가 아니다.

『비연상초』

급에게…못한다 '급'은 공자의 손자인 자사의 이름이고, '백'은 자사의 아들 자상子上의 이름이다. 자사는 자상의 생모를 쫓아냈는데, 후에 자상으로 하여금 생모를 위해 삼년복을 입지 못하도록 하면서 이 같은 논리를 펼쳤던 것이다.

이에 헤어지기를 청합니다

영동 열녀 | 9

영동嶺東에서 온 한 남녀가 서울의 어느 벼슬아치 집에서 고용살이를 하고 있었다. 주인집 아들이 『사기史記』에서 왕촉王蠋이 '충신은 두 임금을 섬기지 아니하고, 열녀는 지아비를 바꾸지 않는다'고 말했던 대목을 배우고 있었다. 선생이 마침 뜻을 새기게 되었는데 여자가 불을 때다가 그것을 듣게 되었다. 저녁이 되자 여자는 선생에게 여쭈었다.

"아까 책을 설명하신 말씀은 제가 듣지 못하던 것이었습니다. 원컨대 다시 상세하게 가르쳐주옵소서."

선생이 그 뜻을 말해주었더니 여자는 눈물을 흘리며 "사람의 사람다운 일을 지금에야 비로소 듣게 되었습니다"라고 하며, 지아비에게 이렇게 말했다.

"제가 처음엔 여자의 도리를 알지 못했는데, 오늘 불경이부不更二夫의 의리를 비로소 알았습니다. 이에 따라 헤어지기를 청합니다."

대개 그 남편은 이 여자가 개가改嫁하여 따르게 된 사람으로 또한 이

왕촉 중국 전국시대의 제나라 사람. 연나라가 제나라를 칠 때 연나라 장수가 그를 회유했으나 '충신은 두 군주를 섬기지 않는다'는 말로 거절하고 목을 매 자살했다.

미 젖먹이 아이가 있었다. 남편이 눈을 부라리며 그 이유를 꾸짖어 묻자, 여자가 말했다.

"지난날에 당신을 따랐던 것은 단지 사람이면 누구나 다 남편을 가지게 마련인 줄 알아서였지만, 오늘 불경의 의리를 알았으니 지금부터는 마땅히 몸을 깨끗이 하여 전남편에게 보답하겠습니다. 당신의 자식은 어려서 내 품에서 떼어놓기가 어려우니, 몇 년 더 기른 뒤에 데리고 가신다면 이는 당신에게 충분히 보답하는 것입니다."

지아비는 성내고 또 때리며 꾸짖었으나 여자는 굳은 결심을 돌이키지 않고, 주인집으로 달려들어갔다. 주인집에서도 사실을 듣고 기이하게 여겼다. 그 뒤로 밖에 나다닐 경우 길에서 남편을 피하였는데, 그 차가움이 마치 얼음과 같았다.

아! 이 여인이 어찌 열부가 아니리오? 처음엔 알지 못하여 실수를 하였지만 도리를 듣는 순간 후회하였으며, 모질게도 품 안에서 젖 먹여 키운 자식을 포기하고 돌아보지 않았으니, 이는 더욱 '열烈'이 되는 것이다.

『위항쇄문』

남편을 따라 물속으로

포천박씨 | 10

포천 사람 이원李源이 영평永平의 백로주白鷺洲에서 물에 빠져 죽었다. 그의 처 박씨는 비보悲報를 들은 뒤부터 남편을 따라 죽을 것을 결심하고, 한 모금의 물도 입에 넣지 않은 채 나흘 동안 손수 수의를 지으며 시신이 돌아오기를 기다렸다. 시신을 건지지 못하게 되자, 논의가 허장虛葬을 치르자는 데 이르니, 박씨는 하늘에 빌었다.

"만약 비가 내려 물이 불어난다면, 저는 물속에 몸을 던져 남편을 따를 수 있을 것입니다."

얼마 안 되어 과연 큰비가 내리니, 박씨는 가만히 나가 앞개울로 달려갔다. 어린 자식이 울부짖으며 따르고 계집종은 옷을 붙들고 말렸지만, 한 번 돌아보고는 물속에 몸을 던졌다.

백로주와의 거리는 이십 리나 되었는데, 닷새 후에 두 시체가 나란히 한곳에 나타났다. 가족들이 함께 건져올려 합장해주었다.

『삼강록』

영평의 백로주 경기도 포천군 한탄강의 상류인 영평천에는 백로가 물속에 서서 사방을 바라보는 모양의 백로암白鷺巖이 있는데, 이 일대의 뛰어난 경치는 '백로주'라 하여 포천팔경抱川八景의 하나로 꼽힌다.
허장 실종된 사람이나 병자 등을 죽은 사람으로 치부해, 시신 없이 형식상 치르는 장례

유방을 베어버리다

창녕 열부 | 11

창녕의 어떤 중이 산길을 가다가 날이 저물었다. 무덤가의 한 초막을 발견하고 문을 두드린 지 한참 만에 한 부인이 나와서 사립문을 사이에 두고 누구냐고 물었다. 사정을 말하니 빗장을 뽑아주고 들어가버렸다. 드디어 들어가 처마 밑에서 쉬게 되었다. 부인은 방 안에서 물레 소리만 내더니, 문득 부엌 아래 오지솥에 죽 한 사발이 있으니 직접 가져다 먹으라고 했다. 가져다 먹어보니 겨와 쭉정이로 쑨 것이었다.

조금 후에 날이 추워지자, 중은 방 한쪽 구석에라도 있게 해달라고 사정하였다. 부인은 "호랑이나 표범이 사는 소굴을 면한 것도 다행인데 어찌 바라는 것이 많으시오"라고 말하였다.

중은 허기를 채우고 추위도 풀리자, 사악한 생각이 불현듯 일어났다. 갑자기 일어나 다가가서 손으로 부인의 가슴을 더듬으니, 부인은 벌떡 일어나 칼을 빼어 들고 번연幡然히 몸을 똑바로 세우며 말하였다.

"나의 뜻은 사람을 살리려 한 것이거늘, 어찌 이리 새끼를 끌어들인 줄 알았으리요. 남편이 남겨준 자식마저 없고, 시어머니의 복상도 끝나지 않아 시묘살이로 구차히 살고 있는데, 하늘이여 이다지도 박명薄

命을 내리시는가? 나는 죽어도 부끄러움이 없다."

곧 획하며 두 유방乳房을 베어버렸다. 중이 보고 놀라고 겁이 나서 급히 달아나 마을로 갔다. 아침에 고을 원님을 뵈었는데, 원은 예전에 산사에서 글을 읽을 때 중과 더불어 알고 지냈으므로 그를 유숙하게 하였다. 밤에 그 부인의 일에 대해서 이야기하는 것을 듣고, 원은 발연勃然히 일어나서 즉시 그 중을 잡아 가두라고 명하였다.

날이 밝자 직접 찾아가보니, 과연 무릎을 꿇고 있는 부인의 시체와 반盤 위에 올려놓은 두개의 유방을 볼 수 있었다. 그녀의 성씨를 수소문했지만 원래 깊은 산골 궁벽한 곳에 속하여 호적에도 빠져 있어, 무엇 하나 근거를 찾을 수 없었다. 다만 두세 개의 무덤이 있어 그녀의 시아버지와 시어머니 그리고 남편의 것임을 알 수 있을 뿐이었다. 관官에서 작은 관을 짤 만한 재목을 주어 그 옆에 장사 지내주었고, 그 중은 처형하였다.

마을의 나이든 사람들이 실제 그 일을 맡아 하였는데, 원근에 그 이야기가 전송되어 비碑를 세워 알리는 정도에 그친 것이 아니었다.

『위항쇄문』

말을 탐하느냐 나를 탐하느냐

청풍 의부 | 12

의부義婦는 청풍清風 촌가의 여인이다. 같은 고을 사람에게 시집가서 부인이 되었는데, 남편은 나이가 어려 성년의 장부가 못 되었다.

어느 날 시댁으로부터 친정 부모가 계신 곳으로 돌아가는데, 좋은 말에 술과 고기를 싣고 부인은 타고 가며, 남편은 그 뒤에서 따라갔다. 지름길로 산골짜기를 지나가는데 길에 인적이 없자, 도적이 갑자기 숲속에서 뛰어나와 몽둥이로 남편을 내리쳤다. 남편이 길 아래로 거꾸러지니, 여인은 보고도 못 본 체 말을 채찍질하여 도망쳤다.

도적은 여인이 달아나는 것을 놓칠까봐 그 남편을 버려두고 재빨리 쫓아갔다. 두어 칸 사이도 못 되게 이르자, 여인은 말을 세우고 비로소 머리를 돌려 도적에게 말하였다.

"이와 같이 하는 것이 무엇 때문이냐? 말을 탐내서이냐? 아니면 나를 탐내서이냐?"

도적은 "너 때문이다"라고 하였다.

여인은 즉시 말에서 내려 웃으며 또한 은근하게 말하였다.

청풍 지금의 충청북도 제천시 청풍면

"당신도 그 아이를 보셨겠지만 사람의 모양새를 갖추었다고 말할 수 있겠습니까? 겉으로야 비록 명색이 서방이라고 하지만 마음으로는 즐겨 받든 적이 없습니다. 서방을 버리고자 한 지 오래되었으나 기회를 타지 못했을 뿐입니다. 오늘 바로 이런 기회를 만나고 그대의 모습을 보니 나 또한 마음이 생기지 않을 수 없습니다. 당신도 만약 뜻이 있다면 내 어찌 사양을 하겠습니까?"

도적은 기뻐서 그녀를 겁탈하려 하였다.

"이미 몸을 허락한 것이니, 밤이 되어 잠자리를 함께해도 늦지 않을 것입니다."

여인은 길옆으로 끌어들이며 말하였다.

"저에게 술과 고기가 있으니 당신께서 한번 취하고 배불리 먹을 수 있습니다."

이에 곧 자신이 직접 봇짐을 풀어 술병을 꺼내놓는데 고의로 비탈진 곳에 놓아 술이 쏟아지도록 하였다. 도적은 급히 손을 뻗쳐 잡았다.

여인은 "그릇이 없으니 병을 거꾸로 세워 직접 마실 수밖에 없겠군요" 하고는 곧 차고 있는 칼을 달라고 하여 태연하게 고기를 썰었다. 도적이 술을 마시려 하니, 병은 이미 반이나 비어 있으므로 두 손으로 그 술병을 잡고 제 마음껏 기울이니, 얼굴이 하늘을 향하지 않을 수 없게 되었다. 그 순간 여인이 칼날을 들어 목을 찌르니, 도적은 그 자리에서 죽었다.

여인이 급히 남편이 있는 곳에 이르니, 목구멍에서 숨소리가 골골하여 곧 끊어지려 하였다. 마침 지나가던 사람을 만나 탈것을 빌려 집으로 돌아와 생명을 구할 수 있었다. 군郡에서 그 일을 위에 보고하니, 의부의 집에 복호復戶를 명하였다.

『번암집』

저는 죄수의 딸입니다

효녀 취매 | 13

호서湖西 공산현公山縣에 김성달金聲達이란 이속吏屬이 있었는데, 산성의 창고지기가 되어 문서 · 장부를 환롱幻弄하여 쌀 사백 석을 훔쳤다. 일이 발각되어 옥에 갇힌 지 수년이 되었는데, 그 친족까지 연루되어 파산한 집이 수십이었다. 이때 관찰사 홍공洪公이 장차 법으로 다스려 죽이고자 했으므로, 보고서[狀板]를 마련하고 서봉書封을 갖추어 날을 정하여 조정에 달려가 아뢰려고 하였다.

밤에 한 여아女兒가 막부幕府에 와서 문을 두드리며 목 놓아 우는데 매우 애처로웠다. 비장裨將이 괴이하게 여겨 물어보니, 김성달의 딸이었다. 손에는 한 소장訴狀을 들고 울며 "우리 아버지를 살려주세요"라고 애걸하였다. 그 글의 사연이 곡진하고 슬퍼서 차마 읽을 수가 없었다. 그러나 일은 이미 결정되어 어찌할 도리가 없었다. 드디어 말을 둘러대어 위로하여 보냈다.

이튿날 홍공이 관아에서 정사政事를 보는데, 남녀 수백 명이 문 가득 들어와 왁자하게 떠들며 뜰을 메웠다. 한 여아가 머리를 풀고 앞에 있

공산현 지금의 충청남도 공주

는데, 바로 막부에서 본 아이였다. 그 아이는 곧바로 들어와 뜰에 올라 크게 울부짖으며 말하였다.

"저는 죄수 김성달의 딸입니다. 애원하옵건대, 은혜를 내려 저의 아비를 살려주십시오. 저의 아비를 살려주십시오."

공은 안색을 고치고 그 호소를 듣고서 말하였다.

"저 사람들은 어찌된 일인가?"

사람들이 말하였다.

"성달이 나라의 곡식을 훔친 죄는 죽어 애석할 것이 없고 또 저희들은 그 피붙이도 아니지만, 그 여아의 사정이 심히 가여운 까닭에 사람마다 한 석씩 곡식을 거두니 모두 수백 석이 되었습니다. 원하옵건대, 이것으로 그 죽음을 속죄해주십시오."

공은 한참 동안 묵묵히 있다가, "내 장차 생각해보고 처리하겠다" 하였다.

뭇사람들은 이에 물러갔으나, 여아는 오히려 엎드려 울면서 가지 않았다. 좌우 비장들 역시 지난밤에 있었던 일을 갖추어 공에게 아뢰었다. 공은 측은하게 여기어 그 보고서를 중지시키고 중앙에 아뢰지 않았다.

그때 내가 마침 감영에 객으로 있었는데, 직접 그 일을 보고 또 민간에서 들어 그 상세함을 안다. 여아는 그 아비가 옥에 갇힐 때부터 아침저녁으로 직접 밥과 찬을 가져오고, 옥중에서 드시게 하기를 수년 동안 하루같이 하였다. 아비가 죽음을 당한다는 소식을 듣고 음식을

내 이 글의 저자인 정래교

끊고 먹지 않자, 여아는 문득 옥문에 머리를 부딪히며 말하길 "만약 드시지 않으면 제가 먼저 죽겠습니다" 하고, 또 거짓말로 위로해드렸다. 아비가 그 밥을 먹은 다음에야 돌아갔다.

그가 곡식을 뭇사람에게서 얻을 적에 하루 낮밤을 미친 듯이 질주하여 수백 집을 돌아다녔는데, 집집마다 애절하게 울부짖으며 구걸하여 남의 마음을 감동시켰던 것이다. 아아! 얼마나 기이한 일인가! 옛날에 제영緹縈이 글로써 그 아비를 형벌에서 구했고, 조아曺娥가 물에 빠져 죽은 채 아비의 시신을 끌어안고 나온 것을 역사歷史와 전기傳記에서 아름다운 일이라고 하였다. 그러나 이 여아는 능히 한마디 말로써 수백 명의 우둔한 백성을 감동시켜 하루아침에 수백 석을 얻어 그 아비를 구해내었으니, 제영·조아에 비교해볼 때 더욱 어려운 것이었다고 하겠다.

아아! 어찌하면 양심적인 역사가를 얻어 이 일을 채집·수록하여 세상에 드러내 보일 수 있겠는가! 여아의 이름은 취매翠梅요, 당시 나이가 열일곱이었다고 한다.

『완암집』

조아 중국 동한東漢의 효녀. 아버지가 강물에 빠져 죽자, 불과 열네 살의 나이로 17일 밤낮을 슬피 울다가 강물에 몸을 던져 죽었다고 한다.

원수를 갚은 자매

박효녀 | 14

숙종 때 성주星州에 두 처녀가 있었는데 문랑文娘과 차랑次娘이라 하였고, 그 아버지는 박수하朴壽河라는 사람이었다. 두 처녀는 모두 지극한 행실이 있어 일곱 살에 어머니의 상을 잘 받들었으며, 아버지를 섬김에 지극히 효성스러웠다.

청안淸安 고을의 원 박경여朴慶餘는 박팽년朴彭年의 후손이었는데, 박수하의 선산에 몰래 할아버지를 장사 지냈다. 박수하는 본 도道의 감사에게 소송을 걸었으나 몇 년이 지나도 판결이 나지 않았고, 박경여는 또 그 산소에 비석까지 세웠다. 박수하는 힘을 다해 막아보려 하였으나, 박경여가 그를 무고誣告하여 옥에 가두게 하였고, 결국 그는 곤장을 맞아 죽게 되었다.

박수하는 임종 때에 피로 물든 옷과 차고 다니던 칼을 노비에게 맡겨 문랑에게 남겨주었다. 문랑이 효성스럽고 매서운 지조가 있어 능

성주 지금의 경상북도 성주시
청안 지금의 충청북도 괴산군 청안면
박팽년 1417~1456(태종 16~세조 2), 자는 인수仁叟, 호는 취금헌醉琴軒, 본관은 순천. 집현전 학사로서 세종의 총애를 받았으며, 세조의 찬탈에 항거해 단종의 복위를 도모하다 처형된 사육신의 한 사람

히 원수를 갚을 수 있을 것이라 여겼기 때문이었다. 문랑은 그 칼을 받아들고는 실신하였다가, 한참 후에 깨어나 통곡하며 말하였다.

"나는 연약한 아녀자로서 멀리 타향까지 가서 원수의 배에 칼을 꽂을 수는 없다. 그러나 지금 원수의 할아버지 무덤이 이곳에 있으니 나는 차라리 그 무덤을 파헤치고 시체를 불태워 원수로 하여금 이곳으로 오게 하여 칼을 꽂으리라."

즉시 비복 여러 명을 데리고 박경여의 할아버지 산소로 가서 무덤을 파헤쳤는데, 열 손가락에서 모두 피가 났으며, 관을 끌어낸 뒤에 불 질러 태워버렸다.

며칠 지난 뒤 박경여는 백여 명을 이끌고 왔다. 문랑은 이 난동하는 무리들에게 몰매를 맞아 피가 땅에 흥건히 고였고, 사내종 하나와 계집종 둘이 서로 막아서다가 모두 몽둥이에 맞아 산 아래에서 함께 죽었다.

박경여에게는 천첩 소생의 족속이 있었는데 마침 병을 앓다가 죽었다. 박경여는 죽은 이의 아들로 하여금 관가에 고발하도록 했다. 문랑이 그의 아버지와 노비를 때려죽이고 그 시체를 은폐시켰으니, 그 시신을 찾아달라 요청하게 하고, 또 문랑이 그 때문에 스스로 자결한 것이라고 말하도록 하였다. 그것으로 남을 협박하고 압제하려는 계책을 꾸민 것이었다.

이때 차랑의 나이 열일곱으로 또한 아버지와 언니의 원수를 갚고자 뜻을 두었다. 할머니께 하직하고 상경上京할 때에는 옷소매를 잘라 맹세하였다. 거듭 신문고를 두드리며 원통한 사정을 호소하였으며, 매양 조정의 신하들이 왕래하는 길에서 가마 앞으로 나아가 눈물로 호소하였지만 한양에 머문 지 일 년이 되도록 끝내 원한을 풀지 못하였다. 사람들이 혹 고향으로 돌아갈 것을 권하면, 차랑은 말하였다.

"제가 돌아가지 못하는 이유는 한번 이 몸의 피를 뿌려서 청천백일하에 원수를 갚고 이를 폭로하기 위해서입니다. 만약 이 원한을 풀지 못한다면, 한양이 바로 내 뼈를 묻을 곳입니다."

그리고는 할머니께 글을 올렸다.

"문랑 언니의 죽음이 아직도 가빈 상태로 있어 비록 가슴 아픈 일이지만, 아버지의 원수를 갚지 않고서는 장례를 치를 수가 없습니다. 만약 이 옥사가 해결되지 못하고 오래 끌면, 소녀의 시체가 함께 남쪽 땅으로 돌아가서 아버지와 언니의 뒤를 따를 것입니다. 이것이 바로 제 소원입니다."

차랑이 한양에 머물러 있는 동안, 경기도 · 경상도 · 충청도 · 전라도 등 사도四道의 백성들이 글을 돌려 서로 알리고, 많은 사람들이 물자와 양식을 보내와 끊이지 않았다.

그리고 사도의 유생 수백 명이 소疏를 올려 박수하의 효행과 두 딸의 절의, 또한 박경여의 불법不法과 이에 추관推官이 아부하여 공정하게 판결하지 못한 상황을 모두 아뢰었다. 그 말이 매우 절실하였으므로 임금께서 특명으로 어사를 파견하여 철저히 조사하고 증거를 찾아 박경여를 조옥詔獄으로 잡아들였다. 그러나 박경여는 큰 영향력이 있었으므로, 사건은 끝까지 파헤쳐지지 못하고 풀려나 고향에 돌아갈 수 있었다.

조옥 왕명에 의해 죄를 다스리는 옥사

사씨史氏는 말한다.

박수하가 억울하게 당하여 곤장 아래에서 숨을 거두었으니, 원통하도다. 문랑은 피맺힌 손가락으로 무덤을 파헤치며 죽음을 마치 집으로 돌아가듯 여겼고, 차랑은 옷소매가 잘린 채 상경하여 죽음을 무릅쓰고 누명을 벗기려 하였으니, 또한 얼마나 매서운 지조인가. 섭앵聶嫈이나 진여휴秦女休보다도 현명함이 뛰어나도다. 다만 한 가지 납득되지 않는 것이 있다. 이 처녀들의 정성이 영호嶺湖의 많은 선비들을 감동시켰으면서도, 길에서 만나 사정을 들었던 벼슬아치의 마음을 돌리지 못한 것은 무엇 때문인가? 슬프도다!

『성재집省齋集』

섭앵 섭영聶榮이라고도 함. 전국시대 이름난 자객 섭정聶政의 누이. 그의 남동생 섭정은 지기知己인 엄수嚴遂를 위해 한韓나라 재상인 한괴韓傀를 죽인 뒤 자신의 낯가죽을 벗기고 자살했는데, 한나라에서는 섭정의 시체를 저잣거리에 걸어두고 상금을 걸었으나 아무도 그를 알아보지 못했다. 소식을 들은 섭앵이 목숨이 두려워 현제賢弟의 이름을 알리지 않을 수 없다고 해 자객이 바로 자신의 동생 섭정임을 밝힌 뒤 시신을 끌어안고 자결했다. 이로 인해 동생의 명예를 후세에 남긴 섭앵의 기개가 세상에 널리 알려지게 되었다.
진여휴 위魏의 악사樂師 좌연년左延年의 악부시 「진여휴행秦女休行」에 등장하는 여인이다. 진여휴는 가문의 원수를 살해해 사형을 당할 처지였지만, 끝내 사면을 받고 열녀로서 이름을 남겼다.

신주를 구하러 불길 속으로

오효부 | 15

오씨吳氏 아낙은 가난한 집 사람으로, 그 집은 십자가十字街 곁에 있었다. 일찍 과부가 되어 두 딸과 함께 살면서 능히 술과 음식을 정결하게 하여 그 조상의 제사를 받드니, 이웃과 마을 사람들이 부녀자로서의 덕행이 있다고 칭찬하였다.

하루는 하늘에 큰바람이 부는데, 그 이웃 사람이 밤에 실수로 불을 내어 급한 소리가 온 골목을 떠들썩하게 하였다. 오씨는 바야흐로 자고 있다가 놀라 일어나 달려나가 보니 불이 그의 집까지 번져오고 있었는데, 불길이 더욱 거세어져 다시 들어갈 수가 없었다. 발을 구르고 소리 내어 울면서 "우리 집 양대兩代 신주神主가 장차 불 속에 들겠구나. 어찌 신주를 버리고 내 몸만 보전할 수 있으랴" 하고, 연기와 불을 무릅쓰고 들어가려 하였다.

그의 두 딸이 울면서 팔을 당기며 말렸으나 오씨는 듣지 않고서 팔을 뿌리치고 달려 들어갔다. 누樓 위에 올라 미친 듯 소리치며 신주가

십자가 큰길이 교차하는 번화가. 『일사유사』 '오씨부吳氏婦' 조를 보면 "家在漢城十字街傍"으로 되어 있어 오씨가 서울에 살았음을 알 수 있다. 『신증동국여지승람』 '한성부' 조를 보면 종루鐘樓(종로) 부근이 십자가를 이루고 있었다고 나온다.

있는 곳을 더듬었으나, 그때 불은 더욱 급하여 오씨가 신주를 잡기도 전에 불이 이미 몸에 닿았다. 드디어 비명을 지르며 누 아래로 몸을 던져 기절하였다.

길에 있던 사람들이 모여들어 그를 보니 몸이 모두 불에 타고 한 치의 피부도 온전한 곳이 없었다. 그 일가 사람들이 운반하여 그의 집에 옮기니 곧 죽었다. 일가 사람들이 그를 가엾게 여겨 관곽棺槨을 갖추어 장사 지냈다.

『완암집』

기어이 남편의 뒤를 따라

절부 최씨 | 16

순흥順興 안진석安晉錫의 손자인 안민상安民相의 아내 최씨崔氏는 직산인稷山人으로 참봉參奉 최주옥崔柱玉의 딸이다. 열다섯에 시집가서 삼 년을 넘긴 을사乙巳(1845, 헌종 11)년에 그 남편이 요절하니, 최씨는 곧 먹지 않고 죽기로 작정하였다.

온 가족이 걱정하고 황황하여 그를 위로하고 타일렀다.

"삼대 층층시하에 어찌 차마 죽음을 말하느냐? 항차 시동생이 장차 부인을 맞이할 터이니 그가 아들 낳기를 기다려서, 데려다가 아들을 삼으면 될 것인데, 어찌 뒤를 이을 사람이 없음을 걱정하느냐?"

최씨는 자못 그러하다고 여겼다. 열흘이 못 되어 시동생이 연이어 죽으니 최씨가 더욱 슬프고 절망하여 말했다.

"이제는 남은 희망이 없구나."

이에 죽으려는 뜻이 더욱 분명해졌으나 음식과 기거를 평상시와 다름없이 하였다. 일찍이 옛사람이 순절殉節했던 일에 이르면 가족들이

안진석 1789~1857(정조 13~철종 8), 자는 효승孝升, 호는 우현재又玄齋, 본관은 순흥. 오창렬吳昌烈 · 조희룡 · 조수삼 · 노윤적盧允廸 등과 교류하였던 여항문인. 저서로 『우현재시초又玄齋詩抄』가 있음

그를 타일렀다.

"살고 죽는 것은 큰일이다. 사람 목숨이 지극히 중하니 이 어찌 쉽게 말할 수 있는 것이겠느냐?" 최씨는 "사람이 능히 하지 못함은 다만 뜻에 용감한 결단이 없기 때문이지, 이 어찌 고원高遠하고 행하기 어려운 일이겠습니까?" 하였다.

다음해 5월 24일 밤, 그는 목욕을 하고 새 옷을 입고 몰래 스스로 독약을 마셨다. 새벽이 되어서야 가족들이 비로소 깨달았으나 이미 구할 수 없었다.

아! 최씨가 남편을 따라간 것은 그의 뜻이다. 그의 뜻한 바를 얻었으니 한이 없을 것이다. 그러나 시아버지와 시할아버지가 된 분은 죽는 그날까지 모두 애통하고 탄식하는 날이 될 것이다.

무신戊申(1848, 헌종 14)년에 진사進士 조수삼趙秀三 등이 상언上言하여 정려의 은전을 입게 되었다.

우현 안진석 소기所記

상언 백성이 임금에게 글을 올리는 일

좋은 일은 원래 천천히

절부 이씨 | 17

절부 이씨는 이성夷城의 양가녀良家女이다. 나이 열여섯에 같은 마을의 황일청黃一淸에게 시집가서 열일곱에 과부가 되어 살았다. 시부모는 그가 젊고 자식이 없음을 가엾게 여겨 개가시키고자 하였으나, 그러면 그는 문득 죽을 것을 스스로 다짐하였다. 십 년을 수절하니 이웃과 마을 사람들이 다 칭찬하고 감탄하였다.

이성의 풍습은 부녀가 명예와 절개를 숭상하지 아니하고, 또 악소배가 많아 일찍 과부 된 자가 있으면 반드시 무리를 모아 겁탈하였는데, 오직 이씨만은 그의 절의 때문에 감히 엄두를 내지 못하였다.

고을에 한필욱韓必彧이라는 자가 있는데, 이씨의 재색才色을 탐하여 매양 문밖에서 곁눈질하곤 했다. 이에 탈선한 무리들 수십 명과 더불어 그 집이 빈 틈을 타서 밤에 들어가 이씨에게 핍박하였다. 이씨는 피할 수 없음을 알고 기쁜 듯이 웃으며 말하였다.

"아, 나의 뜻은 이미 결정되었다. 좋은 일은 원래 천천히 되어나가는 것인데 어찌 이처럼 절박하게 만드느냐?"

이성 이산夷山. 함경남도 갑산甲山의 옛 이름

필욱이 기뻐하며 물러났다가 곧 다시 들어가니 이씨는 이미 목에 천이 매여 있었다. 한필욱은 드디어 황겁히 달아났다.

그 시부모가 새벽에 돌아와 놀라 통곡하며 관에 알렸다. 태수 또한 그를 가여워하여 약을 내렸으나 이미 구할 수가 없었다. 드디어 한필욱을 체포하여 사형시키고, 조정에 보고하여 정려문을 세워 이씨를 표창하였다.

『청구야담』

채소밭의 돈항아리

노과녀 | 18

전에 한 과부가 있었다. 젊은 나이에 남편을 잃고 다만 두 어린 아들이 있었다. 집이 육각현六角峴 아래에 있었는데, 후원에 채소밭을 만들어 나물을 심느라 호미질을 할 때에 쨍그랑 소리가 나서 돌 밑을 보니 은항아리가 있었다. 드디어 그것을 덮어버려 아무도 아는 사람이 없었다. 집이 가난하였으나 아들을 가르치기를 매우 부지런히 해 차례로 성취하여 모두 후한 대우를 받게 되었다. 과부는 늙었으나 병이 없었고 손자들 또한 일고여덟이나 되었다.

하루는 그 어머니가 아들, 손자 및 며느리를 모이게 하여 은이 묻혀 있는 곳에 가서 파내어 보이며 말하였다.

"내가 삼십 년 전에 채소밭을 매다가 이것을 얻었지만 도리어 덮어버렸다. 다만 너희들이 아직 어린데 집이 부유하고 가르침이 없으면 사람답게 되지 못할까를 염려한 것이다. 너희들로 하여금 부지런히 문예를 닦게 하여 다행히 성취하였으니 이제는 비록 이것이 있더라도 사치하고 교만할 염려는 없을 듯하다. 그래서 이것을 일러주는 것이

육각현 종로구 필운동 필운대弼雲臺 옆에 있던 고개. 옛날에 그곳에 큰 집이 있었는데, 담의 둘레가 굉장히 길고 여섯 모가 져 '육각재'라 했고, 만리장성집이라 부르기도 했다. 『신증동국여지승람』 '한성부' 조 참조

니 가져다가 좋은 곳에 쓰도록 해라."

그 어머니는 착한 일하기를 좋아하여 굶주린 사람에겐 밥을 주고 추운 사람에겐 옷을 주며, 친척 중에 궁핍하여 혼인이나 장사를 치르지 못하는 이들을 모두 후하게 도와주었다. 또 겨울날에는 반드시 버선 수십 켤레를 지어가지고 교자를 타고 나가, 거지 중에 버선을 신지 못한 자를 만나면 반드시 나눠주었다. 대개 추위의 고통 중에도 가장 견디기 어려운 것은 발이 어는 일이기 때문이었다. 또 친지 가운데 빈궁한 사람이 있는 곳을 두루 찾아 그 급한 것을 돌봐주고, 집이 기울고 무너진 곳을 개수해주었다.

그는 나이 여든이 넘어서 병 없이 세상을 떠났고 두 아들은 각기 나이 일흔을 넘겼으며 벼슬이 동지同知에 이르렀다. 후대의 자손도 번성하여 혹 과거에 오르고 혹 찰방察訪·첨사僉使 등의 직책에 오르기도 하였다.

『청구야담』

동지 동지중추부사同知中樞府事
찰방 종6품 지방관의 하나. 관찰사의 소속하에 각 역에 배치돼 교통·체신에 관한 사무를 관장하는 역장

호랑이 등에 업혀 달리다

홍주 최씨 | 19

홍주洪州에 최씨 여인이 살았는데 자못 자색姿色이 있었다. 열여덟에 남편을 여의고, 병든 눈먼 시아버지만 있었다. 최씨는 개가하지 않겠다고 굳게 마음먹고 물 긷고 방아질하는 품삯으로 시아버지를 극진히 봉양하였다. 간혹 출타하게 되면 먹을 수 있는 물건을 좌우에 늘어놓고 말하기를 "어느 어느 물건이 여기에 있습니다" 하고 시아버지가 손으로 더듬어 먹을 수 있게 하였다. 이웃 사람들이 그녀의 효성을 칭찬하였다.

그 부모는 딸이 일찍 혼자되고 자식 하나 없음을 불쌍히 여겨 정을 빼앗아 다른 데로 시집보내려고 하였다. 심부름꾼에게 부탁해 그녀를 불러오라고 하여 말하길 "어머니의 병이 위중하다" 하였다. 최씨가 이웃 사람에게 시아버지의 진지를 드리도록 단단히 부탁하고 황급히 가서 어머니를 뵈니 아픈 데가 없었다.

최씨가 마음속으로 이를 매우 의아해하자 어머니가 말하였다.

"네 나이 스물도 채 안 되었는데 과부로 수절하려 해도 의지할 데가

홍주 당시 강원도 홍주목으로, 지금의 홍천군 일대

없으니 인생이 불쌍하다. 좋은 신랑감을 수소문해서 골라놨고 내일 혼례를 치르려고 한다. 아무쪼록 거절하지 말아라."

최씨가 거짓으로 "알았습니다" 하니, 부모가 매우 기뻐하였다.

밤이 깊어지자 최씨는 몸을 빼내어 몰래 도망 나와 홀로 시집 쪽을 향해 걸어갔다. 팔십 리나 되는 거리에서 겨우 이십 리를 가서 두 발이 이미 부르터 한 발자국도 떼놓기 힘들었다. 한 고개에 이르자 큰 호랑이가 길을 막고 쭈그리고 앉아 있어 더이상 나아갈 수 없었다.

최씨가 호랑이에게 이르길 "너는 영물이니 모름지기 내 말을 들어 봐라" 하고서 자신의 사정을 사실대로 설명하고 또 말하길 "내가 지금 죽고 싶어도 죽지 못하는 형편이니 네가 나를 해치고자 한다면 당장에 나를 잡아먹어라" 하고 곧장 호랑이 앞으로 나아갔다. 호랑이가 이에 뒤로 물러났다. 이와 같이 하기를 여러 번 했는데 갑자기 호랑이가 땅에 무릎을 꿇고 엎드렸다.

최씨가 말하길 "네가 혹시라도 내가 연약한 몸으로 깊은 밤에 홀로 가는 것이 불쌍하여 나를 태워주려는 것이냐?" 하니, 호랑이가 머리를 끄덕이며 꼬리를 흔들었다.

최씨는 호랑이의 등에 올라타서 목을 감싸 안았다. 호랑이가 달리는데 빠르기가 나는 것 같았다. 잠깐 동안에 이미 시아버지의 집 문밖에 이르렀다.

최씨가 내려서 호랑이에게 이르길 "네가 반드시 배가 고플 것이니 내 개 한 마리를 먹어라" 하니, 호랑이가 개를 잡아채고는 가버렸다.

며칠이 지나서 이웃 사람이 전하여 말하길 "큰 호랑이 한 마리가 함정에 빠져서 날뛰며 울부짖는데 사람들이 감히 가까이 가지 못하고 장차 굶어 죽기를 기다린다" 하였다. 최씨가 그 말을 듣고 그것이 지난번의 호랑이인가 의심이 되어 가서 보니 털색은 서로 비슷한 것 같은데 밤에 본 까닭에 자세히 분별할 수 없었다. 이에 호랑이에게 말하길 "네가 지난번 밤에 나를 업고 온 호랑이냐?" 하니, 호랑이가 머리를 끄덕이며 눈물을 흘리는 것이 마치 동정을 구하는 듯했다.

최씨가 비로소 자기가 겪은 이야기의 자초지종을 이웃 사람들에게 말하였다. 그리고 "저것이 비록 사나운 호랑이지만 나에게는 어진 짐승입니다. 만일 나를 위해 놓아준다면 내가 비록 가난한 살림이지만 마땅히 호랑이 가죽 값만큼은 바치겠습니다" 하였다. 마을 사람들이 혀를 차며 감탄하여 말하였다.

"효부의 말을 어찌 시행하지 않을 수 있겠는가? 다만 이 호랑이가 풀려나게 되면 분명히 사람을 다치게 하는 일이 많을 텐데, 그때는 어떻게 하겠는가?"

최씨가 말하길 "여러분이 나에게 함정을 여는 방책을 알려주고 모두 멀리 피해 있으면 내가 마땅히 혼자서 그를 놓아주리다" 하므로, 이웃 사람들이 그 말대로 하였다. 최씨가 드디어 문을 열고 놓아주자 호랑이가 최씨의 옷자락을 물고 차마 놓지 못하고 한참을 있다가 떠나갔다.

『청구야담』

시아버지의 원수를 갚다

희천 효부 | 20

아낙은 희천熙川의 농가 사람으로, 시집온 지 오 년 만에 남편이 죽고 두 살 난 유복자가 있었다.

그 시아버지가 이웃 사람에게 찔려 죽임을 당했으나, 아낙은 관가에 알리지 않고 시체를 거두어 장사 지냈으며, 해가 두 번 돌아오도록 한 마디 말이 없으니 그 시아버지를 죽인 자는 속으로 과부와 고아가 자기를 두려워하여 원수를 갚지 못할 것이라고 생각하였다. 그러나 아낙은 밤마다 몰래 서릿발같이 칼날을 갈아 휘둘러 찌르는 형세를 하기를 그만둔 적이 없었다.

시아버지의 대상일大祥日에 이르러, 마침 읍내에 큰 모임이 있었다. 아낙은 몸을 떨쳐 일어나 몰래 나가, 저자에서 그를 찔러 원수를 갚았다. 원수의 배에 칼을 꽂아 그 간을 꺼내 돌아와 시아버지에게 제사를 올렸다. 그 일을 마치고 나서 마을 사람들을 불러 관에 가서 고하라고 하였다. 관가에서 판결하기를 '부인은 효부요, 의부요, 열부이니 살려 두라' 하였다.

『추재기이』

희천 지금의 평안북도 희천군

묘지 소유권 싸움

숙천 김씨 | 21

김씨는 숙천肅川 백성 최석겸崔碩謙의 처이다. 처음에 석겸은 어려서 고아가 되어 이십 년을 떠돌아다니다가 고향에 돌아오니, 그의 선대 묘역이 영유永柔에 사는 위씨네 집에 빼앗긴바 되어, 그들이 이미 삼대를 장사 지내었다.

기해년에 석겸이 관에 소송을 하였으나 억울한 뜻을 펴지 못하여 드디어 위씨네 무덤을 모두 파내버렸다. 부사 이희강李熙康은 감영에 보고하여 법에 따라 석겸을 유배에 처하였다. 그리고 위가로 하여금 도로 그 터에 장사 지내게 하였다.

석겸이 유배 가는 날에 이르러 김씨는 밤을 타서 또 묘를 파헤치고 날이 밝자 관에 달려가 자수하였는데, 그때 김씨의 나이 스물셋이었다. 영부營府에서 혼자의 소행이 아닐 것이라 의심하여 매질을 하고 조사하였으나 소득이 없어 옥사가 갖추어지매 중앙 법사法司에 올렸다.

법사에서 평결하여 말하였다.

숙천 지금의 평안남도 평원군
영유 숙천 남쪽의 지명

"석겸이 처음에 범법을 무릅쓴 것은 땅을 지키기 위해서인데, 복부鵩賦가 이루어졌는데도 마렵馬권은 그대로 있으니 이것이 한이 풀리지 않고 송사가 끝나지 않은 까닭이다. 이에 김씨는 아침에 그 남편과 이별하고 저녁에 산에 올라가 한 자루 호미와 한 개의 바가지로 시체 한 구를 옮기고 두 무덤을 파헤쳤으니 어찌 그리 매서운가. 남편의 뜻을 이룬 것은 의요, 그의 묘역을 보존하려는 것은 지知요, 능히 일을 해내고 만 것은 용勇이다. 정이 지극한 곳에는 법도 굽힘이 있는 것이니, 그 벌을 가볍게 하길 청합니다."

드디어 김씨는 남편이 귀양 가 있는 땅으로 귀양 가게 되어, 역시 목천木川으로 유배되었다.

『비연상초』

복부 중국 한나라 가의賈誼가 지은 「복조부鵩鳥賦」를 뜻한다. 이는 가의가 장사長沙로 귀양 갔을 때의 울적한 심정을 담은 작품으로, '복조부가 완성되었다'는 것은 유배에 처해 있음을 나타낸다.
마렵 무덤의 봉분이 말의 목덜미같이 생긴 것을 이르는 말로 무덤을 뜻함
목천 지금의 충청남도 천안군 목천면

가락지를 빼 소매에 매어두고

단인 장씨 | 22

단인端人은 인동仁同 장씨로서 장택張澤의 넷째 딸이다. 본디 법도 있는 가문이라, 가정의 교훈이 원래부터 있어왔다. 나이 열다섯이 되어 정린鄭璘에게 시집을 갔는데, 정린은 온양 정씨로 부모와 조부모도 모두 계신 처지였다. 단인은 그 집에 들어가 『예기』「내칙內則」편 그대로 부녀의 법도를 잘 따르고 실천하였다.

정린이 일찍이 글을 읽다가 옛 열녀가 지아비를 따라 죽은 대목에 이르러 장난삼아 물었다.

"능히 이렇게 할 수 있겠소?"

단인은 "여자가 남편을 따라 죽는 것은 불행한 일인데 어찌 불행한 일을 가지고 서로 약속하겠습니까?"라고 하였다.

영조 경인庚寅(1770)년 여름에 정린이 갑자기 죽었다. 단인은 색옷을 바꿔 입지도 않은 채 물 한 모금, 간장 한 술도 가까이하지 않았다. 시부모가 그를 걱정하여 정도에 지나치다고 타이르니, 그가 대답하였다.

"제가 병이 많고 명도 기박하여 다만 족히 어른들의 근심을 끼칠 뿐이오며, 또한 반드시 길이 부모님을 봉양해내지 못할 것입니다. 또 여자의 가는 곳은 오직 남편이 있는 곳인데, 지금 하루를 살면 하루가 욕되는 것입니다. 아이가 죽지 않았으니, 가문을 부탁할 데가 있습니다. 아버님 어머님, 천만 보중保重하소서."

집 식구들이 나무라며 말하였다.

"여자가 지아비를 따라 죽는 것은 비록 명분에는 아름답겠지만, 꼭 죽어야만 하는 처지도 아니니 어찌 남의 말이 없겠는가?"

단인은 온화하고 기쁜 음성으로 말하였다.

"이전에 '순절할 수 있겠느냐' 고 물어본 것을 어찌 감히 잊겠습니까? 비록 입 밖으로 내진 않았지만 마음먹은 지는 오래되었습니다. 처음에 남의 말 때문에 죽음을 작정한 것이 아니었으니, 이제 남의 말 때문에 살기를 바라겠습니까? 평소에 먹었던 마음에 부끄러움이 없으면 그것으로 족합니다."

이날 밤, 자기 방에 들어가 아이에게 젖을 먹이고 가락지를 빼어 아이 소매에 매어주고 베개를 묶고 이불을 덮어 그가 누워 있는 듯한 형상을 만들어둔 다음, 몰래 뜰 앞으로 나와 우물물에 투신하였다. 사람들이 가서 구해낼 무렵에는 이미 숨이 끊어져 있었다. 그의 나이 스물셋이었다. 날을 받아 남편과 합장해주었다.

그의 아들은 장성하였는데, 이름을 상수尙綏라고 하였다.

『비연상초』

넓적다리를 베어 남편을 살리니

시흥 이씨 | 23

시흥始興 사람 어명규魚命圭의 처 이씨는 그 남편이 누창漏瘡을 앓아, 해가 넘도록 약을 썼으나 효험이 없었다. 인육人肉이 병에 좋다는 말을 듣고, 즉시 남이 보지 않은 골방으로 들어가 칼로 자신의 오른쪽 넓적다리를 세 치쯤 베어, 먼저 피를 받아 먹이고 이어 살을 구워드렸다. 그 남편이 조금 있다가 소생하면서 병의 통증이 차츰 줄어들었다. 다시 왼쪽 넓적다리를 베어 피와 살을 처음과 같이 하니, 열흘 만에 병이 드디어 완쾌되었다.

『삼강록』

너마저 따라 죽는다면

철원 한씨 | 24

철원鐵原 사람 김노숙金老淑의 며느리 한씨韓氏는 그 남편이 죽자 따라 죽으려고 결심하였다. 시아버지가 타일렀다.

"내가 외아들을 잃었거늘, 너마저 따라 죽는다면 나는 장차 누구를 의지하란 말이냐?"

한씨가 억지로 목숨을 부지하면서, 지성으로 시아버지를 공양하였다. 시아버지가 죽을병에 걸렸는데, 의원이 산 사슴피가 아니면 구완할 수가 없다고 하였다. 한씨가 닷새 동안 밤낮으로 기도하자 갑자기 큰 사슴이 나타났다. 드디어 사로잡아 사슴피를 드리니, 병이 곧 나았다.

『삼강록』

처녀가 호랑이를 잡다

단천 조씨 | 25

단천 사람 정종성鄭宗星의 처 조씨의 처녀 적 일이다. 그 아버지와 오라버니가 호랑이에게 물렸다. 가족 중 한 사람이 몽둥이를 들고 구하러 갔다가 또한 그도 물려서 세 사람이 함께 쓰러지니 사람들이 감히 접근할 수 없었다. 조씨가 도끼를 들고 몸을 던져 호랑이 아가리를 향해 곧바로 나아가, 거듭 호랑이의 이마를 내려쳐서 호랑이가 죽은 뒤에야 그쳤다. 아버지와 오라버니가 모두 목숨을 건졌는데, 그 오라버니는 물린 자국이 종기가 되어 거의 구할 수 없는 지경이었다. 조씨가 밤낮으로 종기를 빨아주니 이에 힘입어 살아나게 되었다.

『삼강록』

슬피 울다가 죽다

절부 김씨 | 26

이재엄李載儼의 처 김씨는 나이 열일곱에 시집와서 일 년 만에 그 남편이 기이한 병에 걸렸다. 여러 달을 누워 있게 되자, 정성을 다하여 구료救療하였으나 끝내 일어나지 못하였다. 슬피 울부짖으며 지나치게 애통한 끝에 곡기를 끊고 스스로 죽었다. 그리하여 남편과 함께 발인하게 되고 함께 묻히게 되었다. 마을 사람들이 이를 불쌍히 여겨 어가御駕 앞에 호소하였고, 예조에서 다시 아뢰어 포상을 청했던바 윤허가 내려졌다. 이것은 금상今上(철종) 4년 계축(1853)년의 일이었다. 그 남편의 형 이재건李載健이 나에게 위와 같이 상세하게 이야기해주었다.

『겸산필기』

서방님 옷을 입고

향단 | 27

심씨沈氏라는 사인士人에게는 노비가 있었는데 선산善山으로 도망을 갔다. 추노推奴를 하러 갔다가 한 부요富饒한 종의 딸을 보았는데, 이름은 향단이고, 나이 열아홉인데 어여쁜 모습이었다. 그를 맞아들이고는 매우 총애하여 돌아갈 것을 잊었다.

종들은 심씨를 해칠 것을 꾀하였는데, 향단은 그것을 알고 울었다. 심씨가 괴이히 여겨 묻자 이렇게 답하였다.

"서방님께 큰 재앙이 있는데 오늘 밤에 닥칠 것입니다. 이는 모두 족당族黨이 하는 바이므로 제 아비는 그것을 제지할 수 없었고, 역시 그 일에 참여하였습니다. 그러나 주장이 되어 일을 꾀한 것이 아니니 용서해주십시오. 이제 저는 서방님의 옷으로 바꿔 입고, 장차 제가 서방님을 대신하려 합니다. 곧 이 옷으로 입고 나가시면 됩니다. 다음에 제 아비만은 살려주십시오."

사인은 매우 마음이 아팠다.

자정이 가까워지자, 문밖에 여러 횃불이 일제히 밝아지며 흉도들이 에워싸고 들어왔다. 사인은 여복女服을 입고 머리를 풀어 얼굴을 가리고 내달려, 관문에 이르러 문을 두드렸다. 고을 수령은 그 곡절을 듣고 장교와 나졸을 많이 풀어서 달려가 이르게 하였다. 적은 이미 그 딸을 죽이고 실수한 것임을 알았으나 미처 흩어지기 전에 관군이 이미 포위하여 아무도 빠져나갈 수 없었다. 상사上司에게 알리고 모두 죽였지만, 오직 딸의 아비만은 면해주었다.

아! 향단이 상전을 위하여서는 그 충忠을 이루었고, 그 지아비를 위해서는 열烈을 이루었으며, 그 아버지를 위하여서는 효를 다했으니, 일거一擧에 삼강三綱을 갖추었도다. 그 고을에 비를 세워 정표旌表하였다.

『청구야담』

만덕의 소원은 무조건 들어주라

만덕 | 28

만덕萬德은 성이 김金인데 탐라[제주] 양가의 딸이다. 어려서 어머니를 여의고 돌아가 의지할 곳이 없어 기생의 집에 의탁하여 살았다. 점차 자라자 관가에서 만덕의 이름을 기안妓案에 올렸다. 만덕이 비록 머리를 굽히고 기생의 역役에 종사하였으나 그 스스로 기생으로 처신하지 않았다.

나이 스물 남짓에 그 실정을 눈물로 관가에 호소하니 관에서 가엾게 여겨 기안에서 빼고 다시 양민으로 돌려주었다. 만덕이 비록 비천한 사람들과 어울려 살았으나, 탐라의 남정네를 남편으로 맞이하지는 않았다. 그는 재물을 늘리는 재능이 있어 능히 물품의 비싸고 헐한 때를 잘 알아 팔기도 하고 사들이기도 하여 수십 년에 이르러 자못 부를 축적한 것으로 이름이 났다.

금상今上(정조) 19년 을묘(1795)년에 탐라에 크게 흉년이 들어 백성들이 서로 베개를 베듯이 하며 죽어갔다. 임금이 곡식을 배에 싣고 가서 먹이라 명하여 고래 같은 물결이 치는 바다 팔백 리를 돛배가 베틀의 북처럼 왕래하였으나 오히려 미치지 못하는 때가 있었다. 이에 만덕이 천금을 내어 육지 여러 고을에서 쌀을 사서 뱃사공들에게 일시에 운반해오도록 하였다. 만덕이 그 십분의 일을 가져다가 자신의 친척을 구하고 나머지는 모두 관가에 실어다 바치니 부황난 사람들이 그 소문을 듣고 관가의 뜰에 구름처럼 모여들었다. 관가에서 그 완급을 조절하여 차등 있게 나눠주었다.

남자나 여자나 모두 나와서 만덕의 은혜를 칭송하여 '우리를 살린 것은 만덕이다' 라고 하였다.

진휼이 끝나자 목사가 그 일을 조정에 올리니 임금이 크게 기특하게 여겨 회답으로 유시하였다.

"만덕이 만약 소원이 있거든 어렵거나 쉽거나를 불문하고 특별히 베풀어주어라"

목사가 만덕을 불러 임금의 유시를 알려주며, "너는 무슨 소원이 있는가" 하니 만덕이 "다른 소원은 없고, 원하는 것이 있다면 한번 서울에 들어가 임금이 계신 곳을 멀리 바라보고, 이어 금강산에 들어가 일만이천 봉을 구경하는 것입니다. 그렇게 된다면 죽어도 한이 없겠습니다"라고 하였다.

대개 탐라 여인들은 바다를 건너 육지에 오르는 것을 금함이 나라의 법이었다. 목사가 그 소원을 올리니 임금이 그 소원대로 하라 하여 관에서 역마를 제공하고 교대로 공궤供饋하게 하였다. 만덕은 한 돛배로 구름 낀 바다 만경萬頃을 건너서 병진丙辰(1796, 정조 20)년 가을 서울에 들어왔다.

한두 번 채정승蔡政丞을 뵈었는데, 채정승이 그 상황을 아뢰었다. 임

채정승 이 글을 지은 번암樊巖 채제공蔡濟恭을 이름

금이 선혜청에 명하여 달마다 식량을 주게 하였다. 며칠 지낸 뒤에 내의원內醫院 의녀醫女에 임명하고 여러 의녀의 반수班首로 삼았다. 이에 예例에 따라 궁궐 문에 나아가 내전과 빈궁에 문안을 드리자, 각기 여시女侍들을 보내 전교하기를 "네가 여자의 몸으로 의기義氣를 내어 굶주린 백성 천백 명을 구하였으니, 기특하도다"라고 하며 상을 내림이 매우 후하였다.

반년을 지낸 뒤 정사丁巳(1797, 정조 21)년 늦은 봄에 금강산에 들어가서 차례로 만폭동萬瀑洞·중향성衆香城 등의 기이한 경치를 구경하였다. 금불金佛을 보면 문득 정례頂禮하고 공양에 그 정성을 다하였다. 대개 불법이 탐라에 들어가지 않았기 때문에 만덕이 나이 쉰여덟에 사찰과 불상을 처음으로 보았던 것이다.

마침내 안문령鴈門嶺을 넘고 유점사楡岾寺를 거쳐 고성高城으로 내려가서 삼일포三日浦에서 배를 타고 놀았고 통천通川의 총석정叢石亭에도 올라보았다. 그리하여 천하의 좋은 경치를 다 본 뒤에 도로 서울로 돌아왔다. 며칠을 머문 뒤에 장차 고향으로 돌아가기 위해 내원內院에 나아가 돌아갈 뜻을 고하니 내전內殿과 빈궁嬪宮에서 전처럼 상을 내려주었다.

이때에 만덕의 이름이 왕성에 가득하여 공경公卿·대부·사士들이 한번 만덕의 얼굴 보기를 원하지 않는 이가 없었다. 만덕이 떠날 때에 채정승에게 하직 인사하면서 목 멘 소리로 말하였다.

"이승에서는 다시 상공의 얼굴을 뵈올 수 없겠습니다."

내의원 궁중의 의약을 맡아보는 관청
정례 불전에서 이마를 땅에 대고 가장 공경하는 뜻으로 하는 절이어 눈물을 줄줄 흘리니 정승이 말하였다.

"진시황 · 한무제는 다 바다 밖에 삼신산三神山이 있다고 하였는데 세상에서는 우리나라의 한라산이 영주산瀛洲山이고, 금강산이 봉래산蓬萊山이라 한다. 네가 탐라에서 자라 한라산에 올라 백록담 물을 마시고, 이번에 또 금강산을 두루 답사하였으니 삼신산 가운데 그 두 곳을 다 네가 직접 끌어안고 포섭한 것이다. 천하 억조의 남자들이 능히 이렇게 한 자가 있겠느냐? 지금 이별에 임하여 도리어 마음 약한 아녀자와 같은 태도를 하는 것은 무슨 까닭이냐?"

이에 그 일을 기록하여 「만덕전萬德傳」을 지어 웃으며 주었다.

『번암집樊巖集』

만덕이 서울에 왔을 때 기생 홍도紅桃가 시를 다음과 같이 지었다.

여의女醫 행수인 탐라 기녀가	女醫行首耽羅妓
만 리 높은 물결에 바람을 두려워하지 않았네	萬里層溟不畏風
또 금강산 깊은 곳을 향해 가니	又向金剛山裡去
향기로운 이름 교방에 남아 있으리	香名留在敎坊中

『범곡기문凡谷記聞』

계월향의 사당에 배향되다

연홍 | 29

연홍의 처음 이름은 운랑雲娘인데 가산嘉山의 기생이다. 가경嘉慶 신미(1811, 순조 11)년 겨울에 청북淸北의 토구土寇 홍경래가 군사를 일으켜 가산을 쳐들어왔는데 군수 정시鄭蓍가 잡혔으나 굴복하지 않고 죽었다. 군수의 아버지와 아우 신藎도 함께 해를 입었다. 이때에 연홍은 군수에게 사랑을 받고 있었는데 적이 쳐들어온다는 소식을 듣고 제일 먼저 관에 알렸다. 이날 밤에 적이 함부로 돌입하여 그 흉포한 칼날을 마음대로 휘둘렀다. 홍이 관아와 울타리 하나를 사이에 두고 살았는데, 밤이 깊어 적이 흩어지자 가서 살펴보니 군수의 아우는 상처를 입었으나 아직 죽지는 않아, 자기 집으로 업어다가 보살펴서 살려냈다. 또 아객衙客 박생朴生과 더불어 가재家財를 기울여 죽음을 두려워하지 않는 장사를 모집하여 군수 부자의 시신을 거두어 염습殮襲하고 빈소殯所를 차렸다.

가경 중국 청나라 인종仁宗의 연호(1796~1820)
청북 평안북도 청천강淸川江 이북
정시 1768~1811(영조 44~순조 11), 호는 덕원德園, 자는 백우伯友, 본관은 청주. 정조 때 무과에 급제해 가산군수로 재직하다가 홍경래 난에 죽었다.
아객 지방 고을의 원을 찾아와서 관아에 묵고 있는 손이윽고 관군이 와서 호상護喪하여 남쪽으로 돌아갔다. 일이 조정에 알려지니 순조 임금이 몹시 슬퍼하며 군수에게 대사마大司馬를 추증하고, 운랑을 기안妓案에서 빼고서 토지를 주고 그 신역을 면제하도록 명령하였다. 연홍이 상여를 따라 평양에 이르니 경산經山 정정승鄭政丞이 영유永柔로부터 와서 조문하고 연홍에게 시를 지어주었다. 이를 차운한 사대부의 시가 상자에 가득할 정도였다.

도광道光 병오(1846, 헌종 12)년에 연홍이 늙어 죽으니 평양의 부로들과 기녀 삼앵三鶯 등이 말하였다.

"연홍이 난리 총중悤中에 능히 의리를 판단하였으니 마땅히 포상하여 남다르게 하여야 할 것이다."

그리하여 그 초상화를 그려 의열사義烈祠에 배향케 하였다. 의열사는 곧 계월향桂月香을 받들어 제사 지내는 곳이다. 임진년 난리에 왜장 소서비小西飛가 평양을 점거하고 있었는데 평양 기생 계월향이 몰래 양의공襄義公 김응서金應瑞를 성안에 들여 소서비를 베어 죽이게 하였다. 경산 정정승이 평양감사로 있을 때 사당을 지어 제사 지내게 한 것이 바로 그 사당이다. 「영송신곡迎送神曲」을 돌에 새겨 뜰에 세워놓기도 하였다.

『침우담초』

대사마 병조판서의 별칭

경산 정정승 정원용鄭元容(1783~1873, 정조 7~고종 10). 경산은 호이며, 자는 선지善之, 본관은 동래. 순조 때 과거에 급제하고, 헌종 · 고종 때 영의정을 지냄. 저서로 『경산집經山集』이 있음

도광 중국 청나라 선종宣宗의 연호(1821~1850)

김응서 1592년 임란 때 별장別將으로 평양성 탈환에 참가. 뒤이어 경상 좌병사가 되어 부산을 탈환하기도 했다. 명나라가 후금을 치기 위해 원병 요청을 하자 출전했고 금나라 군대에 항복해 포로가 됐다가 적정을 기록해 고국에 보내려다 처형됐다.

꽃다운 이름 달과 나란히 걸려

면성월 | 30

면성월錦城月은 무안務安 기생이다. 뽑혀 올라 내의원에 소속되어 미모와 재예才藝로 일시에 유명하였다. 뒤에 기적妓籍에서 빠져나와 아무개에게 시집갔는데, 아무개가 중죄를 지어 사형을 당하자 면성월은 드디어 스스로 목을 베어 죽었다. 서화방書畵舫 노씨盧氏가 시를 써서 그를 애도하였다.

교방에서 둘도 없는 아리따운 나이를 자랑했는데	曲院無雙擅妙齡
어느 부호가 재산을 기울여 예쁜 모습 독차지하였네.	豪家傾産貯娉婷
천금으로 즐겁게 지내며 머리가 서리처럼 희었거늘	千金行樂頭霜白
한 칼에 은혜 갚아 목의 피가 푸르렀네.	一劍酬恩頸血青
다만 첩의 몸이 대의를 지키기 위함일 뿐	只願妾身存大義
남편이 형벌을 입는 것에 어찌 관여할소냐.	何關夫婿被常刑
꽃다운 이름, 가을 하늘에 달과 나란히 걸려	芳名竝掛秋天月

면성월 조수삼의 『추재기이』에는 '금성월錦城月'로 되어 있다.
노씨 노윤적, 자는 혜경惠卿 호는 서화방書畵舫으로 조수삼 등과 가까웠던 여항문인이다.

부정한 만남으로 노니는 남녀들의 꿈을 깨워주노라. 留照桑間喚夢醒

『범곡기문』

【권5】

문학 I

文學

문장은 장자, 시는 황산곡

조총 홍유손 | 1

홍유손洪裕孫은 자가 여경餘慶, 호는 조총篠叢 · 광진자狂眞子이며, 본관은 남양南陽이다. 세조 때에 공생貢生으로 진사에 합격하였다. 나이 아흔에 죽었는데, 세상에서 이인이라고 일컫는다. 남추강南秋江의 『사우명행록師友名行錄』에 다음과 같이 기록되어 있다.

> 여경은 남양 아전의 아들인데, 두루 경사를 섭렵하였고 방달하여 어디에도 얽매이지 않았다. 향리를 면할 생각을 하지 않았는데, 남양의 원이 그가 글에 능하다고 하여 이역吏役에서 놓아주었다. 그는 즉시 걸어서 영남으로 가서 점필재佔畢齋를 뵙고 두보의 시를 배웠는데, 선생이 "이 사람

홍유손 1431~1529(세종 14~중종 29), 이조초기의 시인으로, 그의 전반기 생애는 본문에서 설명하고 있는 바와 같다. 김종직을 만난 이후에 그는 두류산頭流山 등지에서 학문을 닦았으며, 1498(연산군 4)년 무오사화 때는 제주도에 유배되고 노비가 되었다가 1506년 중종반정으로 풀려나왔다. 저서로 『조총유고篠叢遺稿』가 있다.

조총 최근에 간행된 홍유손의 문집 번역본 명칭이 『국역 소총유고』이지만 전통적으로 홍유손의 호는 '조총'으로 읽어왔다.

공생 향교에 다니는 교생校生들을 일컬음. 양반이 아니더라도 향교에서 공부할 수 있었다.

남추강 남효온南孝溫(1454~1492, 단종 2~성종 23)의 호다. 자는 백공伯恭, 또다른 호로 행우杏雨 · 최락당最樂堂 · 벽사碧沙 등이 있으며, 본관은 의령宜寧이다. 김종직金宗直의 문인으로 김굉필金宏弼 · 정여창鄭汝昌 등과 함께 수학했고, 생육신生六臣의 한 사람이다. 저서로 『추강집秋江集』 『추강냉화秋江冷話』 『사우명행록師友名行錄』 등이 있다.

은 이미 안자顔子의 즐기는 바를 알고 있다"고 하였다. 함께 배우는 이들이 그를 으뜸으로 여겼다. 사람됨이, 문장은 장자 같고 시는 황산곡黃山谷에 들어갔으며 재주는 제갈공명 같고 행동은 동방삭과 같았다.

『소대풍요』

점필재 김종직金宗直(1431~1492, 세종 13~성종 23)의 호다. 자는 계온季昷·효관孝盥이며 본관은 선산이다. 벼슬은 지중추부사知中樞府使에 이르렀고, 학문과 문장이 뛰어나 영남학파의 종조가 되었다. 그가 지은 「조의제문弔義帝文」은 무오사화戊午史禍의 단서가 됐다. 저술로『점필재집佔畢齋集』이 있다.
안자의 즐기는 바 공자가 안자의 안빈낙도를 칭찬한 말. 『논어』「옹야雍也」 편에 보인다.
황산곡 황정견黃庭堅의 호다. 중국 북송의 유명한 시인으로 자는 노직魯直이며 강서시파江西詩派의 개창자다. 저술로 『산곡집山谷集』이 있다.
동방삭 중국 한 무제武帝 때의 사람. 자는 만청曼倩. 뭇서적을 널리 보고 언사가 민첩했으며 우스갯소리를 잘했고 때때로 곧은 말로 정확하게 간언諫言할 줄도 알았다. 작품으로 「답객난答客難」「비유선생론非有先生論」「칠간七諫」 등이 있다.

바빠서 봐줄 틈이 없다

시은 박계강 | 2

박계강朴繼姜은 호가 시은市隱이다. 시로 이름이 있어 충암冲庵 김문간공金文簡公이 그와 더불어 창수唱酬하였다.

세상에 이런 이야기가 전한다.

계강은 집이 부유하였으나 글을 배우지 아니하여, 나이 사십에 이르도록 모양은 아름다웠지만 눈으로 고무래 '정丁' 자도 알지 못하였다. 하루는 거리를 지나가는데 어떤 하인이 편지 하나를 보이며 물었다.

"이것이 어느 곳에 전하는 편지입니까?"

계강이 그것을 알지 못함을 부끄러워하며 속여 말하였다.

"바빠서 봐줄 틈이 없다."

그러자, 하인이 흘겨보며 비웃는 것이 아닌가! 계강이 이에 발분하여 곧 집에 돌아와 문을 닫고 글을 읽었다. 수년 만에 문사文思가 크게 성취되니, 당시 사람들이 "사십대에 문장이 났다"고 일컬었다.

『겸산필기』

김문간공 김정金淨(1486~1521, 성종 17~중종 16). 자는 원충元冲, 호는 충암, 본관은 경주다. 중종 때 문과에 올라 형조판서 겸 예문관제학을 지냈다. 1519년 기묘옥사 때 조광조 등과 함께 투옥됐다가 제주에서 사사됐다. 시문은 물론 그림에도 능해 새, 짐승 등을 잘 그렸다. 저술로 『충암집 冲菴集』이 있다.

명예와 이익, 바람 앞의 등불

넉헌 정치 | 3

넉헌櫟軒 정치鄭致는 자가 가원可遠이다. 선조宣祖가 그의 재예才藝를 듣고 특별히 내사별좌內司別坐에 임명하였다.

그의 「관음사에서 일출을 바라보며觀音寺望日出」라는 시는 이러하다.

맑은 새벽 훈목薰沐하고 높은 대에 오르니	淸晨薰沐上高臺
저 멀리 아득한 부상에 상서로운 빛이 열리네.	目極扶桑瑞色開
바람이 유리 같은 물결을 일렁이니 금기둥이 서고	風動玻瓈金柱立
채색 구름은 아홉 까마귀를 떠받들고 나오네.	彩雲擎出九烏來

「술을 대하여 백만리를 초대한다對酒招白萬里」라는 시는 다음과 같다.

넉헌 '櫟' 자는 전통적으로 '넉'으로 읽어왔다. 통행되는 자전에 '력'으로 나와 있는 것과는 다르다.
내사별좌 내수사의 종5품 관직. 내수사는 이조 때 왕실의 재정과 노비 등에 관한 사무를 맡아보던 관청
훈목 몸을 깨끗이 하기 위해 옷에 향을 피우고 머리를 감는 것
부상 전설에 의하면 동쪽 바다에 있는 신목神木으로, 해가 그 나무 아래서 돋는다고 함
아홉 까마귀 중국 신화 전설에 해 속에 세 발 까마귀가 있다고 믿어 까마귀로 해를 가리킴. 아홉 까마귀는 아홉 개의 해를 말한다. 요堯 임금 때 열 개의 해가 나타나 초목이 말라 죽으므로 예羿에게 해를 쏘라고 명령했다. 그중 아홉 개의 해를 적중시키니, 해 속의 아홉 까마귀가 죽어서 떨어지고 하나의 해만 남았다고 한다. 굴원의 『초사楚辭』「천문天問」 편에 나온다.

나의 전신 과거는 중이었던가 我也前身過去僧

세상의 명예와 이익, 바람 앞의 등불로 보이네. 世間名利視風燈

마음은 청종사를 사랑하는데 中心愛矣青從事

어느 날엔들 백대붕을 잊을까. 何日忘之白大鵬

한 말 술과 고을을 바꾸는 것은 작은 꾀이고 一斗換州誠小黠

석 잔 술에 도를 통함은 훌륭한 일이라네. 三杯通道是多能

북망산에 무덤 있는 것, 자네 아는가 邙山有塚君知否

뼈가 삭고 이끼가 돋으면 함께 취할 벗도 없다네. 粉骨生苔無醉朋

『겸산필기』

백만리 백대붕白大鵬(?~1592, ?~선조25). 자가 만리萬里, 본관은 임천林川. 천인 신분의 위항시인. 허봉許篈·심희수沈喜壽 등과 더불어 터놓고 사귀었다는 기록이 『학산초담鶴山樵談』에 보인다. 허균은 그가 궁궐의 열쇠와 왕명의 전달을 책임 맡은 액정서掖庭署의 사약司鑰이었다고 기록했는데, 잡직이긴 하나 정6품이었으며, 따라서 그의 시를 본 뜬 시체를 사약체司鑰體라 했다고 한다. 1590년에 통신사 허성許筬을 따라 일본에 갔으며, 임란이 일어나자 이일李鎰을 따라 상주에서 싸우다 죽었다.

청종사 좋은 술을 이름. '청주종사青州從事'의 준말로 '청주 땅의 종사 벼슬'이란 뜻이다. 중국 청주 땅에는 '제군齊郡'이 있는데 이 '齊' 자가 배꼽 '臍'와 발음이 유사함을 취한 것으로 '청주종사'는 술맛이 좋아 배꼽까지 이른다는 의미다. 『세설신어世說新語』「술해術解」 편에 실려 있다.

한 말…바꾸는 것 후한後漢 때 권력을 농단했던 환관 장양張讓이 거부巨富 맹타孟佗에게서 포도주 한 말을 받고서 양주자사涼州刺史에 임명한 일을 말함. 『후한서』「장양전張讓傳」 참조

석 잔 술에 도를 통함 원문은 "三杯通道"인데 이는 이백의 「독작獨酌」이라는 시에 나오는 "세 잔을 마시면 대도와 통하고, 한 말을 마시면 자연과 합일된다三杯通大道, 一斗合自然" 구절을 염두에 둔 표현이다.

흰머리 휘날리는 전함사의 종

백대붕 | 4

백대붕白大鵬은 자가 만리萬里다. 시에 능하고 술을 잘 마셨다. 항상 정녁헌鄭櫟軒·유촌은劉村隱과 친하게 지냈는데, 모두 시로써 세상에 알려졌다. 만리가 일찍이 이런 시를 남겼다.

취하여 수유를 꽂고 혼자 스스로 즐기며	醉揷茱萸獨自娛
온 산에 달빛 가득한데 빈 술병을 베고 자네.	滿山明月枕空壺
사람들아, 무엇하는 자냐고 묻지 말게	傍人莫問何爲者
풍진에 흰머리 휘날리는 전함사의 종이라네.	白首風塵典艦奴

『겸산필기』

전함사 중앙과 지방에 있는 선박에 관한 사무를 관장하는 관서로 공조工曹에 속함

최고의 중국통

역관 최세진 | 5

최세진崔世珍은 중국어에 정통하고 아울러 이문吏文에도 능통하였다. 성종成宗 때 질정관質正官으로 여러 번 연경에 갔다. 중국의 모든 의장儀章 제도制度를 환하게 통달하지 못한 것이 없었으므로, 중국에 보내는 문서는 모두 그의 손에서 나왔다. 일찍이 왕명을 받들어 『사성통해四聲通解』 『노걸대老乞大』 『박통사朴通事』를 찬하였다. 또 그가 찬한 것으로, 『노박집람老朴輯覽』 『훈몽자회訓蒙字會』 『이문집람吏文輯覽』 『운회옥편韻會玉篇』 『소학편몽小學便蒙』 등의 책이 있다.

『진휘속고』

최세진 ?~1547(?~중종 37), 자는 공서公瑞, 괴산槐山 최씨의 시조. 역과에 합격해 중인계급으로 과거에 응시할 수 있는 특전을 받아 1503(연산군 9)년 별시문과에 급제하기도 했다. 그는 40여 년간 모두 17종의 저술을 남겼다. 이들은 모두 16세기 초·중기 국어, 한자음 및 중국어학에 관한 것으로 책명은 본문에 수록된 바와 같다. 그중 중요한 것을 들어본다. 『번역노걸대』 『번역박통사』는 중국어 교과서를 번역한 것인데, 당시 국어의 구조를 정리·파악하고 있으며 풍부한 어휘가 수록돼 있다. 『사성통해』는 중국 한자음용 운서韻書이며, 『훈몽자회』는 아동들에게 한자의 음과 뜻을 실물을 통해 정확히 가르치기 위한 것인데, 한글 토를 달아두었으므로 한글 연구에 귀중한 자료가 된다. 『이문집람』은 이문 가운데 난해한 용례를 모아 편찬한 것으로, 당시 외교문서 작성의 지침서가 되었다.

이문 중국과의 외교문서에 쓰이던 공문의 문체. 순 한문으로 썼으나 중국의 속어가 가미된 것이 특징

질정관 글의 음운이나 기타 제도 등에 관한 의문점을 중국에 질문해 알아오는 일을 담당. 중국에 사신이 갈 때 함께 갔던 임시 벼슬

홍세태가 아낀 시인

귀곡 최기남 | 6

귀곡龜谷 최기남崔奇男은 자가 영숙英叔이고, 또 묵헌默軒이라는 호를 쓰기도 한다. 그의 시는 유아幽雅 · 청신淸新하다. 서주西疇 정예남鄭禮男, 국담菊潭 김효일金孝一, 창애蒼厓 최대립崔大立과 더불어 서로 창수唱酬하였다. 유하柳下 홍세태洪世泰가 『해동유주海東遺珠』에 시를 뽑을 때 귀곡의 시를 가장 많이 수록하였다.

「택당澤堂 이태학사李太學士께 올리며上澤堂李學士」라는 시는 이러하다.

남궁의 편찬국編撰局 꿈처럼 선연한데,	南宮纂局夢依然
당시에 못난 이 몸 특히 아낌을 받았네.	朽質當時特見憐
청운靑雲과 진흙 땅, 한번 헤어진 뒤 세월은 빨리 흘러	一別雲泥頻甲子

정예남 1517~1612(중종 12~광해군 4), 자는 선여善餘, 서주西疇는 호, 본관은 함평. 선조 때 의과醫科에 합격했고, 내의內醫로서 공을 인정받아 실직을 제수받기도 했다. 『육가잡영六家雜詠』에 그의 시가 전한다.

김효일 생몰년 미상. 자가 행원行源, 본관은 안동. 금루관禁漏官을 지냈으며 『육가잡영』에 그의 시가 전한다.

해동유주 이조 전기의 박계강朴繼姜으로부터 1712년 편찬 당시까지 48인의 시 230여 수를 수록한 책으로 홍세태가 찬했다. 주로 위항인들의 작품을 수록

이태학사 이식李植(1584~1647, 선조 17~인조 25). 자는 여고汝固, 택당은 호, 본관은 덕수. 조선중기 고문을 잘 했던 '사대가四大家' 의 한 사람으로 꼽힘. 광해군 때 문과에 올라 형조 · 이조 · 예조의 판서를 지냈다. 저술로 『택당집澤堂集』이 있다.

남궁의 편찬국 예조의 교서관校書館을 이름 최기남은 실록감인원實錄監印員으로 『효종실록』 편찬에 참여했다.

다시 만나니 치아와 머리털이 다 노쇠한 나이로구나. 重逢齒髮各衰年
군신과 사직은 풍진 사이에 있고 君臣社稷風塵際
관보의 산하는 눈물가에 아득하네. 關輔山河涕淚邊
오래 문형을 잡아 노수로 추앙되니 久握文衡推老手
오계의 송 짓는 일, 선생께 바란다오. 浯溪撰頌望吾賢

『겸산필기』

관보 도성 인근. 경기京畿 · 기보畿輔라고도 함
오계의…바란다오 당나라 문인 원결元結이 지은 「대당중흥송大唐中興頌」이 중국 오계浯溪에 암각된 것처럼, 이식 또한 그런 훌륭한 글을 짓게 되기를 기원한다는 뜻이다.

한미한 벼슬이 내게 장애가 되니

창애 최대립 | 7

창애蒼厓 최대립崔大立은 자가 수부秀夫이고, 균담筠潭이라는 호를 쓰기도 한다. 어머니를 섬김에 효도를 극진히 하여 당시에 알려졌다. 그는 또한 시를 잘 지었다. 「극락암에서 묵으며宿極樂庵」라는 시는 이러하다.

흰 눈이 솔문을 덮었는데　　白雪擁松扃
일천 봉우리에 외로운 경쇠소리 맑게 들리네.　　千峯孤磬澄
노승의 나이 여든인데　　老僧年八十
밤이 다하도록 전등을 이야기하네.　　終夜話傳燈

또, 「법웅선사에게 부치며寄法雄禪師」라는 시는 이러하다.

홀 열 개 정도로 선방은 작지만　　十笏禪房小
선등禪燈은 칠조로부터 전하여왔네.　　燈從七祖傳

전등 '등불을 전하다' 는 말인데, 여기서 '등불' 은 불법不法을 의미한다. 불법을 전수하거나 불교의 역사를 지칭하는 말

재계한 마음은 물처럼 항상 깨끗하고	齋心水恒淨
깨달은 성품은 달처럼 길이 둥글도다.	覺性月長圓
문은 첩첩한 일천 봉우리를 마주하였고	門對千峯掩
몸에는 떨어진 장삼을 걸쳤네.	身披一衲穿
한미한 벼슬이 내게 장애가 되니	微官是吾累
불법佛法을 물을 때는 어느 해일까.	問法定何年

『겸산필기』

칠조 불교에서 불법을 이어간 7대의 조사祖師. 화엄종華嚴宗에서는 마명馬鳴 · 용수龍樹 · 두순杜順 · 지엄智儼 · 법장法藏 · 징관澄觀 · 종밀宗密을, 선종禪宗에서는 달마達摩 · 혜가慧可 · 승찬僧璨 · 도신道信 · 홍인弘忍 · 혜능慧能 · 신회神會를 '칠조'로 칭함

유행을 뛰어넘은 재주와 운치

남천 석희박 · 자 만재 | 8

남천南川 석희박石希璞은 자가 자성子成이다. 지천遲川 최공崔公, 백헌白軒 이공李公, 죽당竹堂 신공申公을 좇아 노닐었으며, 모두 창수시唱酬詩가 있다. 또한 효행으로 세상에 알려져 있다.

그의 아들 만재萬載는 자가 계수季叟, 호는 두촌豆村으로, 역시 시를 잘하여 당시에 이름이 있었다. 그의 손자 지흘之屹이 양 대의 시편을 모아 세고世稿를 만들었다. 만정당晩靜堂 서상국徐相國이 세고의 서문에 다음과 같이 썼다.

> 석생石生 부자가 지은 『남천두촌고南川豆村稿』를 보니 대개 그 예업藝業이 근원이 있고 또한 잘 계승함이 있다. 무릇 이 책에 있는 언어는 부드러우

지천 최공 최명길崔鳴吉(1586~1647, 선조 19~인조 25). 자는 자겸子謙, 호는 지천, 창랑滄浪, 본관은 전주다. 병자호란 때 주화론主和論을 폈으며 벼슬은 영의정에 이르렀다. 문집으로 『지천집遲川集』이 있다.

백헌 이공 이경석李景奭(1595~1671, 선조 28~현종 12). 자는 상보尙輔, 호는 백헌 · 쌍계雙溪, 본관은 전주다. 효종 때 북벌론을 적극 주장하고, 그 준비를 주도했다. 조경趙絅 · 조익趙翼 등과 함께 『장릉지장長陵誌狀』을 편찬했으며, 문집으로 『백헌집白軒集』이 있다.

죽당 신공 신유申濡(1610~1665, 광해군 2~현종 6). 자는 군택君澤, 호는 죽당 · 니옹泥翁, 본관은 고령이다. 벼슬은 예조참의를 지냈다.

만정당 서상국 서종태徐宗泰(1652~1719, 효종 3~숙종 45). 자는 군망君望, 호는 만정 · 서곡瑞谷 · 송애松厓, 본관은 달성이다. 1680(숙종6)년에 문과에 급제, 영의정까지 올랐다.

며 음조는 두루 맞고, 정을 서술한 것이나 사물을 그린 것이 운치가 있으며 문채文彩로움이 볼 만하다.

석생 부자는 위항委巷 중에 있었지만 시를 전공하는 데 힘써서 문필에 종사하고 예술을 전공한 선비와 척촌尺寸을 겨루었으니 이것은 매우 어려운 것이었다. 그의 재주와 취의趣意의 아름다움은 속된 유행보다 백배 천배 뛰어난 것이 아니었겠는가?

그의 아들은 일찍이 나의 거처를 여러 번 찾아왔고 나는 그의 소탈疎脫하고 개결介潔함을 좋아하여 그와 친하게 지냈다. 그러나 그가 시에 조예가 깊은 것을 알지 못하였기에 일찍이 그가 지닌 바를 물어보지 못했으니 한스럽도다.

지금 여러 인사들이 품평하고 칭찬해준 것을 보니, 석생 부자의 기품과 운치를 알 만하며 시에 온축蘊蓄이 있는 것에 그치지 않는다. 덕이 높은 선배들의 문하에 받아들여져서 그 생활에 젖어든 것이 마땅하다고 하겠다.

『겸산필기』

입신의 바둑 덕원군을 이기다

춘곡 유찬홍 | 9

유술부庾述夫는 이름이 찬홍纘洪으로 고려태사高麗太師 유검필庾黔弼의 후손이다. 이웃에 글방 스승이 있어 생도 수십 명이 모여 있었다. 술부는 가서 그들을 좇아 배웠는데, 총명하고 영리하여 기억하고 외우기를 잘하였다. 여러 생도들을 조로 나누어 학업을 부과하고 그 성과를 획으로 계산하여 상벌賞罰을 주었다. 스승은 생도들에게 말하였다.

"내일 아침에 「이소경離騷經」을 잘 외우는 자가 있으면 백 획을 인정해주고 또한 그에게 상을 주리라."

술부는 집으로 돌아와 『초사楚辭』를 찾아 겨드랑이에 끼고, 학사 정두경鄭斗卿의 문 앞에 이르러 문지기에게 말하였다.

"너는 들어가 너의 공을 뵙고 유찬홍이라는 자가 『초사』 배우기를 원한다고 아뢰어라."

정공은 평소 고상하고 오만하여 평상시엔 만나 볼 수가 없었는데,

유검필 ?~941(?~태조 24), 고려 때의 무장. 평산 유씨의 시조. 925(태조 8)년 연산진燕山鎭에 침입한 후백제의 장군 길환吉奐을 죽인 후 임존군任存郡을 공격, 많은 전과를 올려 태사太師에 추증되었다.
정두경 1597~1673(선조 30~현종 14), 자는 군평君平, 호는 동명東溟, 본관은 온양이다. 이항복李恒福의 문인으로 인조 때 문과에 급제해 홍문관 제학에 이르렀다. 문집으로 『동명집東溟集』이 있다.

만나보니 가르침 또한 매우 간략하였다. 술부는 곧장 돌아와 책을 읽었다. 새벽이 되어 생도들이 다 모였을 때 술부는 소매에서 『초사』를 꺼내어 스승 앞으로 나아가 돌아앉아 외는데, 한 글자도 틀리지 않으니 스승은 크게 놀라워하였다.

술부는 스스로 자신의 재주만을 믿고 드디어 다시 배움에 힘쓰지 않고, 간간이 바둑 두는 자와 어울려 놀며 자신의 기예를 마음껏 발휘하였다. 매양 아침 강의에 스승은 문득 목찰木札로 오른쪽 손가락을 때리며 말하였다.

"너로 하여금 책을 읽지 못하게 하는 것은 이 손가락이다."

그러나 더욱 바둑을 좋아하였다. 밖에 나가 여러 바둑 잘 두는 자들과 겨루매 감히 대적할 만한 자가 없었으므로, 일시에 국수로 추대되었다.

이보다 앞서 종실宗室 덕원군德源君이 신혁神奕으로 알려져 있었다. 당시엔 윤홍임尹弘任 또한 바둑에 뛰어났지만 첫번째 자리를 덕원군에게 내주었고, 덕원군이 늙어서야 홍임이 비로소 그를 이길 수 있었다. 술부는 젊은 나이의 후배로 하루아침에 홍임의 위에 올라서게 되니 논자들이 '덕원군이 연로해서야 홍임은 겨우 그를 이길 수 있었는데, 술부는 한창 건강한 홍임을 압도하였으니 이는 술부가 덕원군에게 적수라고 할 만하다' 고 하였다.

술부는 젊었을 때 기운이 호방하여 술을 매우 좋아하였고, 시를 잘

덕원군 이서李曙(1449~1498, 세종 31~연산군 4). 자는 정수晶叟로 세조의 셋째 아들
윤홍임 미상

하였으며, 기예가 있어 두루 공경대부들 사이에 노닐었다. 여러 공경대부들이 그 소문을 듣고 다투어 초대하여 윗자리로 맞아들였고 바둑 두는 것 보기를 청하는데 비는 날이 없었다. 아래로 여항의 부호가들에 이르기까지 또한 모두 성대한 술과 음식으로 그를 초청했다. 술부가 한번 바둑돌을 놓으면 좌우에서 구경하는 자들이 담장처럼 에워싸고 발을 포개어 설 지경이었지만 하루 종일 떠나지 않았다.

술부는 성품이 거들먹거리고 오만하여, 술에 취해 간혹 좌중의 사람들을 꾸짖으면 모두 귀를 막고 피하였으며, 어떤 사람이 장차 화를 내려 하면 도리어 헐뜯고 욕을 하기도 하였다. 술이 깨고 난 후 그와 함께 말해보면 말하는 것이 모두 남의 뜻을 압도하여 듣는 이들이 기뻐하지 않는 자가 없었기에, 차마 술의 과실 때문에 갑자기 그를 버리지 못하였다. 그러나 술부는 마침내 이러한 성격 때문에 기구崎嶇한 삶 속에 자주 곤궁을 겪으며 세상에서 뜻을 얻지 못하였다.

늘그막에 더욱 술을 좋아하고, 자유분방하여 집안 식구들의 생업은 돌보지 않았다. 평소 좋은 친구 두세 사람과 더불어 서로 좇아 시주詩酒의 모임을 가져, 여항의 사이를 왔다갔다하며 밤낮으로 즐거이 술을 마셨다. 술이 없으면 이따금 남의 집에서 술을 찾았고, 술이 얼큰하게 취한 이후로는 곧 땅바닥에 주저앉아 노래하고 소리 지르며 밤새도록 그치지 않았다.

일찍이 술에 취하여 이웃 여자 집에 들어갔다가 그 집에서 고소하여 남한산성으로 귀양을 갔다. 부윤府尹은 평소에 술부의 재주를 들었기에, 보자마자 앉을 것을 명하고 그에게 술을 마시게 하였다. 술부는 취하여 간혹 부윤을 흘겨보며 '너, 나'라고 말하니, 주위에서 보는 자들은 당황하여 목을 움츠렸지만 부윤은 홀로 탓하지 않았다. 그것은 술부가 보통 사람이 아님을 알았기 때문이다. 훗날 어떤 재상이 임금에게 억울함을 아뢰어 그를 풀어주었다.

집으로 돌아온 후 사역원 판관判官이 되어 동지사冬至使를 따라 연경에 가서 옛 장성長城과 발해, 갈석산碣石山의 승경勝景들을 두루 구경하였다. 감동을 일으킬 만한 곳을 만나면 문득 잔에 가득 술을 부어 흠뻑 마시고, 사신들과 시를 주고받으며 자기 동료들을 멸시하듯 하니, 동행들은 대부분 그를 미워하였다.

연경에서 집으로 돌아와 이십여 년을 우울하게 살다가 죽으니 나이 일흔이었다. 일찍이 춘곡자春谷子라 자호하였으며, 지은 시는 대개가 흩어지고 없어져서 모을 수 없고, 다만 수백여 수만이 그 집에 보관되어 있다고 한다.

나는 유술부보다 이십오 년 뒤에 태어났으나 술부는 나를 평범한 사람으로 보지 않았다. 매양 여러 사람이 모여 앉아 술과 노래를 즐길 때, 비록 평생 친했던 사람에 대해서도 곤란하도록 말하지 않는 적이 없었지만 유독 나에게는 그렇게 하지 않았다. 그러므로 나는 술부에 대해 매우 상세히 알았는데, 대개 옛날에 이른 '마음대로 행동하여 구애받지 않는 선비'라고 할 만하였다. 재능을 지니고도 드러내어 펼 곳이 없었고, 가슴에 지닌 큰 포부가 꽉 막혀, 불평한 심기를 한결같이 모두 바둑과 술에 의탁하였으며 불우하게 뜻을 얻지 못하고 일생을 마쳤다.

나 이 글의 필자인 홍세태

어떤 사람은 '망령된 사람'이라고 하였다. 그러나 그 재주는 실로 특이하고 지혜와 사려는 밝고 트여 곧장 당시에 등용되었더라면, 어찌 남과 같지 못했으랴. 그러나 빈천하고 곤궁하게 살다가 끝내 떨쳐 일어서지 못한 채 죽고 말았다. 슬프도다! 나는 유독 그가 일생 동안 좋아한 것이 일개 왕적신王積薪처럼 바둑 두는 일에 지나지 않았음을 애석히 여긴다. 만약 술부가 바둑 두는 일을 원대遠大한 데로 옮겼더라면 그 볼 만한 것이 어찌 여기에서 그쳤을 뿐이리오!

『유하집柳下集』

왕적신 바둑을 잘 두기로 유명했던 당나라의 한림翰林. 그는 안사의 난 때 현종을 따라 촉으로 피난 가던 도중, 한 민가에서 묶어가게 되었다. 한밤중이 되어 왕적신이 들으니, 그 집의 시어머니와 며느리가 등불도 없는 깜깜한 방 안에서 서로 말로써 바둑을 두는 것이었다. 왕적신은 그 내용을 잘 기억해두었다가 날이 밝는 대로 그 며느리에게 가서 물어 바둑의 비법을 전수받을 수 있었다고 한다. 『집이기集異記』 참조

어찌 세상사에 골몰해 지내랴

서헌 임준원 | 10

서울의 민간생활 습속은 남부와 북부가 다르다. 종로鍾路 이남에서 목멱산木覓山에 이르는 곳이 남부인데, 상인과 부호들이 많아서 재리財利를 좋아하며 인색하고, 안마鞍馬와 제택第宅의 호사를 서로 다툰다. 북악산北岳山 백련봉白蓮峰 서쪽으로부터 인왕산 필운대弼雲臺에 이르는 곳이 북부인데, 대개 가난한 집들로 놀고먹는 부류들이 살았지만 왕왕 호협한 기개를 지닌 무리가 있어 의기로 교유하되 베풀어주기를 좋아하고, 약속한 것을 반드시 지키며 재난에 빠진 사람을 건져주고 우환이 있는 사람을 위로해주었다. 시인 · 문사들이 계절을 따라 상종해서 숲과 샘, 구름과 달을 찾아 노니는 즐거움을 추구하며, 곧잘 시편의 다작을 자랑하고 여구麗句를 겨루었다. 이 또한 자연 풍토와 기상氣象에 따라 그렇게 된 것일까.

임준원林俊元은 자가 자소子昭이고, 대대로 서울 북부에 살았다. 사람됨이 준수하고 시원스러웠으며 기이한 기질이 있고, 신색神色이 좋은 데

목멱산 지금의 남산
제택 살림집과 정자 따위를 통틀어 일컫는 말

다 말을 잘하였다. 젊었을 때 귀곡 최기남의 문하에서 수학하였으며, 자못 시를 잘한다고 일컬어졌다.

그러나 준원은 집이 가난한 데다 노친이 있어서 드디어 뜻을 굽혀 내수사內需司의 아전 구실을 하였다. 그가 부지런하며 재간이 있고 사무에 밝았으므로 내수사에 신임을 받고 활동하게 되어, 부富를 일으켜 가산이 여러 천금에 이르렀다. 이에 탄식하며 말하길 "나에게는 이미 충분히 갖추어졌거늘, 어찌 세사世事에 골몰해 지내랴!" 하고 즉시 사직하고 집에 있으면서 문사文史로써 스스로 즐겼다.

날마다 그 동류들과 시회詩會를 가져, 문 앞에는 신발이 항상 가득하였고 술상이 계속 이어졌다. 그 동류들은 유찬홍, 홍세태, 최대립, 최승태崔承太, 김충열, 김부현金富賢 같은 이들이었다. 유찬홍은 호가 춘곡으로 바둑을 잘 두었고, 홍세태는 호가 창랑인데 시를 잘 지어 명성이 당시에 함께 높았고, 나머지 사람들도 모두 기개나 문예로 일컬어졌다. 그런데 유찬홍은 술을 좋아해서 능히 한번에 여러 말을 마셨고, 홍세태는 모친이 연로하였는데 가난하여 봉양할 수가 없었다. 준원은 유찬홍을 자기 집에 머물게 하고 좋은 술로 그의 주량을 다하게 하였으며, 자주 재물로 홍세태를 도와 궁핍하지 않게 하였다.

매양 좋은 계절과 아름다운 풍광을 만나면 여러 벗들을 불러 아무 곳을 지정하여 모이기를 기약하였다. 준원이 중심이 되어 술과 안주를 마련하여 뒤따라가서 시를 읊으며 취하도록 마시고 기쁨을 다하다

유찬홍…이들 이들은 모두 여항시인들로 홍세태는 『유하집柳下集』, 최승태는 『설초집雪蕉集』을 남겼으며, 유찬홍과 김충렬의 시는 홍세태가 편찬한 『해동유주』에 실려 있다.

가 파하곤 하였다. 이렇게 하는 것을 상례常例로 삼아 오래도록 게을리 하지 않았다. 서울에서 자못 재명才名 있는 이들은 이 모임에 참여하지 못하는 것을 부끄럽게 여겼다.

준원은 이미 재산이 넉넉한 데다 의로운 일을 좋아하고 베풀기를 즐거워하여 항상 부족한 듯이 여겼다. 그의 친척이나 오랜 친구로서 가난하여 혼인이나 상장을 치르지 못하는 사람은 반드시 준원에게 의뢰하였다. 그러므로 그가 평소 집에 있거나 나다닐 때 그를 보살피며 안부를 묻고 공대하기를 아들처럼 하는 사람이 또한 수십 인이었다.

준원이 어느 날 육조 거리를 걸어가는데 한 여자가 포졸에게 끌려가고 있었고, 어떤 못된 녀석이 그 뒤를 따라가며 욕설을 퍼부었다. 그 여자는 몹시 슬피 울었다. 준원이 그 까닭을 묻고 꾸짖어 말하였다.

"하찮은 빚 때문에 여자를 이토록 욕보일 수 있느냐?"

이어 즉석에서 빚을 갚아준 다음 문서를 찢어 없애고 그냥 가버렸다.

여자가 따라오면서 "공은 어떤 분이시며, 살고 계신 댁은 어디신지요?" 하고 물으니, 준원은 "예법에 남녀는 길을 비켜간다고 하였는데, 나의 성명을 물어서 무엇 하오?"라고 대답하였다. 여자가 굳이 물었지만 그는 끝내 말해주지 않았다. 이로부터 임자소林子昭의 이름이 널리 민간에 알려졌으며 그의 풍도를 사모해서 한번 알기를 원하는 사람들이 그의 문전에 발길을 이었다.

육조 거리 육조는 이조 정부의 이조 · 호조 · 예조 · 병조 · 형조 · 공조의 관서를 말한다. 지금의 광화문 앞 길 양쪽에 육조의 관서가 있었으므로 그곳을 '육조거리'라 불렀다.

귀곡 최기남이 병으로 세상을 떴는데 초상을 치르지 못하고 있었다. 그 문도門徒들이 모여서 초상을 치르고자 해도 관을 부조할 만한 사람이 없기 때문이었다. 그때 준원은 사신을 따라 북경에 가 있었다. 좌중의 사람들이 한탄하며 말하였다.

"아, 임자소가 여기 있었던들 어찌 우리 선생님이 돌아가셨는데 관이 없을 것인가."

말이 미처 끝나지도 않아서 문밖에 관재棺材를 운반해오는 사람이 있었다. 물어보니 준원의 집 사람이었다. 대개 준원이 북경 길을 떠날 때 최공이 늙고 병든 것을 염려하여 집안사람들에게 미리 일러두었던 것이었다. 이에 사람들은 더욱 그의 높은 의기와 능히 앞일을 헤아림에 감복하였다.

준원이 죽자 조문객들이 그의 가까운 친족의 상을 당한 듯이 통곡하였다. 늘 그를 의지해오던 사람들은 "우리는 어떻게 살아가랴?" 하였다. 한 늙은 과부가 자청해와서 바느질을 돕다가 성복成服이 끝나고 돌아갔다. 바로 육조 앞 거리의 그 아낙네였던 것이다.

준원은 비록 시를 전문적으로 공부하진 않았으나 천기天機에서 저절로 얻어, 청염淸艶함이 당시唐詩의 풍격을 지녔다. 홍세태 등 여러 사람과 더불어 창수한 작품이 많다. 준원이 죽은 지 30여 년에 홍세태가 여항의 일시逸詩를 채집하여 『해동유주』라는 이름으로 간행하였다. 유찬홍, 임준원의 시가 거기에 많이 수록되어 있다.

『완암집』

추위도 깜빡 잊게 하는 이야기꾼

죽재 이득원 | 11

이득원李得元은 자가 사춘士春, 호는 죽재竹齋다.

그의 사위 고시언이 『죽재유사竹齋遺事』에서 다음과 같이 말하였다.

공은 위항의 사람으로 곤궁하며 하는 일 없이 먼 지방을 유랑하였으므로 세상에서 깊이 아는 사람이 없었다. 일찍이 창옹滄翁이 공의 인품과 시를 대단히 칭송함을 들은 일이 있으니 "인품은 옥과 눈처럼 같이 깨끗한 풍채였고 호걸스러운 기절氣節이 있으며 효성과 우애는 하늘이 내어준 듯하다. 시는 청초淸楚하고 완려婉麗하여, 만당晩唐의 풍조가 있었다. 글씨 또한 정묘하여 왕희지와 왕헌지를 본받았다"라고 하였다.

젊어서 귀곡도인龜谷道人의 후파侯芭가 되었고, 임서헌林西軒, 유춘곡庾春谷 등 제군들과 깊이 허여하여 거슬림이 없었으며 나도 마음으로 더욱 그

창옹 홍세태
귀곡도인 최기남
후파 『법언法言』 『태현경太玄經』으로 유명한 양웅揚雄의 제자다. 양웅이 당대에는 사람들로부터 인정받지 못했지만 후파는 독실하게 양웅의 학문을 이어받았다.
임서헌 임준원
유춘곡 유찬홍

를 좋아하였다. 평상시에 하루도 빠짐없이 어울렸는데, 그의 집이 가난하여 아궁이에 불을 지피지 못하고 앉아도 깔개가 없는 지경에 이르렀지만 무릎을 맞대고 고금을 이야기하다보면 날이 다하여도 끊이지 않았으며 그 말에 더욱 재미가 있어 사람으로 하여금 추위와 피로도 깜박 잊게 하였다고 한다.

공은 부화浮華를 버리고 명성과 이득을 멀리하여 사람과 더불어 다투는 일이 없었다. 마침 누이의 집이 작서雀鼠의 변을 당하자 친남매의 정의情誼로써 힘껏 구원하였으므로 드디어 남들의 미움과 원망을 사서 누차 중상을 받았다. 이로부터 서울에 있기를 좋아하지 않았다.

서울을 나와 경상도의 막부에서 조참판趙參判을 보좌하였는데 능력이 있다고 이름이 났다. 이로부터 각도 감사의 부름이 해마다 집에 이르러 자리가 따뜻할 때가 없었다. 그러나 그만두고 돌아오면 한 사람의 한산閑散한 이였다. 집 둘레는 썰렁하였으며 부엌의 양식은 자주 비었지만, 마음은 편안하고 여유가 있었으며 글 읽는 소리가 끊이지 않았다.

공은 숭정 기묘己卯(1639, 인조 17)년에 태어나서 겨우 마흔네 살을 살았다. 아들이 없고 딸만 셋이 있었다. 장녀는 임씨 집안의 며느리가 되었는데 일찍 과부가 되고 가난하였지만 부족한 힘이나마 베를 짜서 부모를 봉양하였으며 부모가 죽자 그 제사를 받들었다.

작서의 변 이는 『시경』 「소남召南」의 '행로行露' 편에 나온 표현을 가져온 것이다. 행로는 억울하게 송사를 당한 정녀貞女의 심정을 노래한 작품이다. 그 작품 가운데 "참새에겐 뿔이 없음 누가 알아줄까? 사람들 말하길 '무엇으로 집을 뚫었지?' 라고 하며誰謂雀無角, 何以穿我屋 (…) 쥐에겐 큰 이빨 없음 누가 알아줄까? 사람들 말하길 '무엇으로 담을 뚫었지?' 라고 하네誰謂鼠無牙, 何以穿我墉"라는 구절이 있다. 이득원의 누이가 송사에 휘말렸음을 나타낸 표현으로 여겨진다.

또 임서헌이 죽자, 그녀는 부친이 곤궁할 때에 힘을 많이 입었다고 하여 몸소 그 초상을 치르고 제사를 차려 슬피 곡하는 것을 친척의 초상에서와 같이 하였다. 창옹이 감탄하여 "효성스럽다! 이 여자여! 사춘思春의 아들 되지 못함이 한스럽다"라고 말하고 임씨 부인의 전을 지어 그를 칭송하였다. 임씨 부인이 죽자 둘째로서 박씨에게 시집간 딸이 또 제사를 받들며 묘도를 수리하여 지금도 그만두지 않고 있다.

공이 죽은 지 십육 년이 되어 내가 그 집으로 장가들었다. 다른 일을 물어볼 겨를도 없이 급히 먼저 유고를 찾았는데, 서옹자西翁子(임준원)의 집에서 찾았다. 창옹에게 질정質正을 받아 가려 뽑아 한 권을 만들어 베껴서 상자 속에 넣어둔 것이 몇 해 되었다. 매양 스스로 생각함에 두 따님이 이미 제영緹縈과 같은 효녀가 되었고, 지금 유독 이 유고를 불후不朽하게 만드는 일이 남았으니 이것은 나의 책임이었다. 경술庚戌(1730, 영조 7)년에 이르러 다행히 창옹의 시문을 간행하던 차에 약간의 돈으로 글자 쓰는 자를 고용하여 인쇄하였다. 다만 힘이 미약하여 널리 배포하지 못하는 것이 한스러웠다. 그래도 하지 않는 것보다는 낫다고 할 수 있지 있을런지? 한두 가지의 유사遺事를 붙여 적어서 보는 이로 하여금 그의 인품이 시보다 기이함을 알게 하노라.

『성재집』

당대 일류와 시를 겨루다

노주 강취주 | 12

강취주姜就周는 자가 여재汝載, 호는 노주鷺洲다. 젊어서 여항의 협사俠士가 되어 으슥한 곳으로 어울려 돌아다니다가 끝내 다리를 부러뜨려 폐인이 되었다. 늘그막에 시가詩歌를 일삼아 사부士夫들 사이에서 즐겁게 노닐었다. 아내가 털옷을 바느질하여 생계를 꾸려갔다.

사람됨이 비분을 잘하고 씩씩하여 기절과 의리를 좋아하였고 풍류가 있었다. 외발이어서 주먹으로 나무막대기를 붙들고 뒤뚝뒤뚝 다녔다. 그러므로 조동강趙東岡이 그의 호를 노주라고 불렀다. 평소에 글을 읽지 않았는데도 그의 시는 천기로부터 나와, 득의得意한 시구는 자못 청아하고 고고하여 울림이 있었다.

일찍이 홍순연洪舜衍과 더불어 '근根'자를 운으로 하여 시를 지었다. 취주가 먼저 읊었다.

조동강 조상우趙相愚(1640~1718, 인조 18~숙종 44). 자는 자직子直, 본관은 풍양. 동강은 호. 형조 · 예조 · 이조판서를 지냈음

홍순연 호는 경호鏡湖, 벼슬은 봉상판관奉常判官을 지냈으며 1711년 일본 통신사절단에 서기書記로 참여한 일이 있다.

이태백은 표일하여 시에 적수가 없고, 謫仙飄逸詩無敵
동방삭의 회해는 말에 근거가 없네. 方朔談諧語不根

홍순연은 당시 시를 잘한다는 명성을 자부하고 있었는데, 무릎을 꿇고 '졌다' 고 말하였다.

남을 잘 가르쳤으므로 그를 좇아 수업한 자가 매우 많았다. 조풍원趙豊原, 조동계趙東溪 또한 일찍이 그에게서 수업하였다.

『진휘속고』

조풍원 조현명趙顯命. 그가 풍원군에 봉해져 이렇게 지칭.
조동계 조귀명趙龜命(1693~1737, 숙종 19~영조 13). 자는 석여錫汝, 호가 동계, 본관은 풍양. 문집으로 『동계집東溪集』이 있다.

말을 하면 그것이 곧 글이 되네

유하 홍세태 | 13

홍세태洪世泰는 자가 도장道長이다. 당성唐城 사람으로 고려태사 열悅의 후손이다. 그는 젖니를 갈 무렵 이미 입을 열면서부터 글을 지을 줄 알아 사람들을 놀라게 하였다. 조금 자라서는 경서, 사서史書, 제자백가서諸子百家書를 독파하여 통하지 않은 것이 없었고, 더욱 시에 전념하여 정신精神과 정감이 이르는 곳에서 가만히 오묘한 깨달음[妙悟]을 통투通透하였다. 어떤 정경을 만나서 문사를 펼칠 때면, 천기가 유출하여 음조音調와 기격氣格이 당唐나라 정통제가正統諸家에 육박하였다.

식암息菴 김공金公이 그를 보고 감탄하여 칭찬하기를 '고적高適, 잠삼岑參의 류이다' 라고 하였다. 매양 많은 사람들이 모이는 자리에서 추천하고 자랑함이 입에서 떠나지 않았으며, 그가 곤궁하여 죽을 지경에

당성 화성군 남양면의 옛 이름
식암 김공 김석주金錫胄(1634~1684, 인조 12~숙종 10). 자는 사백斯百, 본관은 청풍. 1674년 제2차 예송논쟁 때 송시열 등을 숙청하고 도승지에 특진됨. 1689년 기사환국으로 공신호를 박탈당했다가 후에 복구됐다. 문집으로 『식암집息菴集』이 있음
고적 중국 성당盛唐의 시인. 자는 달부達夫 · 중무仲武. 그의 시는 기골氣骨이 있었다고 칭해지며 변새시邊塞詩와 칠언고시七言古詩에 뛰어났다.
잠삼 중국 성당의 시인. 가주자사嘉州刺史를 지냈으므로 잠가주岑嘉州라고도 불렀다. 고적과 함께 낭만주의적 변새시에 능했다.

이르자 힘을 써서 그를 구제해주기를 주가朱家의 고사故事와 같이 하였다. 그는 자신을 알아줌에 감격하여 더욱 스스로 노력하여, 고금에 널리 통하도록 힘썼으며, 깊이 탐색하고 힘껏 취하여 그 평생의 지업志業을 궁구하였다. 그 축적됨이 두터울수록 그 발휘됨이 더욱 새로워졌다. 농암, 삼연三淵 두 선생이 그와 더불어 시를 주고받으면서, 그에게 경도되어 치켜세우기를 '그대는 말을 내놓으면 그것이 곧 글이 되는 사람이다' 라고 하였다.

숙종肅宗 임술壬戌(1682, 숙종 8)년에 통신사를 따라서 일본에 갔다. 섬 오랑캐들이 종이와 비단을 가지고 와서 시와 글씨를 구걸하여 지나가는 곳마다 담장처럼 죽 둘러섰다. 그가 말에 기대어 비바람 몰아치듯 붓을 날리니 모두들 간직하여 보배로 삼았고, 심지어는 집집마다 공의 화상을 그리기까지 하였다.

만년에는 북악산 백련봉白蓮峰 아래에 집을 짓고 편액을 '유하정柳下亭' 이라 하고, 좌우에 등불과 서가를 두고 그 속에서 시를 읊조렸지만 집안 전체는 조촐한 채 썰렁하여 처자가 굶주려도 마음에 두지 않았다.

내가 유하정에서 그를 처음 보았을 때, 그의 나이는 장차 오십이 될 무렵이었다. 수염과 머리털은 희끗희끗하였고, 얼굴빛은 불그스레하면서 윤기가 있어 그를 바라보노라면 신선과 같았다. 나는 적이 개연

주가의 고사 주가는 중국 한나라 사람으로 의협심이 있었으며 재능 있는 사람들을 많이 양성했다. 계포季布의 액운을 몰래 해결해주고도 계포가 출세하자 만나지 않았다는 고사가 있다.
삼연 김창흡金昌翕(1653~1722, 효종 4~경종 2). 자는 자익子益, 김창협의 아우
내 이 글의 저자인 정래교

慨然하여 세상에 공을 아끼는 사람이 많건만 곤궁 속에서 늙어가도록 하는 것은 어찌된 일인가 하고 생각하였다.

이해에 청나라 사신으로 글을 잘하는 사람이 용만龍灣에 이르러서 우리나라의 시를 보자고 하였다. 조정에서 그 선발에 어려움이 있자, 그때 재상이 그를 추천하였다. 임금이 "내 이미 그의 명성을 들었다" 하고 드디어 시를 지어 보내게 하였다.

얼마 안 있어 이문학관에 선발되었다가 승문원承文院 제술관製述官으로 승진되었으나, 임기가 끝나고 미처 다른 직책에 임명되기 전에 모친상을 당하였다. 상을 마치고 다시 승문원에 벼슬했으며 통례원 인의引儀, 서부주부西部主簿 겸 찬수랑纂修郎이 되어 우리나라의 시문 고르는 일을 담당하였다.

임금께서 화공에게 서호십경西湖十景을 그리라고 명하고 국구國舅 경은부원군慶恩府院君 김공에게 글을 내려 "홍세태가 시로써 세상에 이름이 있으니 십영十詠을 지어 바치도록 하라"고 하였다. 그는 붓을 들고 즉시 시를 완성하여 바쳤다. 곧 송라松羅찰방에 임명되었고, 부임하기 전에 또 의영고주부義盈庫主簿를 제수받았으나 탄핵을 입어 파면당했다.

용만 평안북도 의주군의 옛 이름
승문원 조선시대 외교에 관한 문서를 맡아보던 관청
제술관 승문원의 한 벼슬로 사신을 수행하여 글 짓는 일을 맡음
인의 통례원의 종6품 벼슬
서부주부 서부는 서울 안 오부의 하나. 주부는 여러 관아에 딸린 종6품 낭관 벼슬
경은부원군 김주신金柱臣(1661~1721, 현종 11~경종 13). 자는 하경廈卿, 호는 수곡壽谷 · 세심재洗心齋, 1702(숙종 28)년 딸이 숙종의 계비가 되었다.
송라 지금의 경상북도 영일군 송라면

늙어서는 더욱 가난하여 스스로 살아갈 수 없게 되자, 재상이 불러 울산감목관蔚山監牧官으로 삼았다. 부임하여서는 공무의 여가를 이용하여 자유로이 산과 바다로 방랑하니, 그 시가 더욱 힘차고 자유분방하였다. 벼슬을 마치고 돌아와서는 쇠약한 데다 병이 심해져 매사에 관심이 없어지고 허탈하여 즐겁지가 않았다. 문밖에 나가지 않고 깊숙이 들어앉아 세상과 왕래를 끊고, 상자 속에 있는 초고草稿를 찾아서 손수 편집을 하고 또 평생의 뜻을 서술하여 그의 아내 이씨에게 원고를 맡기며 '잘 간수하여 때를 기다리라' 고 말하였다. 얼마 안 있어 죽으니 일흔셋이었다. 그가 죽은 지 여섯 해가 되던 때에 사위 조창회趙昌會와 문객門客 김정우金鼎禹가 의논하고 물자를 마련하여 그 문집을 간행하니 무릇 열네 권이었다.

『완암집』

의영고주부 의영고는 궁중에서 쓰는 기름, 꿀, 과일, 채소 등의 물품의 출납을 맡아보는 관아. 관원은 령令·주부主簿·직장直長·봉사奉事 각 1인씩이었으나, 이조중기 이후 주부가 주재관이 되었다.

협사俠士인가, 시인인가

남곡 김만최 | 14

김택보金澤甫는 이름이 만최萬最로, 그의 가계家系는 호남의 광주에서 나왔다. 그 가문은 원래 벼슬한 집안이었지만 후대로 내려와 쇠퇴하여 할아버지와 아버지 대에는 의원 노릇을 하였다.

택보는 젊었을 때 아버지를 여의고 가난하여 의술을 이어받았다. 그러나 마음이 내키지 않아 그만두고, 드디어 악소년들과 어울렸다. 개 잡는 일로 살아가면서 맛있는 음식을 구하여 어머니를 봉양하였다. 그러나 택보의 성품은 기분 내키는 대로 행동하고 구속받지 않았으며, 술을 좋아하고 혈기를 부려 이따금 사람을 때려 상처를 입히는 일이 많으니, 마을에서 그를 걱정거리로 여겼다.

일찍이 도살장에서 노는데 어떤 사람이 그를 넌지시 풍자하였다.

"너는 의로운 사나이다. 다른 날 붙잡혀가더라도 부디 나에게 누를 끼치지는 말아라."

택보는 곧장 마음속으로 깨닫고는 흐느껴 울며 그 무리들을 사절해 버리고 혈기를 꺾고 독서하였는데, 날마다 수천 자를 외웠으며 베옷에 가죽 띠를 두른 채 온화하고 조용하게 처사處士다운 행동을 하였다.

내 나이 열여덟에 택보를 삼청정사三淸精舍에서 만난 적이 있다. 신장은 팔 척이고 수염이 보기 좋았으며 담론이 끊임없이 흘러나와, 그가 어질고 호방한 인물 중의 한 사람임을 알 수 있었다. 택보는 나를 한 번 보고는 매우 기뻐하여, 불러서 함께 친구가 되고 망년忘年의 사귐을 가지기로 하였다.

그 당시에 택보의 문사文詞는 크게 진취하여 이미 걸출하다는 소문이 있었다. 그러나 세상 사람들은 알건 모르건 간에 그를 '문인文人'으로 지목하지 않고 반드시 '협사俠士'라고 하였다. 그것은 그가 젊었을 때의 기질과 습관을 아직 모두 없애버리지 못하였고, 언어와 가영歌詠에 나타난 것에 또한 연燕·조趙의 비분강개한 소리가 많이 있었기 때문이다.

택보는 이미 떠돌이생활 사십여 년에 곤궁함이 더욱 심하여 집 둘레가 적적하고 처자식은 굶주리고 추위에 떨고 있었다. 그러나 남의 급한 일을 보면 뒤질세라 달려가기도 하고, 남과 사귈 때에는 청탁淸濁을 묻지 않고 마음속으로 좋다고 여겨지면, 비록 천하고 깨끗하지 못한 사람일지라도 더욱더 공경하였다. 이 때문에 그를 아끼고 사모한 자들이 매우 많았다.

늘그막에 백련봉 아래에 집을 짓고 자호하기를 '남곡거사嵐谷居士'라고 하였다. 손수 채소를 가꾸며, 버들을 심어놓고 날마다 그 아래에서 소요하면서 유유자적하였고, 술병을 가지고 오는 자가 있으면 머무르

내 이 글의 필자인 정래교
망년의 사귐 나이의 차이를 따지지 아니하고 재주와 학문을 존중하여 사귀는 일
연·조의 비분강개한 소리 연과 조는 전국시대의 나라 이름인데 이 지역에는 비분강개하는 선비들이 많이 있어 그 노래 또한 울분에 찬 것이었다고 전해진다.

게 하여 함께 술을 마시며 매우 기뻐하였다. 취하면 소나무 숲속에서 머리를 풀어헤치고 장단에 맞춰 넓적다리를 두드리며 노래하였다.

두어 말의 술을 마셔도 취하지 아니하면 문득 큰 주발로 마셨는데, 꿀꺽꿀꺽 마치 고래가 들이키듯 하였으니, 보는 사람들은 그것을 장쾌하게 여겼다. 어느 날 병으로 갑자기 죽으니 나이 일흔여섯이었다.

택보의 시는 충담沖澹 · 고아古雅하여 대부분 한漢 · 위魏 · 육조六朝의 풍을 얻었다. 삼연선생과 유하柳下옹은 자주 칭찬을 더하며, 그 같은 경지는 쉽게 얻지 못할 것이라고 여겼다.

아아! 택보의 지기志氣와 재조才調를 옛사람에게 구해본다면 석연년石延年과 진계상陳季常 같은 류의 사람이라 할 수 있을 것이지만, 택보는 이미 세상에 뜻이 없고 세상에 또한 택보를 알아주는 자가 없었다. 그러나 후세에 택보의 시를 보는 자는 또한 그 사람을 상상할 수 있을 것이다.

『완암집』

석연년 중국 송나라 문인. 자는 만경曼卿, 술을 매우 좋아해 '주선酒仙'이라 했으며, 시문에 뛰어나서 소순흠蘇舜欽 · 매요신梅堯臣 등과 이름을 나란히 했다.

진계상 진조陳慥. 중국 송나라 사람. 계상은 자이며, 호는 용구거사龍丘居士. 젊었을 때는 술과 검술을 좋아했고, 장성해서는 혈기를 꺾고 독서하다 만년에 은둔했다. 네모난 높은 모자를 쓰고 다녔기에 사람들이 '방산자方山子'라 불렀으며, 소식은 「방산자전方山子傳」을 지었다.

문장 중의 문장

성재 고시언 | 15

고시언高時彦은 자가 국미國美, 본관은 송경松京(개성)이다. 공은 널찍한 미목眉目에 아름다운 용모로 노는 것이 남달랐다. 총명이 보통 사람보다 뛰어나 하루에 수천 자를 외울 수 있었다.

열다섯 살의 소년이 되어서는 더욱 힘을 기울여 각고刻苦의 노력으로 책을 읽었다. 비록 한더위가 되어도 종일토록 움직이지 않아 사타구니 밑이 썩어 문드러지기까지 했다.

그러나 공의 집은 갈수록 구차함이 심하고 양친이 모두 연로年老하니 드디어 말단 기술로 뜻을 굽히게 되었다. 열일곱 살에 사역원 한학과漢學科에 급제하여 작은 봉록으로 맛있는 음식을 공양할 수 있었다.

틈만 나면 고대古代의 경전을 연구, 열람하기를 조금도 게을리 하지 않아서, 경전 및 제자백가에 두루 통하지 않은 것이 없었다. 박문강기博聞强記로써 세상에 이름이 알려지게 되니, 사역원의 많은 생도가 글의 뜻을 물어왔으며, 높여서 사표로 삼았다.

한학과 사역원의 한어漢語 · 역관譯官 · 취재取才 시험
고대의 경전 원문에는 '墳典' 으로 되어 있다. 이는 삼분三墳과 오전五典, 즉 삼황오제三皇五帝의 전적을 지칭하는 말인데 쓰임이 확대돼 고대의 전적을 의미하는 말로 쓰이게 되었다.

벼슬은 이품二品에 올라 비단옷에 금띠를 두를 수 있었으나 공은 평소 병을 자주 앓아 부모가 죽자 문득 벼슬에서 물러나려는 뜻을 지녔다. 별도로 작은 집을 지어 편액을 '성재省齋'라 하고, 문밖을 나서지 않고 단아하게 거처하며 소영嘯詠하고 유유자적하였다.

갑인甲寅(1794, 정조 18)년에 진주사陳奏使를 따라 중국에 갔는데, 강을 건너자 병이 심하여 마침내 중국의 객사에서 죽었다. 임종 때에 심기와 안색이 평화로웠으며 죽음을 슬퍼하지 않았다. 손수 편지를 써 가사家事를 처리하도록 집의 어린 종 편에 부치고 드디어 자리를 바르게 하고 죽었다.

공은 사람됨이 순후하고 조용하여 남들과 경쟁한 적이 없으며, 상원象院에 벼슬한 지 사십여 년 동안에 다른 사람을 나쁘게 보지 않았고, 부모를 지극한 효도로 섬겨 마음과 몸을 모두 극진히 갖추어 봉양하였다. 그리고 마침내 병든 몸으로 힘을 다하여 나랏일에 분주히 애쓰다가 죽었다. 옛 책에 '한 고을에서 모두 착한 선비라고 칭찬한다'라는 말이 있는데, 이것이 바로 공을 두고 일컫는 것이다.

대개 평생에 좋아한 바가 고문古文에 있었는데, 통역 업무에 종사하여 전공을 다하지 못했다. 그러나 그가 지은 시문은 한 시대의 안목을 갖춘 사람이 인정하는 것이었다. 유하 홍공이 자주 그를 칭찬하여 '기재奇才'라 말했고, 삼연 김공이 손수 그의 열천시冽泉詩에 서문을 쓰면서 "말과 조리가 모두 빈틈이 없으니 문장 중에 최고 경지에 이른 것"

진주사 주청사奏請使의 별칭. 동지사冬至使 이외에 중국에 주청할 일이 있을 때 보내던 사신

한 고을에서…칭찬한다 맹자는 "한 고을에서 인정받는 착한 선비라야 이에 한 고을의 착한 선비들과 사귈 수 있다一鄕之善士, 斯友一鄕之善士"고 말한 바 있다. 『맹자』「만장萬章」하 참조

이라고 말했다. 또한 경전의 뜻에 대하여 식견과 해석이 더욱 정밀했는데, 저술로 『주소차의註疏箚疑』 2권과 『성재집省齋集』 2권이 있고, 그가 편집한 『소대풍요』 3권이 함께 세상에 유포되고 있다.

『완암집』

성재집 인용서목 해설 참조
소대풍요 인용서목 해설 참조

여윈 학이 노래하듯

완암 정래교 | 16

무릇 시라는 것은 천기다. 천기가 사람에게 부여됨에 있어 일찍이 그 처지를 가리는 것이 아니니, 물욕에 얽매이지 않는 자만이 능히 그것을 얻을 수 있는 것이다. 위항의 선비는 궁하고 천하다. 그러므로 무릇 일체의 공명 · 영달 · 이익이 밖에서 흔들고 안으로 스며드는 바가 없어 쉽게 그 천성을 보전하고 업을 삼는 일에 대해 즐기면서 또 전념하게 된다. 그것은 형세가 그러한 것이다.

근세의 시인으로 창랑 홍도장洪道長(홍세태) 같은 이가 곧 그러한 사람이고, 도장을 이어 또 완암浣巖 정윤경鄭潤卿이라는 사람이 있는데, 그 이름은 내교來僑다. 당시의 학사, 대부들이 그와 친하게 사귀면서 이름을 부르지 않고 자를 불렀으며, 어떤 사람은 집으로 불러 자제를 가르치도록 하였다.

그는 사람됨이 맑고 깨끗하여 여윈 학과 같으며, 그 모습을 바라보면 시인임을 알 수 있는데, 매우 가난하여 집에는 다만 네 벽뿐이었다. 시사의 여러 벗들은 좋은 술이 있으면 반드시 그를 불렀고, 그는 양이 다 되도록 실컷 마셔 주흥酒興이 넘쳐흐른 다음에야 비로소 운자를 내어 높이 앉아 먼저 시를 읊는다. 그가 시를 지으매 소탕疎宕 연양

演漾한 시인의 태도를 얻었는데, 때때로 성조聲調가 강개하여 마치 연·조나라의 축筑을 타던 선비와 더불어 위아래로 좇아 어울리는 것 같았다. 대개 그 연원이 홍도장에게서 나왔으나, 천기에서 얻은 것이 많았다. 그 가슴속에 진실로 외물에 유혹당하는 바가 있어서 즐기지 못하고 전념하지 못했다면, 그 성취가 능히 이와 같을 수 있겠는가.

윤경은 비단 시에 빼어날 뿐 아니라 문文도 잘하여서 굽히고 높이고 가리키고 돌림[俯仰指旋]에 있어 자못 작자의 풍치가 있었다. 어떤 논자는 "문이 시보다 낫다"고 하지만, 내가 생각하기에 윤경의 시와 문이 한결같이 천기에서 나왔을 따름이니 어찌 반드시 장단長短을 논할 것이랴.

윤경이 한편으로 거문고 곡조에 이해가 깊고 또 장가長歌 부르기를 좋아하여, 모두 그 묘함을 다하였다. 술이 얼큰하여 문득 스스로 거문고를 타고 스스로 노래로 화답하면 아득히 드넓은 느낌에 거의 그 누가 거문고를 타며 누가 노래를 하는지 잊을 지경이다. 그런데 그것을 듣는 사람으로 하여금 평하게 하여 "어느 것은 빼어나고, 어느 것은 졸렬하다"고 말하게 한다면, 반드시 윤경에게서 비웃음을 당할 것이다. 세상에서 윤경의 시와 문을 논하는 사람이 또한 그와 같다.

내가 윤경을 사귄 것이 멀리 약관 때부터인데, 내가 괴원槐院을 맡고 있을 때에 윤경은 제술관의 녹을 먹고 있었다. 윤경이 눈병 때문에 물러나려 하므로 내가 말하였다.

내 이 글의 저자인 이천보李天輔(1698~1761, 숙종 24~영조 37). 자는 의숙宜叔, 호는 진암晋庵, 본관은 연안延安. 영조 때 영의정을 지냈고 『진암집晋庵集』을 남겼음

"윤경은 오늘날의 장적張籍이니, 마음은 눈멀지 않았다. 눈을 감고 입으로 불러도 충분히 원내院內의 글 짓는 일을 다할 수 있을 것이다."

그리고 기어이 허락하지 않았다.

때로 공적인 일로 나를 만나러 오면 나는 동복僮僕에게 명하여 부축하여 마루에 오르게 하고 그의 시를 물어보았다. 윤경은 목청을 늘여 낭송하다가 득의한 곳에 이르면 자기도 모르게 갓을 벗고 광기狂氣로 외치곤 했다. 나는 이에 윤경이 늙고 또 병들었으나 그 기운이 쇠하지는 않았음을 알았다.

윤경이 이미 죽고 나서, 학사 홍자순洪子順이 그 시문을 뽑고, 판서 홍익여洪翼汝가 비용을 대 장차 발간하여 세상에 펴고자 한다.

육화六化 이상국李相國 찬

장적 중국 당나라의 시인, 자는 문장文昌. 한유韓愈의 추천을 받아 관직에 올랐다. 어려서 집이 빈한한 관계로 얻은 안질로 눈이 멀었는데, 지방 장관에게 비록 눈은 멀었지만 마음의 눈은 멀지 않았다고 글을 쓴 바 있다. 태상시태축太常侍太祝이라는 하위직에 머물렀지만, 두보·백거이의 문학적 성과를 계승해 전쟁의 비정함과 전란 속에 겪는 백성들의 고난을 사실적으로 잘 그려냈다. 문집으로 『장사업집張司業詩集』이 있다.

홍자순 홍낙명洪樂命(1722~1784, 경종 2~정조 8). 자순子順은 자, 호는 신재新齋, 본관은 풍산. 영조 때 문과에 올라 이조·예조판서를 지냈음. 『신재문수新齋文粹』『유은록儒隱錄』 등의 저서를 남겼다.

홍익여 홍봉한洪鳳漢

붓이 말을 달리는 듯

한천 정민교 | 17

군은 숙종 정축丁丑(1697)년 생으로, 이름은 민교敏僑, 자는 계통季通이다. 얼굴이 희고 눈과 눈썹이 그린 것 같았다. 겨우 열대여섯 살에 문리가 크게 진전되어 자사제서子史諸書를 스스로 깨달아 번거롭게 찾거나 묻지 않았다.

계사癸巳(1713)년에 아버지의 상을 당하였는데, 그때 나이 열일곱으로 상주 노릇을 하며 예를 다하니, 보는 자가 감탄하며 기이하게 여겼다.

수십 명의 연소한 무리들이 나를 좇아 배웠는데, 군은 별도로 한 자리를 차지하고 오뚝하게 단정히 앉아 가르치니 엄하기가 노숙한 선생과 같았다.

삼년상을 마치고 과거 공부를 시작하여 스물아홉에 비로소 성균관에 들게 되었으나, 이윽고 탄식하며 말하기를 "이 정도로 어찌 부모님을 영예롭게 하고 나의 뜻을 펼쳤다고 할 수 있겠는가!" 하고, 더욱 힘써 크게 드러낼 계획을 세웠다. 또 고금을 넘나들며 작가의 방향을 대략 알아서 시문을 지으면 안목을 갖춘 이들에게 왕왕 칭찬을 들었다.

나 이 글의 필자인 정래교. 정민교의 형이다.

사대부 자제들이 다투어 사귀기를 바랐고 여항에 거처하며 재지才志가 있는 자들도 사모하여 그를 따랐으며, 폐백을 들고 와 문하생으로 자처하는 자가 수십 명이나 되었다.

성품이 지극히 효성스러워 어머니 곁에 있으면서 항상 화락한 얼굴과 어리광으로 어머니의 마음을 즐겁게 해드리려 힘썼으며, 어려서부터 장년이 될 때까지 일찍이 과오로 책망받는 일이 없었다. 연전에 나는 어머니를 모시고 충청도 어느 지방에 살았는데, 할머니 고高씨는 너무 늙으셔서 움직일 수도 없었기에 서울 집에 머무르고 계셨다. 군이 밤낮으로 곁에서 모시고 침식寢食에서 대소변에 이르기까지 모두 몸소 정성을 다해 힘든 일을 해냈다. 그의 문도들이 항상 그것을 보고 혀를 차며 감탄하였다.

을사乙巳(1725, 영조 1)년 겨울에 판서 윤尹공이 평양감사로 나가게 되었는데, 군이 추위와 굶주림에 시달리는 것을 딱하게 여겨 감영으로 불러 해세海稅를 감독하게 하였다. 마침 흉년이 든 해였다. 군이 해안 주민의 남루함과 구걸하는 모습을 보고, 마음속으로 가엾게 여겨 한마디도 묻지 않고 빈 자루만 가지고 돌아왔다.

수은睡隱 홍洪공이 감사로 교체되어 왔을 때도 군에게 서기직을 맡겨 머무르게 하였다. 홍공이 아끼고 좋아하여 서로 날로 친밀해졌지만, 군은 사사로이 간여하는 일이 절대로 없었다. 그러나 잘못된 일이 있으면 반드시 직언으로 다투었으니, 홍공이 군을 대접함이 더욱 융성

수은 홍공 홍석보洪錫輔(1672~1729, 현종 13~영조 5). 자는 양신良臣, 수은은 호, 본관은 풍산. 김창협의 문하에서 수학했다.

했다.

무신戊申(1728)년 여름에 어머니의 상을 당해서는 나와 함께 여막에 기거했는데, 채소도 충분히 먹지 못해 질병이 깊게 들었다. 그러나 심한 추위와 무더위에도 두른 띠를 풀지 않았다.

상화喪禍를 치루면서부터 가세가 더욱 빈한해져 형제가 서로 감싸줄 수 없게 되자, 군은 드디어 가족을 이끌고 충청도로 옮겨갔다. 군은 그곳 풍토를 좋아하여 거처하는 곳의 이름을 따라 한천자寒泉子라 자호하였다.

경술庚戌(1730, 영조 6)년 가을에 풍원군豊原君 조현명趙顯命이 영남의 감사가 되었을 때, 군을 말에 태워 데려갔다. 도착하자 몹시 환대해주고 관사館舍에 객客으로 있게 하면서 그의 두 아들을 가르치게 하기를 마치 여가呂家의 천지千之와 같이 하였다. 틈이 나면 서로 맞수가 되어 번갈아 수창酬唱한 시가 쌓여 권卷과 축軸을 이루었고, 그 사귐이 날로 깊어져서 거의 서로의 신분을 잊을 정도에 이르렀다. 그러나 군은 평소에 속병을 앓고 있었는데 남쪽 지방의 풍토에 익숙지 못해 결국 다시 일어나지 못했다.

군의 사람됨은 소탕하고 얽매임이 없으며, 자기를 처신함이 자유롭고 솔직하여, 편벽되거나 순박하고 조심스러운 태도로써 다른 사람의 호의를 구하지 않았다. 그러한 까닭에 사람들이 혹 거만하다고 보고 그를 헐뜯기도 하였다. 그러나 효성과 우애의 지극한 행실은 천성天性

여가의 천지 '여가'는 중국 송나라 여공저呂公著·여희철呂希哲 부자의 집안을 지칭하며, '천지'는 구양수의 수제자였던 초천지焦千之를 가리킨다. 여공저는 초천지를 아들을 위한 선생으로 모셨고, 초천지는 여희철에게 매우 엄격한 교육을 했던 것으로 유명하다. 『소학』 권6 참조에서 나온 것으로, 그가 가정에 독실했던 점은 군을 아는 한두 사람만이 알 뿐이다.

군이 고문에 온 마음으로 힘을 쏟지는 않았지만, 천기가 발현되어서 붓이 도도하게 말 달리듯 왕복하는 사이에, 문사와 논리가 모두 충족되어 있었다. 그의 고시古詩와 근체시近體詩는 한漢·당 시인들의 길과 맥락脈絡을 따르지는 않았지만, 손 가는 대로 시를 써내면 난만爛漫하고 원만, 유창하여 향산香山과 검남劍南 사이에 깊이 젖어들었으니, 스스로 일가一家의 규범을 이루었다고 해도 과언이 아니다.

군의 향년 겨우 서른다섯이었고 딸이 하나 있었는데 어렸다. 아내 변邊씨는 본관이 원주原州인데, 슬픔을 절제하며 억지로 밥을 먹고 몸소 제사 음식을 차렸으며, 나에게 군의 유고遺稿를 수습하기를 권하여 군의 이름이 영구히 남도록 도모하였다. 계통의 아내가 됨이 부끄럽지 않다. 아아! 슬프도다.

『완암집』

향산 백거이. 중국 당나라 시인. 자는 낙천樂天, 호는 향산거사香山居士. 문장이 평이하고 유창했으며, 백성들의 삶을 적극적으로 반영하고자 하는 '신악부운동'의 창시자였다.

검남 육유陸游. 중국 남송 시인. 자는 무관務觀, 호는 방옹放翁. 남송 제일의 시인이자, 금나라에 대한 강렬한 항전 의지를 불태웠던 애국 시인이었다. 저서로 『검남시고劍南詩稿』 『남당서南唐書』 등이 있다.

사람은 정성으로 사물은 어짊으로

금곡 현덕윤 | 18

금곡錦谷 현덕윤玄德潤은 자가 도이道以다. 역관으로서 품계가 가선에까지 올랐다. 효행이 있고 글씨로 이름을 날렸다. 여러 번 많은 돈을 모았지만 형제들에게 흩어 주었으므로, 죽음에 이르러서는 집에 남은 재물이 없었다. 일찍이 부산훈도釜山訓導로서 임기가 다 되었는데, 동래부사東萊府使가 그가 그 직무에 적합하다고 임금께 아뢰어 특별히 일 년을 더 있게 하였다.

전후 십 년 공무를 수행하며 백성에게 은혜를 베풀어 자못 명성과 업적이 있었다. 변방의 백성들이 추억하여 비석을 세우고 이렇게 썼다.

사람을 대함은 정성으로 하고　　待人以誠
사물을 접함은 어짊으로 하니,　　接物以仁
공은 관방에 크고　　功大關防
은혜는 고을 백성에게 젖어들었네.　　惠洽鄕民

현덕윤 1676~1737(숙종 2~영조 13), 본관은 천녕川寧. 『근역서화징槿域書畵徵』의 기록에 의하면, 그는 초서·예서에 능하다.

부산훈도 훈도는 관상감觀象監·전의감·사역원司譯院의 정9품 관직 이름. 부산훈도는 부산 왜관倭館에 근무하는 직책

삼계고사를 잇다

항은 최태완 | 19

항은巷隱 최태완崔泰完은 자가 성고聖固다. 어려서부터 신실하고 행실을 돈독하게 하여 향당鄕黨에 알려졌다. 그 손자인 동계東溪 최윤창崔潤昌이 삼계三溪의 고사를 다시 이어가면서 이렇게 서문을 썼다.

> 우리 할아버지께서 만년에 한적하게 거처하시며 교유를 사절하고 서적에 잠심하셨다. 수시로 시를 읊조리다가 때로 흥이 이르면 문득 아들과 손자를 거느리고 나가 성곽 북쪽에 있는 삼계당三溪堂에 가셨다. 어떤 때는 이틀을 묵으며 노닐기도 하고, 혹은 해가 질 때까지 시를 읊으며 소광昭曠의 본원에 소요하셨다. 읊으신 시에 이런 것이 있다.

병든 회포 · 근심이 서리면	病懷愁着處
지팡이 붙들고 삼계당으로 가네.	扶杖出溪堂

삼계 서울 종로구 부암동付岩洞 · 무계동武溪洞 일대. 세 갈래 물이 합해져 흐르는 곳이라 하여 생긴 이름이며, 흥선대원군의 석파정石坡亭 뒤 바위에 '삼계동三溪洞'이라는 글자가 있다.

소광의 본원 밝고 넓은 본원지. 즉 현상적이고 상대적 세계를 초월한 우주의 절대적 세계를 의미하는 말로, 유교에서 도달하고자 하는 최고의 경지를 뜻함

벽장에는 서적을 쌓아두었고　壁上藏書籍
처마 앞은 활터를 마련하였네.　檐前寘射場
오늘 아침 서리에 하늘 기운 차갑고　新霜天氣肅
어젯밤 비에 산골 물소리 커졌구나.　昨雨澗聲長
비로소 진정을 기를 곳 얻으매　始得養眞地
묵은 병을 모두 잊어버렸네.　昔痾渾却忘

그때 나는 이제 막 배냇니를 갈 때였는데, 능히 모시고 가서 우러러보았기 때문에 이제 늘그막에 이르러 매양 이 일을 이어나가고 싶었으나 여유가 없었다.

당질堂姪 최중식崔重植이 종회宗會에 나와 말하기를 "이 청명하고 화창한 절후를 당하여 온 문중 노소가 일제히 경치 좋은 곳에 모여 위가韋家의 승회勝會를 마련한다면 좋지 않겠습니까?" 하였다. 내가 이 말을 듣고 기뻐하며 말하기를, "나의 왕고王考께서 전에 삼계에 놀러 가시곤 했는데, 옛일에 따라 삼계로 놀러 간다면 선지先志를 계승하고 천륜을 질서 있게 하는 것이니 어찌 좋지 않겠는가?" 하였다. 여러 사람들이 모두 '좋다'고 하여, 드디어 날을 정하니 곧 기유己酉(1789, 정조 13)년 4월 29일이었다. 한 문중의 늙은이와 젊은이, 아이들까지 모두 28명이 소맷자락을 이어 삼계 무동武洞의 사이로 나갔다. 옛 자취를 추심하여 잇달아 나이 순서로 앉아 술자리를 마련하였는데, 바위와 샘과 구름 등은 의연히 옛날과 같

위가의 승회 중국 당나라의 시인 잠삼岑參의 시 「위원외가화수가韋員外家花樹歌」에는 당대 위씨 집안이 봄철이면 좋은 모임을 가졌던 일이 그려져 있다. 송대의 성리학자 정이程頤는 이것을 선례로 삼아 종중宗中의 정기적 모임을 권장하였던바 '화수회'라는 명칭이 여기에서 유래했다.

았다. 이에 시 짓는 사람, 활 쏘는 사람, 바둑 두는 사람, 투호하는 사람들이 종일 즐기며 놀았으나 노래하고 악기를 타지 않은 것은 유지遺志를 따라, 사치하고 크게 벌이는 것을 경계하는 까닭이다.

아! 나의 할아버지께서 이곳에 놀러 오신 지가 지금으로부터 오십 년 전인데, 우리가 오늘날 이를 계승하였고, 우리의 아들 및 손자가 오십 년 뒤에 또 이를 잇는다면 어찌 우리 집안의 훌륭한 행사가 아니겠는가? 삼가 왕고의 그날의 시를 차운次韻하고, 또 일족一族 중에 시를 잘 짓는 자로 하여금 이어 화답하게 하여 순서대로 갖추어놓았으니, 먼 훗날 글을 보고 계술繼述할 바탕이 되게 하기 위해서다.

시는 이러하다.

우리 할아버지께서 청고하게 노니시던 일	吾祖淸遊事
삼계에서 다시 계승하도다.	三溪復肯堂
시편에는 전날의 자취 완연한데	詩篇宛前躅
후곡은 새 장소에 설치했네.	候鵠設新場
담담하게 봉 위에 구름은 뻗쳐 있고	澹澹峰雲細
졸졸 흐르는 산골 물은 소리가 길게 들리는구나.	濺濺澗水長
손자와 증손이 모두 여기 이르렀으니	孫曾齊到此
조상의 음덕, 어찌 잊어버릴 수 있으랴.	先蔭叵能忘

여러 사람의 시를 다 기록하지는 못하였다. 그후 기유년(1849)에 동계의 손자 첨추僉樞 최종환崔宗煥이 또 삼계동에서 이 모임을 잇고, 여러 종친 및 아들, 손자가 나란히 옛날의 시운詩韻에 화답하여 시축詩軸

과 책을 만들었다. 앞의 기유년 시축과 아울러 집에 보관하였다.

『겸산필기』

한 편 시에 담은 역사

담옹 박창원 | 20

담옹澹翁 박창원朴昌元은 자가 선장善長이다. 행실을 돈독히 하고 학문을 좋아하였으며 전고典故와 경례經禮를 두루 익혔다. 문집 한 권이 있다.

그의 역대인歷代引이라는 시는 이러하다.

복희 · 신농 · 황제는 삼황이요	羲農黃帝爲三皇
오제는 소호 · 전욱 · 제곡 · 요 · 순이라.	五帝昊頊嚳唐虞
하나라 십칠 대는 사백 년을 거쳤고	夏十七世歷四百
은나라 이십팔 대는 육백여 년이로다.	殷卄八世六百餘
서주 십사 대 동주 이십사 대로	西周十四東卄四
역년이 팔백칠십여 년이었네.	歷年八百七十强
삼왕 이후에 오패가 있고	三王之後有五霸
진나라는 윤위하여 두 대만에 망했고	秦爲閏位二世亡
고제 · 혜제 · 문제 · 경제 · 무제 · 소제 · 선제	高惠文景武昭宣
원제 · 성제 · 애제 · 평제에서 유자에 이르렀네.	元成哀平至孺子

윤위 정통이 아닌 임금의 자리를 뜻함

이것이 서한이라 장안에 도읍하여	是爲西漢都長安
나라를 전해온 지 이백십사 년.	傳國二百十四祀
광무제는 왕망을 베고 낙양에 도읍하여	光武誅莽宅洛陽
명제 · 장제 · 화제 · 상제 · 안제 · 순제가 계승하였네.	明章和殤安順繼
충제 · 질제 · 환제 · 영제 그리고 헌제에 이르기까지	沖質桓靈至于獻
황통을 이은 것이 백구십육 년이었다.	繼統百九十六歲
촉한의 두 임금 사십삼 년	蜀漢兩君四十三
오나라, 위나라 참칭한 것이 사오 대.	吳魏僭號四五世
서진의 무제 · 혜제 · 회제 · 민제	西晋武惠止懷愍
원제 · 명제 · 성제 · 강제는 금릉에 머물었네.	元明成康金陵住
목제 · 애제 · 혁제 · 간문제 · 효무제 · 안제 · 공제	穆哀奕簡孝安恭
제위를 누린 일백오십오 년.	享祚一百五十五
중화中華는 육침되고 오호가 뒤흔드는데	神州陸沈五胡擾
송 · 제 · 양 · 진나라는 남조가 되었고	宋齊梁陳南朝是
삼위 · 제 · 주나라는 북조가 되었는데,	三魏齊周爲北朝
수문제가 하나로 통일하였으나 양제 · 공제에서 그쳤네.	隋文統一煬恭止
당고조 · 태종이 진양에서 일어나	唐高太宗起晋陽
고종 · 중종에 이르러 무후武后가 찬탈하였네.	逮夫高中武纂基
예종 · 현종 · 숙종 · 대종 · 덕종 · 순종 · 헌종	睿玄肅代德順憲
목종 · 경종 · 문종 · 무종 · 선종 · 의종 · 희종	穆敬文武宣懿僖
소종 · 애제의 대에서 당의 왕업이 끝나기까지	昭哀之世唐業訖
일백팔십구 년을 지탱하였네.	一百八十九年支
오계의 후량 · 후당 · 후진 · 후한 · 후주	五季梁唐晉漢周

옥새는 육순 동안 다섯 차례 옮겨가고	神器六旬五遷之
송나라는 변경에서 일어나 태종 · 진종	宋興于汴藝太眞
인종 · 영종 · 신종 · 철종을 거쳐 휘종 · 흠종에서 그쳤네.	仁英神哲止徽欽
고종 · 효종 · 광종 · 영종 · 이종 · 도종 · 공종	高孝光寧理度恭
단종 · 제병에 끝나기까지 남도에 임하였네.	訖于端昺南都臨
삼백이십 년 만에 원나라 세상에 속하여	三百廿載屬元世
팔십구 년 긴 밤에 잠겨 있었네.	八十九年長夜沈
대명이 중천하고 고제가 일어나	大明中天高帝興
건문 · 태종 · 인종과 선종	建文太宗仁與宣
영종 · 경제 · 영종 · 헌종 · 효종 · 무제 · 세종	英景英憲孝武世
목종 · 신종 · 광종 · 희종으로 성왕이 서로 전하고	穆神光熹聖相傳
의종이 사직에 순사하고 삼제가 계승하여	毅殉社稷三帝承
대통이 이백구십사 년간 이어졌네.	大統二百九四綿
대개 포희씨로부터 영력연간에 그치기까지	蓋自包犧止永曆
오천일백십팔 년이로다.	五千一百十八年

『겸산필기』

영력 명나라 마지막 임금 영명왕永明王의 연호(1647~1662)

가을, 거지를 슬퍼함

매곡 송규빈 | 21

매곡梅谷 송규빈宋奎斌은 자가 이형爾衡인데, 강개하고 기량과 재간이 있었다. 일찍이 상소하여 시무를 논하기도 하였다. 「무자년戊子年(1768, 영조 44) 가을 거지를 슬퍼함戊子秋哀丐者」이란 시는 이러하다.

가을 풍경은 어느덧 텅 비어 쓸쓸하고	秋容倏寥廓
누각에도 점차 서늘한 기운 생겨나네.	溪閣漸生凉
온갖 열매 햇볕에 익어가고	萬實垂成日
황금물결 사방 들판에 펼쳐졌네.	黃雲四野張
슬프다, 너는 어느 지방 사람이기에	嗟爾何處人
부축하고 끌며 이 지방에 이르렀는가?	扶挈到此方
말씀드리면, 본시 동협강원도 백성으로	云是東峽民
먹을 것이 없어 고향을 떠났답니다.	無食離家鄉
사월에는 서리 우박 내리고	四月下霜雹

일찍이…하였다 송규빈(1696~?, 숙종 22~?)은 영조 49(1773)년 6월에 소를 올려 존주대의尊周大義를 말하여 임금으로부터 특별히 녹피鹿皮를 하사받은 일이 있다.

오월에는 메뚜기 떼 둘러싸여	五月遍螟蝗
겨우 지나가매 껍질만 남았는데	才經僅剝餘
또 해충이 주는 손실을 만났지요.	又逢蟲損傷
처음엔 밭둔덕 위 기장으로부터	始從隴上黍
서서히 논의 벼에 미치어	迤及水中秧
뿌리며 이삭, 모두 갉아먹어	根穗皆蝕盡
곳곳마다 빈 터에 풀이 우거지니	處處莽空場
반년간 모진 고생 허비하여	半歲費辛苦
가을을 당해 도리어 황무지가 되었다오.	逢秋却成荒
열 식구 모두 배고픔을 호소하는데	十口皆呼饑
어찌 덮고 저장함이 있기를 바랐겠소?	焉望有蓋藏
동쪽 집은 마소를 팔고	東家鬻牛馬
서쪽 집은 대추나무며 뽕나무를 베어내는데	西隣伐棗桑
환곡 갚을 시기는 이미 닥쳤고	糴期忽已迫
신포 또한 급해졌다오.	身布又遑遑
관청 하인은 사납기 호랑이 같아	官差猛如虎
문에 다다라 멋대로 빼앗고 약탈하니	臨門肆槍攘
한 집 안을 둘러보아도	環顧一室中
네 벽에는 오직 무너진 담뿐	四壁惟頹墻
포승줄에 매여갈까 몹시 두려워	深恐連縲絏
낡은 옷가지도 모두 팔았답니다.	盡賣弊衣裳
슬프디 슬픈 어린아이 울음	哀哀幼稚哭
밥 달라며 부모를 부르니	索飯呼爺孃

땅에 편안히 사는 것 어찌 원치 않았겠으며 安土豈非願
고향을 어찌 잊을 수 있었으리오. 故鄕拒可忘
병 속에 쌀 한 톨이 없으니 甁無一粒粟
장차 어찌 겨찌끼인들 이어가리오. 將何繼秕慷
하루에 한 끼밖에 먹지 못하여 一日不再食
선 채로 위망함을 보게 되었다오. 立地見危亡
앉아서 죽기를 기다리기도 어렵고 難於坐待死
온갖 계획으로 생각만 허비했지요. 百計費商量
식솔을 거느려 떠돌이 거지가 되니 率眷作流丐
천지는 어찌 그리 망망한지. 天壤何茫茫
통곡하며 고향 마을을 떠나와 痛哭辭故里
피눈물을 조상의 무덤에 뿌렸다오. 血淚西白楊
전해 들으니 다른 고을은 傳聞他郡邑
왕왕 풍년이 든다는데 往往登豊穰
우리 땅에는 무슨 허물이 있어 我土獨何辜
독한 재앙이 한 지방에만 치우치는지? 毒災偏一坊
땅은 황폐하고 백성은 사방에 흩어져 地荒民四散
공사 간에 깊은 재앙을 입었다오. 公私貽深殃
해와 달이 쌍으로 바퀴처럼 굴러 日月雙轉轂
흐르는 세월 된서리 내리는 철이 되었는데 流光落嚴霜
이미 집도 먹을 것도 없으니 旣無家與食
밤중에 길섶에 누워 울지요. 半夜泣路傍
정처없이 떠돌아다니다가 流離不定居

구렁에 쓰러져 엎어질 테지요.	溝壑任仆殭
늙은 나는 이 말을 듣고	老我聞此言
모르는 사이 눈에 눈물 가득하네.	不覺涕盈匡
하늘의 마음은 지극히 공평하여	天心爲至公
살려주기를 좋아함이 본시 그지없으나	好生本無疆
고금의 재앙은 끊이질 않았으니	古今有災珍
천리의 유행은 본디 일정함이 없다네.	流行本無常
흉년이 어느 시대인들 없으리오.	儉歲何代無
흉년을 구제하는 데는 창고 열기에 의지하였네.	救荒賴發倉
우두커니 보며 물에 빠진 사람을 건져내지 않으니	立視不拯溺
무엇에 쓰리오 저 황당!	焉用彼黃堂
황당이 모두 이와 같다면	黃堂皆如此
백성이 어디를 바라볼 것인가?	黎民安所望
다스리고 돌보는 일 작지 않으니	牧御非小可
어찌 훌륭한 자 나쁜 자 가리지 않겠는가?	何不揀否臧
만약 재앙과 상서로움을 살피면	若究災與祥
반드시 음양을 다스림이 먼저로다.	必先理陰陽
백리 또한 임금의 은혜이니	百里亦君恩
삼가 더러운 뇌물 받지 말아야 하리라.	愼勿汚賄贓
백성 사랑하기를 자식 사랑하듯 하면	愛民如愛子
밖에서 오는 비방 어찌 근심되랴.	何恤外至謗
탄식하고 또 탄식하나	嘆息復嘆息
무엇으로써 죽음에서 구제하리	何以濟札傷

고요히 생각해도 다른 방법이 없으니 靜念無他道

인재를 얻어 창성해지는 것만 같지 못하도다. 莫如得人昌.

『겸산필기』

황당 수령 집무처
백리 지방 수령을 가리키는 말

홍해를 선비의 고향으로

농수 최천익 | 22

최천익崔天翼은 자가 진숙晉叔으로 홍해興海 사람이다. 대대로 군郡의 아전을 지냈는데, 그만 오직 스스로 분발하여 선비가 되었다. 진사에 오름에 이르러 말하길 "내 분수에 흡족하다"라고 하고 드디어 다시는 과거에 응시하지 않았다. 집에 거처하며 가르친 지 삽십 년에 생을 마치니 나이 예순여덟이었다.

그는 먼 변두리 미천한 데에서 높이 일어나 사방에 유학하였다. 책에 있어서는 읽지 않은 것이 없었는데, 문학이 울연하여 한 도의 명망 있는 사람이 되었다. 그러나 항상 스스로를 부족한 듯이 여기고, 현인 · 호걸 · 장자長者가 있으면 반드시 나아가 그 사람을 만나보았다.

성품이 강직하고 기개가 많아 세상을 흘겨보았으며, 그의 뜻에 맞는 이가 적었다. 그렇지만 겸손과 절제로 몸가짐을 하여 일찍이 재능으로써 남에게 올라서려고 하지 않았다. 평상시에 얼굴 모습이 매우 엄숙하였고, 말은 반드시 이치에 맞아서 농지거리하며 버릇없이 구는 자는 그 앞에 이르지 못했다. 이 때문에 그를 아는 사람은 먼저 그의 덕을 일컫고, 그 재주는 뒤로 하였다.

청천青泉 신유한申維翰이 연일延日에 수령이 되었을 때, 그가 글을 가지고 뵙고는 제자가 되기를 청하였다. 신유한이 그가 배운 바를 묻고 놀라며 "자네는 나의 외우畏友이다. 내가 어찌 스승이 되겠는가?"라고 말하고, 돌아갈 때에는 자신의 서적을 주었다.

수령으로 그 지방에 이른 자가 일찍이 그를 맞아들여 만나보지 않은 자가 없었으며 반드시 더욱 예를 더했다. 비록 교만하고 방자한 자일지라도 지위로써 그를 업신여기지 못했다. 관부에 출입한 지 수십 년이 되었으나 시비가 한 번도 자신에게 미치지 아니하였으니, 고을 사람들이 이로써 그를 더욱 어질게 여겼다.

내행內行이 완전히 갖추어져, 형제 다섯 사람이 한 이불을 덮고 자며, 식솔들이 항시 굶주렸으나 일찍이 슬픈 기색이 없었다. 거처하는 집이 부서지고 낡아 읍의 수령이 그를 도와 집을 수리해주고자 하였으나 군이 사양하였다.

손님이 오면 주인으로서 반드시 술상을 내오고 시를 지으니 그 풍류가 사람을 감동시켰다. 뜻에 맞는 사람을 만나면 고금의 치란득실治亂得失과 관방형편關防形便을 이야기하였는데, 분명하기가 손바닥을 가리키는 것과 같아서 듣는 사람이 권태로움을 잊었으니 아마도 세상에 뜻이 없었던 자는 아닌 것 같다. 늙어서 믿고 따르는 자가 더욱 많았고, 이웃 고을에서 글방을 열어 그를 초청했다. 그가 죽었을 때에 가마加麻하는 자가 많았다. 홍해는 궁벽한 고을인데, 지금 이름이 알려진 선비가 많은 것은 그의 공로다.

신유한 1681~1751(숙종 7~영조 27), 자는 주백周伯, 청천은 호, 본관은 영해寧海. 숙종 때 문과에 급제해 1719년 제술관으로 일본에 다녀왔으며, 시문으로 이름이 있었다. 저서로 『청천집青泉集』『해유록海游錄』을 남겼음

가마 문인門人이나 후배가 스승 · 선배의 상을 당하여 심상心喪을 입는 표시로 겉옷에 삼베 헝겊을 붙이는 것

그가 어려서는 자못 마음대로 하며 법도를 따르지 아니하였으나, 그의 아버지 최준걸崔俊傑은 유독 그를 기특하게 여기고 사랑하여 항상 "우리 집안을 일으킬 사람은 이 아이다"라고 하였다. 그를 자유롭게 놓아두어 학문에 노닐게 하며 도필刀筆을 일삼게 하지 않았다. 성장하여 과연 문학으로 이름이 나니 고을에서 '최아전이 아들을 알아보았다' 고 일컬었다.

최천익은 아들이 없어서 형의 아들로 후사를 삼았다. 제자 두어 사람이 그의 서적을 나누어 가졌고, 그의 시집 한 권을 간행하려고 한다.

안동의 권엄權𧟌은 다른 사람을 허여해주는 경우가 적었는데, 고을원이 되어 오랫동안 그를 깊이 알았기 때문에 '온 세상에 짝할 자가 드물다' 고 말했다. 항상 '용전옹龍田翁' 이라고 일컬었고 이름을 부르지 않았다. 도백道伯에게 말하여 그를 조정에 천거하고자 하였지만 이루지 못하였다. 원성原城의 원중거元重擧 또한 적극적으로 그를 추장推奬하여 영좌嶺左의 위인이라고 지목하였다. 내가 이 두 사람으로부터 익히 그의 이야기를 들었는데, 그 고을에 이르렀을 때는 그가 이미 죽은 뒤였다. 매양 그의 묘를 지날 때에 말을 멈추기를 오래하였다.

『청성집青城集』

도필 본래 죽간에 글자를 새기는 칼이었는데, 후에는 문서를 초하는 낮은 관리, 또는 그런 관리들이 보는 사무를 뜻하는 말로 쓰였다.

권엄 1729~1801(영조 5~순조 1), 자는 공저公著, 호는 섭서葉西. 영조 때 문과에 올라 병조·형조판서 등 요직을 두루 지냈다.

원중거 1719~1790(숙종 45~정조 14), 자는 자재子才, 호는 현천玄川·손암遜菴·물천勿川, 본관은 원성. 영조 때 생원시에 합격해 1763년 계미통신사 서기로 사행을 다녀왔고, 1790년 목천현감을 지냈음. 저서에 『화국지和國志』『승사록乘槎錄』이 있음

내 이 글의 필자인 청성青城 성대중成大中

세상사 말하기 어려워라

간취자 이수익 | 23

간취자看翠子 이수익李受益은 자가 붕지朋之이다. 기상이 뛰어나 얽매이지 않았으며 사부詞賦를 잘하였다.

「세상사 말하기 어려워라世事難可說」라는 제목으로 김자연金子淵에게 보인 시는 다음과 같다.

세상사 말하기 어려웁고, 世事難可說
세상사 알기도 어려워라. 世事難可知
세상사 믿기가 어려웁고, 世事難可恃
세상사 기약하기도 어려워라. 世事難可期
캄캄한 밤처럼 어둡고, 事暗如黑夜
헝클어진 실타래처럼 꼬인다. 事紊如亂絲
번거롭고 넓어서 거두기 어렵고, 事繁浩難收
성패의 기틀 미리 엿보기 어렵다네. 事幾逆難窺
급박하게 다가와 정리하기 어렵고, 事急劇難理
잡다하게 얽히어 다스리기 어렵다네. 事雜冗難治
자질구레한 일은 소홀히 하기 쉽고, 事小小易忽

이런저런 많은 일 갈래도 여럿.	事多多旁歧
잔일은 잠깐 사이에 잘못되고,	細事誤斯須
큰일은 질질 끌다가 어그러진다.	大事乖支離
좋은 일은 팔뚝을 끌어당겨 못 하게 되고,	好事每掣肘
나쁜 일은 매양 눈썹을 태우듯 급하네.	惡事每燃眉
천지가 있어온 이래로,	自有天地來
끝없이 흥망성쇠가 교차되었네.	芒芒紛興衰
탄탄대로를 밟아도 혹 불안할 수 있고,	履坦或不安
험난한 길을 가도 혹 위험하지 않을 수 있다네.	行險或不危
어제까지의 잘못이 오늘엔 옳을 수 있고,	昨非或今是
저편의 이익이 이쪽에는 해가 될 수도 있다.	利彼或害玆
거짓으로 희롱하다가 진짜가 되기도 하고,	假弄或遂眞
즐거움이 극에 달하면 슬픔이 생기기도 하는 법.	樂極或生悲
어떤 땐 치솟는 화염처럼 뜨겁기도 하고,	或熱如焰炎
어떤 땐 얼음이나 성에같이 차갑구나.	或冷如氷澌
전전반측 고민하던 것이 원만하게 될 수 있고,	轉轉或團圓
느슨하게 풀어진 것이 칡덩굴처럼 얽힐 수도 있다네.	弛弛或蔓滋
교묘히 움직이던 것이 도리어 치졸해지고,	巧者或反拙
빨라 보이는 것이 반대로 늦을 수도 있다네.	速者或反遲
충성과 아첨이 간혹 거꾸로 평가되기도 하며,	忠佞或倒植
진정과 위선이 잘못 인정되기도 하네.	誠僞或混施
일반 사람의 생각 밖에 나오는 행위에,	出人思慮外
어리둥절 할 바를 생각하게 된다네.	怳惚思所爲

누가 세상사 십중팔구 맞는다고 했는가? 孰謂什八九
일마다 도리에 어긋남 많도다. 隨處多乖宜
끊임없이 번복되는 세상인심이여, 飜飜復覆覆
그 어긋남이 터럭만큼 미세한 데에서 시작된다네. 其繆自毫氂
진실로 확고한 의론은 분간하기 힘든 법이니, 難平誠確論
하루 종일 어지러운 세상살이여. 陸沈十二時
물정은 진실로 변하는 것이니, 物情固其變
이루어짐도, 이지러짐도 없는 법이라. 無成亦無虧
뜬구름 같은 인생살이 여사에 잠시 머무는 것, 浮生一蘧廬
고금에 세상 몇 번이나 바둑판처럼 뒤바뀌었던고? 古今幾奕棋
손을 드리운 채 분분한 세상사 굽어보니, 垂手看世紛
차례차례 바뀌어가는 곳에 지극한 이치가 있다. 代謝至理隨
근원을 거슬러 아무 사물도 없는 태초에 올라가면, 泝彼無物初
조짐은 음양에서 갈라지는 것. 兆朕判兩儀
음과 양은 서로 근본이 되어, 陰陽相爲根
변하고 합쳐짐이 하나의 우수偶數와 기수奇數에 있구나. 變合一偶奇
멀고 아득한 것이 그 근본이지만, 玄玄原其本
변화무쌍한 것은 그 지류의 퍼짐이라. 幻幻流其支
흩어져서 만물이 되나니, 散而爲庶物

어지러운 세상살이 원문에는 육침陸沈으로 되어 있다. 물이 없는 육지에서 침몰한다는 뜻인데, 은자를 뜻하기도 하고, 대지가 가라앉는 것이 홍수로 인함보다는 사람이 만든다는 의미에서 세상이 심히 어지러움을 비유하기도 한다. 여기에서는 후자의 의미로 쓰였다.
우수와 기수 『주역』에서 기수는 양괘陽卦를, 우수는 음괘陰卦를 상징한다.

은미한 본체를 이로부터 알 수 있다네.	費隱從可推
나의 몸이 곧 하나의 천지이니,	吾身一天地
말과 행위를 감히 사사로이 할 수 없는 법.	云爲非敢私
저 사물은 곧 하나의 태극이니,	彼物一太極
생생불식生生不息의 이치가 비롯하는 바이라네.	生生理攸基
변화하는 쪽에서 사물을 보면,	自變者觀之
그와 더불어 변화해갈 수도 있다네.	可能與推移
다가오는 미래는 곧 지나간 과거이니,	來玆卽往古
그대 홀로 이에 무엇을 의심하리오?	君獨此何疑
무위자연無爲自然은 노장에게서 깨쳤고,	自然聞老莊
순수천명順受天命은 공자에게서 배웠도다.	順受學仲尼
내가 없는 것과 나를 잊음은,	無我與忘我
평소의 행동에 부끄러움이 없도록 경계하리라.	素行戒忸怩
천 년의 사생을 알았거니,	千歲知死生
성현이 어찌 나를 속이리오?	聖賢豈吾欺

『겸산필기』

은미한 본체 원문은 비은費隱인데, 이는 『중용』의 '비이은費而隱' 에서 나온 말이다. 그 효용은 광대하면서 그 본체는 은미하여 드러나지 않음을 말한다.

과거에 열 번 합격

장와 이성중 | 24

장와壯窩 이성중李聖中은 자가 사집士執이고, 애초의 호는 죽와竹窩였다. 무릇 열 차례나 초시에 합격했다. 노년에 이르러 임금 앞에서 책을 읽음에 목소리가 크고 유창해서 임금께서 장하게 여겼으므로, 이로 인해 '장와'로 호를 바꾸었다. 그는 시를 잘하였으며, 『장와집壯窩集』이 있다.

그의 「고란사皐蘭寺」 시는 다음과 같다.

고란사 아래 강물은 아득히 흘러가고, 皐蘭寺下水茫茫
암벽의 꽃은 다 떨어지니, 세월은 길고 길어. 落盡岩花歲月長
즐겁던 일 바뀌어 천고의 한이 되고, 樂事翻成千古恨
충성의 말 보람 없이 하루아침에 망했다네. 忠言無補一朝亡
가을 연기 거친 후원에 금탑을 묻었고, 秋烟廢苑埋金塔
저녁노을 쓸쓸한 언덕에 석양만이 누웠구나. 夕照荒原臥石羊

고란사 백제의 옛 궁터였던 부소산扶蘇山 북쪽 기슭 백마강白馬江 부근에 있는 사찰. 절 뒤편에 희귀한 고란초皐蘭草가 자생하기 때문에 고란사라 부른다고 함
석양 능 주위에 벌여 세우는 석물石物의 일종으로 양羊의 형상을 한 것

조룡대 근처로 가려고 하는데,	欲向釣龍臺畔去
노승은 지금도 의자왕을 이야기하네.	老僧猶說義慈王

『겸산필기』

조룡대 부소산 아래에 있는 바위 이름. 전설에 의하면 소정방蘇定方이 백제를 공격하기 위해 강을 건너려 할 때 홀연 비바람이 크게 일어나므로 흰 말로 미끼를 만들어 용 한 마리를 낚아올리니, 잠깐 사이에 날이 개어 드디어 군사가 강을 건너 쳐들어갈 수 있었다. 이로 인해 강을 백마강이라 이르고, 바위는 조룡대라고 일렀다고 한다. 『동국여지승람』「부여현扶餘縣」 조 참조

자리가 뚫어지도록 책 읽기

분진 김규 | 25

분진汾津 김규金圭는 자가 문중文仲이다. 독서를 좋아하여 꿇어앉은 자리가 뚫어질 정도였다. 그는 시를 잘하여 시의 격조가 고아高雅하였다.

「조기早起」라는 시는 다음과 같다.

시냇가 집 청산이 훤해오는데, 溪舍青山曙
서남쪽 수풀 위엔 아직 달이 남아 있네. 西南林上月
이를 씻으러 옹달샘에 이르니, 漱齒到幽泉
흐르는 구름 석굴에 가득하구나. 流雲滿石窟

「승가사僧伽寺」 시는 다음과 같다.

홀로 그윽한 숲속 옛길을 오르다가, 獨上幽林古道
돌아보니 포구 끝에 펼쳐진 푸른 산. 回看極浦蒼山
구름 덮인 암벽에 천 년을 이어온 절이 있어, 雲石千年寺在
풍진 세상 오늘 하루 사람이 한가롭다네. 風塵一日人閒

『겸산필기』

기억이 바로 사문부고事文府庫

도선암 전홍서 | 26

도선암逃禪庵 전홍서全弘敍는 자가 천여天與다. 기억력이 남보다 뛰어나, 회헌 조판서가 늘 그를 사문부고事文府庫라고 칭찬하였다.

그의 「정월 초하루 새벽 닭소리를 듣고元日聞晨鷄」라는 시는 다음과 같다.

누런 장닭 삼만육천 일 울어대며, 金鷄三萬六千鳴
날마다 부상에서 해를 불러 나오네. 日日扶桑喚日生
베 이불 속에서 기지개 펴니 다리가 풀려 노곤한데, 欠伸布被慵舒脚
금년 새해 제일성을 듣게 되누나. 聽得今年弟一聲

「농가의 즐거움田家樂」이란 제목의 시는 다음과 같다.

두병斗柄이 정월을 가리키니, 斗柄指孟春

조판서 조관빈(1691~1757, 숙종 17~영조 33), 숙종 때 문과에 급제해 영조 때 대사헌 · 호조판서 등을 역임. 저서로 『회헌집晦軒集』이 있다.
사문부고 모든 고사故事와 문장文章의 창고라는 뜻으로, 전홍서의 해박함을 나타냄
부상 동쪽 바다에 있어 그 가지에서 해가 돋는다고 하는 전설 속의 큰 뽕나무

풀빛이 평원에 아득하구나. 草色迷平陸
새벽녘 일어나 동쪽 언덕을 바라보니, 晨起覩東皐
밤새 내린 이슬 머금어, 기름에 멱감은 듯하네. 零露如膏沐
소를 몰아 서쪽 밭이랑으로, 驅牛向西疇
걸음걸음 숲 기슭을 내려간다. 行行下林麓
맑은 햇살 산과 내를 비추니, 晴日映山川
봄빛이 나무 끝에 떠오르네. 春光浮樹木
냇가 벌판에선 나무꾼 노랫소리 들리고, 川原聞樵歌
아무도 없는 골짜기엔 사슴 떼가 뛰노네. 空谷見麞鹿
어스름에 호미 메고 돌아오니, 薄暮荷鋤歸
저녁연기가 마을 지붕에 흩어진다. 暝煙散村屋
내 비록 태곳적 희황상인은 아니지만, 雖非羲皇人
길게 휘파람 불며 부러워할 게 없다네. 長嘯意自足

『겸산필기』

두병 북두칠성에서 국자 모양의 자루에 해당하는 부분. 곧 제오성第五星에서 제칠성第七星까지의 세 별. 계절에 따라 두병이 옮겨진다고 함

희황상인 복희씨伏羲氏 이전의 인물이라는 말로, 소박하게 세상을 살다 간 태곳적 인민처럼 세상사의 욕심을 버린 사람을 이른다.

뜻이 통하면 그만

시한재 김순간 | 27

시한재是閒齋 김순간金順侃은 자가 화중和中이다. 타고난 품성이 온아하며 용모와 거동이 단정하고 수연하였다.

그는 힘써 절약과 검소를 실천했으며, 아름다운 성색聲色과 화려한 차림새 따위에는 전혀 마음을 쓰지 않았다. 시문을 지음에도 수식을 가하지 않았으며 뜻이 통하면 이에 그쳤는데, 문집 두 권이 있다.

글씨에도 능숙하여 뛰어난 경지에 이르렀으며, 만년에 필력이 더욱 굳세고 건실하였다. 한가한 날 마음에 맞는 곳을 만나면 곧 술자리를 마련하여 흉금을 털어놓고 진정으로 즐겼다.

『겸산필기』

정감이 통하면 그만

동계 최윤창 | 28

동계東溪 최윤창崔潤昌은 자가 회지晦之이다. 타고난 성품이 따뜻하고 수연했으며 국량이 넓고 컸다.

그는 남들에게 부드럽고 후덕하였으며, 모가 나는 일은 하지 않았다. 호조의 계사計士로 부임하여 청렴하고 신중하게 몸을 가져 삼십여 년을 하루같이 하였고, 만년에는 궁위장宮衛將으로 제수받았다.

집에 있으면서 문필생활로 유유자적하였는데, 시문을 지음에 수식을 일삼지 않고 정감을 풀고 뜻을 펴는 데에 그쳤다. 그는 시한재是閒齋 김순간, 이송애李松厓, 마미산馬眉山 등과 좋게 사귀어 날마다 함께 시를 주고받았다.

저서로는 『동계집東溪集』 3권이 있는데, 그의 집에 보관되어 있다.

『겸산필기』

궁위장 궁정宮庭을 지키는 위병衛兵들의 장長
이송애 이효원李孝源. 자는 백행百行, 송애는 호, 본관은 개성開城이다. 『풍요속선』에 그의 시가 실려 있다.
마미산 마성린馬聖麟. 자는 경의景義, 미산은 호, 본관은 장흥長興이다. 벼슬은 첨지를 지냈으며, 글씨로 이름이 높았다.

나무꾼 시인

초부 정봉 | 29

초부樵夫 정봉鄭鳳은 양근楊根에 살면서 오직 배 한 척을 가지고 동호東湖에서 땔나무 파는 것을 직업으로 하였기에 사람들이 다만 초부라고 부른다. 그의 「동호일절東湖一絶」 시는 사람들의 입에 회자되었다.

유연노인悠然老人 김윤명金胤明이 일찍이 말하길, "그는 예스러운 훌륭한 용모를 가져 수염이 아름답고 흉금이 넓고 구김 없었으며 자손을 가르치는 데 법도가 있고 세속적인 기질이 없다"고 했다. 그의 시 한 수를 들어본다.

옅은 구름 시든 버들 함께 가을을 짓는데,	淡雲衰柳共爲秋
하루 종일 연못가에 있으니 물 기운 아득하구나.	盡日林塘水氣幽
푸른 새 고기를 낚아채려다 때때로 실패하고,	翠鳥掠魚時不中
날아 돌아와 연잎 머리에 오뚝하니 앉아 있네.	歸飛端坐碧蓮頭

문집 한 권이 있다. 『침우담초』

양근 지금의 경기도 양평군 지역에 있었던 군. 남한강 유역에 자리해 교통의 요지였음
동호 지금의 옥수동 주변 강가를 지칭. 도성 동쪽에 위치했다는 것에서 마포 강가의 서호와 대칭해 부름

【권6】

문학 II

文學

삼대로 이어진 학예

국산 엄계흥 | 1

엄계흥嚴啓興은 자가 숙일叔一, 호는 국산菊山이다. 옛글을 읽고 옛 도를 행하였는데 진암晉庵 이상국李相國과 글로 사귀게 되었다. 진암이 일찍이 "스승으로 삼을 수 있을지언정 벗으로 사귈 수 없다"고 하면서 그 아들로 하여금 수업하게 하니, 그 아들은 지위가 판서에 이르렀으나 공손히 제자의 예를 행했다. 나이 예순여섯에 집에서 죽으니 판서가 그 상에 임하여 예를 다했다. 『국산집菊山集』이 있어 집에 보관되어 있다.

조부 엄의길嚴義吉은 호가 춘포春圃다. 그의 시가 『소대풍요』에 남아 있다.

부친 엄한붕嚴漢朋은 호가 만향晩香이다. 글씨로 이름이 나 중국에까지 알려져 옹정황제雍正皇帝가 칙명으로 비단을 내리고 경화문景化門의 편액을 써 들여오게 하였는데 지금도 걸려 있다고 한다.

이상국 이천보李天輔(1638~1761, 인조 16~영조 37). 자는 의숙宜叔, 호는 진암, 본관은 연안延安. 영조 때 영의정을 지냈고 『진암집晉庵集』을 남겼음

그 아들 이문원李文源(1740~1794, 영조 16~정조 18). 자는 사질士質, 호는 익헌翼憲. 영조 때 진사가 되었고 관직이 이조판서에 이름

종부從父 엄한빈嚴漢賓은 시와 예에 조예가 깊었다. 그가 집초輯抄한 가례家禮가 세상에 행해지고 있다.

찬하여 말한다.

삼세에 걸쳐 아름다움을 이었으니	三世繼美
역사에도 기록됨이 드문 일이로되	史亦罕書
나는 지금 이 세상에서	余於今之世
엄씨의 가문을 보았도다.	得嚴氏之門

『호산외기』

옹정황제…한다 옹정황제는 중국 청나라의 5대 황제인 세조世祖(재위 1723~1735)다. 권8 「5 만향재 엄한붕」을 참고해보면, 옹정제는 조선에서 온 자문의 글씨에 매료되어 조선으로 가는 사신을 시켜 그 자문을 쓴 자에게 비단을 하사토록 하고 아울러 자금성紫禁城에 있는 경화문의 편액을 써서 보내도록 했다고 한다.

시와 글씨로 이름을 날리다

백화자 홍신유 | 2

백화자白華子 홍신유洪愼猷는 자가 휘지徽之이다. 글씨를 잘 써 안명열安命說과 더불어 나란히 이름을 날렸다. 관직은 전적典籍을 지냈고 시도 잘하였다.

「응천잡영凝川雜詠」 시에 다음과 같이 읊었다.

강성 봄밤에 비오다 개이더니	江城春夜雨晴時
갑자기 회오리바람 일어 어지러이 눈발 날리네.	忽有飄風亂雪吹
아쉬울손 중천의 밝은 달	可惜中天無限月
구름 속에 들어가긴 쉬워도 나오긴 더디구나.	入雲容易出雲遲

「원사행인을 읊음詠遠沙行人」이란 시가 있다.

안명열 1697~?(숙종 23~?), 자는 몽뢰夢賚, 호는 수심암睡心庵, 본관은 순흥順興. 역관으로서 여러 번 중국에 왕래했으며, 벼슬이 지중추부사에 이름. 글씨를 잘 써 중국에까지 이름이 알려졌다.
전적 성균관에 속한 정6품의 관직으로 도적圖籍의 관리 업무를 맡았다.
응천 경북 밀양의 별칭

흰 모래 아득히 펼쳐졌는데	漠漠平沙白
듬성듬성 보이는 한 무리의 사람들	疎疎人一群
움직임은 희미하게 알 수 있어도	動搖微可辨
오는지 가는지는 아득하여 알 수 없어라.	來去杳難分
마침내 물가에 다다른 줄 알겠는데	終認窮臨水
마치 그 모습 구름 속에 들어간 듯	常疑沒入雲
고개 돌려 바라보게 한다면	如敎回首望
나를 가리켜 같은 말을 하리라.	指我亦云云

『겸산필기』

요절한 천재 시인

송목각 이언진 | 3

이언진李彦瑱은 자가 우상虞裳으로 서울 사람이다. 집안 대대로 역관을 업으로 하여 그도 역과를 거쳐 사역원에서 벼슬하였다.

총명함이 몹시 빼어나 글을 읽을 때 눈이 한 번 스친 것은 잊지 않았으며, 문사文辭가 넉넉하여 격발擊鉢의 사이에 글을 지을 수 있었다. 또한 글씨도 잘 썼으며 매우 빨랐다. 일찍이 어느 겨울날 아침 늦게 일어나 세수하고 빗질하고서 단정히 앉아 글을 베끼는데 아침밥 먹기도 전에 삼십여 장을 이루었다. 자획이 모두 단정한 해서楷書로 마치 인쇄한 책과 같았고 또한 빠뜨린 곳이 없었으니 그 정밀하고 민첩함이 이와 같았다.

통신사通信使가 갈 때에 이언진은 그 재주로서 서기書記에 뽑혔다. 바다를 지나 일본으로 들어가는데 배 안에는 문장에 능한 선비들이 많았으나 신통하고 빠르기로는 이언진보다 나은 자가 없었다.

이언진 1740~1766(영조 16~영조 42). 호는 송목각 · 상조湘藻, 본관은 강양江陽. 1763(영조 39)년에 통신사 조엄趙曮을 따라 한학압물통사漢學押物通事로 일본에 다녀왔다. 저서로 『송목관집松穆館集』이 있다.
격발 중국 남조 제나라의 소자량蕭子良은 학문을 좋아한 제후로, 밤마다 문사들을 불러 모아 시짓기를 즐겼다. 그는 문사들로 하여금 초가 한 치쯤 타는 동안에 시 네 수를 완성하도록 했는데, 거기 있던 문사 소문염蕭文琰 등은 이것이 너무 쉽다며 밥그릇[鉢]을 한 번 칠 동안에 시 한 수를 완성했다.

일본 사람들은 본디 교활하여 매양 우리 사신이 가면 문득 무리 지어 와서 시문을 요구하고, 혹은 미리 시문을 지어오는데 많기가 수천 글자에 이르렀다. 그것으로 갑자기 화답을 구하니 우리를 곤혹케 하려 함이었다. 우리나라 사람들 또한 지지 않으려고 반드시 붓을 휘두르고 종이에 먹을 뿌리며 요구에 응하였으나, 또한 시간이 너무나 촉박함을 걱정하였다.

이언진이 도착하자 무리 지은 왜인들이 부채 오백 개를 가지고 와서 오언율시를 써달라고 요구하니 즉시로 먹 여러 되를 갈아 한편으로는 읊조리고 한편으로 시를 써 잠깐 만에 끝내니, 수많은 왜인이 빙 둘러서 돌아보며 놀라기도 하고 기뻐하였다. 그들은 다시 부채 오백 개를 가져와 청하였다.

"이미 공의 재사才思에 감복했으니, 원컨대 공의 기억력을 시험해봤으면 합니다."

이언진이 또 한편으로 생각하고 한편으로 써나가는데 마치 자기가 말하는 것을 적어나가듯 하니 손가락 사이에서 버스럭버스럭 가을비 소리가 났다. 잠시 후 붓을 던지고 옷을 여미고 앉았다. 해가 기울기도 전에 천 개의 부채에다 시를 써내려 갔는데 지은 시가 오백 편이었고 기억하여 외우는 것이 또한 그와 같았다. 왜인들이 놀라고 감탄하여 혀를 내두르며 신神이라 하였다. 이에 이언진의 이름이 일시에 떠들썩하게 되었다고 한다.

이언진은 비록 재명을 자부하였으나 미천한 신분에 걸려 울울하게 뜻을 얻지 못하고 죽었으니, 나이 겨우 스물일곱이었다. 죽기 전에 일찍이 자신의 저술을 꺼내어 불태우면서 말하였다.

"남겨두어도 역시 도움이 될 것이 없다. 세상에서 누가 이언진이란 자를 알아주겠는가?"

그의 아내가 달려가 꺼내려 했으나 미치지 못하였고 다만 타다 남은 나머지 약간 수를 거두어 간직해두었다. 이언진이 죽자 비로소 세상에 유포되었다.

이언진이 젊어서 이용휴李用休를 좇아 성력법星曆法과 구고법을 배워 대략 그 대강을 깨우쳤다고 한다.

『풍고집』

이용휴 1708~1778(숙종 34~정조 2), 자는 경명景命, 호는 혜환惠寰, 본관은 여주驪州. 금대錦帶 이가환李家煥의 부친으로 문명文名이 높았다. 문집으로 『탄만집 𢿫數集』이 있음

성력법 별의 이동을 관찰하고 연구하여 천문역법

매화시광梅花詩狂

김석손 | 4

김석손金祏孫은 자가 백승伯升이다. 매화에 벽이 있어 매화 수십 그루를 심어놓고 그 사이에서 시를 읊조렸다. 온 세상의 시에 능한 자들에게 매화시를 구했는데 응한 자들이 수천 인이었다. 대저 시로써 이름이 있는 자들은 존비귀천을 묻지 않았고 그 문에 찾아가 만나지 못할까 두려워할 정도였다.

소 허리보다 큰 두루마리에 시를 기록하고는 그 모서리를 비단으로 장식하고 권축을 옥으로 만들어 집에 보관하였다. 사람들이 그를 '매화시광梅花詩狂'이라고 하였다. 그 뛰어난 흥취와 그윽한 운치는 범석호范石湖의 『매보梅譜』와 고금의 정은 같되 호사가好事家로서의 성격은 더하다고 하겠다.

호산거사壺山居士는 말한다.

이승에서 이미 나부산羅浮山, 동갱산銅坑山, 등위산鄧尉山, 현묘산玄墓山의

범석호 범성대范成大(1126~1193). 중국 송나라 문인으로 자는 치능致能, 석호는 호. 시인으로 이름이 높아 육유陸游·양만리楊萬里와 병칭됐다. 저서 중에 『범촌매보范村梅譜』가 전할 정도로 매화에 대한 관심이 깊었다.

향설해香雪海를 가보지 못할진대 차라리 손끝에 붓을 쥐고 그윽한 회포를 풀어내는 것이 좋을 것이다. 무릇 구하는 자가 있으면 문득 붓을 날려 응하되 종일토록 게을리 하지 않노니, 문여가文與可의 말재襪材를 본받지 않고 가만히 완천리阮千里의 거문고 타는 법을 배우노라. 이것은 백승과 더불어 사정은 다르지만 취향은 같은 것인데, 한스러운 것은 그를 구천九泉에서 일으켜 함께 한번 웃어보지 못하는 것이로다.

『호산외기』

나부산…현묘산 중국 광동성 및 강소성에 있는 산들로, 예로부터 모두 매화로 이름이 난 곳이다.

향설해 매화가 필 때 바람이 불면 그 향기가 십 리에 뻗치고 꽃 핀 모습이 마치 설해雪海를 바라보는 것 같다는 데서 붙여진 말

문여가의 말재 문여가는 중국 북송의 문인 문동文同(1018~1079)을 이름. 여가는 자, 호는 금강도인錦江道人이다. 대나무 그림에 뛰어났는데 특히 묵죽墨竹은 소쇄瀟灑의 자태가 풍부하여 후에 묵죽의 개조開祖로 추앙받았다. 당시 그의 그림을 얻고자 하는 이가 많아 그중에는 흰 비단을 가지고 와서 그려달라 부탁하는 사람도 있었는데, 문동은 비단을 땅에 던지며 "이것으로는 버선[襪] 재료나 삼겠다"며 거절했다.

완천리의…법 완천리는 중국 진晉나라 사람 완첨阮瞻으로 천리는 자이며, 죽림칠현인 완함阮咸의 아들. 거문고를 잘 탔는데, 남이 그 소리를 듣고 싶어하면 남녀노소 빈부귀천을 가리지 않고 흔쾌히 들려주었다.

목숨과 바꾼 시구

필재 이단전 | 5

이단전李亶佃은 자가 운기耘岐다. 지위는 낮았으나 재주가 높았다. 시에 능하고 글씨를 잘 썼기에 이름이 일세에 떨쳤고 사대부들과 교유하였다. 필재疋齋라 자호한 것은 '아래 하下' 자와 '사람 인人' 자를 딴 것인데 이는 스스로를 빗댄 것이다.

그는 시를 지으매 기상천외의 발상으로 사람을 놀라게 할 만한 것이 아니면 입 밖에 내지 않았다. 두보杜甫가 '말이 사람을 놀래킬 만하지 않으면 죽어도 그치지 않았노라語不驚人死不休' 라고 말했던 것이 먼 훗날의 단전을 위해 말한 것이 되었다.

시 「피리소리를 들으며聽笛」에서

마을의 나뭇잎은 쓸쓸히 떨어지고,	洞葉蕭蕭下
시냇가엔 구름이 조용히 일어난다.	溪雲寂寂生

두보가…않았노라 두보의 「강상치수여해세료단술江上値水如海勢聊短述」이라는 시에 나오는 두번째 구절로, 노년의 두보가 젊었던 시절의 문학적 열정을 회고하는 맥락이다.

라고 했는데 가히 왕유王維와 위응물의 경지에서 좌우를 흘겨보는 수준에 들어갔다고 할 만하다.

「수성동水聲洞」 시에서

떨어지는 해 남은 힘이 없고, 落日無餘力
뜬구름은 스스로 그 모습 바꾸네 浮雲自幻容

라고 했으니 아름다운 구절이다. 이윽고 병으로 죽으니 사람들이 시참詩讖이라고 했다. '사람으로서 누군들 죽지 않으리오만 이런 아름다운 구절을 얻는다면 죽어서 또한 무엇이 안타까우랴' 라는 말이 있으니 이는 단전을 위해 한 말일 것이다.

항상 주머니 하나를 차고 다녔는데 크기가 닷 되들이쯤 되었다. 사람들의 좋은 시구를 얻게 되면 문득 그 속에 집어넣으니 이장길李長吉의 비단 주머니와 정취는 같되 운취韻趣는 달랐다. 남은 사랑하면서 자신은 사랑하지 않았고, 마음이 넓고 커서 이장길의 무리들을 두어 명이나 포용할 만하였다.

『호산외기』

왕유 중국 성당盛唐 때의 시인. 자는 마힐摩詰. 만년의 관명官名을 따라 왕우승王右丞이라고도 부름. 시뿐 아니라 음악과 산수화에도 능했다. 문집으로 『망천집輞川集』이 있다.

이장길의 비단 주머니 이장길은 중국 당나라 시인 이하李賀. 장길은 자. 천재로 일곱 살에 시를 쓸 줄 알았고 스물일곱에 요절함. 외출할 때마다 조랑말을 타고 등에 비단 주머니를 메고 다니다가 좋은 구절을 얻으면 그 속에다 넣었다는 일화가 유명하다.

시상詩想의 높고 큰 뜻

쌍백당 임광택 | 6

쌍백당雙柏堂 임광택林光澤은 자가 시재施哉이다. 성품이 기걸奇傑스럽고 기개가 있었으며 사와 부를 잘 하였다.

일찍이 「오랜 가뭄에 대한 감회久旱感懷」라는 시를 지었다.

나라의 저축이 이미 바닥을 보였으니	郡國儲胥已露根
다시 무엇을 가지고 백성들 진휼하리오.	更持何物賑元元
악폐의 모든 근원 자세히 궁구한다면	如將細究源頭弊
이 늙은이 가슴속에 또한 할 말이 있다오.	此老胸中亦有言

「부질없이 읊어봄謾吟」은 다음과 같다.

신성한 왕통, 이어내려 사백 년	聖繼神承四百年
태평성대의 백성과 만물 편안히 지내네.	太平民物自熙然
높은 벼슬의 세신世臣은 정치의 중추를 담당하고	簪纓世族當勻軸
글 잘하는 신하는 경연에 오르네.	藻繪詞臣上厦氈
언론과 주장, 어찌 명나라 재상에 지리오	言議豈輸明宰輔

국경의 수비, 송나라 산천에 못하지 않네. 關防不讓宋山川
외적의 수모 물리치고 활동의 땅 넓히려 하나 欲除外侮恢餘地
단지 돈 밝히지 않는 관료가 드물도다. 只欠文官不愛錢

그 시상詩想을 보면 그의 뜻과 기운이 크고 높음을 알 수 있다.

『풍요속선』에 제를 하다

진우당 이덕함 | 7

진우당眞愚堂 이덕함李德涵은 자가 경호景浩다. 총명하고 기억력이 뛰어났으며 시문에 능하였다. 일찍이 『풍요속선風謠續選』에 다음과 같이 제題하였다.

> 시란 전하기가 진실로 쉽지 않으며 잘 전한다는 것은 더욱 어렵다. 사원詞垣의 경상卿相들의 시도 한때 회자하다가 수록되지 못하고 문득 인멸되어버리는데 하물며 가난하고 한미한 자들에 있어서랴. 이에 이들의 작품을 선발하니 『청구풍아靑丘風雅』『국조시산國朝詩刪』『기아箕雅』『해동유주』『소대풍요』 등의 편이다. 비록 다 수록하지는 못했으나 산실된 것을 빠짐없이 찾아 편집하기를 또한 부지런히 하였다.
>
> 『소대풍요』가 이미 이루어진 후 글 잘하는 이들이 계속 잇달아 열 명 백

풍요속선 1797(정조 21)년 천수경 등이 편찬한 위항 시집. 7권 3책. 활자본. 『소대풍요』가 간행된 지 60년 만에 송석원시사가 중심이 되어 『소대풍요』 이후의 위항시인 333명의 시 723수를 실어 간행했다.
국조시산 허균許筠(1569~1618, 선조 2~광해군 10)이 편찬한 시선집으로 1692(숙종 21)년에 간행. 정도전에서 권필에 이르는 35명의 877수를 뽑고 편자의 비평을 덧붙였다.
기아 남용익南龍翼(1628~1692, 인조 6~숙종 18)이 편찬한 시선집으로 1688(숙종 14)년에 간행. 최치원으로부터 현종 때의 김석주 등 497명의 시가 실려 있다.

명에 그치지 않더니 육십 년이 겨우 지났는데 그 이름을 잃어버린 것이 태반이 넘었다. 애석한 일이로다. 천수경千壽慶이 옛것을 좋아하고 시를 사랑하여 계축년癸丑年(1793, 정조 17) 봄에 난정고사蘭亭故事를 본떠 송석아회松石雅會를 열고 이번 정사년丁巳年(1797, 정조 21)에 또 『소대풍요』를 계승하는 것을 자기의 소임으로 삼아 여러 시고를 모으고는 예원藝園의 밝은 감상자에게 취정就正하여 좋은 것을 뽑도록 하였다. 험벽하고 공교로운 시들은 물리치고 평아하고 바른 시들은 숭상하여 살피는 것을 정밀히 하고 뽑는 것을 집약되게 하여 무릇 333인의 시 723수를 얻었다. 이를 정리해 『풍요속선』 3권으로 만들어 운각芸閣 활자로 인행印行하였다. 이 일은 떨어진 실마리를 찾아서 멀리 계승하고 숨은 덕의 그윽한 빛을 천명하였을 뿐 아니라 또한 당세의 문사들로 하여금 더욱 갈고 닦기에 힘써서 다음의 정사년을 기다리게 한 것이다. 이는 실로 훌륭한 임금의 문치文治를 숭상하는 교화에 도움이 되게 함이라 하겠다.

또 일찍이 정무본定武本「난정첩蘭亭帖」을 얻어 훌륭한 솜씨를 가진 사람으로 하여금 모방하여 돌에 새겨 올렸으니 참으로 아름다운 본이다. 집에 보관하였는데 많은 사람들이 탑본하고 보물로 여겼다.

난정고사 중국 진晉나라 영화永和 9(353)년 3월 3일에 당시의 명사 41인이 회계산會稽山 난정에 모여 곡수曲水에 잔을 띄워 계연禊宴을 베풀며 시를 지어 읊었던 고사. 이때 지은 시를 모은 책이 『난정집蘭亭集』이며 그 서문 「난정집서」를 왕희지가 지었다.

송석아회 송석원시사. 1786(정조 10)년 천수경을 중심으로 서울의 여항인들이 인왕산 아래 송석원에서 결성한 시사. 옥계시사라고도 함

정무본 난정첩 왕희지 친필이라 전해지는 석각 탁본의 「난정첩」이다. 당 태종 때 새겨졌으나 전란을 거치면서 땅에 묻혔다가 북송 대 정주定州(定武)에서 다시 발견되었기에 '정무본'이라 칭해진다.

육상산을 배워 일가를 이루다

동애 김환 | 8

김환金瓛은 자가 회장晦章, 호는 동애東厓이다. 인성人性과 천명天命에 관한 학문에 정통하여 옛 성명지학性命之學에 힘껏 따라가 옛것을 회복할 뜻이 있었다. 대개 근원은 육상산陸象山에서 나왔으나 자기의 견해를 곁들여 탁연히 일가를 이루었다. 그가 지은 논설이 수천 자에 달한 것이 있었으나 지금은 전하지 않는다.

『호산외기』

동애 김환은 독서를 좋아하여 일찍이 함경도에 들어가 삼 년 동안 책을 읽었다. 귀가하는 도중 입으로 다음과 같이 읊었다.

변방의 추위에 봄은 아득한데 塞寒春漠漠
강가의 새벽, 달만이 푸르구나. 江曉月蒼蒼
마을을 나서니 세상은 드넓고 出洞乾坤闊

김환 『호산외기』에는 김완金琬으로 되어 있다.
육상산 중국 송의 학자. 이름은 구연九淵, 자는 자정子靜, 상산은 호. 주희와 대립되는 이학理學의 다른 학파를 이룩했다.

행장 속에는 한 자루 긴 칼만 있을 뿐. 行裝一劍長

뒤에 분진汾津에게서 배웠다.

분진 김규金圭를 가리킴

강세황을 감동시킨 화훼 그림

삼양재 김덕형 · 손 건식 | 9

삼양재三養齋 김덕형金德亨은 자가 강중剛仲이다. 서화를 잘했고 또 시부에도 뛰어났는데 화훼花卉 그림에 더욱 솜씨가 있었다. 매양 한 폭을 그려내면 사람들이 다투어 취하려고 하였다. 당시에 표암豹菴 강판서姜判書가 그것을 귀하고 소중히 여겨, '백화첩百花帖'을 만들어 집에 보관하였다. 그의 손자 김건식金健植은 자가 치행稚行, 호는 유산酉山이다. 문예가 일찍 성취되었고 또 회화에 능했는데, 매梅 · 죽竹 · 난蘭 · 국菊은 특히 운취가 있어 사랑할 만하였다. 일찍이 홍매화 그림 한 폭을 나에게 주었다. 나는 다음과 같이 제하였다.

한 폭의 아리따운 꽃 눈에 가득 번성하니	一幅嬋姸滿目殷
두어 가지의 봄빛, 정히 더위잡고 싶어라	數枝春色正堪攀
늙은 뿌리의 맑고 수척함, 시의 뼈대와 같고	老根淸瘦同詩骨
여린 꽃술의 짙은 붉음, 취한 얼굴 닮았네	嫩蘂深紅較醉顔

표암 강판서 강세황姜世晃(1713~1791, 숙종 39~정조 15). 자는 광지光之, 호는 표암, 본관은 진주. 개성적이고 진취적인 성향의 서화를 그려, 한국적인 남종南宗 문인화풍의 정착에 기여했다. 문집 『표암유고豹菴遺稿』와 그림 「난죽도蘭竹圖」 등을 남겼다.

문득 향기로운 바람 자리 위에 피어나고	忽訝香風生席上
다시 붉은 눈발이 술잔 사이에 내리는 듯하네.	還疑絳雪落樽間
송헌의 남긴 수법, 누가 이을까	松軒遺譜誰能續
여기 뛰어난 솜씨의 유산西山이 있다네.	妙手如今有酉山

김덕형은 그림을 잘 그렸다. 형암炯菴 이덕무李德懋가 그의 「매죽풍국梅竹楓菊」 두 첩에 다음과 같이 제하였다.

마른 댓잎 소리, 그윽한 매화 향기 붓끝에 가득한데	乾聲暗馥筆尖盈
'개个' 자처럼 나부끼고 '여女' 자처럼 빗겼네.	个字翻翻女字橫
윤기 나는 긴 비단폭 어이 얻어서	安得砑光千尺絹
붕어다리 가의 김생 찾아갈건가	鮒魚橋畔訪金生

소슬한 오구나무 그린 뜻 신선한데	烏桕蕭蕭寫意新
다시 성긴 국화 덧붙여 정신이 쇄락하네.	又添疎菊頓精神
표암은 쇠하고, 현옹은 세상 떴으니	豹翁衰脫玄翁去
화단의 인물 오직 이 사람뿐	畵派人間秪此人

『진휘속고』

송헌 김시金禔를 가리키는 듯함. 권8의 「화사 김시」 참조
현옹 심사정沈師正(1707~1769, 숙종 33~영조 45). 자는 이숙頤叔, 호는 현재玄齋, 본관은 청송靑松. 과거를 보지 않고 그림에 전념해 남종화풍을 크게 발전시켰다.

『전운옥편』을 저술하다

동추 유명표 | 10

유명표柳明杓는 자가 치회稚晦인데 자학字學에 밝았다.

주자소鑄字所의 감관監官이 되어 생생자生生字를 감독 제조했는데 먼저 목각으로 삼십만 자를 만들었다. 다시 동銅으로 본을 떠서 삼십만 자를 주조하여 이름을 정리자整理字라 하였다.

정조가 친히 『규장전운奎章全韻』을 완성하고 나서 다시 옥편玉篇으로서 검자檢字를 편하게 하기 위해 의례義例를 만들어놓았다. 공이 편찬한 『전운옥편全韻玉篇』을 바치니 정조가 열람하고 가상히 여겼다. 의례는 간행하도록 명하였으나 옥편 간행의 명령은 마침내 중지되었다. 순조 을축년乙丑年(1805, 순조 5)에 비로소 『전운옥편』을 간행하여 임금께 바치니, 상으로 덕적德積첨사에 임명되었다. 뒤에 또 『역대편화歷代編

생생자 1792(정조 16)년 규장각에서 정조의 명을 받아 만든 목활자. 자체字體가 넓적하고 자획이 굵은 것이 특징이다. 인본印本으로 『어정인단록御定人瑞錄』 등이 있다.

정리자 1796년 생생자를 자본字本으로 삼아 만든 금속활자다. 활자체가 균제均齊 · 방정方正했고, 인쇄 방법이 간편했다. 인본으로 『정리의궤整理儀軌』 등이 있다.

규장전운 1796년 정조 임금의 명으로 이덕무, 서명응徐命膺 등이 편찬한 운서. 한글로 음을 표시한 특징이 있다.

옥편 운서의 글자를 쉽게 찾기 위한 획인자전劃引字典을 의미한다.

전운옥편 『규장전운』의 글자를 찾기 위한 획인자전으로서의 성격과 함께 간단한 글자 해설이 붙어 있어 단순한 옥편의 기능을 넘어서는 자서다. 근세 이후까지 널리 사용됐다.

話』를 찬하였고 아울러 칠언압운七言押韻으로 천여 구를 지었는데 모두 그의 집에 보관되어 있다고 한다.

『겸산필기』

덕적 덕적도德積島. 지금의 인천광역시 옹진군에 속해 있다.

곤궁해야 글을 잘한다

어산 정이조 | 11

어산漁山 정이조丁彛祚는 자가 무륜茂倫이다. 그의 문학이 세상의 사표가 되어 그에게 학업을 받은 자들이 매우 많았다. 또한 시부를 잘하였으나 흩어지고 없어진 것이 대부분이었는데, 문인門人 박존재朴存齋가 거두어들여 두 권으로 만들었다.

『풍요속선』을 편집할 때 아래와 같이 발문을 지어 편말編末에 붙여 두었다.

> 당시唐試로서 세상에 유행하는 것 중에 고정례高廷禮의 『당시품휘唐詩品彙』가 유독 성행할 뿐이다. 그러나 한결같이 평온하고 담백한 것만을 취하고 기이한 것은 버렸다. 대개 시를 선집選輯하는 사람은 매양 그 자신의 타고난 성품에 가까운 것을 좋아하기 마련이다. 음식에 비유하면 담

박존재 박윤묵朴允默. 존재는 호. 권7의 「존재 박윤묵」 참조

고정례 중국 명나라 사람. 초명은 병棅. 자는 언회彦恢, 호는 소대嘯臺 · 만사漫士. 벼슬은 한림대조翰林待詔 · 전적에 이르렀으며 시 · 서 · 화를 잘해 삼절三絶로 일컬어졌다. 문집으로 『소대집嘯臺集』 『수천청기집水天淸氣集』 등이 있다.

당시품휘 고정례가(1350~1423) 편찬한 당시 선집. 먼저 시체詩體를 분류하고 초 · 성 · 중 · 만당 시기에 따라 9품목으로 나누어 시인별로 배열했다.

백한 것을 즐기는 자는 짠 것을 버리고, 단 것을 탐하는 자는 쓴 것을 싫어한다. 비록 애써서 고루 수록하고자 하여도 억지로 할 수가 없는 것이다.

이 선집은 평담平澹을 위주로 하였지만 겸하여 기이奇異한 것도 취하여, 경취景趣가 있는 것은 모두 살펴보았고 울림을 지니고 있는 것은 반드시 튕겨주었다. 시 자체로서 시를 선집한 것이요 나의 주관으로 시를 선집한 것은 아니라 하겠다.

아! 이 『풍요속선』에 이름이 나란히 열거된 사람이 삼백여 명이나 되고 시가 칠백여 수가 되지만, 불우함을 슬퍼하고 의식을 걱정하는 사람이 거의 삼분의 이가 되니, 선비가 글을 잘하면 곤궁하게 되는 것인가? 아니면 처지가 곤궁한 뒤에라야 글을 잘하게 되는 것인가. 비록 그러하지만 저 여러 사람 가운데는 간혹 다행히 유고遺藁가 남아 있기도 하고, 또한 간혹 다행히 자손이 있기도 한데, 불행한 자들은 유고도 이미 잃어버렸고 대 또한 끊어졌다. 그러므로 이 책의 간행에 이름이 올라 후세 사람으로 하여금 아무개가 있었음을 알게 한다면, 저 뜻을 간직한 채 죽은 사람들이 어찌 저승에서나마 흥겨워하지 않으리오! 내가 이로써 축하하면서 혹 빠뜨린 보배에 대해서는 계속해서 뒷날의 군자에게 바람을 둘 뿐이다.

『겸산필기』

내 뱃속에 시가 있는데

해상자 이양필 | 12

이양필李陽馝은 자가 백엽伯燁, 호는 해상자海桑子다. 사람됨이 민첩하고 지식이 풍부하였으며 기억력이 좋아 전고典故를 많이 알고 있었다. 집이 가난하여 정서보리正書報吏가 되었다. 정조 정사丁巳(1797, 정조 21)년에 승정원에 일이 있어 승지들이 모두 견책 파면되고 원의 아전들 또한 모두 견책되어 쫓겨나 원 안에는 다만 양필 한 사람만 남아 있었다.

다른 부서의 관원으로 입직한 여러 낭관郎官들을 임시로 승정원의 일을 하도록 명하였는데, 낭관들이 모두 승정원의 고사를 알지 못하여 서로 돌아보면서 어떻게 조치할 바를 몰랐다. 양필이 그 일들을 대신하여 입으로 외우고 손으로 쓰며 처리하는데 바람이 나는 것처럼 신속했고 출납과 처리가 합당하여 절도에 맞지 않는 것이 없었다. 비록 붓을 귓바퀴에 끼우고 일하는 노련한 솜씨라도 그를 따를 수 없었다.

일찍이 다른 사람과 함께 한강 북쪽에 노닐고 돌아오다가 여사旅舍

정서보리 승정원에서 해서楷書를 담당하는 이속吏屬인 듯하나, 미상
낭관 육조의 정 5품관인 정랑正郎과 정6품인 좌랑佐郎의 자리에 있는 사람

에 이르러서는 누워서 일어나지 않았다. 동행한 사람이 돌아가기를 재촉하였다.

"내 뱃속에 시가 있는데 아직 완성되지 못했으니 완성되면 일어나겠소."

"어째서 돌아가 완성하지 않는 거요?"

"이 연하煙霞의 기분이 소멸되기 전에 완성하고 싶소. 집에 돌아가게 되면 처자에 의해 흩리고 부서질까 두렵다오."

이에 하룻밤을 자고 완성한 것이 오언五言 백 운百韻이었다.

『호산외기』

분방한 기질을 중후하게

호고재 김낙서 | 13

내가 처음 등과하여 문예를 공부하기 위해서 내각을 출입하였다. 그 때는 바야흐로 문교文敎가 창달되어, 내각의 서리들도 대개 문채롭게 아름다운 문장을 갖추었다. 그들 중에서 보건대 풍모가 고아하고 행동거지를 단정하게 여며 마치 옷을 감당하지 못하는 듯하고, 질박하고 후덕한 장자의 풍모와 유사한 사람이 있어, 그의 성을 물으니 김金이라 하였고 이름은 낙서洛瑞라 하였다.

내 진실로 이미 마음으로 그를 알았으나 그저 성실하고 겸양하는 사람일 따름이라 여겼다. 그후에 내가 내각에서 벼슬하면서 더욱 그와 서로 친숙해졌는데 그는 말이 입에서 나오지 않는 듯이 하였으나, 하는 말을 들으면 문득 경탄할 만하였다. 내가 그에 힘입어 스스로 허물을 알게 되는 것이 많았다. 이에 그가 정직하고 미더우며 견식이 있는 사람임을 알았다.

이미 죽은 후에야 내가 비로소 그의 아들 김희령金義齡을 통해 그가 남긴 시와 문을 구하여 천오백여 편을 얻었다. 그것을 읽다가 중간쯤

내 이 글의 저자인 홍석주洪奭周

이르러 한숨을 쉬며 탄식하여 말했다.

"아! 내가 이 사람을 다 알지 못하였구나. 깊이 익었으나 속되지 않고 넓으면서도 거칠지 않으니, 아마 자득함이 깊은 자였나 보다. 깊이 생각하면서 원망하지 않고, 편안하게 노닐면서도 황음荒淫에 빠지지 않으니, 그의 자질이 거의 도에 가까웠던 것일까? 글은 많이 짓지 않았으나 짓게 되면 반드시 세교世敎에 도움이 되었으며 또 그는 인륜에 돈독하고 충후에 의거하는 사람이었던가 보다. 아! 주선하며 왕래한 지가 삼십여 년이었는데 오히려 다 알지 못함이 이와 같으니 이는 진실로 내가 명석하지 못한 탓이었다. 그러나 그가 안으로 많은 아름다움을 축적하고 있으면서도 겸손하여 남에게 자랑하지 않음이 이와 같았으니 이 점이 그를 더욱 귀히 여길 만한 까닭이 아니겠는가?"

연천淵泉 홍상국洪相國 찬

호고재好古齋 김낙서는 자가 문초文初다. 소시에 방탄放誕하여 늘 협기 있는 패들과 어울려 놀고 신의를 중히 여겼다. 대개 그 당시 북사北社·서대西臺의 풍조가 그러했던 것이다.

하루는 그가 동구 앞을 거니는데 어떤 노인이 나귀를 타고 와서 묻는 것이었다.

"여기 김낙서란 분이 계신가요?"

"무엇하러 묻소? 내가 그 사람이오."

노인은 얼른 그의 손을 쥐고 말하였다.

북사·서대 북사는 북악산 밑, 곧 지금의 삼청동 부근. 서대는 인왕산 밑, 곧 필운대弼雲臺 누각동樓閣洞 부근. 주로 은퇴한 서리층의 거주지였다.

"높은 이름을 함부로 불렀습니다."

"괜찮소. 무엇하러 찾는 것이오?"

노인은 낮은 소리로 흐느끼며 "나는 중촌中村 사람이라오. 지극한 간청이 있기로, 말씀드려서 한번 군자의 승낙을 얻고자 하옵니다."

김낙서가 "우선 말해보구려" 하니 노인은 한동안 주저하다가 말을 꺼내었다.

"나에게 일찍 혼자된 여식 하나 있는데 이제 또 불행하게 단명短命하였지요. 눈을 감으면서 이 아비에게 부탁하는 말이 '사람을 보통 장사 지낼 적에 상여 메는 사람을 상두꾼香徒軍이라 하지요. 그런데 거개 추악하고 흉측한 사람들이예요. 일평생 정숙하고 결백한 저의 몸이 어찌 그런 무리들에게 떠메여 나가겠어요. 일찍이 들으니 북부北部에는 의기남아들이 많은데 직접 이런 일을 맡아 하는 것도 꺼리지 않는데요. 만약 그분들의 손을 빌어 떠메 나갈 수 있게 된다면 유감이 없겠어요' 라고 하였답니다. 나는 여식의 이 말이 크게 불가한 줄 알면서도 그 정이 슬프고 뜻이 가련한지라, 마침 높은 이름을 들었던 고로 이렇게 찾아뵙는 것입니다. 나의 여식에 대한 생각을 살피시어 용서해주옵소서."

김낙서는 개연히 허락했다. 출상하는 날 그는 자기 동류들 수십 명을 데리고 갔다. 노인은 음식을 잘 차려놓고 기다리고 있었다.

"우리가 어찌 얻어먹기 위해서 온 것이겠습니까" 하고 그는 모두 물리치고 받지 않았으며, 다만 술 십여 병만 내놓게 하였다. 시간을 맞추어 발인하여 산에 잘 장사 지내고 내려왔다. 김낙서가 의기를 중히

중촌 서울의 중인들이 사는 지역을 칭하는 말로, 지금의 관철동貫鐵洞 부근 일대

여기는 것이 대개 이와 같았던 것이다.

만년에 그는 방탄하던 태도를 고쳐 학문에 힘써 경사에 박통하게 되었다. 가정에서는 검약을 숭상하고 품행과 언어에 꼭 법도를 따랐다. 사람과 이야기할 때면 각각 그 경위를 따라 혹 권장하기도 하고 혹 충고하기도 하여 말을 잘 못하는 사람처럼 아주 겸손한 태도를 하였으니, 그렇게 하지 않으면 사람의 기질을 변화시킬 수 없기 때문이었다. 특히 그는 시를 잘해서 일찍이 옥계玉溪 송석松石의 사이에서 읊고 노닐었다. 사람들은 모두 그를 중후한 어른으로 일컬었고 지난날에 분방한 기질이 있었던 것을 알지 못했다.

노년에 묘각墓閣을 수리하고 절구絶句 다섯 수를 읊었다.

이공은 평천장平泉莊을 사랑하여	李公愛平泉
간곡히 그 자손에게 당부하였네.	丁寧托其子
우리 선군先君께서 지은 이 집	先人所構堂
어찌 평천장의 화석에 견줄 수 있으랴.	豈與花石比
집 안에서 술 취해 노래 부르는 것	酣歌于室中
예부터 무당 짓거리라고 말하였네.	古訓曰巫風
하물며 이 산소 아래에서	況此邱墳下

옥계…노닐었다 여항시인이었던 천수경이 자기가 살던 인왕산 아래 옥류천의 송석이 볼만한 곳에서 동인들과 함께 자주 시주詩酒의 모임을 열었다. 이를 옥계사 혹은 송석원시사라 칭하였는데, 김낙서도 그중 한 명이었다.

이공은…당부하였네 중국 당나라 이덕유李德裕가 낙양洛陽의 남쪽에 평천장平泉莊을 짓고 자손들에게 그곳의 꽃 하나 돌 하나라도 훼손하면 내 자손이 아니라고 말했다는 고사가 있다.

놀고 즐김은 못된 아이 짓이라네.　　遊嬉比狡童

비바람 가리기에 족한 삼간집　　風雨三間足
소나무, 가래나무 사이에 곧게 난 길 하나.　　松楸一逕通
자손들에게 이 말을 전하노라,　　寄言雲耳後
이 집을 궁궐처럼 여기라고.　　來此視同宮

삼각산 아래 모신 산소　　丘墓三山下
일찍이 십 세 동안 제사 받들었네.　　烝嘗十世同
풍수의 말 그대로 들어　　莫聽風水說
이곳 버리고 각각 동서로 가지 말라.　　棄去各西東

고인은 말하였네, 패륜아는　　古人云悖子
삼충으로 변하게 된다고.　　能變爲三蟲
산소를 팔아먹는 자도　　有食墓廬者
또한 거기에 들게 되리.　　亦足參其中

그의 벗들 가운데 글씨 잘 쓰는 친구들이 위의 시를 한 수 써서 그에게 주기도 했다.

『범곡기문凡谷記文』

소나무 · 가래나무 한자로는 松楸다. 이 나무를 흔히 묘지 둘레에 심었기 때문에 묘지라는 뜻으로 쓰인다.
삼충 사람의 뱃속에 산다고 알려진 벌레

위항문인들의 기개

송석원 천수경 | 14

천수경千壽慶은 자가 군선君善이다. 집이 가난하였으나 독서를 좋아하였고 시에 능하였다. 옥류천玉流泉 위 소나무와 바위 아래 띳집을 짓고 스스로 '송석도인松石道人'이라 불렀다. 석벽의 '송석원松石園'이라는 벽과擘窠 예서는 완당阮堂 학사 김정희金正喜가 쓴 것이다. 동인同人들을 모아 여러 패로 나누어 하루도 빠짐없이 시를 지었는데, 세상에 시를 할 줄 아는 사람으로 나이가 많고 적음에 관계없이 송석회松石會에 참여하지 못하면 부끄러운 것으로 여겼다.

아들 다섯을 두었는데 첫째를 송松, 둘째를 석石, 셋째를 족足, 넷째를 과過, 다섯째를 하何라고 하였다. 송과 석은 그 거처하는 곳으로 이름 지은 것이고, 족은 세 아들로 족하다는 것이고, 과는 네 아들이 많

옥류천 인왕산 계곡에서 흘러내리는 물로, 옥계玉溪라고도 부름. 여항문인들의 시사가 이곳에서 자주 열렸다.

벽과 본래는 글자가 삐뚤어지지 않도록 긋는 격자의 줄을 이르는데, 후에는 대자大字, 즉 큰 글씨를 이르는 말로 쓰였다. 전각篆刻에 쓰는 글씨체를 가리키기도 한다.

김정희 1786~1856(정조 10~철종 7), 자는 원춘元春, 호는 추사秋史, 본관은 경주. 순조 때 문과에 급제해 벼슬이 이조참판에 이르렀다. 학문에서는 '실사구시實事求是'를 주장했고, 특히 글씨에 뛰어나 '추사체秋史體'라는 독보적 경지를 이루었다. 문집으로 『완당집阮堂集』이 전함

다는 것이고, 하는 '다섯 아들이 어찌된 일인가'의 의미에서 붙인 것이다. 사람들이 서로 전하여 웃음의 재료로 삼았다.

세상에 유행하는 『풍요속선』은 그가 손수 편집한 것이다. 수경이 죽자 그의 문인 안시혁安時爀이 그 장례를 주관하였고, 동인들은 비석을 세워 그 무덤에 '시인 천수경의 묘墓'라고 표하였다.

『호산외기』

송석 천수경은 자가 군선君善이며, 처음의 호는 희헌羲軒이었다. 집이 가난했지만 책 읽기를 좋아하여 많은 글을 보고 기억을 잘하였으며 특히 시에 뛰어났다. 위항의 부호로서 자식이 있는 사람들은 앞다투어 그를 초치하여 자식을 가르치게 하여, 좇아 공부하는 학생들이 항상 오륙십 명이었다. 반을 나누어 강학講學하매 정연히 법도가 있었으며 성취시킨 인재가 매우 많았다. 사람들은 글을 잘하고 시를 잘 아는 자를 보면 모두 천선생의 제자임을 알았다.

이로 말미암아 한 세상에 소문이 자자하여 공경대부들도 특별히 대우하여 자를 부르고 직접 이름을 부르지 아니하였다. 폐백幣帛과 학당의 봉록으로 땔나무와 물을 대기에 충분하여 걱정이 없었으며, 평소에 마음이 강직하여 부호나 세력가라도 조금만 예의를 벗어나면 그 뜻을 굽히지 않고 곧장 신발을 신고 돌아왔다. 집에는 다만 사방의 벽만을 대하고 있어도 근심하는 모습이 없었다. 대개 가난하지만 아첨하지 않는 것은 그 본성이 그러한 것이었다.

거처하고 있는 옥류동玉流洞 골짜기는 소나무가 있고 돌도 있어서 자호하기를 '송석도인'이라 하였다. 석벽의 '송석원'이라는 벽과 예서는 완당 학사 김정희가 쓴 것이었다. 일찍이 수헌睡軒 김태욱金泰郁이 술에 취하여 칼을 뽑아 스스로 자기 팔뚝을 긋고 통곡하며 "이 팔은 잘라버려야 한다. 우리가 날마다 모이니 그 수가 어찌 열 명, 백 명에 그치겠는가마는 이런 글씨를 쓸 사람이 유독 한 명도 없어서 남의 손을 빌려 쓰게 한단 말인가!"라고 하니, 그 위항문인들의 기개를 숭상함이 볼 만하다.

동인들과 더불어 옥계시사를 결성하여 휘파람 불고 시를 읊조린 것이 비는 날이 없었고, 고금을 이야기하고 의론한 것이 죽 이어져 들을 만한 것이 많았다. 세상 사람들은 천수경의 계첩禊帖에 이름을 올림으로써 영광을 삼았다.

학산鶴山 윤승선尹承宣은 자주 칭찬하기를 "그의 고시와 근체시는 두보·한유와 더불어 나란히 전할 만하다. 만약 깨달아 이해하는 자가 있다면 지금 세상에 마땅히 이 노인을 추대하여 한 걸음을 양보해야 할 것이다"라고 하였다. 유명한 사람들에게 칭찬받는 것이 이와 같았으니, 비록 아녀자와 어린애 그리고 하인들까지도 송석원 천선생을 모르는 사람이 없었다.

『소대풍요』는 영조 정사(1737, 영조 13)년에 이루어졌는데, 그후로 육십 년이 흐르면서 흩어져 없어진 것이 많아, 이이엄而已广 장혼張混과 함께 두루 찾고 널리 모아서 『풍요속선』 6권을 만들어 세상에 간행하였다.

김태욱 이조후기 여항시인. 자는 종호宗浩, 호는 수헌睡軒, 본관은 김해. 규장각 서리를 지냈다.
윤승선 윤제홍尹濟弘(1764~?, 영조 40~?). 자는 경도景道, 학산은 호, 본관은 파평坡平. 정조 때 문과에 급제, 헌종 때 대사간大司諫에 이르렀다. 이인상의 화풍을 받아 후대에 큰 영향을 끼침으로써 이조후기 문인화풍에 중요한 업적을 남겼다. 지두화指頭畵에 뛰어났으며 대표작으로 「산수인물도」가 남아 있다.

그가 죽으매 문생인 안시혁이 그 초상을 맡아 주관하여 각심사覺心寺 선영의 여록餘麓에 장사를 지냈다. 동인들이 비석을 세워 그 묘에 표시하기를 '시인 송석 천수경의 묘' 라고 하였다. 내 선친인 미헌공彌軒公 이 그 묘를 지나다가 시를 지었다.

각심사 북쪽에 석양이 지고	夕陽心寺北
이계의 사이엔 나무만 무성하네	深樹耳溪間
무덤은 지금도 황량하여	杯土今荒落
초동의 노랫소리만 오락가락	樵歌自往還
옛 친구 비석을 어루만지며	故人摩短碣
봄 술로 빈산에 곡하네	春酒哭空山
시험 삼아 묻노니 저승의 세계가	試問泉臺下
옥류동의 한가함과 어떠한가	何如玉洞閒

『범곡기문』

미헌공 이조후기 여항시인 박경렬朴景烈. 자는 여정汝貞, 미헌은 호

이계 지금 서울 우이동에 있는 계곡

서당에 가지 마라

이이엄 장혼 | 15

장혼張混은 자가 원일元一이다. 어려서부터 중후하고 속으로 명석하였기 때문에, 총명과 지혜가 지나칠까 염려되어 서당에 진학시키지 않았다. 어머니 곽郭씨는 경서와 사기류를 읽을 줄 알았는데, 시험 삼아 그에게 책을 주어보니 아무 막힘없이 훤히 깨달았으며, 한 번 눈에 스친 것은 곧 줄줄 외워버렸다.

집이 가난하여 몸소 땔나무와 물을 져 나르는 고생을 하였다. 한번은 길에서 우연히 현달한 고관高官과 마주쳤는데 아버지의 오랜 친구였다. 장혼은 손에 든 것을 내려놓고 앞으로 나아가 인사를 올리고 물러나면서 아무런 부끄러운 빛이 없으니, 그 고관은 그를 매우 기특하게 여겼다.

겨우 열다섯 소년이 되었을 무렵 사부四部의 책에 두루 통하였으며, 시에 더욱 뛰어나 시를 지어 한번 읊으면 앞다투어 서로 전해가며 암

장혼 1759~1828(영조 35~순조 28). 호는 이이엄而已广·공공자空空子, 본관은 결성結城, 장우벽張友壁(1735~1809)의 아들. 1790(정조 14)년 감인소監印所 사준司準이 되어 서적 편찬에 종사했다. 1786년 천수경과 함께 송석원시사를 결성하고, 1797년 『풍요속선』을 간행했다. 저서로 『이이자초而已自艸』 『동사촬요東史撮要』와 문집 『이이엄집』 14권이 전한다.

사부 한적漢籍을 분류한 네 가지 부문으로 경經·사史·자子·집集을 말함

송하였다.

타고난 천성이 화락하며 편안하였고, 남을 잘 용납하여 다툼이 없었으며, 여유 있는 태도에는 고인의 풍모가 있었다. 어려서부터 성실함과 효성을 타고나, 비록 자신은 변변한 옷 한 벌 없어도 부모님을 맛있는 음식으로 봉양하는 데 최선을 다했다. 부모님을 섬긴 오십 년 동안 유순하고 온화한 몸가짐에, 공경하고 성실한 자세로써 무엇보다도 먼저 부모님의 뜻을 받들고자 하였다.

매양 밖에서 돌아오면 반드시 하루 동안 있었던 일들을 알려드렸으며, 아버지가 머리를 끄덕이신 후에야 물러나왔다. 아버지가 간질병을 삼 년간 계속 앓고 계셨는데, 장혼은 그때 이미 나이 쉰을 넘었는데도 대변을 맛보고 하늘에 기원하며 있는 힘을 다해 봉양하였다.

아버지가 돌아가시자 물이나 국물을 입에 넣지 않은 것이 삼 일이었으며, 일 년이 되도록 매운 것과 비린 것을 입에 대지 않았다. 어머니가 자신의 밥상을 물리치기까지 하며 생선과 고기를 권하니 어머니를 위하여 마지못해 따르게 되었다. 후에 어머니의 상을 치를 때도, 병시중 백여 일 동안 의관을 벗지 않더니, 몸부림치며 가슴 치는 통곡이 이전의 부친상보다 심하였다. 그러면서 "전에는 어머니께서 계셨으나 이제부터는 영영 가르침을 의지할 곳이 없구나"라고 하였다.

앞뒤로 삼년상을 치르면서 단 한 번도 입맛에 좋은 것을 가까이하지 않았으며, 조석으로 곡할 때마다 반드시 눈물을 흘렸다. 말이 두 부모님에 이르면 오열하여 목소리도 제대로 내지 못하였으며, 평소 좋아하시던 것이나 손때가 묻은 것을 얻으면 반드시 눈물을 흘리며 어루만져, 애모愛慕의 정이 이십 년 동안 하루 같았다.

그는 항상 말하였다.

"부모님을 섬김에 힘을 다하는 것은 자식의 떳떳한 도리인데, 자손된 자가 정려문의 포상을 요청하는 것은 도리어 효자의 마음을 부끄럽게 하는 것이므로, 내가 취하지 않는 바이다."

글을 지어 두 아들에게 남겨주기를 "만사挽辭를 요청하지 말고 제문을 받지도 말라" 하였는데, 이는 그러한 글들이 근거 없는 말에 허황된 칭찬을 하기 때문이었다.

평소에 수연하고 성실함이 다른 사람들을 감발시켜, 사람들이 예에 어긋나는 말을 그 앞에 늘어놓지 못하게 하였으며, 외물에는 아무런 욕심이 없고 오직 책에 몰두하였다. 다른 사람이 문의하는 일이 있으면, 문득 그 문제의 본말을 외워가며 판단과 분석을 부지런히 하고 진지하게 하여, 반드시 그의 깨달음이 깊고 아는 것이 상세하도록 하고자 하였으며, 패관소설 따위는 단 한 번도 눈을 두지 않았다. 만년에는 궁핍함이 더욱 심하여 거의 여러 날 굶기까지 하였으나 오히려 끊임없이 책을 읽었으며, 사람을 대할 때는 정연한 모습으로 수신제가의 법도로 타일러주었다.

저서에는 『시종詩宗』 13권과 천수경과 함께 편집한 『풍요속선』 6권 그리고 문집 8권이 있다. 두 아들 창昶과 욱旭이 있다.

순조 무자戊子(1828, 순조 28)년에 세상을 떠났는데 나이 칠십이었다.

『비연상초』

시종 중국 고대로부터 명대까지의 시가를 수집 · 분류한 시선집. 24권 12책의 목활자본으로 간행됐다.

아버지가 남긴 시를 찾아

연소 지덕귀 | 16

연소蓮巢 지덕귀池德龜는 자가 문재文哉이다. 시를 잘 지었으며, 글씨에 더욱 뛰어나 어린 나이에 규장각에서 사호司戶를 선발하는 데 뽑혔다.

그는 태어난 지 겨우 한 돌 만에 아버지[池道成]를 여의었는데, 항상 아버지가 재분才分은 있었으나 수명이 짧았음을 애통해하였다. 뒤에 부친이 친구 김시벽金時壁공에게 보냈던 절구 한 수를 얻자, 눈물을 닦으며 감격하였으며, 친지나 오래 사귄 분들께 화운시和韻詩를 구하여 합쳐서 책 한 권을 만들었다. 그리고 손수 써서 그 책을 펴내면서 『계사유타溪社遺唾』라 하였다.

학산 윤공이 그 책의 서문에서 다음과 같이 말하였다.

옛날에 장부張敷는 어려서 어머니를 잃어 슬퍼하고 추모함이 끊이지 않

지덕귀 본관은 충주. 송석원시사에서 활동했으며, 『초송草誦』이란 시선집을 엮었다고 하나 전하지 않는다. 『풍요삼선』 권6에 시 2수가 수록되어 있다.

계사유타 지도성池道成의 유작시 「우중구점경정김군진雨中口占敬呈金君珍」 1편과 이 시에 차운한 시를 모은 1권 1책의 목판본 시집. 아들 지덕구가 1804년부터 약 10년간에 걸쳐 화운시를 모아 1815(순조 15)년에 간행했다. 장혼 · 천수경 · 박윤묵 등의 시 24수가 수록돼 있다.

더니, 장성하여서는 어머니의 유적을 구하다가 그림 부채 하나를 얻게 되자 깊이 간직해두고 매양 어머니가 생각날 때면 문득 꺼내보고 눈물을 흘렸다고 하니, 천 년 후에도 오히려 사람으로 하여금 처절하여 잊지 못하게 한다.

지금 지덕귀군은 태어난 지 한 돌 만에 아버지를 여의었는데, 겨우 약관의 나이에 아버지 평생 동안의 사적과 행위를 추적하다 아버지의 친구 모某씨로부터 아버지가 지으신 시 한 수를 얻었고, 돌아와 시첩을 만들어 상자에 간직하여 종신토록 추모하는 마음을 의지하려 하였다. 그러면서도 오랜 뒤 산실될 것을 염려하여 드디어 아버지의 시에 화운하여 자신의 감회를 기록하고, 또 친척과 옛 친구분에게도 화운시를 구하여 아울러 기록하여 한 권을 만들어냈다. 아! 얼마나 그 옛사람과 흡사한가.

대저 그림이란 하나의 기예技藝일 뿐이니 사람들의 감동되는 바가 얕다. 그러나 시는 지志의 발현이다. 애연藹然한 성정을 볼 수 있고, 갱연鏗然한 성운聲韻을 찾을 수 있으므로, 사람들이 누구나 그 풍류와 신기神氣를 지묵紙墨에서 깊이 감동할 수 있다. 한 무늬만으로도 표범 전체의 무늬를 알아볼 수 있고, 한 점의 고기 맛으로도 솥 전체의 맛을 알 수 있는 것과 같은 것이다. 이것을 장부의 그림 부채에 비해본다면 훨씬 나은 것이 아니겠는가?

『겸산필기』

장부 중국 남조의 송나라 사람으로 자는 경윤景胤이다. 효성이 지극했으며 도가서를 좋아했다. 관직은 중서랑中書郎을 거쳐 황문시랑黃門侍郎에 이르렀으나 부임하기도 전에 부친이 세상을 떠나자 슬픔에 병을 얻어 세상을 떠나고 말았다.

열 가지 장점

추재 조수삼 | 17

조수삼趙秀三은 자가 지원芝園이고, 호는 추재秋齋, 또는 경원經畹이다.

그는 훌륭한 풍모에 신선의 기상이 있었다. 문사文詞는 역량이 크고 범위가 넓었는데, 시에 가장 뛰어났다. 여섯 번 중국에 들어가서 대륙 사람들과 사귀니, 그의 시 경향은 압록강 동쪽에만 국한되지 아니하였다.

세간에서는 추재가 가진 것이 모두 열 가지인데 사람이 그중에 한 가지만 얻더라도 평생 만족할 만하다고 하였다. 첫째는 풍도, 둘째는 시문, 셋째는 과거문, 넷째는 의학, 다섯째는 장기 · 바둑, 여섯째는 글씨, 일곱째는 뛰어난 기억력, 여덟째는 담론, 아홉째는 복록福祿, 열째는 장수長壽다.

처음 중국에 갔을 때, 길에서 강남 사람을 만나 수레를 함께 타고 가며 그들의 말을 모두 배워, 북경 사람들과 말을 할 때에는 필담이나 통역을 빌리지 않았다. 또 어떤 사람과 교분을 두터이 하였는데 몇 년 지나 그 사람은 죽고 그의 자식이 떠돌다가 요동遼東과 계문薊門 사이에서 서로 만나게 되었다. 옛일을 생각함에 비감한 생각이 나서 이에 주머니를 털어 그 자식에게 주었다.

나이 여든셋에 진사시進士試에 합격하였는데, 양반 벼슬아치로서 몸소 축하하는 이들이 수십 명이었다. 네 명의 자식과 손자와 증손자들을 매우 많이 두고, 여든여덟에 죽었다. 시문 몇 권을 운석雲石 조상국이 인쇄하여 세상에 전할 것을 계획하고 있다.

찬하여 말한다.

> 이는 바로 하늘에서 귀양 내려온 사람으로 하늘이 부여한 바는 풍부하지만 부족한 것은 옥대玉帶와 금어金魚로다.
>
> 『호산외기』

추재 조수삼이 처음 중국에 갔을 때였다. 호은湖隱 이상국이 상사上使가 되었는데, 공은 이렇게 말하였다.

"내가 잠이 적으니 먼 길 긴 밤에 무엇으로 보낼까? 만약 날마다 고시문 십장十章을 외우고 평화平話 열 토막을 이야기해주며 나와 바둑을 두며 피곤해도 쉬지 않는 이가 있어, 그 사람과 함께 갈 수 있다면 다

조상국 조인영趙寅永(1782~1850, 정조 6~철종 35). 자는 희경羲卿, 운석은 호. 안동 김씨와 함께 세도정치의 한 축을 담당했던 풍양 조씨의 중심인물로 네 차례에 걸쳐 영의정을 역임. 문장 · 글씨 · 그림에 모두 뛰어났다.
옥대와 금어 옥대는 벼슬아치들이 공복에 띠던 옥으로 꾸며 만든 띠이고, 금어는 4품 이상의 벼슬아치나 특사받은 사람이 관복을 입을 때 차던 붕어 모양으로 만든 주머니다. 여기서는 벼슬을 의미
이상국 이성원李性源(1725~1790, 영조 1~정조 14). 자는 선지善之, 호은은 호, 본관은 연안. 영조 때 문과에 급제, 정조 때 좌의정에 이름. 1789년에 동지겸사은사冬至兼謝恩使로 청나라에 다녀옴
상사 사신 일행의 최고 책임자. 정사正使라고도 함
평화 송대에 성행하던 강담사講譚師의 화본話本인데 '평화評話' 라고도 해 평론評論 · 비평批評의 의미가 가미되기도 한다. 주밀周密의 『무림구사武林舊事』에는 '연사演史' '설경담경說經譚經' '소설小說' '화담話譚' 등 네 가지로 분류되었다. 원래는 역사 사실에 의거했지만, 허구성이 확대되면서 명 · 청대의 장편소설로까지 발전하게 된다.

행이겠다."

조수삼은 그 이야기를 듣고 스스로를 천거하였다. 공이 함께 이야기를 해보고는 크게 기뻐하였다. 공은 원래 바둑을 잘 두어 또한 적수가 될 만하니, 서로의 만남이 늦었음을 더욱 한탄하였다. 공은 자신의 반당伴倘으로 삼아 데리고 가기로 하였다.

고양高陽의 두참頭站으로부터 책문柵門에 들어가기까지 한 번도 그 일을 거른 적이 없었는데, 봉황성鳳凰城을 지난 후, 하루는 병이 났다는 핑계로 사양하고, 때가 되어도 나아가 뵙지 아니하였다. 공은 그가 약속을 어기고 오만함에 노하여 다시 돌아와 압록강을 건널 때까지 절대로 접견해주지 아니하였다. 수삼은 항상 사람들에게 말하였다.

"공이 어찌 박정하여서 그러하였겠는가? 내가 유람에 열심인 것을 깊이 알고, 굴레를 벗겨 일부러 놓아주셔서 마음껏 구경을 누리게 한 것이다. 대개 동행하는 모든 사람은 위로 사신으로부터 아래로 역부驛夫들에게까지 반드시 맡은 일이 있는데, 오직 나만이 밥 먹고 잠자는 것 이외에 달리 매인 일이 없었다. 그후로부터는 앞서거나 뒤서거나 빠르거나 느리거나 오직 내 뜻대로 했을 뿐이며, 유람함에 거의 안 가 본 곳이 없다. 내가 공으로부터 받은 것이 크기도 하도다."

『범곡기문』

반당 서울의 관청에서 부리던 사환이나 중국에 가는 사신이 자비로 데려가는 수행원을 말하는데, 여기서는 후자의 뜻

두참 첫번째 역참으로, 고양시의 벽제역을 지칭. 중국 사신이 서울에 들어오기 하루 전에 이 역참에서 반드시 유숙했는데, 중국으로 출발하는 사신 또한 이 역참에서 첫 유숙을 하게 되므로 '두참'이라 했음

책문 의주에서 중국으로 들어가는 관문

봉황성 중국 요동에 있는 지명. 의주에서 북경으로 가는 길목에 있다.

토굴에서 들리는 낭랑한 글 소리

수리 왕태 | 18

왕태王太는 자가 보경步庚, 일명 한상漢相, 호는 수리數里로 고려 왕씨의 후예이다. 가난하여 스스로 의지할 곳이 없어 나이 스물넷에 술집 김 노파의 일꾼이 되었다. 술을 나르고 틈만 있으면 책을 읽었는데 노파가 꾸짖어 그것을 제지하였다. 이에 책을 품고 다니며 읽었으며 혹은 아궁이 불에 비추어 묵묵히 외었다. 노파가 그 뜻을 기특히 여겨 하루에 초 한 자루씩을 주어 밤에 책을 읽을 때 사용하게 하였다. 이로부터 문사가 크게 진전되었으나 알아주는 사람이 없었다.

일찍이 금호문金虎門 밖에서 밤 순라 시간을 기다리는데 이날 밤 달이 밝았다. 토굴에서 『서경』 한 장을 외는데 소리가 금석金石의 악기에서 나오는 것 같았다. 그때에 학사 윤행임尹行恁이 지나가다 그것을 듣고 기이히 여겨, 수레를 멈추고 그를 불러다 보았다. 헝클어진 머리에 추한 얼굴이었고 옷은 남루하였다. 학사가 그에게 자세하게 물어보고

금호문 창덕궁 돈화문의 서쪽 문

윤행임 1762~1801(영조 38~순조 1), 자는 성보聖甫, 호는 방시한재方是閑齋 · 석재碩齋, 본관은 남원. 1782(정조 6)년 정시문과에 급제해 검열檢閱에 등용, 초계문신이 되었으며, 정조의 신임이 두터웠고 정조가 죽자 왕의 시장諡狀을 썼다. 순조가 즉위한 뒤 이조판서에 올랐으나, 신유박해 때 신지도薪智島에 유배됐다가 결국 참형됐다. 여항문인들을 많이 후원했던 인물이다.

놀라며 "네가 '들은 넓어 가을 달빛이 많고, 강은 맑아 밤 연기조차 적구나野闊秋多月, 江淸夜少煙' 라는 시를 지은 왕한상 그 사람이 아니냐?" 하였다. 이윽고 임금께 아뢰니, 임금의 부름을 받고 시를 지었는데 몇 걸음 걷는 동안 지어냈다.

화창한 바람은 검은 장막에서 일고, 和風生皂幕

빛나는 아침 해는 붉은 문을 비춘다. 旭日暎丹門

이 시구는 한 시대에 널리 퍼졌다.

장용영壯勇營에서 녹을 받도록 해주었는데, 무릇 활쏘기와 말 타기를 시험 볼 때에는 임금이 명하였다.

"수하隨何와 육가陸賈는 무용武勇이 없었고, 강후絳侯 주발周勃과 관영灌嬰은 문한文翰이 없었다. 어떻게 한 사람의 몸으로 하여금 문무文武가 반드시 갖춰지기를 요구하겠느냐. 시 한 수를 지어 대신하도록 하여라."

그때마다 임금이 직접 읽어보고 상을 내리기를 자주 하였는데, 일찍이 왕태가 『근광수록近光隨錄』 한 편을 지어 그 일을 기록하였다. 조금 뒤에 중부학당의 학생으로 충원시켜 오경을 익히도록 하였으니 고금

장용영 정조 때 수원에 설치했던 군영軍營

수하와…없었다 여기에 언급되는 네 사람은 모두 한나라를 세운 유방의 신하들이다. 그 가운데 수하와 육가는 언변에는 뛰어났지만 무용武勇이 없어 봉후封侯를 얻지 못했으며, 주발과 관영은 무용에는 뛰어났지만 문한文翰이 없었다.

근광수록 왕태가 정조 임금에게 받은 특은特恩과 하사품에 대해 기록한 책. 지금은 전하지 않고 여항시인 박윤묵의 문집 『존재집』과 윤행임의 아들 윤정현尹定鉉의 문집 『침계유고梣溪遺稿』에 그 책의 서문이 전하고 있다.

에 드문 은전이었다. 경신庚申(1800, 정조 24)년 이후에 자주 강경과講經科에 응시하였으나 합격하지는 못했다. 무관으로 보직되어 조령별장鳥嶺別將이 되었고 나이 칠십에 죽었다.

『호산외기』

마음속 정원을 노래하다

송월헌 임득명 | 19

송월헌松月軒 임득명林得明은 자가 자도子道이다. 시부와 서화를 잘했는데 특히 전서와 예서에 능숙했다.

옥계사에 들어갔는데, 매양 이 시사의 시첩 앞 장에 그림을 그리고 전서를 쓰며 또 시로서 화답하니 사람들이 삼절三絶이라고 일컬었다. 산수도 그리기를 좋아하였는데, 일찍이 「의원행意園行」이란 시를 지었다.

띳집 처마 밑 잠에서 깨어나 더불어 말할 이 없으니	茅檐睡起無與言
상에 기대어 뜻에 따라 마음속 정원을 만드네.	據床隨意作意園
섬지剡紙 위에서 착상에 골몰하는데	意匠慘憺剡藤上
산세를 먼저 높낮이로 나누고자 하네.	山勢先欲分卑尊
남궁의 수묵은 지금토록 짙은데	南宮水墨卽今濃

섬지 중국 절강성 섬계剡溪에서 생산되는 종이로 품질이 좋기로 유명하다.
남궁 송극宋克. 자는 중온仲溫, 남궁은 호. 명 · 원 교체기를 살았던 인물로, 젊어서는 칼을 좋아하는 임협任俠이었으나, 나중에는 두문불출하며 글씨를 연마해 유명한 서법가가 되었다. 특히 진초체眞草體에 뛰어났다.

예찬倪瓚의 임천 경치는 옛 원나라부터였네 倪家林泉自昔元
촉산의 단청으로 천천히 점을 찍으며 蜀山丹青徐點滴
손 안의 서릿발 같은 붓 멈췄다 달렸다 임의로 하네 手中霜毫任停奔
이끼 낀 늙은 나무 바위 곁에 휘돌아 蒼苔老樹轉岩曲
망천과 도원을 한데 합쳐놓은 듯 參互輞川與桃源
시냇물 끌어들여 연못 만들고 대나무로 사립을 삼았으니 引溪作池竹爲扉
구릉 두른 연하는 담박하여 번잡하지 않구나 繞壑烟霞澹不繁
성긴 버들 낮게 스쳐 낚시터 한가롭고 疎楊低拂釣磯閒
여기저기 드리운 푸른 등넝쿨, 물레방아가 뒤집네 蒼藤亂垂水車翻
몇몇 마을 울타리 고요하기가 마치 잠자는 듯 數村籬落靜如眠
해 저물자 닭 개 짓는 소리 들리는 듯하구나 斜日想聽鷄犬喧
높이 트인 곳 전망이 좋고 아득한 깊은 곳엔 휴식이 좋아 暢可縱眸深可息
의연히 나를 송월헌에 앉혀두었네 依然坐我松月軒
무사무려한 하늘의 백성 無思無慮一天民
갈건에 포의 차림 옛 도사의 모습일레. 葛巾布衣古貌存
왼쪽엔 거문고 오른쪽엔 책, 골동骨董의 화로 左琴右書古董爐
바둑판과 투호통 사이엔 술 주전자 놓여 있네. 棋局投壺間酒樽
이곳에서 한가히 쉬고 이곳에서 밭 갈고 우물 파 偃仰于此耕鑿此
남은 나날 성은을 노래하기로 작정하였네. 準擬餘年歌聖恩

예찬 중국 원나라 사람. 자는 원진元鎭, 호는 운림雲林. 원말 사대가로 꼽히는 화가다. 동원董源에게 그림을 배웠으며 특히 산수화를 잘 그렸다.
촉산 중국 서촉西蜀 지방은 물감의 원료인 단사丹砂가 많이 나는 곳으로 유명하다.
망천 왕유王維의 별업別業
도원 선경仙境, 별천지別天地를 뜻하는 말로, 도연명의 「도화원기 桃花源記」에서 유래했다.

성은이 길이 여생과 더불어 영원하리니	聖恩長與餘年永
이 그림을 희황의 마을로 간주하네.	此畵看作羲皇村
남녀 화락하고 가을 더욱 무르익는데	男欣女悅秋更熟
늙은이 하는 일 없고 혼사도 끝마쳤네.	老夫無爲畢嫁婚
그림이 이뤄지매 흐뭇이 벽면에 걸어놓으니	圖成充然掛壁面
붉은 지붕 하얀 마당 화려한 저택보다 더욱 좋구나.	絶勝朱甍典粉垣
하루의 한가한 뜻 붓끝에 얻었으나	一日閒情得筆端
우습도다, 내일 새벽 다시 금문에 나아가네.	又笑明曉赴金門

『겸산필기』

희황의 마을 희황은 복희 황제. 희황의 마을이란 복희 황제 시대와 같은 태곳적 태평성세의 이상적 공간을 의미한다.
금문 금마문金馬門과 같은 말. 본래는 한나라 미앙궁未央宮에 있던 문으로, 한림학사들이 근무하던 곳이다.

『시종詩宗』 간행을 기념하여

경재 이경연 | 20

경재儆齋 이경연李景淵은 자가 공묵公默으로 시를 잘하고 친구 사귀기를 좋아하였다. 매양 좋은 날과 아름다운 절기에는 술상을 차리고 시연詩筵을 베풀어 서사西社의 여러 친구가 함께 모여 서로 시를 주고받으며 즐거움을 누렸으므로 당시 사람들이 그를 서헌 임준원에 견주었다.

내가 『풍요삼선風謠三選』을 편집할 때에 그의 손자 형재亨載로부터 시고詩稿를 얻어 보았는데 수백 편이 상자에 가득 차 있었다. 그중 「기시종인소寄詩宗印所」라는 시 한 편이 거작巨作이었다. 시는 다음과 같다.

시라고 하는 것은 뜻을 말함이 중요하나니 詩云詩云貴言志
누가 다시 나를 일으켜 시를 함께 말하게 하는가? 疇復起余可言詩
마음에 두면 뜻이 되고, 말하면 시가 되는데 有心爲志言爲詩
마음의 사邪와 정正이 진실로 여기에 있다. 心之邪正良在玆
선왕이 백성을 가르침에 시교의 비중 컸으니 先王教人詩敎大

내 이 글의 저자인 유재건
기시종인소 『시종詩宗』은 장혼이 편찬한 중국 시선집이다. 이경연은 『시종』이 간행되는 것을 기념해 이 시를 지어줬는데, 중국의 시사詩史를 순임금의 시대부터 정리한 것이다.

시도란 실로 왕도정치에 관한 것. 詩道實關王者治
순임금이 노래를 지음으로 사언시가 시작되었고 帝庸作歌四言始
그 신하 고요가 이에 화답의 시를 지었다. 皐陶迺有賡載辭
공자가 시 삼백오 편을 산정刪定하였으니 夫子刪詩三百五
악한 것은 경계 삼고 선한 것은 본받기 위함이라. 惡可爲戒善可師
풍은 움직임이며, 아는 바름이며, 송은 덕을 찬미함이요 風動雅正頌美德
부는 진술함이며, 비는 형용함이며, 흥은 말에 의탁하는 것. 賦陳比狀興托詞
풍이란 대부분 여항의 노래 風者多是里巷謠
성인이 그것을 보고 만세에 드리웠도다. 聖人觀而萬世垂
하량에서 지은 네 수의 노래 분수가 맑고 河梁四首汾水白
절주의 높낮이와 선후가 갖추어졌다. 節族長弟備乎而
이소는 굴원과 송옥의 손에서 끝났으니 離騷訖于屈宋手
마음과 귀 어두워 남의 울타리 아래 기생하였네. 心耳師昧寄人籬
한 · 위 · 육조에 아름다운 작품이 많은데 漢魏六朝多佳作
소명태자가 애써 해사아解事兒가 되었다. 昭明强作解事兒
비록 건안 시절에 칠재자七才子가 있었지만 雖有建安才子七
팔두진왕이 독주하였네. 八斗陳王獨騁馳
도연명 · 사령운 · 안연지 · 포조가 연이어 나왔으나 陶謝顔鮑作前塵

풍은…것 풍風 · 아雅 · 송頌 · 부賦 · 비比 · 흥興을 『시경』의 육의六義라 한다. 앞의 풍 · 아 · 송은 시의 내용에 따른 분류이고, 뒤의 부 · 비 · 흥은 시의 표현법을 구분해놓은 것이다.

하량에서…노래 하량별河梁別, 하량지음河梁之吟이라고도 함. 중국 한나라 때 흉노에 잡혀 있던 소무蘇武가 본국으로 돌아가게 됐을 때, 흉노에게 항복해 그 신하가 된 이릉李陵이 떠나는 소무에게 지어준 오언시 네 수를 말한다. 분수는 흉노 땅으로 흘러들어가는 길목에 흐르는 강이다.

제나라 양나라의 기상은 날로 기울어갔다. 齊梁氣象日陵夷
초당 사걸과 사우가 심전기 송지문을 이었고 四傑四友紹沈宋
팔병 팔대는 심약과 상관의로부터 시작되었다. 八病八對肇約儀
율시와 절구로서 근체시가 창립되었고 律句絶句創近體
가와 행의 장편은 옛 규칙과 달라졌네. 歌行長篇異古規
당에서 여러 번 변하고 당에서 성하여져 屢變於唐盛於唐
개원 천보연간에 문운이 번창했다. 元寶之間文運丕
「감우感遇」 삼십팔 편으로 感遇三十有八篇
멀리 높이 뛴 습유 진자앙. 夐然高蹈陳拾遺
주중선 이백은 인간세계의 사람이 아닌데 酒中仙非人間人
대아가 나타나지 않으니 자신의 쇠함을 한탄하였네. 大雅不作歎吾衰
시인이 있은 이래 두보 같은 사람 없어 詩人以來有子美
지은 것이 왕왕 직과 설을 기약했다. 述作往往稷契期

해사아 일을 옳게 할 줄 아는 사람. 소명태자는 한위육조시대의 작품을 선별해 『문선文選』을 편찬했는데, 후대에 큰 영향을 끼쳤다.
칠재자 건안칠자建安七子라고도 함. 중국 후한의 건안(196~220) 시절 시문으로 세상에 널리 알려진 일곱 문인. 즉 공융孔融 · 진림陳琳 · 왕찬王粲 · 서간徐幹 · 완우阮瑀 · 응창應瑒 · 유정劉楨
팔두진왕 위나라를 세운 조조曹操의 아들 조식曹植을 가리킴. 남북조시대의 시인 사영운謝靈運은 조식의 재주를 높여서 '천하의 재주를 한 석이라고 한다면, 조식이 여덟 말을 독점하고, 자신이 한 말을 차지하며, 나머지 한 말을 천하가 나누어 가졌다' 고 말한 바 있다.
사걸 중국 초당初唐 때의 시인인 양형楊炯 · 왕발王勃 · 노조린盧照隣 · 낙빈왕駱賓王을 이름
사우 중국 초당 때의 시인인 이교李嶠 · 소미도蘇味道 · 최융崔融 · 두심언杜審言을 말함
팔병 시를 지을 때 여덟 가지 꺼리는 일. 곧 평두平頭 · 상미上尾 · 봉요蜂腰 · 학슬鶴膝 · 대운大韻 · 소운小韻 · 방뉴傍紐 · 정뉴正紐로 양梁의 심약沈約이 주장함
팔대 시에 나타나는 여덟 가지의 대. 즉 정명正名 · 격구隔句 · 쌍성雙聲 · 첩운疊韻 · 연면連綿 · 이류異類 · 회문回文 · 쌍의雙擬를 말한다.
개원 천보 중국 당나라 현종 때의 연호. 각각 713~741년과 742~756년인데, 한시의 수준이 크게 높아졌던 시기다.
감우 당나라 시인 진자앙陳子昻의 대표작품. 오언고시 38수로 이루어졌으며, 우국의식과 지식인의 자기비판을 담고 있다.

「남산」과 「북정」은 서로 표리를 이루었으니 南山北征相表裏
한유의 시부 또한 뛰어나게 기이했네. 韓子詩賦亦絶奇
문으로써 시를 삼고 시로써 문을 삼아 以文爲詩詩爲文
어떤 사람은 두 분의 작은 흠이라 말한다. 或謂二公之小疵
왕유 · 맹호연 · 고적 · 잠삼은 자취가 이미 연이었고 王孟高岑跡已聯
위응물 · 유종원 · 원진 · 백거이는 어깨가 서로 나란하였다. 韋柳元白肩相比
돈후함과 평담함은 그 바름을 얻었고 敦厚平淡得其正
비장함과 뾰족하고 날카로움은 여러 갈래 길이었네. 悲壯峭刻紛多逵
세상에서 이런 체가 없을 수 없으니 世間不得無此體
노동의 괴이함과 이하의 편벽됨 그리고 가도와 맹교의 곤궁함이라. 盧怪李僻島郊飢
몽금과 몽필을 어찌 다 믿으리오 夢錦夢筆奚盡信
현달케 하고 곤궁케 한다는 건 어리석은 수작. 能達能窮摠是癡
의마와 격발이 얼마나 민첩하고 빠른 것이며 倚馬擊鉢何敏疾
붓털 썩히며 고심하기만 하면 얼마나 더딘 것인가 腐毫蹋壁何淹遲

직과 설 요순 때의 두 명신이다. 직은 농업을, 설은 교육을 맡아보았다. 두보의 시는 충군忠君 애민愛民의 뜻을 담았음을 나타낸 표현이다.
몽금 중국 당나라 사람 소영사蕭穎士가 젊었을 때 꿈을 꾸었는데 어떤 사람이 종이를 주어 그것을 펴보았더니 수놓아진 꽃이었다. 또 비단을 마름질하는 꿈도 꾸었는데 그로부터 문사文思가 크게 진보했다고 한다.
몽필 중국 양나라의 강엄江淹이 꿈에 오색의 붓을 얻은 후 문장이 날로 새로워졌다는 고사. 또는 이백이 붓끝에서 꽃이 피는 꿈을 꾼 뒤, 문명을 크게 떨쳤다는 몽필생화夢筆生花의 고사
의마 중국 진나라 사람 원호袁虎가 말에 기대서서 기다리는 짧은 시간 동안 만언萬言의 문장을 지었다는 고사에서 나온 말로 '글을 빨리 짓는 일'을 가리킴
남산과 북정 「남산」은 한유의 대표작 중 하나이고, 「북정」은 두보의 대표작 중 하나인데, 두 편 모두 전란의 참상과 나라 걱정을 담은 내용이다.

훼견과 소참이란 단지 글자를 바꾸었을 뿐 卉犬篠驂唯換字
누가 난삽함이 좋다고 하는가, 도리어 웃음을 살 만하네. 孰謂澁好還堪嗤
신묘한 깨달음과 재기 있는 정감은 책과 관련이 없고 妙悟才情非關書
어디에 있든 신령이 서로 보호하고 지켜준다. 在處神物相護持
한 시대에는 그 시대의 풍상風尙이 있어 一代自有一代風
송나라와 명나라의 길이 또한 갈라졌다. 皇宋皇明路又岐
다섯 글자로서 일생의 마음을 깨고 五字用破一生心
한 글자로서 두어 줄기 수염을 불태워 짧게 하였네. 一字燃短數莖髭
구양수 또한 두보를 좋아하지 않았으니 歐公且猶不好杜
짜고 신 것은 모두 선호자選好者의 사견私見에 들어가는 것 鹹酸皆入選者私
시에 능함이 진실로 어렵지만, 시를 가려 뽑기 더욱 어려워 能詩固難選尤難
술록述錄하여 어찌 사람마다의 속을 들여다볼 수 있으랴. 述而詎能人人窺
그렇다면 시를 배우는 것은 어떠해야 하는가? 然則學詩當奈何
성정을 노래하여 스스로 즐거워야 한다. 歌詠性情自怡怡
시어를 만드는 데 유래한 근거 없어서는 안 되지만 造語不可無來處
시상을 운용할 적엔 오직 마음속에서 나와야 한다. 運思唯當出肝脾
『시경』에 근본하여 정正과 변變을 보고 本之葩經觀正變
『문선』의 시들을 참고하여 먼 지방을 미루어 보네. 參以選詩遠方推
음과 운은 삼당조의 음조를 벗어나지 않아야 하니 音韻不離三唐調

격발 양나라의 소문염蕭文琰이 동발銅鉢을 쳐서 그 울림이 사라지기 전에 시를 지었다는 고사
훼견과 소참 중국 당나라 때의 서언백徐彦伯은 글을 지을 때마다 변화와 새로움을 추구해, '추구芻狗'는 '훼견卉犬'이라 하고 '죽마竹馬'를 '소참篠驂'이라 했다.
다섯 글자로서…하였네 이는 모두 좋은 시구를 생각해내기 위해 고심하는 모습을 형용한 표현이다.

여기에 베개하고 깔며 여기에 조화를 창출한다.	枕藉於斯造化斯
송나라 시인들의 용사는 바퀴와 날개 같았고	宋家用事同輪翼
명나라 시인들의 사경은 진실로 들어가는 문의 인중방이라.	明人寫境寔門楣
우리나라는 가장 문명한 세계에 자리 잡아	我國最占文明界
높고 큰 학자 문장가가 대대로 끊이지 않았네.	鴻匠巨筆代不虧
뇌뇌락락 줄 이은 사백 년	磊落相望四百祀
하찮은 견해로는 감히 품평할 수 없도다.	謏見未敢題品之
지금 사람 결주 장혼씨는	今世絜州張混氏
품부받은 자질 웅건하여 행동에 얽매임이 없다.	受材雄驁行不羈
책 상자 걸머지고 발에 못이 박혀도 천 리를 가벼이 여기며	負笈重趼輕千里
띳집 벽 뚫어 이웃의 불빛 빌리고, 달을 따라 독서함 늙을수록 더욱 힘쓰네	鑿壁隨月老益孜
집 몇 칸에 '이이而已'라 이름 붙여놓고	茅屋數間扁而已
무릎을 감싸며 자신을 옥천에 비유하네.	抱膝自比玉川姿
집을 가득 채운 그의 글월 지극히 넓어 넘치는데	滿家文章極汪洋
읽어보매 마치 재갈 물리지 않은 말과 같구나.	讀之渾如不鞚騎
원진·백거이 이후의 시는 보려 하지 않으니	元和以還不欲觀
그 뜻이 충담과 혼후함으로서 부미함을 억누름에 있도다.	志在沖渾抑浮靡

결주 장혼의 본관 결성結城의 옛 이름
옥천 중국 당나라 시인 노동盧仝의 호

반평생의 문장이 다만 스스로 즐기기 위함이요	半生翰墨徒自娛
배부르고 따스한 생활은 아직도 해보지 못했다.	飽煖之家猶未爲
배를 드러낸 채 때때로 삼만 축의 책을 포쇄하니	坦腹時晒三萬軸
사람들이 '오총귀' 라 부르는 것 부끄럽지 않네.	不愧人稱五總龜
『시종』이라 제목을 삼아 손수 가려 뽑으며	題曰詩宗手自鈔
붓 피곤함 깨닫지 못한 채, 이제 어느덧 이십 년.	不覺筆倦廿年玆
오늘 출판하여 장차 오래 전하려 하니	今日剞劂將壽傳
한번 보면 응당 남달리 뛰어난 생각임을 알리라.	一覽應知不群思
순임금, 우임금으로부터 명나라까지	止于大明自姚姒
책 질이 쌓이고 쌓여 열두 받침대.	緗帙充充十二支
여기는 많고 여기는 적음 공평되게 했을 뿐	此多此少爲公爾
버리고 취함은 혹 시대의 선호에 따라 옮겨지는 것.	去就或有時尙移
그대의 호학을 흠모하고, 그대의 정성을 눈물겨워하면서	欽爾好學憐爾誠
그대 위해 시 짓는 일 주저하지만,	
서로 알고 지낸 것에 기뻐하노라.	作詩躊躇歡相知

『겸산필기』

오총귀 박학다식한 인물을 말함. 당나라의 안원손顔元孫 · 위술韋述 · 하지장賀知章 · 육상선陸象先 · 은천유殷踐猷의 박학을 두고 '오총귀' 라 했다. 거북은 장수하여 천년 만에 다섯 마리가 함께 모이는데 무엇이든 물어보면 모르는 것이 없다는 뜻을 취한 것이다. 『당서』「은천유전」 참조

배를 드러낸 채 중국 진晉나라 학륭郝隆이 칠석 날 낮에 밖에서 배를 드러낸 채 누워 있으므로, 그 까닭을 물으니 뱃속에 든 서책을 포쇄하려 한다고 답했던 고사가 있음. 『세설신어』「배조排調」 참조

『훈자유의』와 『운해』

약고 태화 | 21

약고藥皐 태화太龢는 자가 육여毓如다. 젊어서부터 학문을 좋아하여 경적經籍을 두루 열람하였고 제자백가의 문장에 이르기까지 탐색하지 않은 것이 없었다. 『이아爾雅』와 『설문說文』 등의 책에 더욱 깊이가 있어서 『훈자유의訓字類義』 3권과 『운해韻解』 5권을 지었는데 매우 박흡博洽하고 또 상세하고 명백하여 비록 다박머리의 아이들이 보더라도 음과 뜻을 환하게 알 수 있게 하였다.

그의 「훈자유의서訓字類義序」는 다음과 같다.

> 무릇 글을 배우는 사람은 반드시 먼저 글자의 뜻을 분명히 해야 한다. 글자의 뜻이 분명하지 않으면 문리文理가 소통되지 않는다. 대개 글자의 획이란 마치 사람의 얼굴과 같으며, 글자의 음은 그 사람의 성명姓名과 같고, 글자의 뜻은 그의 씨족과 같은 것이다. 남들에게 단지 그 얼굴의 살찌고 여윈 것만을 알게 하고 그 성명을 모르게 하거나, 단지 성명만을 알게 하고 그의 씨족을 알리지 않는다면 갑의 살찐 얼굴과 을의 수척한 얼굴, 이가의 성과 장가의 이름 같은 것은 알 수 있을지라도 궁弓과 간干의 동서東西 구별과 결鳺과 제鶗의 남북南北 구별에 대해선 아득하여 생각하

기 어렵다. 그것이 옳겠는가?

우리나라의 풍속이 외지고 고루하여 이미 치우徵羽의 청탁淸濁에 어둡고 또 사물을 분석하는 법을 잃었다. 오로지 서리들의 문부文簿의 잘못된 인습과 시장바닥 되잖은 농담 같은 것으로써 아비가 자식에게 일러주고 스승이 제자에게 가르쳐서 콩을 해석하여 태太라 하고 벼를 해석하여 조租라고 하며, 해송海松은 잣나무라 하고 핵도核桃를 추자라고 한다. 이런 것으로 주의奏議에 올리고 편지에 쓰면 비록 관각의 이름난 선비와 가죽띠를 띠고 베옷을 입은 전문 학자일지라도 축자하여 그 주를 바로잡지도 못하고, 구절을 따라가며 그 잘못을 지적하지도 못하니 가히 탄식을 이길 수 있겠는가? 용렬하고 어리석은 그대로 가르치고 어둡고 아둔함 그대로 배운다. 잘못 전하고 잘못 들어 늙어 흰머리에 이르기까지 견식이 분명하지 못한 것이 마치 하루와 같으니 생각건대 어찌 경전의 뜻에 통하고 사물의 이치를 분별할 수 있겠는가?

내가 작년부터 여섯 살 된 어린 손자를 처음 가르치며 먼저 시험적으로 오백 자[견문이 미친 사물의 명칭]를 뽑아 읽게 하였다. 그것을 다 읽고 나서 또 일상적으로 쓰이고 지금 활용되는 글자 7,267자를 초鈔하여 이름을 『훈자유의』라 하였다. 종류대로 나누어 붙이고 사언四言으로써 글귀를 만들어, 의미가 관통하면서도 소리가 연잇고 발음이 예리하면서도 혀가 순하게 움직이게 하도록 힘썼던바, 반쯤 읽기도 전에 점차로 하나를 가르치면 둘을 알아 배움은 반인데 공은 배가 되는 효과가 있음을 깨달았

궁과 간의…남북 구별 미상
치우 동양의 오음계인 궁상각치우宮商角徵羽의 치와 우. 여기서는 성률을 의미
주의 신하들이 자신의 의견을 임금에게 아뢰는 글

다. 진실로 아이들을 가르치는 첩경이라 이를 만하다.

그러나 스스로 돌아보건대 천박한 지식과 짧은 글로 제대로 문장도 이루지 못하여 가끔 도리를 잃을 수도 있다. 만약 안목을 갖춘 자에게 보게 한다면 더욱 그 거칠고 졸렬함을 가릴 수 없을 것이니 저으기 부끄러움과 두려움을 이기지 못하겠다.

『겸산필기』

나이 육십에 『주역』에 심취

노인 전문조 | 22

전문조全文祖는 자가 계욱季郁이다. 젊어서는 혈기를 믿고 세상에 고개를 수그리지도 우러러보지도 않았다. 일찍이 책을 대하여 탄식하였다.

"옛것을 상고함은 장차 오늘날에 시행하려는 것이다. 우리네 평민 출신의 필부는 보배로운 능력을 품고 있으면서 흔적도 없이 사라져버리고 마는 자가 많았다. 쓸모없는 학업에 정력을 소모시키느니, 차라리 내 좋아하는 바를 좇겠노라."

그리하여 책을 덮어버리고 용호龍湖의 산수 좋은 곳에 복거卜居하여 스스로 즐겼다. 나이 육십에 다시 발분하여 공부하였는데 『주역』과 「홍범洪範」과 『노자老子』를 더욱 좋아하여 모두 천 번을 반복해 읽었으며 불교 경전과 제자·사서史書는 대략 섭렵했는데, 오직 그 취지趣旨를 궁구하였을 뿐 문사에 대해서는 특별히 즐겨하지 않았다. 그러나 그의 견해가 초탈하고 의론이 종횡무진하니 문사 하나만을 가지고 그를 힐난할 수 없었다.

용호 서울 용산 부근의 물가를 가리킴

일찍이 말하였다.

"유불도儒佛道 삼교가 길은 각각 다르지만 그 귀착점은 하나이다. 다만 성명을 깊이 궁구하는 자라야만 알 수 있다."

그는 당시의 시무時務를 논함에 있어서는 전지田地를 균분하고 녹봉을 제정하고 군사를 양성하는 것을 우선으로 삼았다. 『주역』을 논할 때에는 사람과 만물의 생성生成으로 문왕文王의 괘위卦位를 미루었으며, 음양의 쇠하고 성하는 것으로 잡괘雜卦의 유행流行을 미루었다. 그 설이 모두 일리가 있으나 스스로 저술한 것이 없어 사람들 또한 그를 아는 이가 적었다. 나이 일흔아홉에 죽었다.

휴휴거사는 말한다.

> 젊어서는 뜻을 즐겁게 하고 늙어서는 배우기를 좋아했으며 죽어서는 남에게 알려지기를 구하지 않았으니, 기이하도다! 주역에 관한 설을 약간 주워 모아 기록한 것이 있으나 잡괘를 언급한 것이 없으니 애석하도다.

휴휴休休 이하구李廈九 찬

잡괘 『주역』의 편명, 십익十翼 중의 하나

【권7】

문학 III

文學

고난 속에 신의를 지키다

존재 박윤묵 | 1

존재存齋 박군은 나보다 한 살이 적다. 열여섯 살 때부터 나와 글공부를 함께 한 지 삼십여 년이 되었다. 내가 가화家禍를 만나 깊은 산으로 도망해 숨은 지 팔 년 동안, 한때 내 문정門庭에 드나들던 사람이 모두 팔을 흔들며 돌아보지 않았으나, 군만은 홀로 앞장서서 위로하고 보호하며 따뜻이 돌봐줌이 예전보다 배나 더하였다. 내가 항상 그 신의를 칭송하였다. 근래에 늙고 병들어 군도 나도 같이 물러났다. 한가한 날에 서로 끊임없이 시문을 주고받은 것이 수백 편이며, 내가 일찍이 그의 『존재집存齋集』에 서문을 써주었다. 그는 나이 일흔아홉 살에 죽었다. 나는 아직 세상에 남아 잔명을 버텨가면서 또 오늘에 이르렀다. 그 아들 박기복朴基福이 행장을 가지고 와 묘지명을 부탁하니, 이는 대개 군을 아는 것이 나만한 사람이 없기 때문이다. 내가 이에 슬픈 심정으로 썼다.

나와…만나 '나'는 이 글의 필자 서준보徐俊輔(1770~1856, 영조 46~철종 7)로 자는 치수穉秀, 호는 영야寧野·죽파竹坡, 본관은 달성達城이다. 정조 때 문과에 급제해 이조·공조·형조판서를 지냈다. 가화란 그의 부친 서유린徐有隣이 1801(순조 1)년 집권 벽파에 의해 경흥慶興으로 유배돼 그곳에서 죽은 것을 말한다.

군의 성은 박씨, 이름은 윤묵允默, 자는 사집士執, 호는 존재다. 그의 선조는 밀양인이다. 그의 시조 이하로 세계世系와 관직이 군의 선대 묘지 중에 상세히 쓰여 있다. 증조 박태성朴泰星은 부친상을 당하여 삼 년을 추복했다. 아침저녁으로 묘에 가서 곡하니, 새 한 마리가 따라서 슬피 울었다. 이 소문이 조정에까지 알려져 관직을 추증하고, 그 마을에 정문을 세웠다. 할아버지 박수천朴受天도 상을 당해 슬픔과 아픔이 절도를 지나쳐 마침내 일어나지 못했다. 그 지극한 효성이 도달한 바는 예로부터 듣기 드문 것이었다. 또 효로써 세금과 부역을 면제받았다. 군의 자질과 품성은 단정하고 빼어났으며, 어려서부터 영리하고 총명하여 일곱 살 때에 시를 지은 것이 이러하다.

삼각산은 어찌 저리도 함께 솟아 있는고	三角何矗矗
흰 구름은 그 위에서 피어나네.	白雲生其上

이것을 들은 이들이 깜짝 놀랐다.

언젠가 글방에서 담 너머로 풍악 소리가 들려오니 아이들이 무리 지어 달려가는데, 군은 글을 읽으며 태연했다. 일찍이 어산漁山 정이조鄭彝祚에게 수업했는데, 그가 전염병에 걸리자 학도들이 모두 피하여 갔으나, 홀로 곁을 지키며 나을 때까지 간병하였다.

봉록으로 받은 것이 있으면 모두 형제에게 나누어주고 사사로이 갖는 것이 없었다. 항상 여러 아들에게 훈계하여 말하였다.

"성품은 누구나 선한 것이지만 기질에 있어서는 가히 독서로써 도야할 수 있는 것이다. 여조겸呂祖謙이 『논어』를 읽어 소견이 좁고 성미가 급한 것을 극복한 것에서 가히 고인이 기질을 변화시켰던 공부를 볼 수 있다."

비록 팔십 노인이 되었으나 또한 아침 일찍 일어나고 의관衣冠을 단정히 하기를 그만두지 않았으며, 국기國忌와 사가私家 제사에는 거친 밥에 재계를 하였다. 제사에 참여하고 물러나서도 단정히 앉아 잠자리에 들지 않으며 "공경하는 마음이 여전히 남아 있다"고 말하였다. 이는 실로 학문의 힘이다.

그가 규장각에 공봉供奉할 때에 특별히 정조에게 지우를 입어 은총이 넘쳐흘렀으나, 조심스럽게 처신하고 일찍이 자만하지 않았다. 후에 정조의 기일을 당하여 그의 친구 왕태와 함께 북산 꼭대기에 올라 남쪽으로 건릉健陵을 바라보며 통곡하고 돌아왔다. 왕태 또한 정조에게 지우를 받은 자이다. 슬프다! 신의는 인간의 큰 절개이니 이를 보건대 더욱 그 사람됨을 알 수 있다.

헌종憲宗 을미乙未(1835, 헌종1)년에 평신첨사平薪僉使로 제수되었는데, 큰 흉년을 만나 봉록을 희사하여 굶주림을 면하게 해주니 전 경내境內의 사람이 이에 힘입어 모두 살아났다. 그밖에 흉년에 베푼 정사가 이 하나에 그치는 것이 아니었다. 돌아올 때에 군민軍民이 비를 세워 그를 칭송했다.

평생 재물을 가벼이 여기고 베풀기를 좋아하여 쌓았다 흩었다 한 것

여조겸 중국 송나라 학자. 자는 백공伯恭. 벼슬이 국사원편수國史院編修에 이르렀고, 주희·장식張栻과 더불어 동남삼현東南三賢으로 일컬어졌다. 여러 저서 중 주희와 공저한 『근사록』이 특히 유명하다.
건릉 정조 임금과 그의 비 효의왕후孝懿王后 김씨의 능. 경기도 화성시 태안읍 안녕리에 있다.
평신첨사 평신은 지금의 충남 서산시에 포함된 곳의 지명으로, 당시 평신진平薪鎭이 있었는데 첨사는 그곳에 근무하던 종3품의 무관직이다.

이 여러 만 냥을 헤아린다. 이로 인하여 집은 점점 곤궁해졌으나 조금도 마음 쓰지 않았다. 매양 조상의 지극한 행실을 언급하며 반드시 눈물을 흘리곤 하였다. 말년에 돌아와 묘각墓閣에서 휴양하면서 아침저녁으로 무덤을 살피고 청소했으며, 풍우한서風雨寒暑에도 조금도 게으르지 않았다. 군의 천륜에 돈독함이 이와 같았다.

그 시문은 바르고 우아하며 넓고 밝았으며, 서법도 티끌을 초월하고 속세를 끊었으니, 사람들이 높이 흠모하는 바가 되었다. 그러므로 학사 권응기權應夔가 만사挽辭에 이렇게 썼다.

> 글씨는 순화자첩淳化字帖을 능가하였고 사詞는 소흥편紹興篇에서 벗어났다. 일반 사람에게는 이 글씨와 사만으로도 한평생에 족한 것이나, 충효를 지닌 그의 몸에는 그것이 하나의 여기餘技일 뿐이다. 몸가짐도 그에겐 특히 남음이 있었던 것이다. 아! 군의 집안은 효우로써 서로 전하여 세상의 모범이 되었는데 군은 실로 하늘의 품부를 얻고 가정의 교훈을 받았으니, 높고 뛰어남이 가히 칭송할 만하다. 후세에 세상일을 논의하는 자가 국사國史 외에 충효를 기록하는 일이 있다면, 그중의 하나로 기록될 것이다.

영야寧野 서상서徐尙書 찬

권응기 1815~1862(순조 15~철종 13). 자는 요장堯章, 호는 소진所珍, 본관은 안동으로 헌종 때 문과에 급제하고 철종 때 의주부윤, 성균관대사성을 역임했다.
순화자첩 『순화각첩淳化閣帖』을 말함. 이것은 송나라 태종太宗 순화 3년, 순화각에 소장돼 있던 중국 역대의 묵적墨蹟을 임모하고 판각해서 펴낸 서법첩書法帖
소흥편 미상

스무 살 아버지의 자화상

백취 방효일 | 2

백취白醉 방효일方孝一은 자가 사행士行으로 유복자遺腹子다.

아버지 방언필方彦弼은 서화를 잘했는데 일찍이 손수 천자문千字文을 쓰고 자화상自畵像을 그렸으니 장차 자식에게 주려는 것이었는데, 나이 스물 남짓에 일찍 죽었다.

공이 나서 조금 자라남에 지극한 애통을 마음에 품고, 효도로써 어머니를 섬겼다. 학업을 부지런히 닦아 문예文藝가 일찍 이루어졌고 주사籌司에 근무하며 이름이 있었다.

『겸산필기』

방언필 자는 국노國老, 본관은 청주. 조지연趙志淵의 글씨를 배웠다. 『풍요속선』 권7에 그의 시가 전하고 있다.

『천자문』을 하루 만에

정광윤 | 3

정광윤鄭光允은 자가 집중執中이다. 어려서부터 총명하고 지혜로워 대여섯 살 무렵 처음 『천자문』을 배웠는데 하루 만에 모두 해득解得하였고 또 『동몽선습童蒙先習』을 배우면서 수삼일 만에 역시 죄다 외워 마치 오랫동안 익힌 자 같았다. 사람들이 모두 그를 기이하게 여기고, 어떤 사람은 그가 전생에 익힌 것이 아니냐고 의심하기도 하였다. 점점 자라면서 문예가 날로 성취되고 또 능히 집 밖의 일에 대해서도 알았다.

어느 날 홀연히 뒤로 넘어지는 횡액을 당하여 피를 흘린 것이 자못 많았는데 망연히 기억이 흐려지고 아는 것이 없게 되었다. 장년이 되어서는 문필文筆이 남에게 뒤지지 않아 이름이 있었다.

『겸산필기』

의술과 시를 임금에게

대산 오창렬 | 4

오창렬吳昌烈은 자가 경언敬言, 호는 대산大山이며 또다른 호는 우매도인又梅道人이다.

젊을 적에는 가난으로 고통을 받았으나 독서를 좋아하여 초목과 조수鳥獸의 이름을 많이 알았고 만년에는 의원의 업에 정진하여 약원藥院에 들어가게 되었다.

임금의 총애와 은택이 높고 지극해 여러 번 승진하여 과천果川현감까지 이르렀다.

시도 잘 지었는데, 두 차례 중국에 들어가 이름난 석학들과 교유하였다. 중국인이 조선 사람을 만나게 되면 대산의 안부부터 묻고는 그 시를 외우고 탄식하는 자도 있었다. 시로써 의술을 감추고 의술로써 시를 감추었으나 두 분야 모두 왕의 인정을 받았다. 내전에 들어가 진료하는 여가에 허다히 시를 짓게 한 적이 많았는데 그때마다 왕의 뜻에 맞았다.

예순여섯에 죽었다. 시집 몇 권이 있는데 집에 보관되어 있다.

약원 내의원의 별칭으로 궁중의 의약을 담당하던 관청

세 명의 자식을 두었는데 맏아들 규일圭一은 새김칼질을 정밀하게 하여 내부內府에 소장된 것 중에는 그의 손으로 새긴 것이 많다.

『호산외기』

규일 오규일吳奎一. 호는 소산小山으로 이 글을 쓴 조희룡과 절친한 사이였으며, 당시의 영의정 권돈인의 사인私人으로 활동함

왕세정과 이반룡을 좋아하다

벽산 정민수 | 5

정민수鄭民秀는 경주 사람으로, 기범豈凡이 자이고, 벽산碧山이 호이다. 그를 알든 모르든 간에 모두 벽산선생이라 불렀다고 한다.

선생은 어려서 아버지를 여의고 가난했으나 효성으로 어머니를 섬겼다. 숙수菽水같이 변변치 않은 공양도 자주 걸렀는데, 맨발로 좌우에 짚신과 나막신을 들고 저자로 나가 팔아 나날이 봉양하였다.

부모의 상을 당해서는 애통함으로 몸을 상하는 것이 남보다 더했고, 매달 초하루와 보름에 또한 성묘를 하되, 반드시 제수를 갖추어 어깨에 메고 갔다. 삼년상을 마치도록 추위와 더위 그리고 비바람 때문에 거른 적이 없었다.

본디 의술을 익혔으나 이루지 못하고, 시짓기를 즐겼다. 그의 시를 읊어보매 맑고 깨끗하고 평이하고 활달함이 그 사람됨과 같았다. 선생이 처음 장가들 때에 나이가 마흔다섯이었는데, 배가 불룩하고 머리카락이 희끗희끗하였다.

자산茨山 박공朴公과 판향瓣香 함공咸公이 모두 선생의 아주 친밀한 교

자산 박공 역관이자 이름난 시인이었던 박선성朴善性을 가리킨다. 그는 이상적李尙廸의 스승이었으며 연경에서 옹방강翁方綱 등과 교유했다.

우들이었다. 이들이 방반석方半石 서생書生에게 부탁해서 「벽산빙행도碧山聘行圖」를 그려 노래와 시를 덧붙여 선생에게 주니, 일시에 화답하는 사람이 무수히 많았다.

선생이 이미 쇠약해졌고 세상이 또 실망스러워 드디어 아내를 이끌고 서적을 묶어, 적성積城에 마을을 택하였다. 그가 사는 곳은 바위 사이에 시냇물이 보이니, 소연히 덕이 높은 선비의 풍모가 있었다.

얼마 뒤에 큰 흉년이 들었다. 유민들이 밤중에 선생의 오두막집을 약탈하였는데, 흰 몽둥이를 잡은 사람이 수십 명이었다. 선생이 곧 울타리 틈사이로 짧은 지팡이를 보이며 "누구에게인들 무기가 없겠느냐? 너희들이 나를 어찌하리오" 하니 도적이 크게 웃고, 선생 또한 크게 웃었다. 곧 사립문을 열고 그들을 들어오게 하면서 말하기를 "좋은 물건이 있거든 모두 가지고 가거라" 하고 손에 관솔불을 들고 사방 벽을 비추니 집 안에는 오직 한 대의 물레와 몇 상자의 책뿐이었다. 도적이 이에 서로 이끌고 가는데, 몰래 선생의 갓을 훔치는 사람이 있었다. 선생이 무리에게 타일렀다.

"떨어진 갓 하나 없더라도 아까운 바는 아니지만 어찌 나에게 장차 관 없이 제사를 받들고 손님을 뵙도록 하게 하려는가?"

도적이 웃으면서 그것을 돌려주었다.

후에 다시 남양南陽의 섬으로 옮겨 살았는데, 팔 년이 지나서는 궁핍함이 더욱 심하였다. 마침내 노년에 서울로 돌아와 학도들을 가르치

판향 함공 함진승
적성 경기도 파주시 적성면 지역에 있었던 조선시대의 현
남양 충남 서천의 옛 이름

며 자급하였다. 선생은 일찍이 술에 크게 취하여 잠방이를 반쯤 벗어 놓고, 큰 붓에 먹물을 적셔 아이들에게 명하여 볼기와 다리 위에 어지럽게 쓰게 하고 혹은 스스로 써서 먹을 모두 없앤 다음에 그쳤다. 그의 질탕하고 농지거리를 잘하는 것이 대부분 이와 같았다.

추억컨대 내가 겨우 스무 살에 자주 종숙의 몽관재夢觀齋에서 선생을 따르며 모셨다. 매양 담론이 풍부하고 친절히 되풀이하여 가르치는데 하루 종일 게으르지 않았다. 대개 선생의 시에 대한 발걸음은 건안建安 개원開元의 사이에서 떠나지 않았고, 원화元和 이하는 달갑게 여기지 않았다.

그런데 선생은 왕세정王世貞과 이반룡李攀龍의 무리를 좋아하여 "그들을 나루로 삼아 옛 수레바퀴를 따라갈 수 있다"고 하였다. 선생의 지론은 진실로 나와 어긋났지만 내가 지은 것을 가지고 나아가 질정하면 문득 심복心服해서 나를 가리키며 사람들에게 말하였다.

"훗날 신기함을 자랑하고 옛것을 떨칠 수 있는 사람은 반드시 이 사람일 것이다."

아! 부끄러워할 만하다. 선생은 평소부터 『장자』와 『태현경太玄經』을 즐겨 읽었고, 척독尺牘을 잘하였으며, 잔 해서楷書에 더욱 뛰어났다. 시

몽관재 이상적의 종숙 이정주李廷柱다.
건안…사이 건안은 중국 후한 헌종의 연호(196~220). 개원은 당나라 현종의 연호(713~741). 여기서는 후한 건안칠자 등의 문풍과 당나라 성당 시기의 문풍을 일컬음
원화 중국 당나라 원종의 연호(806~820). 중당中唐 시기를 가리킴
왕세정 중국 명나라 문인으로 자는 원미元美, 호는 엄주산인弇州山人. 의고주의擬古主義 문학을 주창했으며, 저서로 『엄주산인사부고弇州山人四部稿』 『예원치언藝苑巵言』 등이 있다.
이반룡 자는 우린于鱗, 호는 창명滄溟. 왕세정과 함께 의고주의를 주창함
태현경 중국 한나라 양웅이 지은 저술로 『주역』을 모방한 것이다.

는 대부분 없어졌고, 근체시 약간 편이 겨우 몽관재의 『태잠집答岑集』에 실려 있다.

무자戊子(1828, 순조 28)년 큰 종기를 앓다가 죽으니 나이 예순 살이었다.

『은송당집恩誦堂集』

성서시사城西詩社의 창도자

소재 김양원 | 6

김양원은 이름이 희태希泰인데 양원이란 자로 불렸다. 어려서 협기俠氣가 있어서 계집을 사 술을 팔게 하였다. 몸집은 크고 모습은 사나왔다. 기생집과 도박장을 떠돌아다녔는데 기세가 거칠고 등등하여 사람들이 감히 멸시하지 못했다.

『통감절요通鑑節要』 한 줄도 알지 못하면서 시에 벽이 있어 자기의 기세를 꺾고 시인들을 따라다녔다. 나이가 적고 많고 간에 시로써 이름이 난 사람이면 마치 큰손님을 보듯 하여 일찍이 한 번도 깔보지 않았다.

그가 지은 시는 민첩하고 넉넉하여 사람이 열 구를 지으면 자기도 열, 백 구를 지으면 자기도 백 구를 지어 남보다 뒤에 처지는 것을 수치로 여겼다. 강산 풍물을 구경하며 노는 것을 좋아하였는데 그의 계집에게 여비를 의논하면 계집은 그를 위해 여비를 마련하되 혹시 불급不及될까 염려할 정도였다.

일찍이 사람들에게 말하길 "이 연하의 기운을 빌려서 내 뱃속의 기름지고 냄새나는 것들을 씻어버리고 난 후에야 시가 따라서 생길 것이다"라고 하였다.

가랑비 속에 발을 드리워 풀빛을 바라보고　細雨垂簾看草色
사립문 앞에 지팡이 짚고 새소리를 듣는다　柴門倚杖聽禽言

세월은 오래되어 산중의 나무 늙어가고　歲月崢嶸山木老
연운이 에워싼 가운데 석루가 높이 솟았네　烟雲扶護石樓高

이와 같은 시구가 어찌 주객들의 술자리에서 나올 수 있는 말이겠는가? 그의 시 「등석燈夕」의 "천지 사이의 별 총총히 흩어져 있고 / 누대 위아래에 달빛 층층이 비쳐 있네天地中間星點點, 樓臺上下月層層" 같은 구절은 오히려 평범하다 하겠다.

무릇 시사에서 노닐 적에 하루라도 시가 없으면 문득 성내어 말하길 "어찌하여 시사의 뜻을 저버리느냐?" 하였다. 성서시사城西詩社가 번성함은 대개 양원이 창도한 것이다.

지금은 텅 비어 쓸쓸하다.

『호산외기』

패관소설에 통달하다

이자상 | 7

이자상李子常은 그 이름을 알 수 없다. 총명하고 기억력이 뛰어나 여러 종류의 술서術書를 열람하지 않은 것이 없었다. 또 패관 제서稗官諸書에 익숙하여 어록문자語錄文字에 관계된 것을 다 통달하였다.

가난하여 능히 스스로 생활을 꾸려나갈 수 없어 혹 재상의 집에 출입하였는데, 소설을 잘 읽는다고 이름이 났다. 만년에는 군문軍門의 적은 봉급을 받았고, 친구 집에서 기식하는 일이 많았다.

『겸산필기』

어록문자 어록체語錄體는 학문적 설명을 위해 쓰인 것이나, 이 경우는 백화체의 문자를 말함

섬돌 위에서 배운 큰 공부

박돌몽 | 8

박돌몽朴突夢은 기인공인其人貢人 김가金家의 종이다. 어릴 적 말하기 시작하면서부터 글자를 배우고 싶어 했으나 처지가 천하여 스승을 모셔 배울 수 없었다. 김씨 집의 아이가 항상 당堂에 앉아 책을 읽으면 돌몽이 섬돌 위에서 엿보아, 비록 뜻은 알지 못했으나 읽는 소리를 좇아 그 글자의 음을 다 알았다. 아이가 간혹 음을 잊으면 도리어 돌몽에게 묻곤 했다.

이웃에 정선생丁先生이란 분이 집에서 글을 가르치고 있었는데, 돌몽이 상투를 틀고 나서 선생에게 나아가 배우길 청하니 선생이 허락하였다.

돌몽은 날마다 새벽에 일어나 책을 품고 문밖에서 기다리다가 문이 열린 후에 들어갔다. 추창趨蹌하여 침소 옆에 나아가 숙연肅然히 선생이 기침하기를 기다렸다. 선생은 그가 온 것을 알고 방 안에서 "돌몽

기인공인 기인은 지방 향리의 자제로서 서울로 뽑혀 올라와 일정한 역을 지는 동시에 그 출신 지방 사정에 관한 자문 구실을 하던 사람. 이는 중앙정부의 지방에 대한 통치책의 하나였는데, 고려 초부터 있었으나 차차 기인의 성격이 변해 이조시대에는 시탄柴炭을 중앙에 바치는 공인의 성격을 띠었다. 이에 이들을 공물인·공물 주인이라고도 불렀다.

이 왔느냐?"고 물으면 "예" 하고 대답했다. 여러 제자가 뒤에 이르러 모두 당에 올랐는데 돌몽은 병거지 차림으로, 좋은 옷깃과 띠를 두른 제자들 사이에 끼는 것을 스스로 꺼려하여, 몸을 움츠리면서 오르지 못했다. 선생은 권도權道로 절풍건折風巾을 쓰고 오르게 하곤 했다.

수업을 하고 집에 돌아와서는 전과 같이 일하니, 김씨 집에서 그런 사실을 알지 못했다. 일 년 남짓에 『소학』『논어』『맹자』 배우기를 마쳐, 문식文識이 날로 진보하니 선생이 매우 기특하게 여겼다.

그가 하는 일이 홰를 묶고 나무를 쪼개는 것인데, 도끼질을 하거나 끈을 묶는 시간에도 글 외는 소리를 그치지 않으니 집안사람들이 미친 사람이라고 손가락질했다.

늘 학질로 고생하자 김씨 집은 그를 위해 일을 덜어주고 병을 치료하게 했다. 그러자 돌몽은 처에게 가만히 "이는 내가 독서할 때이다" 하고 방으로 들어가 관冠을 쓰고 머리를 묶고서, 정좌하여 책을 읽었다. 학질기가 나타나 오한이 나고 이가 떨리는데도 더욱 굳게 앉아 입으로 외우기를 멈추지 않으니 삼 일 만에 학질이 떨어졌다.

그후에 처와 더불어 탕춘천蕩春川에 빨래하러 갔는데 냇가에 편편한 바위가 많았다. 돌몽이 문득 빨래를 그치고 돌 위로 가서, 갓도 없이 잠방이를 걷고 두 다리를 드러낸 채 퍼질러 앉았다. 웅크린 채 돌 웅덩이에 먹을 갈아 큰 붓을 쥐고 「소학제사小學題辭」를 쓰니 바위 면에 필세筆勢가 기운차게 움직였다. 해가 서쪽으로 기울자 나무 그늘에 누

절풍건 고깔과 비슷한 관모의 하나. 절풍관折風冠 · 골소骨蘇라고도 함
탕춘천 탕춘대蕩春臺가 있던 시냇가. 지금의 세검정 부근

워 소리를 내 길게 읊으니 유연悠然히 자득한 경지였다.

조상서趙尙書 댁 도령이 마침 탕춘천에 봄놀이 왔다가 돌몽의 하는 바를 보고 마음속으로 이상히 여겨 불러 물었다.

"너는 무엇 하는 사람이냐?"

돌몽이 천천히 일어나 대답했다.

"남의 집 종이옵니다."

"네 주인은 사람이 아니다. 어찌 경전을 배운 사람으로 남의 종이 된 자가 있을 수 있겠는가? 내 너를 위해 네 주인을 책망하고 너의 몸을 면천하게 하겠다."

"종으로서 짐짓 늙은 주인으로 하여금 근심을 사게 하는 것은 의리상 감히 할 수 없습니다."

이에 도령이 더욱 그를 중히 여겼다.

김씨 집의 아이가 자랄수록 더욱 방탕하여 성실히 배우지 않으니 그 아비가 성내어 꾸짖기를 "네가 편하게 살고 교만을 부리는 것이 마치 금수禽獸가 제 눈에 보이는 고기만 먹는 것과 같으니, 도리어 돌몽만도 못하다"라고 여러 번 질책하였다. 아이는 화를 풀 곳이 없어서 돌몽을 보면 문득 때려 쫓아냈다. 돌몽은 "내 차라리 피하여, 주인댁 부자 사이를 편안케 하리라" 하고, 곧 병을 핑계로 일을 맡지 않고 처의 주인집에 옮겨 살았다.

그 아이의 원망함이 풀리지 않아서 처의 주인집을 대하면 몰래 다른

조상서 조진관趙鎭寬(1739~1808, 영조 15~순조 8). 자는 유숙裕叔, 호는 가정柯汀, 본관은 풍양. 영조 때 문과에 급제해 이조판서에 이르렀다. 『가정유고柯汀遺稿』를 남겼다.

일을 가지고 중상하고 모해하니, 그 주인이 과연 돌몽 내외를 의심하였다. 돌몽이 이에 탄식하며 "운명이구나. 감히 누구를 원망하겠는가?"라고 하며 처를 이끌고 떠돌다가 남양군南陽郡에 우거寓居하고 대그릇 짜는 일로 생계를 삼았다.

한 해 남짓 지나자 이정里正이 군에 아뢰어 그를 속오군束伍軍에 편입시켰다. 돌몽이 "대그릇 짜는 일로 호구를 하고 있는데 군조軍租를 또 어디서 마련한단 말인가?"라고 했다.

때마침 군에서 도시都試로 향병鄕兵을 뽑는데 돌몽이 포砲로써 시험에 합격했으나 회시에는 붙지 못했다. 그로 인해 우울하게 서울을 그리워하다가 김씨 집으로 돌아왔다.

얼마 안 있어 전옥서典獄署의 이속吏屬이 되었다가, 나이 40여 세에 죽었다. 그가 이속이 될 적에 조상서 댁 도령의 도움이 있었다.

정선생은 치후致厚가 이름이다. 사람됨이 선량하며 소박하고 학문을 독실히 했으며 풍수설에도 밝았다. 젊어서 운관芸館의 하급 서기가 되었는데 늙기도 전에 병을 핑계로 물러나 두문불출하면서 제자들을 가르쳤다.

『호고재고』

이정 지방 동리洞里에서 호적 등의 공공사무를 맡아보던 사역의 하나
속오군 임진왜란 이후 지방에서 군역이 없는 양인良人·공사노公私奴 장정을 지방 단위로 편제한 군대. 평상시에는 훈련을 받고 유사시에는 동원되도록 조직한 지방군이다.
도시 병조나 훈련원의 당상관 또는 지방의 관찰사가 무사武士를 선발하는 시험으로 해마다 봄가을에 실시함
회시 초시의 합격자가 중앙에 모여 보는 시험. 복시
전옥서 이조 때 구금된 죄수의 행형行刑을 관장하는 관서
운관 교서관의 별칭. 운각

터득하지 못하면 그치지 않아

죽원 유한렴 | 9

죽원竹園 유한렴劉漢廉은 자가 사범士范으로 노촌蘆村의 아우다. 어려서부터 한묵翰墨을 즐겼고 내각사호內閣司戶가 되어 관청의 사무를 맡아 보는 겨를에 책을 보지 않으면 곧 필첩筆帖을 임서臨書하기를 밤낮으로 꾸준히 하여 게으르지 않았다. 서른하나의 나이로 일찍 죽었다.

사호의 여러 동료가 글을 지어 그에게 제사 지내고자 하여, 내가 그 글을 대신하여 지었는데 아래와 같다.

> 공公은 일을 할 때에 굳세고 확실하며, 예藝를 즐기어 널리 통달하고 막힘이 없었는데, 시부와 필법筆法에 더욱 몰두하여 성벽性癖이 되었다. 우수한 문장을 완미玩味하여 근원과 종말을 구명하였고, 핵심을 얻어 법도를 본받았다. 읊조림이 입에서 끊이지 않았고, 붓이 손에서 멈추지 않았으며 평소에 스스로 기약한 것은 죽을 지경에서도 그만두지 않았고, 터

노촌 유한겸劉漢謙
내각사호 내각은 규장각의 별칭, 사호는 규장각의 서리
내 이 글의 저자 유재건

득하지 못하면 그치지 않았으니, 그가 크게 문장을 성취하였으면 장차 헤아릴 수 없었을 것이다. 애석하도다! 그 처음은 보았으나 그 끝은 보지 못한 셈이다.

이는 대체로 사실을 적은 것이다.

『겸산필기』

가르침이 있으면 사람의 종류 따로 없나니

국은 박기열 | 10

국은菊隱 박기열朴基說은 자가 이습而習이다. 시문을 잘하고 글씨에도 능하였는데 학서鶴栖 이지화李至和에게 배웠다.

일찍이 서울에서 할아버지와 손자가 돈 때문에 다투고 형제와 자매가 먹는 것으로 헐뜯어 서로 소송하는 것을 보게 되었다. 판관 김공이 그 형벌을 늦추기를 청하고 윤리의 중함을 타일러 깨우치는데 그 말이 매우 간곡하고 절실하니, 모두 감동하고 애통하여 서로 끌어안고 울면서 각기 자기의 죄를 실토하였다. 이습이 그것을 듣고 기뻐하여 시를 지어 칭송하였다.

밝은 세상에는 버릴 사람이 없는 법	明時無棄物
성인의 시대엔 모두 좋은 사람이라네.	聖代摠好人
착하지 않은 것은 천성의 악함이 아니고	不善非性惡
교화가 혹 미치지 못해서일세.	教化或未臻
가르침이 있으면 사람의 종류 따로 없나니	有教自無類

판관 김공 김헌金瀗. 자는 경회景誨 본관은 연안. 영의정을 지낸 김재찬金載瓚의 아들이다.

삼대 백성이 곧 지금의 백성이라.	三代卽斯民
그러므로 훈계하기를 애처롭고 불쌍히 여겨	所以戒哀矜
형벌에 임하여 또한 머뭇거렸다네.	臨刑且逡巡
이 뜻 아는 이 적어	此意人鮮知
억울함이 있어도 풀지 못하는 일 많다네.	有寃多不伸
아! 우리 한성 판관님	嗟我京兆郞
어버이를 사랑함이 남의 어버이에게 미치네.	愛親及人親
한마디 말로 큰 옥사를 판결하여	片言折大獄
채찍과 곤장 벌여놓게 하지 않았네.	不使鞭扑陳
강상의 중요함 다 이야기하니	說盡綱常重
교화가 돼지와 물고기에게도 끼치네.	化被豚魚身
형제자매가 능멸하고 싸우는 일 면하고	兄妹免淩轢
할아버지 손자가 떳떳한 윤기倫紀를 보존하네.	祖孫保彝倫
지난날 눈서리 내리던 땅에	曩時雪霜地
지금 비이슬의 봄이라.	今爲雨露春
어찌 한 집안의 다행일 뿐인가	奚啻一家幸
장차 백 집안의 새로워짐을 보리라.	將見百家新
그런데 내가 이 말씀 듣고	而我聞此言
감격의 눈물 절로 수건을 적시네.	感淚自沾巾
멀리 선상공을 추억해보매	緬憶先相公
효우가 누대 걸쳐 순수하였네.	孝友屢世純

선상공 김헌의 선대를 가리키는 말. 부친 김재찬과 조부 김익金熤은 모두 영의정을 역임했다.

충성을 옮겨 선왕을 섬기니 移忠事先王
남은 은택 아직도 인멸되지 않았네. 遺澤尙未湮
착한 아드님 잘 이어받아 令郎善繼述
벼슬 낮으나 덕은 고루 퍼지네. 官卑而德均
항상 남을 사랑하는 마음 지녀서 恒存愛物心
낮은 지위에도 도는 이미 길들여졌네. 一命道已馴
내가 그 문하를 다닌 지 오래 我忝門下久
다시 어진 정사 이루어짐을 보게 되네. 復覩爲政仁
기쁨이 극진하매 도리어 감회가 생겨 喜極還生感
사람을 만날 때마다 이야기 거듭거듭. 逢人說申申
원컨대 이 마음 넓혀서 願言擴是心
영원히 석상의 보배를 보존하소서. 永保席上珍
알괘라! 남겨주신 경사가 끝이 없어 知有餘慶在
자손들 두고두고 번창하오리. 子姓宜振振

『겸산필기』

석상의 보배 학문의 자리에 있는 보배로운 것이란 말인데, 선비의 빼어난 재주와 학식을 상징

의리를 실천한 김낙서의 아들

소은 김희령 | 11

소은素隱 김희령金羲齡은 자가 백경伯敬으로, 호고재 김낙서의 아들이다. 자신의 생활은 검소하게 하고, 궁한 친척과 가난한 벗을 두루 진휼하되 미치지 못할 듯이 하니, 향당이 모두 그를 칭송하였다. 그가 지은 시는 모두가 진실했고 부화함을 일삼지 않았다. 일찍이 이런 시를 지었다.

사농공상은 모두 하는 일이 있는데	四民皆有爲
하는 일이 있는 것은 구하는 것이 있기 때문이네.	有爲爲有求
누가 능히 일이 있는 가운데에서	誰能有爲內
마음속엔 나름대로 즐기는 천유가 있는가.	內自有天游
지극히 우매한 자는 돈을 지키려고	至愚者守錢
아등바등하다가 머리 하얗게 세고,	陸陸白盡頭
저 혼자 고상한 체하는 자는 이리저리 방랑하면서	自高者放浪
세상사 마음에 두지 않는다.	世事意不留
두 사람 하는 짓 본디 같건만	二者本一致
옳으네 그르네 하며 서로 비난하네.	是非交相尤

아아! 그 옛날 복희 신농 세상에는	憶昔羲農世
만백성 제 땅에서 편안히 살아,	萬姓安土區
일하고 쉬다가도 남은 힘이 있으면	作息有餘力
때맞춰 씨 뿌리고 때맞춰 거두었다.	時種復時收
가난한 사람이 구렁텅이에 빠지지 않았고	貧不塡溝壑
천한 사람도 높은 벼슬아치를 부러워하지 않았도다.	賤不羨公侯
어찌하여 어떠한 사람이	如何何如人
갑자기 겸병의 꾀를 내어	便出兼幷謀
마침내 천하를 어지럽혀	遂令天下亂
그 해독 천추에 끼치게 했나?	憯毒流千秋
그만두어라, 어쩔 수 없구나.	已矣無奈何
이제 누구와 더불어 짝이 될꼬?	今將誰與儔
원헌原憲의 초가살이 괴로워하는 것 아니요	非病蓬蓽憲
자로子路의 낡은 솜옷 부끄러워하지 않네.	不恥縕袍由
다행히 옛사람의 글을 읽으며	幸賴古人書
술이나 마시고 근심을 잊노라.	飮酒且忘憂

『겸산필기』

원헌의…아니요 원헌은 공자의 제자였는데 매우 가난하게 살았다. 어느 날 자공子貢이 원헌을 찾아가서 무슨 병이 든 것 아니냐고 물었다. 그러자 원헌은 '배운 것을 실행하지 못하는 것을 병이라고 하니 나는 가난한 것이지 병든 것이 아니다學而不能行謂之病. 今憲, 貧也, 非病也' 라고 대답했다고 한다(『장자』「양왕讓王」).

자로의…않네 공자는 '낡은 솜옷을 입고서 좋은 가죽옷 입은 자와 함께하면서 부끄러워하지 않을 사람은 바로 자로일 것이다子曰 '衣敝縕袍, 與衣狐貉者, 立而不恥者, 其由也與' 라고 자로를 칭찬한 일이 있다(『논어』「자한子罕」).

김소은은 조상을 제사 지낼 때면 꼭 자신이 직접 물을 긷고 절구질을 했으므로 향당에서 모두 그를 칭송하였다. 어느 날 밤 여럿이 모여 술을 마시고 시를 읊조리고 있는데, 소은이 벌떡 일어났다.

"하마터면 잊을 뻔했구나."

삼고三鼓가 거의 다 된 시간에 허둥지둥 신을 거꾸로 신고 나가더니 한참 있다가 돌아와서 이런 말을 하였다.

"오늘 저녁은 내 선고先考의 선사先師이신 아무 선생의 기일이다. 선고께서는 이날이 되면 늘 돈 오십 푼을 보내 제수를 차리게 하셨다. 나는 그 돈을 조금 줄여 해마다 삼십 푼을 보내어 선고의 구의舊誼를 잊지 않고자 했는데 오늘 하마터면 잊을 뻔하였다."

그가 옛 의리를 돈독히 실천하는 것이 대개 이와 같았다.

『범곡기문』

폐지더미에서 한유韓愈를 만나다

치재 박기연 | 12

박기연朴基淵은 자가 우여愚如다. 아름다운 외모는 옥을 깎아놓은 듯하고 연약하여 걸친 옷도 이기지 못하는 듯하였다.

집이 가난하여 가진 책이라고는 없었는데 폐지廢紙 중에서 『한창려집韓昌黎集』의 낙질본을 얻게 되었다. 그것을 읽고는 때때로 글을 지음에 문득 한창려의 의취가 있었다.

열다섯 살 때 인왕봉을 올라가는 꿈을 꾸었는데 어떤 노인이 그에게 큰 도끼를 주었다. 그것으로 커다란 바위를 쪼개니 벽력같은 소리가 나면서 큼직한 구슬이 쏟아 나오는데 빛이 휘황찬란하여 눈을 어지럽게 하였다. 구슬을 품고 집으로 돌아왔는데 꿈이 깨고도 오히려 황홀하여 스스로 그 '설說'을 지었다. 이로 말미암아 기발한 생각이 더욱 발전하게 되었다. 그가 문장을 지음에 있어서는 비록 한창려를 토대로 하고 있었지만 안목은 선진 양한兩漢의 문장에 있었다. 그렇지만 어느 한 사람에게 고착되지는 않았다. 『호산외기』

한창려집 당대唐代의 대문호 한유韓愈의 문집
설 해석과 서술을 주로 하는 한문 글쓰기 양식의 한 갈래

추사 김정희의 삼십 년 친구

묵재 유정주 | 13

묵재默齋 유정주劉定柱는 자가 중린仲麟으로, 만취헌의 손자다. 어려서부터 총명하고 슬기로웠으며, 시상이 맑고 뛰어나 다른 사람의 생각이 이르지 못하는 것을 능히 말할 수 있었다. 매양 서사西社의 여러 친구와 함께 시를 지어 자하紫霞 신시랑申侍郎, 학산鶴山 윤승선尹承宣에게 비평을 받았는데, 중린仲麟이 으뜸을 차지할 때가 많았다.

유정주는 나의 삼십 년 친구다. 곧고 개결하여 지조를 지키는 것으로써 교유하였고, 부지런히 나의 잘못을 비판해주며 사귀었다. 대개 아침저녁으로 얻었다 잃었다가 하는, 세상의 권세와 이익만을 서로 중시하는 그런 친구가 아니었다. 그는 일이 크든 작든 나에게 말하지 않는 것이 없었고, 나 또한 반드시 그와 상의한 후에 처리하였다. 그는 나를 착함에 들게 하고 착하지 못한 일에는 물들지 않게 하고자 하였는데, 그 마음이 변하지 않고 삼십 년을 하루같이 하였다. 몸가짐과

자하 신시랑 신위申緯(1769~1847, 영조 45~헌종 13). 자는 한수漢叟, 호는 자하 · 경수당警脩堂, 본관은 평산. 시서화의 '삼절'로 이름이 높았으며, 정조 때 문과에 올라 벼슬은 대사간, 병조 · 호조참판을 지냈다. 『경수당전고』 『신자하시집申紫霞詩集』 『분여록焚餘錄』 등을 남겼다.
나 이 글의 저자 추사 김정희
학산 윤제홍

집을 지킴에 있어서도 이런 마음을 확충하여 지극함에 이른 것이었다.

이에 그의 죽음을 슬퍼하여 사辭를 달아둔다.

나의 충심衷心을 말함에는 言吾衷也
꿋꿋하여 뇌동함이 없었고 落落而無雷同
나의 정의를 행함에는 行吾誼也
순순히 다른 의견 없었네. 粥粥而無崖異
주옥은 저자로 가지 않아도 값지고 珠玉不走市而富
지란은 땅을 가리지 않아도 빼어나네. 芝蘭非擇地而秀
여항의 뭇사람 속에 몸을 깃들였으나 棲身於井閭之衆
어진 사대부의 칭송에 마음을 겨루네. 抗心於賢士之誦
아아, 슬프다 정주여 嗟嗟乎定柱
누가 나의 눈먼 것을 도와줄까. 誰相吾瞽
아아, 슬프다 정주여 嗟嗟乎定柱
지난번 내가 바다 멀리 걸음할 때 往余作海外之行
정주가 와서 작별하면서 劉定柱來別
애통히 울며 충고해주었지. 慟泣而誡之曰
"시를 짓지 마소서"라고. 毋作詩
아아, 슬프다. 嗚乎 噫嘻
옛날에 동파가 혜주惠州로 귀양갈 때 昔坡公惠州之役

지난번…할 때 1840(헌종 6)년 윤상도尹尙度의 옥사에 김정희가 연루돼 제주도에 위리안치된 것을 말함 그의 후배, 제자들이 이런 충고했다는 이야기를 듣지 못하였네.

未聞陳晁諸人有是語

아아, 슬프다. 嗚乎噫嘻

내 어찌 그를 잊을 수 있을 것인가. 余豈可以忘之也哉

다시 뇌誄로써 마감하노라.

따뜻한 그 옥, 깨끗한 그 돌, 아름다워라. 溫其玉介于石猗歟

선비와 군자다운 문장과 학식. 아, 애석하도다. 士君子之藻識 嗟乎惜哉

추사 김시랑金侍郎 찬

옛날에…귀양갈 때 소식(1036~1101)은 신법新法의 시행을 두고 왕안석 일파와 대립했는데, 왕안석 일파는 동파가 지은 시의 내용을 구실로 삼아 옥사를 일으켜 혜주惠州로 유배를 보낸 일이 있다.

『풍요삼선』 편찬을 주도하다

감재 최경흠 | 14

감재憨齋 최경흠崔景欽은 자가 치명穉明이다. 글 읽기를 좋아하여 집에 있으면서 책을 펼치기를 그치지 않았다. 친구의 아들 또는 손자로서 그에게 와서 수업하는 자가 많았는데, 가르치거나 훈계함에 게으르지 않았다. 또 시문에 능하여 뜻이 맞는 자들과 함께하고자 드디어 결사結社를 했는데, 나 또한 참여하였다. 매양 화조월석花朝月夕에 모여 시를 읊고 노래했다.

계축癸丑(1853, 철종 4)년 봄에 이르러 난정계蘭亭稧를 모방하여 직하사稷下社에 모였다. 모임에서 각각 시를 짓고 마시며 즐겼다. 치명이 이에 『소대풍요』의 속편에 대한 발의를 하니 모두 '좋다'고 하였다. 즉시 여러 곳에 통문通文을 돌려서 작품들을 수집하여 문장 대가에게 교정을 받았다. 정사丁巳(1857, 철종 8)년 겨울에 이르러 편찬이 거의 완성되어 이름하기를 『풍요삼선』이라 했다.

드디어 자금을 모아 삼백여 본을 간행하고, 경산經山 정원용鄭元容, 심암心庵 조두순趙斗淳, 침계梣溪 윤정현尹定鉉으로부터 서문을 받았다. 대

직하사 사직단이 있는 지금의 종로구 사직동 부근에서 시 모임을 가졌으므로 이러한 명칭을 갖게 되었다.

개는 치명이 힘써서 그 일을 마련한 것이고 나 또한 찬조하였다.

일이 끝나자 치명은 매양 『소대풍요』가 세상에 드물게 전하여지는 것을 한스럽게 여겨 이에 백여 본을 간행했다. 치명이 다시 간행할 때 책 말미에 발문을 썼다. 당시에 그 일을 아는 친구들은 모두 그를 칭송했다.

『겸산필기』

풍요삼선 『소대풍요』가 간행된 지 육십 년이 흘러 『풍요속선』이 간행되었던 전통을 이어 1857(철종 8)년 직하시사稷下詩社가 중심이 되어 간행된 여항인들의 시선집. 『풍요속선』 이후 배출된 305인의 작품을 실었는데, 실명씨 4, 승려 13, 여자 4명도 포함시켰다. 시인별로 편집됐으며 시인마다 간략한 소개를 곁들였다. 송석원시사 시대에 활동했던 인물 중 천수경 · 장혼 · 조수삼 · 차좌일車佐一 · 박윤묵 등의 시가 여러 편 수록돼 있으며 절정에 달했던 여항문학의 모습을 담고 있다.

조두순 1796~1870(정조 20~고종 7), 자는 원칠元七, 호는 심암心菴, 본관은 양주. 1826(순조 26)년 문과급제, 여러 벼슬을 거쳐 1866(고종 3)년 영의정으로 치사致仕하기까지 40여 년 동안 순조 · 헌종 · 철종 · 고종을 보필했다. 저서로 『심암유고心菴遺稿』 『심암장주心菴章奏』 등이 있다.

윤정현 1793~1874(정조 17~고종 11), 자는 정수鼎鼎, 호는 침계, 본관은 남원. 정조의 신임이 두터웠던 윤행임의 아들이다. 윤행임이 역모로 몰려 죽었기 때문에, 부친이 신원되기를 기다려 마흔이 넘어서야 문과에 급제할 수 있었다. 예조판서를 지냈으며 김정희 · 박규수 등과 긴밀한 사이였다. 문집으로 『침계집』이 있다.

나 이 글의 저자 유재건

직하시사를 주도한 박영석의 손자

박응모 | 15

박응모朴膺模는 자가 한례漢禮로, 만취정 박영석의 손자다. 어려서부터 글 읽기를 좋아하여 문사文思가 일찍 이루어졌으며, 사서史書에 더욱 익숙하였다. 글을 지음에 자못 반고班固와 사마천司馬遷의 법도가 있어 친구들이 모두 그를 중히 여겼다. 나이 겨우 서른에 요절하였다.

일찍이 최치명崔穉明, 유숙도劉叔度 등의 친구들과 직하사稷下社를 결성하여 각기 제명록題名錄에 서를 썼는데, 한례가 지은 것이 가장 잘된 글이라고 일컬어졌다. 그 글은 이러하다.

> 교숙膠塾이 폐지되어 교학敎學이 홍기하지 못하고, 교학이 홍기하지 못하니 우도友道가 따라서 사라져간다. 내가 일찍이 흐느껴 탄식하며 그것을 곰곰이 생각해보았다. 이른바 저 영특하고 슬기로워 문장을 스스로 자랑하는 사람이 한둘에 그치지 않고, 뜻으로 서로 얻고 마음으로 서로 허락

최치명 최경흠崔景欽
유숙도 유재건이라는 설도 있으나 분명치 않음. 『잡과방목』에 보면 1834년 율과 합격자 유운한劉運漢이라는 사람도 '숙도'라는 자를 썼던 것으로 나온다.
교숙 중국 고대의 교육기관 이름. 여기서는 교육기관을 통칭한 것

한 듯이 보이는 사람을 꼽아보면, 대개 삼분의 이 이하로 내려가지 않는다. 그들은 팔을 서로 부여잡고 머리를 나란히 하여 빽빽이 앉아 술을 마시면서 매 같은 몸매, 봉황 같은 용모에 호랑이 같은 눈빛을 하고 스스로 생각하기를, 영사주靈蛇珠가 족히 떨칠 만하지 못하고 형산옥荊山玉을 족히 품을 만하지 못하다고 하면서 좌우를 돌아보며 안중에 사람이 없는 듯 여긴다. 뜻은 참으로 장하지만 도에 이를 수는 없다. 그러므로 하루아침에 이해관계가 겨우 털끝만 한 것에라도 걸리면 문득 눈을 부릅뜨고, 때에 따라서는 칼을 만지며 일어선다. 또한 어찌 탄식을 더하고 슬픔을 더하지 않을 수 있겠는가?

이 직하사는 나란히 시를 읊는 모임이 유래가 되어 만들어진 것이다. 그렇다면 몸을 문필에 의탁하고 서적에서 뜻을 발견하고 읍揖하며 겸손하게 오르내리고 마음을 통하며 술을 마시고 태평함을 함께 즐기는 것은 삼대의 유풍遺風을 흠모함인가.

저술해놓은 문장은, 빛나고 영롱하며 문채가 부드럽고 곡진하여 족히 기이함이 되고, 잔을 들어 수작함에 술두루미 · 도마 · 어금棜禁은 족히 의식儀式이 될 만하고, 소매를 걷고 몸을 굽히고 꿇어앉아 물건을 집어올림은 족히 공손하다고 할 수 있다. 또 후세 사람들이 이 일을 전승하고 확장시켜 혁혁히 다른 사람의 이목耳目에 비칠 때에 또한 족히 영광이 될 것이다. 그러나 끊임없이 바라고 또 기대하는 것이 어찌 이에 그치랴. 반

영사주…여긴다 영사주와 형산옥은 춘추시대의 전설적 보물들로 아름다운 문장과 지혜를 비유한다. 중국 위나라 조식이 「여양조덕서與楊祖德書」에서 "사람마다 스스로 영사의 구슬을 쥐고 있고, 집집마다 스스로 형산의 옥을 품고 있다고 여긴다人人自謂握靈蛇之珠; 家家自謂抱荊山之玉"라고 표현한 바 있다.
어금 고대에 술그릇을 나르던 손잡이 달린 장방형 목판. '어'는 대부大夫가 쓰는 것이고, '금'은 사士가 썼던 것으로 그 크기가 달랐다.

드시 은퇴하여 수양하면서 쉬고 놀아, 이에 뜻을 밝히고, 이에 업業을 소중히 하고 친구들과 즐기며, 이에 경륜을 떠나 널리 익히고 스승을 가까이 섬기며, 이에 학문을 논하고 벗을 취하여, 류類를 구분할 줄 알고 물정에 통달하여 굳세게 서서 되돌아가지 않는 데에 이르른다. 진실로 능히 이렇게 된다면 교학과 우도에 있어서 이미 십의 구는 달성될 것이다. 어찌 다만 나란히 시를 읊는 것일 뿐이겠는가? 어찌 다만 나란히 시를 읊을 뿐이겠는가.

『겸산필기』

추사 김정희도 길들이지 못한 기인

하원 정지윤 | 16

정지윤鄭芝潤은 본관이 봉산蓬山이며 대대로 사신의 행차를 보좌하는 역관 일을 맡아왔다. 날 때부터 손에 글자가 있었는데 '목숨 수壽' 자였다. 어른이 되어서 『한서漢書』의 '지생동지芝生銅池'에서 취하여, '수동壽銅'이라고 자호하였다. 귀한 사람, 천한 사람, 가까운 사람, 먼 사람 할 것 없이 모두 그를 '정수동鄭壽銅'이라 불렀다.

수동은 제 마음대로 행동하여 평생 남들에게 구속되기를 달가워하지 않았고, 스스로 일반 규범 밖에서 놀았으나, 신실하고 겸손하여 마치 말을 못하는 듯하였고, 자신이 가진 것으로 남을 능가하려고 하지 않았다. 옥황상제나 비전원卑田院의 거지 아이도 가히 위아래로 짝이 될 만하였다.

총명함이 문자에 모여서, 무릇 궁벽하고 기괴하며, 깊고 오묘하며,

봉산 지금의 부산시 동래구. 일명 봉래蓬萊

지생동지 『한서』 권8 「선제기宣帝紀」를 보면 선제가 기원전 61년 하동河東에 행차해 후토后土에 제사 지내고는 조서를 내렸는데 그 가운데 "금지 아홉 줄기가 함덕전의 동지(구리로 만든 낙숫물받이)에 피었다金芝九莖產於函德殿銅池中"는 구절이 있다. 또 한나라 때의 악부 「상릉上陵」에는 "감로 초 이년(BC 61년) 금지가 동지에 자랐는데, 선인들이 내려와 마시고 수명을 천만세 늘리도다甘露初二年, 芝生銅池中, 仙人下來飮, 延壽千萬歲"라는 구절이 있다. 여기서 금지는 전설적인 선약仙藥을 의미한다.

복잡하고 번다해서 알아낼 수 없는 것이라 하더라도 한번 보면 문득 그 요지와 핵심과 가장 긴한 곳을 깨달았다. 시를 가장 잘하였는데 귀와 눈으로 수집 · 섭렵한 바로써, 고금의 고묘高妙하고 정확精確하여 마음에 맞는 것들을 죄다 모아 다듬고 정련하여 내놓았다. 술을 잘하여 그것을 천성으로 삼다시피 하면서, 슬픔과 기쁨, 얻음과 잃음, 눈물과 웃음, 자랑과 실의失意, 고난의 일체를 술에 의지하여 시로 표현하였다.

추사秋史 김원춘金元春 참판이 그를 기이하게 여겨서 자기 집에 머물며 소장한 도서와 사적들을 읽게 함으로써 박학다식으로 진취할 것을 기대하였던바, 수개월 동안 마음을 오로지 하고 글 읽기에 집중하여 마치 문밖 일을 모르는 사람 같았다. 그러다가, 갑자기 어디론지 떠나 버리고 돌아오지 않았다. 탐문해서 뒤를 밟아 그를 찾아내어 가두기까지 하면서, 갓과 두루마기를 착용하지 못하게 하였다. 그러나 그 뒤로 다시 뛰쳐나간 일이 한두 번이 아니었다.

요즘의 김성일金聖一 참판은 생활 규범이 엄정하여 남들과 망녕되이 친압親狎하지 않았는데 유독 그만은 좋아하여 서로 대하면 정답기 그지없었다. 그를 위하여 술병과 술잔과 안주를 차려놓고 그를 머무르

옥황상제나…만하였다 소식과 관련된 고사를 가져온 것이다. 소식은 사람을 차별함이 없어 일찍이 "나는 위로는 옥황상제와 함께할 수도 있고, 비전원卑田院의 구걸하는 아이와도 짝할 수 있다"고 하였다. 이에 대해 동생 소철이 사귐에 좀더 신중을 가하라고 충고하자 소식은 "내 눈에는 천하에서 좋지 않은 사람을 볼 수가 없구나. 이것이 나의 병이다"라고 대답했다고 한다. 도종의陶宗儀, 『설부說郛』 권20 참조. 여기서 '비전원'은 '비전원悲田院'과 같은 말로 병자와 빈민을 수용하던 곳이다.

김성일 김병덕金炳德(1825~1892, 순조 25~고종 29). 성일은 자, 호는 약산約山, 본관은 안동으로 영의정 김흥근金興根의 아들. 1847(헌종 13)년 문과급제하고, 고종 때 좌의정에 올랐다. 저서로 『속간고續諫考』가 있음

추사 김원춘 김정희金正喜

게 하였다. 사람들은 정수동이 김참판에게서 허여된 것은 '모난 자루가 둥근 구멍에 맞추어진 격方枘圓鑿' 이라고 하였다. 그러나 그는 찢어진 소매와 헤진 띠끈 차림으로 종종 스스로 방자해지기를 추사에게 있을 때처럼 하였고, 어떤 때는 더 심하기도 하였다. 결국 그를 길들일 수가 없었다.

나이가 들어 더욱 술을 마시며 간혹 십여 일 동안 입에 밥 한 톨도 넣지 않았다.

내가 동문同文을 관장할 때에, 나의 월급을 따져보고 그 녹미祿米를 나누어주려 하며 말하길 "그대가 반드시 오언시五言詩 백 운百韻을 지어서 값을 치르라" 하니 하룻밤 만에 완성하였는데 마치 구슬을 꿴 것 같았다. 시험을 치를 때에 역과譯科의 책을 집어서 읽게 하니, 눈을 부릅뜨고 좌우를 보면서 읽지 않다가 "저는 이것을 모릅니다"라고 하였다. 진실로 그것을 탐탁하게 여기지 않은 것이리라.

정수동의 처 김씨는 성격이 맑고 순하여 집 안에는 다만 벽뿐이었는데도, 끈을 꼬고 베를 짜서 남편을 받들면서 조금도 싫어하거나 고통스런 기색을 보이지 않으려 애썼다. 대개 남편이 사대부와 더불어 노닐면서 문장으로 이름을 날리는 것을 영광으로 삼을 뿐 다른 것은 아쉬워하지 않았다.

정수동이 두번째로 묘향산에 들어갈 때에 도성 안에는 문득 소문이 나기를 그가 이미 머리를 깎고 중이 되었다고 하였다. 그가 돌아오자

내 이 글의 필자 심암 조두순
동문 사역원의 별칭

김씨는 맞아들이며 "저는 간이 다 녹았습니다"라고 하니, 수동이 "여자의 간은 작을수록 좋은 거야"라고 하였다.

수동은 말이 눌변訥辯인 듯하지만 손뼉을 치며 농담을 할 때는 겨우 한두 번 이야기가 도는 사이에 듣는 이가 모두 배꼽이 빠지게 웃었다. 대개 그의 뜻은 세상을 조롱하고 풍자하는 데 있었다. 그러나 취하면 방바닥에 누워 잠들어, 다시 말을 하지 않았다.

일찍이 말하였다.

"내 장차 죽을 날이 멀지 않았는데 심암心菴대감의 두어 줄 글을 얻게 된다면 족히 내 생애를 마칠 수 있겠다."

얼마 안 있어 폭질暴疾로 하루저녁에 죽으니 나이 쉰하나였다. 김참판이 비용을 대어서 장례를 치러주었다. 『하원시초夏園詩抄』 한 책을 남겼는데 최성환崔瑆煥이 수집하여 가지고 있던 것을 간행한 것이다.

심암心菴 조상국趙相國 찬

최성환 자는 성옥星玉, 호는 어시재於是齋. 음양과陰陽科 가계의 중인. 시학에 조예가 깊었으며 시선집 『성령집性靈集』을 편찬했고, 『고문비략顧問備略』 『여도비지輿圖備志』 등의 경세적 저술도 남겼다.

널리 이롭게 하고 떠난 사람

두은 고진원 | 17

고진원高晉遠은 자가 근재近哉, 호는 두은斗隱이다. 임원유林元瑜·유문산柳文山과 더불어 장이이張而已의 문하에서 배웠다. 옥 같은 얼굴과 큰 키에, 마치 입에서 말이 나오지 않는 것 같았다. 어려서부터 가난하였으나 글공부를 좋아하여, 평소에 책 한 권을 손에 들고 문을 닫은 채 조용히 앉아 있었고 몇몇 사람 외에는 종유從遊하는 것을 허여하지 않았다.

스스로 먹고 입는 것을 매우 박하게 하였지만 손님이 찾아오면 반드시 술을 차려 내었다. 아버지를 섬김에 효성스러웠고, 계모를 섬김에는 더욱 부지런히 하여 모든 것을 갖추어 봉양을 극진히 하였으므로, 그 아버지가 남들을 대하면 문득 "늘그막에 걱정이 없다"고 말하였다. 친족과 인척이 그의 도움을 받아 밥을 짓는 이가 많았고, 그들을 처우함에 의리가 있었으므로 그의 평판에 차이가 나는 말이 없었다.

종제가 십수 명인데, 큰 사람은 나이가 서로 비슷했으나 종일토록

임원유 임유林瑜. 원유는 자, 호는 단천丹泉, 본관은 나주羅州. 이조후기 여항시인
유문산 유기柳記. 『사포시초史逋詩艸』 1책을 남김
장이이 장혼

모시고 서 있으면서 감히 홀만하지 못하였다. 남들과 사귐에는 자상하고 곡진하여 성실하게 그 부족한 점을 힘써 도와주었다. 그러므로 무릇 군을 아는 사람은 군에게 심취하지 않는 이가 없었다. 아! 이것이 어찌 음성과 낯빛으로 이룰 수 있는 것이겠는가.

군은 강직하고 개결하며 자립심이 대단하였다. 그러나 몸은 여위고 병이 많았으며, 남의 착하지 못한 일은 자기의 몸을 더럽힐 듯 여기면서 말을 되풀이하여 그치질 않았다. 아, 이것이 군의 수명을 줄이게 된 징조였던가!

을사乙巳(1845, 헌종 11)년 여름에 군이 여러 종제 중에 나이가 찬 사람, 또는 덜 찬 사람 대여섯 명을 혼인시켰다. 나에게 편지를 보내 병세를 알리면서, 말이 사후 일에까지 미치었다. 과연 얼마 있다가 부음을 알려왔다. 나이는 서른아홉이었다.

『비연상초』

앞사람이 말한 것은 답습하지 않다

사포 유기 | 18

유문산柳文山의 이름은 기沂인데 '문산'이라는 자로 세상에 알려졌다. 진주 사람으로, 감사 유흡柳潝의 팔세손이다. 타고난 자품이 도에 가까워, 말과 웃음이 적었고 담박하여 외물에 대한 유혹이 없었으며, 정신과 감정이 맑고 수연하여 언덕과 골짜기에서 노닐며 사람의 더럽고 인색한 마음의 싹을 해소시켜 주었다. 일찍이 가벼운 농담이나 경망한 행동을 한 적이 없고, 묻고 배우는 데 매우 부지런하였다. 단천丹泉 임유林瑜, 난고蘭皐 고진원高晋遠과 서로 친하게 사귀었다. 그는 집이 매우 가난하여 부모를 섬김에 간고艱苦함을 두루 맛보았다.

그러나 옛 학문을 폐하지 않았고 시를 좋아하는 성품이었는데 기굴奇崛함을 힘써 찾아, 전인들이 이미 말해놓은 것을 답습하지 않았다. 그의 시는 고고 한원高古閒遠하며 도연명·위응물의 문 앞에까지 깊이 나아갔다.

건옹健翁 김참판이 시사를 결성하여 학산 윤경조尹京兆, 벽곡碧谷 김판

유흡 자는 화보和甫, 본관은 진주, 금천군수를 역임했다.
건옹 김참판 김양순金陽淳(1776~1840, 영조 25~헌종 6). 자는 원회元會, 호는 건옹健翁, 본관은 안동. 순조 때 문과에 올라 이조판서를 지냈다. 1840년 역모 혐의로 투옥돼 고문받다가 죽음
학산 윤경조 윤제홍尹濟弘

서, 취미翠微 신태학사申太學士가 남루藍樓에 모였다. 또 최우산崔愚山, 정황파鄭黃坡 등 여러 시인이 그것을 이어받아, 풍류의 홍성함이 근고에 비할 데 없었다. 문산이 그것을 기뻐하여 집을 사포史逋 시냇가로 옮기고 날마다 시에 종사하여 마치 천하의 영화롭고 욕된 일이 무엇인지를 모르는 것 같았다.

건옹이 혹독하게 사고를 당함에 문산은 더욱 외롭고 쓸쓸한 채, 알아주는 사람이 없었다. 홀로 오뚝하게 궁벽한 골목에 살면서 사람을 대하면 문득 술잔을 비우고 감개스럽게 그 적적하고 우울한 정을 털어놓았다.

남에게 필경筆耕 일을 해주며 매월 오백 전을 받았으나, 입에 풀칠을 하기에도 모자랐다. 그런데도 그 이웃 사람이 궁핍하여 굶는다는 말을 듣게 되면 땔감과 양식으로 그들을 구제하였다. 처음에 문산이 양친의 상을 당하여 가난으로 예를 갖추지 못하였고, 외할아버지 내외는 합봉合封조차 하지 못하였다. 무오戊午(1858, 철종9)년에 문산이 필경 관청의 일을 하게 되자 조금씩 생활이 나아져 일 년에 십 년치 정도의 보수를 얻었다. 이에 두 장례를 완전히 치르고 나머지 돈은 그 동생에게 맡기면서 "나의 일을 다 마쳤으니 죽어도 한이 없다" 하였다. 그다

벽곡 김판서 김난순金蘭淳(1781~1851, 정조 5~철종 2). 자는 사의士猗, 벽곡은 호. 본관은 안동. 순조 때 문과에 급제해 벼슬이 이조판서에 이르렀다.

취미 신태학사 신재식申在植(1770~1843, 영조 46~헌종 9). 자는 중립仲立, 호는 취미. 본관은 평산. 순조 때 문과급제했고, 1826년 동지사冬至使로 연경에 다녀온 일이 있다. 벼슬은 이조판서에 이르렀다. 박지원의 친구 신광온申光蘊의 아들로서 박지원의 손자 박규수朴珪壽와도 가까이 지냈다.

최우산 최헌수崔憲秀. 우산은 호. 서유영徐有英·정학연丁學淵·조면호趙冕鎬 등 19세기 저명 시인들과 폭넓게 교유했던 중인층 시인이다. 문집 『우산집愚山集』이 필사본으로 전한다.

정황파 정환표鄭煥杓. 황파는 호. 김양순金陽淳의 문객이었으며 시인으로 이름이 높았다.

사포 서울의 한 지명인 듯한데, 자세히 알 수 없음

음해에 과연 일어나지 못하였는데, 나이 쉰셋이었다.

그의 벗 장중규張仲圭가 그의 시를 모아 인쇄하여 세상에 유포시키고 다음과 같이 썼다.

> 문산은 부귀에 급급하지 않았고 빈천에 슬퍼하지 않았으니 선비의 기상이 있었다. 이는 그 어머니의 가르침에서 말미암은 것이다. 어머니 김씨는 내범內範이 있어, 집에 다만 네 벽만 있을 뿐인데도 스승을 모시고 친구를 가려 사귀게 하였으며 손님을 대접함에 정성을 다하지 않은 적이 없었으니, 어진 어머니의 가르침이 의당 문산을 있게 한 것이다. 또한 삶에 구차스럽지 않았으므로 곤궁함이 여기에 이른 것이다.
>
> 아! 귀와 부는 그것으로 사람을 논할 것이 아니다. 귀부는 쉬운 것이요, 구차스럽지 아니함은 어려운 것이다. 그 어려운 것은 얻고 그 쉬운 것은 얻지 못하였으니 어찌 천운이 아니겠는가. 군자가 운명을 어떻게 하겠는가.
>
> 『침우담초』

장중규 장지완

익종의 지우를 입다

각감 이동신 | 19

이동신李東臣은 자기 우린友隣이다. 그의 조부 사응師膺은 규장각의 각감閣監으로서 정조와 순조, 양조兩朝를 섬겨 공로가 있었다. 순조가 그 연로함을 민망히 여겨 우린에게 직책을 넘겨주도록 하였다. 우린은 겨우 약관의 나이로 규장각에 들어가 근무하며 비부秘府의 도서를 엿볼 수 있어, 섭렵한 것이 자못 폭넓고, 붓을 잡으면 막힘없이 글을 쓸 수 있었다.

익종翼宗이 이문원摛文院에서 재숙齋宿하며 패관소설稗官小說의 소일거리를 두루 찾았다. 우린이 대답하였다.

"궁중의 비장 도서에는 본래 소설류가 없습니다. 또 있다 하더라도 예덕睿德에 누가 될까 염려되오니, 『정관정요貞觀政要』 같은 것이 좋을

비부 궁중의 서고書庫. 비각秘閣 · 비관秘館이라고도 하는데, 여기서는 규장각을 뜻함

익종 순조 임금의 세자인 효명세자孝明世子. 순조 12(1812)년에 왕세자에 책봉. 순조 27(1827)년부터 대리청정을 했으나 4년 만에 죽음. 그의 아들 헌종이 즉위한 뒤 익종이라 추존함

이문원 어진 · 어제御製 등과 궁중의 서책 등을 보관하는 관아로서, 규장각 관원의 숙소가 된 후 규장각의 별칭이 됨

재숙 제사를 행할 때, 전날 밤 재계齋戒하며 묵는 것

예덕 왕세자의 덕망. 왕에 대해서는 '성덕聖德' 이란 표현을 씀

정관정요 중국 당 태종이 근신近臣들과 정사를 논한 것을 현종 때 오긍吳兢이 엮은 책. 역대 왕들의 정치적 교훈서로 중시했다.

듯합니다."

익종은 가상히 여기고 기뻐하면서 그것을 읽기를 다하였다.

하루는 순조가 춘당대春塘臺에 행차하여 활쏘기를 시험할 때, 익종에게 대신 시험을 보이도록 명하였다. 그리고 순조는 내전으로 돌아가다 사돈(射墩, 활 쏘는 곳)을 지날 때 활과 살을 달라 하여, 첫번에는 네 발을 맞추고, 두번째에는 다섯 발을 맞추고, 세번째에는 비가 와서 쏘지 못하셨다. 이때는 순조가 병을 요양하신 지 이미 이십 년이었는데 다섯 발이나 맞추게 되니, 좌우의 신하들이 만세를 불렀다. 익종은 그 소리를 듣고 크게 기뻐하여 중사中使 김영업金永業으로 하여금 순조께 아뢰어, 정조 임금의 옛일에 의거하여 응시할 기회를 주고 각감의 처소에 기록할 것을 청하니, 순조가 허락하였다. 이때에 우린이 무과급제를 하게 되니, 익종이 또 법악法樂을 하사하여 그의 출행出行을 빛내주었다.

우린이 규장각에 근무하면서 『규장각지奎章閣志』 속편을 수찬하고, 초본을 상자 안에 보관하였는데, 그 안에 환관의 무리들을 비방하는 말이 있어서, 뭇 환관들이 미워하였다. 얼마 후 관직에서 떨어져 밖에 나와 번리樊里에 은거하다가, 조금 지나 죽으니 그의 나이는 겨우 서른아홉이었다.

『침우담초』

춘당대 창덕궁 안에 있는 석대石臺. 왕이 친림해 문무과 시험을 봤다.
중사 궁중에서 왕의 명령을 전달하는 내시
법악 나라의 의식에 쓰이는 음악
규장각지 정조의 명으로 서명응徐命膺·채제공 등이 만든 규장각의 관서지, 2권 1책. 규장각의 설치 및 연혁을 비롯해 조직·기능·의식 그리고 각신閣臣의 지위와 의무 등이 수록돼 있다.
번리 지금의 서울시 도봉구 번동

정수동과 이름을 나란히

희암 현기 | 20

현기玄錡는 자가 신여信汝다. 어려서부터 총명하였고, 시를 배움에 경발하니, 사람들이 많이 전하여 외웠다. 한문과에 합격하였으나, 호방하여 얽매이지 않는 성격이라 탐탁하게 여기지 않았다.

처자식과 집이 없어서 항상 친구의 집에서 노닐며 지냈는데, 날마다 술 마시기를 좋아하고 미친 듯 방종하더니, 드디어 병으로 귀머거리가 되었다.

그는 스스로를 희암希庵이라고 호하였는데, 젊어서는 정수동과 함께 이름을 나란히 하였으나, 나이가 들면서 재사才思가 황락荒落해져서 정수동에게 미치지 못하였다. 그러나 친구들은 그의 명성을 아껴 머물게 하며 먹여주었다. 결국은 구속을 받지 않고 더욱 방랑하여 규범에 얽매이지 아니하였다. 쉰네 살에 크게 취하여 죽었다. 시는 모두 흩어져 없어지고 전하는 것이 없다.

『침우담초』

시는…없다 김석준金奭準이 편집한 『희암시략希庵詩略』 17장 1책이 전한다.

【권8】

서화

書畫

문장도 뛰어났던 제일의 명필

석봉 한호 | 1

석봉石峯 한호韓濩는 자가 경홍景洪으로 우리나라 제일의 명필이다. 사람들은 다만 그가 글씨로 유명한 것을 알 뿐이고, 문장에도 뛰어난 것은 알지 못한다. 그가 지은 「청묘초려시서淸妙草廬詩序」는 다음과 같다.

잠성岑城 옛 고을은 해서海西 지방 깊숙한 곳이다. 여기에 석봉이 있으니 웅장하게 서리고 우뚝하게 솟아 있어, 아래로 대지를 눌러 아득히 뻗쳐 있고, 위로 푸른 하늘을 어루만질 듯 높이 치솟았다. 거룩한 신령이 신묘한 빛을 안으로 감추어 청숙淸淑한 기운을 모았고, 땅의 신령이 상서로운 물품物品을 지켜 보호하여 정영精英의 꽃을 온축하였다.

남으로 수룡산秀龍山과 마주하였고, 북으로 학봉산鶴鳳山을 끌어당긴다. 서로는 높고 험한 군강軍岡에 읍하고, 동으로는 뾰족뾰족한 별악別嶽에 임해 있다. 들과 언덕의 아득한 푸른빛은 백 리에 뻗친 뽕나무와 삼밭이요, 시내와 못가의 밝은 모래에 희고 흰 것은 일천 떼의 갈매기와 해오라

잠성 황해도 우봉현牛峰縣에 속했던 고을. 지금은 금천군金川郡 우봉면 일대
수룡산 우봉현 동쪽에 있는 산. 『동국여지승람』에는 수룡산首龍山으로 나온다.
학봉산 우봉현 북쪽에 있는 산. 『동국여지승람』에는 학봉산鶴峰山으로 나온다.

기가 노는 것이라. 골 안의 천지요, 암벽 속의 세월이라. 풍속은 순박하고 경물境物은 한가롭다. 골짜기가 깊고 숲이 우거져 새와 짐승이 모여드는 장소가 되고, 구름이 피어오르고 노을이 깔리면 초목이 가리어 몽롱하게 보인다.

이에 여기 초려草廬를 짓고 '청묘淸妙'라 이름 붙였으니, 담담하고 고요하여 편안히 지낼 만하다. 거문고가 있고 책이 있어서 타기도 하고 읊기도 한다. 솔바람 소리 쏴 하며 밀려오니 도홍경陶弘景처럼 혼자서 즐겨 듣고, 칡덩굴 그림자 너울거리니 두자미杜子美의 옷을 걸어둠직하다. 한 마을이 무회씨無懷氏의 땅이요, 천 년 옛적 희황씨羲皇氏의 하늘이다. 율리栗里의 전원은 진晉나라 도연명이 고고孤高하게 지냈던 곳이요, 상산商山의 석실石室은 진秦나라 상산사호商山四皓가 마음껏 노닐던 곳이라. 목마를 때 마시고 피곤하면 잠자면서 오직 뜻대로 자적自適하며, 깨어나면 시를 읊고 취하면 눕는 것을 마음 가는 대로 좇는다. 성정을 기르고 정신을 기쁘게 가져 한가한 광경 속에서 편히 늙어가고, 천명을 즐기면서 정해진 분수를 알아 물외의 자연을 차지한다. 그래서 봄도 좋고 여름도 좋고 가을도 좋은데, 비가 있고 바람이 있고 달이 있다. 이 초야의 즐거움

도홍경 중국 남조 양나라 사람. 자는 명통明通, 호는 화양진인華陽眞人. 젊어서 갈홍葛洪의 『신선전神仙傳』을 얻어 보고 양생養生에 뜻을 두었다. 구곡산句曲山에 은거하였는데, 무제武帝가 누차 불렀으나 나오지 않고 조정의 대사가 있으면 도움을 주곤 해 '산중재상山中宰相'이라 불렸다.

두자미의 옷 두자미는 두보, 자미는 자. 그의 시구 가운데 "갈옷을 덩굴에 걸어놓으니, 서늘한 하얀 달빛 흐드러진다絺衣掛蘿薜, 涼月白紛紛"라는 구절이 있다. 「배정광문유하장군산림陪鄭廣文遊何將軍山林」 중 제9수

무회씨 중국 신화시대의 제왕으로, 그 시대 백성들이 배불리 먹고 편안히 살아 촌락과 촌락 사이에 개, 닭의 소리가 서로 들리되 백성들이 늙어 죽을 때까지 이웃에 왕래하는 일조차 잊어버렸다고 함

희황씨 중국 신화시대의 복희씨를 말함

상산사호 중국 한나라 고조高祖 때 세상의 어지러움을 피해 상산(商山, 섬서성陝西省 상현商縣의 동쪽에 있는 산)에 숨은 동국공東國公 · 하황공夏黃公 · 녹리선생鹿里先生 · 기리계綺里季의 네 백발노인을 이르는 말

을 얻어 저 티끌세상의 근심을 잊는다.

아침에는 뫼에서 나가는 외로운 구름을 보고, 저녁에는 숲을 찾는 게으른 새를 보낸다. 소나무 단壇에 해가 높이 뜨고 찌그러진 문에 사람이 고요하면 명홍冥鴻의 뜻을 품고, 사슴과 벗할 마음을 가진다. 빈산의 계수나무는 정히 곤륜산의 가을 달에 어울리고, 흐르는 물의 복숭아꽃은 어찌 무릉도원의 봄바람에 손색이 있으랴? 아득히 산음山陰의 왕자유王子猷를 생각하며, 멀리 섬계剡溪의 대안도戴安道를 그린다. 병을 핑계대고 화식을 끊은 장량張良은 적송자赤松子를 좇아 놀았고, 집을 버리고 조정을 하직한 채 노탐盧耽은 이미 백학을 타고 신선이 되어 갔다. 그들의 맑은 향기는 우러를 만하나, 높은 발자취는 따르기 어렵도다.

이에 화로의 불은 훈훈하게 피어오르고 차 끓이는 연기는 하늘거리며 퍼지는데, 벼루를 앞에 두고 홍이 일어나 글씨 쓰는 일에도 취한다. 봉황이 날고 난새가 비상하는 것은 원상元常의 고아함에 방불하고, 용이 날고 범이 뛰는 것은 일소逸少의 청진淸眞함을 생각케 한다. 장사長史의 미치광이 장욱張旭은 초성草聖으로 삼매의 경지에 들었으며, 장진藏眞의 방랑은

명홍 '명명冥冥한 하늘을 높이 날아가는 기러기'라는 말로, 세상을 피해 뜻을 고상하게 가지고 숨어 사는 자를 비유

왕자유 중국 진나라 왕휘지王徽之의 아들로 자는 자유. 일찍이 눈 오는 밤에 배를 타고 섬계剡溪로 가 대안도戴安道를 방문했는데, 문에 이르러 들어가지 않고 돌아왔다. 사람들이 그 이유를 묻자 답하기를 "본래는 홍이 나서 왔으나 홍이 다해 돌아가니, 꼭 안도를 볼 필요가 있겠느냐?"고 했다는 고사가 전한다.

대안도 중국 진나라 사람 대규戴逵. 안도는 자. 박학했으며 거문고를 잘 타고 서화에 능했다.

장량 자는 자방子房. 한 고조 유방을 도와 천하를 통일하고 유후留候에 봉해졌으나, 만년에는 신선술에 심취해 신선 적송자를 찾아갔다고 함

노탐 중국 오나라 사람. 어릴 적부터 신선의 술을 익혀 구름처럼 날아다닐 수 있었다고 한다. 한번은 새해 첫날 조회에 늦었는데, 학이 되어 날아가니 주위 사람들이 깜짝 놀란 일도 있었다.

원상 중국 삼국시대 위나라의 명필 종요鍾繇. 원상은 자

장욱 중국 당나라 때의 명필로, 자는 백고伯高. 초서에 특히 뛰어나 초성草聖이라는 칭호를 얻었는데, 술에 취해 미친 듯이 붓을 휘두르는 것으로 유명했다.

천자문 글씨에 뛰어났다. 그윽하고 답답한 회포를 풀기 위해 혹 초서도 쓰고 혹 액자額字도 쓰며, 고상한 뜻을 펴기 위해 이에 해서도 쓰고 행서도 쓴다. 또 저 난정蘭亭의 풍류는 무성한 숲과 잘 자란 대나무들이고, 황학루黃鶴樓의 뛰어난 경치는 꽃다운 풀과 개인 냇물이다. 비단결 같은 심간心肝으로 이적선李謫仙(李白)의 문채를 본받고, 연못가의 봄풀을 보며 사령운謝靈運의 「춘초시春草詩」에 공감하게 된다. 마음이 상쾌하니 발이 천근天根의 월굴月窟에 오른 듯하고, 가슴속이 시원하니 눈에 하도낙서河圖洛書가 환한 것 같다.

달을 토론하고 구름을 논평하며, 시를 논하고 부를 이야기함에 소부巢父・허유許由가 귀를 씻어 아름다운 이름을 먼 후세에 남긴 일과 백이伯夷・숙제叔齊가 수양산에서 고사리 캐며 깨끗이 고절을 지킨 일과 신선이 선약을 구우면서 『황정경黃庭經』 삼십육 장을 열독한 일과 노자가 현묘한 이치를 탐구하여 『도덕경道德經』 오천여 자를 지은 일에 이른다. 암

장진의 방랑 장진은 당나라 때의 중 회소懷素의 자. 초서를 잘 써서 장욱張旭의 초서를 계승했다고 평가받는다. 그는 현장玄奘 법사의 문인이었는데, 전인前人의 훌륭한 자취를 다 보지 못한 것을 유감으로 여겨 지팡이를 짚고 서쪽을 떠돌아다녀 명공을 다 만나봤다고 한다. 그가 정원貞元 15(799)년에 초서로 쓴 천자문은 특히 유명하다.

액자 현판에 쓰는 큰 글자

무성한 숲과 잘 자란 대나무들 왕희지의 「난정서」에서 난정을 묘사하며 "이곳에는 높은 산과 험준한 고개, 무성한 숲과 긴 대나무가 있다此地有崇山峻嶺, 茂林脩竹"라고 했다.

꽃다운 풀과 개인 냇물 당나라의 유명한 시인 최호崔顥의 「황학루黃鶴樓」에 "맑은 강에는 한양의 나무들이 뚜렷이 비치고, 봄풀 무성한 앵무주로다晴川歷歷漢陽樹, 春草萋萋鸚鵡洲"라는 구절이 있다.

사령운의 춘초시 사령운은 중국 남조 송나라 사람으로 문장에 뛰어나 '강좌제일江左第一'이라 일컬어졌다. 그의 「등지상루登池上樓」에 "못가엔 봄풀이 나고, 정원 버드나무 새 울음도 변해가네池塘生春草, 園柳變鳴禽"라는 구절이 유명하다.

월굴 달이 숨는 곳을 이르는 전설적 표현인데, 달 자체를 나타내기도 함

하도낙서 『주역』과 『홍범구주洪範九疇』의 근원이 되는 도서. 하도는 복희씨 때 황하에서 나온 용마龍馬의 등에 그려져 있던 도면이며, 낙서는 하우씨夏禹氏가 홍수를 다스릴 때 낙수에서 나온 신귀神龜의 등에 있던 글이라고 한다.

황정경 중국 위진시대 도교에서 양생養生 수련의 원리를 가르치고 기술하는 데 사용했던 서적

혈岩穴이 어진 이를 기르는 곳임을 알겠거니, 임천林泉은 실로 보물을 비장한 곳이로다. 그리하여 간혹 봉황이 높은 언덕을 날아가다가 덕의 빛을 보고 내려오고, 난초가 깊은 골짝에서 자라되 맑은 바람을 기다려 향기가 나는 것인가 보다. 소리가 서로 호응하고, 기운이 서로 구함에 각기 그 류를 따르는 것이며, 구름은 용을 좇고, 바람은 범을 좇음에 각기 그 때가 있는 것이다.

슬프다! 달인達人은 일의 기미를 알고 군자는 뜻을 지킨다. 그 자취를 고결하게 하여 마땅히 때에 따라 나아가고 물러나며, 홀로 그 몸을 착하게 하여 곧은길을 따라 거취를 정할 것이다. 마른 소나무는 늦은 해에 풍상으로 절개를 고치지 않으며, 늙은 준마는 여년餘年을 발굽에 힘을 다할 것을 기약한다. 태허太虛에 의지해 서서 길게 휘파람 불고 무하無何와 더불어 이웃한다. 옛일을 느끼고 지금 일에 슬퍼하여 짧은 시를 짓노라.

석봉 아래가 곧 내 집이니, 石峯之下卽吾廬
만길 연꽃 봉우리 자줏빛 하늘에 솟았네. 萬丈芙蓉入紫虛
구름 덮인 소나무 아래 높이 누웠으니, 풍진 세상 생각 끊어지고, 高臥雲松塵想絶
가을 달 낭랑히 읊조리니, 속세의 인연 아랑곳없구나. 朗吟霜月俗緣疎
숲 깊어 그윽한 새 깃드는 것 스스로 좋아하고, 林深自愛幽禽託
지경이 궁벽하니 고요한 자가 살기에 마땅하다. 境僻還宜靜者居

무하 허무와 무위의 공간을 뜻하는 '무하유지향無何有之鄕'의 준말. 이는 『장자』 「소요유逍遙遊」의 "지금 그대는 큰 나무가 있는데, 그 무용함을 걱정하고 있다. 어찌하여 무하유지향의 광활한 들판에 심지 않는가?今子有大樹, 患其無用, 何不樹之於無何有之鄕, 廣莫之野"라는 구절에서 나온 말이다.

한가히 북창 앞에서 황정경黃庭經 쓰노라니, 閒寫黃庭北窓裏
시원한 바람 때때로 책상의 책장을 넘겨주네. 好風時卷 一牀書

한호는 송도 사람으로 호는 석봉이다. 필법이 굳세어 스스로 한 체體를 이루었다. 공사 간의 비갈碑碣이나 병풍, 족자의 글씨가 다 그의 손에서 나왔으며, 사람들은 모두 그것을 보물로 간직하였다. 선조대왕은 하늘로부터 타고난 성인의 자질로서 서화에 있어서도 뛰어난 경지에 이르렀는데, 매양 석봉의 필적을 볼 때마다 감탄하며 말했다.

"세상에 드문 뛰어난 솜씨다. 우리나라에 이처럼 뛰어난 인재가 나리라고는 생각하지 못했다."

중국의 글씨 잘 쓰기로 이름난 자 또한 석봉의 글씨를 보고는 경탄하여 평하기를 "목마른 고래가 골짜기를 달리는 것 같다"고 하였으니, 그 필세가 웅건함을 말한 것이다. 이 때문에 중국 사람들이 서로 다투어 사가서 석봉의 명성이 온 천하에 퍼졌다. 한호가 스스로 말하길 "평생에 가장 힘을 모아 쓴 것은 서화담徐花潭의 비문이다"라고 하였는데, 이제 그 인본印本을 보니 참으로 절묘한 글씨다. 우리나라에서는 안평대군安平大君 이후의 서법은 한호를 제일로 친다.

그는 사람됨이 공근恭謹하였으며, 한미한 출신인데 글씨 잘 쓰는 것으로 명성을 얻었다. 벼슬은 군수에 이르렀다.

『죽천한설』

한석봉과 이름을 나란히

북악 이해룡 | 2

북악北岳 이해룡李海龍은 자가 해수海叟다. 글씨를 잘 써서 한석봉과 더불어 이름을 나란히 하였다. 선조 때 왕명에 의해 천자문을 써서 올렸는데, 지금까지 궁궐에 간직되어 있다.

그의 여러 자손의 집에는 이 본이 없는데, 내가 전에 보니 후손 이동현李東鉉이 모사模寫하여 집에 보관하고 있었다. 그의 자손은 십여 대를 이어 사자관寫字官이 되었으며, 매우 번성하다.

『겸산필기』

이해룡 본관은 경주. 1588(선조 21)년 사자관으로 통신사 황윤길黃允吉을 따라 일본에 건너가 많은 필적을 남겼으며, 임진왜란 때는 역관으로 일본과의 화의和議교섭에 종사했다. 특히 해서에 뛰어났다.
사자관 승문원 등에서 문서의 정사精寫를 담당하던 관원

서른여덟 가지 전서체

학관 김진흥 | 3

김진흥金振興은 자가 흥지興之이다. 역과에 합격하여, 후에 전문학관篆文學官이 되었다. 부제학副提學 여이징呂爾徵에게서 전문篆文을 배웠는데, 중국 사신 주지번朱之番의 전자 글씨의 비결을 얻어 조석으로 깊이 몰두하여 드디어 서른여덟 가지의 전자 서체에 능통하게 되었다. 그가 쓴 『대학장구大學章句』와 『전해심경篆海心鏡』은 나란히 간행되어 세상에 유행하게 되었다.

『진휘속고』

김진흥 (1621~?, 광해군 13~?)호는 송계松溪이며 본관은 선산善山. 1654(효종 5)년 역과에 급제함

전문학관 전서篆書를 담당하는 이문학관

여이징 1588~1656(선조 21~효종 7), 자는 자구子久, 호는 동강東江, 본관은 함양咸陽. 1624(인조 2)년 문과에 급제해 도승지 · 공조참판 등을 역임. 『동강집東江集』이 있음

주지번 중국 명나라 사람. 자는 원개元介, 호는 난우蘭嵎. 1606(선조 39)년 반조사頒詔使로 조선에 파견되어 왔을 때, 성균관의 명륜당 현판 글씨를 남기는 등 그의 글씨는 조선에서 큰 인기를 끌었다.

대학장구 『전대학篆大學』을 이른다. 이것은 김진흥이 『대학』을 38가지 서체로 쓴 것으로 대전大篆, 소전小篆을 비롯해 고문기자古文奇字에 이르기까지 다양한 서체가 활용돼 있으며, 1책의 목판본으로 전한다.

전해심경 전서의 각 체에 대해서 풀이 · 기술한 책. 5권 2책의 목판본으로 전한다.

홀로 진체晋體를 이루다

정곡 이수장 | 4

이수장李壽長은 자가 인수仁叟, 본관은 안산安山이며 호는 정곡貞谷이다. 젊을 때부터 글씨를 잘 써 종요鍾繇와 왕희지를 마음에 새겨두고, 늙어 갈수록 더욱 독실히 하여 오십 년 동안 일찍이 하루도 붓을 놓은 적이 없었다. 이와 같이 글씨를 공부하는 즐거움으로 침식을 잊었고, 명성과 이익을 멀리하여 빈궁貧窮과 기한飢寒의 걱정이 그의 심중을 동요시킬 수 없었다. 그는 공력을 들이는 것이 전일專一하였고 조예가 극진하였는데 큰 글씨, 작은 글씨, 해서, 행서가 드디어 진晋나라 영화永和년간의 필법에 핍진하였다. 그가 임모한 「난정첩蘭亭帖」「성교서聖教序」 등의 필법은 진본에 비교하여 터럭만큼도 못할 것이 없어, 보는 이가 거의 그 진가眞假를 분별할 수 없었다. 진의 필법을 제대로 배운 자가 아니라면 이러할 수 있겠는가?

그가 승문원에 벼슬하여 사대문서事大文書를 서사書寫하고 있었기 때문에, 따로 경홍景洪의 글씨를 본 떠 당시의 수요에 응하지 않을 수 없

영화 중국 진나라 목제穆帝의 연호(345~356)
성교서 중국 당나라의 중 회인懷仁이 왕희지의 행서를 집자集字해 석각石刻한 글
경홍 석봉 한호의 호

었다. 대개 경홍의 필법은 실로 왕희지체의 골격에서 변화해온 것이다. 오직 그만이 왕희지에게 체득한 바가 깊었기 때문에 그 글씨가 한석봉을 닮은 것이 더욱 흡사하였던 것이다.

필법에 있어서의 진晉은 시에 있어서의 당唐과 같아 단연 천고의 절조絶調다. 진실로 하늘이 그 고금을 나누었기에 사람의 힘으로 도달할 수 있는 경지가 아니다. 우리나라에서는 신라 · 고려 이래로 수천 년 동안 명가의 글씨가 시대마다 나와서 각기 행촌杏村이 되고 비해匪懈, 청송聽松, 고산孤山, 봉래蓬萊가 되고 석봉이 되었으나 홀로 진체晉體를 이룩한 사람은 극히 적다. 이 어찌 그것이 어렵다고 하여 노력하지 않은 것이 아니겠는가? 간혹 글씨를 배운다 하던 자가 겨우 두서넛 있었으나 오직 김생만이 그 필세를 얻었을 뿐이다. 나머지는 다 스스로 좋아하였을 뿐 따질 만한 자가 없다. 이와 같이 진체를 배우는 일은 어려운 것이다.

맹자가 말하기를 "요堯의 옷을 입고 요의 말을 외우면 이 또한 요일 뿐이다"라고 하였고, 초장왕楚莊王은 우맹優孟이 손바닥을 치며 담소하는 것을 보고 손숙오孫叔敖가 다시 살아왔는가 의심하였다고 한다. 이제 옹이 홀로 옛사람들이 어렵게 여기던 일에 힘을 써서 마침내 그 공을 이루었으니 세상에 드물게 뛰어난 인재요, 왕희지를 보필한 인물이라 할 만하다.

행촌…봉래 우리나라의 이름난 서예가들. 행촌은 이암李嵒(1297~1364), 비해는 안평대군(1418~1453), 청송은 성수침成守琛(1493~1564), 고산은 황기로黃耆老(1521~?), 봉래는 양사언楊士彦(1517~1584)이다.

요의…뿐이다 『맹자』「고자告子」장에 나오는 말. "子服堯之服 誦堯之言 行堯之行 是堯而已矣."

초장왕은…한다 중국 초나라의 배우 우맹優孟이 이미 죽은 재상 손숙오孫叔敖의 의관을 입고 그의 흉내를 내자 초장왕이 손숙오가 다시 살아온 것으로 여겼다는 고사내가 일찍이 이 천지 사이에 시와 글씨로는 다시 진·당과 같은 시대를 볼 수 없다고 생각했었는데 근래에 다행히 홍창랑洪滄浪의 시가 있어 능히 한번 뛰어올라 개원開元 천보天寶 때와 같은 성대함을 이루었다. 때마침 그와 더불어 한 시대에 함께 태어났으니 생각건대 하늘이 두 옹을 낳아서 우리나라를 문명하게 만든 것으로 그 뜻이 우연한 것이 아니다. 그러나 세상 사람들이 귀로 듣는 것은 소중히 여기면서 눈으로 보는 것에 대해서는 하찮게 여겨, 그 진나라의 글씨체 같고 그 당나라의 시와 같다는 것을 믿는 자가 겨우 열에 한두 사람에 불과하고 의심하는 자가 반이며, 알지 못하는 자 또한 열에 서넛이다.

아들 인석寅錫이 있다.

『성재집』

홍창랑 홍세태
개원 천보 중국 당나라 현종의 연호(713~741, 742~756). 이 시기에 이백·두보 등 뛰어난 시인들이 활약해 중국 시문학의 절정기를 이루었다.

청 옹정제가 감탄한 글씨

만향재 엄한붕 | 5

만향재晩香齋 엄한붕嚴漢朋은 자가 도경道卿이다. 초서와 예서를 잘했고 쌍구확전雙鉤廓塡에 더욱 능했다. 손으로 고금의 서법書法을 임모하여 「집고첩集古帖」이라 이름 붙였다.

그의 아들 엄계응嚴啓膺의 「금금기錦衾記」에 다음과 같은 내용이 있다.

> 어린 시절, 집에 비단 이불 한 채가 있었는데 어머니께서 "이것은 중국 황제가 너의 아버지에게 윤필료潤筆料로 하사한 것이다"라고 하였다. 불초不肖한 나는 단지 그 말을 기억할 뿐 그 일에 대해선 상세히 알지 못하였다.
>
> 금상今上 임진년에 삼종형 만호萬戶 대유씨大裕氏가 동지정사冬至正使 홍판서의 하료下僚가 되어 중국에 간 일이 있었다. 그가 연행 시에 기록한 바를 소매에 넣어가지고 와서 나에게 보이며 이렇게 말하였다.

쌍구확전 서법의 한 가지. 먼저 글씨의 자형에 따라 가늘게 외곽선[雙鉤]을 그린 다음, 그 사이에 먹을 메워넣는 것. 글씨를 모사할 때 많이 쓴다.

엄계응 자는 치수稚受, 호는 연석燕石, 본관은 영월寧月. 승문원 서리였으며 『풍요속선』에 그의 시가 수록되어 있다.

윤필료 글씨를 쓰거나 그림을 그린 사람에게 주는 보수

"사신의 뒤를 좇아 뒤에서 바라보니 태화전太和殿 동쪽으로 등화문登化門이 보이고 그 옆에는 경화문景化門이 있었는데 거기에 「조선국인 엄한붕서朝鮮國人嚴漢朋書」라는 여덟 자가 쓰여 있었다. 내가 놀라서 물어보니 '지난날 옹정황제가 조선의 자문咨文을 보고 그 해서의 필법이 정묘한 데에 감탄하였다. 뒷날 칙사勅使가 떠날 때에 한 필의 붉은 비단을 하사하여 보내면서 자문을 썼던 자에게 「경화문」이란 편액을 쓰게 하여, 그것을 가져와 여기에 걸게 하라' 고 했다는 것이다."

늙은 역관譯官으로서 그 일을 아는 자도 '지난날 중국의 칙사가 왔을 때에 향을 피우고 칙서勅書를 읽은 뒤에 가져갔다' 고 하였다.

불초한 나는 이 일을 안 뒤에 깜짝 놀라고, 우리 집에 예전에 있던 비단 이불이 그때의 물건이라는 것을 깨닫게 되었다.

『겸산필기』

태화전 중국 자금성 안에 있는 궁전. 왕조의 중대사 결정이나 경축 행사가 이곳에서 열림
자문 중국에 보내는 외교문서

『원교서결』로 가르치다

동추 신의칙 · 자 야급 | 6

동추同樞 신의칙申矣則은 자가 하사何事다. 집이 가난하여 어려서부터 배움의 기회를 잃고 방종하더니 나이 근 이십이 되어서야 이웃의 아이를 따라 비로소 『소학』을 보았다. '닭이 처음 울 무렵에 두루 손을 씻고 양치질한다'는 말에 이르러 두려운 듯 놀라 반성하였다. 다음날 첫닭이 울자 부모님 침소에 들어 혼정신성昏定晨省의 예를 행하고 드디어 기개를 꺾고 학문을 하였다.

그는 필법에 오묘한 깨우침이 있어 배움을 청하는 자가 심히 많았다. 내가 어려서 또한 가서 뵙고 대강 그 방법을 들으니 그 설이 간략하여 쉽게 알 수 있어서 사람들로 하여금 깨닫게 하였다. 매양 『원교서결圓嶠書訣』로 반복 설명하였다.

공이 일찍이 말하였다.

"필법은 마땅히 붓대를 곧게 세우고 붓을 펴서 모든 붓털로 하여금

혼정신성 저녁에는 잠자리를 봐드리고 아침에는 문안을 드림. 곧 부모를 섬기는 도리

원교서결 원교圓嶠 이광사李匡師(1705~1777, 숙종 31~정조 1)가 지은 서법에 관한 책. 이광사의 자는 도보道甫, 원교는 호, 본관은 진주. 시 · 서 · 화에 모두 능했고, 독특한 서체인 원교체를 이룩했다. 『원교서결』은 원교체의 형성 과정과 이론적인 모습을 확인할 수 있는 자료다.

힘을 가지런하게 하여야 한다. 붓이 먼저 가고 손이 뒤따르는데 손으로써 붓을 따른다고 생각해야 한다. 그다음에는 마음을 전일하게 밀고 나아가 일신의 힘을 다하여 보낸다.

늑획(一)은 천리에 펼쳐진 구름과 같고, 점(·)은 높은 봉우리에서 떨어진 돌과 같고, 삐침(′)은 땅이 끊어진 곳에 날카로운 모양과 같고, 약획(ノ)은 백근의 쇠뇌가 쏘아지는 듯하고, 노획(丨)은 오랜 세월에 마른 등나무와 같고, 파임(㇏)은 부서지는 파도에 천둥소리 달리듯하고, 갈고리획(亅)은 굳센 궁쇠의 힘줄마디와 같아야 한다."

영자팔법永字八法에 이르기를, '측側획(丶)은 붓끝을 모아 돌을 떨구듯 하고, 늑획(一)은 천천히 해서 기미를 감추고, 노획(丨)은 둥글게 당겨서 곡진하게 하고, 적획(亅)은 높고 빨라서 송곳처럼 하고, 책획(一) 은 어렴풋이 해서 늑획과 같이 하고, 약획(ノ)은 방불한 듯하면서 마땅히 살찌게 하고, 탁획은 날다가 떨어져 빨리 나아가고, 책획(㇏)은 꺾어 억눌러서 천천히 옮긴다' 고 했다.

공은 매양 이러한 필법으로 거듭 말하였으나 나는 그때 몽매하여 그 요령을 터득하지 못했다. 그러나 지금에 이르러 추억해보니 이는 모두 필가筆家의 지극한 논리였다.

그 아들 야급也汲은 자가 고경古綆이다. 또한 집안의 서법을 체득하여 초서·해서·전서·예서에 모두 뛰어났다.

『겸산필기』

글씨로 정조의 지우를 입다

자정재 김학성 | 7

자정재自靜齋 김학성金鶴聲은 자가 우천于天으로 김수팽의 손자다. 글씨를 잘 써 주사籌司의 아전이 되었는데 매양 퇴근한 뒤에는 「난정첩」을 한 번 임모한 후에 잠자리에 들었다.

정조 때에 글씨를 잘 쓴다는 이름이 임금의 귀에 들리게 되었다. 그 당시 『흠정고금도서집성欽定古今圖書集成』을 연경으로부터 구입해옴에 장정裝幀을 하고 함函을 만들어 내각에 간직했는데, 송하松下 조성주曺星州가 그 책의 큰 제목을 쓰고, 김학성이 작은 제목을 썼다.

『겸산필기』

흠정고금도서집성 청나라 강희康熙년간(1662~1722)에 진몽뢰陳夢雷 등이 황제의 명을 받아 편찬한 책. 모두 1만 권으로 역상曆象 · 방여方輿 · 명륜明倫 · 박물博物 · 물리理學 · 경제經濟 등 6개 휘편彙編으로 돼 있다. 이 책을 들여온 해는 1776년, 즉 정조 즉위년이다.

송하 조성주 조윤형曺允亨(1725~1799, 영조 1~정조 23). 자는 치행穉行, 송하는 호. 본관은 창녕昌寧. 서사관書寫官을 역임했는데 특히 초서 · 예서를 잘했다.

초서와 해서에 독보적 존재

우천 김성후 | 8

우천牛川 김성후金聲厚는 자가 문원聞遠이다. 초서와 해서를 잘 써 당시에 독보獨步로 일컬어졌다. 시도 잘 지었는데 「만음漫吟」은 다음과 같다.

자취를 거두고 나의 졸함을 이루어	斂跡成吾拙
편안히 오두막에 사네.	易安蝸屋居
스스로 한가한 일월임을 알고	自知閒日月
자못 옛 금서도 해득하네.	頗解古琴書
새 술에 취해 쓰러지고	醉倒新篘後
배부르게 먹은 뒤 단잠을 자니	眠甘一飽餘
어지럽고 번화한 세상일	紛華人世事
태반이 꿈인 듯 멀어졌네.	太半夢相疎

『겸산필기』

신지도에 들어가 이광사를 사사하다

사관 이명예 · 자 의중, 의겸 | 9

이명예李明藝는 어릴 적부터 글씨 쓰기를 좋아했다. 십여 세에 신지도薪智島에 들어가 원교圓嶠 이광사李匡師에게 가르침을 받아 서법이 크게 이루어졌다.

장성하여 승문원의 사자관寫字官이 되었는데 글씨를 잘 쓰는 데다 빠르게 써 당시에 독보라고 일컬어졌다.

그의 아들 의중宜中과 의겸宜兼도 글씨를 잘 써 그 아름다움을 이었다.

『겸산필기』

신지도 전라도 나주목에 속했던 섬. 지금은 전남 완도군 신지면에 속함

동국 명필

눌인 조광진 | 10

조광진曺匡振은 자가 정보正甫로, 평양에 살았다. 말이 어눌하여 눌인訥人이라 자호하였다. 집이 가난하여 사방을 떠돌며 배웠는데 원교 이광사의 글씨를 익혔고 만년에는 크게 깨달아 깊이 안진경顔眞卿 필법의 정수를 체득하였다. 전서와 예서에 금석기金石氣가 있었으며 옛 글씨를 임모하는 데에 더욱 특장이 있었다. 행서와 초서는 유석암劉石菴을 닮았고 지예指隸는 장수옥張水屋에게 비길 만하였다. 그 글씨가 쇠를 굽히고 금을 녹인 듯하여 세상 사람의 글씨 같지가 않아, 천전운뢰天篆雲雷도 이보다 나을 수 없었다.

지금 쾌재정快哉亭의 현판은 곧 그의 지예指隸인데 중국 사신이 그것을 보고 크게 놀라 "동국東國에 이런 대가大家가 있었던가?"라 하고 한 번 만나기를 요청하였다. 어떤 이가 "그의 집은 천 리 밖에 있고 그가

안진경 중국 당나라 사람으로 자는 청신淸臣. 글씨에 달통해 서법의 스승으로 추앙받음

유석암 유용劉墉. 청대의 서예가로 석암은 호, 자는 숭여崇如. 그가 엮은 서첩 『청애당첩淸愛堂帖』은 김정희도 애호했다. 문집으로 『석암시집』이 있다.

장수옥 장도악張道渥. 수옥은 자. 청대의 화가 · 서예가로 호는 죽휴竹畦 · 봉자封紫

천전운뢰 천전은 해득할 수 없는 고대의 문자 따위를 일컫는 말이고, 운뢰는 고대의 청동기에 흔히 들어가는 문양이다. 여기서 천전운뢰는 사람이 따라갈 수 없는 경지의 글씨를 비유하고 있는 듯하다.

쾌재정 평양 대동강변 대동관大同館 안에 있는 정자의 이름

이미 죽었다"고 핑계를 대자 사신은 몹시 애석해하다가 백부百部를 탁본해가지고 갔다.

자하와 추사는 모두 한 시대의 종장宗匠인데, 눌인의 글씨를 높이 인정하였다. 추사가 이렇게 말한 적이 있다.

"창아기발蒼鴉奇拔하고 괴위정특怪偉挺特하여 압록강 이동에 일찍이 이만한 명필이 없었다."

박명博明의 글씨를 모방하면 원본과 비교하여 더 나은 것 같았고, 동기창董其昌의 글씨를 본받아 쓰면 필경에는 진본眞本과 닮아 있었다.

우리나라 사람으로 투박한 풍기에 젖은 자들로서는, 동기창의 글씨가 들어가는 문부터 크게 달라 한 획의 삐침과 한 획의 파임도 모방할 수 없었는데 눌인은 그 만화천변萬化千變을 하지 못하는 바가 없었다. 큰 신통력을 갖추지 않았다면 어찌 이와 같이 할 수 있겠는가.

의석宜石 김판서가 평안감사平安監司가 되어 눌인의 큰 글씨 쓰는 것을 시험해보고자 하였다. 이에 연광정練光亭에 그 정자의 크기만큼, 두어 묶음[束]의 종이를 이어 붙였는데 그 정자의 넓이는 삼십 칸이나 되었다. 큰 붓을 만드는 데 절굿공이로 관管을 삼아 그것을 먹에 적시니 굵기가 소의 허리만 하였다. 눌인이 두루마기를 벗고 굵은 줄을 가져다 붓을 어깨 위에 메었다. 성큼성큼 발을 옮기며 붓을 놀리는 것이

박명 청나라 사람으로 서화에 능했다. 성은 박이제길특博爾濟吉特, 자는 희철希哲. 병부원외랑兵部員外郎을 지냈으며 저서로 『봉성쇄록鳳城瑣錄』이 있다.

동기창 명나라 서화가. 자는 현재玄宰, 호는 사백思白, 벼슬은 예부상서禮部尚書. 서법과 금석학에 특히 뛰어났음. 저서로 『화선실수필畵禪室隨筆』『용대문집容臺文集』 등이 있다.

의석 김판서 김응근金應根(1793~1863, 정조 17~철종 14). 자는 혜경傒卿, 의석은 호, 본관은 안동. 글씨를 잘 썼고, 벼슬은 공조 형조판서를 역임했다.

연광정 평양 대동강가에 있는 정자

마치 개미가 쟁반 위를 다니는 것 같았다. '익翼' 자 한 자를 쓰고 또 '전戰' 자를 썼다. 구경하는 사람들이 자리를 피하여 난간의 목책 위에 있었을 때는 바로 눈앞에서 보고 있어 잘 쓰고 못 쓴 것을 분별할 수가 없었다. 이에 오십여 걸음 밖에 걸어놓자 비로소 그 결구의 신묘함에 놀랐다. 김판서가 감탄하며 "전자는 짧고 익자는 길어 성기고 조밀함이 서로 균일하게 되었으니 손재주와 눈썰미로 이뤄진 게 아니다"라고 하고 크게 상을 주었다.

취미 신태사가 그것을 가지고 중국에 들어갔다. 촉蜀 지방의 한 선비가 그것을 구득購得하여, 편지를 써 눌인에게 사의를 표하고 후하게 선물을 보내왔다.

『침우담초』

신태사 신재식申在植. 권7의 주 84번 참조

해와 달의 운행을 계산하다

김제원 | 11

김제원金悌源의 자는 군본君本이다. 기예와 술수術數에 벽癖이 있어 술가術家의 여러 책들을 열람하지 않은 것이 없었고, 또한 산수算數에 이름이 났다. 나는 일찍이 군본에게 나아가 배운 적이 있다. 그는 나에게 '기삼백주법朞三百籌法'을 주었는데 다음과 같다.

먼저 365도 4분의 1을 두고 분모 4로 통분하고 분자인 1을 더하면 1,461이 된다. 다시 월분모月分母 19로 통분하면 27,759가 되니, 이것이 일주천지수日周天之數의 실수實數다.

다시 달이 해에 미치지 못하는 수 12와 7/19를 통분하고 7을 더하면 235가 된다. 다시 일분모日分母 4로 통분하면 940이 되니 이것이 일법日法이다. 이 일법으로 실수를 나누면 29와 499/940일이 된다. 이것이 합

나 이 글의 저자인 유재건
기삼백주법 『서경』「우서虞書 · 요전堯典」의 "朞三百有六旬有六日, 以閏月定四時, 成歲"라는 구절을 풀이하는 법. 태양의 일년주기를 366일이라고 한 것은 성수成數를 들어 말한 것이고, 사실은 365.2421949일인데 달의 삭망朔望에 따른 일년주기 태음력은 354.367068이므로 10.875126일이 부족하게 된다. 이 부족한 일수를 모아 윤달로 계산해 태음력을 태양력에 맞추는 역법이다.
일주천지수 태양이 천구를 한 바퀴 운행하는 역수 365와 4분의 1이다. 태양의 연주기 운행 일수로서 태양력의 기초가 된다.

삭合朔이 된다.

다시 일주천지수(27,759)에 12를 곱하면 1년 12달의 합삭도분合朔度分이 되고, 일법으로 나누면 354와 348/940일이 되는데, 이것이 1년 동안 달이 운행하는 수다.

또 해와 하늘이 만나는 역수를 놓고 365와 235/940에 일법 940으로 통분하면 343,335가 되니 이것이 실수다. 이것을 합삭도분 27,759로 나누면 12개월하고도 10,227이 남는데, 이것을 일법으로 나누면 10과 827/940일이 된다. 이것이 1년의 윤율閏率이다. 그러므로 1년 동안의 전체 윤율 10,227에 19를 곱하면 194,313이 되는데, 이것을 합삭도분(27,759)으로 나누면 7개 윤달로 나누어 맞아떨어진다.

해와 하늘이 만나는 것을 계산하면 5와 235/940일이 많게 되는데 이것이 기영氣盈이고, 달이 해와 만나는 것을 계산하면 5와 592/940가 적게 되는데, 이것이 삭허朔虛다.

1년 12개월과 한 달 30일은 간지干支를 엮는 순서가 되는 상수다. 365와 235/940는 하늘을 도는 세수歲數이며, 354와 348/940은 달이 움직이는 연수年數다. 세수는 항상 넘치고 연수는 항상 모자라기 때문에 그 넘치고 모자라는 것을 따져서 기영 삭허라고 하는 것이니, 소식영허消息盈虛의 기틀이 거기에 있는 것이다.

『겸산필기』

합삭 태양과 달이 서로 만나는 때를 이르는데, 여기서는 달이 망望에서 다음 망까지, 또는 삭朔에서 다음 삭까지의 평균 일수를 말한다.

윤율 달의 연주기가 태양의 일년주기에 못 미치는 일수로서 이 일수가 모여서 윤달을 이룬다.

소식영허 천지天地 시운時運의 변화와 영고성쇠榮枯盛衰를 의미

형제 명필

김취성 · 제 취영 | 12

김취성金就成은 안동 호장戶長의 자손이다. 글씨를 잘 써서 조정에까지 알려졌다. 임진왜란 때에 군공軍功이 있어 향직鄕職에서 면제되고 천거되어 승문원 사자관이 되었다.

그 아우 김취영金就英의 필법은 더욱 기묘하여 왜국의 사신이 크고 작은 편액을 구하여 한 배에 싣고 갔다. 또 부름을 받고 중국에 들어가 두터이 포상을 입었다. 만년에 사마시에 합격하여 발탁되어 홍해현興海縣의 훈도訓導가 되었다. 구재懼齋라고 자호하였다.

『연조귀감』

홍해현 현재 경상남도 포항시 홍해읍 지역

중국 사신이 찬탄한 대나무 그림

현동 안견 | 13

안견安堅은 자가 가도可度, 호가 현동玄洞으로 그림을 잘 그렸다. 세종조世宗朝에 왕명을 받아 태조가 타던 팔준마八駿馬를 그렸는데 집현전의 여러 신하가 찬을 지었다.

성종조에 중국 사신 김식金湜이 대를 잘 그려 한 세상의 뛰어난 필치로 알려졌는데, 우리나라의 대 그림을 보여달라고 하였다. 임금이 명하여 온 나라에서 널리 찾아내어 보여주었다. 김식은 "이것은 대가 아니라 삼이나 갈대이니, 청컨대 진짜 대를 보여주시오"라고 하였다.

당시 안견의 신묘한 그림은 중국에까지 알려져 있었다. 임금은 원유苑囿에 명하여 대를 심은 분盆 하나를 내어다가 빽빽한 잎사귀를 모두 따버리고 난간에 두고 석양이 지자 안견에게 그 모양대로 그리게 하

안견 본관은 지곡池谷, 세종 때 도화원의 종6품 선화善畵로 있다가 최초로 화원에 제한된 품계를 뛰어넘어 체아직遞兒職 정4품 호군護軍에 오름. 대표작으로 「몽유도원도夢遊桃源圖」와 「사시팔경도四時八景圖」 등이 현존한다.

팔준마 여덟 필의 준마. 중국 주나라 목왕穆王은 준마 여덟 필을 사용했다고 전해지는데, 이로부터 제왕이 타는 말을 팔준마로 표현

김식 명나라 사람. 자는 본청本清, 호는 수생瘦生 · 후목거사朽木居士. 그림을 잘 그려 중서사인中書舍人, 태복시승太僕寺丞이 되었으며, 헌종이 즉위할 때 우리나라에 사신으로 왔다. 석죽石竹을 잘 그렸으며 전 · 예 · 행 · 초에 모두 뛰어났다.

원유 새와 짐승을 놓아 기르는 동산으로 임금의 궁전에 속하는 후원

여 김식에게 보여주었다. 김식은 한번 보곤 문득 놀라 말하였다.

"이것이 진짜 대이다. 비록 중국의 뛰어난 그림이라도 이것과 견줄 만한 것은 드물다."

임금은 몹시 기이하게 여겨, 상방尙房에서 흰 비단을 내어 김식의 그림을 받아 보관하게 하였다.

『진휘속고』

상방 상의원尙衣院의 별칭. 국왕과 왕비의 의복을 만들고 관장하던 관청

덕종의 초상화를 그리다

별제 최경 · 안귀생 | 14

최경崔涇은 인물을 잘 그렸다. 덕종德宗이 동궁東宮으로 있다가 훙서薨逝하자, 세조는 그의 후사後嗣가 모두 어리므로 그 모습을 전해 남겨주지 않을 수 없다고 여겨, 최경과 안귀생安貴生에게 덕종의 모습을 그리게 하여 간직해두도록 명하였다.

성종이 즉위함에 이르러 두 사람에게 상과 작위를 내리니, 언관言官이 그 지나침을 논하였다. 임금이 하교下敎하였다.

"나는 태어난 지 한 달 남짓하여 어버이의 보살핌을 여의었다. 뜻밖에 오늘날 다시 그 천안天顔을 뵈올 수 있게 되었으니, 두 사람을 녹훈錄勳하지 않을 수 없다."

그 자리에서 임금의 말을 들은 자들은 눈물 흘리지 않는 이가 없었다.

최경은 별제別提가 되었고, 안귀생은 주부主簿가 되었다.

『진휘속고』

덕종 이장李暲(1438~1457, 세종 20~세조 3). 자는 원명原明. 세조의 세자이자 성종의 아버지. 1455년 세자로 책봉됐으나, 즉위 전 스무 살에 요절했고 1471(성종 2)년에 덕종으로 추존됨
별제 각 관아에 소속된 정 · 종6품의 관직명
주부 각 아문의 문서와 부적符籍을 주관하던 종6품 벼슬

대대로 어진을 그린 집안

이상좌 · 자 숭효, 흥효 · 손 정 | 15

이상좌李上佐는 어려서부터 그림을 잘 그렸다. 그의 산수화와 인물화는 한 시대에 가장 뛰어났다. 중종은 특별히 명하여 도화서圖畫署에 소속시키고 어진을 그리게 하였다. 병오丙午(1546, 명종 1)년에는 공신상功臣像을 그려서 녹훈까지 하게 되었다.

아들 숭효崇孝는 자가 백달伯達로 그림을 잘 그렸으며, 아들 흥효興孝는 자가 중순仲順으로 또한 그림을 잘 그려 명종의 어진을 그렸다.

이숭효의 아들 정楨은 자가 공간公幹, 호가 나재懶齋다. 최간이崔簡易를 좇아 시문을 배웠으며, 또한 그림을 잘 그려 중종, 명종 양조의 어진을 그렸다.

이상좌 생몰년 미상. 자는 공우公祐, 호는 학포學圃, 본관은 전주. 1543(중종 38)년 『열녀전烈女傳』을 언해할 때 삽화를 그렸으며, 1546년 원종공신原從功臣으로 녹훈되었다.

이숭효 생몰년 미상. 『동국문헌東國文獻』 '화가 편' 에 의하면 그림을 잘 그렸다고 전해지며, 작품으로 「어옹귀조도魚翁歸釣圖」 「수금도水禽圖」 등이 전한다.

이흥효 1537~1593(중종 32~선조 26), 화원이었으며, 작품으로 「팔경도八景圖」 「산수도山水圖」 등이 전한다.

정 이정李楨(1578~1607, 선조 11~선조 40). 시 · 서에도 뛰어났으며, 허균 · 심우영沈友英 · 이경준李耕俊과도 친분이 있었다.

최간이 최립崔岦(1539~1612, 중종 24~광해군 4). 자는 입지立之, 간이는 호, 본관은 통천通川. 명종 때 문과에 급제해 형조참판에 이르렀으며, 당대 일류 문장가로 일컬어졌다. 저서로 『간이집簡易集』 『십가근체시十家近體詩』 『한사열전초漢史列傳抄』 등이 전한다.

이정이 다섯 살 때에 붓을 놀려 중의 모습을 그렸는데 매우 잘되었다. 숙부 흥효가 기특하게 여겨 가법家法을 전수하여 주니 열 살에 이미 대성大成하였다. 나이 열두 살 때에 금강산 장안사長安寺가 개축되었는데, 그 벽화의 산수와 천왕天王 제구諸軀는 모두 그가 그린 것이다.

『진휘속고』

주량을 채워야 붓을 들다

화사 김명국 | 16

화사畵師 김명국金鳴國은 인조仁祖 때 사람이다. 그의 가계는 어디에서 나왔는지 알 수 없고, 스스로 호를 연담蓮潭이라 하였다.

그의 그림은 옛것을 본뜨지 않고 자기 마음에서 얻어진 것이었다. 더욱 인물과 수석水石을 잘 그렸는데 수묵水墨과 담채淡彩를 잘 이용하여, 그것으로 풍취風趣, 신운神韻, 기개, 격조를 주로 이루었고, 세속의 연지와 분칠로 화려하게 꾸미는 법을 취하여 사람의 눈을 즐겁게 하는 일은 절대로 하지 않았다.

사람됨이 소방疎放하고 해학을 잘하였으며, 술을 좋아하여 능히 한 번에 두어 말을 마셨다. 그가 그림을 그릴 때는 반드시 크게 취한 뒤에야 붓을 휘둘렀는데, 필치가 분방할수록 의경意境이 더욱 융화하여, 술이 뚝뚝 떨어지듯 취하였을 때 신운이 유동流動하였다. 대개 그의 득의작은 술 취한 후에 그린 것이 많다고 한다.

그의 집에 가서 그림을 구하는 자는 반드시 큰 독에 술을 담아 가져가야 하고, 사대부가 그를 자기 집으로 맞아 갈 때도 또한 술을 많이 준비하여 그의 주량을 흡족케 한 뒤에라야 비로소 기꺼이 붓을 들었다. 때문에 세상에서는 그를 '주광酒狂' 이라고 하였고, 그를 아는 이는 더욱 기이하게 여겼다.

일찍이 영남의 한 중이 큰 폭의 비단을 가지고 가서 명사도冥司圖를 그려달라 부탁하며 고운 베 수십 필을 예물禮物로 주었다. 명국은 기쁘게 그것을 받아 집사람에게 내어주며 말하였다.

"이로써 술값에 충당해 내가 두어 달간 통쾌하게 마시게 하라."

얼마 뒤에 중이 와서 뵈니 명국은 "너는 우선 물러가서 나의 뜻이 이를 때까지 기다리라" 하였는데, 이와 같이 한 것이 서너 번이었다.

하루는 술을 몹시 마셔 취하자, 드디어 비단을 마주 대하여 생각을 가다듬고 한참을 뚫어지게 바라보다가, 단번에 붓을 휩쓸어 그림을 끝마쳤다. 그 전우殿宇의 위치와 귀물鬼物의 형색은 삼삼하여 생기가 있었다. 그런데 거기에 머리털을 붙잡혀서 앞으로 끌려가는 자, 끌려가 형벌을 받는 자, 토막이 쳐져 불에 태워지는 자, 방아에 찧기고 맷돌에 갈리는 자들은 모두 화상과 비구들로 되어 있었다. 중이 그림을 보고 깜짝 놀라 숨을 헐떡이며 물었다.

"아아 공께서는 어째서 우리의 대사大事를 그르쳐놓았습니까."

명국은 두 발을 쭉 뻗고 웃으며 말했다.

"너희 무리가 일생 동안 저지른 악업은 세상을 유혹하고 백성을 속이는 일이니, 지옥에 들어갈 자가 너희가 아니고 누구이겠느냐?"

중이 얼굴을 일그러뜨리며 "공이 어째서 우리의 대사를 그르쳐놓았습니까. 원컨대 이것을 불태워버리고 나의 베를 돌려주십시오"라고 하니 명국은 웃으며 말하였다.

명사도 명부冥府를 그린 그림으로, 저승의 시왕十王이 죽은 자의 죄업을 심판하고 치죄하는 그림

"너희가 이 그림을 옳게 완성하고자 한다면 술을 더 사와라. 내가 또한 너희를 위하여 고쳐주겠다."

중이 술을 사가지고 오자, 명국은 고개를 우러러 다시 웃더니 잔 가득 술을 마시고 취기에 의해 붓을 뽑아들었다. 머리털을 깎았던 자에게는 머리털을, 수염이 없는 자에게는 수염을 그려주고, 치의緇衣와 납의衲衣를 입은 자는 채색하여 그 색을 바꿔놓았다. 잠깐 사이에 그림을 완성했는데 의경은 더욱 새롭고 고친 흔적은 찾아볼 수 없었다. 그림을 마치자 붓을 던지고 다시 크게 껄껄 웃고 나서 잔 가득히 술을 마셨다. 중들이 둘러서서 보고는 감탄하고 기이하게 여겨 "공은 진실로 천하의 신필神筆입니다"라고 말하고, 절하여 사의를 표하며 돌아갔다. 지금도 그 그림이 남아 있어 사문沙門의 보물이 되어 있다고 한다.

명국이 죽은 뒤, 그의 문도 중에 패강浿江 조세걸曺世傑이라는 자가 있었는데 그의 유법遺法을 전수받아 수묵화와 인물화로 이름이 알려졌다. 그러나 김명국의 신운神韻과 정수는 얻지 못하였다.

내가 열다섯 살 때에 어느 양반 집에서 그의 제자라는 자를 만나 연담의 행적을 대략 들었고, 또 동리의 고로故老에게서 「명사도」에 관한 전말을 들었다. 또 그의 유묵遺墨을 보니 기이하고 탁월하여서 그 사람됨을 상상할 수 있었다.

『완암집』

치의와 납의 검은빛의 승복
조세걸 이조후기의 화가. 패강은 호, 본관은 창녕. 세밀한 필치의 실경화에 뛰어났으며, 대표작으로 「곡운구곡도谷雲九曲圖」 등이 있다.
내 이 글의 저자인 정래교

정조가 사랑한 화가

단원 김홍도 · 자 양기 | 17

김홍도金弘道는 자가 사능士能, 호는 단원檀園이다. 아름다운 풍채와 태도에 마음이 활달하고 구애됨이 없어, 사람들이 신선 같은 사람이라고 지목하였다. 산수, 인물, 화훼, 영모翎毛를 그렸는데, 묘함을 다하지 않은 것이 없었고, 신선은 더욱 잘 그렸다. 준찰皴擦, 구염句染, 구간軀幹, 의문衣紋의 기법은 앞사람들을 답습하지 않고 스스로 천기天氣를 운용하였다. 그림의 정신과 생리가 소슬, 상쾌하고 광채가 혁혁하여 사람을 기쁘게 하니 예원藝園의 특별한 솜씨였다.

정조 때 대궐 안에서 도화서 화원으로 근무하였는데, 매양 한 폭의 그림을 올릴 때마다 임금의 마음에 들었다. 일찍이 회칠한 큰 벽에 해상海上의 여러 신선을 그리라고 명하였다. 환관으로 하여금 짙은 먹물 두어 되를 받들게 하고, 모자를 벗고 옷을 걷어올리고 서서 붓을 휘두르기를 풍우와 같이 하여, 두어 시간이 못 되어 완성하였다. 물은 흉흉하여 건물을 무너뜨릴 듯하고 신선은 생동하는 모습으로 구름을 뚫

준찰…의문 동양화의 화법. 준찰은 명암을 나타내는 기법이고, 구염은 먹으로 가늘게 윤곽을 그리고 채색하는 기법이며, 구간은 몸체의 구도를, 의문은 옷의 주름을 그리는 기법이다.

고 하늘로 올라가려는 듯하니, 옛날 대동전大同殿 벽화가 더 낫다고 할 수 없을 정도였다.

금강산 사군四郡의 산수를 그리라고 명하였을 때는 각 고을에 음식 제공을 경악지신經幄之臣과 같이 하도록 명하였으니 그것은 특별한 대우였다.

그는 음직으로 벼슬이 연풍延豐현감에 이르렀으나, 원래 집이 가난하여 간혹 끼니를 잇지 못하였다. 하루는 어떤 사람이 매화 한 그루를 팔았는데, 매우 특이하였다. 살 만한 돈이 없던 차에 마침 그림을 그려달라는 대가로 돈 삼천 전이 생겼다. 이에 이천 전을 떼어내어 매화를 사고, 팔백 전으로는 술 몇 되를 사서 동인들을 모아 매화음梅花飮을 마련하고, 이백 전으로 쌀과 땔나무의 비용을 삼았으니, 하루의 계책도 못 되었다. 그의 소탈하고 광달함이 이와 같았다.

그의 아들 양기良驥는 자가 천리千里, 호는 긍원肯園이다. 그의 그림은 가법을 받아 산수, 집, 나무는 아버지보다 더 낫다고 지목하는 이가 있었다.

나와 절친하였는데 지금은 죽은 지 이미 여러 해 되었다.

『호산외기』

대동전 벽화 당 현종은 가릉嘉陵 땅을 지나다가 그곳 산수가 아름다워 오도자吳道子를 시켜 장안의 흥경궁 대동전의 벽에 가릉의 산수를 그리게 하였고, 왕유가 다시 작은 그림을 그린 일이 있다.
사군 금강산이 걸쳐 있던 회양淮陽 · 통천通川 · 고성高城 · 인제麟蹄
경악지신 경연經筵의 신하, 즉 임금 앞에서 경서를 강론하는 신하
연풍 지금의 충북 괴산면 연풍면과 장연면 지역에 있던 현
나 이 글의 필자인 조희룡

천하 명인은 천하 명산에서 죽어야

호생관 최북 | 18

최북崔北 칠칠七七은 세상 사람들이 그의 가계와 관향貫鄕은 알지 못하는데, 이름을 파자破字하여 만든 자로 세상에 알려져 있다. 그림에 뛰어났으며 한쪽 눈이 멀어 항상 안경을 한쪽만 낀 채 화첩을 임모하였다.

본래 술을 즐기고 집을 나가 유람하기를 좋아하였다. 구룡연九龍淵에 들어가서 대단히 기뻐하여 술을 마시고 잔뜩 취해 문득 울고 문득 웃고 하더니, 이윽고 또 큰소리로 부르짖었다.

"천하의 명인名人 최북은 마땅히 천하의 명산名山에서 죽어야 한다."

드디어 몸을 돌이켜 연못에 뛰어들었으나, 주위에 구해주는 사람들이 있어 빠지지 않았다. 마주 들려 산 아래 평평한 바위에 내려와 숨을 헐떡거리며 누워 있다가 문득 일어나 획연劃然히 길게 휘파람을 부니, 메아리가 숲을 진동하여 깃들어 있던 매들마저 모두 획획 날아가 버렸다.

최북 1712~?(숙종 51~?), 자는 성기聖器 · 유용有用, 호는 월성月城 · 기암箕庵 · 삼기재三奇齋 등이며, 본관은 경주. 김홍도 · 이인문李寅文 · 김득신金得臣 등과 교유했다. 「표훈사도表訓寺圖」「추경산수도秋景山水圖」「수각산수도水閣山水圖」 등의 작품이 전한다.

구룡연 금강산 구룡폭포九龍瀑布

칠칠이 술 마시는 것은 항상 하루 대여섯 되에 이르렀다. 시중의 여러 술 파는 아이들이 술병을 가지고 칠칠에게 가면, 그때마다 자기 집의 서책書册과 종이와 폐백 등을 끌어내다 몽땅 털어주고 술을 샀다. 가산은 더욱 궁해져 드디어 서경西京(평양)과 동래東萊를 떠돌며 그림을 그려 파니 이 두 지방 사람들이 값진 비단을 들고 문을 두드리는 자가 서로 이어져 끊이지 않았다.

어떤 사람이 산수를 그려달라 청하였는데, 산만 그리고 물은 그리지 않았다. 그 사람이 괴이히 여기며 따지니, 칠칠은 붓을 던지고 일어서며 말하였다.

"어허, 종이 밖은 모두 물이잖소."

그림이 잘되었는데도 그림 값이 적으면 칠칠은 문득 화를 내어 욕을 하며 그림을 찢어 없애버렸고, 혹 그림이 뜻대로 되지 않았는데도 그 값을 지나치게 가져오면 깔깔거리고 웃으며 그 사람을 주먹으로 밀어 도로 짊어지고 문밖으로 나가게 하다가, 다시 불러 웃으며 "그 녀석 그림 값도 모르는구나"라고 하였다. 이에 스스로 호를 '호생자毫生子'라 하였다.

칠칠은 성질이 오만하여 남을 잘 따르지 않았다. 하루는 서평군西平君과 백금百金을 걸고 내기 바둑을 두었다. 칠칠이 바야흐로 이기고 있는데 서평군이 한 수를 물러달라고 청했다. 칠칠은 드디어 바둑돌을 흩어버리고 손을 떼고 앉아 "바둑은 본래 즐기는 데 그 뜻이 있는 것

호생자 '붓으로 먹고사는 사람' 이라는 말로, 자신을 자조하는 뜻을 담고 있다.
서평군 이요李橈(1694~?). 종실로서 영조의 신임이 두터웠으며, 청나라에 사신으로 여러 차례 다녀오며 외교 방면에서 활약했다.

입니다. 만약 무르기를 끊임없이 한다면 한 해가 다 돼도 한 판도 끝내지 못할 것입니다"라고 하였다. 그 뒤로 다시는 서평군과 바둑을 두지 않았다.

일찍이 한 귀인貴人의 집에 갔을 때였다. 문지기가 그의 성명姓名을 직접 부르는 것이 꺼림칙하여, 들어가 최직장直長이 왔다고 알리자, 칠칠은 화를 내며 말하였다.

"왜 정승이라고 하지 않고 직장이라고 하느냐?"

"언제 정승을 지냈소이까?"

"내가 언제 직장은 지냈더냐. 차함借啣을 하여 나를 높여 불러주려면 어찌 정승이라 하지 않고 직장이라 부르느냐."

주인을 보지 않고 돌아가버렸다.

칠칠의 그림이 날로 세상에 전해져 세상 사람들은 '최산수崔山水'라고 칭하였다. 그러나 화훼, 영모, 괴석怪石, 고목枯木, 광초狂草를 더욱 잘하여, 유희로 그린 것이 필묵가筆墨家들의 의장意匠을 훨씬 뛰어넘었다.

처음에 나는 이전李佃을 통하여 칠칠을 알게 되었다. 일찍이 칠칠을 산방山房에서 만난 적이 있는데 촛불을 다듬어가며 담묵으로 대 두어 폭을 그리기도 하였다. 칠칠은 나에게 이렇게 말하였다.

"나라에서 수군水軍 수만 명을 두어 장차 왜적을 방비한다 하는데, 왜적은 원래 수전水戰에 익숙하지만 우리의 습속은 수전에 익숙하지

직장 종7품의 관직명. 중인에게 이 벼슬이 주어지기도 했음
차함 실제로 근무하지 않으면서 직함만 빌려 쓰는 것
이전 이단전李亶佃

못합니다. 그러나 왜적이 침입해도 우리가 응하지 않는다면, 저들 스스로 물에 빠져 죽을 뿐인데, 어찌 삼남三南의 백성들로 하여금 소요騷擾하게 하십니까?"

그리고 다시 술을 마시며 이야기를 나눴는데 창이 훤하게 밝아왔다.

세상 사람들은 칠칠을 주객酒客이나 그림쟁이로 여기며, 심한 경우 '광생狂生'으로 지목하였다. 그러나 그의 말에는 때로 기묘한 깨우침이 있고, 실용적인 것이 있음이 이와 같았다. 이전은 칠칠이 『서상기西廂記』『수호전水滸傳』 등 여러 책을 즐겨 읽었으며 시를 지은 것이 또한 기고奇古하여 읊을 만하나 숨겨두고 내놓지 않았다고 한다. 서울의 어느 여사旅舍에서 죽었는데, 그의 나이가 얼마였는지도 기억할 수 없다.

『금릉집』

강세황보다 난을 더 잘 친 역관

수월 임희지 | 19

임희지林熙之는 스스로 호를 수월도인水月道人이라 하였는데, 한어漢語 역관이다. 사람됨이 강개하고 기개와 절조가 있었다. 둥근 얼굴에 뾰족한 구레나룻, 키는 팔 척으로 특출함이 도인이나 신선 같았다. 술을 좋아하여 혹 밥 먹는 것을 폐하고 며칠씩 술에서 깨어나지 않았다. 대와 난을 잘 그렸으며, 대 그림은 강표암姜豹菴과 이름을 나란히 하였고 난 그림은 강표암보다 더 잘 그렸다.

그림을 그리고는 곧 수월水月이라는 두 글자를 반드시 이어 썼으며, 혹 제어題語를 쓰게 되면 부록符籙과 같아서 알아보기 어려웠고, 글자의 획이 기고하여 인간의 글씨 같지 않았다. 생笙을 잘 불어 그에게 배우는 사람들이 많았다. 집이 가난하여 값비싼 것은 없었으나, 거문고 · 칼 · 거울 · 벼루를 모았는데, 그 물건 중에 오래된 옥으로 만든 필가筆架의 가격은 칠천 전이나 되어서 집값의 두 배에 해당했다. 또 첩 하나를 두었는데 "나는 정원이 없어 꽃을 기를 수 없으니, 이 첩이

강표암 강세황
부록 뒷날의 일을 예언하여 비밀스럽게 적어놓은 글

좋은 꽃 한 송이에 해당한다"라고 말하였다.

거처하는 집은 두어 개의 서까래 크기에 불과하여 빈 땅이라고는 반 이랑도 안 되었지만, 사방 두어 자의 연못 하나를 팠다. 그러나 샘을 얻지 못해 쌀뜨물을 모아 부어서 물이 탁했다. 매양 못가에서 휘파람을 불고 노래하며 말하였다.

"내가 수월의 뜻을 저버리지 않으니, 어찌 달이 물을 택하여 비추겠는가!"

다른 책은 보관하지 않고 오직 『진서晉書』 일부만이 있었다.

일찍이 배를 타고 교동喬桐을 향해 가는데 바다 가운데 이르러 큰 비바람이 일어 거의 건너갈 수 없게 되었다. 배를 탄 사람들이 모두 정신없이 엎드려 불보살승佛菩薩僧을 부르며 울부짖었다. 그러나 임희지는 갑자기 크게 웃으며 일어나 검은 구름 흰 파도의 격랑 속에서 춤을 추었다. 바람이 멎고 사람들이 까닭을 물으니, 그가 말하였다.

"죽음은 항상 있는 것이다. 그러나 바다 가운데에서 비바람의 기이함과 거셈은 만나기 어려운 것이니, 어찌 춤추지 않을 수 있으리오."

거위 털을 엮어 옷을 만들었는데, 달 밝은 밤에 두 개의 상투를 틀고 맨발에 거위털 옷을 입고 생을 비껴 불면서 십자로十字路의 거리를 다니니, 순라군이 보고서 귀신이라 생각하고 모두 달아났다. 그의 '광탄狂誕' 함이 이와 같았다.

일찍이 나를 위하여 하나의 돌을 그려주었는데 붓을 몇 번 움직이지

진서 중국 당 태종 때 방현령房玄齡·이연수李延壽 등이 왕명으로 편찬한 서진西晉·동진東晋시대의 정사正史
교동 인천광역시 강화군에 딸린 섬
나 이 글의 저자인 조희룡

않고도, 돌에 주름이 잡히고 틈이 생기며, 영롱한 정취가 갖추어졌다. 참으로 기이한 솜씨다.

『호산외기』

지두화의 오묘한 깊고 얕음

장생 | 20

장생張生은 영남 사람으로 서울에 유학하고 있었다. 매양 술에 취하면 먹물 두어 사발을 들이마시고 큰 화폭에 뿜고 지두指頭로 휘둘렀는데, 그 얕고 깊은 곳과 크고 작은 곳을 따라 송죽松竹 · 화훼 · 조수鳥獸, 어룡魚龍을 그리고, 혹은 전서 · 예서 · 행서 · 초서 · 비백飛白의 글씨를 썼다. 그 농담濃淡과 곡절曲折이 그의 뜻대로 따르지 않은 곳이 없어, 이를 보는 사람들은 그것이 지두로 유희한 것임을 알지 못하였다.

『추재기이』

지두 붓을 사용하는 대신 손가락이나 발가락 등으로 그림을 그리는 기법. 그 그림을 '지두화指頭畵'라고 함

비백 서체의 한 가지. 후한의 채옹蔡邕이 확립한 것으로 전해지며, 한나라 궁전의 제자題字에 많이 쓰였다고 한다.

돌을 사랑한 노인

석당 이유신 | 21

이유신李維新은 호가 석당石塘이다. 그림을 잘 그렸으며 돌을 사랑하는 성벽이 있었다. 자하紫霞 신학사申學士에게 괴석이 있어 책상 위에 두었는데, 투명하고 윤기가 흘러 사랑할 만하였다. 석당은 일찍이 정월 초하룻날 세배 드리러 와서 그 돌을 보고, 어루만지며 차마 손을 놓지 못하였다. 신공이 그의 이 같은 모습을 보고, 종을 시켜 가져가도록 하였다. 석당은 "정말이십니까?"라고 하고는 머리를 거듭거듭 조아렸다. 그리고는 종을 뿌리쳐 보내고, 자신이 두 손으로 돌을 받쳐 들고 의기양양하게 시가지를 지나갔다. 그때 석당은 이미 늙어서 백수 노인이었다. 이 이야기는 신공으로부터 들은 것인데, 이 한 가지 사실만으로도 가히 그 사람됨을 상상할 수 있겠다.

『침우담초』

자하 신학사 신위申緯

일본에서도 인기 높은 화가

소당 이재관 | 22

이재관李在寬은 자가 원강元剛, 호는 소당小塘, 석당 이유신의 조카다. 어려서 아버지를 여의고 집이 가난하여 그림을 팔아 어머니를 봉양했다. 그림은 누구도 사숙하지 않았는데, 아득히 옛 법에 합치되었으니 아마 하늘이 내려준 것이라고 하겠다. 연운烟雲 · 초목 · 날짐승 · 들짐승 · 곤충 · 물고기 그림이 모두 정묘한 경지에 들어갔다. 더욱 전신傳神 초상화에 능숙하여 위아래 백 년 동안 이 같은 필법이 없었다. 일본인들이 동래관東萊館으로부터 소당의 새 · 짐승 그림을 사드리기를 거르는 해가 없었다.

태조의 어진 한 폭이 영흥부永興府의 준원전濬源殿에 봉안되어 있었다. 정유丁酉(1836, 헌종 3)년 봄에 재관에게 명하여 다시 베껴 그리게 하여 본전에 돌려 봉안하였다. 그 공으로써 특별히 등산登山 첨사를 제수하였다.

전신 인물의 정신과 감정을 담아내 표현하는 것
동래관 동래에 있던 왜관. 왜관은 일본인들이 거주 · 통상하도록 허가한 곳
준원전 조선 왕조의 발상發祥을 기념하는 전각. 함경남도 영흥군에 있음
등산 황해도 강령현康翎縣에 있던 진

벼슬을 그만두고 돌아와 집에서 병들어 죽으니, 그때 나이 쉰다섯 살 때였다. 내가 시로써 그를 조문한 바 있다.

찬하여 말한다.

포의布衣로서 임금의 지우를 만남은 천 년에 드물게 보는 일이다. 임금의 초상을 베껴 그린 것은 사백 년 후였으니, 아마도 시운時運에 응한 것이지 부질없이 일어난 것은 아니다. 꽃과 새 그림의 한 갈래는 또 섬 오랑캐 땅에 가 있다.

일찍이 그에게 지어준 시는 이렇다.

채필彩筆은 일찍이 임금의 초상을 그리는 데 바치었고 彩筆昔曾供日角
꽃과 새 그림은 이미 또 남쪽 오랑캐의 땅에 가 있네. 花禽已復到蠻荒

이는 사실을 적은 것이다.

『호산외기』

숨을 내뿜으면 난초의 향기가

단계 김영면 | 23

단계丹溪 김영면金永冕은 자가 주경周卿이다. 얼굴이 아낙네처럼 생겼으며 숨을 내쉬면 난초의 향기가 풍겼다. 시를 첫째, 글씨를 둘째, 그림를 셋째, 거문고를 넷째로 잘하였다. 시와 글씨의 정신 감각이 거문고와 그림에 스며들어 풍진 세상을 초월하고 속기를 끊을 수 있었다.

무릇 시와 글씨, 거문고와 그림에 장기를 가지고 모이는 자 중에서 주경 한 사람을 중심으로 동서남북으로 다 통하였다. 서른 살에 죽었으며 두 아들이 있었는데 아직도 생존해 있는지 모르겠다.

찬하여 말한다.

> '재주는 풍부하게 주고 수명에는 인색하다' 는 말은 주경을 두고 한 말일 따름이다. 바람 부는 새벽과 달 밝은 저녁, 내 가슴속에는 여전히 주경이 있다.

『호산외기』

유묵을 거둔 어진 아들 있으니

불염자 김희성 | 24

불염자不染子 김희성金喜誠은 자가 중익仲益이고 관직은 사천泗川 현감이다. 그림을 잘 그렸는데 특히 초상화에 뛰어났다. 표암 강상서姜尙書는 일찍이 그의 화첩에 다음과 같이 썼다.

> 불염자 김군은 그림을 잘 그리는 것으로 일대의 명성을 날렸고, 그의 그림을 임금에게 바칠 때마다 임금의 뜻에 맞았는데, 벼슬이 현감에 그친 채 불행하게 일찍 죽었다. 그의 아들 또한 세업世業을 잘 이었으며 그 아버지의 유적遺跡을 모두 모아서 여러 권 책으로 꾸몄다. 축중軸中의 운을 차운次韻하여 증정한다.

저 친구의 아름다운 명성 그림으로 떨쳤는데	夫君妙譽擅丹青
절묘한 재주 짧은 나이로 한정됨을 그 어찌하랴?	絶藝其如限短齡
유묵을 거두어 간직한 어진 아들 있으니	遺墨收藏賢嗣在
아비 마음 저세상에서 위로되기 족하네.	考心其足慰冥冥

『겸산필기』

어찌 역적을 그릴 수 있겠는가

화사 진재해 | 25

화사 진재해秦再奚는 영조 때 그림을 잘 그리는 것으로 이름을 드날렸는데, 특히 초상화를 잘 그렸다. 대종백大宗伯 서상서徐尙書가 일찍이 경연經筵에서 아뢰었다.

"진재해는 역적 목호룡睦虎龍을 공신으로 그리는 때에 처하여 굳이 사양하고 붓을 들지 않았습니다. 김일경金一鏡의 무리가 재차 공갈하자 재해는 '이 손이 이미 선대왕의 어진御眞을 그렸는데 어찌 다시 호룡을 그릴 수 있겠는가?' 라고 말하였으니, 지금도 늠름한 생기가 있습니다. 듣자 하오니 그의 손자가 가난하여 스스로 살아갈 수 없다고 합니다. 청컨대 군문軍門으로 하여금 그에 상당하는 벼슬자리를 제급除給하

대종백 예조판서의 별칭
서상서 서명균徐命均(1680~1745, 숙종 6~영조 21). 자는 평보平甫, 호는 소고嘯皐. 벼슬은 좌의정까지 지냈다.
목호룡 1722(경종 2)년에 임금을 죽이려는 음모가 있다고 고변해 소위 노론사대신인 이이명李頤命·김창집金昌集·이건명李健命·조태채 등 노론 일파가 사형을 당했다. 이 일로 목호룡은 부사공신扶社功臣에 오르고 동성군東城君에 봉해졌다. 영조가 즉위한 후 그것이 모략이었다고 해 목호룡 일파를 참형했다.
김일경 자는 인감人鑑, 호는 아계丫溪. 영조의 왕세제 책봉에 적극 반대해 노론사대신을 죽이는 신임옥사를 일으켰다. 영조 즉위 후 그것이 무고라고 해 목호룡과 함께 참형당했다.
군문 군사와 관계한 일을 맡은 훈련도감訓練都監·금위영禁衛營·어영청·수어청守禦廳·총융청摠戎廳 등을 두루 이르는 말

여 그의 충의에 조금이라도 보답하게 하소서."

임금이 그것을 받아들여 곧 별부료別付料를 지급하고 별군직에 승진시켰다. 대개 특별한 은수恩數다.

『겸산필기』

별부료 경상비가 아닌 비목費目에서 주는 봉급. 이조 때 총융청, 용호영龍虎營에 딸린 무관들이 별부료를 받았기 때문에 그들을 별부료군관別付料軍官, 줄여서 별부료라고 부르기도 했다.

단원 김홍도의 맞수

복헌 김응환 · 손 화종 | 26

복헌復軒 김응환金應煥은 자가 영수永受이고 관직은 상의별제尙衣別提 소촌찰방召村察訪이다. 그림으로 세상에 널리 알려져서 단원 김홍도와 이름을 나란히 하였으며 특히 산수화에 뛰어났다. 정조 무신戊申(1788, 정조 12)년에 명을 받아 단원과 함께 금강의 내외산을 두루 다니며 모두 그림으로 그려와서 바쳤다. 기유己酉(1789, 정조 13)년에 다시 영남을 두루 다니면서 명산을 모두 그렸는데, 화첩이 대궐 안에 있다. 그때 복헌이 단원보다 낫다고 칭해졌다.

그의 손자 화종和鍾 또한 선대의 규범을 잘 따라 그림을 잘 그렸다.

『겸산필기』

상의별제 상의원尙衣院에 딸린 6품 벼슬. 상의원은 궁내의 의복 · 재물 · 보물 등을 관리하던 관청
소촌찰방 소촌은 경상남도 진양군 문산면 갈촌리의 옛 이름. 찰방은 각 도의 역참 일을 맡아보던 종6품의 외직 문관 벼슬

한 조각 종이에 천 리의 기세가

고송류수관 이인문 | 27

화사 이인문李寅文은 자가 문욱文郁, 호는 고송류수관古松流水館이다. 어렸을 때 산수 그리기를 좋아하였는데, 십수 년 적공을 하면서 비 오는 풍경을 많이 그렸다. 한 폭의 조각 종이에도 천 리의 깊고 먼 기세가 있어서 사람들이 감탄하고 칭찬하지 않는 이가 없었다.

내가 일찍이 대궐에서 이인문이 솔을 그리는 것을 보았는데 붓놀림이 능란하고 원기가 넘쳐서 늙은 사람의 필치 같지 않았다. 잠깐 동안에 완성하였는데 그 구불구불 높이 솟은 줄기와 맑고 깨끗한 푸른 잎이 낙락하여 핍진하였다. 사람들이 그를 신필이라고 일컬었다.

『겸산필기』

내 이 글의 저자인 유재건

임금이 인정한 화가 삼부자

긍재 김득신 · 자 건종, 하종 | 28

긍재兢齋 김득신金得臣은 자가 현보賢輔로 복헌 김응환의 조카다. 어려서부터 그림으로 업을 삼았고 인물화와 동물화를 잘 그렸다. 정조가 일찍이 그의 부채에 그린 그림을 보고 "김홍도와 백중伯仲할 만하다"고 하였다. 그 당시에 감상하는 이들이 모두 '오고吳顧의 경지에 바로 들어갔고 변장邊張의 재주에 국한되지 않았다' 고 하였다.

그의 두 아들이 나란히 가업을 계승하였다. 건종建鍾의 자는 대중大中, 호는 송암松菴이니, 초상화를 잘 그려서 순조의 어진을 그리고 상으로 감목관監牧官을 제수받았다. 임금이 일찍이 그의 아버지에게 말하길 "너의 아들은 골격이 비상하고 그림 재주가 숙성夙成하였다"고 했다.

하종夏鍾의 자는 대여大汝, 호는 유당留堂인데, 산수화를 잘 그려서 이름이 있었다.

『겸산필기』

오고 오도자吳道子와 고개지顧愷之. 오도자는 중국 당나라 사람으로 이름은 도현道玄. 그림의 필법이 초절超絶해 화성畵聖이라 일컬어졌다. 공자의 상을 그린 작품이 있다. 고개지는 중국 진나라 사람으로 자는 장강長康. 세상에서는 그를 두고 재절才絶 · 화절畵絶 · 치절癡絶의 삼절이 있다고 했다.

변장 변맹둔邊孟屯과 장복張復인 듯함. 둘 다 중국 명나라 사람으로 산수 · 인물화에 뛰어났다.

감목관 지방의 목장牧場 일을 맡아보는 종6품 관직

물고기와 게를 잘 그리다

화사 장한종 · 자 준량 | 29

화사 장한종張漢宗은 자가 광수廣叟다. 물고기와 게를 잘 그렸다. 젊었을 때 숭어 · 잉어 · 게 · 자라 등속을 사서, 그 비늘과 등껍질을 자세히 관찰하고 본 떠 그렸다. 매양 그림이 완성되면 사람들이 그 핍진함에 찬탄하지 않는 이가 없었다.

그의 아들 준량駿良도 그림 솜씨가 뛰어났는데 물고기와 게를 특히 정밀하게 그렸다. 대개 집안에서 얻은 화법이다.

『겸산필기』

문방도병풍의 명수

화사 이윤민·자 형록 | 30

화사 이윤민李潤民은 자가 재화載化다. 문방제구文房諸具를 잘 그려서, 사대부가의 병풍은 그의 손에서 나온 것이 많았다. 당시에 고묘高妙하여 짝이 될 이가 없다고 일컬어졌다. 그의 아들 형록亨祿도 가업을 계승하여 정공精工이 극치에 이르렀다.

내게 여러 폭의 문방도병풍文房圖屛風이 있는데 매양 방에 쳐놓으면 간혹 와서 보는 사람이 책들이 책꽂이에 가득 찼다고 여기다가, 가까이 와서 살펴보고는 웃었다. 그 정묘하고 핍진함이 이와 같았다.

『겸산필기』

옛 그림 속 인물을 닮은 화가

고람 전기 | 31

전기田琦의 자는 위공瑋公, 호는 고람古藍이다. 헌걸차고 빼어났으며 그윽한 정취와 예스런 운치가 가득 차 진晋 · 당唐 시대 그림 속의 인물 같았다. 산수와 연운煙雲을 그리면 쓸쓸하면서도 단출하고 담담하여, 필치가 문득 원나라 그림의 묘경妙境에 들어갔다. 필의筆意는 우연히 도달한 것이지, 원나라를 배워서 원나라의 그림이 된 것은 아니다.

그가 시를 지으면 기이하고 깊은 맛이 있었으니 대개 남이 말한 것은 말하지 않았다. 그리고 그의 안목과 필력은 압록강 동쪽에만 국한된 것이 아니었다.

나이 겨우 서른 살에 병으로 집에서 죽었다.

『호산외기』

전기 1825~1854(순조 25~철종 5), 자는 이견而見 · 기옥奇玉, 두당杜堂이라는 호도 있음. 본관은 개성. 조희룡 · 유재소劉在韶 · 유숙劉淑 등과 교유하였으며, 김정희의 문하에서 서화를 배웠다. 작품으로 「계산포무도溪山苞茂圖」 「매화초옥도梅花草屋圖」 등이 있다.

그리지 못한 가슴속 그림

화사 김시 | 32

사포司圃 김시金諟는 우리나라의 이름난 화가다. 일찍이 금강산에 유람하여 마음껏 외금강 내금강을 보고 나니 화의畫意가 가슴속에 넘쳤으나 그림 그릴 종이가 없어 그릴 수 없었다. 돌아오는 길에 여관에서 한 선비를 만났는데, 그는 전대 속에 좋은 종이를 많이 갖고 있었다. 사포가 말하였다.

"제가 그림을 약간 그릴 줄 압니다. 이제 내 · 외금강을 보고 빨리 그리고자 하나 종이가 없습니다. 그대가 만약 두어 폭의 종이를 빌려 준다면 앉은 자리에서 곧 붓을 휘둘러서 그려드리겠습니다. 그대의 생각은 어떻습니까?"

그 선비가 답하였다.

"바야흐로 이옥산李玉山을 뵙고 그의 글씨를 받고자 하여 종이를 갖고 온 것이니 그대의 말을 따를 수 없겠습니다."

사포 사포서의 정6품 벼슬로 채소에 관한 일을 맡아봄

김시 김시金諟는 김시金禔인 듯하다. 김시(1524~1593, 중종 19~선조 26)는 자가 계수季綏, 호는 양송당養松堂 · 양송헌養松軒. 1590년 궁중의 그림 그리는 일에 참여한 일이 있다. 대표작은 「동자견려도童子牽驢圖」「한림제설도寒林霽雪圖」 등이 있다.

옥산은 율곡栗谷의 아우 이우李瑀이니 그곳에 살면서 글씨를 잘 쓴다는 이름이 있었기 때문이다. 사포는 매우 아쉬워하면서 떠났다.

그 선비가 가서 옥산을 만나 그 일을 이야기하였다.

"선생의 글씨를 받기 위해서 좋은 종이를 많이 갖고 오다가 길에서 금강산을 유람하고 온 사람을 만났는데, 스스로 그림을 잘 그린다고 하면서 종이를 청하였습니다. 매우 우스운 일입니다."

옥산은 애석함을 마지못해 말하였다.

"김시가 유람 왔다는 말을 들었는데, 생각건대 그림의 구상이 가슴에 가득하여 이런 말을 했을 것이다. 김은 절세의 이름난 화가다. 이름난 화가를 만나기 어렵고, 산을 보고 그리고자 하는 때를 만기는 더욱 어려운데, 그대가 이런 좋은 기회를 만나서 헛되이 그대로 지나쳐 버렸으니 심히 아까운 일이다."

그제야 선비가 크게 한스럽게 여겼다.

『좌계부담』

대동여지도를 만들다

고산자 김정호 | 33

김정호金正浩는 스스로 호를 고산자古山子라고 하였다. 본래부터 공교한 재주가 많았는데, 여지輿地에 관한 학에 벽이 있어 상고하고 널리 수집하여, 일찍이 『지구도地球圖』를 만들고, 또 『대동여지도大東輿地圖』를 만들었다. 그림을 잘 그리고 또 판각도 잘하여 인쇄하여 세상에 펴냈는데 상세하고 정밀하기가 고금에 견줄 만한 것이 없다. 내가 그 한 부를 얻었는데 진실로 보배로 삼을 만하다.

또 『동국여지고東國輿地攷』 10권을 편집하였는데, 미처 탈고하지 못한 채 죽었다. 매우 슬픈 일이다.

『겸산필기』

김정호 ?~1864(?~고종 1), 자는 백원伯元 · 백온伯溫, 고산자는 호, 본관은 청도清道. 저서로 『청구도青丘圖』『대동여지도』『지구도地球圖』『대동지지大東地志』 등이 있다.

대동여지도 1861(철종 12)년 김정호가 제작한 우리나라 전국지도. 축적은 약 만분의 일. 전통적인 동양의 지도 제작 방법을 기본으로 하여 동서양의 지도를 참고하고, 간이 측량 및 관측을 통해 완성된 독창적인 지도. 목판본과 더불어 필사본이 있음. 이 지도를 제작하기 위해 그렸던 『청구도』(1834, 순조 34)가 남아 있음

【 권9 】

의학·잡예

醫學雜藝

호랑이의 답례품 주천석

태의 양예수 | 1

양예수楊禮壽는 자가 경남敬南, 호는 퇴사옹退思翁이다. 태의인데 산인山人 장한웅張漢雄에게 배웠다. 의리醫理에 신통하여 『의림촬요醫林撮要』를 지었다.

일찍이 사신을 따라 북경에 가는 길에 강을 건너서 노숙하고 있는데, 호랑이가 나타나 그를 업고 가서는 높은 언덕 위에 내려놓고 여러 마리 새끼를 끌어내어 그의 앞에 두고 절하고 땅에 엎드려 애걸하는 모양을 지었다. 그가 새끼에 병이 있는 것을 알아차리고 두루 살펴보니 한 마리가 다리가 부러져서 곧 죽을 지경이었다. 이에 주머니 속에서 환약을 꺼내 붙여주고, 또 송진으로 갈아 붙이는 모습을 보여주면서 손으로 소나무를 가리키니 호랑이가 고개를 끄덕였다. 그리고 꿇어앉아 감사한 표시를 그치지 않더니 한 조각의 검은 돌을 꺼내 앞에

태의 내의원의 의원, 즉 어의의 별칭

장한웅 홍만종洪萬宗의 『해동이적海東異蹟』에 실린 기사에 따르면, 장한웅의 집안은 삼대에 걸쳐 의업에 종사했고, 장한웅은 자유로이 이술異術을 부릴 수 있었으며, 임진왜란 때 왜군의 칼에 찔린 채 신선이 되었다고 나와 있다.

의림촬요 역대 의학자들의 전기와 각종 증세에 대한 처방을 열거한 13권 2책의 의서

호랑이가…지었다 『해동이적』에 실린 장한웅의 기사에도 이와 유사한 이야기가 소개돼 있다. 장한웅이 산사에서 의학 공부에 전념하고 있을 때, 어느 날 호랑이가 나타나 귀를 늘어뜨리며 목숨을 살려달라고 애걸했던 일이 있었다고 한다.

놓는 것이었다.

양예수가 그 돌을 집어 간직하니 호랑이가 다시 그를 업고 원래 자리로 데려다주었다. 북경에 도착하여 박물자博物者에게 그 돌을 보이니 그가 놀라 말하였다.

"이것은 주천석酒泉石이다. 물에 담그면 물이 술로 변하는 것으로, 진실로 다시없는 보배다."

시험하여보니 과연 그러하였다고 한다.

『진휘속고』

동의보감을 편찬하다

태의 허준 | 2

허준許浚은 자가 청원淸源이다. 어려서부터 학문을 좋아하여 널리 경사에 통달했으며 의학에 더욱 정통하였다. 호는 귀암龜岩이다. 태의로서 품계가 숭록대부崇祿大夫에 이르렀다.

『동의보감東醫寶鑑』 25권, 『두창집요痘瘡集要』 2권, 『언해두창집요諺解痘瘡集要』 2권, 『태산집胎産集』 1권, 『벽온신방辟瘟新方』 1권, 『구급방救急方』 1권과 『언해구급방諺解救急方』 1권을 저술하였다.

『진휘속고』

동의보감 1597(선조 30)년 왕명으로 착수해 1610(광해군 2)년에 완성된 책. 내경편內景篇 · 외형편外形篇 · 잡병편雜病篇 · 탕액편湯液篇 · 침구편鍼灸篇 등 5편으로 이루어진 동양의학의 명저

두창집요 임원준林元濬의 『창진집瘡疹集』의 이름을 바꾸어 간행한 것이다.

태산집 노중례盧重禮의 『태산요록胎産要錄』을 이름을 바꾸어 간행한 것이다.

벽온신방 『신찬벽온방新撰辟瘟方』을 지칭하는 것으로 1612(광해군 4)년 전염병이 남쪽으로 퍼져서 많은 사람이 죽게 되자, 이를 구하기 위해 편찬된 것이다.

언해구급방 이 책은 허준의 언해로 돼 있으나, 현전하는 『언해구급방』은 활자가 을해자乙亥字라는 사실과 한글 · 한자 표기법으로 미루어 보아 중종 이전의 언해이므로 허준의 저술로 보기 어렵다.

증세가 변하면 약도 바꾼다

의사 안덕수 | 3

안덕수安德壽는 선조 때의 이름난 의사다. 연로하고 병이 많아서 남들과 상대하는 일이 드물었으나 그가 병을 진찰하고 약을 쓰면 백에 하나도 실수하는 일이 없었다.

어떤 사람이 사수邪祟에 걸려 여러 달을 심하게 앓고 있었다. 덕수가 약으로 치료하는데 그 증세가 다섯 번 변하므로 약도 다섯 번 바꿔 모두 효험을 얻었다. 꿈에 한 사람이 나타나 말하였다.

"내가 그 사람과 대대 원수이기에 상제上帝께 고하고 반드시 죽이고야 말려고 하는데, 공이 약으로 치료하니 내가 장차 공을 이길 수 없게 되었다. 내일 증세가 바뀔 것인데 공이 만약 또 새 약으로 바꾼다면 마땅히 원한을 공에게 옮길 것이다."

덕수가 괴이하게 여겼다. 그 집에서 와서 다시 병 증세에 관하여 문의하는데 덕수는 병을 핑계로 사양했더니, 그 사람은 마침내 구제되지 못하였다.

『진휘속고』

사수 본정신을 잃고 미친 증세가 나타나는 괴상한 병. 원인을 알 수 없으므로 귀신이 붙었다는 뜻으로 붙인 이름이다.

숙종 임금의 마마 치료

지사 유상 | 4

지사知事 유상柳瑺은 젊었을 때에 의술로써 세상에 이름이 나고, 자못 재주가 있었으나 아직 묘경에 이르지는 못하였다.

마침 경상도감사를 따라 책실冊室로 내려가서 여러 달을 머물렀는데 하는 일이 없었으므로 매우 무료하였다. 이에 감사에게 청하여 사임하고 집으로 돌아가게 되었다. 유상이 금호강琴湖江을 건너 아직 우암창牛岩倉까지 못 미쳤을 때에 하인이 소변을 보기 위하여 말고삐를 그에게 주었다. 그가 고삐를 잡은 채 채찍을 들어 한 번 쳤더니 노새가 놀라 달아나며 온종일 마구 달려서 멈추지 않았다. 날이 저물 무렵에 홀연히 재 하나를 넘어 어떤 집의 초당 앞에 서게 되었다.

초당 안에서 노인이 아들을 불러 말하였다.

"손님이 노새를 타고 왔으니 노새를 잘 먹이고, 또 손님의 저녁도 준비하라."

유상이 마루에 올라서 인사를 나누고는 주객이 묵묵히 마주앉아 있

책실 책방冊房. 수령의 자제 및 손들이 거처하는 곳인데, 여기서는 지방관의 비서 업무를 맡은 사람을 말함
금호강 대구 부근의 낙동강 지류
우암창 경상북도 칠곡漆谷 지방에 소재하던 창

을 뿐이었다. 조금 뒤에 발자국 소리가 났다. 주인이 "왔는가?"라고 묻고는 장검을 들고 나가면서 말하였다.

"어른의 서책을 함부로 보지 말라."

유상은 마음속으로 매우 의심하고 괴이쩍게 여겼다. 다시 아랫방을 보니 벽 가까운 곳에 장막을 드리워놓았는데 바람에 장막이 저절로 열리면서 은은히 볼만한 것이 있을 것 같았다.

드디어 일어나 장막을 헤치니 상자에 가득하고 시렁에 꽉 찬 것이 모두 의서였다. 유상이 마음대로 이것저것 펴보고 읽어보았다. 바깥에서 사람의 발자국 소리가 나서야 곧 책을 꽂고 물러났다. 조금 뒤에 주인이 들어오더니 유상을 돌아보며 말하였다.

"매우 무례하다. 어른의 서책을 함부로 보다니!"

그는 깊이 사죄하고 나서, 칼을 갖고 나갔다가 오는 까닭을 물으니 주인이 말하였다.

"강릉에 친구가 있는데, 나에게 원수를 갚아달라고 요청했기 때문이다."

곧 함께 잠을 잤다. 첫닭이 울자 주인이 말하였다.

"속히 떠나라. 오래 머물러서는 안 된다."

유상이 노새를 타니 주인 아들이 역시 채찍으로 한 번 쳤다. 노새가 어제처럼 내달았다. 정오에 광주廣州 판교板橋에 이르니 액예掖隷 십여 명이 도로에 연이어 있으면서 그를 재촉하여 서울에 들어가자고 하면서 말하였다.

액예 액정서에 소속된 하예下隷

"바야흐로 임금께서 마마 증세가 있는데 꿈에 신인이 나타나 유의를 부르라고 했다."

유상이 구리개[銅峴]를 지나는데 한 노파가 마마를 앓은 아이를 업고 있었다. 길거리 사람들이 물으니 노파가 대답하였다.

"이 아이가 흑함黑陷으로 호흡이 통하지 않아 속수무책으로 죽기만 기다렸는데 다행히 지나가는 중이 시체탕柹蔕湯으로 치료하여 효험을 보았다."

유상이 시체탕의 이야기를 듣고 보니 어젯밤 산중에서 본 책에도 그 말이 있었던 기억이 났다.

그가 대궐에 들어가 임금을 진찰하여보니 노파가 업고 있던 아이의 증세와 같았다. 드디어 시체탕을 올렸더니 효험을 얻어, 임금의 병세가 정상으로 회복되어, 그는 드디어 이름을 한껏 드날리게 되었다.

또다른 책에는 이렇게 말하였다.

유상이 들어가 숙종의 마마 증세를 진찰한 뒤에 저미고豬尾膏를 쓰고자 하여 명성대비에게 아뢰니 대비가 크게 놀라면서 말하였다.

"이 같은 위험한 약 처방을 쓸 수는 없다."

유상이 여러 번 아뢰었으나 허락하지 않았다. 이에 그는 소매 속에 넣고 들어가서 몰래 드리니 여러 가지 증세가 차츰 좋아져서 드디어 정상으로 회복되었고, 유상은 풍덕豐德부사로 제수되었다. 유상이 부임한 뒤에 숙종이 연포탕軟泡湯을 먹고 관격關格 증세가 있어, 파발마把

구리개 구름재[雲峴]라고도 불리던 곳으로 보은단동과 마주보던 지역. 지금의 소공동 부근
흑함 마마가 곪을 때 농포膿疱 속에 출혈이 되어 빛깔이 검어지는 증세
시체탕 감꼭지를 약재로 써서 지은 탕약

撥馬를 보내 그를 불렀다. 유상이 새문 밖에 이르러서 한 노파의 말을 들으니 "쌀뜨물을 두부에 부으면 두부가 녹아버린다"고 하였다. 이에 대궐에 나아가 쌀뜨물을 올리자 정상으로 회복되었다 한다. 이 또한 기이한 일이다.

『청구야담』

풍덕 지금의 경기도 개풍군 일대. 당시에는 풍덕부였음
연포탕 무 · 두부 · 고기 · 다시마 등을 맑은 장에 넣어 끓인 국
관격 가슴이 꽉 막혀 토하지도 못하고 대소변도 잘 보지 못하는 위급한 병
파발마 발군撥軍이 타던 말. 발군은 역마를 타고 중요 공문서를 전달하는 군졸로 파발이라고 함

침술 신의神醫

태의 백광현 | 5

태의 백광현白光炫은 인조 때 출생하였다. 사람됨이 순후하고 조심성이 있어 시골의 수더분하고 어리석은 사람 같았다. 몸이 장대하고 수염이 좋았으며, 눈은 형형히 빛이 났다. 집이 본래 가난하여 항상 굵은 베로 된 첩리貼裏를 입고 떨어진 삿갓을 쓴 채, 머뭇머뭇 시정의 좁은 길을 다니면서 남에게 구걸하고 빌리니, 사람들 중에 그를 싫어하는 자가 많았다. 소년들이 혹 머리로 부딪치고 발로 차며 업신여기고 놀리기도 하였으나, 광현은 웃어버리고 성내지 아니하였다.

처음에는 말의 병을 잘 치료하였는데 오로지 침을 써서 낫게 하였다. 처방책에 근거하지 않았지만, 오래될수록 더욱 손에 익어 사람의 종창腫瘡에 시도하여서도 이따금 신기한 효과가 있었다. 드디어 전적으로 사람을 치료하는 것에 힘쓰게 되어, 이로써 여염에 두루 다니며 사람들의 종창을 본 것이 매우 많았으므로, 그 앎이 더욱 정치해지고 침은 더욱 잘 놓게 되었다. 무릇 부스럼의 독이 성하고 뿌리가 깊은

첩리 철릭[帖裏]을 가리킴. 철릭은 융복戎服 · 군복의 일종으로 직령直領인데, 허리에 주름이 잡히고 큰 소매가 달려 있음

것은 옛 방문에 치료법이 없었는데, 광현이 그것을 대하면 반드시 큰 침으로 찔러 터뜨려 독을 헤치고 뿌리를 뽑아서 죽어가던 사람도 능히 살려내었다.

처음에는 침 쓰는 것이 지나치게 맹렬하여 간혹 사람을 죽이는 데 이르기도 하였으나 그 효험으로 살아난 자 또한 여럿이었다. 그런 까닭에 병자가 날로 그의 문전에 모여들었고, 광현 또한 스스로 그 침술을 즐겨 이를 위해 더욱 노력을 게을리 하지 않았다. 이로써 명성을 크게 떨쳐 '신의神醫'라 불리었다.

숙종 초에 선발되어 어의에 임명되었다. 공로가 있을 때마다 문득 품계를 더해주어 숭품崇品에 이르고 여러 직책을 거쳐 어느 고을 원님이 되니, 동리洞里 사람들이 영광스럽게 여겼다. 그러나 그는 병자를 만나면 귀천과 친소를 가리지 않았고 청하기만 하면 즉시 갔으며, 가면 반드시 마음을 다하고 능력을 다하여 그 병이 좋아진 것을 본 뒤라야 그쳤다. 결코 늙고 또 귀하게 되었다는 핑계를 대지 않았으니, 그것은 다만 기술에 이끌려서 그렇게 한 것이 아니라, 대개 그의 천성이 그러하였던 것이다.

내 나이 열다섯에 외삼촌 강군姜君이 입술의 종기를 앓게 되어 백태의를 청해다가 보이니 태의가 말하였다.

"어찌할 수 없습니다. 이틀 전에 보지 못한 것이 한스럽습니다. 급히 상구喪具를 준비하십시오. 밤에 반드시 죽을 것입니다."

숭품 종1품의 다른 이름
내 이 글의 저자인 정래교

밤에 이르러 과연 그러하였다. 그때 백태의는 이미 매우 연로하였으나 지각이 아직도 완전하여, 능히 병세를 꿰뚫어 죽고 사는 것을 털끝만큼도 틀리지 않았으니, 그의 전성기에 그 집에 가서 무슨 병을 치료하여 신기한 효험을 얻어 죽음에서 일어났다고 하는 말은 거짓이 아님을 알 수 있었다. 백태의가 죽고 그 아들 백흥령白興齡이 업을 이어받아 꽤 유능하다는 명성이 있고, 제자 박순朴淳이라는 이가 있어 또한 종기를 잘 치료하는 것으로 이름이 났다.

지금 종기를 찔러 터뜨려 치료하는 법은 백태의로부터 시작된 것으로 후학들이 경험방經驗方으로 전하고 있다. 그러나 그 자손이나 타인으로서 습득한 자들은 다 그에 미치지 못했다. 그래서 사람이 종기의 독이 있어 치료하기 어려운 경우를 당하면 반드시 탄식하였다.

"세상에 백광현이 없으니, 아! 죽을 따름이로구나."

『완암집』

백호탕을 쓸 수 있는 용기

의원 이익성 | 6

이익성李益成은 정조 때 사람이다. 젊어서 가난하여 어느 벼슬아치의 집에서 의지하며 지냈다. 그 집주인이 일찍이 병이 있어 허조許照를 맞이해 병을 살피게 했는데, 허조는 뛰어난 의원이었다. 익성에게 담배 피우는 일을 수발들게 하니 익성이 화가 나서 하지 않고 말하였다.

"내가 비록 미천하지만 어찌 저 사람을 위해 종노릇까지 하겠습니까?"

이에 하직하고 떠나버렸다. 의술을 전공하여 10년 만에 뛰어난 의원으로 세상에 알려졌다.

어느 귀인이 경맥經脈에 병이 나서 허조가 그를 치료했으나 여러 달이 지나도 효험이 없었다. 익성에게 청하여 진찰을 하는데 허조가 먼저 그 자리에 있다가 옆방으로 피하였다. 익성이 붓을 끌어다가 백호탕白虎湯이라고 쓰니, 허조가 나와서 손을 잡으며 사례하여 말했다.

"나는 허조다. 내가 어찌 이 처방이 있음을 알지 못하겠는가? 나는 다만 늙어 겁이 나서 감히 못 하였다."

허조 미상

그리고 소매 속에서 한 장의 종이를 꺼내 보여주는데 과연 백호탕이 라 쓰여 있었다. 허조가 말하였다.

"이 사람에게 내가 자리를 양보해야겠다. 이제부터 다시는 의원 노릇을 않겠다."

귀인은 그 약을 한 번 들자 병이 곧 나았다.

어느 벼슬아치 집 아들이 나이 겨우 스물이었는데, 어느 날 저녁 갑자기 벙어리가 되어 백방으로 치료를 했으나 효험을 얻기 어려웠다. 익성이 그를 보러 가다가 안뜰을 지나는데, 남쪽 처마 위에 구리 그릇 대여섯 개를 늘어놓고 엽전을 채운 것을 보았다. 익성이 그것을 괴이하게 여겨 물으니, 그 아비 된 자가 말하였다.

"늙은 마누라가 자식을 불쌍히 여겨 점쟁이에게 점을 치게 하였더니, 귀신이 재앙을 내렸으므로 장차 이것으로 물리치려 한다고 하더랍니다."

익성이 웃으며 말하였다.

"나는 다만 의술에 능할 뿐만 아니라 양법禳法도 잘하니, 점쟁이를 찾아 멀리 갈 필요 없습니다."

그리고 앞에 늘어놓인 것을 옮기며 그중 작은 동전 하나를 주워 파두巴豆씨 몇 알을 사서 벙어리의 콧구멍에 넣었다. 잠시 후에 재채기를 한 번 하고는 곧 말을 하니, 그 아비가 기뻐하며 까닭을 물었다.

"젊은이가 밤에 정욕이 지나쳐 화기火氣가 올라와 금기金氣인 폐肺를

백호탕 석고石膏를 달인 탕제. 몸이 뜨겁게 달아오르는 열증에 쓰는 처방으로 감기나 폐렴 따위의 열성 전염병에 쓴다.
파두 대극과의 상록활엽관목으로 중국 남부가 원산지임. 씨는 맹독이 있으며 한약재로 쓰임

억누른 까닭에 벙어리가 되었습니다. 그런데 파두의 성질은 뜨겁습니다. 이는 화火로써 화를 공략하는 방법입니다."

그의 정밀하고 민첩한 일들이 모두 이와 같았다. 기개와 절조가 있어서, 비록 가난하고 천하여 보잘것없는 사람이라도 반드시 힘을 다하여 치료하였으며, 예절로써 대하지 않으면 비록 높은 벼슬에 있는 귀한 사람이라도 그를 굽히게 하지 못하였다.

『호산외기』

글을 모르는 신의

의원 김응립 | 7

김응립金應立은 영남 우도의 상민이다. 눈으로 '고무래 정丁' 자도 알지 못하지만 신의로 영남에 이름이 났다. 그의 의술은 맥을 짚어보는 것도 아니고 증세를 논하지도 않으며, 다만 모양을 보고 얼굴빛을 살펴서 그 병의 근원을 알아내었는데, 그가 처방하는 약은 일반적으로 쓰이는 약재가 아니었다.

이락李鉻이 금산 고을 원님으로 있을 때 그의 자부子婦가 시집오던 날부터 기침으로 고통이 심하였다. 이락 또한 의료의 이치를 알고 있었으므로 여러 가지 약을 써보다가, 응립을 청하여 물으니 응립이 말하였다.

"한번 얼굴빛을 본 뒤라야 약을 의논할 수 있겠습니다만, 이는 감히 청할 수가 없습니다."

"지금 사경死境에 이르러 있는데, 한번 보는 것이 무어 해로우리오?"

응립이 문 안에 들어가 한참 보고 말하였다.

"이것은 매우 고치기 쉬운 병입니다. 위장에 날것이 체한 채 있어서

이락 미상

그러한 것이니, 엿 두어 개를 물에 타 녹여서 복용하면 반드시 토해낼 것입니다."

그것을 복용한 지 얼마 되지 않아 한 개의 담덩어리를 토했다. 헤쳐 보니 그 속에 조그만 가지가 하나 있었는데 조금도 부패하지 않은 채 있었다. 병자에게 물어보니 대답하였다.

"십여 세 때 가지를 따 먹다가 잘못 삼켜버린 일이 있었는데 필시 이것인가 봅니다."

이락의 조카사위가 여러 해 동안 병이 깊어져 있었는데, 응립으로 하여금 진찰하게 하였더니 보고 웃으며 말하였다.

"다른 약을 복용할 필요가 없습니다. 이제 가을철이 되면 잎이 떨어질 것입니다. 무슨 나뭇잎이든 상하거나 썩지 않은 것을 두어 짐가량 골라서 큰 가마솥 대여섯 개에 달이다가 차차 졸아들어 한 대접 정도가 되면 무시로 복용하십시오."

그의 말대로 했더니, 과연 효과를 얻었다.

또 한 사람이 병들어 몸이 뿔활이 뒤집히듯 뒤틀렸는데, 응립이 보고 종이를 바늘처럼 비벼서 콧구멍을 찔러 기침이 거슬러 솟아나게 하였다. 종일토록 이와 같이 하여 병이 나았다.

그가 처방하는 약은 다 이와 같았으니 또한 기이하다고 할 만하다.

『청구야담』

곽향정기산 세 첩을 복용하시오

노학구 | 8

구리개에 한 약 가게가 있었다. 하루는 해진 옷과 짚신 차림에 모습은 향원鄕愿 같은 한 노학구가 불쑥 들어왔다. 방구석에 앉더니 한마디 말도 없이 여러 시간이 지나도록 가지 않았다. 주인이 이상하게 여겨 물으니 학구가 말하였다.

"제가 어떤 손님과 여기에서 만나기로 약속하였지요. 그런 까닭에 지금이 바로 기약한 때라서 귀댁 점포에 머물고 있는데, 마음이 적이 불안합니다."

주인이 말하였다.

"무엇 때문에 편치 못하십니까?"

밥 때가 되어 주인이 밥을 먹자고 하면, 응하지 않고 문밖으로 달려나가 주머니의 돈으로 시장에서 밥을 사 먹고는 다시 돌아와 앉아 전과 같이 있었다. 이와 같이 여러 날을 하였으나 기다리는 벗은 끝내 이르지 아니하였다.

갑자기 어떤 상민 한 사람이 와서 말하였다.

"아내가 이제 막 해산에 임하여 인사불성이니, 원컨대 좋은 약으로 구급해주십시오."

주인이 말하였다.

"의원에게 물어본 후에 처방을 가져오면 마땅히 약을 지어주리다."

상민은 굳이 약 한 첩을 구하려 하였다. 학구가 말하였다.

"곽향정기산藿香正氣散 세 첩을 복용하면 곧 나을 것입니다."

주인이 웃으며 말하였다.

"이것은 뱃속이 뒤틀리고 더부룩한 것을 푸는 처방이니, 해산병解産病에 쓰는 것은 옳지 못합니다."

학구가 굳이 그 처방을 고집하니, 상민이 말하기를 "일이 급하게 되었습니다. 이 처방으로 조제해주기를 천만 바랍니다"라고 하여, 주인은 부득이하여 지어주었다.

저녁 무렵에 또 어떤 상민이 와서 말하였다.

"저와 저의 친구인 아무개는 이웃하여 살고 있습니다. 친구의 처가 막 해산을 하다가 죽게 되었는데, 다행히 이 집에서 좋은 약을 얻어 살아날 수 있었습니다. 이는 반드시 훌륭한 의원이 있어서 그러리라 싶어, 와서 뵙습니다. 저의 아이가 갓 세 살인데, 마마를 앓아 위급하게 되었으니 진단하여 약을 지어서 살려주시기를 빕니다."

학구가 말하였다.

"곽향정기산 세 첩을 복용하시오."

주인은 크게 불가하다고 여겼으나, 그 사람이 굳이 간청하므로 또 그렇게 주었다. 조금 후에 상민이 와서 고하길, 과연 즉시 효험이 있었다고 하였다.

이로부터 소문을 들은 자들이 발꿈치를 이어 가게 문에 이르렀는데, 학구는 곽향정기산을 쓰지 않은 적이 없었다. 그렇게 처방하면 낫지 않은 경우가 없어 북채로 북을 두드리는 것보다 빨랐다.

거의 두어 달이 되었는데도 학구는 가지 아니하였고 그가 기다리는 나그네 또한 오지 않았다. 하루는 어떤 재상의 아들이 약방에 와서 부친의 병이 오래되었는데 백약이 무효라고 하였다. 어제 영남의 한 유의儒醫를 오게 하였더니 보제補劑를 쓰라고 하더라며, 특별히 새로 캔 약재를 택해 지어달라고 청했다. 그는 효험이 있었으면 좋겠다고 하면서 저기에 앉은 사람은 누구냐고 물었다. 주인은 이즈음에 있었던 이상한 일과 그 이전 상황을 말해주었다.

재상의 아들은 곧 옷깃을 바르게 하고 앞으로 나아가 그 부친이 앓고 있는 병의 증후를 갖추어 고하고 좋은 처방을 구하였다. 학구가 얼굴빛도 고치지 않은 채 다만 "곽향정기산이 가장 좋습니다"라고 말하니, 재상의 아들은 슬며시 웃으며 물러났다. 그 부친에게 돌아와 말을 하다가 학구의 일에 이르자 한번 웃었다. 재상이 "이 약이 반드시 합당한 처방이 아니라고 할 수도 없는 것이니 시험 삼아 복용해보리라" 하니, 그의 아들 및 문인들은 모두 "불가합니다"라고 하였다.

재상은 달여 내온 약은 몰래 비워버리고 주위 사람을 조용히 불러 정기산 세 첩을 지어 합하여 달이게 하고 세 번에 나누어 복용하였다. 다음날 아침 일어나 앉으니 정신이 맑고 기가 펴져 병의 뿌리가 이미 풀렸다. 그의 아들이 문안을 드리니, 재상이 "묵은 병이 이미 몸에서 빠져나갔다"라고 말하였다.

아들이 "아무개 의원은 정말 화和와 편작扁鵲입니다" 하니, 재상은

화와 편작 중국 고대의 전설적 명의들

"아니다. 약방의 학구가 어느 곳 사람인지 모르겠으나 정말 신의다"라고 하였다. 그리고 원래 의약을 비워버리고 정기산을 복용한 일을 말하고 아들에게 명하였다. "몇 달 동안의 질긴 병이 하루아침에 얼음 녹듯 하였으니 고마움이 이보다 클 수가 없다. 너는 어서 가서 그를 맞이해오너라."

그 아들은 즉시 가서 감사의 뜻을 올리고, 함께 갈 것을 청하였다. 학구는 옷을 떨치며 일어나 말하였다.

"내가 잘못 성안에 들어와 이런 더럽고 멸시하는 말을 듣게 되었구나. 내가 어찌 막하幕下의 객 노릇을 하겠는가?"

그리고는 드디어 표연히 가버렸다.

재상의 아들이 무안해하면서 물러나와, 집으로 돌아와 그 까닭을 고하니 재상은 그가 지조 있고 속기를 벗은 선비라고 더욱 감탄하였다.

얼마 있다가 임금이 병에 걸려 잠을 이루지 못함이 더욱 심했으나 훌륭한 의원도 치료의 방향을 정하지 못하였다. 온 조정이 초조하고 두려워하지 않음이 없었는데, 당시에 그 재상이 약원 제조提調를 맡고 있었다. 마침 학구의 일을 생각해내고 들어가 병세를 살피고 그때 이야기를 아뢰었다. 임금은 "그 조제법이 반드시 이로운 것은 아니나 또한 해로울 것도 없다"라고 하고, 명하여 달여서 내어오도록 하였는데, 다음날 아침에 바로 병이 나았다. 임금은 더욱 그 기이함에 감탄하며 물색하여 그를 찾도록 명령하였지만 끝내 찾을 수 없었다.

식자識者가 말하였다.

제조 관제상의 벼슬이 아니고, 종1품 · 종2품 관원이 특정한 일을 위해 책임을 맡아 총괄 지휘하는 자리

이는 이인이다. 대개 의서에 연운年運이 순환한다는 말이 있다. 어느 한 때 온갖 병이 비록 다르더라도 그 뿌리는 연운이 시키는 것이다. 진실로 연운을 알아서 그에 맞는 조제를 쓴다면 비록 서로 맞지 않는 증세라도 효험이 없는 것이 없다. 요즘에 의술을 업으로 하는 자는 이런 이치에 대해서는 전적으로 어둡다. 다만 증세를 따라 약을 써서 그 말단만을 다스리고 근본은 버려두니 사람을 죽게 만드는 것이다. 이 학구는 반드시 임금의 몸에 병이 있을 것을 알고 이 처방이 아니면 구할 수 없었기에 약속을 핑계하여 스스로 왔던 것이리라.

『청구야담』

웅담고

의원 피재길 | 9

피재길皮載吉은 의원醫員 집안의 아들이다. 그의 아버지는 종기 치료에 종사했는데 약을 잘 조제하였다. 아버지가 죽으매, 재길의 나이가 아직 어려 그의 의술을 전해 받지 못했고, 그의 어머니가 듣고 본 것으로 여러 가지 처방을 가르쳐주었다. 재길은 의서를 읽은 일이 없었고, 다만 약재를 모아 고약을 고는 것만 알고 있었다. 모든 종기에 관한 약을 팔아 생계를 꾸리며 골목골목을 다녔기에 감히 의원 축에 끼지 못했지만, 사대부들이 그 소문을 듣고 불러다가 그의 약을 시험해보니 자못 효험이 있었다.

계축癸丑(1793, 정조 17)년 여름 정조 임금이 머리에 부스럼을 앓아 침과 약을 여러 가지로 시험해보았으나 오래도록 효험을 보지 못하고 점차 얼굴과 턱 부위까지 번졌다. 때는 한여름이었으므로 침소에서 쉬는데도 편치 아니하였다. 모든 내의들이 어찌 조치할 바를 몰랐으며, 조정의 신하들도 날마다 무리를 지어 기거하였는데, 재길의 이름을 아뢰는 자가 있었다. 불러들이라고 명하여 물어보니, 재길은 천한 자라 전전긍긍 땀 흘리며 대답하지 못하였다. 좌우의 여러 의원이 모두 속으로 웃었다.

임금이 앞으로 가까이 와서 진찰하게 하며 “두려워 말라. 너의 기능을 다해보아라” 하니, 재길이 “신臣에게 해볼 만한 처방이 있습니다” 라며 물러갔다. 그 약을 지어 올리게 하니, 이에 웅담에 여러 약재를 섞고 고아서 고약을 만들어 붙였다. 임금이 며칠이면 낫겠느냐고 물으니, 그가 대답하였다.

“하루면 통증이 그치고, 사흘이면 거둘 수 있을 것입니다.”

얼마 후 모두 그의 말과 같이 되었다.

임금이 약원에 글을 내려 유시諭示하였다.

“약을 붙이고 조금 뒤에 전날의 통증을 깨끗이 잊어버렸다. 뜻밖에 지금 세상에도 숨은 기술과 비방秘方이 있으니, 의원은 명의라 할 만하고 약은 신방神方이라 할 만하다. 그의 노고에 보답할 것을 의논하도록 하라.”

약원의 신하들이 계청啓請하였다.

“먼저 내의원의 침의針醫에 임명하여 육품의 관복을 하사하고 정직正職을 내려주소서.”

임금이 그렇게 하도록 하여, 즉시 나주羅州 감목관에 제수되었다. 약원의 여러 의원이 모두 놀라 탄복하고 손을 모아 자기들보다 낫다고 인정하였다. 이때에 재길의 이름이 온 나라에 알려지고 ‘웅담고熊膽膏’는 드디어 천금의 처방으로 세상에 전해졌다.

『청구야담』

정직 문무관의 실직으로, 잡직에 상대해 일컫던 말

원리침과 삼릉침

신침의 | 10

신申노인은 황기黃岐의 술術에 능통하였으며 침구針炙의 법을 더욱 잘 하여서 당시에 양의良醫라고 일컬었다. 내가 어렸을 때 의학에 뜻이 있어서 『동인경銅人經』을 가지고 신노인에게 가서 가르침을 구하였더니, 십이경락十二經絡과 점혈點穴의 법을 정세하게 설명해주었다.

신노인이 침을 꺼내 병을 치료할 때 보니, 원리침圓利針은 순금으로 가늘기가 까끄라기 같고, 삼릉침三稜針은 날은 쇠이고 자루는 금으로 만들어져 여느 침과는 다른 데가 있었다. 내가 그에 대해 물으니, 신노인이 말하였다.

"나의 스승이 침을 잘 놓았다. 일본에 들어가 병을 다스려 낫게 하였더니, 일본 의원이 자기들보다 기술이 낫다고 하면서 이 두 가지 침

황기의 술 '황'은 황제헌원씨黃帝軒轅氏, '기'는 기백岐伯으로 모두 중국 고대의 전설적인 명의들이며 의술의 개조開祖다. '황기의 술'이란 곧 의술을 말함

침구 침놓고 뜸뜨는 일

내 이 글의 저자 유재건

동인경 침술에 관한 서적으로 『동인침구경銅人針炙經』의 약칭이며, 중국 송나라 인종仁宗 때 유덕惟德이 만든 책. 이조 때 전의감에서 시행한 의과 초시의 한 과목이기도 했음

십이경락 인체의 경락 가운데 기본이 되는 열두 가지. 수手와 족足의 삼음경三陰經과 경맥經脈과 낙맥絡脈의 삼양경三陽經을 통틀어 이른다.

점혈 침을 놓거나 뜸을 뜰 자리를 찾아 먹으로 점을 찍는 것

을 선물로 주었다고 한다. 스승께서 이 침으로 병을 치료하여 신기한 효과를 많이 보아서 항상 진기하게 여겼는데, 임종 시에 나에게 전해 주었다. 나 또한 이 침으로 허다한 사람들의 병을 고쳤으며 지금까지 간직하고 있으나 세월이 오래되어 닳아서 지금은 까끄라기처럼 가늘어졌다."

신노인이 죽은 뒤에도 그의 아들이 또한 그 침을 가지고 여러 해 동안 병을 치료하였다.

『겸산필기』

정조의 치질을 치료

종의 이동 | 11

이동李同은 이름을 몰라 아명兒名으로 부른다. 글자는 한 자도 모르지만 종기를 치료하는 의원으로 이름을 일세에 날렸다. 그 치료하는 법은 침놓고 뜸뜨는 일 외에 손톱, 머리털, 오줌, 똥, 침, 때 등을 재료로 삼는 것에 불과했다. 비록 풀, 나무, 벌레, 물고기 등도 약재로 사용하나 모두 한 푼도 안 되는 것들이다. 항상 사람들에게 말하길 "사람의 몸속에 스스로 좋은 약을 갖추고 있는데 어찌 외물을 빌리겠는가?"

정조가 일찍이 치질이 있어서 이동에게 명하여 보게 하니, 이동이 갓을 벗고 엎드려 보는데 머리털이 다 빠져 상투를 맬 수 없었다. 왕이 웃으며 탕건을 하사하여 그것을 쓰게 했다. 병이 회복된 뒤에 탁지度支에서 돈 십만 전을 내려주니 사람들이 그를 영예롭다고 여겼다.

일찍이 어떤 집에 이르러 주인과 이야기하다가 부인의 기침 소리를 듣고 말하였다. "이는 안으로 종기를 앓는 사람이다."

주인은 놀라며 말하였다.

"이는 내 누이로 아직 건강한데 무슨 병이 들었단 말입니까?"

이동이 말하였다.

"그 소리를 듣건대 종기가 한창 곪았습니다. 며칠이 지나면 구할 수가 없습니다."

주인이 시험 삼아 맞아들여 보게 하여 이동이 갈빗대 사이에 침을 놓으니, 과연 고름 몇 되를 토하고서 나았다. 그 신기한 의술이 대부분 이와 같았다. 늙어서 눈이 어두워 손으로 더듬어서 치료하는데도 백에 하나 실수함이 없었다. 호산거사는 말한다.

일찍이 듣건대 이동이 젊었을 때 가난해서 생계를 꾸려갈 방법이 없어서 임국서林國瑞의 마부가 되었는데, 그 대강의 말을 듣고 의술을 터득했다고 한다. 임국서는 과연 어떠한 의원이었던가? 옛 방문方文을 읽고서 종신토록 행하였으나, 끝내 특별한 능력이 있다는 소문은 듣지 못했다. 그런데 이동이 배우지 못한 사람으로서 비록 임국서에게 의술을 얻어들었지만 도리어 그를 능가했다. 어찌 그 의술이 신묘해질 수 있었는가? 우수牛溲·마발馬勃·패고지피敗鼓之皮를 가지고 옥찰玉札·단사丹砂·적전赤箭·청지青芝의 쓰임으로 삼았으니, 아! 또한 기이하구나.

어떤 사람은 혹 그를 비웃으면서 옛것이 아니라고 천하게 여기니, 허윤종許胤宗의 방풍防風, 조경趙卿의 개초芥醋, 전을錢乙의 황토黃土, 갈가구葛可久의 오동잎은 어찌 옛것이며 귀한 것이란 말인가? 이동이 사용했던 것을 혹 사람들이 사용해보고 맞지 않으면 문득 그를 비난하였다. 옛사람들이 병의 증세에 따라 처방을 내렸는데, 그 책이 집집마다 가득 있다. 지금 옛 처방을 따라서 그대로 시술을 하는데도 천하의 병이 다시 그대

우수…청지 모두 약재의 일종인데, 이는 한유의 유명한 글 「진학해進學解」의 표현을 가져온 것이다. 한유는 우수, 마발, 패고지피를 값싼 약재로, 옥찰, 단사, 적전, 청지를 값비싼 약재의 예로 들면서, 좋은 의원은 이 모든 약재를 적재적소에 쓸 줄 알아야 한다고 말했다.

로 있는 것은 무슨 까닭인가? 증세가 같아도 병은 다르고 병이 같아도 증세는 다른 것이므로, 오직 의원이 뜻으로 터득하는 여하에 달려 있는 것이다. 만약 옛사람이 말하지 않은 증세가 있다면 또 어떻게 치료하겠는가?

의醫는 박博하기가 어렵고 박하면 이치에 맞기가 어렵다고 했으니, 의원이 그 뜻을 얻어야만 비로소 국수가 될 것이다. 가탐賈耽이 슬가蝨瘕의 치료법을 알고, 서사백徐嗣伯이 침달針疸을 치료하고, 서지재徐之才가 합정蛤精을 알고, 주광周廣이 교룡을 알아본 것이 모두 그러한 것이다.

『호산외기』

허윤종의 방풍 허윤종은 중국 진陳나라 때의 명의. 왕태후가 중풍에 걸려 말을 못했는데 허윤종이 방풍자탕防風煮湯을 올려 병이 나았다고 한다.

조경의 개초 조경은 송대의 의공醫工이다. 회를 많이 먹어 안화眼花가 끼는 병에 걸린 자에게 조경이 개초를 먹여 낫게 한 일이 있었다고 한다.

전을의 황토 전을은 중국 송나라 때의 명의로 자는 중양仲陽이다. 당시 황자皇子가 경증驚症에 걸렸는데 전을이 황토탕을 올려 나았고, 이로 인해 태의가 되었다.

갈가구의 오동잎 갈가구는 명나라의 명의 갈건손葛乾孫으로 '가구'는 자이다. 임신한 부인이 아이를 낳지 못하자 갈건손이 오동잎을 달여 먹게 하여 곧 해산케 한 일이 있다고 한다.

가탐…알고 가탐은 당나라 때의 재상으로 박학다식했다. 슬가蝨瘕 또는 슬징虱癥이라는 병에 대해서 아무도 그 치료법을 알지 못했으나, 가탐만은 천 년 된 빗을 태워 그 재를 복용하거나, 황룡黃龍이 목욕한 물을 마셔야만 치료할 수 있음을 알았다고 한다(『태평광기太平廣記』 권83, 「이인異人」 '가탐賈耽' 참조).

침달 『남서南書』의 「서사백전」을 보면 '정저釘疽'로 나와 있다.

서사백이…치료하고 서사백은 남제南齊 때의 명의였다. 서사백이 정저疔疽에 걸린 노파를 치료하니 노파의 환부에서 한 마디쯤 되는 못들이 튀어나왔다고 한다 『남서南書』「서사백전」 참조.

서지재가…알고 서지재는 북제北齊 사람으로 방술方術과 천문天文에 능했다. 어떤 사람이 발뒤꿈치에 종기가 났으나 어떤 의원도 고치지 못했다. 서지재는 그것을 보고서 단번에 "이것은 합정질蛤精疾이다. 배를 타고 바다를 가다가 다리를 물속에 드리웠기 때문에 생긴 병이다"라고 하니 병자는 정말로 그렇게 했다고 대답했다. 종기를 갈라보니 정말 그 속에서 합蛤조개가 나왔다고 한다(『북사北史』「서지재전」 참조).

주광이…알아본 것 주광은 당나라 현종 때의 태의다. 그는 사람의 얼굴빛만으로도 병을 알아냈는데, 한번은 먼 곳으로 사신을 다녀온 사람의 얼굴을 보고서 '이 사람의 뱃속에 교룡이 있다' 고 했다. 알고 보니 그 사신은 목이 말라 물을 마셨는데 그때 교룡이 뱃속으로 들어왔던 것이었다. 주광은 탕제를 먹여 교룡을 토해내게 했다.(『태평광기太平廣記』 권219 「의醫」 '주광' 참조)

격물치지로 의학을 터득하다

의원 최운 · 손 륜 · 증손 종진 | 12

노인 최운崔雲은 헌기軒岐의 술을 좋아하였으며, 또 한편으로 복서卜筮와 상결相訣에도 능통하여 자신이 손수 등사한 것이 매우 많았다. 내가 일찍이 그의 손자의 집에서 『보감寶鑑』 등을 초록한 책을 얻어 보았는데, 자획이 매우 정세하였다. 박무성자朴無聲子가 일찍이 최노인에게 보낸 편지에서 다음과 같이 말하였다.

"선생의 의서醫序를 읽어보니 첫머리에 건도성남乾道成男과 곤도성녀坤道成女를 말씀하셨습니다. 선생의 견식이 탁월하고 고명함에 우러러 경하합니다. 일찍이 들으니 선생께서는 또 『대학』에 대해서도 깊은 공부를 쌓아서 격물치지를 완전히 깨달으셨다고 하는데, 그것이 의학을 능히 터득할 수 있었던 까닭으로 여겨집니다. 다만 이를 사람마다 알 수 있을지가 염려됩니다."

헌기의 술 '황기의 술'과 같은 말
내 이 글의 저자인 유재건
박무성자 박상우朴常遇를 말함. 권1 「무성자 박상우」 항 참조
건도성남 곤도성녀 『주역』에서 나온 말. 건建은 하늘로서 양陽에 속하고 곤坤은 땅으로서 음陰에 속하니, 양은 남성이 되고 음은 여성이 된다는 것.
격물치지 『대학』에서 나온 말로, 실제적인 사물을 통해 이치를 궁구하여 온전한 지식에 다다름을 뜻함

그의 손자 윤倫은 자가 치효致孝인데 능히 선대의 규범에 따라 의술로 한때 이름을 날렸다. 그의 아들 종진宗震 또한 의술에 능통하였는데, 무과에 합격하여 벼슬이 찰방에 이르렀다.

『겸산필기』

장경악에게서 깨닫다

동추 이희복 | 13

동추同樞 이희복李喜福은 자가 자후子厚이며, 유복자로 태어났다. 그는 어머니가 다병多病하였으므로 『경악서景岳書』를 읽고 그 이치를 깊이 깨달아, 약을 여러 제 써서 효과를 얻어 마침내 어머니가 장수를 누리게 하였다.
내가 젊은 시절 의술에 뜻이 있어서 이따금 찾아가 문의하면, 공은 매양 말하였다. "장경악張景岳의 고견은 능히 단계丹溪와 하간河澗의 고루함을 씻어버려, 명나라 제일의 양의다"라고 칭찬하였다.

대개 장경악의 의술은 신장을 보함을 주로 삼아, 인삼·숙지황熟地黃을 치세治世의 양상良相으로 삼고, 대황大黃·부자附子로써 난세亂世의 양장良將으로 삼았다.

그의 『전충록傳忠錄』 『구정록求正錄』 등의 저서는 모두 『소문素問』과 『영추靈樞』를 근본으로 하였으며, 상한傷寒에는 장중경張仲景의 설을 주

경악서 중국 명나라 때의 명의 장개빈張介賓이 지은 의서 『경악전서景岳全書』를 말함. 경악은 장개빈의 호
내 이 글의 저자 유재건
단계 중국 원나라의 의원 주진정朱震亨의 호. 저서로 『격치여론格致餘論』 『국방발휘局方發揮』 등이 있다.
하간 중국 금나라의 의원 유정소劉定素. 그의 출생지가 '하간' 이었다.
소문 『황제소문黃帝素問』의 약칭. 중국 고대의 의서로 황제와 그의 신하인 기백과의 문답식으로 이루어졌다.

로 하였다. 근년에 그의 책을 사오는 자가 많은데, 그 처방을 쓴 사람은 큰 효과를 보았다고 한다.

『겸산필기』

영추 『영추경靈樞經』. 침구에 대해 논한 중국 고대의 의서로 『황제소문』과 함께 내경內徑이라고 한다.
상한 추위에 상한 병을 다스리는 법. 이에 대해서는 한나라 때의 명의 장중경의 『상한론傷寒論』이 유명함

별난 의술

의원 송학천 | 14

송학천宋學天은 병을 잘 고치는 사람으로 한 시대에 이름이 있었는데, 별스런 의술이라고 일컬어졌다. 당시 사람들이 이상한 증상과 오래된 병을 물어서 신기한 효과를 많이 보았다. 또 운기運氣의 이치를 능히 깨달았는데, 어느 해 서울에 질병이 많았을 때 송학천은 귀저탕歸茋湯 한 가지 처방으로 여러 증세에 대처해 다스려서 효험을 본 것이 많았다고 한다.

『겸산필기』

만 명의 목숨을 살리리라

의사 조광일 | 15

조광일趙光一은 조상이 태안泰安의 대성大姓이었는데, 집이 가난하여 합호合湖의 서쪽 물가에 옮겨 살았다. 별다른 재주는 없고 침을 잘 놓는 것으로 이름이 나서 자호하기를 '침은鍼隱'이라 하였다.

내가 일찍이 조생趙生의 집을 방문한 바 있었는데, 한 노파가 기어와서 그 집의 문을 두드리며 말하였다.

"아들이 병이 나서 거의 죽게 되었으니, 제발 그 애 목숨을 살려주시오."

조생은 즉시 "그러겠소"라며 응하고 일어서서 다른 아무런 준비 없이 걸어가면서도 어려워하는 기색이 없었다. 그의 사람됨이 대략 이와 같았다. 나는 마음으로 기특하게 여기고 드디어 사귀게 되었다.

그 사람됨이 소탈하고 순하고 곧아, 남을 거스르는 일이 없었다. 그의 의술은 옛 처방을 따르는 것이 아니다. 항상 작은 가죽 주머니를 갖고 다녔는데 그 안에는 동침銅鍼과 철침鐵鍼 십여 개가 있었다. 그것

합호 충남 연기군 합강리의 금강 유역인 듯함
내 이 글의 저자인 홍양호洪良浩

으로 악성 종기를 터뜨리고, 상처를 치료하며, 막힌 피를 통하게 하여 풍기風氣를 트이게 하고, 절름발이와 곱사등이를 일으켜 세우는데 낫지 않는 이가 없었다. 내가 일찍이 물었다.

"의술은 천한 기술이고, 여항은 비루한 곳이오. 그대의 재주로 어찌 존귀하고 현달한 이들과 사귀어 명성을 취하지 않고, 여항의 서민들을 따라 노닐고 있소?"

조생은 웃으며 말했다.

"나는 세상의 의원들이 의술을 끼고 남들에게 교만하여, 세 번 네 번 간청한 후에야 가보며 가는 곳도 귀한 이의 집이 아니면 부잣집이어서, 만약 가난하고 세력이 없는 자이면 백 번 청해도 한 번도 일어나지 않는 것을 싫어합니다. 이 어찌 어진 사람의 인정人情이겠습니까? 나는 이런 무리를 미워하며, 내가 애련히 여기는 바는 오직 여항의 궁핍한 백성들입니다. 내가 침을 가지고 사람들과 접촉한 지 십여 년 동안에 완전히 살려낸 사람만도 수백 명 수천 명에 달합니다. 내가 올해 마흔 살이 넘었는데 다시 수십 년을 더하면 만 명은 살릴 수 있습니다. 살린 사람이 만 명이 된다면 나의 일은 다한 것입니다."

내가 듣고 감탄하며 다음과 같이 적는다.

조생은 의술이 높건만 이름을 구하지 않았으며, 남에게 베푼 것이 넓었건만 보답을 바라지 않았으니, 그의 어짊은 남보다 멀리 뛰어나다. 내 들으니, 천 명을 살리면 반드시 음보陰報를 받는다고 하는데, 조생은 이 나라에서 훌륭한 후손이 있을 것이다.

『이계집耳溪集』

바둑의 일인자

국기 김종귀 | 16

김종귀金鍾貴는 바둑으로 이름이 나서, 세상 사람들이 그를 우리나라 제일의 고수高手라 일컬었다. 구십여 세에 죽었다. 종귀의 뒤에 고수가 세 사람 있었는데 김한흥金漢興 · 고동高同 · 이학술李學述인데, 학술은 아직 살아 있다.

한흥은 종귀와 더불어 나란히 이름이 났는데, 그때 한창 나이가 젊어서 스스로 적수가 없다고 여겼다. 일찍이 종귀와 더불어 내기 바둑을 둘 적에 구경꾼이 빽빽이 모여들었다. 한홍은 눈빛이 바둑판을 뚫을 듯 보면서 종횡으로 끊고 찌르기를 준마나 굶주린 매처럼 하였는데, 종귀는 손이 늙고 병들어 바둑돌을 놓을 때 무게를 이기지 못하는 듯했다. 그 형세를 살펴보니 종귀가 이미 반국半局을 지고 있었다.

구경꾼들이 귓속말로 수군거렸다.

"오늘 한 판은 한홍의 독보에 양보해야겠군."

종귀가 바둑판을 밀어놓으며 탄식하였다.

"늙어서 눈이 침침하구나. 놓아두고 내일 아침에 정신이 조금 맑아질 때를 기다려야겠다."

여러 사람이 말하였다.

"옛날부터 명수가 한 판 바둑을 이틀씩 둔다는 말은 듣지 못했다."

종귀가 손으로 눈을 비비며 다시 바둑판을 당겨 앉아 한참 동안 똑바로 들여다보더니 홀연히 기묘한 수를 내어 흐르는 물을 끊 듯 관문을 무 찌르듯 하였다. 마침내 다 진 바둑으로써 승리하니 온 좌중이 놀라 감탄하였다. 이것을 두고 "잘못되지 않는 것에 대해 두려워할 것이 아니고, 그 잘못된 경우에 대해 두려워할 것을 알아야 한다"라고 이른다.

호산거사는 말한다.

고금의 놀이 중에서 가장 오랜 세월 동안 전해온 것으로 바둑만 한 것이 없다. 그 개합開闔·조종操縱·진퇴進退·취사取捨·기정奇正·허실虛實의 기술은 참으로 병법의 높은 책략인 것이다. 혁추奕秋·두부자杜夫子·왕항王抗·강반江彪·왕적신王積薪·활능滑能의 재주는 어떠한지 말할 수 없다. 아직도 전해오는 왕적신이 만난 고부의 이야기는 사실 같기도 하고 아닌 것 같기도 하여 그 황탄함을 믿을 수 없다.

혁추 전국시대 바둑을 잘 둔 것으로 유명하며 '추秋'가 그 이름이다. 일찍이 맹자도 그를 두고 바둑을 잘 둔다고 일컬은 바 있다.『맹자』「고자告子」 참조

두부자 한나라 때 유흠劉歆이 지었다고 전해지는 『서경잡기西京雜記』에서 바둑을 잘 두는 사람으로 소개하고 있다. 어떤 사람이 그에게 시간을 허비한다고 비난하자 그는 "이치를 정밀히 하는 자는 족히 성인의 가르침을 크게 보충할 수 있다"고 대답했다고 한다.

왕항 중국 남제인南齊人으로 바둑을 잘 두었으며 강남의 최고 명수였다. 『위서魏書』에 보인다.

강반 동진東晋 사람으로 벼슬은 호군장군護軍將軍에 올랐다. 『세설신어世說新語』「방정方正」의 주에 강반을 "박학으로 이름이 났으며 아울러 바둑을 잘 두어 중흥中興연간의 으뜸이었다"고 소개하고 있다.

왕적신 중국 당나라 사람으로 바둑을 잘 두었는데, 다음의 일화가 유명하다. 왕적신이 촉에 갔을 때 고부가 살고 있는 어떤 집에 머물렀는데, 한밤중에 며느리와 시어머니가 각각 동·서쪽의 방에 있으면서 말로써 대국하는 것을 들었다. 다음날 아침에 왕적신이 예를 갖추고 물으니 며느리가 공수攻守·살탈殺奪·구응救應·방거防拒 등의 법을 가르쳐주고 말하기를 "이것이면 세상에는 대적할 자가 없을 것입니다"라고 했다고 한다. 진요문陳耀文의 『천중기天中記』 참조

지금 남아 있는 기보棋譜로 소위 「대소철망大小鐵網」 「권렴변捲濂邊」 「금정란金井欄」 등은 백으로 셀 만큼 많지만, 이는 모두 배워서 이룰 수 있는 것이 아니다. 육상산陸象山은 바둑판을 달아놓고 쳐다보다가 '하도河圖의 수數'를 깨달았다고 하나, 총명하고 재주 있는 선비 중에 정심精心으로 연구해도 깨닫지 못하는 사람도 있다. 엄창랑嚴滄浪이 "시에는 특별한 재주가 있는 것으로 학문과는 관계가 없다"라고 하였는데, 나는 바둑에 대하여 또한 그렇게 말한다.

『호산외기』

활능 당나라 희종僖宗 대의 한림대조翰林待詔로 바둑을 잘 두었다. 어느 날 활능에게 젊은 사람이 찾아와 한 수 배우기를 청했다. 활능이 천천히 바둑을 두는 사이 황소黃巢의 반란군이 황궁을 범해 희종은 벌써 피난을 떠났다. 활능이 사태를 인지하고 부랴부랴 황제를 쫓아가려 하자 그 소년은 갈 필요가 없으니, 자신은 사실 천제天帝가 보낸 사람이라며 집안일이나 잘 돌보라고 말한 일이 있다고 한다.(손광헌孫光憲, 『북몽쇄언北夢瑣言』 참조)

엄창랑 엄우嚴羽. 중국 남송 시인. 자는 의경儀卿, 창랑은 호. 저서 『창랑시화滄浪詩話』가 유명하다.

바둑계의 군자

국기 김한흥 | 17

국기國碁 김한흥金漢興은 자가 정심定審이다. 어려서부터 바둑을 잘 두기로 이름이 났다. 몸가짐이 단아하며 말이 없고 고요해서, 당시에 '기중군자碁中君子'라 칭하였다.

언제나 사람들과 대국할 때에 상대가 혹 한참을 생각하느라 돌을 놓지 않아도 싫어하지 않고, 어떤 사람이 혹 곁에서 훈수를 들어도 싫어하지 않으며, 상대가 혹 한 수 물리자고 다투거나 윽박질러도 역시 싫어하지 않았다. 어떤 사람이 만약 바둑을 두자고 하면 문득 한판 응해주었고, 비록 하루 종일이라도 말 한마디 없이 점잖게 앉아 있으니, 정말로 덕德이 있는 사람이었다. 옛사람이 "거문고로 품성을 기르고 바둑으로 덕을 기른다" 했는데, 진실로 그러하다.

『겸산필기』

새 악보를 유행시키다

금사 김성기 | 18

금사琴師 김성기金聖基는 원래 상방궁인尙方弓人이다. 성격이 음률을 좋아하여 작업장에 나가 바치 일은 하지 않고 사람을 따라서 거문고를 배웠다. 그 정교한 기법을 터득하고 나서 드디어 활을 버리고 거문고를 전공하게 되었다. 후일 솜씨 좋은 악공들은 다 그 밑에서 나왔다. 한편으로 퉁소와 비파도 다루었는데 그 묘한 것이 모두 극치에 이르렀다. 그리고 직접 신곡新曲을 만들었는데 그의 악보를 익혀 이름을 얻는 이도 많았다. 그래서 서울에 '김성기의 새 악보'가 유행하였다.

손님이 모여서 잔치하는 집에 아무리 예인藝人들을 많이 불러도 김성기가 빠지면 험으로 여겼다. 그러나 그는 집이 가난했을뿐더러 허랑하게 놀아서 처자식들이 배고픔과 추위를 면치 못했다.

만년에는 서강西江 쪽에 셋방을 얻어 살았다. 작은 배를 사서 삿갓 도롱이에 낚싯대를 하나 쥐고 강물에 떠다니며 고기를 낚아 살아가면서 자호를 조은釣隱이라 했다. 매양 밤에 바람이 자고 달빛이 밝으면

상방궁인 상의원尙衣院 소속의 활 만드는 공인工人
서강 한강의 서쪽 마포 일대의 강변

노를 저어 중류로 나와 퉁소를 꺼내 몇 곡조 뽑으면 애원哀怨 청량淸亮한 소리가 밤하늘의 구름까지 닿았다. 강둑에 지나가다 이 소리를 들은 이들은 대부분 배회하며 떠날 줄 몰랐다.

궁노宮奴 목호룡睦虎龍이란 자가 위에 고변告變을 해서 큰 옥사를 일으켰다. 사대부들을 도륙 내어 공신이 되고 군에 봉해져서 기염氣焰이 사람들을 괴롭혔다. 한번은 그 패거리들이 모여 술을 마실 적에 안장마를 대령하고 김금사를 간곡히 청하였다. 김성기는 병을 핑계하여 거절하고 응하지 않았다. 심부름 온 자들이 여러 패 다녀갔지만 그래도 꿈쩍 않고 누워 있었다. 목호룡이 잔뜩 화를 내어 공갈하여 "오지 않으면 내가 너를 크게 욕보일 테다"라고 전갈하였다. 김성기는 마침 손과 더불어 비파를 뜯고 있다가 이 말을 듣고 노하여 심부름 온 자에게 비파를 던지며 꾸짖었다.

"가서 호룡에게 이렇게 전하여라. 나는 나이 칠십이다. 어찌 너를 두렵게 여기겠는가? 네가 고변을 잘한다 하니 나를 또한 고변해서 죽여보아라."

목호룡은 기가 죽어서 모임을 파하고 말았다.

그후 김성기는 도성 안에 발걸음을 딱 끊고 남에게 나아가 연주하는 일도 아주 드물었다. 그러나 혹 마음에 맞는 사람이 있어 서강으로 찾아오면 퉁소를 불어 즐기되 또한 몇 곡조에 그칠 따름이었고 한 번도 흥청거리게 노는 적이 없었다.

나는 어린 시절부터 김금사의 이름이 귀에 익었다. 일찍이 친구의

나 이 글의 저자 정래교

집에서 그를 만나본 적이 있는데 수염과 머리가 하얗고 두 어깨가 솟아서 뼛골이 불거져 있었으며 숨을 헐떡이고 기침이 끊이질 않았다. 억지로 비파를 뜯게 하였더니 영산곡靈山曲을 변조變調로 하는데 모두들 슬퍼 눈물을 떨어뜨렸다. 비록 노쇠하여 죽음에 가까웠으나 손끝의 묘기는 사람을 감동시킴이 이와 같았으니 그의 한창 시절을 가히 짐작할 것이다.

김성기는 사람됨이 개결介潔하고 말수가 적었으며 술을 좋아하지 않았다. 서강에서 궁하게 살아 일생을 마치려 하니 이 어찌 스스로 지키는 바가 없이 그럴 수 있겠는가? 더욱이 그가 목호룡을 매도함에 늠름하여 범하지 못할 바가 있었으니, 아아 이 또한 뇌해청雷海靑의 유가 아닐런가.

세상에 사대부로 지조와 분수없이 쫓아다니며 옳지 못한 데 붙어 자신의 자취를 더럽힌 자들은 김금사를 봄에 또한 부끄러움을 알 것이다.

『완암집』

뇌해청 당 현종 대의 궁정 악사. 안록산安祿山의 반군에 잡혀 낙양에 끌려가 연회에서 음악을 연주할 것을 강요당했으나 끝까지 굴복하지 않아 처참하게 죽음을 맞았다.

임진왜란을 예언하다

남사고 | 19

남사고南師古는 울진 사람으로 명종조의 천문교수다. 역학易學에 깊은 조예가 있었고 풍수 · 천문 · 복서卜筮 · 상법相法에 능했는데 모두 세상에 전하지 않는 비결을 얻은 것으로 말을 하면 반드시 적중하였다.

명종 말년에 사람들에게 말하였다.

"사직동社稷洞에 왕의 기운이 서려 있으니 응당 성군이 그 방坊에서 날 것이다."

일찍이 동쪽으로 낙봉駱峰을 가리키고 서쪽으로 안현鞍峴을 가리키며 말하였다.

"후일 조정에 반드시 동서의 분당分黨이 있을 것이다."

또 이렇게 말하였다.

"장차 왜변倭變이 있을 것 같은데 만약 진辰년에 일어나면 그래도 구제할 수 있을 것이나, 사巳년에 일어난다면 구제할 수 없을 것이다."

정묘丁卯(1567, 명종 22)년에 선조宣祖가 사직동의 잠저潛邸로부터 대궐에

낙봉 지금의 서울 동숭동에 있는 낙산駱山
안현 지금의 서울 정동 부근에 있는 고개

들어와 대통大統을 이었으며 을해乙亥(1575, 선조 8)년간에 조정에서 동서 분당이 일어났고, 임진壬辰(1592,선조 25)년에는 왜란이 일어나 팔 년 만에 평정되었다.

『청구야사』

아들을 살린 점쟁이

홍계관 | 20

홍계관洪繼灌은 장님인데 '신복神卜'으로 일컬어졌다. 홍윤성洪允成이 젊은 시절 낙척해 있을 때, 서울에 들어와 계관에게 가서 신수를 물어보았다. 계관은 경의를 표하면서 "나리는 인신人臣으로 더할 수 없이 높은 자리에 오르실 신수입니다"라고 하며 이어 말하였다.

"어느 해에 나리께서는 반드시 형조판서刑曹判書가 되실 것입니다. 그때 제 자식이 분명 죄를 짓고 옥에 들어와 당연히 죽음에 처하게 될 것이니, 바라옵건대 나리께서 그놈을 살려주십시오."

홍윤성은 깜짝 놀라 감히 승낙하지 못하였다.

그후 십 년이 지나 과연 관례를 뛰어넘어 형조판서로 제수되었다. 어느 날 큰 옥사를 국문鞫問하는데 한 죄수가 부르짖었다.

"저는 홍계관의 자식입니다. 원컨대 대감께서 살려주십시오."

홍윤성이 크게 깨닫고 석방하였다.

『진휘속고』

홍윤성 1425~1475(세종 7~성종 6), 자는 수옹守翁, 본관은 회인懷仁. 1453(단종 1)년 수양대군이 일으킨 계유정난에 적극 가담했고 그 뒤 우의정 · 좌의정 등을 지냈음

백 번 점치면 한 번의 실수도 없다

유운태 | 21

유운태劉雲台는 봉산鳳山의 맹인이다. 일곱 살에 눈이 멀었는데 여섯 살 때부터 이미 『사기』를 읽었고 고체시古體詩를 지었다. 눈이 먼 후에도 부지런히 공부하여 열세 살에 경서를 암송하였다. 『주역』을 읽고 깨달음이 있어 선천先天 · 후천後天의 학學에 진력하였다. 복서에 크게 통하여 백 번 점치면 한 번의 실수도 없었으므로 드디어 나라 안에 이름이 나게 되었다. 스스로 호를 봉강선생鳳岡先生이라 하였다. 의심나는 일을 해결해달라고 찾아오는 사람이 있으면 곧이어 효제충신孝悌忠信의 도리를 이야기하였다. 그러므로 세상에서는 그를 엄군평의 풍風이 있다고 하였다.

『추재기이』

봉산 지금의 황해도 봉산군

【권10】

승려·도가류

僧侶道家

전우치가 형님으로 모신 장도령

장도령 | 1

중종 때 경성京城에 한 걸인이 있었다. 용모가 추악하고 비루하였으며, 나이는 마흔 남짓 되었는데 아직도 머리를 땋아 뒤로 늘어뜨렸고, 어깨에 자루 하나 걸친 채 시가市街를 돌아다니며 구걸하였다. 낮에는 성안을 두루 돌아다녀 이르지 않은 곳이 없었으며, 밤에는 남의 집 문 옆에서 기숙하였는데 종루鍾樓 근처에 있을 때가 많았다. 거리의 품팔이하는 놈이나 무뢰배들을 날마다 상대하니, 친숙해져 함께 끌어당기며 장난질하였다. 스스로 성이 장蔣이라고 하였고, 모두가 그렇게 불러서 '장도령蔣都令'이라 하였다. 도령이란 우리나라 풍속에 사부가 장가들기 전의 호칭이다.

당시 방사方士 전우치田禹治가 자신의 이술異術을 가지고 자못 세상에서 교만을 부리며 거만을 떨고 있었다. 매양 거리에서 장도령을 마주치면 문득 떨어지듯 말에서 내려 종종걸음으로 나아가 배알하고, 감

종루 도성 중심에 종을 단 누각으로 오늘날의 종각鐘閣. 이조후기 이곳을 중심으로 육의전六矣廛을 위시한 여러 상점이 자리잡고 있었다.

전우치 이조중기의 기인奇人 · 방사方士로서 도술에 능하고 귀신을 잘 부렸다고 전함. 사술邪術로써 백성을 현혹시킨 죄로 죽었다. 그를 신비화시킨 여러 전설이 전해져, 이를 바탕으로 소설 『전우치전』이 이루어짐

히 우러러보지도 못하였다. 장도령이 머리도 끄덕이지 않고 "너는 요즘 경황이 좋으냐"라고 물으면, 전우치는 손을 가지런히 모으고 "예, 예"라고만 대답하였고, 얼굴에는 몹시 두려워하는 기색이 역력하였다. 어떤 때는 전우치가 절하고 뵈어도 장도령은 멸시하는 듯 돌아보지도 않고 지나쳐 가버리기도 하였다. 이를 본 사람이 괴이하게 여겨 전우치에게 물어보자 다음과 같이 말하였다.

"우리나라에는 지금 세 사람의 선인仙人이 있는데 장도령이 상선上仙이고, 그다음이 정렴鄭磏, 그다음이 윤세평尹世平이다. 세상 사람들은 모두 모르고 나만 알고 있으니, 어찌 그분을 공경하고 두려워하지 않겠는가?"

사람들이 이 말을 혹 의심하기도 하였는데, 이는 전우치가 요사스럽고 황당하기 때문에 또한 믿지 않았던 것이다.

성안에 한 음관蔭官이 살고 있었는데, 대문이 길가를 바라보고 있어 자주 장도령이 길에서 구걸하는 것을 보았다. 하루는 직접 불러다 보고 물었다. 장도령은 본래 호남의 사대부인데, 부모가 모두 전염병에 죽고 형제도 없는 데다가 일가친척도 드물었다. 혈혈단신으로 의지할 곳 없이 유리걸식하다가, 이에 부평초나 뿌리 뽑힌 잡초처럼 경성에

정렴 1505~1549(연산군 12~명종 4), 자는 사결士潔, 호는 북창北窓, 본관은 온양溫陽. 천문 · 지리 · 의술 · 복서 등에 두루 능통했으며 관상감 · 포천현감을 지냈다. 저서로 『북창집北窓集』『북창비결北窓秘訣』 등이 있다.

윤세평 『지봉유설芝峯類說』『해동이적海東異蹟』 등에 등장하는 윤군평尹君平을 말하는 듯함. 『지봉유설』에 의하면 윤군평은 서울 사람으로 젊어서 무예를 익혀 군관이 되어 북경으로 가다가 이인을 만나 『황정경黃庭經』을 전수받아 한때 전우치와 더불어 도술이 높았다고 한다. 당시 윤군평을 윤세평으로 부르기도 했는지는 확실치 않은데, 『천예록』 이본들에서는 윤세평으로 기록하고 있다.

음관 부조父祖의 공덕이 있거나 공신功臣 또는 당상관의 자손으로 과거에 의하지 않고 관리로 채용된 벼슬아치

이르렀으나, 백 가지 중 한 가지 재주도 없고, 문자는 '고무래 정' 자도 모른다는 것이다. 음관은 그가 사대부 집안의 사람이라는 것을 듣고 매우 불쌍히 여겨 술과 밥을 주어 먹게 하고 쌀을 주어 구제해주었다. 이때부터 매양 집에 음식이 있으면 반드시 사람을 보내 불러다가 먹였으니 과연 위로와 구휼이 될 만하였다.

하루는 음관이 외출하였다가 한 시체가 여러 사람에 의해 홍인문興仁門으로 끌려가는 것과 마주치게 되었다. 말 위에서 미처 편면便面으로 가리지 못한 채 언뜻 보니 바로 장도령이었다. 마음에 몹시 측연하게 여겨 집에 돌아와서 탄식하였다.

"세상에 박명한 사람이 한없이 많지만, 어찌 장도령 같은 사람이 있겠는가?"

손가락을 꼽아 세어보니 장도령이 종루 거리에 와서 구걸한 것이 십오 년이었다.

그로부터 십 년 뒤, 음관이 일이 있어 호남 땅에 가는데 지리산 아래쪽을 지나다가 홀연히 길을 잃었다. 점점 산속으로 들어갔는데 날이 저물려고 하여 갈 수도 되돌아올 수도 없게 되었다. 작은 길을 바라보니 나무꾼들의 길 같아 보여 반드시 인가가 있을 것이라 생각하고 두르고 둘러 따라 들어갔다. 처음에는 다만 깊은 골짜기일 뿐이었는데, 점점 산은 밝고 물은 고우며 초목도 맑고 아름다워, 들어갈수록 더욱 기이함을 알게 되었다. 수십 리를 들어가니 황홀하게도 별천지 세계

홍인문 서울 사대문 중 동쪽의 정문으로, 지금의 동대문
편면 얼굴을 가리거나 빛을 가리는 부채의 일종. 얼굴을 가림으로써 편안함을 얻는다는 뜻

가 되어 다시는 인간의 흙먼지 세상을 생각할 수 없었다.

멀리 바라보니 한 사람이 푸른 옷에 푸른 나귀를 타고, 일산을 펴두어 사람을 따르게 하여 오는데, 그 빠르기가 나는 듯하였다. 음관은 대관大官의 행차라고 생각하고는 '깊은 산속에 관가의 행차가 웬일일까?' 라고 혼잣말하였다. 마음에 적이 의혹이 생겨 말을 숲속으로 끌고 들어가서 그들을 피하려고 하였으나, 몸을 숨기기도 전에 이미 홀연히 다가왔다. 그 사람은 말 위에서 읍하고 물었다.

"공께서는 헤어진 이래 편안하셨습니까?"

음관은 당황하여 뒷걸음질치며 대답하지 못하였다. 그 사람은 웃으며 "저의 거처가 이곳에 있으니, 공께서는 곧 들러주십시요" 하고는 즉시 나귀를 돌려 앞서 가는데 빠르기가 나는 듯하여 어느덧 보이지 않았다. 음관은 그들의 뒤를 따라갔다.

얼마 뒤 한 곳에 도착하여보니 큰 궁전이 이삼 리에 가득히 펼쳐 있고, 누대가 아득하게 솟아 금빛과 푸른빛으로 빛나고 있었다. 문 앞에 의관을 갖춰 입은 사람이 기다리고 있다가 음관이 도착하자 맞이하여 절하고 인도하여 들어갔다. 서너 개의 전각殿閣을 지나 한 전각에 도착해서, 이끌려 올라가 한 사람의 미장부美丈夫를 보았다. 의관은 매우 거룩하고, 좌우의 시녀 수십 명은 얼굴이 모두 절세미인이며, 푸른 옷을 입고 시중드는 동자 또한 십여 명이나 되고, 휘장을 두른 것이나 호위하는 사령使令이나 시종관侍從官이 마치 왕자王者의 것과 같았다. 음관은 두려워하며 나아가 배알하고 감히 우러러보지도 못하였다. 미장부는 답례로 읍을 하고 웃으면서 말하였다.

"그대는 나를 알아보지 못하겠소? 어서 나를 자세히 살펴보시오."

음관이 이에 감히 우러러보니 바로 나귀를 타고 일산을 펴들고 길가에서 맞이하던 사람이었다. 그러나 그전에 서로 알던 사람은 아니었다. 엎드려 대답하였다.

"아까 배알하였을 때도 제가 알아뵙지 못했는데 지금 하문下問을 받들어도 대답할 바를 모르겠습니다."

미장부가 말하였다.

"내가 바로 장도령이오. 그대는 어찌 나를 알아보지 못하오?"

음관은 비로소 머리를 들어 자세히 살펴보니 얼굴 생김새와 눈매는 과연 장도령이었다. 그러나 풍모와 기상이 빼어나고 밝으며, 영특한 광채가 넘쳐서, 옛날의 추악하고 비루했던 얼굴을 다시 떠올릴 수가 없었다. 음관은 크게 놀라면서 그 영문을 헤아리지 못했다.

장도령이 즉시 명하여 연회를 베풀어 대접하는데, 안주와 음식의 성대함과 특이함이나, 기구들의 진귀함은 모두 인간 세상에서 볼 수 있는 것이 아니며, 십여 명의 여아女兒들이 벌여 앉아 음악을 연주하는데, 악기와 가무 또한 인간 세상에서 들을 수 있는 것이 아니었다. 그리고 모든 여아들의 미려함은 참으로 '요희옥녀瑤姬玉女'라고 할 만하였다. 장도령이 음관에게 말하였다.

"우리나라에는 사대명산四大名山이 있고 각각 선관仙官이 있어 주관하고 있는데, 나는 이 산을 주관하고 있는 자라오. 예전에 작은 과실이 있어 잠시 진세塵世로 귀양 갔던 것이오. 귀양 가 있는 동안 그대가 나

요희옥녀 중국 초나라 회왕懷王이 고당高堂에서 노닐다가 꿈에서 만났다는 무산巫山의 선녀
사대명산 일반적으로 동쪽의 금강산, 남쪽의 지리산, 서쪽의 구월산, 북쪽의 묘향산을 일컬음

를 대우함이 후하였음을 나는 잊을 수가 없으며, 그대가 나의 시체를 보고 측은히 애도하는 마음이 있었던 것을 나 또한 알고 있소. 그러나 나는 죽은 것이 아니고 귀양의 기간이 다 되어서 시해尸解하여 다시 신선으로 돌아갔던 것이오. 이제 그대의 행차가 이 산을 지난다는 것을 알고 옛 은혜를 갚고자 하여 한번 보기를 청한 것인데, 그대 또한 약간의 옛 인연이 있기에 이곳까지 올 수 있었던 것이오."

이에 드디어 즐겁게 잔치를 하고 실컷 마신 뒤 파하였다.

밤에는 한 별전別殿에서 유숙하게 되었는데, 창과 문지방과 발과 난간이 모두 산호와 수정 등 진기한 보물로 만들어져 있었다. 영롱하고 투명하여 밝기가 대낮과 같으니 뼈가 오싹하고 정신이 맑아져 잠을 이룰 수가 없었다.

다음날 또 한 차례의 연회를 열어 전송하는데 술이 취하자 장도령이 말하였다.

"이곳은 그대가 오래 머무를 수 있는 곳이 아니니 지금 돌아가는 것이 좋겠소. 신선과 범인의 길은 다른 것이라 뒤에 다시 만나기를 기약하기 어렵소. 바라건대, 그대는 스스로 잘 진중珍重하게 지내십시오."

그리고 즉시 한 시종侍從에게 명하여 돌아가는 길을 인도하게 하였다. 음관은 절하여 하직하고 나왔다. 별로 오래 걸리지 않아서 곧 큰 길에 도착하였는데, 그 길은 처음 와서 산으로 들어가던 길이 아니었으므로, 음관은 자주 대나무 가지를 꽂아 표시해놓았다. 길을 인도해준 사람은 여기에 이르러 하직하고 돌아갔다.

시해 육신을 시체로 남기고 혼백이 빠져나가 신선으로 화化하는 것

음관은 다음해에 다시 그곳을 찾아갔으나, 겹겹의 절벽과 첩첩한 산봉우리에 초목이 빽빽이 가려 있어 마침내 그 길을 찾지 못하였다.

음관은 얼굴 모습이 점점 젊어지고 수염과 머리털이 희어지지 않더니, 나이 아흔 살이 되어 병 없이 죽었다. 음관이 일찍이 말하기를 "생각해보면 장도령이 세상에 있는 동안 별다른 기이한 일은 없었고 다만 용모가 조금도 변하거나 노쇠하지 않았으며, 한 벌의 때 묻고 더러운 옷을 갈아입지 않은 채 15년을 하루같이 지냈다. 이것으로 장도령이 범인이 아님을 알 수 있었을 뿐, 육안으로는 알아볼 수가 없었다"고 하였다.

『천예록天倪錄』

나이를 알 수 없는 책장수

조생 | 2

조생曺生은 어떠한 사람인지 알지 못한다. 책을 팔며 세상에 다닌 지 오래되었으므로 그를 만난 사람은 귀천貴賤과 현우賢愚에 관계없이 모두 그가 조생임을 알아보았다.

조생은 해만 뜨면 저잣거리로, 골목으로, 서당으로, 관청으로 달렸다. 위로 높은 벼슬아치부터 아래로 『소학』을 읽는 아이에 이르기까지 찾아다니지 않는 이가 없었다. 그런데 그가 달리는 것은 나는 듯했고, 그의 가슴과 소매에 가득한 것은 책이었다. 책이 팔리면 그 이문을 가지고 술청으로 달려가 마셔 취하고 날이 저물어서야 달려 돌아갔다. 사람들은 그가 사는 곳을 알지 못했고, 또 그가 밥 먹는 것을 보지도 못했다. 베옷 한 벌 짚신 한 켤레로 달리면서 계절과 해가 바뀌어도 변함이 없었다.

영조 신묘辛卯(1771, 영조 47)년 주린朱璘이 지은 『명기집략明紀輯略』에 우리 태조와 인조를 모독한 말이 있어 중국에 알리고 전국의 책을 다 거두어들였으며 그 책을 파는 자는 죽였다.

명기집략 청나라 때 진학陳鶴이 찬한 『명기』를 주린이 간추려 만든 명나라 역사 책

이때 나라 안의 책 장수가 모두 죽게 되었는데 조생은 이에 앞서 먼 지방으로 달아나 홀로 죽임을 면하였다. 뒤에 한 해 남짓 지나 조생은 다시 돌아와 옛날처럼 달렸다. 사람들이 자못 그것을 이상히 여겨 그 까닭을 물으면 조생은 웃으며 대답하였다.

"내가 지금 여기 있는데 어디로 달아났단 말인가?"

혹 누가 나이를 물으면 "잊었다오"라고 대답하였다.

후에 또 누가 물으면 서른다섯이라고도 했다. 올해 물은 사람이 그 다음해에 다시 "어찌하여 또 서른다섯을 넘지 않는다고 말하오?" 하면 생이 웃으며 답하였다.

"인생은 서른다섯일 때가 좋다기에 서른다섯 살로 내 나이를 마칠까 싶어 나이를 더 세지 않았다오."

어떤 호사자가 조생을 보고 "조생은 나이가 수백 살이다" 하니, 조생이 눈을 둥그렇게 뜨고 "그대는 어떻게 수백 년 전 일까지 아는가?" 라고 하므로 사람들이 능히 그를 힐난할 수 없었다. 그런데 술 마신 뒤 왕왕 자신의 견문을 이야기했는데 그것을 가만히 생각해보면 백수십 년 전의 옛일이었다.

"고생스럽게 책을 팔아서 무엇 하오?"

"책을 팔아 술을 마시지."

"책은 모두 당신 것이요? 또 그 뜻을 아시오?"

"내 비록 책은 없지만, 아무개가 어떠어떠한 책을 몇 년 소장하고 있다면 그 책들은 내가 일부를 판 것이오. 그 때문에 그 뜻은 모르지만 어떤 책은 누가 지었으며, 누가 주석을 달았고, 몇 권 몇 책인지 다 알 수 있다오. 그런즉 세상의 책이란 책은 다 내 책이요, 세상에 책을 아는 사람도 나만 한 사람이 없을 것이오. 세상에 책이 없어진다면 나는 달리지 않을 것이요, 세상 사람이 책을 사지 않는다면 내가 날마다 마시고 취할 수도 없을 것이오. 이는 하늘이 세상의 책으로 나에게 명한 바이라, 내 생애를 책으로 마칠까 하오.

옛날 아무개의 할아버지와 아버지가 책을 사들이고 몸도 현달하더니 지금 그 자손이 책을 팔아먹고 집이 곤궁한 것을 보게 되오. 내가 책으로 사람을 겪은 것이 많은데, 세상에는 슬기롭고 어리석고 어질고 불초한 사람이 동류끼리 무리를 좇아 쉼 없이 생겨납디다. 내 어찌 세상의 책에 관해서만 통하리오? 장차 이로써 세상의 인간사도 통할 것이오."

경원자는 말한다.

처음에 내가 칠팔 세 때에 자못 글을 엮을 줄 알았다. 선친께서 어느 날 조생에게서 「팔가문八家文」 한 부를 사서 주시며 "이 사람은 책장수 조생이란다. 집에 있는 책들은 모두 이 사람에게 사들인 것이다"라고 하셨다. 그의 나이는 마흔 남짓해 보였는데, 그때를 손꼽아보니 사십 년 전 일이다. 그런데 조생은 늙지 않았으니 생은 정말 보통 사람과 다른 것 같다. 그때 나는 조생 보기를 즐겨했고, 생 또한 나를 아끼어 자주 나에게 들렀다. 나는 이제 머리가 희끗희끗하고 손자를 안은 지도 벌써 여러 해가 되었는데, 조생은 장대한 체구에 불그레한 뺨, 푸른 눈동자에 검은 수염이 있다. 지난날의 조생을 돌이켜보니, 아! 기이하도다.

내가 한번은 조생에게 왜 밥을 먹지 않느냐고 물었더니 "더럽고 깨끗하지 못하다"라고 하며 다시 내게 말했다.

"사람들이 오래 살고 싶어하나 약으로 되는 게 아닐세. 효도하며 우애하는 것을 돈독하게 행하는 것이 양덕이라네. 세상 사람들이 나에게 귀찮게 묻지 않도록 그들을 깨우쳐주시게."

아! 조생은 참으로 도를 지니고도 스스로 숨어 완세玩世하던 사람이었다. 그가 내게 들려준 말이 일찍이 노자, 장자가 말할 수 있었던 것이겠는가."

『추재기이』

장을 씻는 신선

신선 김가기 | 3

김신선이란 이름은 어떤 연유로 얻게 된 것인가? 젊을 적에는 별다른 점이 없었는데 혼인한 첫날밤에 한 번 합방하여 아들 하나를 얻고는 평생 동안 홀로 기거하였다. 걸음걸이가 남들과 똑같았지만 세 번이나 금강산에 들어갔는데도 신이 한 켤레도 떨어지지 않았다.

정양사正陽寺에 어떤 노승이 있었는데 오곡을 먹지 않고 문밖으로 나가지 않은 것이 이미 십 년이 되었다. 김신선이 들어가보니 가부좌를 튼 채 눈을 감고 앉아 있었다. 김신선은 그와 한마디 말도 나누지 않고 무릎을 꿇고 마주앉아 있었는데, 어린 중이 노승에게 송화수松花水를 올리고 다음에는 김신선에게 올렸으나 그는 눈을 감은 채 응하지 않았다. 이렇게 사흘을 그대로 앉아 있었더니 노승은 이에 부끄럽게 여기고 그에게 사과하였다.

집에 있을 때는 간혹 새벽에 일어나 시냇물에 가서 엉덩이를 드러내고 물에 앉았는데, 배에서 소리가 나더니 물이 입으로 나왔다. 조금 있다가 입으로 물을 들이마시면 물이 마치 항문으로 쏟아지듯 나왔

정양사 금강산 표훈사表訓寺의 말사末寺

다. 이처럼 하기를 몇 번 하고서야 그쳤다.

아무 병 없이 세상을 떴는데 이상한 향기가 방 안에 가득하여 며칠이나 사라지지 않으니 사람들은 그가 '시해尸解' 한 것으로 여겼다.

신선의 이름은 가기可基다. 증손자의 이름은 수덕守德인데 아직 생존해 있다. 호산거사는 말한다.

신선이란 과연 배워서 될 수 있는 것인가? 그렇다면 『도덕경』 『참동계參同契』 『금벽金碧』 『황정경黃庭經』 등의 경전을 향을 태우며 예를 갖춰 외우면 될 수 있는 것인가? 웅경熊經·조신鳥伸, 용음龍吟·호소虎嘯가 과연 비승飛昇의 방도이겠는가? 물 기운과 불기운이 서로 화합하고 오행五行의 기운을 조원朝元하는 것, 이것이 과연 집이 통째로 들려올라가 온 식구가 신선이 되는 참된 요체이겠는가? 세상에는 혹 기를 들여마시고 침을 삼키며 곡기를 끊고 주문을 외우며 사기邪氣를 물리치다가, 마침내 굶어죽거나 요절하기도 하니, 백일하에 가볍게 들려올라 사람의 이목을 놀라게 하는 자가 있다는 말은 들어보지 못하였다. 그러니 도가서에서 말한 '봉

도덕경 노자가 지은 책으로 무위자연無爲自然을 주장했다. 5000여 자로 되어 있으며 『노자老子』라고도 한다.
참동계 한漢의 위백양魏伯陽이 지은 2권의 책으로, 주역·황로黃老·노화爐火, 장생불사의 선약을 만드는 도가의 3가를 합해 만들었다. 『주역』 효상爻象을 도가의 연단수양설鍊丹修養說에 부합시킨 것으로 단경丹經의 시조가 되었다.
금벽 『금벽오상류참동계金碧五相類參同契』를 말하는 듯하다. 당나라 때 만들어진 것으로 보이는 이 책은 『참동계』의 주석서로서 특히 내단內丹의 중요성을 강조하고 있다.
황정경 양생 수련의 방법에 관한 도가의 책. 비장脾臟을 일컬어 황정黃庭이라 하는데, 오장 중에서 비장을 특히 중시하는 까닭에 『황정경』이라 칭한다.
웅경·조신 곰이 나무에 매달려 기어오르는 자세로 기를 모으고, 새가 목을 빼어 먹이를 먹는 자세로 기를 모으는 수련법
용음·호소 용이 읊조리면 구름이 생기고 호랑이가 휘파람을 불면 바람이 일어난다는 뜻으로, 여기서는 호흡운동을 통한 도가의 수련법을 지칭

새에 멍에를 매어 타고, 교룡에 수레를 매어 타며, 강성罡星을 걷고, 북두칠성을 밟는다' 는 것을 과연 무슨 술수로 이룬단 말인가?

왕렬王烈이 혜강嵇康에게 말하기를 "신선의 풍골은 있으나 신선의 인연은 없다" 고 하였다. 그러니 '신선의 풍골' 과 '신선의 인연' 은 태어나면서부터 갖는 것이지 배워서 얻을 수 있는 것이 아니다. 신선의 풍골과 신선의 인연도 없으면서 한갓 단약丹藥 달이는 솥 사이에서 일삼는 자는 굶어죽지 않으면 요절하게 마련이다. 김신선은 허공을 거닐고 곡기를 끊으며 정기를 삼키고 장을 씻어냈으니 그것이 어찌 배워서 할 수 있는 일이겠는가?

또한 여러 선가仙家의 책을 읽어보아도 단지 그 스스로의 고원한 행동을 기록하였을 뿐이요, 관윤關尹이 노자를 스승으로 삼았던 일이나 장자방張子房이 적송자를 스승으로 삼았던 사실 같은 것은 자주 볼 수가 없는 것이다. 그런 까닭에 배워서 될 수 없는 것이 신선이라고 말하는 것이다.

사람의 몸 가운데서 취하여 사람마다 터득하여 지닐 수 있는 것은 효제충신孝悌忠信과 예의염치禮義廉恥이다.

『호산외기』

강성 북두칠성 가운데 자루에 해당하는 별

왕렬 중국 진나라 사람으로 자는 장휴長休. 항상 황정黃精과 연鉛을 복용하여 나이 338세에도 소년의 얼굴 같았다고 한다.

혜강 중국 진晉나라 사람. 자는 숙야叔夜. 죽림칠현의 한 사람으로 도기양생導氣養生의 술術을 좋아했다.

관윤 노자와 동시대의 사상가로, 노자에게 배우고 노자에게 『도덕경』을 저술해주기를 청했다는 전설이 있다. 『관윤자關尹子』라는 책이 전하지만 후인의 가탁으로 본다.

장자방 장량張良. 중국 한나라 사람으로 자방은 그의 자. 소하蕭何·한신韓信과 함께 한 고조가 천하를 통일하는 데 기여했다. 유후留侯에 봉해졌으나 속세를 버리고 적송자를 좇아 노닐었다 함

적송자 중국 상고시대의 신선. 이후로 적송자를 가탁하는 신선이 계속 이어 나왔다.

토정 이지함을 살린 이인

동해거사 | 4

토정土亭 이지함李之菡 선생이 일찍이 장사차 물건을 팔기 위해 동해 가에 가서 밤에 해변 어느 어촌에서 잤다. 또 한 사람의 행인도 와서 머물러 잤는데 그의 모양이 거사居士와 비슷하게 보였다. 그는 주인과 더불어 조용히 앉은 채 잠을 자지 않았다. 그날 밤의 기상은 맑았으며 파도는 잔잔하였고 반점의 바람도 없었다. 거사는 바다 쪽의 하늘을 오래 쳐다보다가 갑자기 크게 놀라 말했다.

"큰 변괴가 장차 일어날 것이오."

주변에서 괴이하게 여기고 그 까닭을 물으니 거사가 말했다.

"지금부터 몇 시각이 지나지 않아서 장차 해일의 변괴가 있을 것이오. 이 마을이 만경파도 아래에 들게 될 것이니, 급히 피하지 않는다면 사람이 모두 물고기 신세가 될 것입니다."

토정은 그 말을 듣고 또한 천문을 살폈으나 끝내 알 수 없었다. 주인을 보니 그도 믿지 않아서 나가 피할 뜻이 없었다. 거사가 말했다.

이지함 1517~1578(중종 12~선조 11), 자는 형중馨中, 호는 토정土亭. 화담 서경덕에게 배웠다. 포천과 아산의 현감을 지냈다. 후세에 예언가로 알려져 일화가 많이 전해온다. 문집 『토정유고土亭遺稿』가 있다.

"주인이 비록 내 말을 망언妄言이라 여긴다고 하더라도 우선 잠시 뒷산 꼭대기에 피하기를 바라오. 몇 시각이 지난 뒤에 그 말이 맞지 않으면 집으로 돌아 들어와도 해로울 것이 없지 않겠소? 내 말이 의심스럽다면 재산은 옮기지 말고 다만 주인과 집안사람들만이라도 모두 높은 곳에 올라가 피하여 모두 물에 빠지는 것을 면하시오."

토정이 그 이치를 알진 못했지만 그 말을 기이히 여겨 따라가보았다. 주인도 늙은이와 아이들을 이끌고 가벼운 차림으로 거사를 따랐다.

집 뒷산에 올라가니 거사는 반드시 꼭대기로 올라가라고 하였다. 토정은 혼자 꼭대기에 오르지 않고 산허리에 앉아서 말했다.

"여기서도 피할 수 있지 않겠소?"

거사가 말하였다.

"다른 사람은 안 되겠지만, 그대라면 비록 잠깐 놀라기는 해도 피할 수 있을 것이오."

닭이 울 무렵 과연 해일이 일어나 파도 물결이 하늘을 덮칠 듯 밀려왔다. 파도가 토정이 가부좌를 하고 앉아 있는 아래까지 밀려왔다. 해변의 마을은 모두 물에 잠기고 밝을녘이 돼서야 해일이 그쳤다.

토정은 드디어 거사에게 절을 하고 제자가 되어 배우기를 소원하였다. 거사는 굳게 거절하며 말했다.

"우연히 이것을 알았을 뿐 다른 것은 아는 게 없다오."

끝내 그의 쌓은 바를 말하려 하지 않았다. 토정이 그의 거처를 물으니 멀지 않은 곳에 있다고 하면서 가리켜주고 떠났다. 토정이 다음 날 찾아가니 집은 이미 비어 있었다.

『천예록』

이곳에서 밤을 지내서는 안 됩니다

벽란 노인 | 5

나의 아버님이 젊었을 때 일이 있어 해주에 갔었다.

저물어서 벽란碧瀾나루에 이르렀는데, 이 나루는 조수潮水를 기다려 배를 운행하므로 행인이 모두 머물러 자고, 닭이 울면 이에 건너가게 되어 있었다. 한 늙은이를 보니, 헌 솜옷을 입고 숨이 차서 땀을 흘리며 더위에 괴로워하며 헛간 아래에 앉아 있었는데, 주인이 밥값을 독촉하며 욕하기를 그치지 않았다. 나의 아버님이 그 늙은이를 불쌍히 여겨 대신 밥값을 치르고, 또 자루 속에서 무명 속저고리와 바지를 꺼내어 그에게 입게 하였다. 늙은이가 그 밥을 먹고 그 옷을 입고 한마디 말도 없다가 잠시 뒤에 조용히 나와 말하였다.

"이곳에서 밤을 지내서는 안 됩니다. 원컨대 공께서는 왔던 길로 되돌아 갔다가 모레 건너는 것이 좋겠습니다."

나의 아버님 역시 마음이 움직여 수레를 재촉하여 돌아왔는데, 일정一亭에도 이르지 못하여 우뢰비가 사납게 쏟아져서 마을 객사로 피하

나의 아버님 이 글의 저자인 조수삼의 부친 조원문趙元文
벽란나루 황해도 예성강 하류에 있는 나루
일정 길의 거리 단위. 십 리가 일정임

여 머물렀다. 비는 사흘 낮밤을 줄기차게 내리다가 이틀이 지난 새벽에야 바야흐로 날이 개었다. 서쪽에서 온 사람들이 떠들썩하게 말하기를, 벽란도碧瀾渡 삼십여 호가 무너지고 물에 쓸려가 소, 말, 닭, 개도 모두 벗어날 수 없었다고 했다.

아! 그 늙은이는 진실로 이인이로다.

『추재기이』

금강산에서 서로 만나세

신두병 | 6

신두병申斗柄은 어떠한 사람인지 알 수 없다. 『참동계』를 즐겨 읽었고, 승문원의 산원散員이 되어서, 중국과의 외교문서는 모두 그가 살피고 관여하였다. 승문원에 일이 있으면 통보를 기다리지 않고 먼저 와서, 남들이 그의 집을 알지 못하도록 하였다. 이렇게 하여 몇 해를 지나다가 갑자기 사표를 내고 물러가겠다며 말하였다.

"홀로된 누님이 있었는데 부양할 길이 없어 녹봉을 구했었습니다. 이제 누님이 죽었으니 녹봉을 무엇에 쓰겠습니까?"

드디어 옷을 털고 가버렸다.

일찍이 어떤 사람과 친하게 사귀었는데 그 사람을 찾아가서 작별하며 말하였다.

"이제 나는 가네. 뒤에 어느 해에, 금강산에서 서로 만나세."

그 사람이 괴이쩍다고 의심하면서도 그해에 이르러 그 사람은 과연 풍악으로 놀러갔다. 단발령斷髮嶺에 이르니 신두병이 패랭이를 쓰고 와서 길에서 만난 채로 옛이야기를 나누고 술을 사다 마시고 기쁨을 다

산원 정8품의 서반직西班職. 여기서는 승문원의 말직이라는 뜻

한 뒤에 갔다. 그 사람이 함께 유람하기를 요구하니 신두병은 말하였다.

"갈 곳이 있어서 머물 수 없네. 어느 해, 어느 달, 어느 날에 자네의 선산에서 서로 만날 수 있을 것이네."

그해가 되자 그 사람은 죽었다. 장사 지내는 날 신두병이 술 한 병을 들고 와서 광중壙中을 향하여 통곡을 하고 갔다. 끝내 그의 종적은 알 수 없었다.

딸이 하나 있었는데 아름다워 선녀의 자태가 있었다. 도가의 책을 가지고 다니며 읽고 외우기를 잠시도 쉬지 않았고, 나이 과년해도 시집을 가지 않았다. 또한 그 종적을 알 수 없었다.

『호산외기』

물맛 감별의 신선

수선 | 7

수선水仙은 과천果川 백성이다. 친척 피붙이가 없어서 남에게 품팔이하며 살았다. 가경嘉慶 갑술甲戌(1814, 순조 24)년에 크게 기근이 들어 쌀이 한 섬에 이천 문이나 되었다. 수선은 말하였다.

"죽을 운수로구나. 깨끗한 귀신이나 되는 것이 좋겠다."

관악의 동쪽 기슭에 샘물이 둘 있었는데 명품名品이었다. 매일 가서 물을 손으로 떠 마셨으며, 가득 마시고 나면 햇볕을 쬐고 산 아래 누웠다. 밤에 가게의 빈방에서 자는데, 혹 밥을 주면 받지 않고 "남의 신세를 지고 싶지 않습니다"라고 하며 또 샘물로 달려가 물을 마셨다. 두 샘물 사이를 오가며 끝내 배고픈 고통을 몰랐다.

다음해에 대풍이 들어 사람들이 다시 그를 맞이하여 품팔이를 하게 하니 수선이 말하였다.

"전에 먹는 일로 몸뚱이를 괴롭혔는데, 다행히 각곡방却穀方을 배워 마음이 또한 편하게 되었다. 어찌 다시 근육과 뼈를 고생시키겠는가?"

각곡방 벽곡법辟穀法. 곡식을 먹지 않고 대신 솔잎과 같은 것을 먹는 도가의 수행 방법이후 몇 해 동안 물의 성질에 전심하여, 물맛을 깊이 깨달아 샘물·우물물·강물·개울물을 판별하는 데 틀림이 없었다. 이에 고을 사람들이 모두 '수선'이라 불렀다.

판서 아무개가 그를 서울로 불러다가 도성 안의 유명한 샘물들을 두루 길어서 등급을 매기게 하였다. 수선은 삼청동三淸洞의 성천星泉을 제일로 치고 훈련원訓練院의 통정通井과 안현鞍峴의 옥폭玉瀑을 나란히 제3등으로 치니 제2등은 없었다.

"물의 경중輕重을 알 수 있습니다"라 하였는데 저울에 달아보니 과연 그러하였다. 그후에 명산을 유람하러 간다며 한번 가더니 돌아오지 않았다.

옥산자玉山子는 말한다.

사람이 먹지 않으면 배가 고프고 힘이 다하여 죽음에까지 이르는 것이다. 즉 사세는 반드시 몸이 피곤해지고 마르고 꼿꼿해져서, 배꼽과 밥통이 붙고 비게 되는 것이다. 지금 보면 거의 모두가 누렇게 뜨고 배가 불렀으며 기름이 흐르는 것은 어찌된 일인가? 굶주림에 시달리면 식욕을 채우지 못하여 풀잎사귀와 나무뿌리 등 딱딱한 것들을 먹지 않는 것이 없다. 위장은 이미 말라서 소화를 시키지 못하여 심한 체증滯症으로, 위아래가 꽉 막혀서 기가 흘러 통하지 못하므로 부종浮腫이 생긴 것이다.

마음에 주관이 있어서 식욕에 끌리지 않고 마음을 편안히 하며 기에 순

훈련원 이조 때 군사의 시재試才와 병서兵書, 전진戰陣의 강습을 맡아보던 관청. 명철방明哲坊, 즉 지금의 방산동에 있었다.

옥산자 이 글의 저자인 장지완. 그의 본관이 인동仁同이었는데, 옥산은 인동의 고호이므로 옥산자라 자칭한 것임

응하여 호흡을 알맞게 하고, 또 좋은 물로써 폐부肺腑를 씻을 것 같으면 죽지 않는 것이 당연하다.

전에 내 친구 김수약金守約이 금강산에 들어가 물을 마시며 벽곡법을 행하길 49일이나 하였다. 그는 독서인讀書人이라 반드시 수양을 통해 축적된 힘이 있었을 것이다. 수선의 경우엔 배움이 없는 천한 출신이었으나 특별히 죽기를 각오하고 바깥 사물에 관심을 갖지 않았던 까닭에 마음은 바깥으로 달리지 않고 안으로 지킴에만 전심하였으니, 그 효험을 얻음이 어찌 당연하지 않겠는가?

세상에 음식을 절제하지 못하여 타고난 수명을 다하지 못하는 자가 열에 아홉이다. 이로써 먹고 죽은 이는 많지만, 먹지 않고 죽은 이는 없다는 것을 알 수 있다.

일찍이 충청도의 한 선비를 보았는데, 흉년이 들고 딸린 식구는 많으니 끼니를 걸렀다. 일찍 일어나 물을 끓이고서 평상시와 같이 밥상을 차리고 그릇을 벌여놓았다. 물이 다 끓으면 가족들이 모여 앉아 뜨거운 기를 불어내고 길게 들이마셨다. 배를 채우고 나서 전처럼 항상 하던 일을 하였으며, 끼니때의 불 때는 것이 제시간을 놓치지 않았는데, 얼굴들은 더욱 윤기가 흘렀다. 저 의욕을 상실하여 위축되어 있는 자들에 비교해보면 그 기상이 어떠한가? 이것은 독서인들의 굶주림을 참는 좋은 방법이라 할 만하다.

『침우담초』

김수약 김홍원金弘遠. '수약'은 자, 호는 상악霜嶽. 여항의 학자로 국외의 강역疆域·풍속風俗·흥망興亡에 대해 해박했다고 한다.

홑베적삼으로 한겨울을 나다

문유채 | 8

문유채文有采는 본관이 상주尙州다. 지극한 행실이 있어, 일찍이 아버지의 상을 당하여 시묘살이 삼 년을 하는 동안 발길이 집에 이르지 않았다. 삼년복을 마치고 집에 돌아와보니 그의 처 황씨黃氏가 행실을 잃었다. 문생은 아무 말 하지 않았지만 황씨는 도망하여 숨었다. 황씨의 족친들은 문생이 죽인 것으로 의심하고 관가에 가서 고발하여 죄수로서 칠 년 동안 구금되어 있었다. 판서 조정만趙正萬이 상주목사로 있을 때 그가 원통함을 알고 기찰하여 황씨를 체포해들여 곤장을 쳐서 죽이고 드디어 문생을 풀어주었다.

문생은 곧 집을 떠나 산사에 머무르면서 벽곡법을 행하여 먹지 않고 십여 일을 지낼 수 있으되, 한번 먹으면 대여섯 되를 먹었다. 걸음걸이가 나는 것과 같아서 하루에 사백 리를 갈 수 있었고, 겨울과 여름을 홑옷 한 벌로 지내면서도 추위나 더위를 몰랐으며, 항상 나막신을 신고 사방을 두루 돌아다녔다.

조정만 1656~1739(효종 7~영조 15), 자는 정이定而, 호는 오재悟齋, 본관은 임천林川. 1681(숙종 7)년 진사에 급제. 영조가 즉위한 후 호조참판, 지중추부사 등을 지냈다.

해주海州 신광사神光寺에 이르렀는데 때는 큰 눈이 내리고 있었다. 문생은 홑옷을 입고도 추운 기색이 전혀 없으니 중들이 모두 기이하게 여겼다. 밥상을 차리니 사양하며 먹지 않았고, 저녁에 잠자리에 들 무렵 중이 따뜻한 곳으로 안내해도 사양하더니 찬 곳에 머물며 홀로 앉아 새벽까지 잠을 자지 않았다. 그때 눈비가 그치지 않아서 사흘을 머물렀는데 먹지도 않고 자지도 않아서 중들은 모두 그를 이인으로 알았다. 또 한 말 쌀로 밥을 지어서 올리니 문생이 주먹밥을 만들어 잠깐 사이에 먹어치웠다. 다 먹고 나서 떠나려 하니, 중들이 사람을 보내 그의 뒤를 밟게 하였다. 문생은 석담서원石潭書院에 이르러 배알拜謁하고 성명을 적었는데 비로소 그가 문유채임을 알게 되었다. 걸음이 빨라서 중은 따라가지 못하고 결국 돌아왔다고 한다.

문생은 천성이 매우 고요하고, 시끄럽게 떠드는 것을 싫어하여, 궁벽한 곳, 빈 암자가 아니면 거처하지 아니하였다. 가을과 겨울이 바뀔 무렵 산꼭대기의 폐사廢寺에 올라갔는데 눈이 쌓여 길이 막히고 다시 소식이 없으니 여러 중이 모두 '처사는 얼어 죽은 게 틀림없다'고 하였다. 봄이 돌아와서 눈이 녹자 곧 가서 찾아보니 문생은 홑베적삼을 입고 낙엽을 두텁게 깔고서 깔끔하고 꼿꼿이 앉아 있었는데 얼굴에 기름기가 흐르고 춥고 굶주린 기색은 없었다.

혼자 있을 때에 경전을 외는 음성은 금석 악기 소리처럼 낭랑하였는데, 간혹 듣는 사람이 있으면 곧 그만두었다. 어느 경사經師가 그와 더

신광사 황해도 해주의 북숭산北嵩山에 있는 절

석담서원 황해도 고산면 석담리에 있는 서원. 이이가 만든 은병정사隱屛精舍가 1610(광해군 2)년에 사액을 받아 서원으로 승격되었다. 조광조, 이황, 이이 등을 제향했다.

불어 논란하고자 하니 "단지 읽기만 할 뿐 그 뜻을 모른다"라고 하면서 끝내 더불어 수작하지 않았다. 이에 그의 공부의 깊고 얕음을 헤아릴 수 없었다.

백화암白華庵에서 거처를 마하연摩訶衍으로 옮긴 지 얼마 안 되어 죽었다. 짚으로 싸서 배점拜岾에 가매장하였는데, 이미 몇 년이 지나도 반장反葬해가는 사람이 없었다고 한다.

김백련金百鍊이 말했다.

"풍악산楓岳山 중들의 말을 들으니, 문생이 하루는 어느 방에 혼자 있으면서 여러 중에게 가까이 오지 말라고 하였다. 한밤중에 갑자기 집 벽이 흔들리고 갈라지면서 벼락 치는 소리를 내었고 방 안은 대낮처럼 환히 밝았다. 중들이 모두 놀라 가서 보니 문생은 이미 눈을 부릅뜨고 있었다. 대개 해화解化해간 것이다."

『청구야담』

경사 경전을 공부하고 가르치는 사람
김백련 자는 경쉬景淬, 호는 오묵五默·환해고생寰海孤生, 본관은 순천順天
풍악산 금강산의 가을 이름
해화 몸만 놔두고 혼백이 빠져나가 신선이 되었다는 표현으로, 도교 식으로 표현한 죽음

술병 하나와 파초 한 잎

유생 | 9

유생兪生은 남양南陽의 선비다. 젊을 때 산을 유람하기를 좋아하였고 신선 이야기하기를 좋아하였다. 집안이 부유하여 안장을 지운 말과 시중드는 하인을 데리고 나라 안의 명승지를 두루 유람하였는데, 추위나 더위를 핑계로 그만두지를 아니하며 "사계절의 경치는 모두 다르다"고 하였다.

일찍이 대설大雪을 무릅쓰고 금선대金仙臺에 들어가 유숙하였다. 잠시 후에 두 노인과 한 소년이 들어왔는데 밤이 이미 깊은 때였다. 세 사람을 보니 모두 머리의 책건幘巾을 반쯤 벗었고, 맨발 그대로여서 그들이 도깨비가 아닌가 의심되어, 적이 두렵고 가슴이 두근거렸다.

조금 있다가 세 사람은 "날씨가 매우 춥구나. 술을 마심이 좋겠다" 하며 소매 속에서 술병 하나와 파초 한 잎을 꺼내었다. 그 잎에는 어린아이의 손이 여러 개 싸여 있었고 병 속의 술은 선혈鮮血과 같았다. 유생은 더욱 놀라, 말도 나오지 아니하였다.

남양 남양부南陽府. 지금의 경기도 수원 · 화성 일대에 있던 부명
금선대 경상북도 문경시 운달산雲達山에 있는 사찰

세 사람은 각기 손을 안주 삼아 한 잔씩 마시고 유생에게 술도 권하고 손도 권하였다. 유생이 사양하며 말하였다.

"저는 타고난 체질로 술과 고기를 가까이하지 않고 있습니다."

세 사람은 웃으며 말하였다.

"그대가 먹지 않는다면 우리들이 그것을 먹겠네."

드디어 그 나머지를 다 먹고는 집을 나갔는데 간 곳을 알지 못했다.

유생은 비로소 놀라며 후회하였다. 잎에 남은 찌꺼기에서 진한 향내를 맡고 혀로 핥아보니 감향甘香이 뼛속에 파고들었다. 이에 보고도 모르고 지나쳤다는 것을 알게 되었다. 죽는 날까지 말할 때마다 문득 눈물을 흘리며 복 받을 연분이 없다고 스스로 한탄하였다.

『추재기이』

내외금단결을 짓다

이생 | 10

이생李生은 그 이름이 알려져 있지 않다.

어려서부터 체질이 약하고 병이 많았는데 어느 친구에게서 몸을 다스리는 방법을 얻어 자못 효과를 보았고, 또 『성명규지性命圭旨』를 얻어 침을 삼키고 기를 돌리는 법을 많이 시험하였다.

일찍이 내게 말하였다.

"양생養生을 하려거든 먼저 기를 돌려 임맥任脈과 독맥督脉이 통하게 하는 것이 필요하다. 그렇게 하면 온갖 병이 전혀 생기지 않는다."

『내외금단결內外金丹訣』 360구를 지어 내게 보여주었다. 그 어구는 『성명규지』에서 나온 것이 많고 수련 공부를 설명해놓은 것이 체계가 있고, 매우 정밀하여 볼 만하였다.

『겸산필기』

성명규지 심신 수련의 비법을 논술한 명대의 도교서. 불교 고승의 어록이나 유교 성현의 명언집에서 관련 부분을 인용해 도교적 방법의 정당성을 입증하려 한 특색이 있다.
임맥과 독맥 인체 중앙에 위치해 상하의 기를 통하게 하는 경락. 임맥이 몸 앞쪽을, 독맥은 뒤쪽을 지난다.

묘향산의 김신선

김세휴 | 11

김세휴金世庥는 영변寧邊 사람이다. 일찍이 이인異人을 좇아 수련하는 방법을 배워서, 추워도 솜옷을 입지 않고 배고파도 곡식을 먹지 않았다. 묘향산에 들어가 청량淸凉과 설령雪嶺 사이에서 노닌 지 거의 사오십 년이 되었다. 서도西道 사람들은 모두 그를 신선이라고 불렀다. 그곳에 들어가 김신선의 집을 물으면 나무하는 아이나 점심밥 나르는 아낙들이 모두 가리켜주곤 하였다.

그 풍신風神과 용모는 보통 사람을 넘지 않았으나, 몸이 맑고 여위어 속된 모습이 없었다. 하루에 먹는 것은 고작 솔잎 몇 숟가락을 맑은 물에 타서 마시는 것뿐이었다. 밤이 되면 새벽에 이르기까지 꼿꼿이 앉아 잠을 자지 않았고 오경이 되면 반드시 지게문을 나서서 섬돌과 마당에 바장이다가 조금 뒤에 방에 들어왔는데, 마치 옆 사람이 알까 두려워하는 듯했다.

또 운명을 추리하는 데 정밀하여, 용케 맞추는 경우가 많았다. 스스로 말하기를 『황정경黃庭經』을 구천여 번 읽었는데 중비로봉中毗盧峯에

서도 황해도 · 평안도를 통칭하는 말

들어가 만 번을 채우고 돌아오고 싶다고 했다. 육십여 세가 되어 나막신을 신고 낭떠러지나 꼭대기를 가는데 나는 듯이 빨랐다. 중들은 신령님처럼 공경하고 받들었는데, 전해오는 이야기가 신기하고 이상하여 거짓말 같은 느낌이 많으므로 감추고 드러내지 않는 것도 있다.

후에 금강산 유점사楡岾寺에 들어가 앉은 채로 열반에 들었는데 한 해 뒤에 그의 조카가 유해를 반장해갔다.

『학산한언鶴山閒言』

유점사 금강산에 있는 절로, 통일신라 때 창건되었음

유불도에 통달한 승려

휴정 | 12

청허선사淸虛禪師 휴정休靜은 묘향산에 오래 머물렀기 때문에 서산대사西山大師라고 불리기도 한다. 속성은 최씨다.

선조 임진壬辰(1592, 선조 25)년 승장僧將으로 팔도도총섭八道都摠攝이 되었다.

휴정은 젊을 때 유가의 글을 배워 이미 대의를 통달하였는데 홀연히 발원하여 부용芙蓉의 문하에 가서 머리를 깎고 불법을 받았다. 팔교八教에 두루 통하고 삼관三關에 밝고 뛰어났다. 그의 문인들이 유고를 정리하여 『청허당집淸虛堂集』 한 권을 만들어 세상에 간포하였다. 그의 「향로봉香爐峯」 시는 다음과 같다.

팔도도총섭 임진왜란 당시 선조가 휴정에게 내린 벼슬로 팔도의 의승군義僧軍을 통솔하는 직책
부용 조선중기의 중 영관靈觀(1485~1572, 성종 16~선조 1). 부용은 호이며, 또다른 호로 은암隱庵, 연선도인蓮船道人이라고도 한다. 유가와 도가에도 깊은 이해가 있었으며, 천문 · 의술에도 박학했다고 한다. 휴정이 그에 대해 쓴 행록이 있다.
팔교 천태종天台宗에서 부처의 가르침을 8가지로 나눈 것. 형식에 따라 나뉘는 화의사교化儀四教에는 돈교頓教 · 점교漸教 · 비밀교秘密教 · 부정교不定教가 있고, 내용에 따라 나뉘는 화법사교化法四教에는 삼장교三藏教 · 통교通教 · 별교別教 · 원교圓教가 있다.
삼관 불도佛道를 깨닫는 세 가지 관문觀門, 곧 입 · 귀 · 눈

만국의 도성들은 개미집 같고 萬國都城如垤蟻
천가의 호걸들은 초파리 같네. 千家豪傑若醯鷄
창 가득 밝은 달, 청허한 베개에 一窓明月淸虛枕
한없는 솔바람 울림이 고르지 않네. 無限松風韻不齊

『겸산필기』

국서를 받들고 일본에 가다

유정 | 13

유정惟政은 자가 이환離幻, 호는 사명당四溟堂, 또는 송운松雲이다. 속성은 임任, 본관은 서하西河이며 이름은 응규應奎다. 그의 아버지는 증직贈職 형조판서인 임수성任守成이고, 밀양에 살았다.

그는 열세 살에 황악산黃岳山 직지사直指寺에 나아가서 신묵信默에게 머리를 깎았다. 신유辛酉(1561, 명종 16)년에 승과僧科에 합격하여 한 시대의 학사 · 대부와 더불어 창화唱和하였고, 을해乙亥(1575, 선조 8)년에 묘향산에 들어가서 청허淸虛한테 『연화경蓮華經』을 배우고 삼 년 고행으로 그 법을 다 얻었다. 갑진甲辰(1604, 선조 37)년에 국서를 받들고 일본에 갔는데, 일본 사람들이 특별히 대우하였다. 나이 육십칠 세에 입적入寂하였는데, 사시私諡를 자통홍제존자慈通弘濟尊者라고 하였다. 문집 7권이 있으며, 밀양 표충사表忠祠에서 향사를 올리고 있다.

『겸산필기』

직지사 경북 금릉군 대항면에 있는 절. 신라 제19대 눌지왕 2년에 고구려 중 묵호자墨胡子가 지었다고 함
연화경 『묘법연화경妙法蓮華經』으로, 대승 불교 경전의 하나. 부처가 세상에 나온 본뜻을 설명하고 있다.
사시 시호는 제왕帝王 · 경상卿相 · 유현儒賢들이 죽은 뒤에 그들의 공덕을 칭송하여 나라에서 공적으로 주는 칭호인데, 이 경우에는 승려들이 사명대사에게 사적으로 올린 것임
유정 1544~1610(중종 39~광해군 2). 『사명당집』 『분충서난록奮忠紓難錄』을 남김

육조六祖가 서로 전한 염화미소

언기 | 14

편양선사鞭羊禪師 언기彦機는 어려서부터 기특한 성질이 있었다. 현빈玄賓에게 계를 받고, 성장한 후에 서산西山, 유정에게 인정받았으며, 도가 이루어지자 명망이 날로 퍼져 문하에 나가 묻는 자가 매우 많았다.

일찍이 풍악산 천덕사天德寺와 구룡산 대승암大乘庵과 묘향산 천수암千授庵에서 살았는데, 제자 열청說淸이 남긴 책을 모아 『편양당집鞭羊堂集』 1권을 엮어 간행하였다. 신원산인信元山人에게 준 시는 이러하다.

염화미소라는 맨 처음 구절을	拈花微笑最初句
육조六祖가 서로 전한 것 이 마음뿐이리.	六代相傳只此心
가련타! 나같이 어리석고 미친 사람은	可憐若我癡狂輩
다만 경문을 향해 책 속에서 찾고 있구나.	但向經文紙上尋

『겸산필기』

언기 1581~1644(선조 14~인조 22), 속성은 장張, 본관은 죽주竹州. 백화암에 비가 있다.
육조 선가禪家에서 종파가 아직 갈리기 전 여섯 사람의 조사祖師. 곧 달마達磨 · 혜가慧可 · 승찬僧璨 · 도신道信 · 홍인弘忍 · 혜능慧能

오뚝하게 30년 앉아 성불하다

희언 | 15

희언熙彦은 명천明川의 양민이다. 열두 살에 출가하여 칠보산七寶山 운주사雲住寺로 들어가 열세 살에 머리를 깎고 운주사에 거처한 것이 거의 이십 년이었다.

성격이 지극히 부지런하여 손수 짚신을 삼을 때면 밤낮으로 그치지 아니하고 조금도 쉬지 않았다. 서른한 살에 처음으로 자신이 만든 짚신을 가는 베 열대여섯 필과 바꾸었는데, 서울과 관서 지방에 세 번 와서 팔았다. 가는 베 오십 필을 얻어 짊어지고 돌아오다가 안변安邊, 원산元山 땅에 이르렀을 때였다. 짐을 풀고 길가에서 쉬다가 홀연히 짊어지고 오던 것을 버리고, 곧 개골산皆骨山으로 달려가서 문득 곡기穀氣를 끊었다. 대개 돈오頓悟했던 것이다.

도를 깨우친 뒤에도 뭇사람과 더불어 자취를 섞어 남과 다른 것이 없었으니, 사람들이 기이하게 여기지 않고 대개 범인들 중에 곡기를

명천 지금의 함경북도 명천군
운주사 함경북도 명주군 칠보산에 있던 사찰
안변 원산 함경남도 남부 지역의 지역 명. 원산은 원산진이 있었던 곳으로 해륙교통이 발달해 상업이 성했다.
개골산 금강산의 겨울철 이름
돈오 단번에 깨달음을 얻는 득도得道의 한 형태

끊은 자라고만 여겼다. 벽암선사碧岩禪師 각성覺性이 한번 보고 특이하게 여겨 "천하의 고승이다" 하고, 더불어 벗하니 이로 말미암아 이름이 알려졌다.

그의 수도는 고고한 고행을 위주를 삼아 참선입정參禪入定을 시작한 뒤에는 밤낮으로 결가부좌하여 오뚝하게 앉아 눕지도 않고 자지도 않았다. 장삼 한 벌로 겨울 여름 없이 갈아입지 않았고 죽을 때까지 바지도 없이 다만 한 장의 수건으로 아래를 가렸을 뿐이다. 평소에 한마디 말이 없었고, 승려든 속인이든 오고가는 사람이 있으면 다만 합장하고 "성불成佛하십시오"라고 말하였다. 그 뜻은 대개 불도를 배워 성불하기를 바라는 것이었다. 처음에는 글을 못하였는데, 도를 깨달은 뒤에 각성하여 불경의 말을 많이 알았다고 한다.

광해군이 산중山中에서 수륙재水陸齋를 베풀었는데, 그의 도가 높음을 듣고 비단 가사袈裟를 지어 하사하였다. 사자使者가 그것을 앞에 놓으니 눈을 감고 보지 않다가 한참 후에 손으로 밀어버리고 몸을 숨겨 떠나가버렸다.

일찍이 지리산 절에 이르러 입정하여 오뚝하게 앉아 있은 지가 수십 년이었다. 절의 중들이 그가 굶는 것을 민망히 여겨 밥을 밀어주었으나 끝내 먹지 않았다. 중들이 솥바닥의 누룽지를 물에 말아서 선사 옆에 두고 누구인지 알지 못하도록 하자 비로소 그것을 먹었다. 밤에 그 그릇을 돌려주고 갔는데, 반드시 그 밥그릇 주인의 방 앞에 놓았다.

벽암선사 1575~1680(선조 8~현종 1), 벽암은 호, 자는 징원澄圓, 속성은 김金. 임란 때 승병으로 공을 세웠으며, 인조 때 팔도도총융八道都摠攝으로 남한산성 축조를 감독함
수륙재 바다와 육지의 여러 귀신에게 올리는 재齋

사람들은 심통력心通力이 있다고 여겼다.

늘그막에 속리산 법주사法住寺에 이르러 토굴을 만들고 그곳에서 거처했는데, 밤낮으로 오뚝하게 앉아 있은 지 삼십여 년 만에 죽었다. 죽을 때 또한 앉은 채로 입적하니 그의 나이 여든여덟이었다. 다비를 하는 저녁에 큰바람이 산을 울렸다고 한다.

내가 속리산 절에 이르러 희언 · 수일守一 · 각성覺性의 화상을 보고 세 선사 중에 누가 가장 고승이냐고 물었다. 그 절의 중이 "희언 스님이 가장 고승이십니다"라고 대답했다. 그의 사적을 물으니, 길천吉川 사람으로 그와는 동향인 신현信玄이라는 자가 이 절에서 살아 그의 입적을 보았다고 했다. 그러므로 그의 시종始終을 본 것이 대략 이와 같았다.

『천예록』

내 이 글의 저자 임방任埅

길천 지금의 경기도 여주에 있던 옛 지명

진무鎭撫의 목숨을 구해주다

수일 | 16

수일守一선사라는 사람은 영남의 중이다. 울산 어떤 절에 사는데, 도술이 있어 신이한 일이 많았으므로 절의 중들이 지극히 공경하곤 하였다. 선사는 모시는 제자가 없어서 매우 가난하여, 절의 중 수백 명이 서로 음식을 공양하였다. 매양 식사할 때면 문득 공양하는 중을 찾아 자리에 나가 앉았는데, 마치 어떤 사람이 알려주는 것 같았다. 일찍이 한 번도 잘못 찾아간 적이 없으니 사람들은 이 때문에 그가 다른 사람의 마음을 꿰뚫고 있음을 알게 되었다.

낮에는 대개 눈을 감고 잤으며 밤에는 절 뒤편 낮은 언덕에 올라 정좌한 채 잠을 자지 않았다. 밤이 깊지 않을 적에 절의 중이 때때로 찾아가 이야기를 나누고 돌아왔다.

어느 저녁에 여러 중에게 말하였다.

"오늘밤에 혹시라도 너희들은 나를 찾아오지 말라."

밤중에 젊은 중 네다섯 명이 같이 찾아갔다. 멀리서 보니 선사와 중 하나가 마주앉아 있는데, 두 사람의 목소리는 조용조용하였다. 무리들이 다투어 나아가니, 그 마주앉은 중은 당장 큰 호랑이로 변하여 중들을 보고 크게 으르렁대며 쫓아내는데, 그 소리가 산골을 울렸다. 무리들이 크게 놀라 달아나는데 어떤 사람은 엎어지고 자빠지며 똥을 싸기도 하였다. 수일선사가 웃으면서 호랑이를 말렸다.

"너는 그러지 말거라! 그러지 말거라!"

호랑이는 그제야 선사 자리 앞으로 되돌아갔는데 무리가 또 가만히 가서 살펴보니 마주앉은 사람은 호랑이가 아니고 바로 중이었다. 사람들은 그 까닭을 알지 못했다.

또 어느 날 선사가 금강산에 갈 적에 어느 곳을 지나다가 길 옆 돌 위에 앉아 있을 때였다.

그때에 한 정승의 종이 어떤 읍에 있는데 완악하여 명령을 듣지 않았다. 정승은 도道 병사兵使에게 편지를 보내 그 읍에 분부하여 그 처자 족속을 모두 잡아 가두었다가 서울로 보내라고 하였다. 병사가 진무鎭撫 한 사람에게 비밀 공문을 가지고 읍에 가서, 정승의 명령대로 일을 처리하도록 하였다. 진무가 그 읍에 도착하였는데, 마침 어두운 밤이었다. 태수는 이미 관청 일을 끝내고 자고 있었다. 고을 아전이 진무에게 말하였다.

"우리 원님이 이미 깊이 잠들었으니, 내일 아침에 문서를 전하더라도 늦지는 않을 것입니다."

아전들이 진무를 맞아들여 함께 술을 마셔 크게 취하였다. 아전이 가만히 그 비밀문서를 살펴보니 이른바 정승의 종은 그 아전들의 친척이 아니면 이웃이었다. 일이 드디어 크게 누설되어 날이 밝기도 전에 정승의 종이 모두 도망쳐버렸다. 다음날 원이 그 문서를 보고 잡아오게 하였으나 집집마다 아무도 없었다. 드디어 그가 도망한 상황이 보고되니 병사가 비밀이 누설되어 놓친 것을 알고 크게 노하여 급히 역졸 하나를 보내 그 진무를 잡아오게 하였다. 그가 체포되어 오다가 마침 선사가 앉아 있는 돌 아래에 이르게 된 것이었다.

말을 매어두고 점심을 먹으려 할 적에 진무는 중이 배고픈 것을 알고 먼저 밥에 물을 말아 한 그릇을 주니 선사가 사양도 하지 않고 받아먹었다. 진무가 길게 한숨을 쉬며 말하였다.

"나는 아마 죽을 것이다. 저 선사가 만약 부처라면 나를 살릴 수가 있을 텐데……."

선사가 그 까닭을 물으니 진무가 사정을 자세히 이야기하였다. 선사가 묵묵히 한참 있다가 말하였다.

"그대가 장차 어느 때쯤에 병사를 뵈려는가?" 라고 하자 오늘 정오라고 대답하였다. 선사는, "오늘은 불길하니 반드시 내일 정오에 뵙는 것이 좋을 것이다"라고 하여 다시 물었으나 선사는 대답하지 않았다. 드디어 각각 다른 길로 떠났다.

진무가 그 말대로 하여 짐짓 그 걸음을 늦추어 다음날 정오에 비로소 들어가 아뢰게 되었다. 병사는 편비장과 한가롭게 앉아 있었다. 그 진무를 잡아들여 화가 나서 그 정황을 묻고 장차 형장을 갖추려 할 적에 병사가 문득 자문자답하였다.

"이 자를 곤장 치는 것이 옳은가 그른가?"

오래도록 결정하지 못하는데 편비장 중의 친밀한 자가 나아가 말하였다.

"사또! 이 자를 죄주는 일에 어찌하여 여우처럼 의심하는 것입니까?"

병사는 "내 하나의 괴이한 일 때문에 그렇다"고 대답하였다.

편비장이 무슨 일이냐고 물으니 병사가 말하였다.

"꿈에 돌아가신 아버님과 한 기이한 중이 함께 와서 나에게 가르쳐 주기를 '진무 아무개를 너는 곤장 치지 말라'고 하여 '감히 가르침대로 하지 않을 수 있겠습니까?'라고 대답했다. 곧 깨어났다가 새벽에 또 꿈을 꾸었는데, 아버님과 중이 다시 와서 '네가 혹 꿈꾼 일이 허탄하다 여겨 잘못 이 사람을 곤장 칠까봐 마지못해 다시 왔으니 너는 곤장 치는 것을 삼가거라' 하였다. 이렇듯 재삼 당부하고 가셨는데, 깨어나서도 황연히 명백했다. 이 일로 내가 주저하는 것이다."

병사가 진무에게 "너는 불사佛事를 한 적이 있는가?" 하고 물으니 진무는 "그런 일이 없습니다"라고 대답하였다.

병사가 진무에게 "너는 불승에게 보시를 한 적이 있는가?"라고 물으니 진무가 대답하였다.

"평생 보시한 적이 없습니다. 단지 어제 오는 길에 한 행각승을 만나 밥 한 그릇을 시주했을 뿐입니다."

병사가 그 모습을 물으니, 과연 꿈속에 아버지와 함께 온 사람이었다. 병사가 시주했던 일을 상세히 물으니, 그는 서로 주고받았던 말을 아뢰었다. 크게 놀라 기이하게 여겨 드디어 놓아주었다.

스님의 모습은 비대하며 우뚝하고 헌걸차서 한 번 보아도 보통 사람이 아님을 알 수 있었다.

지관地官 김응두金應斗가 젊었을 적에 몸소 보고 나에게 이와 같이 이야기해주었다.

『천예록』

붓을 잡고 새로 시 한 수를

처능 | 17

백곡선사白谷禪師 처능處能은 시를 잘하였고, 문집 두 권이 있다. 그의 「백마강회고白馬江懷古」 시는 이러하다.

백마강 물결 소리 만고 수심 서렸으니 白馬波聲萬古愁
남아가 여기 이르매 눈물이 흐를 만하다. 男兒到此涕堪流
처음엔 위국 산하의 보배로움 자랑하더니 始誇魏國山河寶
끝내는 오강 자제의 부끄러움 되었다네. 終作烏江子弟羞
무너진 성벽 해질녘엔 까마귀 울음뿐 廢堞有鴉啼落日

백곡선사 1617~1680(광해 9~숙종 6), 자는 신수愼守, 백곡은 호, 속성은 오吳. 지리산 쌍계사의 각성覺性에게 가서 23년 동안 도를 닦고 그 법을 이어받았다. 1674(현종 15)년 남한수어사南漢守禦使 김좌명金佐明의 주청으로 '팔도선교八道禪敎 십육종도총섭十六宗都摠攝' 이 되었으나 곧 사퇴했다. 현종의 척불 정책에 대해 전국 승려를 대표해 「간폐석교소諫廢釋敎疏」를 올렸고, 1680년 금산사金山寺에서 대법회를 열고 그해에 죽었다.

위국 산하 전국시대 위 무후魏武侯가 서하西河를 건너며 오기吳起에게 말하기를 "아름답도다! 산하의 견고함이여, 이것이 위국의 보배로다美哉! 山河之固, 此魏國之寶也"라고 하자, 오기는 나라의 견고함은 덕에 달려 있는 것이지 험준함에 달린 것이 아니라고 대답한 일이 있다(『사기史記』「오기열전」). 여기서는 백제가 방비에 소홀하였음을 비판하는 뜻을 담고 있다.

오강 자제 오강은 중국 안휘성安徽省에 있는 강으로, 초나라 항우가 자살한 곳임. 항우가 한나라 군사에게 쫓길 때, 오강 정장亭長이 배를 대고 기다리다가 강동江東으로 피신하라고 하니 항우가 웃으며 말했다. "비록 강동 부로父老들이 가련히 여겨 나를 왕을 시키더라도 그들의 자제를 다 죽게 했으니 무슨 낯으로 그들을 보리오" 하고 마침내 스스로 자결하였다(『사기』「항우본기」). 여기서는 백제 왕조가 백마강에서 최후를 마쳤음을 뜻한다.

황량한 대 늦가을엔 기녀의 춤도 없구나.　荒臺無妓舞殘秋
삼분천하 할거한 곳에 영웅은 다 가고　三分割居英雄盡
다만 서풍에 나그네 배 떠나는 것만 볼 뿐일세　但看西風送客舟

「백주상공에게 드린다呈白洲相公」라는 시는 이러하다.

일찍이 노닐던 절, 이틀을 묵노라니　信宿曾遊寺
풍광이 지나간 해를 기억케 한다.　風光記往年
새벽 구름 짙어 산골짜기에 가득하고　曉雲濃滿峽
봄비는 가늘게 내려 샘물 소리 더하네.　春雨細鳴泉
깊은 숲에 꾀꼬리 소리 그윽하고　深樹鶯聲老
고요한 뜰엔 풀빛이 아름답구나.　幽庭草色鮮
유유히 이별의 마음 생겨나　悠悠生別意
붓을 잡고 새로 시 한 수를 써보네.　把筆寫新篇

『겸산필기』

백주상공 이명한李明漢(1595~1645, 선조 28~인조 23). 자는 천장天章, 백주는 호, 본관은 연안延安. 광해군 때 문과에 올라 이조·예조판서 등을 역임. 병자호란 때 척화파라 하여 이경여李敬輿, 신익성申翊聖과 함께 심양에 잡혀가 억류되었다가 풀려남. 문집으로 『백주집白洲集』이 있음

판서가 승려의 시집에 서문을

돈인 | 18

서악선사西岳禪師 돈인頓認은 시와 문을 잘하였다. 그의 문인門人 천예天倪가 두 권을 모아 간행하였는데, 죽석竹石 서판서徐判書가 쓴 서문은 다음과 같다.

서악선사의 법명은 돈인으로, 본래 관서關西 사람이다. 나이 열다섯에 집을 나와 승려가 되었다. 그런데 그는 시짓기를 기뻐하여 스스로 즐거움을 삼은 듯하다. 그의 시는 대개 청경淸警함이 많아 외울 만하였다.

지나간 경자庚子(1780, 정조 4)년에 처음으로 선사와 임단臨湍 길 위에서 만났는데, 그 모습이 헌걸차고 빼어남을 보고 마음이 끌리어 그가 머무는 곳이 어느 절인지 물어보았다. 문사文詞에 대하여 물어보았는데 선사의 대답이 매우 민첩하였다. 그와 함께 몇십 리 남짓 가며 말 위에서 그의 시 몇 편을 들었는데 모두 기뻐할 만한 것이었다.

을묘乙卯(1795, 정조 19)년에 내가 영변寧邊에서 고을살이할 때, 선사가 향적

죽석 서판서 서영보徐榮輔(1759~1816, 영조 35~순조 16), 자는 경재景在, 죽석은 호, 본관은 달성達成. 평안도 관찰사 · 대제학 · 호조판서 · 수원유수 등을 지냈다. 문집으로 『죽석문집竹石文集』이 있음
임단 경기도 장단군. 장임長臨 또는 임단이라고도 함

산香積山으로부터 찾아와 그의 시 한 권을 꺼내놓았는데, 더욱 담박하고 고상한 것이 그의 사람됨과 같았다. 서로 만난 기쁨이 대단하여 며칠 머물며 창수한 것이 또한 여러 편이었다.

을축乙丑(1805, 순조 5)년에 내가 빈사儐使로서 용만龍灣에 갈 때, 선사는 안주安洲 백상루百祥樓에서 나와 만나 장편 율시 한 편을 주었다. 선사는 이미 늙고 또 병들어 있었다. 나는 그 시상이 고통스러움을 감지하고 그가 일찍 쇠할까 걱정하였다. 무진戊辰(1808, 순조 8)년에 내가 감사로서 평양에 이르렀는데, 선사의 문인 천예가 선사의 시와 문을 안고 와서 나에게 서문 쓰기를 청하였다. 대개 그가 입적한 것은 지난 정묘丁卯(1807, 순조 7)년이다.

『겸산필기』

향적산 평안북도에 있음
빈사 중국 사신을 영접하는 일을 맡은 관리
용만 평안북도 의주의 옛 이름
백상루 평안북도 안주군安州郡에 있는 누각으로, 시인들이 즐겨 찾아 시를 읊은 곳이다.

금강경에 대한 논쟁

율봉 | 19

율봉선사栗峰禪師는 이름이 청과靑果이며 고승高僧이다. 갑술甲戌(1814, 순조 14)년 봄에 승가사僧伽寺에 와서 머물렀다. 나의 고모부 이인식李仁植공이 기억나지 않는 최아무개와 함께 그를 찾아갔는데 나도 따라갔다.

가서 보니 율봉은 맨발로 포단蒲團에 앉아 있는데 칠십이 넘은 듯했고, 묵묵히 한마디 말도 없었다. 이공이 최생과 함께 『금강경金剛經』을 가지고 질문과 논란을 벌였는데, 율봉은 이에 말하였다.

"『금강경』은 대승大乘의 법문法門이다. 대강의 뜻은 아누다라삼장삼보리심阿耨多羅三藏三菩堤心이다. 사람들이 이를 알면 그것이 곧 깨달음[覺]이다. 더이상 말할 것이 없다."

문도門徒 경활敬豁 등 다섯 사람이 그를 따르며 "선사께서는 장차 금강산 마하연摩訶衍으로 가서 머무실 것입니다"라고 말하였다.

나중에 금강산에서 온 사람이 율봉을 마하연에서 보았다고 한다.

『겸산필기』

승가사 북한산에 있는 절. 현재 조계사의 말사
포단 부들로 만든 자리인데 절방에서 많이 사용하는 방석
금강경 대승의 반야의 경지에서 공혜空慧로써 체體를 삼고 일체법무아一切法無我의 이치를 말한 불교 경전
아누다라삼장삼보리심 부처의 지덕智德을 가리키는 범어梵語. 절대적인 지혜라는 뜻

소금과 장을 먹으면 정신을 모을 수 없다

안경창 | 20

안경창安慶昌은 송도 사람으로, 호는 사내四耐다. 성격은 얽매임이 없고 기개와 절조를 나타내는 일이 많았다. 젊은 시절에 화장사華藏寺에서 중에게 글을 배웠다. 한 노승이 있었는데 하루 종일 맨머리, 맨발로 눈 위를 걸어다니고, 한여름에도 누더기 옷을 입고, 바위 위에 누워 코를 골면 그 소리가 우레 같았다. 여러 중이 모두 경외하여 신승神僧으로 여겼다. 경창은 마음으로 몹시 흠모하고 좋아하여 상좌가 되고자 하니, 그 선사가 허락하였다.

그를 따라다닌 지 거의 반년이 지나 몰래 선사의 하는 바를 살펴보니, 선사는 매일 밤 북두성에 절하고 밤이 깊어지면 일어나 중얼중얼 경을 외고, 먹는 것은 다만 솔잎뿐이었다. 경창이 선사에게 청하며 물었다.

"원컨대 추위를 이기고 더위를 참는 비방을 듣고자 합니다."

"이것에 어찌 다른 비방이 있겠느냐. 오랫동안 솔잎을 먹으면 저절로 추위에 춥지 않고 더위에 덥지 않게 되며, 기갈이 너를 침범하지

화장사 지금의 경기도 장단 보봉산寶鳳山에 있는 사찰. 당시에는 개성부에 속해 있었음

못할 것이다."

"존사尊師께서 외우는 것은 무슨 경전입니까?"

"북두北斗이다."

"솔잎을 먹는 다른 중도 많지만 한서기갈寒暑飢渴을 능히 참을 수 있다는 것은 듣지 못하였습니다."

"소금과 장을 먹어 정신을 끌어 모을 수가 없기 때문이다."

"어떻게 해야 정신을 끌어 모을 수 있겠습니까?"

"무욕無慾이다."

경창은 대략 그 비법을 전수받았는데 자못 네 가지 고통을 참을 수 있었다. 이 때문에 여기서 자호한 것이었다. 선사도 실은 신이한 중이었고, 경창 또한 평범한 사람은 아니었던 것이다.

겨울 동안 베적삼을 입고 맨발로 다니며 또 얼음을 깨고 그 안에 들어가 목욕을 했는데, 얼굴은 젊은이처럼 윤택하고 불그레한 모습이었으나, 나이는 팔십여 세였다. 갑진甲辰(1604, 선조 37)년에 나는 응교應敎로서 시재어사試才御使가 됐는데 송도에는 무액武額이 많은 곳으로 십여 일 동안 머물러 있었다. 매양 경창과 함께 거처하였는데, 경창은 국내의 명산을 두루 유람하였는지라, 지난날 그가 유람한 일을 잘 이야기해주었다. 나는 재미있게 들으면서 자못 와유臥遊하는 흥이 있었다.

『죽천한설竹泉閑說』

응교 홍문관·예문관에 소속된 정4품 관직명
시재어사 각 지방에 다니면서 인재를 선발하는 어사
무액 각 지방에 배정한 무과 합격자의 정원
와유 산수 풍광을 직접 가서 보지 않고 글이나 이야기를 통해 감상하는 것. 특히 자제 등 수하 사람들의 글을 통해 산수 풍광을 앉아서 읽는 것을 두고 말함

제사상에 어육을 올리지 마라

노인 장상현 | 21

장상현張尙玹은 기성騎省의 아전이었다. 그는 삼십 년 동안 근무하면서 요직을 구하지 않았고, 평상시에 늘 조용하고 말수가 적었다. 퇴근해서는 자기 집에 들어앉아 있으면서 가산을 늘리는 일에 급급하지 않았다. 그는 나이가 칠십에 이르도록 건강하였으며, 임종할 즈음에 아들에게 경계하기를, 자신이 죽은 뒤 제사를 지낼 때에 어육魚肉을 쓰지 말라고 하였다. 그가 죽은 뒤에 그윽한 향기가 방에 가득하여 여러 날이 지나도록 흩어지지 않았다. 그 아들은 그의 유명에 따라 기일이면 소찬素饌을 갖추어 제사를 지냈다.

『겸산필기』

기성 병조의 다른 이름

불경을 보지 않은 것이 없다

처사 김이경 | 22

도월道月 김이경金理璟은 자가 취명就明이다. 젊을 때부터 석가의 가르침을 좋아하여 불교의 여러 경전을 보지 않은 것이 없었다. 그는 계율을 지키는 수행에 엄격하여 평생토록 나물밥을 먹었으며, 술을 마시거나 육식을 하지 않았다. 만년에는 염불암念佛庵에 거처하였는데, 화장해달라고 유언하였다. 그 아들은 그의 뜻을 따르고 유해를 거두어 염불암에 부도를 세웠다고 한다.

『겸산필기』

담배 몇천 근을 불태우다

권생 | 23

권생權生은 이름이 전하지 않는데 예산禮山 사람이다. 이웃에 사는 박처사朴處士란 사람은 불법을 좋아해 밤낮으로 염불을 하였는데, 권생은 늘 이를 비웃었다.

박처사가 병들어 곧 죽게 되었는데 권생이 문득 꿈을 꾸게 되었다. 여러 중이 가사를 입고 박처사의 집을 둘러싸 보호하다가 "파계를 했으니 어찌하겠는가?" 하고는 모두 물러나 가버렸다.

이어 여러 악귀가 와서 집을 둘러싸더니, 잠시 뒤에 곡하는 소리가 들렸다. 권생은 괴이하게 여겨 꿈에서 깨어나 물어보았더니 박처사가 과연 죽은 것이었다.

권생이 그 집 아들에게 물었다.

"너의 부친이 임종할 때에 무엇을 먹었느냐?"

그 아들이 "별달리 드신 것은 없고, 입 냄새가 나서 담배를 몇 모금 태우셨습니다"라고 하였다.

권생은 담배가 재앙이 된 것을 알고 이에 집에 쌓아둔 몇천 근의 담배를 다 불태우고자 했다. 대개 그는 담배 재배하는 것으로 생업을 삼았던 것이다.

자손들이 그를 말리면서 말하였다.

"차라리 팔아버릴 것이지 불태우지는 마시지요."

이에 권생이 말하길 "내가 원하지 않는 것을 남에게 해서는 안 되는 법이다" 하고는 끝내 다 불태워버렸다.

담배 피우는 도구들도 다 부숴 내다 버리고 다시는 담배를 피우지 않기로 다짐하였다. 드디어 열심히 염불을 하게 되었다. 임종할 때 자손들에게 기일忌日에는 반드시 절에서 재齋를 올리라고 당부하였다고 한다.

『겸산필기』

골짜기를 밭으로 일군 승려

덕천 납자 | 24

덕천德川 향교 근처에 빈 골짜기가 있는데, 골짜기 안에는 모두 쓸모없는 나무와 울퉁불퉁한 돌로 차 있어 한 자 한 치의 기름진 땅도 없는 것 같았다. 하루는 한 중이 와서 말했다.

"골짜기를 개간하여 밭으로 만들기를 원하옵니다. 삼 년 동안 경작한 후에 법에 따라 세를 내겠사오니 땅을 빌릴 수 있겠습니까?"

향교에서 "좋다"고 했다.

다음날 아침 그는 두어 말의 떡을 싸고 도끼 한 자루를 들고 와서 오자마자 떡을 다 먹어치우고 물을 다 마시고는 골짜기 안으로 들어가 손으로는 나무를 뽑거나 베고, 발로는 돌을 차 아래로 굴렸다. 해가 중천에 오기도 전에 무성한 수풀과 돌 비탈이 벌써 평평하게 되었다. 또 다음날은 한 손으로 두 개의 보습을 미는데 언덕에서부터 봉우리까지 상하종횡으로 움직여 수십 수백 묘를 일구었다. 거기에 곡식 여러 섬을 씨 뿌린 다음 초가집을 짓고 살았다. 가을에 곡식 천오륙백 곡斛을 거두었는데 올해에 그처럼 하고, 그다음해에도, 또 그다음해에도 그렇게 하여, 쌓아둔 곡식이 삼천여 곡에 달했다. 하루는 와서 이렇게 말했다.

"불자가 밭 갈면서 공부할 수는 없습니다. 소승은 이만 돌아갈까 하옵니다. 일궈놓은 밭은 향교에 바치겠습니다."

다음날 본 읍과 주변 읍 등 가까운 고을에 사는 백성 삼천여 호를 불러 가가호호家家戶戶 한 섬씩 나누어주고, 중은 표연히 떠나가버렸다.

『추재기이』

권왕가를 짓다

성기 | 25

성기城麒는 금강산 정양사正陽寺에 사는 승이다. 성품과 자질이 총명하고 지혜로웠으며 불경을 많이 읽었다. 일찍이 「권왕가勸往歌」 한 편을 지었는데 모두 1180여 구로 말이 간절한 데가 많았다. 나이 서른에 죽었다.

임천林川 사람 김안부金安富가 일찍이 금강산의 여러 절에 있으면서 팔 년 동안 의서를 읽었는데 이때 성기와 좋은 사귐을 맺었다. 뒷날 서울에 들어와 병을 진료할 때에 「권왕가」 한 본을 얻어와서 읽고 좋아하여 여러 본을 베껴 친구들에게 보여주니, 성기는 반드시 견성見性한 고승高僧일 것이라고 일컫지 않는 이가 없었다.

『겸산필기』

정양사 금강산 표훈사表訓寺에 딸린 작은 절
임천 충남 부여의 옛 이름

원문

原文

里鄕見聞錄序

余於十載前, 遊金剛, 凡三旬而返, 其海岳之所蕩潏, 靈瀧之所呈發, 殆不可名狀, 筇輪團員, 烟雲無恙, 種種靈嵌, 種種神宇, 究竟爲一大事因緣.

九龍 · 萬物 · 須彌 · 玉鏡諸勝, 特著於山中, 而至於一邱一壑之或以奇勝或以幽勝者, 若以命名播而傳之, 可齒於諸勝之列, 而皆掩翳埋沒於荒林叢薄之間者, 多矣.

因是想來, 人亦類此, 迴翔館閣, 闡揚文明, 端委廊廟, 調和玉燭, 六經瀝液, 波及群生, 是則尙矣, 至夫里巷之人, 旣無經術勳業之可稱, 或有言行可記者, 或有詩文可傳者, 而皆草亡木卒於寂寞之濱, 嗚呼噫嘻!

余所著壺山外記之所以作也. 劉友兼山, 與余同情, 蒐訪諸家集中, 得立傳人若干, 無傳者, 自撰之, 凡二百八十則, 勤成一書, 籤之曰, 里鄕見聞錄, 徵言於余, 何敢辭!

方域數千里之內, 以人物之盛, 言行詩文之可傳者, 何限, 皆湮沒無聞. 兼山襟懷如海, 樂人之善, 以耳目所覩記, 竝羅而致之, 其言行詩文之外, 雖一藝一能, 皆特書之, 其意之勤, 豈徒然哉? 欲使後人, 庶幾感發於是編, 豈惟一家之書? 其有補於世敎, 大矣.

此義, 得之於名山, 發之於兼山之筆, 噫! 扢揚幽光, 燦然出世, 昭代化育之美, 可徵於太史 · 石室之外者, 其在是乎. 壬戌重九, 浿上趙熙龍序.

里鄕見聞錄義例

里仁鄕善之可稱者, 從古何限, 而擧多湮沒無傳, 寧不痛惜. 爰輯見聞攸曁, 編爲十卷.

有德行經術之士, 可以爲師表一世者, 爲首編.

孝與忠, 彜倫之大節, 得事親竭力, 爲國忘身者, 今錄爲第二.

智足以決嫌疑, 信可以使守約, 廉可以使分財, 處義而不回, 見嫌而不苟免, 見利而不苟得, 此黃石公所謂豪與傑也, 得若干人爲第三編.

古今女範之可稱者, 貞烈爲最, 而又有賢母叔媛孝女哲婦之有懿德者, 婢妾之有卓節者, 並錄爲第四編.

文學詞翰之彬彬郁郁, 鳴於昭代者甚盛, 錄爲第五第六第七編.

書畵之名著藝苑之人, 亦有上達宸聽遠播中華者, 錄爲第八編.

凡藝術之可稱者, 唯軒岐之學最顯, 而奕棋歌琴卜筮之有一技一能者, 並錄爲第九編.

道與釋, 亦多有高行異蹟之可稱者, 合錄爲第十編.

以謏聞寡見, 累世蒐輯, 所記不廣, 嗣後若有所得者, 則續載於各編, 深有望於後之君子云爾.

兼山居士識

권 1

1 韓市隱舜繼(曾孫 暹)

古之隱者, 類多隱於市. 薛公賣膠, 隱於邯鄲市, 韓伯休賣藥, 隱於長安市, 嚴君平賣卜, 隱於成都市. 彼其志, 與世長辭, 則山巓水涯, 其隱也. 乃自甘鄙事, 隱於販鬻, 何也? 及考市隱韓先生舜繼之爲隱也, 則知其心未是屑屑然自見其隱. 又何市與非市之擇哉? 嗚呼! 觀於此而驗其隱之高也.

先生, 字仁淑, 宣祖時人. 始籍交河, 中世徙居松都. 果毅校尉萬齡, 其父也, 效力副尉義貞, 其祖也. 先生, 事母至孝, 病甘饌不給, 範銅爲市. 其爲器精緻, 價且不貳, 買者, 日之先生之市, 而不之他匠, 他匠往往失利. 先生卽曰: "利其可專乎" 讓不之自居. 嘗購銅鼓鑄, 有金躍於爐. 諦視之, 銅盡金也. 卽掇其鼓鑄, 托以銅鑪, 悉收, 還其主. 於是, 先生之爲市, 不違於道 而售其直, 僅取足母養, 有餘則頒諸族戚之貧者.

母嘗疾急, 醫云, '非玄鴿, 不效.' 時夜將半, 先生, 彷徨道路, 惻惻然悲泣, 有人袖玄鴿, 過之曰: "夢一老人, 告我以贈君也." 及母歿, 先生, 三年不鹽菜, 盡去其爐治型範, 終身不復向市. 是先生之市, 以母故市也.

先生, 雖發於市, 然律己甚嚴. 家人有過, 不與之言, 使自恐懼畏服. 夜則張燈爐側, 讀古人書, 其有意會, 發而爲詩, 多奇偉可誦者. 徐花潭敬德, 知先生可與適道, 要入山講劘, 先生, 辭以母老. 一時賢人君子, 如李文成公珥 · 成文簡公渾, 常以道訪之, 傾蓋至日昃, 其稱市隱, 自兩賢發之也. 留守鄭彦智, 將以先生行治, 聞于朝, 請蠲征役. 先生曰: "不可, 有戶則征, 有身則役, 民之分也, 民不征役, 惡乎爲民哉." 復以其三子, 屬之正兵曰: "分當然也." 是先生之隱, 以分故隱也.

先生, 年五十九沒. 沒之前, 告家人, 期沐浴正席, 恬而逝, 赤氣滿室, 三日乃滅. 四耐翁安慶昌, 與先生相友善, 歎曰: "異人之死, 固有異於人也." 墓在松都之某里某原.

肅廟丙寅, 留守李墪, 竟以先生行治聞, 旌先生閭. 今上己未, 留守鄭羽良, 又以先生行治聞, 又贈先生司憲府持平. 先生, 娶金山白石斤之女, 生三男應忠 · 應廉 · 應勳, 孫曾多, 不能悉記, 應忠之孫暹, 以孝旌閭, 暹之子泰鎭, 又以孝稱.

『保晩齋集』

2 劉村隱希慶

劉希慶, 字應吉, 江華人. 年十三而孤, 負土以葬, 仍守不去, 隣僧哀之, 作土宇墓側, 煮粥勸之.

事母至孝. 母病久帖席, 夙夜其側, 未嘗少懈. 間取所藉褯, 出東小門外川上, 手濯而曝之巖石, 坐其傍讀書, 見者異之.

嘗從南東岡彦經, 受文公家禮, 尤明於喪制. 博考典禮以究極古今之變, 遂以善治喪名. 國喪, 議用質殺, 而無能知其制者, 乃召公裁之. 士大夫家, 有喪, 必請以執禮.

壬辰倭亂, 車駕西幸, 公卽涕泣慷慨, 號聚義士, 助官軍討賊. 事聞, 宣廟下敎褒賞曰: "希慶, 爾惟奮義以滅賊爲志, 予用嘉之."

時, 國家多難, 詔使相望, 諸用費甚多. 而戶部罄竭, 宰相有憂之, 公請: "召白仁豪數人, 問計, 事可集." 竟得其力. 以此, 賞階通政.

戊午, 逆臣李爾瞻, 謀廢母后, 脅諸父老投疏, 違者刑, 而公獨不肯. 素與爾瞻熟, 至是絶之. 出而遇諸塗, 爾瞻怒責之, 公對曰: "小人有母, 急於養, 未暇及公之門." 及仁祖反正, 大臣以其節聞, 特命陞秩. 始公以知禮稱諸公間, 及是諸公高其節義, 益敬重之.

朴燁, 爲義州, 猛甚, 殺人如草. 公子見忤, 燁將殺之, 問知爲公子, 釋之. 人謂: "公之賢, 能使燁失其猛." 云.

公爲人, 恬靜寡欲, 性愛山水. 家在淨業院下, 卽其溪上, 壘石爲臺, 名之曰: '枕流'. 傍植桃柳數十株, 每春時, 紅綠照爛川谷, 公手唐詩一卷 · 一几 · 一疊, 坐臥其中, 嘯詠終日, 以自適, 自號'村隱'. 其爲詩, 閒淡近唐, 思庵朴相公, 亟稱之. 公卿大夫, 咸造其臺上, 唱和歌詩, 競相傳玩. 世所謂'枕流臺詩帖'是也.

永安尉洪公, 日來訪. 仁穆王后, 聞其數出, 嘗使人往視, 則見與一老叟, 對坐盤松之下. 自是, 聞尉往, 輒下禁臠. 後地入禁中, 爲都摠府, 而松至今存, 人識之曰: '此劉某手植'云.

公年旣高, 而神骨甚强. 士大夫, 有爲金剛之遊者, 要以先導, 則輒勇往, 不以老辭.

嘗慕靜庵之賢, 道峯書院之刱也, 公實經紀之, 而愛其山水, 擬作終老之計, 要李澄畵林庄圖, 請諸公詩若序, 以道其意. 及歿, 葬道峯下.

公以大耋, 陞嘉義, 後用子逸民原從勳, 贈資憲大夫, 漢城府判尹. 生於嘉靖乙巳, 卒於崇禎丙子, 得年九十二. 有子五人, 舜民 · 禹民 · 聖民 · 士民 · 逸民, 內外孫曾, 二百餘人.

『柳下集』

3 徐孤靑起

徐起, 字待可, 號孤靑樵老, 利川人, 祀公州孔巖祠. 朴守菴枝華所撰墓碣銘曰: “公幼而知讀書, 七歲學于里中書堂, 書堂將罷, 公作詩呈于其師, 有‘書堂長勿毁, 使我學聖賢’之句, 師歎賞知其非凡兒也. 母嘗疾病垂絶, 公斷指和藥以進, 母復甦, 時公蓋年未十歲矣. 稍長益力于學, 百家衆技之說, 無不涉獵, 尤慕禪學, 年二十餘, 始知吾道之正, 盡棄其學, 就李履素仲虎之門, 受『大學』『中庸』等諸書. 後卜于公州鷄龍山孤靑峰下孔巖之洞, 家焉. 州之士, 莫不敬畏而尊師之, 來者日益衆. 居是十八年, 沈潛經史, 訢然樂而忘食. 未嘗以外物縈[1]其懷, 末年所得, 蓋益高明矣. 萬曆辛卯以疾終, 年六十九.

銘曰, 噫, 待可, 生吾東, 少也賤, 老益窮, 劬墳典, 賁厥躬, 授門徒, 正養蒙, 孤靑峻, 錦水空, 有二樂, 保始終, 山有月, 江有風, 一片石, 表幽宮.

『昭代風謠』

4 高斗杓

高斗杓, 字運元, 開城人. 性耿介不俗, 好學, 尤深於易, 洞曉微奧. 大爲當世學者所推詡, 稱之爲孤靑後一人云. 每以爲吾道淵源, 在於一敬字. 好讀『心經』『近思錄』等書, 心體而力賾之. 平生景仰退栗, 手遺卷不置, 讀「太極圖說」, 至中正仁義之說, 未嘗不沈潛服膺. 其疾革也, 屛婦人, 正席而終, 亦可見平日之所操存也.

『昭代風謠』

5 安竹軒光洙

安光洙, 字聖魯, 自號竹軒, 順興人. 父折衝將軍道挺, 自其先流入國學之泮村, 寄居焉. 泮村之俗, 剛者, 博奕任俠, 嗇者, 又逐逐於末利, 鮮能率禮敎.

光洙慨然曰: “大學, 首善之地, 而風俗如是可乎?” 倡子弟之聰悟者, 七十餘人爲之

---

1) 저본에는 ‘營’으로 되어 있으나 『守庵先生遺稿』에 의거하여 고침

契, 而名曰'齊業文會', 隨其材高下, 各授經史子傳, 以事親·敬長之道, 蚤夜誨迪, 冠婚喪祭, 手自圖式, 令民易曉, 使毋越程朱之儀則, 每月朔, 悉聚其徒, 課業能否, 褒責以勸戒之. 於是, 泮村子弟, 多興起率服.

光洙卽曰: "業貴優遊. 不然氣象迫窄, 去風雩詠歸之趣, 遠矣." 良辰選勝, 與其徒酣觴賦詩, 聯爲累百篇, 意寄悠遠. 由是成材者甚衆, 旣壯而冠, 爲胥吏爲典僕, 皆知敬廟宇謹釋菜, 各率職無闕也. 然光洙不徒以言爲教而已, 亦能反諸身而立之本, 居喪蔬食三年, 晨昏哭泣, 雖甚病不廢, 其他行事多可紀, 長國子者, 聞其風, 往往賚與以奬之.

光洙歿, 泮村人無老少, 哀號如撤其帡幪, 自喪至葬, 執役無敢後, 忌日生朝四時之節, 嘗受業者, 爲具羞助祭, 十餘年如一也.

及是, 父老相與謀曰: "吾泮之少者, 知敬老, 老者, 不負戴, 安先生力也, 昔鄕先生沒則祭於社, 若安先生, 豈但使其受業者祭之而已乎?" 遂相與捐財, 致祭於光洙.

『保晩齋集』

6 韓栗村以亨

韓以亨, 以英廟壬戌, 十月十七日生. 幼而穎悟, 儼若成人, 五歲而孤, 因失學, 追逐無賴.

二十六歲, 偶於人家, 見『近思錄』, 怳然有悟, 始知有爲己之學. 遂折節讀書. 曾無師受, 一以自解, 日夜孜孜, 理會六經, 微辭奧旨, 無不硏究. 尤精於禮學, 疑晦講辨, 甚多. 我東數學無聞, 時有教授文光道者, 倡明幾何之法. 公一見其書, 未浹旬, 盡貫其法, 其於文章, 雖無用工, 而詩文古雅, 依然有濂洛之遺音也.

其事親, 婉容愉色, 極其甘旨. 親癠, 衣不解帶, 不離側. 其居憂也, 倚廬疏食, 盡其禮. 春秋時祀, 深衣大帶, 致其嚴. 素抱奇疾, 不撤席褥, 晨謁, 未嘗一日廢.

日與同志之士, 講磨經義爲事, 間有從學者, 教之不倦. 嘗有意於三代之治, 欲與二三同志之士, 遵橫渠先生之遺意, 買田一區, 晝一井, 講古法, 崇禮教, 以明今世之可行, 而同志之士, 次第零落, 竟未就.

歲戊戌冬, 卜築于嘉陵之栗村. 監農以養親志, 讀書以教子孫, 鄕里之士, 聞其風而從學者多. 於是, 修小齋, 記其爲學尙志之道. 又推演橫渠先生, '尊德性道問學'之語, 以爲圖, 揭之座右曰: "心存而不放也, 改得不善也, 益知其所亡也, 是德性上益也. 讀書求義理也, 應接事物而審處得其當也, 多識前言往行也, 是問[2]學上益也.” 以時自省, 此可見其趨向之正, 刻苦之工也. 每逢春秋佳日, 則携率學徒, 往遊於虎溪水石之間, 終日吟哦, 樂而忘返. 嘗次陶元亮「歸去來辭」, 而曰: “欣慕古人, 篤愛山水, 竊以爲與元亮之志, 庶幾有同焉.” 亦可想其高蹈之志, 自足之樂也.

歲戊申冬, 上聞其名而召之, 不幸, 於翌年五月十二日, 卒于京師之旅舍. 上極加悼惜, 賜以棺木, 賻以錢布. 噫! 公稟姿既異, 見識絶倫, 曾無父兄之訓師友之導, 而一朝惕然而悟, 存養之妙, 格致之工, 深造乎道. 至於陰陽理氣之辨, 禮樂度數之詳, 與夫日月星辰之往來, 山川道里之遠近, 以及古今人物之賢否得失, 靡不通也. 一以謙遜自處, 無一毫矜飾意. 又不肯用力於文字之末, 故所著不多, 有詩文一卷. 號栗村.

『晩翠亭稿』

7 金退靖齋杭齡

退靖齋金公, 諱杭齡, 字景老. 性慈仁恭儉, 事父母孝. 及遭艱, 屨不履內者三年, 飮食起居, 未嘗離家廟前. 友於兄弟, 聯衾共卓. 敎子姪嚴, 納於義方. 與黃·白·朴三孝子, 齊名, 世稱四友. 三孝子歿, 公皆加麻, 恤其孤如己子.

初年, 爲貧而仕, 及母親卽世, 决意勇退, 閉戶讀書, 而尤好魯論, 老而不懈. 所著, 有退靖齋集二卷. 嘗有詩曰: “獨臥天機熟, 閉門白日遲, 靜聽山鳥語, 春意最先知.”

公卽余之祖妣端人金氏之考也. 祖考以約軒公, 嘗受業, 每與子孫, 稱公之德行文學焉.

『兼山筆記』

8 朴晩翠亭永錫

朴永錫, 字爾極, 貫全州, 自號晩翠亭. 常危坐一室, 觀論語不輟, 非省墓弔喪, 不出門, 非祭日, 不入內. 賃書郵報, 以供祭祀, 妻治人舊絮, 以資糊口, 然相待無怨咨. 時人, 皆稱以君子, 亦未有知其淺深者. 有宋喜鼎者, 哀其死, 而文以哭之, “曰婦孺, 曰佛士, 曰君子, 仁者見仁, 知者見知. 以余觀之, 孝子而已.” 嘉慶辛酉卒, 壽六十七, 生一男一女, 有文集一卷.

---

2) 저본에는 ‘文’으로 되어 있는데, 문맥을 고려하여 ‘問’으로 고쳤음

贊曰: "早辨利義, 弗疑弗貳, 自力仰事, 無待贈遺. 在家而達, 孰敢枳閼, 財以禮用, 焉有濫冗. 誘絶志堅, 端坐凝然, 黙閱遺經, 恥彼說鈴. 躬踐實體, 集義約禮, 朋友雲從, 語笑雍容. 綽綽有裕, 緖餘陶鑄, 隨叩而答, 約自牖納. 疑義縷析, 鄙吝氷釋, 盖曰偉人, 寧知其眞? 冷廚烟空, 滿座春風, 煤窓曛黃, 晬面生光. 名徹楓宸, 跡似隱淪, 擬試而庸, 辭以微蹤, 匪謙匪託, 安此邱壑. 貧不怨咎, 奚羨富厚, 不患無位, 天爵吉利. 昭事上帝, 六十七歲, 全生而歸, 厥功弗微."

『素隱稿』

9 李學官夢鯉

李夢鯉, 字在淵. 昔余居竹東坊, 教授數三年. 少時在淵, 纔十餘歲, 挾筴踵門, 請業甚勤, 容止端莊, 若成人. 余心異之, 遂以句讀授『小學』『語』『孟』等書, 在淵乃能發明其義. 群居, 罕言笑, 絶傲戲, 繩趍矩步, 動必以禮. 顧余素無學術可以爲在淵師者. 每辭其稱謂, 而在淵特尊事我不衰.

在淵家甚貧, 弊床疏席, 菜茹不充, 而常晏如也. 聚閭井子弟, 教誨之, 凡數十輩, 皆斤斤以禮讓相飭. 里有鬪鬨者, 不敢近其門曰: "理學君子居也."

往年大臣高其行, 白于朝, 以廩粟周之. 今相國趙公, 辟爲吏文學官, 君欲力辭, 余引古義, 勸其出仕. 及批下付職, 而在淵死矣. 一命非在淵之雅志, 則其出與不出, 固不可論也. 顧今吾輩中, 有能篤志向學如在淵者, 幾人? 嗚呼! 惜哉. 在淵, 時年三十九.

『浣巖集』

李生夢鯉, 以學道見稱於世. 時宰相家奴, 挾勢自恣, 當街罵人, 豪橫不可制. 一日, 大醉, 遇李生於道, 見其徐步儼然中規, 指以大笑, 乃以手擠之, 仆于道上. 李生色不變, 遂起而行, 步履如初. 未數武, 奴又擠之, 李生色不變, 步履又如初. 三擠三起, 而猶復如初. 奴始大異之, 乃起拜曰: "公眞理學人也. 小人愚不知耳, 焉可侮也哉?"

李生, 吾未及見其人, 然聞此一事, 而其學可知也. 苟無平日涵養之深, 安能處橫逆而不失其常如此哉? 雖奴隷之狂愚者, 終亦俯首而愧伏焉, 玆豈非吾道之感化人者耶? 余嘉李生之出於閭井而學道能如此也, 遂書之.

『近齋集』

10 朴無聲子常遇

朴無聲子常遇, 字春長. 孤貧失學, 及長, 篤志好讀書, 經史子集百家之書, 無不閱覽, 且善窮理, 至於諸術數之書, 無不領會, 最明於經傳性理之說.

嘗著經書讀法一篇曰: '昔者, 聖人蓋憂民生之多艱 · 人心之易危, 作易以明天道, 述書以明人事, 刪詩以正性情, 作春秋以分善惡, 樂以和之, 禮以節之, 皆所以修己養人之法也. 體之者聖, 師之者賢, 雖欲師之, 不知其本領, 亦難矣. 今以管見標于經下, 以俟知者.

易, 天道也. 先天陰陽之交錯, 乾坤用事, 後天日月之行度, 坎離用事. 日之升降進退, 三陰三陽立焉, 寒暑燥濕化焉. 聖人觀其象以設卦爻, 執其行以成神化. 書, 人事也, 治天下之規範. '人心惟危, 道心惟微, 惟精惟一, 允執厥中.' 人心憧憧往來, 有思有慮, 故惟危, 道心寂然不動, 何思何慮, 故惟微. 精, 不雜也. 一, 不二也. 中, 道之體 · 敬之本, 如中庸之中也. 執, 固執也. 詩, 情也. 性情之發見 · 事物之交感, 莫先於夫婦. '窈窕淑女, 君子好逑.' 卽修齊之始 · 治平之本. 故'君子之道, 造端乎夫婦.' '思無邪', 眞情也. 樂, 和也, 以理性情. 春秋, 典法也, 揚善禁惡. 禮記, 節文也, 主敬無不敬. '儼若思, 安定辭, 安民哉.' 修己安人之道, 在此一章. 中庸, 性也, 誠明之學. 以中爲體, 以和爲用, 其次忠恕也. 大學, 知也. '明明德', 修己也. '親民', 安人也. 物我兼濟, 是爲至善. '欲明其德, 在致知, 欲致其知, 在格物.' 格物者, 致曲也. 論語, 學也. 中人以下, 必資學問而知之, 故'學而'爲首章. 孟子, 利也. 利爲病根, 仁義爲藥餌. 七篇大旨, 在首章'何以利吾國'一句, 一句所重, 在一'利'字.

受業者衆, 而辨析問難, 詳悉開牖, 人多感發者.

『兼山筆記』

11 李學西至和

李至和, 字君協. 居西學之西, 人稱學西先生. 早喪父, 嗜酒任俠, 年將三十, 始折節讀書[3], 粹如也. 二兄同居, 其伯非同産. 母夫人性苛, 尤所不容, 學西極其和豫, 作嬰兒戲, 母一笑而止. 妯娌融怡, 無物我, 兒無常母.

常讀『近思錄』性理諸書, 日誦『中庸』『周易』, 詩尙陶韋. 尤善筆法, 小楷行草,

---

3) 원문에 '讀書'라는 말은 없지만, 문맥을 고려하여 보충했음

皆法二王, 世稱爲異才也. 對人, 逸情頽若, 肅容整齊, 儼乎不敢干以非禮, 口未嘗雌黃人物, 雖史策中, 亦不辨別可否, 人以此短之. 此其聞德公之風者歟? 晩居永春, 隣里慕化, 一辭稱君子.

湖俗, 每於薦剡, 奔競如市. 金參判鼎均爲觀察使曰: "文學行檢, 如有過李至和者, 當讓一頭." 於是, 人莫敢干. 竟薦于朝, 人服侍郎之公, 益信學西之實行也.

『枕雨談草』

12 咸瓣香鎭嵩

咸鎭嵩, 字性仲, 人稱瓣香先生. 家貧好學, 夜無繼晷資, 閉目端坐, 默誦五經, 不覺日已明矣. 不喜文章, 而時或有之. 尤精於性理, 有經說存稿四卷 · 遺集二卷. 身不出鴨綠江以北, 而中州人士逢東人, 輒問瓣香先生安否.

壺山居士曰: '瓣香不出戶庭, 使華人嚮慕於萬里之外, 而白首窮經, 竟未免草亡木卒於閭里之間, 可慨也已.'

『壺山外記』

13 金石泉泳

金泳, 嶺南人也. 流寓漢城, 自號石泉. 性沈深, 好探賾. 少癖於算術, 凡盈朒 · 句股之法, 靡不盡其精, 而猶以未達本源之所. 自殫心思索者數年, 遂得幽鬱之疾, 屢濱乎危. 於是, 盡棄前學, 將羲經一部, 反復硏究, 積數十年, 豁然有領悟, 喟然嘆曰: "數本乎河洛, 河洛本乎一理, 理卽是形上之道, 數卽是形下之器. 不究其理, 只究其數, 則終局於器, 不可以造道." 年四十餘, 常獨居窮格, 不作家室念. 竹下文貞公金相國, 責之以人倫大義, 遂黽勉娶婦, 猶無意於產業. 破屋數間, 不蔽風日, 而硏易不撤, 人皆稱之以周易先生.

正宗戊申, 以日食度數, 與北京有差, 命泳入辨稱旨. 明年己酉, 遷奉顯隆園, 又命泳奏下窆正時. 時在夜半, 乃作中星新記以進. 上仍命特付三曆官, 使敎授諸生以傳其學, 而意不屑. 縻官多年, 未嘗束帶供職, 故諸生鮮有知面者. 然每當推步, 必先質於泳, 然後敢乃奏啓. 歲庚申, 見洋琴盛行於國中, 言於海石金相國曰: "此殺伐之聲也. 東方屬木, 而金聲方盛, 金實克木, 其將有邪蠱之變起於肘腋之下乎." 翌年辛酉, 耶蘇獄起, 坐死者甚衆, 株連不拔, 至今爲憂.

盖其爲學, 專務致知, 不以力行爲重. 常曰: "有位然後始可言行. 無位者, 只可論其知, 未必論其行, 但知則行在其中矣." 又曰: "欲修身, 不可以不知人, 欲知人, 不可以不知天, 欲知天, 不可以不知易, 易其爲爲學之始終乎!" 平居吶吶, 如不能言, 及其論治亂之由·天人之辨, 沛然若決江河. 有叩之以疑義難析者, 便津津然, 終日不倦. 搢紳韋布, 多造請而質問, 略得緖論, 莫不充然. 尤邃於律呂, 語或及之, 輒唏噓曰: "使吾得地, 今樂盡復古章." 著原樂及聲律總敍, 以見其志. 而遺藁多散失, 雜出於門人抄記者, 有易象啓蒙·朞三百解·道敎全義·觀物牖鑰等書數篇而已. 年六十餘卒, 時有一子, 尙幼.

『菊隱稿』

余於海石金相國門下, 見一客, 曰'周易先生'者, 偃蹇有長子風. 嘗曰: "混沌開闢云者, 是雷風山澤之變遷也, 至於天地日月, 則萬古自如. 何以知其然? 乾坤坎離之象, 四不反對, 震巽艮兌, 顚倒互用, 是知混沌開闢之流行, 只如春秋晝夜之往來而已." 余尙愚騃, 未曉其意, 然槪知其非蹈襲之論也. 居數歲而當乙亥春, 窘飢而死. 嗟呼! 恨不當時叩竭其端, 祇自置想于中. 近從朴而習, 得見其文藁·八卦錯綜之圖·三代損益之說, 始知人之稱周易先生者有以也.

先生傍通律曆, 嘗曰: "神人和而鳳凰儀, 必待有德, 至如簫韶之樂, 則律呂在焉, 何難乎復作?" 所撰新法中星記·漏籌通義, 印行於世, 範鑄地平日晷·赤道儀, 藏于書雲觀.

『素隱稿』

14 鄭葱山彦宩

先生姓鄭氏, 諱彦宩, 字宇容, 父本[4]百濟之湯井人. 少博讀書, 爲文章, 名於明宣之際. 其文贍而奧, 肆而聱牙, 抑揚, 長於諷, 本之屈宋, 參之子雲·相如·韓·柳氏, 而成一家.

松川梁應鼎稱之曰: "千古絶才, 後千載, 無此作." 車太常天輅註萬人[5]坑, 人爭誦之, 膾炙於時. 萬曆中國子試, 獻玉貌篇, 擢爲壯元, 號爲'鄭玉貌'云. 於是, 其名滿一

---

4) 원문에는 '本'이 없으나 『眉叟記言』을 참고하여 보충함

5) 원문에는 '人'이 없으나 『眉叟記言』을 고려하여 보충함

世. 性高抗, 無媚世氣, 忤權貴, 陷危厄, 必致之死, 而從獄中, 上書自辨, 縱得釋, 猶排擯之不已, 坎壈不得意, 沒於窮途命也. 終其身窮抑無聊, 不改所守, 節操愈堅, 敎授生徒, 號爲葱山先生. 屈原怨而思, 子雲相如姱而媚, 班固艱, 退之平, 子厚苦, 盖楚古漢麗, 唐變古而爲排者也, 先生集諸家, 爲『騷學三體』6), 行於世.

先生生於明嘉靖十四年, 沒於萬曆四十年, 年七十八. 先生無子. 穆二三十時, 與鄭希聖奉璧, 同學於先生, 穆學『戴記』「檀弓」古經, 二子皆學文章者也. 今先生沒, 將六十甲子, 當時從遊士皆亡, 穆以八十在世, 涓吉辰, 旣修墓, 立碣墓前者, 前坡州牧使鄭東卨, 儒生奉千秋, 實奉鄭二家子弟也. 幷識之.

『眉叟記言』

6) 원문에는 '騷學二體'로 되어 있으나 『眉叟記言』을 고려하여 고침

권 2

1 朴孝子泰星

朴孝子泰星, 其先密陽人. 少居漢城, 漢城人, 謂之朴孝子. 老居高陽之淸潭, 淸潭人, 稱其居, 爲孝子洞. 孝子生三歲, 父歿. 稍長, 跽告母. "生不承顔, 歿不執喪, 吾烏乎用? 吾情請追服." 母難之曰: "若父, 不幸早死, 吾忍而生, 爲若. 故若爲死者死, 孰若爲生者生? 幸而至於壯大, 不獨生者有辭, 抑死者不死." 孝子涕泣, 敬受命, 遂不敢服, 顧遠葷肉, 啜饘者三年. 母亦不復强.

母嘗寢疾, 孝子不解衣帶而養, 粥必親煮, 藥必先嘗. 平生, 財無私畜, 用不爲槪, 事必稟而後行. 奉養母, 四十六年而母歿, 母歿之十七年, 爲父沒之歲. 之父墓, 成踊成袒成經, 衰且杖, 如始喪. 廬於山下, 日再上塚悲號, 雖風雪不廢. 山蹊危巖, 多奔湊叢密, 人煙曠絶, 猛獸交於道, 居之晏如也. 每霜晨月黑, 獨行, 顧影肅然, 魃魈不敢爲魍. 有鳥, 與孝子偕鳴, 止有常處, 孝子噭然而哭, 則鳥從而噪, 哭止, 鳥亦止. 鳥鵲身鳩色, 人竟莫能名, 李槎川·趙閣老, 爲賦「異鳥」詩.

淸潭野民孫氏兄弟三人, 祭墦, 抱陽而眠. 夢皤然大人曰: "起起. 毋令無人乎朴孝子側." 以杖叩其背. 覺則背猶隱隱痛也. 三人者, 語其夢如一. 匍匐趍視之, 孝子始得饔也. 旣再朞, 謂諸子曰: "吾其勿歸, 沒齒於阡壟之傍, 庶有豸乎." 於是, 有徙家從之者, 四年成村.

觀察使, 將辟致幕下, 孝子固辭, 使義而許之. 時上在位二十一年, 敦孝理, 使八道郡縣, 訪草野節行卓異者. 高陽守臣, 以孝子聞, 命表其閭, 孝子, 踧然不敢當. 客譬之曰: "君命也, 不可違." 鄕里子弟, 乃共成之, 旌曰: "孝子朴泰星之門." 嗚呼, 懿哉!

贊曰: "吾聞諸李君寅錫, 孝子婦家, 饒於産, 有健訟者, 官爲平析之. 孝子與焉, 恥以不義得, 辭不受. 孝子貧甚, 弊布衣, 不掩骼, 其潔身勵操, 乃如是. 士必臨財廉而後, 百事可做, 斯人, 豈嗽名者哉? 朱夫子謂, '追服意, 亦近厚.' 不曰合禮, 而曰近厚, 爲其不可爲訓於後世也. 卽其不可爲訓於後世也者, 而人有所不能及也者, 孝子有之矣."

『李佐郎孟休撰』

2 安工參泰新

安工參泰新, 天資醇厚, 容止端重. 居家孝友, 接物和易. 少好讀書, 意在拔身, 而以親老, 未克. 究竟, 年二十七, 被辟從仕, 及丁親喪毁瘁, 不勝喪以卒. 閭里諸人, 訴于春曺, 請旌閭, 上達蒙允.

等狀略曰: '西部故司直安泰新, 早服詩禮之訓, 長有淳粹之操. 幼喪慈母, 深墨柴毁, 已有成人之稱. 事父色養, 左右無違, 宗黨隣閭, 人無間言, 莫不欽歎. 其父享年七耋, 衰老病革, 醫藥無效, 殆至屬纊, 哀遑追迫, 自斷其指, 淋血灌口, 絶息復甦, 遂得時日之延. 及其易簀, 水漿不入口, 擗踊踰禮. 窆厝之後, 不忍哀廓之痛. 廬墓二年, 晝夜號哭, 終至不勝喪而沒. 實行純孝, 極爲可尙, 宜有旌閭之典云云.'

其後昆繁衍, 至今爲閭里盛族.

『兼山筆記』

3 朴同樞受天

朴同樞受天, 字聖守, 孝子泰星子也. 爲其父追服廬墓, 情苦勢窮. 始乃吏役於兵曹, 每乘昏歸, 輒躬自負米, 往省其父於三十里之外, 仍赴朝仕者, 凡十八年. 鄕隣嘆曰: "眞朴孝子子也." 喜讀庸學, 平生不輟. 恒曰: "儉而吝非儉也, 儉而能施, 乃爲儉也." 嘗於郊外, 見女人哀哭, 問其由, 乃其舅與夫俱歿, 無以斂葬, 卽入城貸三十緡錢, 以與之. 及丁父憂, 哀毁踰制, 三年之內, 鬚髮盡白, 形神澌脫, 竟至於卒.

「朴氏家狀」

4 鄭孝子

鄭孝子, 扶餘人, 佚其名. 性誠樸, 純於孝, 鄕黨化之.

一庠生詣訪, 適飯, 見其宰鷄供母, 草俱待客. 少間, 家人告曰: "老夫人下堂." 鄭卽趍入. 生密覘之, 見母傴僂, 挈甁灌虀菜, 鄭承而助之, 若嬰兒焉. 候其出, 請曰: "某百里繭足, 仰先生卲德懋行, 先生何以敎之?" 鄭動容曰: "窮居謏學, 寡過未能, 猥蒙不棄, 遠辱龍光." 生復前席曰: "曩時, 老夫人之下堂也, 某寔窺之, 老夫人挈甁灌菜, 先生承而助之矣. 某之事老母, 衣則輕煖, 味必兼, 動有使, 足不下堂, 已有年矣. 自謂於親不薄, 今見先生如是, 禮或然乎?" 鄭愀然曰: "直貧窶何言禮? 鄕人貿貿, 不能以禮處母. 母老而昏, 頃者之灌, 實胡麻油也.” 生愕然曰: “然則先生助之何也?” 曰: “母老而昏, 覺必悔恨, 不忍使有悔恨之心, 故助之也.” 庠生於是, 瞿然拜謝曰: “得矣.”

『委巷瑣聞』

5 洪童子次奇

忠州童子洪次奇, 方在腹, 其父寅輔坐殺人, 係獄, 及乳數月, 母崔氏訟寃, 詣京, 次奇養於仲父, 父呼仲父而不知爲寅輔子也, 甫數歲, 與群兒戱, 忽驚啼不食, 如是者月三, 家人怪之, 後從邑中人證其日, 乃州官訊囚也, 聞者莫不異之, 家人恐傷其心, 愈諱其父事, 至十歲, 父念年老無出獄期, 恐一朝命盡不得見, 乃使家人告以實, 携至獄門, 次奇抱父大哭, 遂居邑中, 負薪易米以供父, 居數年, 崔氏屢上言不報, 客沒於京,

既返葬, 次奇哭辭父, 曰: “母訟父寃, 未遂飮恨而沒. 又無長成子, 兒雖幼, 非兒誰復脫父死者.” 父憐其弱不許, 次奇脫身, 潛行徒步入京, 撞申聞鼓, 事下按使, 又不白, 次奇留京不歸.

翌年夏大旱, 上諭中外, 理重囚. 次奇伏闕下, 遇公卿赴朝者, 輒泣訴父寃, 凡十餘日, 觀者無不感動, 往往持飯饋之, 或梳其頭以去蝨. 刑判因議囚入侍, 白其狀, 上爲之惻然, 勅按臣詳閱以聞. 按使以獄老事眩, 奏置可否間, 上特命貸死, 竄嶺南. 始命按使也, 次奇冒盛熱, 走三百里, 詣使司, 號泣丐父命. 及奏上, 次奇又疾行先驛, 未抵京百里, 疾作, 從者勸少留, 次奇以爲不可, 擔到邸, 力疾復伏閤, 痘瘡大發, 四日已不省. 時爲夢語曰: “吾父活耶?” 及赦下, 傍人呼告之, 次奇驚覺曰: “信耶? 豈寬我耶?” 乃讀示判辭, 次奇開眼視, 擧手祝天者三, 蹶然起而舞曰: “父活矣! 父活矣!” 遂仆不能言. 是夜, 次奇竟死, 時年十四. 生於父入獄之年, 死於父出獄之日. 遠近聞之, 莫不爲之流涕,

『靑邱野談』

6 李孝子秉淵

李秉淵, 舒川人. 其父渡龍塘, 舟覆渰死. 秉淵沿江號泣, 齧指血書, 祭天祭神. 如是三朔, 哭泣禱祝. 一日夜, 咋血濡毫, 更祭江神, 歸幕假寐. 有一老人, 怳惚來告曰: “爾親至矣.” 忽於水面, 有一屍浮來, 漸近岸際. 忙出視之, 卽其親屍. 抱持慟哭. 既葬, 廬於

墓側三年.

『三綱錄』

7 宋恥翁奎輝

宋生奎輝, 其父曰時聖, 以孝死. 英廟三十年, 有司以聞, 命贈漢城左尹, 遂旌其閭. 生自幼時, 卽自誓曰: "吾父死於孝. 吾不能孝於親, 何面目見先人於地下耶?" 故逮父時, 已能以至孝聞.

其父嘗有疾, 生皇皇然憂形於色, 夜不解衣, 躬侍湯藥, 父飮藥然後, 乃敢退而食. 每嘗糞以驗其病, 卒不見難色. 日夜齋沐禱天, 願以身代, 旣而不可奈何. 遂引刀斷手指, 出血灌之口, 得延一日.

旣喪, 哭泣悲哀, 幾不能生. 母涕泣, 勸其無過哀, 則生不敢放聲哭. 每中夜起坐, 爲孺子泣, 傍人爲之感動. 及服闋, 以其所以事父者, 事其母, 婉容愉色, 未嘗一日去左右. 戒妻子, 不敢有私財, 扶持起居, 如童兒, 使其母, 忘其老也. 家雖貧, 甘旨之供惟謹, 使其母忘其貧也. 如是者, 三十餘年, 如一日焉.

一夕, 母忽得疾. 疾甚急, 未及邀醫治, 遂又割指, 不能效. 持喪, 一如其父死時. 仍居墓側, 朝夕必哭, 時時誦「蓼莪章」, 至'父母劬勞'之際, 聲甚嗚咽, 賓客弔者, 無不流涕而去. 生時已衰, 遂嬰疾, 醫言節哀, 疾當自已. 然哀毁去甚, 而疾終不能瘳, 未及朞而竟卒.

嗚呼! 其可悲也已. 昔孔子答樊遲之問曰: "生事之以禮, 死葬之以禮, 祭之以禮." 禮之失久矣. 今之士大夫, 居喪, 惟仕宦宴饗女樂不爲, 自以爲孝, 而能盡其生葬祭祀之禮者, 幾希矣. 若生者, 可謂知禮矣. 夫揄揚篤行之人, 所以敦世敎厚民風, 而使後世知有本也. 考生所爲, 於法宜旌孝.

『金陵集』

8 金童子重鎭

金童重鎭, 閭巷子, 其父曰學萬. 生無庭塾之訓, 而聰穎絶倫. 五歲, 知讀書, 過目成誦, 氣度夙成, 動靜異凡兒. 常在父母側, 當食必侍坐, 視其甘飽與否, 寢則撫席冷煖. 祭先之日, 與長者, 偕齋沐參事, 一日, 乘其假寐, 故不言. 重鎭, 以不得與祭爲恨, 終其日不食.

八九歲, 讀小學, 誦習不輟, 凡書中孝悌之道, 灑掃之節, 皆慕而行之. 父母慮其傷, 每加禁止, 猶孜孜若不及.

十一歲, 詩學大就. 家在弼雲臺下, 文士多往來遊賞者. 重鎭, 必與其會, 出語警拔, 老宿皆逡巡歎伏, 一時膾炙, 咸稱神童.

十二歲, 母遘癘, 重鎭護視, 累夜不交睫. 及喪, 哭不絶聲, 水勺不入口, 執喪遵禮, 一如成人. 旣葬, 告其父曰: "兒平日未嘗須臾離母, 今不忍舍其體魄而歸. 願居墓三年, 以慰亡母之魂." 父大怪之, 不聽. 自是, 重鎭哀毁尤深. 父嚴加誨責, 則唯上食朝夕哭臨外, 不得現其悲哀之色, 勸以肉汁, 抵死不肯. 每以廬墓事, 時時泣懇, 父惻然曰: "顧吾平生, 唯汝一塊, 汝若廬墓, 我誰與處? 且十二歲兒廬墓, 未聞是禮也." 重鎭曰: "侍廬不過三年, 奉養則其日無窮. 昔劉村隱, 十三歲, 廬父墓, 兒心常慕之. 豈可以幼冲而廢至情乎?" 懇之不已, 父不得已許之. 乃居墓下, 日三哭臨, 省掃不怠. 如是半載, 病發日沈重. 父舁還家, 醫治無效. 臨終, 泣告父, 曰: "兒今死矣, 不孝于爺, 大矣. 但母淺土閱歲, 此尤深痛. 願亟永窆吉地, 毋令兒抱恨泉下." 言訖死, 年纔十三. 行路聞之, 莫不流涕.

索隱氏曰: "自古, 奇童神兒, 間世或有, 而十二明經孝行未聞, 七歲扇枕, 文章不現. 今重鎭以童子, 能兼至行奇才, 豈非大異也哉? 重鎭旣死, 其父收錄其遺詩十餘篇, 謁諸名士, 間丐得序述, 合爲一卷, 將以梓行於世. 此可以不死重鎭. 悲矣!"

『省齋集』

9 文判尹重郁

文判尹重郁, 字起八, 富民侯益漸後裔也. 公幼有至性, 愛父母, 不離側, 父母未食, 不敢下筯, 備物養志, 務在悅親. 及親病, 夙夜侍護, 衣不解帶, 寡妹貧居, 厚恤之, 愛孤甥如子. 常以未得終養爲至痛, 不服華美, 不近聲色, 口不言生産事, 雖文房細物, 不妄求於人. 平生亢介, 少許可, 而見人窮急, 救之猶恐後. 與人款曲, 不設畦畛, 而至論是非邪正, 確而不撓. 盖其端潔之操, 出於天賦, 淸謹之風, 得之家庭者, 雖古之士君子, 殆不過也. 公旣卒之十五年, 部官以公平日孝行之卓異者, 轉聞于上, 特命旌閭. 又里中父老, 聯命籲天, 申命褒贈漢城判尹, 世多榮之.

『浣巖集』

10 金孝子益春

金益春, 字仁叟, 貫金海, 司宰監吏也. 自幼孝友, 喜讀書, 乃爲吏, 恭愼少大, 處衆如處女. 手書『論語章句』, 常袖藏之, 簿書趨走之隙, 坐必玩覽. 僚吏或有目之者, 益春不以爲意焉.

居仁達坊都嘉里, 里多惡少. 常橫暴里中, 里中亦待以匪類. 益春常出入, 見惡少, 必拜揖于前. 惡少, 始以爲調, 怒而詰之. 益春曰: "諸公, 皆我伯仲之年輩也, 安得不爾?" 惡少乃忸怩, 言不敢當. 後遙見, 輒避匿.

年二十一, 遭母喪. 爲父所開譬, 不得過禮哀毁. 其年冬, 丁父憂, 益春號擗不食, 氣絶復甦, 又者數. 其兄, 爲慮滅性, 旣殯, 僑里舍遷之, 不欲令耳目之. 益春爭之, 不得命. 之里舍, 泥首苫塊, 悲哀愈劇, 氣陷且病.

每晨朝, 必衰杖往, 伏門首, 號哭而返, 上食及哺, 亦如朝哭. 而病則日深, 其兄曰: "本念其致病, 而權居之, 乃反嬰疾!" 因扶而還其家. 益春益澌綴, 未練而死. 隣里無善不善, 皆憐之, 相與謀, 上狀春卿, 得旌其閭. 余從兄大哉氏, 與益春居比, 道其事, 甚備焉.

系曰, 毁而滅性, 禮所不許, 若益春者, 其亦謂之毁而滅性者耶? 余聞益春平居好經傳, 爲人孝弟, 豈不知不能執喪以禮而涉古人之譏也? 其死也, 安知非其心以爲親喪固所自盡, 不幸氣不從志而殞其命也歟. 嗚乎! 悲夫.

『好古齋稿』

11 白學古堂胤耇

白學古堂胤耇, 字頤孟, 孝悌出於天性, 事親極忠養. 邃於禮學, 喪祭必合於古人. 與金退靖齋 · 朴晩翠亭友善, 源源往來, 多有講劘. 及沒, 閭里以孝行卓異, 訴于儀曹, 旌閭. 有學古堂集一卷, 刊行于世.

烏川鄭尙書, 題其集曰: "在委巷而論千古禮學之謬, 以匹庶而談當世治道之要, 慨然以挽回唐虞, 爲己任者, 此固傑然賢豪者流. 以余所聞, 近故白君胤耇, 是其人也. 余未及一叩其緖論, 而君已作古人矣. 每念之, 愴恨不已. 一日, 其子謙門持其狀及遺藁, 以內谷尹士賓爲介, 來請一言. 余披玩未卒, 斂衽而歎曰: "富哉, 言乎! 文詞特其餘事耳." 其論禮, 則以卞昭穆立五廟爲第一義, 而其餘十許條, 皆粲然可觀. 談治, 則又以行井田興學校爲有國之要務, 而其他罷折受·去免稅等諸說, 亦指陳利害, 切中今日痼弊, 此豈非千古隻眼者乎?

君之爲學, 盖以忠信孝悌爲根本田地, 立心制行, 必以古人自期待. 故發之於言語文字者, 不肯草草, 必以爲非三代則皆苟. 其所惓惓於斯世, 而不能忘者, 非如拘生俗士出入口耳而止也. 使君言得行於當日, 則可使邦禮洗漢唐之陋, 至治比熙皡之隆, 而惜乎, 終未展布其一二, 齎志以歿, 可勝歎哉!"

內谷尹公, 又題其集曰: "賢人不時出, 有出而不幸焉者, 若吾學古堂白君, 是其人也歟. 始君受業于朴澹翁, 澹翁余塾師, 君與余同學. 及余游湖上, 有所闕, 輒以語君, 君犁然心契, 余知君好學有素也. 君謙虛自卑, 不欲見知於世, 故世不知君爲學問人也. 君玉貌古心, 天與美質. 家貧親老, 屈志庶官, 而手未嘗去書. 立志必以古人自期, 嘗曰: "後世無善俗, 以事不師古也. 吾夫子刪書, 斷自虞夏而首揭'稽古'字, 以詔後世. 此其古可師, 若漢唐之陋, 非古也." 遂取說命之訓, 以'學古'扁堂, 處乎其中, 俯而讀, 精思力踐, 蚤夜以孜孜. 其潛德隱行, 實多可師. 君之爲學, 盖以明物察倫爲主, 而於子貢之所不得聞於夫子者, 有自得焉. 亦嘗曰: "禮爲仁之用, 不明乎禮, 不能安仁." 用工禮學, 有見其大處也.

頃年, 國有孝昭·徽寧兩殿喪, 上命設廳, 纂成喪禮補編, 本廳諸公, 辟君佐其役. 君以爲治國以禮, 而宗廟之序昭穆爲禮之大者, 昭穆辨然後, 神人之位定, 而吉凶之禮有所措. 遂獻十條議, 以昭穆之說爲首, 請建白于上, 立五廟之制, 以正千載之謬, 以成朱子遺志, 使中朝聖作之日, 來我取法. 此君平日之志也. 其餘諸說類, 皆精義入深. 權亨叔嘗見君'俗弊' '戒子'等說, 謂: "君志不苟, 語不俗, 果有是也." 編役未畢, 君遽歿, 諸公深加悼惜, 以君孝行筵白, 特命旌表其門. 然君所欲稟正於上者, 竟不能焉. 君實齎志也."

觀於兩序, 公之德性問學, 可見矣.

『兼山筆記』

12 李判尹思龍(妻 高氏)

李思龍, 眞愚堂德涵子也. 自在髫齔, 造次言動, 愛敬承順. 母病積年沈淹, 衣不解帶,侍湯四五年. 及遭喪, 哀毁動人, 喪祭遵禮.

事父, 至于白首, 一念誠孝, 順志備物, 五十年如一日. 父病屢朔, 日夜扶護, 目不交睫, 藥必躬煎. 父悶其老, 使之暫休, 則泣曰: "人子之職, 粗效萬一於斯矣." 病漸危谻, 嘗糞驗其變味, 涕泣禱天, 願以身代. 旁人爲之感涕. 竟遭喪, 七耋毁瘠, 粥飮塩虀, 以終三年, 而祭奠哭泣, 扶病哀隕. 甫闋制而沒. 聞之者, 莫不流涕而欽歎焉. 後以孝贈漢城府判尹.

妻高氏, 姑病, 晝夜侍湯, 未嘗暫懈. 及遭喪, 哀慽動人. 事舅五十年, 一念誠敬. 好賙施貧窮, 族親之待而聊活者, 甚多. 年過六旬而舅病, 侍湯靡懈, 不以老年而自暇. 舅沒執麻三年. 及夫病, 齋沐祝天以身代者, 屢矣. 衣不解帶, 目不交睫, 藥必躬漉. 及夫卒, 欲下從. 子女泣諫. 答曰: "古婦人之遭此境者, 有參量輕重, 立節易保孤難之定論. 吾則爾輩俱已成長, 下從之義, 重於苟活. 中心已定, 勿復言." 遂不食七日而逝. 臨終, 眷眷以奉祀敬謹, 節儉持家, 囑子孫. 以烈旌閭.

『閭里等狀』

13 崔同樞道植

崔同樞道植, 字士一, 忠州人. 幼失恃, 養於繼母. 及成童, 至誠養志, 處異母弟妹, 各盡和翕, 以悅母心. 母家貧窮, 每爲周恤, 專悅母心, 聞者欽歎.

年十九, 差厚料, 極甘旨輕煖之供, 躬自往貿, 至有賈人居好物待售崔孝子之語. 半絲一粒, 無一自專, 施與分散, 惟母是聽. 三娶妻, 鏡奩之間, 絶無毫末之私. 隣里感其誠孝, 稱爲崔孝子家.

正廟丙辰, 以廉勤孝行, 特命差壯勇營首吏, 仍兼惠吏. 至誠養母, 五十年如一日焉. 當宁丙辰, 因春曹啓, 命旌閭.

『崔氏家狀』

14 崔醉睡堂廷憲

崔廷憲, 字叔度, 號醉睡堂, 海州人. 性至孝, 年十九, 在高陽鄕庄, 爲父病. 求藥入洛, 中途忽心驚, 若自後牽挽者然. 疾旋歸家, 則父病垂絶, 一家號慟, 而胸腹間猶有氣微溫.

乃斮指進血, 少頃復甦, 加壽九年, 人稱孝感.

『昭代風謠』

15 燃指孝子

燃指兒, 式微人, 酷貧靡室, 年旣二毛, 人猶兒呼之, 其名姓則逸也. 養老母至孝, 聞有婚娶之家, 着貼裏往隷焉, 乞得餠麵以食母, 嬉笑爲樂. 身自無完衣, 而母具甘旨.

一士人聞其行, 時周恤之, 旣又招置門下. 後士釋褐, 得畿沿一令將, 莅任不忍捨, 此人乃慨然曰: "小人母之有今日, 是主公之賜, 敢不思少報, 請惟命之從", 令喜與之俱.

未幾, 其母死, 計至, 令爲之流涕曰: "使汝不終母侍者, 吾之過也." 欲有所優給, 皆辭. 只求小甁胡麻油佩之, 結屛而行. 在路投店, 則水漿不入口, 索火盆蘸油, 在手中指, 炙之過夜, 指焦黑. 二日抵家, 里媼迎弔, 盖曾托母供給者也. 問吾母何在, 媼曰: "死在房五日, 無人斂矣." 兒不哭入房, 見單布被覆母, 遂敲火點硫燃指, 若松明. 徐近母, 持被呼曰: "阿母! 阿母! 兒在此, 兒在此." 指火將半, 母微若息, 又少頃應曰: "兒耶? 兒來乎?" 次開眼睬曰: "吾思兒, 甚苦." 饘粥數日, 居然動作, 兒言縣宰惠我來省, 泉糧且繼至. 母涙淫淫曰: "兒必善事, 毋孤德" 隣里聞母更活, 咸異之. 令亦探知, 喜幸之甚, 而兒燃指事, 終秘焉. 及歲餘, 母死, 人有見兒之左手廢, 詰得詳, 莫不捉鼻.

『委巷瑣 聞』

16 燕岐孝子

燕岐縣民人某, 不得其名姓. 母病瘧將殆, 思食狗肉, 貧無以辦. 謀諸婦, 婦曰: "我家故畜數頭, 然我有母嚴, 君試懇我二兄, 或可諧否?" 婦家間一嶺, 宿舂可至, 人心忙, 晡而至, 見婦二兄, 亦曰: "我有母嚴, 不易爲力" 入告母, 果不聽, 人拊膺旋返.

夜深抵嶺半, 見火焉, 立而審視, 虎蹲抱有物, 狗也. 喜甚, 叉手戒曰: "我有母病, 思食狗肉, 寧爾囓我, 狗讓我也." 虎置狗, 曳尾而去. 攫持急奔, 比還, 天尙未明. 婦迎見雀躍, 宜狗進母, 母頓飽, 病如忘. 夫乃對妻言之, 妻涕曰: "山君惠母, 然毋使母聞" 慮母驚也.

『委巷瑣 聞』

17 李孝子宗禧

李宗禧, 全義人. 九歲, 値闔室遘病, 其父母婢僕, 一時病臥, 獨宗禧未病. 其父光國, 痛已久, 而未退熱, 氣窒者二日, 全身厥冷, 而無省視. 宗禧獨自遑遑, 蹴起病婢, 急煮粥飮, 將刀斫破四指, 血注椀中, 連灌父口, 有氣息微微出鼻口. 宗禧驚喜, 用盡一椀, 父乃甦.

翌日, 又氣窒, 宗禧呼泣禱天, 又斫衆指, 和血於粥, 又進一椀. 忽聞室中有呼云: "宗禧! 汝誠感上天, 冥府已許汝父之生, 汝其放心, 勿悲痛" 家中人, 莫不聞之, 皆曰: "長湍生員聲也", 長湍生員, 卽宗禧之外祖尹謙, 其死已久矣.

其父蘇完, 母亦繼瘳, 人無不稱道. 里人狀報於本邑, 邑倅大奇之, 列其孝行命給, 復聞于朝, 旌其閭.

『靑邱野談』

18 吳孝子千松(孫 哲祖)

吳千松, 義城人. 事親至孝, 家勢貧窶, 傭賃以養親. 及其喪, 身負土以葬, 廬於墓, 以終三年.

其孫哲祖, 生未周歲, 遭父喪. 及長, 每以不識父面不服父喪爲至痛, 平生未嘗與人嬉笑, 遑遑若罪人焉. 母在兄家稍遠, 而雖奔走公役, 晨昏定省, 不以風雨寒暑而或廢, 甘旨供養, 終始不衰.

及遭母喪, 哀毁過禮, 葬祭盡誠, 俾無餘憾. 及其父沒回甲, 設祭攀擗, 一如初喪. 仍服縗廬墓, 咬菜啜粥, 以終三年.

鄕人上其事, 邑宰感其孝, 將申請旌褒, 而號泣乞停. 盖其特行由中, 不欲見知於世也.

『靑邱野談』

19 朴孝子士信

朴士信, 咸陽戶長也. 父患虛症[7], 醫言蔘可以得效. 時當大寒, 躬往智異山靈源寺, 求之, 忽有老僧, 指一枯莖, 令採之. 得人參六根, 甚大, 而僧無去處. 持而歸, 則寺中無賴五六輩來劫之, 有虎在傍, 咆呼不已, 衆皆逃散. 仍持來煎進, 父病乃差. 母病, 再斫指, 得延數日.

『青邱野談』

20 權孝子載中

權孝子載中, 性至孝. 親沒, 葬于西坰數十里外, 朔望日, 必上墓, 終其身不廢. 墓土不被莎, 人多怪之, 或以爲貧不及. 國都西迎恩門前莎, 爲東土第一, 山陵外, 凡私採者有禁. 孝子上墓, 路出此門, 每從閑處, 採莎方半尺, 袖而致之, 以是爲率. 嘗爲哨者所詰, 聞其由, 感而釋之. 如是數歲, 一麓成矣, 望之, 如鋪錦茵. 至今稱爲'權孝子墓'.

贊曰: "古人孝親之事多矣, 此盖未始有也. 歲歲春風草生, 孝子之心, 葉葉俱青. 世之大起丙舍者, 徒夸輪奐之美, 往往爲歌舞賭博之場, 何限? 使此輩, 聞權孝子事, 能不泚顙!"

『壺山外記』

21 洪孝子命寬

洪命寬, 水原人. 自在髫齔, 誠孝純篤. 年甫十一, 其父病劇, 撫摩手足, 呼呼丐命, 竟至不救. 則憑尸哭踊, 屢絶方甦. 不避雨雪, 拜墓攀號, 行路不忍視.

母當暑病瘡, 臭不可聞. 命寬, 日夕吮之, 通二旬不少懈. 母有宿症, 老而愈痼. 問醫求藥, 嘗糞驗症, 及其刀圭蔑效. 命寬, 剪爪斷髮, 血書禱天. 病遂瘳, 延十餘歲.

『三綱錄』

---

7) 저본에는 '証'자로 되어 있으나, 문맥을 고려해 '症'으로 바로 잡음.

22 吳孝子泰觀

吳泰觀, 坡州人. 早棄功令之業, 篤於誠孝. 母病思食櫻桃, 時値六月, 求之不得, 攀樹, 竟夜悲號. 朝而見之, 忽有十數顆, 結在枝葉間, 摘而進之. 明早又求, 亦如之. 如是者凡十餘日, 不匱. 及其革也, 嚙其指, 血不出, 擣之則血淋漓, 遂灌之. 母殊而復甦, 得延數日之命. 父病將屬纊, 露禱于天, 願以身代, 叩頭血出. 父還甦, 延壽五年. 居喪, 一遵古禮.

『三綱錄』

23 金孝子致麟

金致麟, 泰仁人, 事父母至孝. 其父患癱沈痼, 所食惟川魚. 當沍見乏, 呼天哀祝, 從氷釋處設網, 盈尺魚數十忽入網. 其後, 去輒必得, 鄕人名其川曰‘孝川’.

『三綱錄』

24 李孝子根

李根, 橫城人. 孝性根天, 年甫五歲, 得新果, 則必思父母, 未嘗先食. 九歲, 母病癰, 爲能吮膿. 嘗夜訪醫, 路逢惡獸, 泣言爲親問藥, 虎乃或先或後, 有若護行者. 醫言宜用生蛇, 時丁冬月, 無以求得, 忽有尺許甘帶, 露在雪上, 遂用之收效, 人皆歎異.

『三綱錄』

25 李孝子邦翼

李邦翼, 北靑人, 故忠臣希唐玄孫. 其父偶浴深潭, 失足墊沒, 邦翼跳入, 抱父而出, 幸而竝全. 父病, 醫言當用鼉湯. 時則臘月, 邦翼號泣叩氷, 入水丈餘, 幸得一鼉, 又求再得, 病快蘇.

父喪配, 邦翼十年侍側, 至誠服勤, 雖一夜, 未嘗或離.

『三綱錄』

26 辛孝子沃

辛沃, 坡州人. 自齠齡, 已著至行. 母嘗沈病, 思食櫻桃, 而時適夏秋之交, 知不可求, 而盤桓於櫻桃樹下, 只自號泣. 忽見低下一枝, 迤入積薪下, 結顆爛熟, 摘取以進. 醫言蠡魚神效, 而本非地産, 焦遑罔措, 適有携魚過者, 感其懇惻, 不受直而許遺, 烹而進服, 病卽愈.

『三綱錄』

27 李孝子濟極

李濟極, 豊川人, 事親盡孝. 其父得二日瘧, 久不差. 醫言人肉有效, 濟極乃割股, 大如手掌, 煮而進之, 父病卽瘳, 子傷旋差, 鄕黨莫不咨嗟稱孝.

『三綱錄』

28 朴孝子柱國

朴柱國, 春川人. 修身篤行, 喜讀『小學』, 事親盡誠. 父病痢數朔, 幾至不救. 醫云: "惟鱉可療." 時適霖雨, 溪水大漲, 無路可得, 號泣不已. 其父於昏微中, 大呼曰: "有神人謂余曰: '汝有孝子, 天感其誠, 降大鱉于汝門前田渠中.' " 卽取用之, 父病仍差. 父又思雉炙, 柱國, 卽往近林中, 有一稚爲鷙鳥所擊墜, 取以供之.

『三綱錄』

29 黃孝子載

黃載, 禮安知印也. 嘗住松京, 夢其母病, 將歸, 語其所乘馬, 曰: "速行, 使我往見母病!" 馬低首如有所聽. 一日行七百里, 馬未及家里許斃. 人異之謂'黃載孝感', 收而瘞之. 母果病, 號泣侍藥, 母歿, 廬墓三年. 建文辛巳, 旌門復戶.

『掾吏龜鑑』

30 玉孝子從孫

玉從孫, 東萊吏石根之子. 年十一, 父得惡疾, 自斷手指, 和藥而進, 父病乃療. 事聞, 旌閭免役.

『掾曺龜鑑』

31 兪孝子石珍

兪石珍, 高靈吏. 父天乙, 得惡疾, 每日一發輒氣絶. 石珍日夜侍側無懈, 號泣于天, 廣求醫藥. 人言: "生人之骨, 和血而飮, 則可愈." 石珍, 卽斷左手無名指, 依言以進, 其病卽療.

『掾曺龜鑑』

32 李孝子擢英

李擢英, 義城戶長也. 爲人忠藎勤幹, 壬辰倭亂時, 裨益弘多. 及亂定, 僚友請免鄕. 擢英辭謝曰: "爲人臣, 而效勞國家, 常分也." 退居芚山下, 奉母至孝, 自號'孝思齋'. 所著有『征蠻錄』『解頤錄』. 邑誌云: "甫十七, 父死他鄕, 扶櫬數百里返葬. 母年六十, 兩眼俱廢, 晝夜不離側, 躬執匙進飯. 迎醫問藥, 不遠千里, 病劇嘗糞. 及歿, 哀毁踰禮, 非喪事不言. 搆一間屋, 安考妣位, 名以'慕先堂', 晨昏拜謁. 後因道啓復戶."

『掾曹龜鑑』

33 愼孝子希閔

愼希閔, 居昌吏. 事母至孝. 冬月親病, 思魚膾, 堅氷不可擧網. 希閔, 叩氷號泣, 魚忽穿氷而出, 人以爲孝感. 事聞, 旌閭, 至今號其川曰, '希閔淵'.

『掾曹龜鑑』

34 金孝子遠鳴

金遠鳴, 安東吏. 父喪, 廬墓三年. 服闋後, 猶素食不輟, 日必往哭父墓. 室中置其父服, 用以寓終身之慕, 佳木異卉, 無不植於墓前. 奉養偏母, 甘旨必躬執. 御史農巖金文簡公, 再訪其廬, 登聞, 立生旌閭.

『掾曹龜鑑』

35 林孝子

林孝子, 尙州之丹密懸人也. 地雖賤性孝, 至誠事母, 家中化之. 一日, 其妻爲神事, 笮油盛二缸, 置房中. 其姑年逾八十, 耄昏誤認缸爲溺器, 持入小圃, 循葱畦滴瀝澆注. 小孫女見之, 遽呼曰: “婆婆, 何誤也.” 其母, 走掩其口曰: “無驚動.” 徐進低聲謂其姑曰: “溺須[8]和水注, 老人, 亦不必自作勞事, 請代之.” 潛還其油, 更持溺器, 灌畦如式, 終不令其姑知. 及暮, 孝子自場市還, 小女迎說事首尾. 孝子便下階, 向其妻再拜.

『樊巖集』

36 白孝子士良

白士良, 全州府內人也. 英廟四十三年丁亥春, 全州火. 是日大風, 城內外數千餘戶, 不移時, 燒盡無餘. 士良家, 正當火衝, 烈焰騰屋頭十丈環以集, 已而, 回回旋去, 殆若有陰相之者. 火已, 登城而望之, 黑燼無邊, 一點屋茅正鮮者, 獨士良家也. 人莫不異之.

士良性至孝. 嘗隷營府役, 不忍以役, 故違母, 自謝其役. 匄貸而奉養之甚至. 及母死, 終三年守墓, 其子病, 家人要之不至, 子死亦不至. 一府人, 咸以至孝稱之.

及是, 君子曰: “士良之家不燒, 天也. 天之爲此者, 欲使人知人有孝於其親者, 天必降監而保佑之也. 大哉! 孝子者, 天之所知, 人可不勉於孝哉!”

『樊巖集』

37 尹孝子明相

8) 저본에는 ‘頃’으로 되어 있으나, 문맥을 고려하여 ‘須’로 고침.

尹明相, 坡平人. 生有至性, 其事父母, 能盡其身. 其爲兒時, 父嘗欲笞之, 會天寒, 明相尙箠於爐, 然後敢進. 及其旣長, 而致愛於父母者, 多推此類而充之. 故其爲孝, 能無憾於終始云.

其後, 母乳而死, 明相亦有[9]一子方乳, 明相使其妻乳弟, 使老婢乳其子. 其後, 弟卒得全, 而其子絶乳至死. 其妻亦不敢有言.

余家與明相隣, 幼時過其閭, 必聞其哭泣, 甚哀. 路人或歎息而言, 曰: "此尹孝子之聲也." 然明相狷介執一, 不能容物. 見人之不義, 輒奮口面罵之乃已, 不少忍, 人多忌惡之. 然至其孝, 雖惡之者, 亦不能掩云.

其妻之所乳者弟曰明著, 亦有行. 明相卒無子死, 而明著取其子, 以續兄之祀, 自取宗人子爲後, 以報其德云.

『雷淵集』

38 金孝子昌國

金昌國者, 江都人也. 家貧, 隷鎭撫使親校, 時夜讀古人書, 以自娛. 事父母至孝, 其食飮或不戒, 有沙石, 必撻其妻, 其妻亦悔泣無怨意.

東俗每歲首, 必詢命於賣卜先生者. 昌國問父命脩短, 占云: "不出一紀." 昌國不言而涕. 自是, 日齋沐, 禱摩尼之神, 風雨寒暑未嘗懈, 一日二禱焉. 過一紀父不死. 郡國報朝廷, 曰: "金昌國, 十年禱父命贖之, 純孝也." 朝廷旌其閭曰: "海東黔婁."

『碩齋稿』

39 李孝子益三

李益三者, 臨陂鄕吏也. 事母孝, 居恒戒其妻: "衣食之奉, 盡誠無違." 自官退食, 或有美味在盤, 請其母, 曰: "此味先已進嘗乎?" 母曰: "已食", 則喜. 母曰: "未食", 則切罵其妻, 曰: "旣得美味, 何敢不進于母而進于我?"

冬夏換節時, 妻以新衣進, 必察母身, 尙着舊衣, 責其妻小不容貸, 或至數月, 不相見.

---

9) 저본에는 '有'자가 없으나 문맥을 고려해 보충해 넣음.

以故，渠身雖長在官門，鮮能在家，妻之所以奉其母，極其謹且誠，毋敢慢忽．夫士之讀古人書者，亦或爲妻所持，而不能善事其母者，視此能無媿乎．益三之父，亦有是行，以孝旌閭，盖世傳之孝也．鄰邑亦莫不稱之以孝子．

『梅翁閑錄』

40 吳判尹寅植

吳孝子，名寅植，字子敬，號昭溪，海州人．性至孝，四歲而孤，啼號不肯乳，語其母，曰：“吾獨無服，何也?” 母曰：“幼矣，不克縗也” 曰：“小兒無服，禮乎?” 仍大哭．自髫齔，能知事親，奉偏母及祖母，愉婉務悅親志．居不離，遊有方，家素貧，渴力於菽水．

母有疾，惶惶焉，憧憧焉，左右扶護．調藥煮粥，不使人代，浣牏嘗糞，靡不自效．夜輒齋沐露禱，願以身代．及居喪，毁甚幾不全致，愼終事，必誠無憾．時怪沴熾，人死亡如掃攆．族親皆言，其從權速窆，而毅然不動，竟遵禮月．廬于墓，茹素三年，淚沾苫席，爲之盡腐．見人父母俱存，輒泫然曰：“彼誠何祿于天?” 嗚咽不自已．値喪餘，專心齋居，罕與人接．語子姪，曰：“祭以誠，神必享矣.” 逮讎甲重回，乃三月居墓，衣素食疏，晨夕拜掃，不揀天寒風雪，號泣如袒括初，時年六十四矣．

嘗有任名，月有常俸，以不逮養爲至恨，節而蓄餘，置祭田，修塋域，凡薙卉種樹，皆躬執其役．欲營丙舍，力絀未就，工徒出義齊擧，不數月而成．其篤行之感服人者，有如此．恒居簡默，言若不出，謙愼溫恭，儉於自奉．雖老不近紬屬，曰：“早違嚴顔，不得受服，天地間一罪人，輕煖安於心乎?” 喜讀『論語』，尤用力於孝悌之訓，爲一生需用．

沒後，衆論齊發，以孝聞于朝，贈京兆尹，旌其門．其先檢校軍器監，監諱仁裕，東部令邦瑞，其曾祖也．

贊曰：“幼而戲，其容婉；長而養，其力殫；老而慕，其禮盡．若乃嘗糞而欲知差劇，庾黔婁之誠也；哀毁而頓絶方蘇，何子平之行也．使世之孤呱之母，有子皆如斯人，庶立愛而惇倫矣夫.”

「松石 金尙書撰」

41 尹敎官民性

尹敎官民性, 字秀卿, 號東山, 坡平人. 天性自幼至孝, 及長誠孝尤篤, 親喪後, 竟以病卒. 閭里等狀, 齊籲于蹕路, 春曹回啓, 請贈旌之典.

其等狀略曰: "故學生尹民性, 姿稟出人, 孝友根天. 早自髫齔之齡, 已切愛親之心, 及長孝養父母, 誠敬彌篤, 以至定省之禮飮食之節, 靡不用極. 終日侍側, 愉色婉容, 以悅親心者, 四十年, 如一日. 扇枕溫被, 古稱其孝, 而方之民性, 不得專美也.

其父五年貞疾, 長在床, 玆民性左右扶將, 憂形於色. 藥必親嘗, 衣不解帶, 遺屎沾濕, 躬自浣牏, 非無子姪婢僕, 而其爲親之誠, 不欲令人代之也. 父母悶其勞瘁, 諭令歇宿, 則審其就寢, 始乃暫退. 時或假寐, 如驚而起, 探候戶外, 如是者, 一宵之間, 至爲三四. 或勞劇體疲, 則雖暫以子弟代之, 然亦未嘗穩休, 每夜露禱, 願以身代. 父病漸篤, 民性不勝焦迫, 斷指流血, 入口中, 其於至孝, 庶幾天地之所監臨.

及至遭艱, 不敢擗踊, 極慰老母, 而其哀毁之至, 見者流涕. 襄奉饋奠, 殫竭誠力, 以母老之故, 未敢爲離側廬墓之計. 每月省掃, 必至三四, 雖値雨雪, 未嘗或懈. 臨塚號哭, 哀徹穹壤, 傍近村舍, 聞其聲曰: "尹孝子上塚也, 來請止哭." 其孝之感人者, 如此.

辛巳, 丁母憂, 哀號擗踊, 幾絶僅甦, 治喪之節, 克盡愼終. 時値怪沴大熾, 多勸從權渴葬, 竟不回撓, 以禮克襄. 半載居墓, 晨夕拜掃, 三年在廬, 淚沾苫腐. 値其考之喪餘, 必齋居致敬, 三霜甫闋, 眞元大脫, 病祟已痼. 自度不起, 謂其弟與子曰: "吾罪殃深重, 已失怙恃, 永抱風樹之慟. 死後棺斂, 務從薄約, 毋使重獲戾於九泉也." 後數日而終.

吁! 可悲矣. 若其友于兄弟, 睦于宗族, 卽亦孝心之所推及, 不必枚擧. 而第其有生之後, 知其有親, 不知其有身, 若非出天之孝, 何能如是乎? 今方聖明在上, 敎化大行, 或有微行細節之可以敦風勵俗者, 靡不得採, 均施嘉奬之典. 似此絶異之行, 無愧於古人, 伏乞亟令該曺, 詳探純至之孝, 特施贈旌之典. 漢城府禮曺回啓, 合施贈職之典, 啓下吏曺, 贈童蒙敎官.

『兼山筆記』

42 姜左尹孝元

姜孝元, 晉州人. 仁祖丁丑, 昭顯世子質於瀋, 講院陪從, 而孝元以院吏隨行. 入瀋, 弼善鄭公雷卿, 察其忠信可仗, 甚重之. 欲殺鄭命壽, 事洩, 與鄭公同死. 朝家反其尸, 葬之國東門外. 贈京兆左尹, 旌其閭, 世賜祿.

初被拘也, 自知必死, 截髮置衣中, 寄書與母訣. 臨死, 謂從者曰: "吾今死於國, 何恨? 歸語家人善養老母如我在."

『靑邱野史』

43 田隱士滿車

田滿車者, 海州人也. 隱居首陽山下, 山多薇蕨, 有淸聖廟立焉. 淸聖廟者, 夷齊廟也. 滿車年七十, 磊落忼慨, 與其妻耕首陽之野, 時夜讀書, 人無知其賢者. 肅廟己卯, 歲大饑, 朝廷求糴於燕京, 分賑諸路, 滿車作詩以辭之. 其詩曰: "聞道燕山粟, 東輸二萬斛. 莫貸海西民, 首陽薇蕨綠." 又曰: "我本淸寒有一牛, 輟耕閒放峽中秋. 騎來不向人間路, 恐飮當年洗耳流." 仍逃之山中, 採薇而食, 不知所終.

『海東外史』

44 李檢律震華

李檢律震華, 字郁哉, 旌善人. 肅宗己巳, 逆堅賊鏽之黨, 秉國政, 廢仁顯王后. 公以喉院檢律, 奔走道路, 借得有屋轎, 進于曜金門內, 奉詣本宮, 公以冠帶, 號泣陪從. 及壼位光復之後, 上召入奬之, 因問所願. 對曰: "臣所帶之職, 足矣. 何敢望其他哉?" 命永付政院檢律.

噫! 公以微官末職, 當天威難測之日, 挺身獨出, 扈衛國母, 於蒼黃之際, 雖方之古之忠臣烈士, 無所慊焉. 其奏御之言, 又如是廉退, 豈以死生窮達, 動其心者哉?

『欽恤堂志』

45 崔老

崔老者, 成歡驛吏也. 世爲吏於成歡驛, 年七十餘, 當戊申之難. 時賊勢熾張, 湖嶺戒嚴, 驛丞妻栖走, 閭閻爲之一空, 雛鷄乳狗, 布野鳴號. 崔老未忍去, 與老卒, 守亭館.

賊首李麟佐, 以三千兵, 次于驛, 夜張樂飮酒, 崔老, 供給惟勤. 乃四鼓, 賊衆皆睡酣, 警柝不響, 旗竿燈火盡滅, 闃若無人. 崔老, 使卒潛伏驛後峰, 大呼曰: "成歡驛吏崔老!" 曰: "諾." 曰: "金吾緹騎十百輩, 方捕賊而來. 汝丞安在, 曷不秣馬以俟? 否則斬之!" 崔老, 連聲應諾, 而出聲振林谷, 奮梃左右衝突, 因放馬庭中, 相蹄趹以撓之. 賊衆, 方睡酣變出, 倉卒惶急, 驚動靡所定, 太半散亡. 麟佐急回軍, 軍聲遂不振, 而因爲元帥所擒. 崔老老死, 名亦不傳, 邑人, 稱'崔忠臣'云.

『海東外史』

46 愛男

愛男, 延原府院君李公光庭奴也. 宣朝壬辰, 公以司書, 直禁中, 一夕, 倭警急, 上去邠西狩. 公扈駕以出, 愛男實執轡以從焉. 大駕馳到臨津, 大江在前, 夜黑如漆, 津夫皆逃竄, 不知船有無. 諸從官惶惻, 計無所出. 愛男拋轡以走, 公於馬上歎曰: "事急, 愛男亦叛我去耶?"

已而, 火起蘆荻, 兩岸晃朗如晝. 上驚問故. 卽愛男發囊中火刀, 投枯葦叢, 延爇岸上空屋, 還執轡推謹. 左右以是對. 上曰: "奇哉, 愛男!" 從官軍卒, 皆嘖嘖曰: "智哉, 愛男!" 於是, 覓津船之閣在回岸者, 上利涉焉.

及亂定, 大駕還都, 大封功臣, 策公爲效節協策扈聖功臣, 又欲封愛男. 公曰: "臣旣濫勳, 奴何可同升於朝." 上雖已之, 特賜愛男資嘉善, 每對公問, 曰: "卿之愛男, 好在否?" 以時招愛男, 至差備門外, 酌銀大觥, 賜之酒遣焉. 公焚愛男賤籍, 使買宅別居, 愛男曰: "主在, 奴往何之?" 夫婦年八十餘, 卒死於李公廊底.

『樊巖集』

47 高濟興君彥伯

高彥伯, 喬桐吏. 登武科, 從軍擊叛賊, 勇力善鬪, 爲元帥標[10]下將領, 聚兵討賊. 上特加堂上, 拜楊州牧使, 使保護陵寢. 上賞其功, 累加階, 歷典大閫, 到處盡職. 策宣武勳, 封濟興君.

10) 저본에는 '票'로 되어 있는데, 문맥을 고려해 '標'로 고침

『掾曹龜鑑』

48 林垂胡子芑 · 子遇春 · 婦洪氏

林芑, 開寧人, 自號垂胡子. 拜白衣從事, 六度赴京, 帶『剪燈新話』而來. 宣廟壬辰, 死於賊, 子遇春, 丁酉亂, 被虜, 及其妻洪氏同死. 事聞旌閭.

『掾曹龜鑑』

49 文守門將紀房

文紀房, 字仲律, 高麗名臣江城君益漸之後, 世居長興. 父炯夢, 屋上有大星, 飛下光燭地, 傍人言: "是房星也." 驚覺汗沾背, 是夜生子, 名以紀房.

爲兒戲, 騎竹馬, 剪紙爲旗, 自稱爲將, 群兒無不從令. 十五讀史, 至「張巡 · 許遠」傳, 慷慨擊節, 掩卷流涕. 膂力絶人, 善騎射, 與從祖弟明會, 同登辛卯武科, 選爲守門將.

壬辰, 島夷大擧入寇, 紀房與明會, 倡義起鄕兵, 從全羅兵使李福男. 丁酉八月, 賊踰宿星嶺, 兵使自順天, 轉到南原, 士卒盡散, 只餘褊裨五十餘人. 賊鋒薄城下, 紀房與明會, 張目唾手曰: "今日, 當決死, 以保國." 鼓行由南門入, 賊圍城數重, 彎弓亂射, 殺賊無數. 右手指盡脫落, 更以左手射賊, 左手又脫. 紀房, 口呼一句曰: "平生殉國志, 腰下玉龍知." 明會繼之曰: "力盡鼓聲裏, 誰扶社稷危", 血書于衫袖, 遂與兵使, 同時搏戰而死, 卽丁酉八月十六日也.

奴甘金持血衫, 伏僵屍中, 脫身還家, 備陳殉節狀. 以血衫葬於高山.

『耳溪集』

50 吳壯士孝誠

崇禎丁丑, 昭顯世子 · 孝宗大王, 以質入瀋陽也. 具綾川仁垕, 薦八壯士從行, 曰朴培元 · 趙壤 · 申晉翼 · 張愛聲 · 吳孝誠 · 金志雄 · 朴起星 · 張士敏, 周旋捍衛, 終始如一.

甲申, 鶴駕東歸時, 顯廟春秋方四歲, 不肯坐轎, 使人負, 亦啼哭不已, 惟吳孝誠負之, 則止哭. 於是, 徒步行數千里, 衣背盡腐. 後孝廟, 命畵八壯士像於屛風, 吳孝誠, 則畵負顯廟狀.

丙申, 設別軍職廳, 使八壯士, 鮮裝厚廩, 夙夜侍衛, 子孫世襲.

一日, 孝廟, 御便殿置酒, 酒酣, 召吳孝誠, 欲把臂而語, 以示親昵. 孝誠, 頓首固辭. 上怒甚, 擧長琴, 撞其右肩, 傷其臂, 臂因拘攣不仁. 上酒醒, 悔之, 益加寵愛.

李雅亭 『盎葉記』

51 劉元帥克良

劉克良之母玉臺, 洪相暹之婢, 誤碎玉盃, 恐被罪, 逃走. 至鳥嶺, 飢渴困憊, 兩足生繭. 乍臥龍湫上岩石, 息憩着眼, 忽有猛虎, 大號一聲, 玉臺遽失魂魄. 伊日, 克良之父, 劉座首, 喪耦永窆, 役軍聚會穿壙, 山上擾擾, 家中寂寂. 成墳之後, 座首有看檢事, 急急還家, 則堂前土座有二八丫鬟, 卽玉臺也. 委臥已死, 胸膈乍溫. 極其怪訝, 急抱入溫堗, 出涎納口, 或揉手足, 良久, 始有喘息. 繼以粥物調救, 漸生, 宛然一處子也. 詳告其由, 盖爲猛虎所含, 自鳥嶺, 至延安邑內. 衣領少破, 肌膚不傷. 仍以爲座首後配, 生子克良.

未幾, 克良爲孤, 母甚貧, 克良移居松都, 窮不自聊. 克良稍長, 負薪資生, 及其成長, 菀有膽略. 城內甲第, 素有鬼災, 累年長空. 克良聞之, 窮尋其主, 以若干價, 買厥舍, 而先自委, 則夜三更, 白袍素帶十二丈夫, 突開窓鑰, 侵于枕席. 克良奮起拳歐, 悉皆逃竄, 入于後園[11]竹林間. 克良, 翌日, 鑿地五丈許, 銀童子, 十二軀出.

自此, 家産稍饒, 始學武技, 登科除官, 諸公爭以將才薦之, 將畀榮顯. 母謂克良曰: "我本以某家婢子, 得罪遠逃, 遇汝父, 生汝. 汝本卑賤, 猝富貴不祥." 克良卽尋主家, 陳其情, 欲上疏削科, 還爲奴. 洪相曰: "爾非我奴, 何爲此言耶?" 克良曰: "母旣言之, 何敢冒法登科, 背主欺君乎?" 洪相義之, 以放良文券, 給之. 克良, 於壬辰年, 以副元帥, 防守臨津, 與申砬, 力戰死之.

『左溪裒談』

11) 저본에는 '苑'으로 되어 있으나, 苑은 왕궁의 뜰을 말할 때 쓰이는 글자이므로 '園'으로 바로잡음.

52 李述源

李述源, 以居昌座首, 當戊申逆變. 主倅申正模, 昏夜逃躲, 不知去處. 述源, 堅守空衙, 以待營關. 賊魁能輔, 猝入縣內, 悉出軍械. 述源, 防截不聽, 賊大怒亂打. 述源, 罵賊不已, 賊至拔其舌而殺之.

噫! 李鳳祥 · 南延年之死, 固由於國恩之罔極. 至若李述源, 素阻國恩, 不識京洛之人, 而克卞忠逆, 辦一死於明白之地, 嗚呼! 忠哉.

『左溪裒談』

1 洪譯官純彦

譯官洪純彦, 當萬曆丙戌·丁亥年間, 隨節使行. 入皇京時, 有新起一青樓, 而門楣上, 懸一牌, 書以'非銀千兩, 不許擅入.' 中華蕩子輩, 皆以價重, 不敢生意. 純彦聞之意謂: '聲價若是, 必是絶色.' 試入門, 詳細訪問. 此非遊冶之娼, 卽某侍郎之女子, 而某侍郎, 逋公錢累萬金, 方囚於獄, 擬以一律, 蕩盡家産, 徵及姻族, 而所不足尙三千金. 旣無子姓, 只有一箇女子, 姿色才華, 超出等第. 女子不勝悲寃, 欲爲賣身, 救父命也.

純彦聞之, 矜憐, 不敢求見女子, 直爲出門, 搜得行中諸人所儲, 厥數滿千, 輸送靑樓, 仍隨使行出來. 女子旣不汚身, 得千金, 充納公錢, 救父命, 感頌恩德, 銘佩不忘. 罷靑樓, 歸家後, 爲石尙書星繼娶. 別織錦緞, 每匹輒繡'報恩'二字, 每於行人之便, 申勤付送, 課歲不廢.

至壬辰, 倭寇之東搶也. 宣廟播遷龍灣, 專价請援於大國. 伊時, 純彦又爲隨往. 石尙書, 時帶兵部尙書, 習聞洪譯之高義於夫人. 夫人聞洪譯之入來, 懇乞尙書要其周旋. 石尙書, 上告皇帝, 下托朝廷, 特遣李提督, 率將三十餘員, 兵馬幾萬名, 以救之. 又降粮穀, 賞銀, 以爲接濟. 竟得掃平寇亂, 此固是神宗皇帝字恤再造之恩德, 而石尙書夫人, 亦多有力云.

『靑邱野談』

2 韓譯官瑗

韓瑗, 字伯玉. 幼爲擧子業, 不中, 後仕譯院. 嘗赴京, 至玉田縣, 見一煬者, 手持周易而讀, 怪問之, 乃寒士貧傭爲館夫者也. 心憐之, 出槖銀三十兩, 贈之. 後從水路朝天, 忽遇風, 飄泊登州, 防海卒見而毆打, 俾卽回舟. 船人皆倉黃無策, 忽見一官人, 行過閘口, 瑗進前, 口進情狀. 其人熟視, 下轎執手曰: "君非我之恩人乎? 我乃玉田煬者也. 賴君周急, 幸得進士, 來知此州. 今日相逢, 天也." 厚給粮饌, 見軍門, 要其題奏. 贈白金三百兩, 綵緞三十匹, 曰: "敢謝舊恩." 竣事還, 御賜玉圈, 除僉樞. 瑗爲人, 廉明正直, 閑居守拙, 好書史不倦.

『震彙續考』

3 金譯官指南(子 慶門)

金指南, 字季明, 號廣川. 赴燕, 購得煮硝方, 以還試之, 所得倍蓰, 品又精猛. 藥泉南公, 令撰次成書, 名曰 『新傳煮硝方』, 刋布中外. 壬辰, 穆克登定界時, 朴公權帶指南而往, 與克登, 反覆論辨. 遂以白頭山頂潭水之北, 爲上國界, 其南爲我地, 立碑潭畔, 以爲界. 又畫山形疆域, 作爲二本, 一進于上國, 一置于本國, 明谷崔公, 令撰『通文舘志』刋行.

子慶門, 字守謙, 壬辰定界時, 父子俱膺別遣之命. 器宇凝重, 識慮淵邃, 好讀書. 前後任使, 志在爲國. 踈財嗜義, 創置義田, 以濟貧族.

『震彙續考』

4 金玉湖忠烈

金忠烈, 字而彦, 號玉湖, 又號雪峰, 金海人. 東平尉 『公私聞見錄』 曰: "光海朝, 金忠烈見寵姬金尙宮用事, 人心憤鬱. 上疏曰: '赫赫宗周, 褒姒滅之, 我朝鮮三百年宗社, 金尙宮滅之, 臣爲殿下痛哭.' 疏到政院, 論議不一, 終至退斥, 而忠烈身在下賤, 言人所不敢言, 忠直之氣, 至今凜凜. 此是祖宗朝崇奬言者之效也."

『昭代風謠』

5 李五衛將忠伯

李忠伯, 西京大俠也. 好飮酒使氣, 遇不平, 輒毆殺人, 出入, 人不敢忤視. 當光海世, 朴燁爲關西伯, 燁厲如虎, 一日不殺人, 意不樂. 常曰: "人殺千, 吾可以免夫." 西京人, 累足屛息, 恐恐然朝暮待死. 有妓美而艶, 燁嬖甚, 忠伯潛與奸覺. 燁發急騎跟捕, 命捕者前, 授弓矢戒之曰: "卽不可生致, 射殺." 忠伯跳而逸, 抵麻屯浦口, 春水澌, 追者在後. 忠伯, 赤裸泅急走, 匿艾浦人家, 無何, 忽心悸, 從諸族人, 得百布馱之而南. 已追果至, 大索里中, 無忠伯, 乃止. 忠伯入漢京, 從屠狗 · 六博者遊, 盖豪擧無所憚. 一夕, 入娼樓宿, 娼之夫惡少年, 微聞之. 自外入, 蹴倒戶, 亟引燈照室, 利匕首, 炯炯在握. 忠伯抱娼臥不爲動, 少年逾益怒, 喝曰: "若何爲者, 獨不畏劍歟?" 曰: "我西京力者, 李忠伯也." 曰: "然則, 若能與我飮乎." 曰: "唯." 卽起穿衣, 少年叱娼, 取斗酒大胾來. 立引大白自引, 仍酌以與忠伯. 忠伯, 一吸而盡, 少年, 乃以肉冒刃, 注忠伯口. 忠伯大開口承之, 少年稍心憚之. 忠伯, 於是, 自拔佩刀, 劃其髀, 飮噉猶自如. 少年逡巡曰: "若誠壯士, 吾不如也." 遂與之爲死友. 由是, 忠伯名聲藉藉, 出漢京諸少年上.

初, 忠伯之跳也, 燁執其父, 獄之曰: "而子不來, 不而放也." 居半歲, 聞監司日窘父, 遂仗劍西下. 屬監司方坐衙, 兵威甚壯. 忠伯直入, 立庭下曰: "李忠伯敢見." 燁出不意, 注視久之. 忠伯裝靚而甚武, 燁色稍降. 時金漢豊者, 以列校侍, 燁試令與忠伯爲角觝戲. 忠伯, 心幸其且免也, 自念漢豊力於己, 目之. 漢豊心知之. 故久之不決. 忠伯, 乘漢豊之弛, 一擧倒之. 燁方目屬, 大笑曰: "我幾誤殺壯士." 賜卮酒, 引爲幕置之.

仁祖丁卯之亂, 以斬賊功, 超護軍階, 時年二十七. 頃之, 起家, 辟都元帥金自點中軍, 授五衛將. 丙子, 以突擊將, 從關西伯洪公命耉勤王, 赴金化, 道遇賊, 斬首若干級. 柏田之役, 大呼直前, 射殺其先登者. 及軍敗, 投節度使柳琳軍, 賈勇力鬪. 聞南漢下城, 兵罷, 歸鄕里, 不復仕.

『樊巖集』

6 鄭東里潤

東里先生, 姓鄭, 名潤, 字德公, 父希僑. 父子偕隱於俗離山下, 老死不出山, 以故, 鄕人諡曰: '東里先生'. 希僑, 年十七生潤, 而婦早死, 潤以貧故, 亦不娶. 潤多手技, 飮食衣服之奉, 不失時, 而顧工於婦人, 故終希僑身, 食未嘗無魚肉, 衣綿絮甚安適也. 潤拾橡栗, 編木葉, 自備飢寒, 是以, 潤四十時, 視希僑, 已濩落也.

所居室方丈, 蓄書千餘券, 書處倍于人. 潤少時, 或勸希僑鬻書以室潤, 希僑輒摽之曰: "止. 吾寧可無子息, 不可無此書." 蓋希僑不獨好書之癖, 亦重其世傳也. 及潤長而耕樵釣弋, 必以書隨, 夜卽莿薪繼明, 旣而, 虞夏之書, 先秦漢魏之詩, 史傳子集, 懸誦無一字失焉. 希僑善論策, 潤工詩賦, 邑子弟, 有造請受業者, 使之坐隴上, 置筆硯田間, 耦耕旣撤, 而篇已成矣. 人問何不取科策, 自苦若是, 希僑笑曰, "科宦豈可耕且爲哉?" 問者益歎其高也.

希僑死時, 年八十餘, 潤且七十. 其純斂墳樹, 躬治而不假人, 盡以書殉之, 廬墓終喪, 不復耕釣曰: "親不在, 吾不憂衣食, 惟噉草根飮水而已." 臨死, 囑其伯姑兄弟之子, 葬父塚傍, 潤亦年八十矣.

經畹子曰: "余遊俗離, 過東里, 問先生舊居, 里人有及見者, 指其塚, 說其遺事, 往往歎息泣下. 余乃躑躅荒原, 挹仰高風. 遂爲之贊曰: '高哉南岳, 下有東里. 石蘊琬琰, 林挺杞梓. 矯矯逸人, 鐘毓于此. 大父高士, 先生孝子. 商顏邵齡, 鹿門美字. 誦讀苦工, 釣弋甘旨. 草芥簪組, 木葉衣被. 耦耕食力, 葬書順志. 余今南遊, 歲遠人邇. 遺光溢目, 高風聳耳. 裵褢故墟, 敬敷嘉誄.' "

『秋齋紀異』

7 廉時道

廉時道者, 許相家人也. 嘗途獲遺銀數鎰, 窮覓主, 乃館閣金公家物. 公卽淸城也, 甚韙廉, 欲仍與之, 不受. 其亡銀奴, 候於門, 引其眷, 拜謝之曰: "斯卽鬻馬金, 向旣醉失, 主家嚴亟, 雖暫詭告, 幾終斃於梃矣." 奴有女, 年十許歲, 投前泣曰: "兒當以身酬活父之恩" 廉揮之去.

及逆堅獄起謂時道曰: "旣無德, 若忍又同禍?" 强遣之. 廉去順興浮石寺, 一夜念主哭, 夢有人戒曰: "當往遠海庵." 明日, 遍訪得之, 在山絶頂, 一老宿趺坐, 如枯木焉. 微開目視曰: "固知汝來, 頗記我乎?" 廉省之, 卽其從祖, 曾出家, 尙依稀幼時見也. 驚且悲號, 祖曰: "無爾, 此下有刹, 可去." 廉悵訣躕躇, 祖促之曰: "此不可留." 就抵刹, 亦見一僧, 致祖言, 則曰: "吾師也." 又曰: "許門已覆, 追君者且至. 然無甚禍患, 國命亦不須逃, 宜速出." 廉出果被執. 時淸城判金吾, 奏免其坐, 且資貨使爲家, 廉遂從此商販.

後因貿易, 往嶺南某邑, 遇雨村舍, 忽一女, 疾忙出拜, 曰: "恩君子果至矣." 廉詰之, 乃淸城家亡銀奴女也. 言: "其父母已亡, 身旣免, 而矢爲君子婢妾, 以報前恩, 裝尼服, 採訪不得. 頃歲來此, 紡績蓄産, 日攢祝星斗, 昨夢有謂我曰: '爾望來矣.' 今果符, 豈不天從人願?" 廉感其誠, 遂挈歸妻焉. 家淸城家側, 廉每爲其主嗚冤.

廷紳豊原趙公, 訪其裔, 一孫在掌苑吏云. 又聞, 英廟嘗親行祈雨, 時道伏蹕路奏曰: "幸釋南犴冤囚, 天當雨." 上爲之動容, 卽命放出, 侍從執不可, 請治其僭妄, 不許. 及回鑾, 果雨. 南囚將李森, 出獄時, 項鎖生蟲矣.

『委巷瑣聞』

8 金地部壽彭

金壽彭, 字商老, 英廟時人. 俶儻多大節, 有古烈丈夫之風. 爲度支吏, 淸白自守. 有弟爲惠局吏, 嘗至其家, 盆盎列庭, 黛痕漉漉, 問何用. 弟曰: "妻爲艶染業." 乃怒而撻之曰: "吾兄弟, 皆厚祿而業此, 彼貧者, 將何業?" 令覆之, 靑決決流滿渠.

嘗[12]持牒, 至尙書家請署, 方與客棋, 點首, 棋如故, 凡數時不輟. 壽彭歷階而上, 以手撒棋而下曰: "死罪死罪, 然此國事, 不可緩. 請署付他吏, 行之." 卽辭去, 尙書謝止之.

以民間女[13], 充宮人. 壽彭女與其選, 壽彭排禁闥, 擊登聞鼓.[14] "凡選宮女, 以掖屬, 勿取民間." 命著爲式, 從壽彭願也.

先時, 命宦者發度支錢十萬, 時夜四鼓. 壽彭方在直, 拒而不從, 宦者叱督之. 壽彭徐步, 至尙書家, 得署然後, 方出錢, 日已明矣. 上聞而嘉之, 及是聞其名, 而有此異數.

贊曰: "想見其人, 如有風肅肅逼人. 聞幼時家貧, 其母躬爨炊之勞, 竈下得藏鏹, 還瘞如故, 售其家而之他家, 始語[15] 曰: '暴富不祥, 故不取. 然在此家, 不能無懸懸于埋金處耳.' 非此母, 不能生此子."

『壺山外記』

9 庾籌司世通

庾世通, 字公元, 漢譯人也. 事親孝, 父歿, 廬墓三年, 哀毁過節. 家貧爲籌司吏, 持身儉約, 有古長者風, 窮族貧交之不能婚葬者, 必經紀之. 掌關西時, 通文館入燕, 原包外有加包之論, 狀於首揆洪相國. 相國欲許之, 世通不從曰: "此重典, 不可." 相國笑謂諸譯曰: "何不先見掌吏?" 諸譯往見世通, 細述加包不可已之狀. 世通曰: "果如是, 吾將謝相國而許之." 諸譯感其意, 遺以百萬錢, 世通不受, 約以歲輸錢五萬於關西掌爲式, 迄今

---

12) 저본에는 '尙'으로 되어있으나, 『壺山外記』를 참고하여 '嘗'으로 고침.
13) 『壺山外記』에는 이 구절 앞에 "國朝之法"이라는 구절이 더 있음.
14) 『壺山外記』에는 이 구절 뒤에 "本院究得, 情以聞. 批曰"이란 구절이 더 있음.
15) 『壺山外記』에는 이 밑에 "其夫"라는 글자가 더 있음.

行之. 胥吏之居憂者, 在家挂麻, 出則衣常服, 人無以辨之. 世通母歿, 悲其服華, 告之廟堂, 白笠而外黑團領而壞色, 自世通始也. 讀書必自『周易』 『論語』 『中庸』, 不見邪淫之書.

『壺山外記』

10 李天官掾

天官掾李某之外邑, 得堂參錢數百金, 將持歸奉親. 夜宿店舍, 聞有哭聲甚哀, 問店主云: "隣有某人家, 日前以瘟疫, 闔家俱沒, 獨餘一女子, 罔知所爲, 晝夜號慟而已." 李聞之閔惻, 卽往訊之, 乃以所得錢盡買初終之具, 求解事者, 俱往襲斂, 仍葬其先塋而去. 及歸家, 老親撫背曰: "善哉!" 其後昆繁衍, 至今相承云.

『兼山筆記』

11 金惠局掾

昔有金某, 在某相國門下, 家貧親老, 要得斗料. 一日, 惠局吏有闕, 相國將以金差代, 金白于相國曰: "特蒙厚念, 恩感如天, 但死者舊知也. 屢月病淹, 逐日問訊, 今若交承, 不幾於幸其死乎? 誠不願也." 相國賢之, 以他人代之.

其後又有闕, 又白于相國曰: "見今門下某也, 困窶甚於小人, 請先差." 相國益賢之, 後又有闕, 始差之. 聞者莫不稱之曰: "貧而能讓, 古今無儔." 其後昆繁衍, 此卽東厓之先祖云.

『兼山筆記』

12 尹鶴鹿庵壽河

尹鶴鹿庵壽河, 字元一, 重義氣, 有烈士之風. 少時出入某宰家, 某宰干連大獄, 被極刑. 公乃奮然乘夜竊負而逃, 葬其先塋, 攸司詗捕, 累日不獲乃已. 某宰子孫感其恩, 世世不忘. 尹氏雲仍相承, 至今爲閭巷巨族.

『兼山筆記』

13 文金生員

文金生員者, 不知其名, 漢城家人子也. 貌短侵龍鍾, 自稱以生員. 英廟時, 其女姪, 選入宮, 後封爲淑媛, 門戶暴盛. 淑媛有弟聖國, 爲毓祥宮小監, 而淑媛獨以生員之貧不祿仕, 恥之, 欲屬籍宮禁, 苦辭而止.

聖國素猾悍不學, 又嗜酒. 及爲宮監, 人皆側目. 生員久貧約, 而常戒家人, 毋納聖國饋遺, 絶不與來往. 聖國亦無意相逮. 一日, 生員拊膺而歎曰: "亡我家者, 聖國也. 不去, 將及累." 乃謂其妻子曰: "人有死而復起者乎?" 曰: "無有." 曰: "如爾則何若?" 曰: "何幸如之." 生員曰: "老而不終命, 不若夭死於牖下. 況今吾垂七耋, 雖死無所憾, 吾將棄家遠遊, 以終吾身, 請自今日爲吾大歸之日. 吾當歲一來見, 一覿猶爲奇, 假我以八十九十, 所與覿者, 爲十遭二十遭, 爲幸當如何?" 卽日, 理笻屨, 與妻子訣, 遊域內名山川, 穹林絶谷厓寺洞觀之略有可賞者, 聞輒投止, 止必游衍, 去住亦不恡情. 所至, 常稱以金生員, 盖欲別於文族, 冒其母姓. 故里素相知者, 皆號以文金生員. 每歲窮, 必來, 省邱墓, 歸過其室而不信宿. 臨去, 妻子爲牽衣啼泣, 生員少無係戀色.

後八十有餘, 仍留不去曰: "聖國死, 庶乎免矣. 且吾氣力漸乏, 不宜行邁, 吾將眞死矣, 豈忍以父母所遺之身, 死於道路, 爲烏鳶食乎?" 乃家居閉門, 歲餘而卒. 正廟卽位, 淑媛竟以罪死, 文氏遂亡焉.

『好古齋稿』

14 李達文

達文, 姓李, 四十總角, 傭藥養其母. 一日, 達文之某氏肆, 主人出示直百金重一兩數斤人參, 曰: "此何如?" 達文曰: "誠佳品也." 主人適入內室, 達文背坐望牖外, 已而, 主人出曰: "達文, 人參何在?" 達文回顧, 無人參矣. 乃笑曰: "我適有願買人, 已付之矣, 從當輸直也."

明日, 主人將熏鼠, 見竪櫝後有紙裹, 出而審之, 則昨日人參也. 主人大驚, 邀達文而告之曰: "若何不言不見人參, 而慢曰賣之乎?" 達文曰: "人參, 我已見而忽失之, 我若曰不知, 則主人獨不謂我盜乎?" 於是, 主人愧謝僕僕. 是時, 英宗大王, 憫民之貧不能冠婚者, 自官賜資, 成其禮, 故達文始冠矣.

達文垂老, 落嶺南, 娶家人子, 貨販業其生. 每見京城人客, 泣說賜冠時盛德事云.

『秋齋紀異』

15 劉同樞公厚澤

族曾大父同樞公, 諱厚澤, 字景長. 正廟朝, 爲秘書省司準, 善校準, 屢蒙加資賞典. 少時, 善飮酒, 或有過量時. 慈母貞夫人朴氏, 憂其疾, 諭以戒飮, 公遂決意斷酒, 不復一勺之飮. 族戚及知舊, 稱其孝. 後有美酒, 貞夫人謂之曰: "今適有美酒. 余思汝前日之所好玆! 以一杯與之, 汝須飮之." 公跪而對曰: "小子不肖, 貽憂甚多, 幸承慈誨, 纔絶狂藥. 今未幾年, 豈敢更飮? 雖有美味之賜, 誠不敢奉承." 貞夫人賢其言, 不復强勸. 公終身不飮, 享壽八十五.

『兼山筆記』

16 洪碩士胤琇

洪公胤琇, 字啓一. 家貧, 好讀書, 往來於筆肆冊市之間, 僅爲餬口計, 而妻孥恒有飢色. 一日, 有友人以經書數函欲爲轉賣者, 公携至願買人家, 翻閱之, 忽見簡編之間挾一刀. 裝以金銀瑇瑁, 可寶也. 公乃往見其主而還之, 時人皆稱之. 公卽王考以約軒公表從也. 嘗有書, 勉其學問.

『兼山筆記』

17 權同樞廷一

權同樞廷一, 少時家貧, 住仁王山下, 善居有無, 致累萬金. 每歲窮日寒, 令人多負錢穀, 往訊舊知及隣里之困窘者, 賙給之, 人至今稱之. 嘗穿一井于里中, 以便綆汲, 里人感其惠, 井甃上, 刻 '權公井' 三字, 以誌之.

『兼山筆記』

18 張風竹軒友璧

張友璧, 字明仲, 號風竹軒. 卓犖不羣, 以孝友聞. 不事記誦, 時爲文章, 雋雅可誦. 嘗誡其子曰: "雖有班揚之才, 鍾鼎之貴, 苟有歉於名教, 無以立於世."

以蔭充通禮官, 未周歲而棄官去曰: "親不在, 何祿爲!" 乃放情山水間, 一邱一壑, 自謂過之. 曉於樂律, 自製歌拍之'楳花點', 殆管絃之玉尺也. 日登仁王峯, 放歌而歸, 人指其處, 曰: '歌臺.' 年八十, 終于家. 栖碧亭西, 有一楓樹, 蟠蔭數畝, 爲洛下楓林巨觀, 公兒時手植也. 其孫昶, 屬余以詩, 記于石.

贊曰: "金·石·絲·竹·匏·土·革·木, 歸宗於梅花五點, 非神思之造極, 不能也. 比之'昭華之管', 功用博矣, '車馬山水', 特戲玩耳."

『壺山外記』

19 劉晩翠軒匡鎭

正廟, 在宥二紀, 洪大敷文, 創奎章閣, 建六學士, 至于掾吏, 必以澡身有文藝者, 充之. 出入邃嚴, 覲耿光而奉玉音, 盖'周官胥史'以來所未有, 首膺是選者, 劉君匡鎭也.

君, 字一之, 南原人. 初爲銀臺吏, 正祖戊戌, 遷閣吏. 己未, 丁祖母喪, 當承重以起復, 非禮, 乞退守廬. 制閡, 除永禧殿監. 當宁壬申歿, 得年七十五.

君少日, 短小姸好, 貌若處子, 端詳有膽氣. 其在銀臺, 或事會嚴急, 禁中鼎沸, 官吏錯愕失措, 君獨處之, 安閒若無事. 時丙丁間, 有權凶橫甚, 人莫敢矯其非, 君據理折之, 不少撓.

其在閣, 正廟視遇, 特殊諸吏, 屢承錫賚之恩. 聞其乞退, 敎曰: "是士大夫之所難能." '華衮'一字, 君可以不朽百世矣. 君事親孝, 篤於睦姻, 親戚待而婚葬者十餘家, 顧安於疏糲, 棺歛無素具. 平居, 寡言笑, 矜飭自持, 步趨縮縮有繩尺. 喜看書, 老不懈, 爲詩穠麗, 可誦.

『屐翁李尙書撰』

20 徐學圃軒慶昌

徐學圃軒慶昌, 字明重. 以籌司掾, 得『種藷方』, 註解諺釋, 頒于八路, 爲備荒之資. 辛未, 西賊之變, 多所計畫備給軍粮. 乙亥饑饉, 亦贊移粟之策, 時人稱之. 嘗作「乙亥歎」詩曰: "畿甸暨三南, 賑貸無蓄積. 濟活公私計, 惟在移其粟. 東海多風濤, 北船報沈溺. 今士不讀書, 列郡爭遏糴. 哀此四道氓, 半塡溝與壑."

『兼山筆記』

21 朴同樞元默

朴元默, 字公厚, 初名性默, 孝子泰星曾孫. 少時豪俠, 宿於妓家, 見衾有劍痕, 怪問之. 妓云: "昨夜有私夫, 覺而刺之." 公自語于心曰: "我有老親, 且無兄弟, 不可一任其放蕩, 以傷其遺體." 是夜辭歸, 晝宵勤學, 極其色養. 每朝, 躬往諸宗族家, 問其安否, 恤其貧乏, 日以爲常. 雖媚婭疏遠之親, 嫁娶喪祭, 如恐不及, 無失其時. 宗孫早沒而無子, 公日夜憂悶, 年迫五十, 始有一男, 卽繼宗孫之嗣. 其於義理之際, 果敢莫能奪也.

『兼山筆記』

22 劉蘆村漢謙

劉蘆村漢謙, 字士受, 晩翠軒之子. 性正直恬雅, 好酒醴而不及亂. 善詞賦而不多作, 聲色貨利, 一無所好, 惟以經籍自娛, 到老不倦. 以內閣司戶, 遭親喪, 仍乞退, 人皆稱之曰: "能繩先武." 暮年, 除南殿監.

『兼山筆記』

23 烟朴

烟朴者, 賣烟杯, 而氏朴也, 失其名. 老而理敝扇爲業. 壯不識字. 得『小學諺解』一冊, 然諺亦不解, 從同肆人, 學國書反切已. 因解以逆文, 漸至開明. 讀四書及宋儒書, 篤學而力行, 守分謹拙, 稍名於世.

淵村閔尚書, 赴都, 見市傍俯首甚恭, 歸而問之, 或言: "是烟朴." 遂夤夜招見, 時余亦在席. 樸野之質, 誠謹之功, 有本然之美, 但聞見太陋. 開說經義, 閉目潛聽, 到劈破得意處, 大聲曰: "可." 尤可則輒下拜. 一夜之間, 不知幾十拜. 嘗論惜寸陰曰: "正月朔子時生, 滿百歲臘晦亥刻沒, 方爲三萬六千, 旣無是人, 則人壽幾何?" 盖其苦行力學, 古所罕也, 惜不得高明裁之耳.

『枕雨談草』

24 裵同樞光鈺

裵同樞光鈺, 字有成. 聰明過人, 善記誦, 多識世系及故實. 掌春曹稽制司, 時稱解事. 每當國家大禮, 按例措處, 莫不合宜, 少無差失. 家居無他書籍, 案上唯有國朝典禮之文, 日夜閱覽. 故有事則應之如響, 盖有素所蓄積也.

『兼山筆記』

25 徐松磵義錫

徐松磵義錫, 字潁叟, 好酒善詩, 有氣槪. 少事廣湖金副提學, 及喪貧不能葬, 松磵乃賣家助葬, 時人稱其義. 金副提學挽詞曰: "卄載江干永閟音, 空堂白日水雲沈. 儀容疇昔冠奎列, 文雅如今推士林. 金燭影中開學遠, 紫陽篇裏繼源深. 嗚呼斯世追無及, 茹痛長年淚滿襟."

『兼山筆記』

26 金无咎子敬直

金敬直, 字熙重, 號无咎子. 爲人簡而不傲, 恭而無諂, 儉而不吝. 善與人交, 而至規箴, 則雍容不迫, 令人感悔. 又善解人紛競, 濟人窘急, 人多稱之. 好學而窮理, 嘗讀『論語』, 每日讀一章, 窮究奧旨, 或至二三日, 讀三年, 有自得之意.

常曰: "『論語』二十篇, 四百九十八章, 章章有次第, 一無錯亂者. 篇中有三心字, '從心所欲不踰矩', 聖人之心也; '其心, 三月不違仁', 顔子之心也; '飽食終日, 無所用心'，凡人之心也."

又曰: "『孟子』「浩然」章, 卽傳道之書也. 有北宮黝·孟施舍之勇, 然後能有曾子之勇, 能養浩然之氣."

又曰: "陶靖節「歸去來辭」, 亦有三心字, 其語意, 皆修道之旨, 而知者鮮矣."

『兼山筆記』

27 洪李讓金

漢城梧泉李氏, 數世富家, 及其曾玄蕩敗, 賣其居於洪氏. 當廳一柱傾側將頹, 洪氏修整之中, 有小錠銀三千, 盖李之先所藏也. 洪招李還之, 李辭曰: "銀雖吾祖之藏而無明文, 家已售君, 銀亦君物." 相讓不已. 至聞于官, 官白于朝, 上敎曰: "吾民, 有如此賢者, 誰謂今人不如古人乎?" 命分其半, 而皆賜爵.

『秋齋紀異』

28 秦鍾煥

秦鍾煥, 字重磬, 奎章閣閣監東奭子也. 冲襟泊如, 退然若無能, 擧止踈野, 不類紈袴家. 臨鍾·王帖, 莫不逼眞, 而尤好金生筆意, 雄渾古雅, 如懸厓墜石. 讀其詩, 又蒼然而秀, 淵然而光, 深得少陵骨髓. 樂府諸作, 皆燕· 趙氣也. 膂力絶人, 使二十斤鐵杖, 能超上數丈, 肌理堅實, 以手捫若摸鐵版, 彎勁弩五發輒四中. 有膽略, 嘗夜徒手追虎林藪中, 精武藝, 舞槊使棒俱詣妙. 嘗於月夜, 屛徒從, 同入山谷中, 要一試擧杖蹈厲, 略示十八法, 揮霍如飛, 山鳥皆鳴.

儐詔使留龍灣, 羽堂趙尙書, 語及狐貉之美, 君悉擧形性, 及諸獸品第無遺. 乃就『本草』, 按名叩試, 誦對不錯. 尙書大驚, 歸語人曰: "天才也." 雅好圍棋, 殆無其敵, 而未嘗疊勝, 對國手, 必輸一子.

勢要家欲相見, 君不悅曰: "五斗折腰, 古人且恥之, 況無求平原之門者哉?" 或訾毁交至, 竟不接達官一面.

嘗曰: "自吾王父蒙國恩, 如山海, 以吾癡蠢塵露莫效, 只可隨分飮啄, 無觸世網, 庶爲不報之報." 問: "子之才, 將何居?" 曰: "假以歲月, 處我師旅之中, 可使有勇且知方也." 因悲歌作楚聲, 雜以戲劇, 淸越圓轉, 又非世俗之比也.

五十二歿, 無怛化意, 妻訣且泣, 君曰: "子命亦盡, 相從不遠." 揮使却之, 果於是冬, 妻亦亡. 君旣沒, 君之少妹爲鄭室者, 以諺字, 錄君之行, 使其族人致語于張仲圭曰: "亡兄所好, 莫先生若, 乞所以不朽者." 仲圭爲詞以遺之, 亦閨閤中異事也.

『枕雨談草』

29 金採蔘人

有民金姓人, 居永平, 以採蔘爲業. 一日, 與其徒兩人, 入白雲山最深處, 登高俯臨, 則下有岩壁, 四面削立如斗, 其中, 人蔘叢聚, 甚美. 三人不勝驚喜, 而無路可緣, 遂結作樊, 繫以葛索, 推金姓坐其中, 懸樊而下. 金恣意採取, 作十餘束, 置樊中, 兩人從上汲引, 採垂盡, 兩人將蔘分取, 棄樊而去. 金不可復出, 四顧絶壁, 削立百丈, 非羽翰, 無以出. 又無可食, 只採食餘蔘, 或有大如臂者, 不火食七日, 氣甚充實, 夜則宿於岩底六, 百計量度, 超出無策.

一日, 望見岩上, 一大蟒, 直赴金之臥處, 金自知必死. 蟒橫過其前, 直向樊索所下之壁, 長可十餘丈, 置尾於金之前, 掉之不已. 金自思曰: "此蟒, 見人不噬, 豈有意救我耶?" 遂解其腰帶, 緊縛於蟒尾, 跨伏而牢持其端, 一揮, 不覺其身之已在壁上, 蟒則入林, 不知去處. 金知其爲神物. 遂尋舊路下山, 則兩人, 皆蹲坐大樹下. 金遙謂曰: "爾輩, 尙留在耶?" 皆不答, 至前視之, 死已久, 而其蔘則無一遺失. 金莫知其故. 急下山, 告于兩家, 曰: "吾始與兩人, 採蔘同歸, 嘔泄皆死, 豈誤食毒物而然耶? 所採雖均分, 吾何忍取之?" 盡分給兩家, 以充葬需, 無一所取, 亦杜口不言此事. 兩家素信此人, 皆不疑, 迎尸善葬.

厥後, 金年過九十, 强壯如少年, 生子五人, 皆積粟富厚, 孫曾繁衍, 雄於閭里. 金近百歲, 無病而死, 臨死時, 始言其事於衆子, 曰: "凡人死生富貴, 天神莫不鑑臨. 汝輩, 切勿生惡念, 以觸神怒, 如兩人者也."

『靑丘野談』

30 崔奎顯

崔淳翁, 嘗從金將軍, 死於深河之役, 坐勢位微, 其事不大著. 至今累百年, 或擧翁名問之, 鮮有知者. 其七代孫奎顯, 用是懼, 遍謁縉紳詞林, 得誌·傳·序·跋·歌·詩·銘·贊等, 爲近百篇, 將印行于世, 淳翁之死, 始復顯, 信其用心之勤且久也.

國朝屢經兵禍, 錦山之戰·江都之難, 凡死節死事者, 幾人? 或傳或不傳, 皆天也, 而其傳者, 多有因後世之誠且賢也, 謂奎顯其人, 豈過也哉!

奎顯貌, 癯而寒, 布衣草履, 造公卿之門, 終始于乞者, 只翁事, 蕭然無慕於外者也.

『金陵集』

31 金完喆

金完喆, 李相國[16]家傔也. 公入爲相, 嘗扈駕昌陵還, 索茶飮不得, 怒汰惠局掌食吏, 以完喆代之. 惠局有飯果法, 相出外, 必供之, 供已乃退, 退後雖欲食勿究. 完喆至府詢其由, 還見公辭歸, 公問其故. 曰: "索茶於命退之後, 是爲小人故. 公端委廊廟之上, 幾近於罔民, 將何望於公乎?" 公愧謝, 乃復其吏.

嘗與人同上白雲峰, 峰腰仄徑下臨萬仞, 十人行, 能過者僅一二. 其人, 攀援匍匐而度, 目眩股栗, 不能從故道下. 完喆, 乃負而下, 如平地焉, 亦古來罕聞.

贊曰: "聞[17]完喆之風者, 懦夫起, 貪夫廉, 弱者勇. 蘇子瞻, 見章惇臨絶塹題陡壁, 知其爲忍人, 完喆豈忍人乎哉!"

『壺山外記』

32 李五衛將興潤

李興潤, 忠厚篤愼之人也, 正廟時, 與閣屬官[18]之選, 如履薄臨深, 一心對揚, 二十年如一日. 宮禁之事, 雖子弟家人, 未嘗一言及之, 日與蓮府將家子周旋, 而亦未嘗慢易之.

---

16) 『壺山外記』에는 다음에 '潑' 字가 있음.
17) 저본에는 '曰聞' 字가 없으나 문맥을 고려해 보충해 넣음.
18) '閣屬官'이 『壺山外記』에는 '蓮府'라고 되어있음.

凡宮府之事, 照管甚多, 錄其勞, 除外職以十數, 而皆辭之, 在朝縉紳, 皆以禮遇, 亦不以此自多.

嘗與一宰相, 坐堂而語. 有老吏, 持牒鴈鶩行以進, 興潤輒起而避. 吏退, 問其故, 曰: "彼吏者, 故舊也. 公雖愛我, 賜坐堂上[19], 寧獨安於心乎?" 其篤謹如是. 階至崇祿[20], 子重根, 妙歲充別軍職, 至南陽府使, 以父故也.

『壺山外記』

33 黃順承

平讓黃固執, 聞人也. 信言果行, 無所回橈, 世人, 不夷考其實, 槩辟之固滯執拗者, 過也. 子娶婦, 新婦宿朝, 當拜舅姑, 黃早起整冠服, 入內堂, 上堂坐良久, 新婦尙不出, 黃訝之, 呼從婦來婢子, 問: "新婦梳洗未?" 曰: "未明已梳洗矣." "然則何不出見我?" 對曰: "將待老爺朝謁祠堂, 然後出現." 黃仰而驚, 俯而歎曰: " 然. 是哉, 言乎! 日拜祠堂, 固禮也, 但吾所未能行者也. 自今日, 吾且行之. 是哉, 言乎!" 卽具上服, 就拜家廟, 然後新婦方出拜謁. 黃喜動顔色曰: "新婦能敎我以禮, 眞我家婦也. 黃之門, 其將昌大乎!" 自是, 益敬重婦, 婦亦宜其家, 無闕焉.

世稱黃多有特行, 不爭價以辦祭品; 不因便而弔遠友; 不視邪色; 行不由徑; 田有螯蟹, 投而不殺; 橋以壙灰, 避而徒涉. 此皆人所難能者, 然以余所聞, 其從善如流, 無所隱吝者, 實有與人爲善之量, 此豈可以固滯執拗論之哉! 傳曰: '擇善而固執之', 黃其庶幾乎! 名順承, 肅廟時人, 後孫蕃衍, 今爲平讓府大族云.

『素隱稿』

34 金大涉

金大涉, 平壤人也. 魋面虯髯, 矍鑠有異相. 性戇直, 好讀孫武書, 夜置酒, 且讀且飮.

編髮爲臬司知印, 早喪母, 父老病, 不出戶. 大涉竭力致養, 思所以極尊敬, 而未知方也. 乃以事觀察使之禮, 事之, 趍走給事, 一如官府. 有告於翁, 稱小子, 翁有命, 卽唱大喏. 歲

19) 『壺山外記』에는 '上' 다음에 '而'자가 있음.
20) 저본에는 '政'으로 되어 있으나 『壺山外記』에 의거하여 '祿' 字로 고침.

時名節, 其儕僚, 謁翁者, 大涉止之門外, 匍匐而入白曰: “小子惶恐謹言. 某將謁見, 取進止?” 翁命入, 大涉唱大喏, 鞠躬而出, 贊導以入, 叱令促武, 行使整, 拜使齊. 禮畢, 大涉伏而進曰: “小子惶恐謹言. 此輩旣蒙引拜, 卽許辭退, 恐未知何如?” 翁曰: “諾”, 大涉叱令拜退. 其友皆營屬無賴, 見大涉風采, 莫不肅然, 無敢譁者.

出直多被酒. 任俠, 遇不平事, 輒氣戰戰, 奮髥戟, 手毆其曲而硬者. 翁聞使止之, 便放手. 過飮難制, 翁命止酒, 遂斷不飮. 翁死, 居喪甚悲. 今爲列校.

『斐然箱抄』

35 金仲眞

蒸胡瓜濃熟, 浸以醬醋, 雜施薑椒, 軟美可羞於無齒老人者. 俗名爲瓜濃. 正廟時, 有金仲眞者, 年未老而齒牙盡落, 故人嘲號曰瓜濃. 善詼諧俚談, 其於物態人情, 曲盡纖悉, 往往有可聽者. 其「三士發願說」曰:

古人有三士, 上天訴玉帝, 各陳其願. 一曰: “生托名族, 貌如冠玉, 五車讀破, 三場魁擢, 華要淸顯, 才無不適, 折衝輔弼, 能盡其職, 畵入雲烟, 名垂竹帛, 是所願也.” 帝顧謂左右曰: “何如?” 文昌奏曰: “彼常有陰功, 著於物, 受斯報無濫.” 帝曰: “依願.”

一曰: “人生貧窮, 實所難堪. 弊縕不掩, 糟糠是甘, 妻啼兒號, 猶屬閒談, 飢寒切身, 難保恒心. 願作富翁, 必從自手, 藏鏹鉅萬, 播種千斗, 仰事俯育, 不惱兄弟, 冠婚喪祭, 備盡其禮, 至於貧族窮交之周恤假借, 行旅乞丐之寄寓叫化, 應接不難, 各極其歡, 則於良足矣, 更復何願.”

帝曰: “傷哉, 貧也. 至願止此耶?” 命司祿替判. 司祿承命, 出階上立, 令曰: “汝其聽之. 汝前生, 恃富侮貧, 不思急人, 甘酒淫色, 花使銀帛, 茹美吐苦, 專事口肚, 揀精惡麤, 詰責妻孥, 暴殄天物, 濫用無節. 是其自取. 誰怨誰咎. 但先世謙儉, 非義不取, 施爾之願, 非爾伊祖.”

兩人者趍出. 其一士, 獨深拱立庭隅, 眼貶貶遠視, 口默默不言. 帝曰: “爾何如?” 士乃整顔色斂膝, 進伏香案前, 再三謦咳然後, 奏曰: “臣之所願, 異乎二子者. 爲人性癖, 愛淸閑, 富貴功名. 摠不干, 願求臨水背山處, 草草結茅三五間, 數頃水田, 幾株桑樹, 天無水旱, 地無稅賦, 朝飯夕粥, 足以充腹, 冬綿夏葛, 只要完潔. 兼之子弟分職, 不勞誡勅, 奴婢勤力, 自任耕織, 內無累於凌雜, 外不煩於剝啄, 臣於是, 逍遙安適, 優游閑逸, 心無營爲, 身亦平吉, 壽準期頤, 逝而無疾, 是臣之願."

言未畢, 帝遽撫床曰: "噫! 此所謂淸福也. 夫淸福者, 世人之所共願, 上天之所甚慳者也. 若使人人而可求, 求之而輒得, 豈獨汝也. 我當先占而享之, 復何事勞勞乎此上帝爲哉!"

系曰: "談言微中, 亦可以解紛. 所謂瓜濃者, 雖無當時解紛之可稱, 然其率口取譬, 有可以喩大云."

『素隱稿』

36 金六指

六指大師, 安東人, 金姓, 大族也. 家富於財, 敦行孝弟, 有文章, 捷進士. 一兄早亡, 鞠兄子, 愛踰己子, 殖兄貲, 別貯之, 將以待兄子長成而遺之. 爲之擇婦, 至期, 金生率往行禮. 是夕, 兄子出, 急告生曰: "夜深, 新婦始入房, 燭出. 有盜剔戶入, 叱曰: '畢竟背我情, 從此斷有如此帛.' 聞裂帛聲, 引燭視之, 婦裳失其半矣. 娶之, 不可承宗廟, 請去." 生曰: "能無遽乎, 不奈何." 携兄子而歸, 恨嘉事不成, 遂與婦家絶矣.

婦本法家也, 敎養有素, 不知盜自何. 至數年, 婦告父母曰: "兒廢人, 無關於家. 願得錢三千緡, 等棄之." 父憐而許之. 於是, 婦衣素衣, 與一奚, 之金生之隣, 僦一屋, 業酤理生. 酒美肴佳, 取直頗廉. 貰飮有欠, 責亦不吝, 但直取敝衣, 不討金錢. 由是, 遠近悅之. 雖金生父子, 亦來飮. 小奚供客門外, 容貌備潔, 持身嚴. 客醉, 不敢褻. 婦旣薄於金生, 盡得金家短長.

久之, 人以逋責有帛裳餘幅, 償之者. 亟取所失, 驗之合, 乃金之奴也. 婦旣得半裳, 卜日, 大供具, 奚要於里之父老, 曰: "家主寒士家寡婦. 謀生, 來寓三年於此, 蒙里父老不棄, 逐什一之利, 幸有贏餘, 皆父老之賜也. 行將歸老本鄕, 不腆觴豆, 敢以徼父老之惠." 里之人, 旣賢其才行, 大悅曰: "諾."

至日, 設大席場邊, 貴賤分列. 金生父子亦在. 酒行已, 奚傳言'少俟', 已而, 婦盛服, 徐步出, 衆皆動容. 奚布席, 婦俛於前曰: "竊有不瞑之恨. 乞父老理寃." 父老皆愕然相顧. 婦曰: "我卽在坐金進士兄子之妻也. 結褵之夕, 盜有作亂, 失其半裳. 室女被垢, 死有餘羞. 仍念此事, 非兒家所知. 故改姓微行, 隱忍致此, 裳今至矣."

因於懷中, 出所裂帛幅, 溱而言曰: "誣衊伸矣. 死無恨矣." 言訖而入, 左右皆失色. 金生招兒子, 曰: "往視之, 彼死矣." 趨而入, 果縊矣. 救而止. 次日, 金生, 執其奴, 屛人訊之. 奴曰: "此主夫人命也. 主有三子, 而愛兒子, 兒之貲, 日富, 三子貧. 故沮其昏, 使不成家也." 金乃諉以他罪, 殪其奴, 迎新婦而歸, 盡以兒之貲, 遺之. 又以老, 傳家事于三子, 別構草堂於園後, 獨與妻居, 許諸子, 朝一省示. 妻執爨, 躬滌器, 情好甚殷.

一日, 夜聞風聲大作. 金生轉枕不寐, 妻睡且酣, 四境寂然. 金生潛起, 乘風放火, 陽如厠. 料已死, 大呼救火. 諸子至, 無及矣. 生哭之慟, 喪畢, 謂諸子曰: "爾母有罪, 故殺之. 然殺其妻, 安得爲人. 將入山爲僧. 僧非人也, 更毋父子爲也. 否者, 雖兒子, 不赦. 爾母且殺, 況若輩乎."

遂入金剛剃髮, 時年五十餘矣. 左手六指. 故人稱六指大師. 師本儒者, 不崇梵行. 文人游山者, 與之言, 輒依傳程朱, 勸以忠孝. 或叩內典曰: "士宜尊經訓, 豈可外求?" 不答.

久之, 師生甲重回. 諸子曰: "雖有嚴命, 回甲人間大賀." 乃具衣一襲. 兒子爲之導, 師大吼. 兒子伏庭下, 不敢視, 上衣包爲壽. 師留一襪曰: "以汝故受." 兒子泣而曰: "群從在門, 乞一賜見." 師喝一聲, 扶伏退. 諸子揮泣而去.

乾隆末, 師百四歲, 住嶺南山寺, 士女候謁, 稱現世佛. 觀察使某公, 聞師明於堪輿術, 要相見, 不許. 適有村家子, 頗聰慧, 來學于師, 尋以妖言, 罹大獄, 詞連于師. 觀察使羅致之, 奉旨旣發, '妖人之招, 刑推放送'. 蓋上未知若是之老也. 觀察使後悔, 然難於覆奏, 使之提待, 師自山中, 業來待矣. 觀察使誡伍佰曰: "老人也, 其杖毋及膚." 師就杖, 杖未擧, 而念佛號一聲, 死矣. 百姓男女, 擁轅門者, 咸神之.

藍田外史曰: "昔, 金老人景欽言: '少日, 遇師於金剛山中, 豊晳美容儀. 時九十餘, 兩乳出湩, 山行如飛, 豈修養有道耶? 與之言, 皆六經微奧, 未嘗拈出禪旨, 蓋才氣有過人者矣.' 重妻, 東俗也. 嘗見殺妻廢妻者, 多得奇禍. 百餘歲, 杖死, 禮律之外也. 豈風尙之殊, 天殃隨之耶?"

『斐然箱抄』

37 鄕人遇盜

一鄕人, 將葬親, 市賣一牛而返, 遇數賊山谷間, 乞哀不許, 且劫以刃. 忽聞谷口咳而入者, 見是縣中捕盜校隷. 方識市而來, 就欲縛詰之, 賊皆慌縮無措. 鄕人徐辨曰: "先欠此二人, 債未還, 今賣犢, 適相逢, 責償, 靡他故也." 校釋然乃顧, 勸毋迫, 皆唯唯. 校旣去, 賊乃大感曰: "某等, 死命得活. 誓從此, 爲良矣." 遂相護出林而去.

余友素隱子聞之曰: "人方厄且急時, 雖有智者, 不遑善謀. 以貿貿之鄕人, 而能雍容如是, '以德報怨', '蠻貊可行' 者, 非斯人與."

『委巷瑣聞』

38 洪東錫

洪東錫者, 惠局吏而二憂堂傔人也. 辛壬之間, 少論臺官發啓, 而故使東錫寫之. 東錫投筆曰: "子不可以手寫其父之罪名. 傔從之於官員, 有父子之義, 小人不可寫." 諸臺怒, 使囚之, 至於受刑, 而終不書之.

及二憂堂謫濟州也, 東錫自退而隨往. 至下後命之時, 悔軒走馬發行, 未及三十里, 都事先入去矣. 藥椀促而使飮之. 東錫在傍, 請曰: "聞罪人之子, 不久入來云. 少延晷刻, 以爲父子相面之地" 云云, 則都事不許. 東錫乃蹴其藥椀覆之. 諸人皆失色, 而無奈何矣. 都事, 不得已, 以藥椀爲海水漂沒修啓. 悔軒入來, 而自禁府更送藥水之際, 拖至月餘矣. 及受後命之時, 二憂堂, 顧謂悔軒曰: "東錫, 汝可視以同氣." 東錫, 護喪上來, 後復爲惠吏, 世世承襲. 其子孫, 出入趙公之門下, 爲通內外.

『溪西雜錄』

39 盧同知(失其名)

盧同知者, 南陽人也. 善射而數奇, 每榜初試, 而會試則每屈. 一日, 人定後, 乘醉而立於六曺前大路上, 時則御營廳發巡日也. 邏卒執之, 則仍以手搏之. 牌將來, 又打之, 連打四五人而不去. 各牌邏卒, 並會而結縛, 待明朝, 捉待于大將門外. 大將卽安國洞洪相國也.

洪公使之拿入, 問曰: "汝知巡邏法意乎?" 曰: "知之." 曰: "然則, 何爲打巡邏也?" 對曰: "欲一言而死. 願暫解縛." 公命解縛, 盧君起而對曰: "小人卽南陽擧子也. 略有勇力, 善騎射, 而以數奇之故, 會試之赴, 已近十次, 而今番又見屈. 自顧身世, 求死不得, 欲托跡宰相之門, 以爲發跡之計, 而亦無其路. 方今名望, 無出於使道之右, 竊欲一次承候, 而爲閽所阻, 故出此計. 打巡邏, 則必拿致此庭, 一次承顔, 而陳情故也. 若不打, 而只犯夜, 則自執事聽棍治而放之, 何由入此庭乎? 且一人敵二人, 則曰 '兼人之勇', 而小人則打五人, 可謂兼五人之勇也. 使道, 使小人得處門下, 則何如?"

洪公熟視而笑曰: "俄者被打之校, 在於何處?" 厥校承命而待, 則公曰: "汝輩校卒五人, 被打於彼一人, 將焉用哉? 汝可解將牌而退去也." 仍以其傳令牌, 佩盧君, 而使之處門下矣.

其爲人, 百伶百俐, 每事, 中主人之意. 由是, 寵愛日隆, 內外大小事, 一倂委任, 而出納適中, 無一事踈虞, 洪公視之如左右手. 自別軍官陞資, 而以久勤爲宣沙浦僉使. 赴任之時, 洪公書托於巡兵營, 每事斗護, 滿瓜而三年之間, 一不書問于洪公. 門下人, 皆疑其背恩之人矣.

及其遞歸, 來謁則公欣然曰: "間者無故, 而官況所得幾何?" 對曰: "小人以使道恩澤, 得爲腴鎭, 三年所得, 並買南陽田土, 今則可謂足過平生矣." 洪公喜曰: "甚可幸也." 盧君仍起而告辭, 公驚曰: "汝旣來此, 何不留在, 而卽欲還歸耶?" 對曰: "小人効誠盡力於使道者, 將以有求也. 今焉所得洽爲過望, 則更留何爲? 從此而告退." 公無語而許之. 出門時, 或有責其忘恩, 盧君笑曰: "吾豈不知耶? 吾在門下十餘年矣. 諸處餽遺, 使道何曾盡覽乎? 如干之物, 皆爲吾輩所用. 吾以殘鎭僉使, 雖竭一鎭之力而進封, 不過爲傔從輩眼下物而已, 不緊甚矣. 吾所以不爲也." 仍歸南陽, 更不相通矣.

及到丙申, 洪公廢, 居于高陽文峯墓下. 時則傔從一人無求侍者. 盧君始扶杖而來, 侍朝夕服事. 及病重之時, 左右扶持, 親嘗藥餌, 卒逝之後, 手自斂襲而入棺. 至葬畢後, 痛哭而歸.

『溪西雜錄』

40 朴萬戶

花藏寺佛殿後, 有岩竇, 深不可測. 天欲雨, 則青煙一條, 自竇而起, 裊裊而散. 老僧相傳, 巨蟒藏蟄于中, 噓氣而然也. 僧有患瘧者, 試坐於岩竇而得療. 自此, 人皆信奉之, 遠近蚩氓, 疾病必禱. 置薰蒿餠餌之物, 而擊鼓坎坎, 則蛇乃出啖, 竟至馴擾習, 以爲常者, 垂五十年矣.

長湍居朴萬戶者, 牽黃犬, 臂蒼鷹, 乘駿馬而來. 時有村婆, 方抱病兒而致賽, 蛇出頭就食. 萬戶見而大驚, 拔白羽洞射其頭而殪之. 寺僧錯愕, 爭相膜拜於蛇而已, 萬戶神色不變, 揚鞭而去, 其妖遂絶.

後十餘年, 萬戶陞鄕, 歷州府, 退老于家. 率鄕里族屬, 修稧於僧寺, 白髮飄然, 容貌嚴敦. 群髡諦視曰: "此老似是當年殺蛇者." 自相疑信, 問於其僕曰: "無乃長湍朴萬戶耶?", 曰: "是矣." 群髡嘖嘖, 萬戶謂座客曰: "此寺, 昔有妖蛇, 吾一箭射殺. 僧徒謂吾必有後災, 吾今年位俱高, 蛇乃微物, 豈能禍福人哉! 況自古, 殺蛇而致福者滔滔. 向者, 愚僧之惑, 良可哂也", 座客歎服.

朴萬戶, 不知何許人, 必達識奇偉者也. 其子孫繁衍云.

『竹泉閑說』

41 李有成

李有成者, 松都賤人也. 身長八尺, 容貌魁偉. 嘗以役夫赴山陵. 有邑宰監董者, 素善相人, 望見有成於稠中, 心甚異之, 招問曰: "汝是何人?" 對之以實, 邑宰曰: "惜乎! 生地雖賤, 亦異相也. 令名蓋世, 壽福極遠." 遂除名軍簿, 使之退往.

有成業商, 家饒於財. 事母至孝, 一日, 謂母曰: "曾聞吾屬乃士族家奴, 累世隱匿, 於義不祥, 舊主姓名鄕貫, 母能記憶否?" 母喟然嘆曰: "余年十四, 汝父以行商到京, 余爲隣嫗所誘引, 同過一夜之間[21], 汝父驅迫下來. 其時豈不欲還往, 余穉弱不知去路, 歲月遷延, 今已老矣. 汝主翁乃金監察, 名則忘之, 居於京中某洞中. 主翁·主室, 視余如女, 飮食必分, 未嘗棰楚, 只有處子一人, 與余同庚, 常與同處嬉遊, 森然面目, 夢寐常見, 于今四十餘年, 主家消息, 邈然無聞矣."

有成曰: "奴而背主, 臣而叛君, 其惡一也. 久不還見, 必有天殃, 吾當備貢往訪, 但不識主名, 何以尋覓?" 母曰: "主名, 雖不記得, 同班某某婢僕, 皆齒下於余, 必不盡死, 以此訪問, 則庶得推尋矣." 有成卽備布端土物, 往訪金監察舊宅, 監察已於十年前捐舍, 內室年老貧居, 一女又先亡. 有成持納貢物, 備陳曲折, 內室且驚且悲, 家間老婢, 相與咨嗟, 因厚遇有成而送之. 有成歸語其母, 母失聲悲哭, 自此常貢之外, 又致節物, 殆無虛月. 積五六年, 內室病重, 有成聞奇奔往, 多致珍羞, 內室悲感, 臨終成券免賤, 有成累辭不獲. 其沒也, 服衰盡力襄葬, 焚免賤文券於墓前, 痛哭而去. 人問其故, 有成曰: "母子四十年

---

21) 저본에는 '余爲隣嫗, 一夜之間'으로 되어있는데, 『松都記異』를 참고해 고침.

隱避, 厥罪甚重, 內宅仁慈, 置而不問, 其恩重矣, 反受文券乎?" 聞者歎服, 主家門族義之, 改成文券, 慰諭而予之. 三年節日, 必供祭需, 又終身致誠於主祀之家.

時留守姜公顯, 夙聞其事, 見其狀貌雄偉, 接話殷勤, 歎曰: "有古烈士風而誠孝兼焉, 眞異人也." 有成名聲, 傳播遠邇, 使命之經過本府者, 無不招見, 見必肅然起敬曰: "異哉, 斯人! 不如是, 何以辦此義行乎?" 本府儒生父老, 呈書于留守, 冀得上聞, 庶彰卓絶之行, 以示激勸之方. 留守卽轉啓, 中廟特賜復戶, 又令本府優給食物, 誠曠世異數也.

有成有四子, 皆以商販致富, 又能盡孝, 有成終老安居, 年近九十而逝. 其子孫散處京外者甚多, 亦有以武擧官至守令邊閫者, 豈非積善之報也. 至今松都人, 作爲美談云.

『竹泉閒說』

1 貞夫人林氏

貞夫人林氏, 金公鶴聲之母. 蚤寡, 鶴聲及弟, 方在齠齔, 縫人衣裳, 糊口資二兒從師. 一日, 聽檐溜, 滴地鏗鏘, 下視之, 地埋巨甂, 中實白鏹, 亟揜之, 無知者. 他日, 托其兄貨家, 索居小蔀.

後以夫祭日, 置酒, 邀兄至, 二子亦在. 酒喟然曰: "先夫, 以是遺孤累未亡人, 恒懼其成就未果, 以餒我舅姑若夫之靈. 今吾鬢旣皤, 二子能繼父志, 早晩溘然, 泉壤之下, 足以有辭." 因言瘞金之事, 兄曰: "胡若是浼焉?" 曰: "財者災也. 無故獲鉅金, 不祥, 非有奇災, 亦必死亡. 且人生當知窮乏, 二子尙幼, 使慣於衣食之安, 則攻業不肯盡力, 不長於貧困之中, 則詎知財之來不易? 故移吾居, 寔斷吾念. 如干窖藏, 斯吾十指上辦出, 非比忽爾至前者也."

兄服其識遠, 子感其勤苦, 親黨聞而相勸爲儉. 迨母壽終, 瓜瓞充閭, 人曰: "母之報也."

『委巷瑣聞』

2 金氏

林公光澤妻金氏, 每祭, 林授錢有常. 後見供設稍約, 問其故, 金氏曰: "今可言乎. 我知其錢, 多悖入也, 常賣針工代辦, 今適不給耳." 問前日所授者云何, 曰: "貯之, 擬補君他日之費也." 發之, 鏽罌交錯. 林愕然, 卽日退役.

『委巷瑣聞』

3 安峽孝婦

安峽民家有女, 年十七, 嫁于伊川農夫. 數月, 夫病死, 有姑老且盲, 無他子女. 婦縫績傭賃以供甘旨, 晝宵匪解, 姑動作食飮, 皆須婦, 呼無不應, 非左則右, 勤於夫在時. 父母憐其靑孀, 孑弱依歸無所, 風其改醮, 婦曰: "人各有志, 何容相强? 況我去, 置姑於何地? 命固奇薄, 任之而已."

他日, 母托病, 篤招之, 婦卽不得也. 詭告於姑曰: "前村有賽神家, 相邀, 往便來矣." 引姑手而歷指曰: "饑來飯斯, 須水在彼." 仍慌忙至家, 母寔無恙曰: "汝知有夫之母, 而不省身之所自來乎?" 婦泣而曰: "非敢爾也. 阿母自有佳兒婦, 奉侍在膝下, 姑則非我莫以終其年, 望母毋以不肖息爲念也." 起立將辭, 母曰: "汝言良嘉, 然何薄鞠抱之情?" 賜以淪鷄烹狗, 婦略擧匕捨肉, 母笑曰: "汝豈復將遺姑耶? 從當有以送之." 盖誘之也. 婦已揣其意, 遽向外顧囑曰: "離鄕久, 村樣不可復識. 兒嬰時, 鈿盒交俱, 得好在無?" 暗包幾塊肉.

竟出門奔回, 路不甚慣. 山日已沈, 微辨一獸, 在前蹀躞, 認爲家畜之舊狵, 喜曰: "是能導我哉!" 遂從之, 步步棘針石齒, 被[22]星戴月, 夜半乃達. 姑荷荷曰: "何其遲也?" 婦婉辭以彌縫之, 取懷中肉, 陳置姑前, 燃燭於檠, 溫水於鐺, 聞聲甚厲, 有虎出庭, 方悟俄者之非尨伊虎也.

明發, 隣人探知之, 咸聚而嗟異之曰: "孝哉, 是婦! 不有至性, 安能致此?" 聞于知縣, 復其家.

『委巷瑣聞』

4 李孝女

李孝女, 平壤人華之之女也. 道光甲申春, 華之爲討捕營校, 緝盜, 因非辜逮獄當死, 女始十二歲, 號泣訴營府. 家貧乞諸道以供父, 八年無少缺. 方侍飯入牢, 揚揚作喜色, 華之憂憤不食, 女假意曰: "某公出力相助, 勿憂不報喜." 華之知其妄然, 不覺失笑, 强爲之飽. 每朝乞到午, 晩乞到昏, 必求生物, 不以餘餕進也.

是秋, 女繭足赴京師, 鳴金蹕路, 胥吏輩皆感其誠, 曲爲之導, 然查不得白. 如是凡三度, 至辛卯竟得疏釋, 編配于茂山. 茂在北鄙絶域, 女徒步隨行, 竭力承養. 茂之人, 聞女之風, 莫不愛慕, 競使妻女從遊, 女接之有恩義, 故便養之物, 無遠不致. 居五年遇赦放, 茂之人, 揮淚而送之, 女亦盡散餘財, 遍及隣里.

凡十三年之間, 行六千餘里, 旣還居大同館下, 故業益蕭然, 女悉意幹辦, 數年之際, 資用稍裕, 律身有法. 於是求昏者日衆, 華之將擇婿而嫁之, 女曰: "父無子惟一女, 女若歸,

22) 저본에는 '彼'자로 되어 있으나, 의미상 '被'의 오자로 판단하여 바로잡음

人誰爲養吾親者? 且余乞于市, 始就其親厚者, 終至於無往不丐. 初則黽勉而應之, 再則蹙頞而與之, 樂則爲兄弟, 窮則變胡越, 閱之飫矣. 今蒙天之佑, 如萬劫經來, 一朝成仙. 若更委身於人, 從夫傷孝, 從父違道. 二之則不專, 天下焉有男子視婦翁若若翁者哉?" 終不聽, 由是遠近益賢之, 官于是邦者或問遺, 女辭曰: "我豈過於人哉, 特所遇不幸耳, 易地則然, 吾何有哉."

壬寅秋, 直指御史金公益文聞于朝, 禮臣奏曰: "四度鳴寃, 千里隨養, 苟非至誠, 何以若是? 合施復戶之典, 以聳觀瞻, 至於爲其便養, 矢志不嫁, 雖出至情, 未免廢倫. 凡婚嫁過時者, 嚴飭搜訪, 自是法典, 分付道臣, 以此曉諭, 何如?" 上曰: "依." 於是, 平安道觀察使臣某, 平壤府庶尹臣某, 具以上諭開示, 女又申前說, 不聽.

余嘗招問華之, 女今年三十有二, 稟質脆弱, 言貌無異於人, 性安詳, 雅好花卉, 時常灌漑, 服勤産業, 自奉甚薄, 而供華之頗侈, 猶恨不綾羅珠玉褎華之也.

或曰: "女之行不愧緹縈, 不嫁於人, 不幾過歟?" 余曰: "不然. 夫人亦各行其志也已矣. 邦法所云, 爲貧窮過時者, 飭有司資助也, 何嘗指如孝女者哉? 男女大欲, 非矯情干譽者所可辦, 況女之言, 亦有感而發, 似非忘情者, 人當悲其志而尙其行耳. 昔徐仲車先生, 年過壯不娶曰: '娶非其人, 將爲母病.' 噫! 女之志, 卽仲車先生之志也. 無後之辟, 非女子之責, 余故曰: '工於事親者, 可以知孝女之志也.'"

『斐然箱抄』

5 節婦河氏

河氏, 居德川, 其大父松京人, 父千一徙嘉山家焉. 嘉慶辛未冬, 土賊洪景來陷嘉山, 千一避兵, 流德川. 賊平, 千一還于嘉, 而歸氏于德之士人金麗璜. 璜亦孤貧, 生一子, 已而璜死. 父母欲奪志, 氏不從, 養璜之父, 終其天年.

始璜之沒, 家益落, 葬于深谷里. 德固深峽, 而谷又蒿里也, 馬鬣纍如, 狐狸晝嗥. 氏携稚子, 因樹爲巢, 居墓側. 工鍼線, 雇直供祭奠, 蓄其贏, 製丈夫衣, 値璜生日, 焚于墓, 歲以爲常[23]. 悲其平日貧不具冠裳也.

於是, 德之人愍其苦節, 囑葬師, 誘風水不吉, 移之閒曠處, 塚傍起一煖房以處. 氏亡何失稚子, 益無緣. 父母又强之嫁, 氏就酖, 殊不死. 仍廬居且三十年, 垢面陋衣, 不出房闥.

23) 저본에는 '裳'으로 되어 있으나, 문맥을 고려해 고침

因裁縫, 往復人家, 必夤深夜, 豹虎不敢近, 行人避路百步外, 盖化之也.

氏正廟丙辰生, 今年四十九. 守宰及使客之道是邑者, 往往存恤或賜與, 皆卻之. 己亥, 歲大侵. 人有贋氏名, 呈文乞賙活, 郡守鄭侯憲容, 許米豆十餘包, 而氏不知也. 及村婦賀, 氏覺大駭, 首于官, 辨僞名狀. 侯曰: "無論眞假, 姑助汝薪水也." 氏曰: "唉! 未亡一縷存沒, 胡大事, 敢累于官." 辭不受. 庚子春, 余客于洱, 聞氏之行, 過于德土, 人指點氏居. 大山嵯峨, 長江波立, 延頸徊徨, 爲之凜然.

平壤金志卿, 好古士也. 旅游于德, 余馳書凡三復, 始得其詳, 記之.

『斐然箱抄』

6 高節婦

節婦姓朴, 其夫姓高, 良家子也, 家居南旌峴. 夫死百日, 節婦以刀自刎而死, 年二十八. 死之日, 一巷驚動, 入門觀者闐咽, 或詫或泣, 太息曰: "烈女也." 節婦夫之姑母之子安時喆, 余舍人也. 爲余言.

高病時, 或言: "飮生[24]人血可救." 節婦卽割其臂, 出血椀餘, 灌之, 不效竟死. 無子女, 夫族單, 無可立後者, 節婦從容辦殯斂, 葬于祖墳側. 旣而, 盡賣家産, 以錢五千寄時喆. 問其故, 答曰: "偶然爾." 其夫家墳墓多異山, 乃潛出與守墓者錢, 悉遷之, 聚于一山, 其未同穴者合之. 旣畢, 始告時喆曰: "無子又無族, 誰復主者, 不如遷之使骨肉相聚也." 至夫死百日, 之其墓, 慟哭而歸, 是夜遂引決, 乃今知寄錢意.

余聞之, 亦不覺失聲曰: "噫! 烈女也." 余復問: "節婦平日有可[25]觀否?" 曰: "平日顧不踰人." 余曰: "然, 古之忠臣義士多如此, 甘於言者, 未必踐實, 有非常之德者, 或遺小謹, 節婦奚以異? 雖然, 其死也, 人皆可企, 其從容也, 讀書之君子猶將病其不及. 嗚呼! 洵節婦也." 余又念節婦雖如此其偉, 閭巷之賢, 難聞於朝, 雖聞, 無家矣無族矣, 旌復無所施也. 悲夫! 於是, 秉燭書其事, 使時喆碣于其墓, 題曰 '高節婦之墓'

『楓皐集』

24) 저본에는 '主'로 되어 있으나, 『楓皐集』의 의거해 고침.
25) 저본에는 '可'가 없으나, 문맥을 고려해 보충함.

7 嚴烈婦

嚴烈婦朴氏, 其夫嚴載禧, 晩香齋漢朋[26]之曾孫也. 載禧嘗寢疾, 烈婦視護, 不少懈. 姑命日者, 推命, 曰: "婦有惡煞, 其應在夫, 婦死, 夫乃生." 婦之母, 聞而惡之, 試以他術家, 言亦如之. 婦語其母曰: "吾死可辨, 夫生不可期." 母慰之曰: "汝死而夫必生, 汝死可許, 此乃不可必, 而況術者之妄誕, 類皆如是者乎?"

夫病日益篤, 婦夙夜彌勤, 舅姑恐其勞且病, 許以歸家數日休[27]. 歸寧之夕, 笑語無戚容, 臨臥, 語其母曰: "免於父母之懷, 今幾年?" 乃褫衣, 入母寢中, 撫其乳而吮之, 作孩提狀. 夜將半, 忽攬衣而起, 母曰: "奚之?" 曰: "如厠." 母睡而覺, 摸之[28]不在, 呼之亦無應. 乃驚而起, 燃燭蹤之, 婦臥東廂下, 就視之, 形神離矣. 杯椀在側, 餘瀝乃黛滷也. 時年十七, 嘉慶壬申之七月也. 夫病尋愈, 今年四十八, 其舅性簡尙在, 爲余泣道之, 如是.

壺山居士曰: "古之女子, 殉其夫者在夫旣死之後, 未聞煞身祈夫命者也. 嗚呼! 休矣. 或以爲一死則難矣, 夫或從而不起, 婦之先死, 何補於夫之後死? 婦人之酷信術者說, 乃如是. 嗚呼! 夫死必殉之義, 烈婦之素所蓄積於中, 而旣欲以一死報之. 與其徒死於夫死之後, 寧先死於夫死之前, 以冀其夫生之萬一, 與庾黔婁以身祈父命, 今古同情, 而煞身祈命, 烈婦有也.

婦死夫生, 卽理之未必然, 而猶能雍容捐身, 如歸焉. 夫死之餘, 隕號憑塞, 飜然一死, 未足辨也. 婦死而夫則死, 婦之一死, 良足千古, 況婦死而夫生者乎. 天必從婦之願, 以成千秋獨有之美, 此義, 可與日月爭光, 而乃云酷信術者, 竟至於斯, 區區無足辨也. 黙數古往, 見必死之地, 而苟生偸活, 名身俱滅者, 何限? 此輩使百日者, 揲蓍[29]而陳死吉生凶之理, 終竟死乎?"

『壺山外記』

26) 저본에는 '明'으로 되어있으나, 『壺山外記』에 의거해 고침.
27) 저본에 '數日休' 세 글자는 없으나, 『壺山外記』에 의거해 보충함.
28) 저본에 '摸之' 두 글자는 없으나, 『壺山外記』에 의거해 보충함.
29) 저본에는 '著'로 되어있으나, 『壺山外記』에 의거해 고침.

8 卞義姑

卞生恒遠, 喪耦, 將娶李氏女. 略行先幣, 未聘而出佐濟州幕, 死於濟州. 訃聞, 氏被髮奔問, 卞家拒門. 氏欲自殺, 相持月餘, 不得已納之, 姑婦相依. 慈孝雙摯, 撫養前妻之子, 今二十餘年矣. 苦節卓行, 雖曰過中, 河漢也, 不待言說. 然其前妻之子服氏, 當奈何? 氏室女而守寡, 爲孝婦, 爲賢母, 安得不服繼母之制乎? 或曰: "禮, 新婦入門, 不見舅姑, 未成婦也." 既親迎, 既醮, 猶云未成婦, 義可知也. 子思曰: "爲伋也妻者, 是爲白也母. 不爲伋也妻者, 是不爲白也母." 由前則其父不敢妻矣, 由後則子安得母之? 若爲三年, 合葬祔廟次第耳, 神其安諸? 禮者, 節之於心, 形非所圖, 其情大防, 不可踰也. 二說何如? 答, 禮以義起. 然非聖人, 不敢制禮. 此當聞之朝廷, 以俟處分. 非膚淺可臆斷.

『斐然箱抄』

9 嶺東烈女

嶺東人男女, 寄傭於京城某宦家. 主家子學『史記』王蠋言 '忠臣不事二君, 烈女不更二夫', 館師時解說, 女竊而聞之. 夕告師曰: "頃所說書, 小人未始聞也. 願更詳敎." 師言之, 女涕曰: "人之事, 今始聞焉." 出語夫曰: "我未始聞知女之道, 今日始知之, 請從此絶." 蓋夫乃改嫁從者, 且既有子方乳. 夫瞠然詰其故, 女曰: "昔者從君, 我只知人盡夫, 今日得知有不更之義. 從今, 當潔身追報夫矣. 君之子幼, 難離抱, 待養數年取去, 此足酬於君也." 夫怒且毆詈, 女堅辭不回, 走入主家, 主家聞亦奇之. 自後出入避路, 其冷如氷.

噫! 是婦何嘗非烈乎? 失於其未始知, 而悔於其方聞, 忍抛腹乳之兒而不顧, 是更烈也.

『委巷瑣聞』

10 抱川朴氏

抱川人李源, 淬死於永平白鷺洲. 妻朴氏自聞訃, 心決下從, 勺水不入口者四日, 手縫殮衣, 以待屍還. 及其未拯, 議到虛葬, 朴氏祝天曰: "若又雨漲, 吾可投水從夫." 居無何, 果大雨, 潛出赴前川. 稚子啼隨, 小婢挽衣, 瞥然投身于水. 距白鷺洲, 爲二十里, 五

日後, 兩屍相從於一處, 家人並得, 而合窆

『三綱錄』

11 昌寧烈婦

昌寧縣有僧, 山行卒迫昏, 見有一墳庵, 扣門[30]久之, 出婦人, 隔扉問誰何. 告之故, 拔扃而去. 遂入, 憩于簷底. 婦在室中, 鳴紡車, 忽言, 廚下瓦礵, 有粥一椀, 可自食之. 取來哺歠則糠覈. 居半時, 天寒, 乞室中一隅. 婦言: “虎豹之藪, 免亦倖也, 何多望.” 僧飢定凍解, 惡念頓萌. 遽起就之, 探手於懷, 婦欻爾掣刀, 幡然立身曰: “我意活人, 豈料引狼子! 所天無嗣, 姑制未闋, 守墓苟活, 天乎薄命! 我死無愧.” 便砉然割下兩乳.

僧見驚悖, 亟跑出郵, 朝謁縣宰. 宰昔讀書山寺, 與有舊, 留之宿, 夜聞話婦事, 宰勃然而興, 卽命拿下. 曉發親訪, 果獲婦屍跪, 有盤薦兩乳, 是也.

詢其氏族, 原係山僻窮蔀, 薄版亦漏, 莫從而案據. 有二三墳塋, 知其翁姑及夫也. 官給棺材, 使葬其側, 而斃其僧. 村中老成人, 實掌其役, 遠近傳誦, 不啻碑焉.

『委巷瑣聞』

12 淸風義婦

義婦, 淸風村家女也. 嫁爲同郡人妻, 夫年弱, 未能成丈夫. 一日, 自舅家, 還父母所, 載酒肉好馬, 騎其上, 其[31]夫從. 徑行山谷間, 道無人, 有賊驀出林薄間, 杖擊夫. 夫翻倒路下, 女視不見, 策馬走. 賊恐失女所之, 捨其夫, 急追至. 未及三數間, 女駐馬, 始回首語賊曰: “若爲此擧欲馬耶? 抑欲我耶?” 賊曰: “爲汝也.” 女便下馬, 笑且溫辭曰: “子觀其兒, 尙可以人樣論歟? 外雖名以夫, 意不屑仰事, 欲捨其夫久矣, 但無間可乘. 今乃逢此機, 觀子狀貌, 吾亦不能無心. 子若有意, 我何敢辭爲?” 賊喜, 因欲劫之, 女曰: “旣許身, 卜夜同夢, 未晩.” 引上路左曰: “吾有酒肉, 子可以一番醉飽.” 遽自解其裝, 出酒壺, 故置仄地, 使倒酒便潑下. 賊急手扶持, 女曰: “無器可瀉, 須以甁自倒.” 仍請所佩劒, 晏晏斫肉. 賊將飮, 壺已半空, 兩手執其壺, 盡情傾下, 面不得不仰. 遽送刃, 沒

30) 저본에는 ‘問’으로 되어 있는데, 문맥을 고려해 고침

31) 저본에 누락되어 있는 ‘自舅家……其’ 부분을 『樊巖集』에서 보충하였음

其喉, 立死. 女急至夫所, 則喉間汩汩, 將絶. 適遇行人, 借載以歸, 得不死. 郡上其事, 朝廷命復義婦戶.

『樊巖集』

13 孝女翠梅

湖西公山縣, 有吏金聲達者, 爲山城守倉吏, 幻簿書, 盜米四百石. 事覺, 繫獄者, 數年, 累及其族, 破家者, 亦數十人. 時觀察使洪公, 將按法誅之, 治狀版, 具書, 對指日馳聞. 夜有一女兒, 詣幕府, 叩門, 號哭甚哀. 裨將怪問之, 卽聲達女也. 手一牒, 泣曰: "乞活我父." 其辭委曲悲, 不忍讀. 然事已無可奈何, 遂權辭慰遣之. 翌日, 公視衙, 有民衆男女數百, 塡門而入, 譁然盈庭. 一女兒被髮在前, 卽幕府所見者也. 直入上階, 大號曰: "兒乃獄囚金聲達女也. 乞蒙恩, 活我父! 活我父!" 公爲之改容而聽其訴, 又問曰: "彼民衆何爲也?" 衆曰: "聲達盜國穀, 罪死無惜. 且民等非其族屬, 以其女情甚矜, 故人捐穀一石, 總可數百石, 願以此贖其死." 公默然良久曰: "吾將思而處之." 衆乃退, 而女猶蒲伏涕泣不肯去. 左右亦具以昨夜事, 白之. 公惻然, 止其狀, 不以聞. 時余適爲客于營, 目見其事, 又聞於民間, 而得其詳焉. 女自其父始囚, 朝夕躬持飯飡, 往食獄中, 數年如一日. 及父聞當死, 遂絶口不食, 女輒首叩獄門曰: "若不食, 女請先死." 且爲詭辭以慰安之, 見其食已, 乃還. 其得穀於衆也, 用一晝夜狂奔疾走, 徧歷數百家家, 輒哀號告乞, 以感動其心. 嗚呼! 何其異也. 昔緹縈, 以一書, 免父於刑, 曺娥赴水死, 抱父屍以出, 史傳美之. 然是女也, 能片言而動數百蚩氓, 一朝而得穀數百, 以脫其父, 其視緹縈曺娥, 亦有難者矣. 嗟乎! 安得良史氏, 採而傳之, 以表見於世! 女名翠梅, 時年十七云.

『浣巖集』

14 朴孝女

肅廟時, 星州有二閨女, 曰文娘 · 次娘. 父曰朴壽河. 女皆有至行, 七歲, 善居母喪, 事父至孝. 淸安倅朴慶餘, 彭年後也. 偸葬其祖於壽河先山, 壽河訟于本道, 數年未決, 而慶餘又立石其山. 壽河力禁之, 慶餘誣訴, 囚之, 竟杖斃.

壽河臨終, 以血汚衣及所佩刀, 付其奴俾, 遺文娘. 盖知其孝烈, 能報讎也. 文娘奉刀,昏絶良久而甦. 哭曰: "我以弱女, 不能遠涉他鄕, 剸刃讎腹. 而今讎之祖墳在此, 我寧掘其墓, 焚其尸, 以致讎來而刃之也." 卽與婢僕數輩, 到慶餘祖墳, 掘之, 十指皆血, 棺旣出, 以火燒之. 居數日, 慶餘率百許人而來. 文娘爲亂衆所毆, 流血淺地, 一奴二婢, 互相捍禦, 皆被梃, 併死于山下. 慶餘有孼族, 適病死. 慶餘, 使死者子, 告官, 以文娘撲殺其父及奴, 而隱其屍, 請尋屍體, 且以文娘自裁爲言, 以爲脅持計.

時次娘年十七, 又志報父姊之讎. 辭祖母上京, 割裾爲誓. 再擊鼓, 供辭哀痛, 每於朝臣往來之路, 當車泣訴, 而留京一年, 終不得伸雪. 人或勸歸, 次娘曰: "我所以不歸者, 欲一瀝血, 伸暴於天日之下. 若至寃未雪, 則京洛是我埋骨之地." 遺祖母書曰: "文姊之喪, 尙在淺土, 雖可痛心, 父讎未復, 不可葬. 若獄事淹滯, 則當以小女之屍, 與還南土, 下從父兄. 是我願也."

其留京, 京嶺兩湖四道之民, 投書相告, 多以資糧輸致, 未嘗乏絶. 而四道儒生數百人, 上疏, 盛陳壽河孝行, 二女節義, 慶餘不法, 及推官阿比, 不決之狀. 其言甚切, 上命別遣御史按驗, 拿致慶餘于詔獄. 慶餘大有力, 事不究竟, 而得放歸野.

史氏曰: "壽河, 見枉而斃于杖, 寃矣! 文娘, 血指掘墳, 視死如歸, 次娘之割裾上京, 守死伸辨, 又何烈哉! 其賢於聶嫈 · 秦女休, 多矣. 獨怪夫娘之精誠, 能動湖嶺之多士, 而不得回當路搢紳之聽者, 何哉? 悲夫!"

『省齋集』

15 吳孝婦

吳氏婦者, 小家子也. 其家在十字街傍. 早寡, 與其二女居, 能潔酒食, 以祭祀其先, 隣里稱其有婦行. 一日, 天大風, 其隣人夜失火, 急聲鬨一巷. 婦方寢, 驚起, 走出見, 火急其屋, 勢益熾, 不可復入, 頓足號哭曰: "吾家兩世神主, 將及火矣. 豈可棄神主, 而吾身獨全乎?" 欲冒烟火以入, 其二女泣挽臂止之, 婦不聽, 撇其臂, 奔入. 登樓上, 狂號探主處, 時火益急. 婦未及措, 而火已及身, 遂大呼, 擲樓下, 氣絶.

路人聚視之, 身皆灼爛, 無寸膚完. 其族人舁致其家, 卽死. 族人憐之, 具棺槨以葬.

『浣巖集』

16 節婦崔氏

順興安晉錫孫民相婦崔氏, 稷山人, 參奉柱玉女. 十五而笄, 越三年乙巳, 其夫夭歿, 婦卽不食, 矢以死.

擧家憂遑, 寬譬之曰: "三世重侍, 何忍言死? 況夫弟行當授室, 待其生男, 取而子之, 奚患繼世之無人?" 婦頗以爲然. 未旬日, 夫[32]弟繼又不淑, 婦尤復慟絶曰: "今則無餘望矣." 於是, 死志益決, 而飮食與居, 不異平常. 嘗語及古人殉節之事, 家人諭之曰: "死生大矣! 人命至重, 此可易言者乎?" 婦曰: "人之不能, 特以志無勇決也. 是豈高遠難行之事乎?" 明年五月卄四日夜, 沐浴更新衣, 潛自飮毒. 及曉, 家人始覺, 已無及矣.

嗚呼! 婦之下從, 其志也, 得其志, 無恨矣. 爲其舅若祖舅者, 未死之前, 盡是痛恨之日也. 戊申, 進士趙秀三等上言, 蒙旌閭之典.

「安又玄晉錫所記」

17 節婦李氏

節婦李氏, 夷城良家女也. 年十六, 嫁同里黃一淸, 十七而寡居. 舅姑憐其少無子, 欲嫁之, 輒以死自誓, 十年守節, 隣里咸稱嘆.

夷城之風, 婦女不尙名節, 又多惡少, 有早寡, 則必聚徒掠之, 獨李氏, 則以其節義, 不敢生意. 郡有韓必彧者, 慕李氏才色, 每睥睨門外, 乃與物外數十輩, 乘其家空, 夜入逼之. 李氏知不免, 怡然笑曰: "吾意已決, 好事自可紓徐, 何如是迫隘哉?" 必彧[33]喜而退, 卽旋入, 則李氏已橫帛於頸矣. 韓遂慌㥘逃走.

其舅姑曉歸, 驚慟哭, 告于官. 太守亦憐之, 賜之藥, 已無及矣. 遂捉韓殺之. 聞于朝, 而旌褒之.

『靑邱野談』

18 老寡女

32) 저본에 '失'로 나와 있으나 문맥상 '夫'의 오자로 판단되어 고침.
33) 저본에 '或'으로 나와 있으나 문맥상 '彧'의 誤字로 판단되어 고침.

昔有一寡女, 青年喪夫, 只有二稺子. 家在六角峴下, 後園治圃種菜, 揮鋤之際, 錚然有聲, 見石底, 有銀甕. 遂掩之, 人無知者. 家貧而誨子甚勤, 次第成就, 俱得厚料. 寡女老而無恙, 孫亦七八.

一日, 其母會其子孫及婦女, 詣埋銀處, 發示之曰: "吾於三十年前, 治圃得此, 而還掩之. 第念汝輩尙幼, 家富而無敎, 則恐不得成人, 使汝勤脩文藝, 幸已成就, 今則雖有此, 似無侈汰之慮. 故指示之, 取而善用之."

母好作善事, 飢者食之, 寒者衣之, 親戚之窮不能婚葬者, 皆厚助之. 又於冬日, 必作襪數十乘, 轎出行, 見乞人無襪者, 必與之, 盖以寒苦之最難者, 足凍故也. 又周行於所親知貧窮者, 周其急, 屋舍之傾頹者, 脩改之.

年過八十, 無病而逝. 二子, 各年過七十, 官至同知. 後代子孫繁衍, 或登科, 或至察訪·僉使等職.

『靑邱野談』

19 洪州崔氏

洪州有崔氏女, 頗有姿色, 十八喪夫, 只有病盲之舅. 崔氏矢死不改適, 井臼傭賃, 備盡奉養. 或出他, 則可食之物列置左右曰: "某物在斯", 使舅手探取喫, 隣里稱其孝. 其父母, 憐其早寡無子, 欲奪情嫁他, 委伻邀之曰: "母病方重." 崔叮囑隣里炊飯供舅, 蒼黃往見, 母則無恙, 女心甚訝之. 母曰: "汝年未二十, 守寡無依, 人生可憐, 廣擇佳郞. 明日, 欲成婚, 須勿牢拒也." 女佯曰: "諾", 父母甚喜之.

及夜深, 崔脫身潛出, 徒步獨行, 走向舅家. 距此爲八十里, 行僅二十里, 兩足已繭, 寸步難移. 至一嶺, 有大虎, 當路而蹲, 不可以行. 崔謂虎曰: "汝是靈物, 須聽吾言." 仍實言其由, 又曰: "吾方求死不得, 汝欲害我, 須卽噉我." 直至虎前, 虎乃退却, 如是者屢, 忽跪伏于地. 崔曰: "汝或憐我弱質之深夜獨行, 欲騎之乎?" 虎乃點頭掉尾, 崔騎其背而抱其項, 虎行疾如飛, 少頃已到舅家門外矣. 崔乃下謂虎曰: "汝必餒矣, 食我一狗", 虎捉狗而去.

過數日, 隣人傳道, 有一大虎, 入於陷穽, 大肆咆哮, 人莫敢近, 將待其餓斃. 崔聞之, 疑其爲是虎, 往見之, 毛色若相彷彿, 而夜中所見, 不能詳辨, 乃謂虎曰: "汝是向夜負我來者乎?" 虎點頭垂淚, 若乞憐者然. 崔始語其本末於隣人, 仍曰: "彼雖猛虎, 於我則仁獸也! 如蒙爲我放出, 則吾雖貧無貲, 當以皐比之價奉納." 里中隣人莫不嘖嘖曰: "孝婦所言, 何可不施? 但此虎若放, 則傷人必多, 其將奈何?" 崔曰: "倘敎我以開阱之方, 人皆遠避, 則我當自放之." 隣人如其言, 崔遂開放, 虎噬崔衣而不忍捨, 良久乃去.

『靑邱野談』

20 熙川孝婦

婦, 熙川農家也. 歸夫家五歲, 夫死, 有二歲遺腹子. 其舅爲隣人刺殺, 婦不告官, 斂而葬之. 歲再周, 而無一言, 殺其舅者, 意謂寡婦孤兒畏渠而不讐之. 婦則夜夜潛磨霜刀, 作勢揮刺, 未嘗廢也. 及其舅祥日, 適邑中大集也. 婦奮身潛出, 刺讎人於市上, 剚其腹, 出其肝, 歸奠其舅, 訖乃號里人, 往首於官.

官讞曰: "婦, 孝也, 義也, 烈也, 傳生焉!"

『秋齋紀異』.

21 肅川金氏

金氏, 肅川民崔碩謙妻也. 始謙幼而孤, 仳離二十載, 還鄕里, 其先世丘壟, 爲永柔韋家所奪, 已經三世窆. 己亥, 謙訟于官, 不得伸, 遂幷掘之. 府使李侯熙庚報巡府, 準法斷配, 仍令韋家, 還葬故地. 及謙行之日, 金乘夜, 又掘之, 天明, 走官首, 時金年二十三. 營府訝非獨辦, 拷按, 無所得, 獄具, 上巡部.

司法讞曰: "碩謙之當初冒犯, 爲守護地, 而鵩[34]賦已成, 馬鬣自如, 此所以恨未平而訟未息也. 乃金女, 朝別其夫, 夕登于山, 一鋤一瓠, 移一尸而掘二塚, 何其烈哉! 成夫之志義也, 保厥兆域知也, 能辦乃爾勇也. 情之所至, 法有屈焉, 請輕其罰." 遂謫其夫所謫之地, 亦流木川.

『斐然箱抄』

22 端人張氏

34) 저본에 '鵬'으로 되어 있으나 문맥상 '鵩'의 誤字로 판단되어 고침

端人, 仁同張氏澤第四女也. 本法家, 庭訓有素, 年且笄, 婦于鄭氏璘, 鄭溫陽籍也, 父祖具慶. 端人入門, 有以循蹈乎「內則」女戒. 鄭嘗讀書, 至古烈女殉夫處, 戲謂曰: "能如是否?" 端人曰: "女子殉夫, 不幸之事, 安得以不幸相期?"

英宗庚寅夏, 鄭暴卒, 端人, 衣不變華鮮, 水漿不御. 舅姑患之, 喩以過中, 對曰: "多病薄命, 適足貽大人憂, 必不能長奉甘旨. 且女子有行, 惟所天在, 今則一日生, 爲一日辱. 兒子不死, 門戶有托, 千萬珍重."

家人難之曰: "女子殉夫, 雖若美於名, 不居可死, 則豈無人言乎?" 端人雍容怡聲曰: "昔者, 下殉之問, 豈敢忘之? 雖不發諸口, 許之心久矣. 初不以人言而辦死, 今可以人言而偸生乎? 無愧素心足矣." 是夜, 入便房哺兒, 解指環繫兒衣袖, 束枕蒙被以象其臥, 潛出庭前, 投井水, 及往救, 氣已絶. 得年二十三, 卜日同葬, 男旣長 ,名尙綏.

『斐然箱抄』

23 始興李氏

始興人魚命圭妻李氏, 夫患漏瘡, 逾年試藥無效, 聞人肉爲良, 卽入靜室, 刃割右髀肉三寸許, 先以血灌之, 繼以肉煮進. 夫移時而甦, 瘡痛漸去, 復割左髀, 試血與肉如初, 旬日間病遂完.

『三綱錄』

24 鐵原韓氏

鐵原人金老淑子婦韓氏, 夫死, 決意下從. 其舅諭之曰: "吾喪獨子, 汝又繼死, 則吾將誰依?" 韓氏强延一縷, 至誠供養. 舅嬰死疾, 醫言: "非生鹿血, 難救." 韓氏泣禱五晝夜, 忽有大鹿來遊, 遂捕而用血, 疾卽瘳.

『三綱錄』

25 端川趙氏

端川人鄭宗星妻趙氏, 未笄, 其父與兄爲虎所噬, 同室人持杖往救, 亦被噬, 三人幷仆, 人莫敢近. 趙氏持斧挺身, 直向虎口, 再三擊額, 殺而後已. 父與兄皆獲免, 其兄噬痕成腫, 幾至不救, 趙氏晝宵吮之, 賴以生.

『三綱錄』

26 節婦金氏

李載儼妻金氏, 年十七于歸, 纔一朞, 其夫嬰奇疾, 屢朔沈痼. 殫誠救護, 竟至不起, 悲號過哀, 絶食自盡, 與其夫同窆合窆. 閭里憐之, 籲于駕前, 禮曹覆啓請施褒, 蒙允. 寔當宁四年癸丑時事也. 其夫之兄載健, 爲余道之詳如右.

『秉山筆記』

27 香丹

士人沈姓者, 有奴婢, 漏在善山, 欲推覈, 見一奴饒富女, 名香丹, 年十九, 有姿貌, 納之甚寵, 忘其歸. 奴輩欲謀害, 女知之泣, 怪問之, 女曰: "主有大禍, 迫在今夜. 此皆族黨所爲, 父莫之禁, 亦與之. 然父非首謀, 可恕也. 今吾換着主服, 將以身代主, 卽以此服而出, 必免吾父也." 士人大感傷, 夜將半, 門外衆炬齊明, 凶徒擁入, 士人以女服, 被髮蒙面, 躍出疾走, 抵官門, 叩閽.

邑倅得其曲折, 多發校卒, 馳赴, 賊旣殺女而知其誤, 未散, 而官捕已迫, 無得脫者. 報上司, 盡戮之, 獨女之父得免. 噫! 此女, 爲其主, 遂其忠, 爲其夫, 成其烈, 爲其父, 盡其孝, 一擧而三綱具矣. 本邑立碑旌焉.

『靑邱野談』

28 萬德

萬德者, 姓金, 耽羅良家女也. 幼失母, 無所歸依, 托妓女爲生, 稍長, 官府籍萬德名妓案. 萬德, 雖屈首妓於役, 其自待不以妓也. 年二十餘, 以其情泣訴於官, 官矜之, 除妓案,復歸之良. 萬德, 雖家居乎庸奴, 耽羅丈夫, 不迎夫. 其才長於殖貨, 能時物之貴賤, 以廢以居, 至數十年, 頗以積著名.

聖上十九年乙卯, 耽羅大饑, 民相枕死. 上命船粟往哺, 鯨海八百里, 風檣來往如梭, 猶有未及時者. 於是, 萬德捐千金, 貿米陸地諸郡縣, 棹夫以時至. 萬德取十之一, 以活親族, 其餘盡輸之官, 浮黃者聞之, 集官庭如雲. 官劑其緩急, 分與之有差.

男若女, 出而頌萬德之恩, 咸以爲"活我者萬德." 賑訖, 牧臣上其事于朝, 上大奇之回諭曰: "萬德, 如有願, 無問難與易, 特施之." 牧臣招萬德, 以上諭諭之曰: "若有何願?" 萬德對曰: "無所願, 所願一入京都, 瞻望聖人在處, 仍入金剛山觀萬二千峯, 死無恨矣."

盖耽羅女人之禁, 不得越海而陸, 國法也. 牧臣又以其願上, 上命如其願, 官給舖馬, 遞供饋. 萬德一帆, 踔雲海萬頃, 以丙辰秋, 入京師. 一再見蔡相國, 相國以其狀白, 上命宣惠廳, 月給糧. 居數日, 命爲內醫院醫女, 俾居諸醫女班首, 依例詣內閤門, 問安殿宮, 各以女侍傳敎曰: "爾以一女子, 出義氣, 救飢餓千百名, 奇哉!" 賞賜甚厚.

居半載, 用丁巳暮春, 入金剛山, 歷探萬瀑 · 衆香奇勝, 遇金佛, 輒頂禮, 供養盡其誠. 盖佛法不入耽羅國, 萬德, 時年五十八, 始見有梵宇佛像也. 卒乃逾鴈門嶺, 由楡岾, 下高城, 泛舟三日浦, 登通川之叢石亭, 以盡天下瑰觀然後, 還入京. 留若干日, 將歸故國, 詣內院, 告以歸, 殿宮, 皆賞賜如前.

當是時, 萬德名滿王城, 公卿大夫士, 無不願一見萬德面. 萬德臨行, 辭蔡相國, 哽咽曰: "此生, 不可復瞻相公顔貌." 仍潸然泣下, 相國曰: "秦皇漢武, 皆稱海外有三神山, 世言我國之漢拏, 卽所謂瀛洲, 金剛卽所謂蓬萊. 若生長耽羅, 登漢拏, 斠白鹿潭水, 今又踏盡金剛, 三神之中其二, 皆爲若所包攬. 天下億兆之男子, 有能是者否? 今臨別, 乃反有兒女子剌剌態, 何也?" 於是, 叙其事, 爲萬德傳, 笑而與之.

『樊巖集』

萬德入京時, 妓紅桃有詩曰: "女醫行首耽羅妓, 萬里層溟不畏風. 又向金剛山裡去, 香名留在敎坊中."

『凡谷記聞』

29 蓮紅

蓮紅初名, 雲娘, 嘉山妓也. 嘉慶辛未冬, 淸北土寇洪景來, 稱兵犯嘉山, 郡守鄭公蓍, 被執, 不屈死之. 守之父與弟蓋, 同時遇害. 時紅有嬖于守, 聞賊報, 首告于官. 是夜, 賊闖入, 恣其凶鋒. 紅居隔郡舍一籬, 夜深覘賊散, 往視, 守之弟被創未殊, 負入其家, 將護得生. 又與衙客朴生, 傾家財, 募死士, 收守父子屍, 斂而殯之.

已而, 官軍至, 護喪南歸. 事聞, 純廟下敎傷悼, 贈郡守大司馬, 落雲娘樂籍, 予土田, 復其身. 紅送喪, 至于浿, 經山鄭相國, 自永柔迎弔, 作蓮紅詩以贈之, 士大夫和者, 盈箱.

道光丙午, 紅旣老死, 平壤父老及妓三鶯等言: "紅居搶攘之時, 能辨熊魚, 宜加褒異." 圖像配食于義烈祠, 祠卽桂月香妥侑之所也. 龍蛇之役, 倭師小西飛, 竊據平壤府, 妓桂月香, 密引金襄毅公應瑞, 斬小西飛, 經山相公, 鎭箕立廟祀之者也, 有迎送神曲, 刻石于庭.

『枕雨談草』

30 綿城月

綿城月, 務安妓也. 選上, 屬內院, 以色藝, 名一時. 後落籍, 歸某人, 及某人有重罪, 被極律, 月遂自刭以死. 盧書畫舫詩以挽之曰: "曲院無雙擅妙齡, 豪家傾産貯娉婷. 千金行樂頭霜白, 一劍酬恩頸血靑. 只顧妾身存大義, 何關夫婿被常刑? 芳名竝掛秋天月, 留照桑間喚夢醒."

『凡谷記聞』

1 洪篠叢裕孫

洪裕孫, 字餘慶, 號篠叢, 又號狂眞子, 南陽人. 世祖朝, 以貢生中進士, 年九十卒, 世稱異人. 南秋江「師友名行錄」曰: "餘慶, 南陽吏之子, 涉獵經史, 放達不檢. 不爲免鄕計, 南陽守, 以餘慶爲能文, 放其役. 卽步歸嶺南, 謁佔畢齋, 受杜詩, 先生曰: '此子, 已見顔子所樂處.' 學者宗之. 爲人, 文如漆園, 詩涉山谷, 材挾孔明, 行如曼倩."

『昭代風謠』

2 朴市隱繼姜

朴繼姜, 號市隱, 有詩名. 冲庵金文簡公, 與之唱酬. 世傳, 繼姜家富而不學, 年至四十, 貌美而目不識丁. 一日, 過通衢, 有一隷, 以一札示之曰: "此是何處所傳?" 繼姜恥其不知, 詭言忽忽不暇看, 隷睨而非笑! 繼姜, 乃發憤, 卽至家, 閉門讀書數年, 文思大就, 時稱'四十文章'.

『兼山筆記』

3 鄭櫟軒致

鄭櫟軒致, 字可遠. 宣廟, 聞其才藝, 特差內司別坐. 「觀音寺望日出」詩曰: "淸晨薰沐上高臺, 目極扶桑瑞色開. 風動玻瓈金柱立, 彩雲擎出九烏來." 「對酒招白萬里」詩曰: "我也前身過去僧, 世間名利視風燈. 中心愛矣靑從事, 何日忘之白大鵬? 一斗換州誠小黠, 三杯通道是多能. 邙山有塚君知否? 粉骨生苔無醉朋."

『兼山筆記』

4 白大鵬

白大鵬, 字萬里, 能詩, 善飮酒. 常與鄭櫟軒·劉村隱, 俱以詩聞於世. 萬里嘗有詩曰:

"醉揷茱萸獨自娛, 滿山明月枕空壺. 傍人莫問何爲者, 白首風塵典艦奴."

『兼山筆記』

5 崔譯官世珍

崔世珍, 精華語, 兼通吏文. 成宗朝, 以質正官, 累赴京師. 凡中朝儀章制度, 無不通曉, 事大文書, 皆出其手. 嘗奉敎, 撰『四聲通解』『老乞大』『朴通事』. 又所撰, 有『老朴輯覽』『訓蒙字會』『吏文輯覽』『韻會玉篇』『小學便蒙』等書.

『震彙續考』

6 崔龜谷奇男

崔龜谷奇男, 字英叔, 又號默軒. 詩幽雅淸新, 與鄭西疇禮男·金菊潭孝一·崔蒼厓大立, 相酬唱. 洪柳下, 選『海東遺珠』, 錄龜谷詩最多. 「上澤堂李太學士」詩曰: "南宮纂局夢依然, 朽質當時特見憐. 一別雲泥頻甲子, 重逢齒髮各衰年. 君臣社稷風塵際, 關輔山河涕淚邊. 久握文衡推老手, 浯溪撰頌望吾賢."

『兼山筆記』

7 崔蒼厓大立

崔蒼厓大立, 字秀夫, 又號筠潭. 事母至孝, 聞於當時. 善詩, 「宿極樂庵」詩曰: "白雪擁松扃, 千峯孤磬澄. 老僧年八十, 終夜話傳燈." 「寄法雄禪師」詩曰: "十笏禪房小, 燈從七祖傳. 齋心水恒淨, 覺性月長圓. 門對千峯掩, 身披一衲穿. 微官是吾累, 問法定何年?"

『兼山筆記』

8 石南川希璞(子 萬載)

石南川希璞, 字子成. 從遲川崔公·白軒李公·竹堂申公游, 俱有唱酬詩. 又以孝行聞於世. 其子萬載, 字季叟, 號豆村. 亦善詩, 名[35]於當時. 其孫之屹, 集兩世詩篇, 爲世稿. 晩靜堂徐相國, 序之曰: "石生父子所作『南川豆村稿』者, 蓋其藝業有源有繼. 凡在是編者, 語婉音叶, 抒寫有致, 彬然可觀. 生父子, 在委巷中, 乃能肆力攻詩, 與操觚專藝之士, 爭其尺寸, 此甚難也. 其才與趣之美, 豈不超拔流俗百千乎哉! 其子則嘗數叩余居, 余喜其疎潔, 與之款而不識其深於詩, 不曾扣其所有, 可恨也. 今見諸公題評而賞與之者, 生父子, 氣義雅韻, 不特有此詩蘊而已. 宜其被霑接於長德先輩之門也."

『兼山筆記』

9 庾春谷纘洪

庾述夫, 名纘洪, 高麗太師黔弼之後也. 隣有塾師, 聚徒數十人. 述夫, 往從之學, 而聰穎善記誦. 諸生, 分曹課業, 計畫賞罰. 師謂諸生曰: "明早, 有能誦離騷經者, 許百畫, 且與之賞." 述夫還家, 覓『楚辭』, 挾以詣鄭學士斗卿門, 語閽者曰: "而入謁而公曰: '有庾纘洪者願學楚辭.'" 鄭公素高簡, 不時見, 及見, 敎又甚略. 述夫卽歸讀. 及曉, 諸生大集, 述夫乃袖出『楚辭』, 詣師前, 背誦不錯一字, 師大驚. 述夫, 自恃其才, 遂不復力學, 間從奕者遊, 盡其技. 每朝講, 師輒以木札, 叩其右指曰: "使汝不讀書者此也." 然其嗜奕益甚. 出與諸善奕者角, 無敵敵者, 一時, 推爲國手.

先是, 宗室德源君, 以神奕稱. 時有尹弘任者, 亦工於奕, 然於德源君讓一着, 及德源君旣老, 弘任乃勝之. 述夫以少年晩輩, 一朝, 出弘任上, 論者以爲德源君老, 弘任僅乃勝, 而述夫壓倒弘任方强時, 是述夫德源君之敵云.

述夫年少時, 氣豪甚嗜酒, 善詩, 挾技藝, 遍遊公卿大夫間. 諸公聞其風, 爭招延上坐, 請觀奕, 無虛日. 而下及閭巷豪富家, 亦皆盛酒食邀致之. 述夫一下子, 左右觀者如堵墻, 至疊足立, 終日不能去. 述夫, 性亢傲, 醉或罵坐衆, 皆掩耳避, 而或且怒, 反訾辱焉. 及醒, 與之語卽所言, 悉壓人意, 聞者無不悅, 不忍以酒過遽棄之. 然述夫竟以此, 崎嶇屢困, 不得志於世.

晩年, 益嗜酒自放, 不顧家人生業. 與素善友數輩, 相逐爲詩酒會, 婆娑里巷間, 日夜樂飮. 無酒則往往從人家索酒, 酒酣以往, 卽據地歌呼, 烏烏然竟夜不已. 嘗醉入隣姬家, 其家訴之, 編配南漢. 府尹, 素聞述夫才, 見則命坐而飮之酒. 述夫醉, 或平睨府尹而爾汝之,

---

35) 저본에는 '若'으로 되어 있으나, 문맥상 '名'임이 분명함

見者縮頸, 府尹獨不以爲罪, 盖知述夫非庸人也. 後有宰相, 白寃于上, 釋之. 旣還, 爲司譯院判官, 隨冬至使赴燕, 歷覽古長城·渤·碣之勝, 遇感發處, 輒引滿痛飮, 與使臣唱和, 視儕僚蔑如也, 同行多嫉之. 及歸, 家居鬱鬱二十餘年卒, 年七十. 嘗自號春谷子, 所著詩, 率散佚不收, 只有數百餘首, 藏于家.

余生後述夫二十五歲, 述夫不以凡夫視我. 每於廣坐酒樂, 雖平生所親識, 無不語困之者, 獨不及於余. 余故得其人甚詳, 盖古所謂'跅弛不羈之士'也. 抱才藝, 無所發施, 其礌磈壹鬱, 不平之氣, 一皆托於碁酒, 坎軻落魄, 以終其身.

或者謂之妄人. 然其才實奇, 智慮明悟, 卽用之當世, 何遽不若人! 而貧賤阨窮, 竟不振以死, 悲夫! 余獨惜其一生所嗜, 不過爲一王積薪. 向使述夫, 移其所業奕者於大且遠者, 其可觀, 豈止於此而已也!

『柳下集』

10 林西軒俊元

京城民俗, 有南北之異. 鍾街以南, 至木覓下, 是南部也. 多商賈富人, 好利纖嗇, 以鞍馬第宅, 侈靡相高. 從白蓮以西, 至弼雲, 是北部也. 類皆貧戶游食之民, 然往往有任俠之徒, 意氣交游, 好施予, 已然諾, 救菑恤患. 詩人文士, 時節相追逐, 窮林泉雲月之樂, 動有篇什, 誇多鬪麗, 豈亦有風氣使然者歟?

林俊元者, 字子昭, 世居漢師北里. 爲人俊爽, 有奇氣, 好神姿, 善談辯. 少時, 受學於龜谷崔公之門, 頗有能詩之稱. 然俊元家貧, 有老親, 遂屈志, 爲內司掾. 勤幹解事務, 得任用司中, 以起富, 家貲累千, 乃歎曰: "於吾, 已足矣! 寧可汨沒於世?" 卽謝事家居, 以文史自娛.

日與其徒高會, 戶屨常滿, 盃盤絡屬. 其徒有庾公纘洪·洪公世泰·崔大立·崔承太·金忠烈·金富賢諸人. 庾公, 號曰'春谷', 善碁. 洪公, 號曰'滄浪', 善詩, 名聲俱冠當時. 餘人, 亦皆以氣概·詞翰見稱. 然庾公嗜酒, 能一飮數斗, 洪公母老而窶, 無以爲養. 俊元, 館庾公, 爲置旨酒, 以盡其量, 而數以財周洪公, 使不至匱乏. 每遇良辰美景, 招呼諸人, 指某地爲期. 俊元爲主, 辦酒肴而隨之, 輒賦詩酣飮, 極驩而罷, 以是爲常, 久而不倦. 洛下稍有才名者, 以不得與其會爲恥.

俊元旣饒於財, 而好義樂施, 常如不及. 其親戚·知舊之貧, 不能婚嫁喪葬者, 必以俊元爲歸. 故其平居往來, 候視執恭如子弟者, 亦數十人.

俊元嘗步過六曹街上, 有一女子, 被官人驅去. 一惡少, 背隨詬之, 女號哭甚哀. 俊元問其故, 叱曰: "可以微債辱女人至此耶?" 立償之, 裂其劵, 遂去. 女隨而問曰: "公何如人, 家安在?" 子昭曰: "禮男女異路, 何必問我姓名?" 强之, 終不告. 自是, 子昭名震閭閻, 慕風願識者, 跡交其門.

龜谷崔公病沒, 喪不能擧. 其門徒會, 治喪, 無可以棺相助者. 時, 子昭從使臣入燕. 座客歎曰: "嗟乎! 使林子昭在此, 豈使先生死而無棺?" 言未旣, 門外有人運棺材來者, 問之, 子昭人也. 盖子昭行時. 念公老病, 戒家人者也. 於是, 人益服子昭高義·能慮事也.

及子昭沒, 弔者, 如哭其至親. 其常所仰賴者, 則曰: "吾何以爲生?" 有老寡女, 自來, 請助針線, 至成服乃去, 盖街上女也. 子昭, 於詩雖無專工, 而得之天機, 淸艶有唐響. 與滄浪諸人, 唱酬者多. 子昭沒三十餘年, 而滄浪子, 采里巷逸詩, 名曰『海東遺珠』, 刊而行之, 庾林之作, 多見錄其中云.

『浣巖集』

11 李竹齋得元

李得元, 字士春, 號竹齋. 其婿高時彦, 記「竹齋遺事」曰: "公以委巷之人, 窮而無事, 流落外方, 不爲世所深知. 而嘗聞滄翁盛稱其人與詩曰: '人也玉雪風神, 倜儻有氣節, 孝友出天. 詩也淸楚婉麗, 有季唐風調. 筆亦精妙, 法二王.'

少爲龜谷道人侯芭, 曁林西軒·庾春谷諸君, 皆深許, 與之莫逆, 而吾尤心悅之, 平居無日不從, 其家窶, 至堗無火, 坐無氈, 而促膝談古今, 終晷亹亹, 言甚有味, 令人頓忘寒與疲云.

公去浮華, 外聲利, 與[36]人無所競, 而適姊家遘雀鼠變, 以親誼, 力救之, 遂爲人所疾怨, 屢加中傷. 繇是不樂在京, 出佐趙侍郞于嶺幕, 有能名. 自是臬辟歲至家, 席無暖時. 及歸則一散人. 環堵蕭然, 井竈屢空, 晏如也, 吟誦不輟.

公生以崇禎己卯, 僅年四十四. 無子有三女, 長爲林婦者, 早寡而貧, 力女紅以養親, 親歿, 奉其祀. 林西軒之亡, 以親困[37]時, 多賴其力, 躬治喪, 設饌祭哭哀如親戚. 滄翁歎曰:

---

36) 저본에는 '無'로 되어 있으나 『熙朝軼事』에 의거하여 '與'로 고침
37) 저본에는 '因'으로 되어 있으나 문맥상 '困'임이 분명함

'孝哉, 此女! 恨不爲士春男.' 爲立林氏婦傳, 以表之. 林婦死, 而次歸朴者, 又奉祀事, 修墓道, 至今不替焉.

公旣歿十六年, 而余贅其家, 不暇問他事, 急先訪遺稿, 得於西翁子. 所質諸滄翁, 選爲一卷, 寫弆巾篋有年. 每自念之, 二婦旣爲緹縈, 今獨有不朽斯稿, 是余之責. 至庚戌, 幸因滄翁詩文印行之便, 以若而緡傭字以印. 但恨力詘, 未得廣布, 未知猶勝於未也否. 仍附識其一二遺事, 俾覽者知人奇于詩."

『省齋集』

12 姜鷺洲就周

姜就周, 字汝載, 號鷺洲. 少爲閭里俠, 馳逐幽隱, 終以折脚爲廢人. 晩業詩家, 遊歡士夫間. 家縫毛衣, 以資食.

爲人慷慨悲爽, 好氣義, 有風流. 以一足, 拳行扶木, 跳躍, 故趙東岡, 號爲鷺洲. 平居不讀書, 其詩發自天機, 得意之句, 頗淸孤有響.

嘗與洪舜衍, 同賦根字韻, 就周先唱曰: "謫仙飄逸詩無敵, 方朔談諧語不根." 洪時負能詩聲, 而屈膝稱服. 善敎人, 從而受業者, 甚衆. 趙豊原 · 趙東溪, 亦嘗受業.

『震彙續考』

13 洪柳下世泰

洪世泰, 字道長, 唐城人也, 高麗太史悅之後. 公甫毁齒, 已能開口吐辭, 驚人. 稍長, 讀經史諸子, 無不淹貫, 而尤專意於詩, 神情所到, 潛透妙悟. 遇境摛藻, 天機流出, 音調氣格, 駸駸乎唐正宗諸家. 息菴金公, 見而歎賞曰: "高岑者流也." 每稠人廣衆, 薦寵不離口, 及公戹困且死, 爲出力以濟之, 如朱家故事. 公感激知遇, 遂益自肆, 力務博極今古, 深探力取以究其志業, 旣而蓄積愈厚, 其發愈新, 農岩 · 三淵兩先生, 與之唱酬, 傾倒推奬曰: "君可謂矢口成章者."

肅宗朝壬戌, 從通信使往[38] 日本, 蠻人持牋縑乞求詩墨, 所過堵立. 公倚馬揮掃驟若風雨, 得者皆藏弆以爲寶, 至戶繪其像焉. 晩乃築室白蓮峯下, 扁之曰: '柳下亭' 左右槃籛, 嘯

38) 저본에는 '往'이 없으나 『柳下集』의 「墓誌銘」에 의거하여 보충함

詠其中, 環堵蕭然, 妻子阻飢, 而不以爲心. 余初見公於柳下時, 公年且五十. 鬢髮蒼然, 顔色丹潤, 望之如神仙然. 余竊慨然, 以爲世有愛公者衆, 而使之老於窮, 何哉?

是歲, 燕使能文者, 以事至龍灣, 求見東人詩, 朝廷方艱其選. 時相以公薦, 上曰: "予已聞其名." 遂命製以送. 未幾, 選補吏文學官, 陞槐院製述官, 仕滿未調, 丁母艱服. 除還仕槐院, 遷引儀, 西部主簿兼纂修郞, 掌選東文詩. 上命工畵西湖十景, 賜札國舅慶恩金公曰: "洪世泰, 以詩名世, 可使製進十詠." 公援筆成, 以進之. 俄拜松羅察訪, 未赴, 又除義盈庫主簿, 遭彈見罷. 老而益貧, 無以自存, 宰相辟爲蔚山監牧官. 至則乃以公餘, 得放浪山海間, 其詩益雄放橫逸. 及還, 衰疾益甚, 忽忽不樂. 杜門深居, 絶還往. 探篋中草稿, 手自編摩, 且爲敍述平生之志, 屬其內子李氏曰: "善藏以待之." 居無何卒, 年七十有三. 公歿之六年, 婿趙昌會, 及門客金鼎禹, 謀鳩材, 印行其遺集, 凡十四卷.

『涜巖集』

14 金嵐谷萬最

金澤甫, 名萬最, 系出湖南之光州. 家舊衣纓族, 而後世淪微, 其上祖與父業醫. 君少孤而貧, 嗣爲醫學, 而意不慊去之, 遂結惡少年, 狗屠爲事, 得甘旨以養母. 然君性疎放不羈, 嗜酒使氣, 往往搏擊人, 至被傷者衆, 鄕里患之. 嘗游屠中, 人有諷之者曰: "子, 義士也. 它日被逮, 愼勿累我!" 君卽感悟, 泣涕謝其徒, 折節讀書, 能日誦數千言, 布衣韋帶, 雍容爲處士之行.

余年十八, 遇君於三淸精舍. 身長八尺, 美鬚髥, 談論衮衮, 知其爲賢豪間人也. 君一見余, 歡甚, 呼與爲友, 托以忘年之契, 時君文詞大進, 已杰然有聲. 而世之人, 知與不知, 未嘗以文人目之, 必曰俠士. 盖其少日氣習, 猶未盡除, 而發於言議歌詠者, 亦多有燕趙感慨之音也.

君旣浮游, 四十餘年, 其窮益甚, 環堵蕭然, 妻子饑寒. 而見人有急, 赴之惟恐後, 與人交, 不問淸濁, 意之所可, 則雖賤汚, 愈益敬. 以是, 愛慕者甚衆. 旣老, 築室白蓮峰下, 自號嵐谷居士. 手自蒔圃種柳, 日婆娑其下, 以自[39]適, 有以壺酒相就者, 留與飮極歡. 醉則散髮松林, 搏髀而歌. 飮酒至數斗不醉, 輒用大椀下之, 轟轟若鯨吸, 觀者壯之. 一日, 疾暴卒, 壽七十六.

---

39) 저본에는 '身'자로 되어 있으나, 『涜巖集』에 의거하여 '自'로 고침

君爲詩, 冲澹古雅, 多得漢魏六朝者. 三淵先生與柳下翁, 亟加稱賞, 以爲不易得. 嗚呼! 君之志氣才調, 求之古人, 爲石延年 · 陳季常者流, 而君旣無意干世, 世亦無知君者. 然後之覽其詩者, 亦可以想其人也.

『浣巖集』

15 高省齋時彦

高時彦, 字國美, 貫松京. 公疏眉目, 美容狀, 游戲異凡. 聰明絶人, 能日誦數千百言. 旣成童, 益肆力刻苦讀書. 雖盛熱, 終日不動, 至袴底腐爛. 然公家窶益甚, 有二親皆老, 遂屈意末技. 十七, 中司譯院漢學科, 得寸祿, 以供甘旨. 暇則究覽墳典, 孜孜弗倦, 經傳百家, 無不淹貫, 以博聞强記名世, 院中生, 多就質文義, 宗爲師表. 增秩至二品, 衣緋橫金, 然公素善病, 自父母沒, 便有休退志. 別構小窩, 扁曰省齋, 杜門端居, 嘯咏自適.

甲寅, 從陳奏使, 赴燕, 渡江疾欻, 竟卒於燕館. 臨終, 神色夷然, 了無怛化意. 能自手書, 處置家事, 緘付家僮, 遂正席而逝.

公爲人, 醇厚恬靜, 與物無競, 仕象院, 四十餘年, 與人不忤視, 事親至孝, 克備志物之養. 卒以力疾驅馳, 死於王事. 傳云一鄕皆稱善士者, 公之謂也. 盖其平生所好, 在於古文, 而以服事鞮象, 未克專工. 然其著詩文, 爲一時具眼者所許可. 柳下洪公亟稱之曰 '奇才', 三淵金公, 手題其冽泉詩序曰: "辭理俱到, 文中上乘." 其於經義, 識解尤精, 著『註疏剳疑』二卷, 『省齋集』二卷, 所編『昭代風謠』三卷, 俱行于世.

『浣巖集』

16 鄭浣巖來僑

夫詩者, 天機也. 天機之寓於人, 未嘗擇其地, 而不爲物累者, 能得之. 委巷之士, 惟其窮而賤焉. 故凡一切功名榮利, 無所撓其外而汨其中, 易乎全其天, 而於所業, 嗜而且專, 其勢然也. 近世詩人, 如滄浪洪道長, 卽其人, 而繼道長, 又有浣巖鄭潤卿者, 名來僑. 當世之學士 · 大夫, 與之交狎, 不名而字之, 或致之家, 訓其子弟. 其爲人, 淸脩如癯鶴, 望其眉宇, 可知爲詩人, 而甚貧窶, 家徒四壁. 詩社諸君, 有佳釀, 則必邀之. 潤卿, 痛飮盡其量, 淋漓酣暢然後, 始出韻, 高踞先唱. 其爲詩也, 疎宕演漾, 得詩人之態度, 而往往聲調慷慨, 有若與燕趙擊筑之士. 上下而馳逐, 蓋其淵源所自出於道長, 而其得之天機者多. 其胸中苟有所誘於外物, 而不嗜不專, 則其成就能如是乎?

潤卿, 非獨工於詩, 其文善俯仰指旋, 頗有作者風致. 論者或曰: "文勝於詩." 余以爲潤卿之詩與文, 一出於天機而已, 何必論長短也哉? 潤卿, 旁解琴操, 且喜爲長歌, 皆極其妙, 酒半, 輒自彈而自和之, 浩浩然, 殆忘其孰爲琴而孰爲歌也. 使聽之者從而評之曰, 一工而一拙, 則必爲潤卿所笑. 世之論潤卿之詩文者, 亦若是矣.

余之交潤卿, 粤自弱冠, 而及余之領槐院, 潤卿方食製述官祿. 潤卿以目疾辭, 余曰: "潤卿, 今之張籍, 不盲於心者也. 閉眼口呼, 足以了院中文事" 竟不許焉. 或以公事造余, 余命僮扶而升堂, 叩其詩, 則潤卿引喉朗誦, 至得意處, 不覺脫帽狂叫. 余於是知潤卿老且病, 而其氣不衰也. 潤卿既死, 洪學士子順, 抄其詩文, 洪尙書翼汝捐財, 將印行於世.

<六化李相國撰>

17 鄭寒泉敏僑

君以肅宗丁丑生, 名敏僑, 字季通. 面白晳眉目如畫, 甫成童, 文理大進, 子史諸書, 能自曉解, 不煩索問. 癸巳, 丁先考憂, 時年十七, 能執喪盡禮, 見者嗟異. 有年少數十輩從余學, 君別占一席, 兀然端坐以敎授, 儼若老師. 服闋, 就擧子業, 二十九, 始登國庠, 既而歎曰: "此何足以榮吾親, 而發吾志耶! 益力爲大闡計. 而又出入古今, 略知作者門徑, 所爲詩文, 往往爲具眼者所奬賞. 貴遊子弟, 爭欲知面, 而巷居有才志者, 慕而從之, 執束[40]脩, 自處以門生者, 亦數十人. 性至孝[41], 在母氏側, 常怡愉嬉戲, 務娛悅其心, 自幼及壯, 未嘗以過誤受責. 頃余奉慈闈, 就食荊湖, 祖母高氏篤老, 不能行, 在京屋. 君日夜侍側, 自寢食, 以至矢溲之節, 皆躬自盡誠扶持. 其門徒常習見, 而嘖嘖嘆嗟.

乙巳冬, 尙書尹公, 出按關西, 念君寒饑, 召至營, 因使監海稅. 適荒歲, 君見海氓藍縷號乞, 意哀之, 一皆不問, 垂囊而歸. 及睡隱洪公代按其節, 留君掌書記. 愛好日密, 而君絕無私干. 有事必爭, 公待之益隆.

戊申夏, 遭母氏艱, 與余居廬, 菜茹不充, 疾病沈綿. 而祈寒盛熱, 不脫絰帶. 然自經喪禍, 家力益匱, 兄弟無以相庇, 君遂挈眷湖中. 且樂其風土, 因其居而自號曰寒泉子.

---

40) 저본에는 '乘'자로 되어 있으나, 문맥을 고려해 '束'으로 고침

41) 저본에는 '者'자로 되어 있으나, 문맥을 고려해 '孝'로 고침

庚戌秋，豊原君趙公，爲嶺南伯，以騎載致君．至則驩甚，館而客之，令教授其[42]二子，若呂家之於千之．暇輒對壘迭唱，積成卷軸，其知遇日深，殆至於兩忘其勢．然君素有鬲痞，又不習南方水土，卒以不起．

君爲人，疎宕不羈，行己坦率，不肯爲便辟愿謹之態，以求媚於人．故人或目爲簡傲，而訾之．然其孝友至行，得之天性，而篤於家庭者，惟一二知君者，知之矣．君於古文，雖未得全心肆力，而天機所發，縱筆滔滔，往復馳騁，詞理俱足．其古詩近體，不繇漢唐路脈，而信手拈出，爛漫圓暢，浸淫乎香山劒南之間，不害爲自成家則矣．

君得年，厪三十五，一女幼．邊氏貫原州，能節哀强食，親視祭饋，勸余收拾遺藁，爲悠久圖．不媿爲季通婦矣．嗚呼！悲夫．

『浣巖集』

18 玄錦谷德潤

玄錦谷德潤，字道以，以譯官，階至嘉善，有孝行，擅筆藝．累得千金，散之兄弟，至歿，家無餘財．嘗以釜山訓導箇滿，而萊伯以稱職啓聞，特加留一年．前後十年間，奉公惠民，頗有聲績，邊民追思立碑曰："待人以誠，接物以仁．功大關防，惠洽鄕民．"

『兼山筆記』

19 崔巷隱泰完

崔巷隱泰完，字聖固，自少恂恂，有篤行，聞於鄕黨．其孫東溪潤昌，重修三溪故事序曰：

惟我王考，晩年閑居，謝絶交遊，潛心書籍．日夕嘯詠，而有時興到，則輒率子與孫，出往郭北三溪堂．或信宿而徜徉，或終晷而咿哦，逍遙自在於昭曠之原．賦詩曰："病懷然着處，扶杖出溪堂．壁上藏書籍，檐前實射場．新霜天氣肅，昨雨澗聲長．始得養眞地，昔痾渾却忘．" 伊時，余方毁齒，能陪往而瞻望．故到今年老之後，每欲繼述此事，而未遑矣．堂姪重植，出言於宗會曰："當此淸和之節，一門老少，齊會勝處，以作韋家勝會，得無可乎?" 余聞此言而喜曰："我王考，昔遊三溪，依故事，出遊三溪，繼先志而序天倫，豈不善乎?" 諸人皆曰："諾." 遂定日，卽己酉四月卄九日也．一門老少幷幼稚二十八人，聯

42) 저본에는 '甚'자로 되어 있으나, 문맥을 고려해 '其'로 고침

翩出三溪武洞之間, 追尋舊跡, 仍爲序齒設酌, 岩泉雲物依然, 若昔日也. 於是, 詩者·射者·奕者·投壺者, 盡日娛嬉, 不設歌管, 遵遺志而戒侈大故耳. 噫! 我王考之遊此者, 今距五十餘年, 而我輩能述此於今日. 我輩子若孫, 繼此於五十年之後, 則豈非吾門之盛事也耶? 謹次王考當日詩韻, 又使族中能詩者, 賡和列書, 以備後日覽文·繼述之資云爾. 詩曰: "吾祖淸遊事, 三溪復肯堂. 詩篇宛前躅, 候鵠設新場. 澹澹峰雲細, 濺濺澗水長. 孫曾齊到此, 先蔭詎能忘.

諸作不盡錄, 其後己酉歲, 東溪之孫僉樞宗煥, 又繼此會於三溪洞, 諸宗人及子若孫, 竝和昔日詩韻, 作軸典, 前己酉軸幷藏于家.

『兼山筆記』

20 朴澹翁昌元

朴澹翁昌元, 字善長. 篤行好學, 通習典故經禮. 有集一卷, 「歷代引」曰:
羲農黃帝爲三皇, 五帝昊頊嚳唐虞. 夏十七世歷四百, 殷卄八世六百餘.
西周十四東卄四, 歷年八百七十强. 三王之後有五覇, 秦爲閏位二世亡.
高惠文景武昭宣, 元成哀平至孺子. 是爲西漢都長安, 傳國二百十四祀.
光武誅莽宅洛陽, 明章和殤安順繼. 沖質桓靈至于獻, 繼統百九十六歲.
蜀漢兩君四十三, 吳魏僭號四五世. 西晋武惠止懷愍, 元明成康金陵住.
穆哀奕簡孝安恭[43], 享祚一百五十五. 神州陸沈五胡擾, 宋齊梁陳南朝是.
三魏齊周爲北朝, 隋文統一場恭止. 唐高太宗起晋陽, 逮夫高中武簒基.
睿玄肅代德順憲, 穆敬文武宣懿僖. 昭哀之世唐業訖, 一百八十九年支.
五季梁唐晉漢周, 神器六旬五遷之. 宋興于汴藝太眞, 仁英神哲止徽欽.
高孝光寧理度恭, 訖于端昺南都臨. 三百卄載屬元世, 八十九年長夜沈.
大明中天高帝興, 建文太宗仁與宣. 英景英憲孝武世, 穆神光熹聖相傳.
毅殉社稷三帝承, 大統二百九四綿. 盖自包犧止永曆, 五千一百十八年.

『兼山筆記』

---

43) 저본에 '泰'자로 되어 있으나 문맥상 오자로 판단되어 고침

21 宋梅谷奎斌

宋梅谷奎斌, 字爾衡. 慷慨有器幹, 嘗上疏論時務. 「戊子秋哀丐者」詩曰:
秋容悠廖廓, 溪閣漸生凉. 萬實垂成日, 黃雲四野張.
嗟爾何處人, 扶挈到此方. 云是東峽民, 無食離家鄕.
四月下霜雹, 五月遍螟蝗. 才經摧剝餘, 又逢蟲損傷.
始從瀧上黍, 迤及水中秧. 根穗皆蝕盡, 處處莽空場.
半歲費辛苦, 逢秋却成荒. 十口皆呼饑, 焉望有盖藏?
東家鬻牛馬, 西隣伐棗桑. 糴期忽已迫, 身布又遑遑.
官差猛如虎, 臨門肆槍攘. 環顧一室中, 四壁惟頹墻.
深恐連縲絏, 盡賣弊衣裳. 哀哀幼稚哭, 索飯呼爺孃.
安土豈非願, 故鄕詎可忘? 瓶無一粒粟, 將何繼秕糠?
一日不再食, 立地見危亡. 難於坐待死, 百計費商量.
率眷作流丐, 天壤何茫茫? 痛哭辭故里, 血淚洒白楊.
傳聞他郡邑, 往往登豊穰. 我土獨何辜, 毒灾偏一坊.
地荒民四散, 公私貽深殃. 日月雙轉轂, 流光落嚴霜.
旣無家與食, 半夜泣路傍. 流離不定居, 溝壑任仆僵.
老我聞此言, 不覺涕盈眶. 天心爲至公, 好生本無疆.
古今有灾沴, 流行本無常. 儉歲何代無? 救荒賴發倉.
立視不拯溺, 焉用彼黃堂? 黃堂皆如此, 黎民安所望.
牧御非小可, 何不揀否臧? 若究灾與祥, 必先理陰陽.
百里亦君恩, 愼勿汚賄贓. 愛民如愛子, 何恤外至謗?
嘆息復嘆息, 何以濟扎傷? 靜念無他道, 莫如得人昌.

『兼山筆記』

22 崔農叟天翼

崔天翼, 字晉叔, 興海人也. 世爲君小吏, 君獨自奮爲儒. 及擧進士則曰: “吾分足矣" 遂不復應擧. 家居敎授者三十年, 以終年六十八.

君崛起遐賤, 遊學四方. 於書無所不讀, 文學蔚然, 爲一路之望. 然常自視若不足, 聞有賢豪長者, 必就見之. 性俊亢, 多氣槪, 睨一世, 鮮當其意. 顧謙抑自持, 未嘗以材能尙人. 平居儀容甚肅, 語必中理, 戱狎者, 莫至其前. 以故, 知君者, 先稱其德, 而後其才.

申靑泉維翰, 爲延日倅, 君贄文而謁, 請爲弟子. 維翰叩其所學, 驚曰: "君吾畏友也, 我焉能師之哉?" 及歸, 以其書籍付之. 官長之至其邦者, 未嘗不延見, 則必加禮焉. 雖驕恣者, 無敢以地處侮之. 出入官府數十年, 是非一不及身, 鄕人以是益賢之.

內行淳備, 兄弟五人, 共被而寢, 家屬恒飢, 未嘗見戚色. 居室破敝, 邑守欲助之, 葺而固辭也. 賓主必命觴, 賦詩, 風流動人. 遇可意人, 談古今治亂得失 · 關防形便, 瞭然如指掌, 聽者忘倦, 盖亦非無意於世者也. 老而信從者益衆, 隣州或開館延之. 沒而加廡者多. 興海僻邑也, 今多知名士, 君之功也.

君幼頗縱肆, 不循法度. 父俊傑獨奇愛之, 常曰: "興吾門者, 是子也." 縱之遊學, 不使服刀筆. 及長, 果以文學名, 郡稱崔吏知子. 君無子, 以兄之子爲嗣. 門徒數人, 分藏其書, 有詩集一卷, 將剞劂之.

永嘉權𧗱 , 少許可, 久爲郡宰, 知君深, 以爲擧世罕[44]儔. 常稱以龍田翁而不名. 言于道伯, 欲薦之朝, 而未果. 原城元重擧, 亦盛推君, 目以嶺左偉人. 余從二君, 習聞君, 及至其郡, 則沒矣. 每過其墓, 輒駐馬久之.

『靑城集』

23 李看翠子受益

李看翠子受益, 字朋之, 氣度倜儻, 善詞賦. 「世事難可說, 示金子淵」詩曰:

世事難可說, 世事難可知. 世事難可恃, 世事難可期.
事暗如黑夜, 事紊如亂絲. 事繁浩難收, 事幾逆難窺.
事急劇難理, 事雜冗難治. 事小小易忽, 事多多旁歧.
細事誤斯須, 大事乖支離. 好事每掣肘, 惡事每燃眉[45].

44) 저본에 '年'으로 되어 있으나, 『靑城集』에 의거하여 바로잡음
45) 저본에는 '看'으로 되어 있으나, 韻이나 의미상 '眉'의 오자로 여겨져 바로잡음

自有天地來, 芒芒紛興衰. 履坦或不安, 行險或不危.
昨非或今是, 利彼或害玆. 假弄或遂眞, 樂極或生悲.
或熱如焰炎, 或冷如氷澌. 轉轉或團圓, 弛弛或蔓滋.
巧者或反拙, 速者或反遲. 忠佞或倒植, 誠僞或混施.
出人思慮外, 恍惚思所爲. 孰謂什八九, 隨處多乖宜.
飜飜復覆覆, 其繆自毫釐. 難平誠確論, 陸沈十二時.
物情固其變, 無成亦無虧. 浮生一蘧廬, 古今幾奕棋.
垂手看世紛, 代謝至理隨. 泝彼無物初, 兆朕判兩儀.
陰陽相爲根, 變合一偶[46]奇. 玄玄原其本, 幻幻流其支.
散而爲庶物, 費隱從可推. 吾身一天地, 云爲非敢私.
彼物一太極, 生生理攸基. 自變者觀之, 可能與推移.
來玆卽往古, 君獨此何疑. 自然聞老莊, 順受學仲尼.
無我與忘我, 素行戒忸怩. 千歲知死生, 聖賢豈吾欺.

『兼山筆記』

24 李壯窩聖中

李壯窩聖中, 字士執, 初號竹窩. 凡十發解, 及老年, 應講天陛, 音吐洪暢, 上壯之, 因改號壯窩. 善詩律, 有『壯窩集』. 「皇蘭寺」詩曰:

皇蘭寺下水茫茫, 落盡岩花歲月長. 樂事翻成千古恨, 忠言無補一朝亡.
秋烟廢苑埋金塔, 夕照荒原臥石羊. 欲向釣龍臺畔去, 老僧猶說義慈王.

『兼山筆記』

25 金汾津圭

金汾津圭, 字文仲, 好讀書, 當膝處穿弊. 善詩, 詩格高雅.

「早起」詩曰: "溪舍靑山曙, 西南林上月. 漱齒到幽泉, 流雲滿石窟."

「僧伽寺」詩曰: "獨上幽林古道, 回看極浦蒼山. 雲石千年寺在, 風塵一日人間."

---

46) 저본에는 '耦'로 되어 있는데, 오자로 여겨져 '偶'로 바로잡음

『兼山筆記』

26 全逃禪庵弘敍

全逃禪庵弘敍, 字天與. 强記絶人, 晦軒趙尙書, 常稱之以事文府庫.

「元日聞晨鷄」詩曰: "金鷄三萬六千鳴, 日日扶桑喚日生. 欠伸布被慵舒脚, 聽得今年弟一聲."

「田家樂」詩曰: "斗柄指孟春, 草色迷平陸. 晨起視東皐, 零露如膏沐. 驅牛向西疇, 行行下林麓. 晴日映山川, 春光浮樹木. 川原聞樵歌, 空谷見麇鹿. 薄暮荷鋤歸, 暝煙散村屋. 雖非羲皇人, 長嘯意自足."

『兼山筆記』

27 金是閒齋順侃

金是閒齋順侃, 字和中. 天資溫雅, 容儀端粹, 力行節儉, 聲色芬華, 一無外慕. 爲詩文, 不加雕繪, 辭達而止, 有集二卷. 嫺於書, 臻其妙, 至晩暮, 筆力尤遒健. 暇日遇會心處, 輒置酒開襟, 藹然可樂.

『兼山筆記』

28 崔東溪潤昌

崔東溪潤昌, 字晦之. 資性溫粹, 器度弘偉, 與人和厚, 不爲畔岸. 辟籌司掾, 淸愼自持, 三紀如一日. 晩年, 除宮衛將, 居家優遊詞翰. 爲詩文, 不事雕繢, 暢敍而止. 與金是閒齋·李松厓馬眉山友善, 日與唱酬. 所著有東溪集三卷, 藏于家.

『兼山筆記』

29 鄭樵夫鳳

鄭樵夫名鳳, 居楊根, 惟一舸, 賣柴於東湖爲業, 故但稱樵夫. 其東湖一絶, 膾炙人口.

悠然老人金胤明, 嘗言有舊碩貌, 翛然美鬚髥, 襟懷坦然, 敎子孫有法, 無世俗氣. 有詩曰: "淡雲衰柳共爲秋, 盡日林塘水氣幽. 翠鳥掠魚時不中, 歸飛端坐碧蓮頭." 有集一卷.

『枕雨談草』

권 6

1 嚴菊山啓興

嚴啓興, 字叔一, 號菊山. 讀古書行古道, 與晉庵李相國爲文字交, 晉庵嘗曰: "可師不可友." 使其子受業, 位至尙書, 恭執弟子禮, 年六十六卒于家, 尙書臨其喪, 盡其禮. 有菊山集, 藏于家. 祖義吉, 號春圃, 詩在昭代風謠. 父漢朋, 號晩香, 書名播傳中國, 雍正皇帝有勑賜帛, 書入景化門榜, 今尙揭云. 從父漢賓, 邃於詩禮, 輯抄家禮, 行于世.

贊曰: "三世繼美, 史亦罕書. 余於今之世, 得嚴氏之門."

『壺山外記』

2 洪白華子愼猷

洪白華子愼猷, 字徽之. 善書, 與安命說齊名, 官典籍, 又善詩.

「凝川雜詠」詩曰: "江城春夜雨晴時, 忽有飄風亂雪吹. 可惜中天無限月, 入雲容易出雲遲."

「詠遠沙行人」詩曰: "漠漠平沙白, 疎疎人一群. 動搖微可辨, 來去杳難分. 終認窮臨水, 常疑沒入雲. 如敎回首望, 指我亦云云."

『兼山筆記』

3 李松穆閣彦瑱

李彦瑱, 字虞常, 京師人也. 家世業象胥, 彦瑱以譯科官本院. 聰穎絶人, 讀書過目不遺, 文辭贍給, 能擊鉢賦文. 又善書而疾, 嘗冬日晏起, 盥櫛端坐抄書, 未朝食而得卅餘頁. 字畫皆端楷如印本, 亦無脫遺處, 其精敏類此. 通信使行, 彦瑱以才膺書記選, 浮海入日本, 一船中, 多能文士, 然神捷無有過彦瑱者. 日本人素狡, 每我使往, 輒群至索翰墨, 或預構詩文, 多至屢千百言, 卒出求和, 冀以困之. 我人亦不欲詘, 必揮灑副之, 然亦患其太迫. 及彦瑱至, 群倭持五百箑, 索五言律. 彦瑱卽磨墨數升, 且吟且書, 俄頃而足. 群倭環顧驚喜, 復持五百箑, 請曰: "已服公才思, 願試公記性." 彦瑱又且念且書, 如錄己言,指間颯颯，起秋雨聲，須臾擲筆，整襟而坐. 日未晡而書千箋，賦五百律，所記誦亦如之，倭愈驚歎，吐舌以爲神也. 於是，彦瑱之名噪一時云. 彦瑱，雖負才名，然坐微賤，竟邑邑不得志而死，年纔二十七. 未死時，嘗出其著，悉火之曰："存亦無益，世誰知李彦瑱者!" 其妻奔救之，不及，只收燼餘若干首，藏之，彦瑱死，始行於世. 彦瑱，少從李用休，學星曆句股之法，略通梗槪云.

『楓皐集』

4 金祏孫

金祏孫，字伯升. 癖於梅，種梅數十樹，嘯咏其間. 徵梅詩於一世之能詩者，應之者數千人，凡以詩名者，不問尊卑貴賤，無門不到，遑遑如也. 錄以橫卷大於牛腰，錦贉而玉躞之，藏于家，人稱梅花詩顚. 其逸致幽韻，與范石湖之譜梅，今古同情，而好事過之.

壺山居士曰："此生旣不得到羅浮·銅坑·鄧尉·玄墓·香雪海，寧攝之指端以瀉幽懷. 凡有乞之者，輒揮毫應之，終日無倦意，不作文與可之襪材，竊學阮千里之彈琴. 此與伯升異事而同好，恨不作九原一笑."

『壺山外記』

5 李疋齋亶佃

李亶佃，字耘岐. 地卑而才高，工詩善書，名動一世，與士大夫遊. 自號疋齋，從下從人，自況也. 其爲詩落想空外，不驚人，不出口，老杜所云"語不驚人死不休"，遙遙爲亶佃發也. 「聽笛」云："洞葉蕭蕭下，溪雲寂寂生"，可入王韋室中，東西而睥睨也. 「水聲洞」詩云："落日無餘力，浮雲自幻容"，佳句也. 尋病沒，人以爲讖，"人孰無死，得此佳句，死亦何傷?" 此可爲亶佃道也. 常佩一囊大如斗，得人好句，輒投其中，與李長吉之錦囊，同情而異致，愛人而不自愛，胸次落落，可[47]容長吉數輩.

『壺山外記』

---

47) 저본에는 '長'으로 되어 있으나 『壺山外記』에 의거하여 '可'로 고침

6 林雙柏堂光澤

林雙柏堂光澤, 字施哉. 性倜儻有氣槪, 善詞賦.

嘗作 「久旱感懷」 詩曰: "郡國儲胥已露根, 更持何物賑元元. 如將細究源頭弊, 此老胸中亦有言."

「謾吟」詩曰: "聖繼神承四百年, 太平民物自熙然. 簪纓世族當勻軸, 藻繪詞臣上厦氈. 言議豈輸明宰輔, 關防不讓宋山川. 欲除外侮恢餘地, 只欠文官不愛錢."

觀其詩想, 見其志氣磊落矣.

『兼山筆記』

7 李眞愚堂德涵

李眞愚堂德涵, 字景浩. 聰明强記, 善詩文. 嘗題風謠續選曰:

詩可傳固不易, 能傳尤難. 詞垣卿相, 膾炙一世, 苟失收錄, 輒歸湮沒, 況畸散孤寒乎? 是以選家之論作如 『靑丘風雅』『國朝詩刪』『箕雅』『海東遺珠』『昭代風謠』等篇, 是也. 雖不能盡物無遺, 其搜羅放失, 亦已勤矣. 風謠旣成之後, 善鳴者繼作, 不止十百, 而六甲甫周, 逸其名, 已過半, 惜哉. 千生壽慶好古愛詩, 癸丑春, 倣蘭亭故事, 開松石雅會, 今丁巳, 又以繼風謠爲己任, 裒集諸稿, 就正於藝苑明鑑. 斥險巧, 進平正, 考惟精, 選惟約, 得人凡三百三十三家詩摠七百二十三首, 釐爲風謠續選三卷, 以芸閣活字印行. 斯役也, 非但尋墜緖而遠紹發潛德之幽光, 亦將使當世之士, 益勉淬礪, 以待後之丁巳, 實有裨於聖朝右文之化云爾.

又嘗得定武本「蘭亭帖」, 使善手摸勒上石, 眞佳本也. 藏于家, 人多搨而珍之.

『兼山筆記』

8 金東厓瓛

金瓛, 字晦章, 號東厓. 精於性命之學, 有力肩復古之意, 盖源出陸象山, 而參以己見, 卓然一家, 有著說數千言, 而今不傳.

『壺山外記』

金東厓好讀書, 嘗入北關, 三年讀書, 歸家時途中口占曰: “塞寒春漠漠, 江曉月蒼蒼. 出洞乾坤濶, 行裝一劍長.” 後受業於汾津.

『兼山筆記』

9 金三養齋德亨(孫 健植)

金三養齋德亨, 字剛仲. 善書畵, 又善詩賦, 尤工花卉. 每成一幅, 人爭取之. 時豹菴姜尙書, 甚珍重之, 有百花帖, 藏于家. 孫健植, 字穉行, 號西山. 文藝夙就, 又能繪畵, 如梅竹蘭菊, 有趣可愛也. 嘗以紅梅一幅遺余, 余題之曰:

一幅嬋姸滿目殷, 數枝春色正堪攀. 老根淸瘦同詩骨, 嫩蘂深紅較醉顔.

忽訝香風生席上, 還疑絳雪落樽間. 松軒遺譜誰能續, 妙手如今有西山.

金德亨善畵, 李炯菴, 題其梅竹楓菊二帖曰:

乾聲暗馥筆尖盈, 个[48]字翻翻女字横. 安得硏光千尺絹, 鮒魚橋畔訪金生.

烏桕蕭蕭寫意新, 又添踈菊頓精神. 豹翁衰脫玄翁去, 畵派人間秪此人.

『震彙續考』

10 柳同樞明杓

柳同樞明杓, 字穉晦. 明於字學, 爲鑄字監官, 監造生生字, 先以木刻三十萬字, 又範銅鑄三十萬字, 名‘整理字’. 正廟旣定奎章全韻成, 又欲以玉篇便檢字, 旣著之義例. 公以所編『全韻玉篇』進之, 正廟覽而嘉之. 命刊行義例, 玉篇之命遂寢. 純廟乙丑, 始印進, 賞拜德積僉使. 後又撰『歷代編話』, 幷以七言押韻爲千餘句, 藏于家.

『兼山筆記』

11 丁漁山彛祚

丁漁山彛祚, 字茂倫. 文學爲世師表, 受業者甚多. 又善詩賦而多散佚, 其門人朴存齊, 收拾爲二卷. 編『風謠續選』時, 作跋文, 題於編末曰:

---

48) 저본에는 ‘佘’으로 되어 있는데, 『青莊館全書』에 의거하여 고침

唐詩行於世者, 惟高廷禮『品彙』爲獨盛. 然一於平澹, 而奇者見遺. 盖選詩者, 每喜其資性所近. 譬諸飮食, 嗜澹者遺鹹, 慕甘者賤苦. 雖勉而竝蓄, 有不可强也. 是選, 以平澹爲主, 而兼取其奇, 有景咸叩, 懷響必彈. 殆以詩選詩, 非以我選詩也.

嗟夫! 列名是編者, 三百餘家, 爲詩七百餘首, 而悲坎坷, 憂衣食者殆三之二, 豈士能文則困窮耶? 抑窮而後工也? 雖然, 彼諸賢, 或幸而有遺藁焉, 又或幸而有子孫焉, 其不幸者, 藁旣逸矣, 世亦絶矣. 而或得付諸剞劂, 使後世之人, 知有某家, 彼齎志而沒者, 安得不揚眉於冥冥之中也! 吾以是賀而其或遺珠者, 續有望於後之君子云爾.

『兼山筆記』

12 李海桑子陽訫

李陽訫, 字伯燁, 號海桑子. 爲人, 敏贍强記, 多識典故, 家貧爲正書報吏. 正廟丁巳, 喉院有事, 承宣皆譴罷, 院吏亦皆譴出, 院中只有陽訫一人. 命以他省入直諸郎, 權行院事, 郎皆不識故事, 相顧莫知攸措. 陽訫替行其事, 口誦而手書, 周旋生風, 出納惟允, 無不中節, 雖珥筆老手, 不如也.

嘗[49]與人遊漢北, 歸至旅舍, 臥不起, 人趣歸曰: "我有腹藁, 未卒, 卒乃起." 曰: "盍歸而成?" 曰: "迨此烟霞氣未消, 恐歸家爲妻子厮壞耳." 一宿而成, 乃五言百韻也.

『壺山外記』

13 金好古齋洛瑞

余始登第, 以課藝出入內閣. 于時, 方大暢文敎, 凡椽史于閣者, 率亦彬彬, 具藻翰. 視其中, 有貌古而履端斂然, 若不勝衣, 類質厚長者之風者, 叩其姓爲金而洛瑞其名云. 余固已心知之, 然特以爲恂恂退讓人而已. 其後, 余官于閣, 益與之相習, 其言若不能出口, 聞之則輒可敬憚. 余賴以自知其過者, 多矣. 於是, 知其爲直諒有見識人也.

及旣沒, 余始從其子羲齡, 求其所留詩若文, 得一千五百餘篇, 讀之中其卷, 喟然而歎曰: "嗟乎! 余之不盡知斯人也. 熟而不俚, 博而不蕪, 殆深于自得者歟. 深思而不怨, 優

49) 저본에는 '賞'으로 되어 있는데, 『壺山外記』에 의거하여 고침

游而不荒, 殆其資近乎道者歟. 其文則不多作, 作必裨世敎斯, 又其篤於人倫而依於忠厚者歟. 嗟乎! 周旋往來三十餘年之久, 而猶不能盡知如此, 此固余不哲也. 然其內蘊衆美, 而冲然不求炫于人如此, 此其所以尤可貴者歟."

『淵泉洪相國撰』

金好古洛瑞, 字文初. 幼誕節, 常從諸俠少遊, 重然諾. 盖其時, 北社·西臺風氣, 使然也. 一日, 方散步於里閈之內, 有一老人, 騎驢而來, 問曰: "此間, 有金洛瑞其人否?" 洛瑞曰: "何問爲? 我其人也." 老人忙執手曰: "誤觸大名." 洛瑞曰: "無傷也. 何問爲?" 老人低聲嗚咽曰: "吾中村人也. 竊有至懇願, 借君子一諾." 洛瑞曰: "第言之." 老人囁嚅良久曰: "吾有女早寡, 今又不幸短命矣. 臨歿囑我曰: '凡人之喪, 舁轝者名香徒軍. 皆醜惡凶悖, 平生貞白之軀, 豈可爲若輩所擔出. 曾聞北里多義氣男子, 爲親知行此等事不屑也. 若得是人, 可無憾.' 吾知此言大不可, 而悲其情, 而憐其志, 且聞吾子之大名, 故此委訪. 幸諒我舐犢, 而曲恕焉." 洛瑞慨然應諾.

至期, 率同人數十輩而往. 老人盛設饌而待之. 洛瑞曰: "吾輩豈爲哺啜來耶." 却不受, 只以酒數十壺隨之. 趁時擧發, 到山下, 安頓而歸. 其出義尙氣, 多類此.

晩而折節學問, 博通經史. 治家崇儉約, 行止語默動中彀墨. 與人語, 各隨其所處, 勸戒備至, 而猶恂恂若似不能言者, 不如是, 無以變化氣質故也. 尤善詩, 嘗嘯詠於玉溪松石之間. 人皆以重厚長者稱之, 不復知曩日有放逸之氣也. 老而修墓廬, 題絶句五首曰:

李公愛平泉, 丁寧托其子. 先人所構堂, 豈與花石比.
酣歌于室中, 古訓曰巫風. 況此邱墳下, 遊嬉比狡童.
風雨三間足, 松楸一逕通. 寄言雲耳後, 來此視同宮.
丘墓三山下, 烝嘗十世同. 莫聽風水說, 棄去各西東.
古人云悖子, 能變爲三蟲. 有食墓廬者, 亦足參其中.

知舊中善書人, 各請寫一首以遺之.

『凡谷記聞』

14 千松石園壽慶

千壽慶, 字君善. 家貧好讀書, 工於詩. 結茅於玉流泉上松石之下, 自號松石道人. 石壁上, '松石園' 擘窠隷字, 阮堂學士所書也. 聚同人分韋, 賦詩無虛日, 世之解詩者, 無少長未與松石會者, 人爲之恥.

有五子, 一松二石三足四過五何. 松石以其居名之, 足則三子足矣, 過則四子過矣, 何則五子何事之意也. 相傳爲笑資.

世所行『風謠續選』, 乃其手輯也. 壽慶沒, 其及門安時赫, 經紀其喪, 同人以石表其墓曰: '詩人千壽慶之墓.'

『壺山外記』

千松石壽慶, 字君善, 初號羲軒. 家貧好讀書, 博覽强記, 尤工於詩. 里巷富室有子姓者, 爭延致敎誨, 從而受業, 常五六十人. 分韋講學, 井井有規度, 成材[50]甚衆. 人見有能文解詩者, 皆知爲千先生弟子也. 由是, 藉藉一世, 公卿大夫, 莫不奇待之, 字而不名. 束脩館餼, 足以資薪水無憂, 而素亢直, 凡有豪勢家, 少失禮意, 未嘗屈其志, 輒納屨而歸. 家徒四壁, 無戚容. 蓋貧而無諂, 其性然也.

所居玉流洞天 有松有石, 又自號松石道人. 石壁上, '松石園' 擘窠隷字, 阮堂學士所書也. 時金睡軒泰郁醉, 拔刀自劃其臂, 慟哭曰: "此腕可斷也. 吾儕日聚會, 何止百十! 獨無一箇作此字, 顧倩人爲?" 其文人尙氣, 可觀也. 與同人修玉溪社, 嘯[51]哦無虛日, 談論古今, 纚纚多可聽. 世以厠名禊帖爲榮焉.

鶴山尹承宣, 亟稱之曰: "君之古近體, 欲與杜韓幷傳. 如有悟解者, 今世當推此老, 讓一頭地." 其爲名流所奬詡, 若是, 雖婦孺輿[52]儓, 無不知有松石園千先生也. 『昭代風謠』, 成於英宗丁巳, 而六十年來, 散佚者多, 與張而已混, 旁搜博採, 作『續選』六卷, 行於世.

其歿也, 及門安時赫, 經紀其喪, 葬於覺心寺先塋餘麓. 同人立石, 表其墓曰: '詩人松石千壽慶之墓.' 吾先考彌軒公, 過其墓, 有詩曰: "夕陽心寺北, 深樹耳溪間. 杯土今荒落, 樵歌自往還. 故人摩短碣, 春酒哭空山. 試問泉臺下, 何如玉洞閒."

『凡谷記聞』

---

50) 저본에는 '村'으로 되어 있으나, 문맥상 '材'의 오자로 판단됨
51) 저본에는 '肅'로 되어 있으나 문맥상 '嘯'의 오자로 판단됨
52) 저본에는 '與'로 되어 있으나 문맥상 '輿'의 오자로 판단됨

15 張而已广混

張混, 字元一. 自幼重厚內明, 慮其過於聰慧, 不令就學. 母郭氏解書史, 試授之書, 犁然透悟, 一過目輒誦. 家貧, 躬執柴水之勞. 嘗遇達官於道, 父之執友也. 混舍所持, 前供起居而退, 無怍色, 達官大奇之.

甫成童, 博通四部書, 尤長於詩, 題詠一出, 爭相傳誦. 天賦樂易, 容物無競, 休休有古人風. 自在齠齔, 誠孝根天, 雖身無完衣, 而極其甘旨. 事親五十年, 婉容洞屬, 先事承志. 每自外而還, 必告終日所爲, 頷之而後退. 父患風眩, 沈綿三載, 混時已踰五十, 嘗禨禱天, 竭力將養.

及丁憂, 水漿不入口者三日, 期年不茹葷腥. 母却食而勸魚肉, 爲之勉從. 後居母喪, 侍病凡百餘日, 不解衣, 實擗之慟, 踰於前喪. 曰: "向者猶母在, 今則永無依命處!" 前後三年之喪, 一不近悅口之味, 朝夕有哭, 哭必有淚. 語及二親, 嗚咽不成聲, 得素所嗜好手潤者, 必涕泣摩挲, 哀慕之情, 二十年如一日.

常曰: "事親盡力, 子之常道. 爲子孫者, 請褒綽楔, 反以愧孝子之心, 吾所不取." 爲書遺二子, "勿請挽辭, 勿受祭文!" 爲其浮辭溢美也. 燕居, 粹然誠信發若, 人罔以非禮陳於前, 於外物泊如, 惟書之是篤. 人有叩問, 輒誦其本末, 辨析勤摯, 必欲其喻之深而知之詳, 至若稗官小說, 一無寓目. 晚年, 窮益甚, 殆至屢空, 而猶不輟看書, 對人循循, 戒飭以修齊之法. 所著有『詩宗』十三卷, 與千壽慶輯『風謠續選』六卷, 文集八卷. 二子昶·旭, 以純宗戊子卒, 年七十.

『斐然箱抄』

16 池蓮巢德龜

池蓮巢德龜, 字文哉. 善詩, 優於筆藝, 妙年, 入內閣司戶之選. 生纔及朞而孤, 常痛父有才而無年. 後得所遺執友金公時壁詩一絶, 抆涕感激, 徧乞知舊和韻, 合成一卷, 手書刊印, 名『溪社遺唾』.

鶴山尹公, 序之曰: "昔張敷幼而喪其母, 悲慕不已. 及長, 求母遺蹟, 得一畫扇, 而深藏之, 每思其母, 輒出視涕泣. 千載之下, 尙令人凄切, 不能忘. 今池君德龜, 生及朞而孤. 甫弱冠, 訪其父平生事爲, 於父友某, 果得其父所爲詩一首, 歸而帖, 藏于篋, 以寓終身慕.

猶恐其久而散失, 遂追和以志感, 又求和於親戚故舊, 竝錄爲一卷. 嗟哉! 何其酷似古人也.

夫書, 藝而已. 人之所感者, 淺也. 詩, 志之發也. 靄然性情之可見也, 鏗然聲韻之可尋也. 故人之覽之者, 莫不深感于中, 而想像其風流神氣於紙墨間, 則足可以寸斑識全豹, 一臠知全鼎矣. 其視張氏之畵扇, 不已多乎哉?"

『兼山筆記』

17 趙秋齋秀三

趙秀三, 字芝園, 號秋齋, 一號經畹. 美風姿, 有煙霞氣, 文詞鴻博, 最長於詩. 六遊中原, 與四海人交, 詩派不專在鴨水以東也. 世以爲秋齋所蘊者凡十, 而人得其一, 可足生平. 一'風度', 二'詩文', 三'功令', 四'醫學', 五'奕碁', 六'字墨', 七'强記', 八'談論', 九'福澤', 十'壽考'也.

初遊中原時, 路逢江南人, 同車而行, 盡學其語. 及與皇都人語, 不借筆舌. 與一人交厚, 後幾年, 其人沒, 而其子飄泊, 相逢於遼薊之間. 緬舊生感, 乃傾橐與之.

年八十三, 中司馬榜, 縉紳躬賀者, 數十人. 有四子, 孫曾詵詵, 卒年八十八. 詩文若干卷, 雲石趙相國, 方謀剞劂傳于世. 贊曰:

此乃上淸淪謫之人, 天之所與者富, 而所慳者, 玉帶金魚也.

『壺山外記』

趙秋齋秀三, 初入中原也. 湖隱李相國爲上价, 公曰: "吾少睡, 長程永夜, 何以消過. 若有日誦古詩文十章, 說平話十段, 與吾碁, 倦而不休者, 其人偕行, 則幸矣." 秀三聞而自薦, 公與語大悅. 公故善奕, 而又勁敵也. 益歎相見之晩, 許以伴倘帶去.

自高陽頭站, 至于入柵, 未嘗間斷, 過鳳城後, 一日辭以疾, 不時進謁. 公怒其違傲, 絶不復接見, 至于還渡江也. 秀三常語人曰: "公豈薄情也哉? 深知吾銳意遊覽, 脫羈故縱, 任其閒漫. 蓋行中諸人, 上自使星下至驛夫, 必有所事, 惟吾喫飯打睡以外, 更無係着. 從此以後, 先後早晏, 惟意所爲, 遊覽殆無所不至. 吾之受賜於公, 大矣."

『凡谷記聞』

18 王數里太

王太, 字步庚[53], 一名漢相, 號數里, 麗氏裔也. 貧無以自資, 年二十四, 爲酒家金媼保. 杯行餘, 猶能讀書, 媼呵止之, 乃懷書行且讀, 或照爨火默誦. 媼奇其志, 日給燭一炷, 爲夜讀資, 由是文辭大進, 人無識者.

嘗座更於金虎門外, 是夜月明, 從土窨中, 誦尙書一章, 聲出金石. 時碩齋尹學士, 過聞而異之, 停車召見之, 鬅頭醜面而衣襤如也. 學士細叩之, 驚曰: "豈非'野濶秋多月, 江淸夜少煙'之王漢相耶?" 乃徹宸聽, 宣召賦詩, 凡數步而成. 有'和風生皀幕, 旭日暎丹門'之句, 播傳一世.

付祿於壯營, 凡課弓馬, 上敎曰: "隨陸無武, 絳灌無文. 何可以一人之身, 責令必備? 其以一詩代之." 輒乙覽, 賞賜便蕃, 嘗撰「近光隨錄」一篇, 以記其事. 尋命充中學生, 治五經, 殆曠數也. 庚申之後, 屢應講不中. 補武爲鳥嶺別將, 卒年七十.

『壺山外記』

19 林松月軒得明

林松月軒得明, 字子道, 善詩賦書畵, 工篆隸. 入玉溪社, 社中詩帖, 每以畵及篆寫于帖首, 又和以詩, 人稱'三絶'. 好寫山水圖, 嘗作「意園行」曰:

茅檐睡起無與言, 據床隨意作意園. 意匠慘憺刻藤上, 山勢先欲分卑尊.
南宮水墨卽今濃, 倪家林泉自昔元. 蜀山丹青徐點滴, 手中霜毫任停奔.
蒼苔老樹轉岩曲, 參互輞川與桃源. 引溪作池竹爲扉, 繞壑烟霞澹不繁.
疎楊低拂釣磯閒, 蒼藤亂垂水車翻. 數村籬落靜如眠, 斜日想聽鷄犬喧.
暢可縱眸深可息, 依然坐我松月軒. 無思無慮一天民, 葛巾布衣古貌存.
左琴右書古董爐, 棋局投壺間酒樽. 偃仰于此耕鑿此, 準擬餘年歌聖恩.
聖恩長與餘年永, 此畵看作羲皇村. 男欣女悅秋更熟, 老夫無爲畢嫁婚.
圖成充然掛壁面, 絶勝朱甍與粉垣. 一日閒情得筆端, 又笑明曉赴金門.

『兼山筆記』

---

53) 저본에는 '康'으로 되어 있으나, 『壺山外記』에 의거하여 고침

20 李儆齋景淵

李儆齋景淵, 字公默. 善詩好朋交, 每於良辰佳節, 置酒設詩筵, 西社諸益咸集, 相與唱酬以爲樂, 時人比之林西軒. 余編輯風謠三選時, 從其孫亨載, 得見詩稿, 累百篇, 充溢箱篋. 就其中, 「寄詩宗印所詩」一篇, 爲巨作, 詩曰:

詩云詩云貴言志, 疇復起余可言詩. 有心爲志言爲詩, 心之邪正良在玆.
先王敎人詩敎大, 詩道實關王者治. 帝庸作歌四言始, 皐陶迺有賡載辭.
夫子刪詩三百五, 惡可爲戒善可師. 風動雅正頌美德, 賦陳比狀興托詞.
風者多是里巷謠, 聖人觀而萬世垂. 河梁四首汾水白, 節族長弟備乎而.
離騷訖于屈宋手, 心耳師昧寄人籬. 漢魏六朝多佳作, 昭明强作解事兒.
雖有建安才子七, 八斗陳王獨騁馳. 陶謝顔鮑作前塵, 齊梁氣象日陵夷.
四傑四友紹沈宋, 八病八對肇約儀. 律句絶句創近體, 歌行長篇異古規.
屢變於唐盛於唐, 元寶之間文運丕. 感遇三十有八篇, 敻然高蹈陳拾遺.
酒中仙非人間人, 大雅不作歎吾衰. 詩人以來有子美, 述作往往稷契期.
南山北征相表裏, 韓子詩賦亦絶奇. 以文爲詩詩爲文, 或謂二公之小疵.
王孟高岑跡已聯, 韋柳元白肩相比. 敦厚平淡得其正, 悲壯峭刻紛多逵.
世間不得無此體, 盧怪李僻島郊飢. 夢錦夢筆奚盡信, 能達能窮摠是癡.
倚馬擊鉢何敏疾, 腐毫蹋壁何淹遲. 卉犬篠驂唯換字, 孰謂澁好還堪嗤.
妙悟才情非關書, 在處神物相護持. 一代自有一代風, 皇宋皇明路又岐.
五字用破一生心, 一字撚短數莖髭. 歐公且猶不好杜, 鹹酸皆入選者私.
能詩固難選尤難, 述而詎能人人窺. 然則學詩當奈何, 歌詠性情自怡怡.
造語不可無來處, 運思唯當出肝脾. 本之葩經觀正變, 參以選詩遠方推.
音韻不離三唐調, 枕藉於斯造化斯. 宋家用事同輪翼, 明人寫境寔門楣.
我國最占文明界, 鴻匠巨筆代不虧. 磊落相望四百祀, 謏見未敢題品之.
今世絜州張混氏, 受材雄鷙行不羈. 負笈重趼輕千里, 鑿壁隨月老益孜.
茅屋數間扃而已, 抱膝自比玉川姿. 滿家文章極汪洋, 讀之渾如不軽騎.
元和以還不欲觀, 志在沖[54]渾抑浮靡. 半生翰墨徒自娛, 飽煖之家猶未爲.
埴腹時晒三萬軸, 不愧人稱五總龜. 題曰詩宗手自鈔, 不覺筆倦廿年玆.

54) 저본에는 '忠'으로 되어 있으나 문맥을 고려해 고침

今日剞劂將壽傳, 一覽應知不群思. 止于大明自姚姒, 緗帙充充十二支.
此多此少爲公爾, 去就或有時尙移. 欽爾好學憐爾誠, 作詩躊躇歡相知.

『秉山筆記』

21 太藥皐龢

太藥皐龢, 字毓如. 自少好學, 博覽經籍, 至諸子百家之文, 無不探賾. 尤深於『爾雅』『說文』等書, 著『訓字類義』三卷 『韻解』五卷, 淹洽詳明, 雖髫齔童蒙見之, 瞭然於音義. 其「訓字類義序」曰:

凡學文者, 必先明字義. 字義不明, 文理未暢, 盖字劃如人之面目, 字音如人之姓名, 字義如人之氏族. 使人徒認其面目之肥瘦, 不知其姓名, 徒認其姓名, 不知其氏族, 則甲之肥 · 乙之瘦 · 李之姓 · 張之名, 雖可知, 然弓干東西 · 鳩鶂南北, 茫然難稽, 則可乎?

我東土俗孤陋, 旣昧徵羽之淸濁, 又失事物之分析. 專以吏簿之謬襲市語之謎諢, 父詔其子, 師訓其弟, 如釋豆曰太, 釋稻曰租, 海松爲柏, 核桃爲楸. 登諸奏議, 用之尺牘, 雖以館閣名彦韋布專門, 亦莫能逐字而矯其註, 隨句而定其誤, 可勝歎哉? 闒茸而敎之, 蒙騃以學之. 註傳誤聽, 至老白首, 儱侗如一日, 顧安能通經之旨辨物之義乎?

余自昨歲, 始敎六歲稚孫, 先著車在前五百字(見聞所及名物字), 讀之訖, 又鈔日用當行字七千有二百六十零六字, 名之曰『訓字類義』. 彙分類附, 句以四言, 務要義串而聲連, 喉利而舌馴, 讀未半, 漸覺有斆一知二, 學半功倍之效, 誠可謂訓蒙之捷徑也. 然自顧蔑識無文, 詞不成章, 類或失倫. 倘使具眼者見之, 尤莫能掩其荒拙, 竊不勝愧懼云爾.

『秉山筆記』

22 全老人文祖

全文祖, 字季郁. 少負氣, 不能俯仰於世. 嘗臨書, 嘆曰: "稽古, 將以施今. 匹夫懷寶, 終於湮沒者, 多矣. 與其敝精於無用之術, 盍從所好?" 因廢書, 卜居龍湖山水, 自娛.

年且六十, 復發憤爲學, 尤好易 · 洪範 · 老子, 皆反覆千遍, 略涉內典旁及子史, 唯究旨趣, 不喜藻華. 然見解超脫, 議論上下馳騁[55], 未可以文詞難. 嘗曰: "三敎殊道, 其歸

55) 저본에는 '聘'으로 되어 있는데, 문맥을 고려하여 고침

一也. 惟深於性命者, 可以知之.” 其論當世之務, 以分田制祿養兵爲先. 論易, 以人物生成推文王卦位, 以陰陽消長推雜卦流行, 其說皆有理, 然自無著述, 人亦罕知. 年七十九而終.

休休居士曰: “少而樂志, 老而好學, 死而不求知於人, 異哉! 易說略有拾錄而未及雜卦, 惜也.”

〈休休李廈九撰〉

1 朴存齋允默

存齋朴君, 少余一歲. 年十六, 與余同筆硏, 至三十. 余遭家禍, 竄伏窮山者, 爲八年, 一時及門之人, 皆掉臂不顧, 君獨挺身, 慰護溫存倍昔, 余恒頌其信義. 近因老倅, 君與我皆退, 閒日相源源以詩文唱酬者, 數百篇. 余曾序其『存齋集』矣. 年七十九而逝. 我尙在世, 搘拄殘縷, 又是今日. 其子基福, 以狀文來謁墓銘, 盖知君莫如我也. 余乃愴然而書之, 其辭曰:

君姓朴, 名允默, 字士執, 號存齋. 其先密陽人, 鼻祖以下, 世次官爵, 詳君先墓志中. 曾祖泰星, 追服父喪三年, 朝夕哭於墓, 有鳥隨而哀鳴, 登聞于朝, 贈官, 旌其閭. 祖受天, 遭艱, 哀毁過節, 竟不起. 其至性所到, 古來罕聞, 亦以孝給復. 君姿稟端秀, 自幼穎悟, 七歲賦詩曰: "三角何矗矗, 白雲生其上" 聞者絶倒. 嘗於黌舍, 隔垣, 聞張樂, 群兒爭趨, 君讀書自若. 曾受業於丁漁山彛祚, 公遘癘疾, 學徒皆避去, 獨守側救視, 至于瘉. 所得俸祿, 悉以分兄弟, 無所私焉.

嘗誨諸子曰: "性則善也, 至於氣質, 可以讀書陶鎔. 呂伯恭之讀魯論, 祛褊急, 可見古人變化之工." 雖大耋, 亦夙興, 未嘗廢衣冠. 國忌家祭, 疏食齋戒, 將事而退, 端坐不寐曰: "餘敬常存", 此實爲學之力也. 君供奉內閣, 特荷正廟眷遇, 恩渥洋溢而兢然, 未嘗自滿. 後値諱辰, 與其友王太, 登北山絶頂, 南望健陵, 痛哭而歸. 太亦受知於正廟者也. 嗟乎! 信義, 人之大節也, 觀於此, 尤感其爲人矣.

憲宗乙未, 除平薪僉使, 値歲大歉, 捐廩賑飢, 全境之人, 賴以全活. 其他惠政, 不一而足. 及歸, 軍民立石頌之. 平生輕財好施, 積散以屢萬計. 因此, 家以稍絀, 不少屑也. 每語及祖先至行, 必泫然流涕. 及至暮年, 歸休墳庵, 晨昏省掃, 風雨寒暑, 不少懈. 君之篤於天倫, 有如此者. 至於詩文之典雅鴻朗, 書法之超塵絶俗, 人所慕尙. 故權學士應夔挽云, '腕飛淳化字, 詞脫紹興篇, 在人良足生平, 而忠孝之身, 特其餘耳. 噫, 君家以孝友相傳, 爲世標準, 而君實得天賦而受庭訓, 卓卓可頌. 後之論世者, 其於國史之外, 錄其忠孝, 君其一也.

〈寧野徐尙書撰〉

2 方白醉孝一

方白醉孝一, 字士行, 遺腹生也. 父彦弼, 善書畵, 嘗手寫千文及小照, 將欲遺子, 年二十餘早歿. 公生而稍長, 至痛在心, 孝事母親. 勤攻學業, 文藝夙就, 仕於籌司, 有名稱焉.

『兼山筆記』

3 鄭光允

鄭光允, 字執中. 幼而聰慧, 五六歲始學千字文, 一日盡爲解識, 又學童蒙先習, 數三日亦爲徹誦, 有若宿習者. 人皆異之, 或疑其前生所習. 稍長文藝日就, 又能知戶外事. 忽有顚仆之厄, 失血頗多, 茫然不知. 及壯, 筆翰不後於人, 有名稱焉.

『兼山筆記』

4 吳大山昌烈

吳昌烈, 字敬言, 號大山, 一號又梅道人. 少苦貧, 好讀書, 多識草木鳥獸之名, 晩精軒岐之業, 同參藥院. 寵渥隆摯, 累遷至果川縣監. 兼工於詩, 再入中原, 與名碩遊, 有逢東人, 問大山安否, 誦其詩, 欷歔者. 以詩掩醫, 以醫掩詩, 而竝受知於聖上. 入診之餘, 多使賦詩, 輒稱旨. 卒年六十六, 有詩幾卷藏于家. 有三子, 長子圭一, 精於鐵筆, 內府所藏, 多其所刻.

『壺山外記』

5 鄭碧山民秀

鄭民秀, 慶州人, 豈凡字, 碧山號, 識與不識, 皆稱碧山先生云. 先生少孤貧, 孝事大孺人, 菽水屢空, 赤脚左屩右屐, 出市粥, 日以爲養. 及丁艱, 哀毁踰人, 月朔望且展於墓, 必具奠需, 肩擔而行. 終三年, 未嘗以寒暑風雨而有間也. 素治黃岐不成, 嗜吟詠, 誦其詩, 沖澹夷曠, 如其人焉. 先生之始昏娶, 時年四十五, 皤腹而髮種種. 茨山朴公 · 辨香咸公, 皆先生忘形交. 屬方生半石畵「碧山聘行圖」, 系歌詩贈之, 一時和者無數.

先生, 旣衰暮世於侘傺, 遂絜妻, 囊書籍, 擇里於積城, 岩居川觀, 翛然有高士風. 亡何値歲大饑, 流民, 夜劫先生之廬, 操白梃者, 數十人. 先生則從籬隙, 示短翬曰: "誰無器機, 爾如先生何?" 賊大笑, 先生亦大笑, 卽啓扉入之曰: "有長物, 都可將去." 手松明火照四壁, 戶內惟一紡車·數函書而已. 賊乃相與引去, 有竊取先生之笠者, 先生諭於衆曰: "無一敝笠非所慳也, 寧使先生且免冠而承祭見賓客乎哉?" 賊遂笑而還之.

後復移寓南陽之島, 歷八年而窮益甚, 終歸老於京, 授徒以自給. 先生嘗被酒半脫褌, 大筆濡墨水, 命兒輩亂書臀腿上, 或自書盡黑而止, 其跌宕善謔多類此. 憶余甫冠, 數追陪於從叔夢觀齋中. 每談娓娓娓, 終日夕不倦, 盖先生之步武, 不離乎建安·開天之間, 元和而下弗屑也. 顧好王·李輩, 謂: "可以津逮古轍." 持論寔與余齟齬, 然而以譔著就質, 輒心折, 指語人曰: "異日, 矜奇振古者, 必此人." 吁! 可媿矣. 先生雅喜讀莊子·太玄, 善尺牘, 尤工小楷. 詩多散佚, 近體若干篇, 僅載夢觀齋笞岑集. 戊子夏病大腫卒, 得年六十.

李藕船 『恩誦堂集』

6 金塑齋亮元

金亮元, 名希泰, 以字行. 少游俠, 買姬當壚, 體胖而貌狠. 流浪於紅粉賭博之場, 氣稜稜, 人不敢侮. 不識少微史一行, 而癖於詩, 節折從詩人遊, 無少長以詩名者, 如見大賓, 未嘗輕易之.

其爲詩也敏贍, 人十亦十, 人百亦百, 以後於人爲恥. 好游賞, 從姬謀濟勝, 姬辨之如不及. 常語人曰: "借此煙霞氣, 洗我腹中葷羶然後, 詩從以生."

其'細雨垂簾看草色, 柴門倚杖聽禽言', '歲月峥嶸山木老, 烟雲扶護石樓高' 等句, 是豈酒肆中語耶? 燈夕詩之'天地中間星點點, 樓臺上下月層層', 還下乘矣.

凡游詩社, 一日無詩, 輒怒曰: "何乃辜負詩社之意?" '城西詩社'之盛, 蓋亮元爲之倡, 今寥寥矣.

『壺山外記』

7 李子常

李子常, 忘其名. 聰明强記, 諸種術書, 無不閱覽. 又嫺於稗官諸書, 凡係語錄文字, 盡爲通曉. 而貧不能自資, 或出入宰相門下, 以善讀小說稱. 晩年得軍門斗料, 多寄食於知舊之家.

『兼山筆記』

8 朴突夢

朴突夢, 其人貢人金家奴也. 自能言, 志于書字, 以地賤不得師受. 金家兒, 常坐堂軒讀書, 突夢從階上傍覽, 雖不解義, 然隨其讀而沒其字音. 兒或忘音, 反質於突夢矣.

隣有丁先生者, 家居敎授, 突夢旣髫, 就先生願受業, 先生許之. 突夢日晨興, 懷書候其門, 啓然後敢入, 趨造寢戶外, 肅竢先生枕起. 先生知其來, 隔牖而問曰: "突夢來乎?" 曰: "唯." 衆徒弟後至畢升堂, 突夢自嫌以毛笠齒衿觿間, 跼蹐不敢升. 先生, 權令戴折風巾而進之.

授則還家, 供役如故, 金家莫之知也. 歲餘卒受小學·語·孟, 文識日進, 先生甚奇之. 其爲役, 乃縛炬斯橦, 而揮斤束縢之間, 不輟唔咿, 家人指爲癡僮. 常患苦痎, 金家爲之蠲役理病, 突夢私語其妻曰: "是吾讀書之秋也." 乃入其房, 冠總, 危坐讀書. 瘧氣發寒痒齒戰, 而愈益堅坐, 口不廢誦, 三日瘧則乃已. 後與妻洴澼於蕩春川, 川多石盤陀, 突夢輟漂之石上, 不冠褰褌, 赤脚而坐盤礴, 硏墨石窪, 握大管, 書小學題辭, 淋漓石面. 日西施, 乃蔭樹偃臥, 引聲長吟, 悠尒自得. 趙尙書家郞, 適遊春蕩春, 見其所爲, 心異之, 就而呼曰: "爾何爲者?" 突夢, 徐起而對曰: "家人奴也." 郞曰: "而主, 非人也. 豈有學經傳而爲人奴者乎? 吾爲爾責而主, 而免而身." 曰: "以奴, 故令老主覼閔, 義不敢出也." 郞尤重之.

金家兒, 長益挑達, 不勤學, 其父恚罵曰: "汝逸居肆姐, 禽鹿視肉, 反不若突夢." 數督過之, 兒無所起怒, 見突夢, 輒抶驅之. 突夢曰: "吾寧避之, 以定主家父子間." 乃辭以病不任役, 移居其妻之家. 兒憾毒不釋, 見主家陰以他事搆害之, 主家果疑其夫妻. 突夢乃歎曰: "命也. 敢誰怨乎?" 挈其妻, 流寓南陽郡, 織籠爲生.

歲餘, 里正白郡, 編之束伍, 突夢曰: "織籠, 所以餬口也, 軍租顧安所輸入?" 會郡都試鄕兵, 突夢以砲中試, 及會試不果. 因鬱鬱思京洛, 還歸金家. 居無何, 爲典獄吏, 年四十餘卒, 其作吏, 趙郞有力焉.

丁先生, 致厚其名, 爲人, 淳素篤學, 兼善風水說. 少爲芸館小史, 未老, 以病謝歸, 閉門敎授.

『好古齋稿』

9 劉竹園漢廉

劉竹園漢廉, 字士范, 蘆村之弟. 自幼游於翰墨, 及爲內閣司戶, 薄書之暇, 不看書則臨帖, 日夕孜孜不倦. 三十一歲而早沒. 司戶諸僚, 爲文而祭之, 余代選其文有曰: "公臨事而剛確, 游藝而博洽, 尤於詩賦筆法, 耽嗜成癖. 咀英華而溯源委, 得筋骨而法規矩. 吟不絶於口, 筆不停於手, 平日所自期者, 至死不休, 不得不措. 其大就成章, 將不可量也. 惜乎! 見其始, 而未見其終也." 盖紀實也.

『兼山筆記』

10 朴菊隱基說

朴菊隱基說, 字而習. 善詩文工筆藝, 受業於李鶴栖至和. 嘗見京兆有祖孫爭貨, 兄妹眥食而相訟者. 判官金公, 請緩其刑, 而諭以倫常之重, 言甚剴切, 皆感痛相抱而哭, 各自引罪. 而習聞而喜, 作詩頌之曰:

明時無棄物, 聖代摠好人. 不善非性惡, 敎化或未臻.
有敎自無類, 三代卽斯民. 所以戒哀矜, 臨刑且逡巡.
此意人鮮知, 有寃多不伸. 嗟我京兆郞, 愛親及人親.
片言折大獄, 不使鞭扑陳. 說盡綱常重, 化被豚魚身.
兄妹免凌轢, 祖孫保彜倫. 曩時雪霜地, 今爲雨露春.
奚啻一家幸, 將見百家新. 而我聞此言, 感淚自沾巾.
緬憶先相公, 孝友屢世純. 移忠事先王, 遺澤尙未湮.
令郞善繼述, 官卑而德均. 恒存愛物心, 一命道已馴.
我忝門下久, 復覩爲政仁. 喜極還生感, 逢人說申申.
願言擴是心, 永保席上珍. 知有餘慶在, 子姓宜振振.

『兼山筆記』

11 金素隱義齡

金素隱義齡, 字伯敬, 好古齋之子. 持身儉約, 周賉窮族貧交, 惟恐不及, 鄕黨稱之. 詩皆眞實, 不事浮華, 嘗有詩曰:

四民皆有爲, 有爲爲有求. 誰能有爲內, 內自有天游.
至愚者守錢, 陸陸白盡頭. 自高者放浪, 世事意不留.
二者本一致, 是非交相尤. 憶昔羲農世, 萬姓安土區.
作息有餘力, 時種復時收. 貧不塡溝壑, 賤不羨公侯.
如何何如人, 便出兼幷謀. 遂令天下亂, 憯毒流千秋.
已矣無奈何, 今將誰與儔. 非病蓬蓽憲, 不恥縕袍由.
幸賴古人書, 飮酒且忘憂.

金素隱祭先, 必躬操井臼, 鄕黨稱之. 嘗夜集方酣詠, 忽蹶然而起曰: "幾乎忘之, 將三鼓乎." 卽倒屣出, 俄而歸曰: "今夕, 卽我先子之先師某先生忌日也. 先子每以是日, 送錢五十文, 以供酒果之需. 吾則少減其數, 以三十文責傳, 歲以爲課, 庶不忘吾先子之舊誼, 今日幾乎忘之." 其篤信古義, 類如是也.

『凡谷記聞』

12 朴癡齋基淵

朴基淵, 字愚如. 美姿如削玉, 弱不勝衣. 家貧無藏書, 廢紙中有昌黎文殘編, 讀之, 時爲文辭, 輒有昌黎意.

年十五, 夢登仁王峯, 有老人授以大斧, 劈破巨石, 有聲如霹靂, 迸出大珠, 光煌煌奪目. 懷而歸家, 醒猶恍忽, 自著其說. 由是, 奇思長進. 其爲文章, 雖服膺在昌黎, 而眼力已在先秦兩漢. 然不以一家執也.

『壺山外記』

13 劉默齋定柱

劉默齋定柱, 字仲麟, 晩翠軒之孫也. 自幼聰慧, 詩思淸警, 能道人意不到處. 每與西社諸益共賦, 受批評於紫霞申侍郞 · 鶴山尹承宣, 仲麟多居魁.

劉定柱, 余三十年交也. 以貞介有守而交, 以勸攻吾之失而交, 盖非世之朝暮得喪唯勢利相高者. 事大小, 無不言於余, 余亦必訪而後處. 其欲納余於善, 而不流於不善, 其心斷斷, 三十年如一日, 持身持家, 是足充類至也. 於是, 哀其死, 而系之辭曰:

言吾衷也, 落落而無雷同. 行吾誼也, 粥粥而無崖異. 珠玉不走市而富, 芝蘭非擇地而秀. 棲身於井閭之衆, 抗心於賢士之誦. 嗟嗟乎定柱! 誰相吾警? 嗟嗟乎定柱! 往余作海外之行, 劉定柱來別, 慟泣而誡之曰: 毋作詩. 嗚乎! 噫嘻! 昔坡公惠州之役, 未聞陳晁諸人有是語. 嗚乎 ! 噫嘻! 余豈可以忘之也哉?

誄曰: "溫其玉, 介于石, 猗歟! 士君子之藻識, 嗟乎! 惜哉."

<秋史金侍郞撰>

14 崔憨齋景欽

崔憨齋景欽, 字稺明. 好讀書, 家居簡編不停披. 故舊之子若孫, 受業者多, 而敎誨不倦. 又善於詩文, 欲與同志共之, 遂結社, 余亦參焉. 每於花朝月夕, 會而吟詠. 及癸丑春, 倣蘭亭禊事, 會于稷下社, 各賦詩, 飮而樂之. 稺明乃發風謠續編之議, 僉曰可, 卽爲通諭于諸處, 收輯諸作, 就正于文章大家, 至丁巳冬, 編幾完, 名曰風謠三選.

遂鳩財, 刊印三百餘本, 受序文于經山鄭相國 · 心庵趙相國 · 梣溪尹尙書, 盖稺明力辦其事, 而余亦贊助. 工旣訖, 稺明每恨昭代風謠之罕傳于世, 仍印百餘本, 稺明作重印跋文, 書于卷尾. 時知舊之知其事者, 咸稱之.

『秉山筆記』

15 朴膺模

朴膺模, 字漢禮, 晩翠亭永錫之孫也. 自幼好讀書, 文思夙就, 尤嫺於史書. 爲文頗有班馬之法, 知舊皆重之. 年纔三十, 早歿.

嘗與崔稺明 · 劉叔度諸益, 結稷下社, 各題序于題名錄, 漢禮所著, 最稱佳作. 其文曰:

膠塾廢, 而教學不興, 教學不興, 而友道從而喪. 余嘗歔欷, 而竊致意焉. 所謂穎特慧黠文章自詡者, 不止一二, 計意相得心相許者, 概不下三之二. 交臂駢首, 密坐譙飮, 鷹楊其體, 鳳覩虎視, 自謂靈蛇之珠不足振, 荊山之玉不足懷, 左顧右眄, 謂若無人, 志則誠壯矣, 於道未也. 故一朝, 臨利害, 僅毫髮比, 輒睢睢盱盱, 有時按劒起矣, 亦安得不增歎, 而重爲之於悒也? 此稷下之社, 聯唱之集, 所由作歟. 然則寄身翰墨, 見意篇籍, 揖讓而升降, 嚌胏而啐酒, 以共樂太平, 欣慕三代之遺風邪! 著爲文章, 燁若瀏如, 文采委曲, 足以爲奇, 揚觶旅酬, 樽俎桄禁, 足以爲儀, 袒韝鞠跪, 執薦其物, 足以爲恭, 或後世傳此事, 而張大之赫赫然, 照人耳目, 亦足以爲榮. 然矻矻焉, 望且期者, 詎止是也? 必也藏焉修焉息焉遊焉, 於是乎離經辨志, 於是乎敬業樂群, 於是乎博習親師, 於是乎論學取友, 以至於知類通達, 强立而不反. 審能出此, 則於教學友道, 已十九矣. 奚特聯唱而已邪? 奚特聯唱而已邪?

『秉山筆記』

16 鄭夏園芝潤

鄭芝潤, 籍蓬山, 世佐行人役. 生而有文在手曰壽. 及冠, 取『漢書』'芝生銅池'事, 遂以壽銅自號. 通貴賤遠邇知與不知, 咸曰: '鄭壽銅'也.

壽銅跅弛, 平生不肯受人羈羣, 殆自放於尺度矩矱之外, 而恂恂卑謙, 若不能言, 不欲矜所挾以加之. 玉皇卑田兒, 可上下配也.

聰悟鍾於文字, 凡僻奧奇崛, 幽眇繁冗, 不能窮竟者, 一見, 輒曉其指要機紐肯綮所在. 詩爲最長, 集耳目所蒐涉今古高妙精確訢合于心者, 鑪鞲鎔冶而出之. 而善食酒爲性命, 悲歡得失, 咷笑侘傺, 連蜷一切, 寓諸酒而發之詩.

秋史金侍郎元春, 奇之, 使留讀所藏圖史, 期贍博而進之, 能閱數月專心注目行墨間, 若不知戶外事者然. 忽一竫, 不復來, 跡尋之, 至幽之, 以不使巾衫. 而後復如此, 不一再.

今侍郎金聖一, 規撫整簡, 不妄與人狎, 而獨喜之相對, 惓惓不釋. 爲置壺觴肴核以稽之. 人謂: "壽銅之得之於侍郎, 枘而能鑿也." 然其抉籓破條, 往往自恣肆, 若在秋史所, 而又有過焉. 終馴之不得, 而晩益縱於飮, 或連旬不粒也.

余提學同文, 將考月稅, 頒稍食也, 曰: "君必以百韻五言爲容." 通昔而成, 若貫珠焉. 及對試, 拈譯書, 使讀之, 瞋目左右視, 不出聲, 曰: "俺不解此." 意固不屑爾也.

妻金氏, 性淑順, 家徒壁耳, 組紃以供夫子, 强無幾微厭苦之色. 蓋以夫子從遊士大夫, 馳文墨聲名爲榮, 他不恤也. 當壽銅之再入妙香也, 都下, 忽喧傳已祝髮. 及歸, 金氏迎而言曰: "吾肝膽已銷矣." 壽銅曰: "女子膽, 愈小愈宜."

壽銅言若訥焉, 至其抵掌諧詼, 僅一二轉, 而聽者皆嘔噱. 蓋其意在玩世寓規諷矣. 而醉則席地而睡, 不復言也.

嘗曰: "吾且視不久, 苟得心菴數行文, 足了吾也." 未幾, 暴疾, 一夕不起, 年五十一. 侍郞, 爲專佽而葬之. 有『夏園詩抄』一冊, 崔君瑆煥, 所裒輯剞劂而行之者也.

〈心菴趙相國撰〉

17 高斗隱晉遠

高晉遠, 字近哉, 號斗隱. 與林元瑜 · 柳文山, 遊張而已之門. 玉貌長身, 言若不出口. 少貧好學, 平居手一卷, 閉門淸坐, 若而人外, 不許過從. 自奉甚薄, 而客至, 必置酒. 事父孝, 事後母, 益勤備物, 以致養, 其父對人, 輒言: "老境無憂." 族戚多待而擧火, 處之有義, 無間言. 從弟十數人, 大者齒相等, 侍立終日, 不敢慢.

與人交, 委曲誠實, 勉其不及, 故凡知君者, 莫不心醉. 噫! 是豈聲色之可致者耶? 君剛介自立, 然羸而多病. 人之不善, 若將浼焉, 語刺刺不休. 嗟乎! 此爲減算之徵歟? 乙巳夏, 君婚諸從之年至未及者五六人, 貽余書, 告病, 語及身後, 已而訃果至. 年三十九.

『斐然箱抄』

18 柳史逋記

柳文山, 名記 , 以字行. 晉州人, 監司瀗八世孫也. 天資近於道, 寡言笑, 泊如無外誘, 神情隤然, 一丘一壑, 令人消鄙吝之萌, 未嘗有戱言妄動, 問學甚勤. 與丹泉林瑜 · 蘭皐高晉遠, 相友善. 家甚貧, 事親, 備嘗艱楚. 然不廢舊學, 性嗜詩, 窮搜奇崛, 不襲前人已道語, 高古閒遠, 深造陶韋門徑.

健翁金侍郞結詩社, 鶴山尹京兆 · 碧谷金尙書 · 翠微申太學士, 聚于藍樓, 又有崔愚山 · 鄭黃坡諸詩人承之, 風流之盛, 近古無比. 文山悅之, 移家史逋溪上, 日從事於詩, 若不知天下有榮辱事. 及健翁酷罹世故, 文山益倀倀無遇也. 兀然窮巷, 對人輒揮觴感慨, 抒其牢騷之情.

爲人傭書, 月取五百錢, 糊其口不給. 聞隣人窮餓, 猶復柴米以濟之. 始文山喪二親, 貧不具禮, 外王父未及合封. 戊午, 文山賃官書, 稍且厚, 一歲得十歲直, 乃完其二葬, 餘以付其弟曰: "吾事畢矣, 死無恨." 明年果不起, 年五十三.

其友張仲圭, 集其詩, 印行于世, 且曰: "文山, 不汲汲, 不戚戚, 有士子氣像. 然此由於其母夫人之敎也. 母金孺人, 有內範, 家徒壁耳, 延師擇友, 無所不備, 待客, 無不盡力. 賢母之敎, 宜有文山, 而惟有不苟也, 故窮至於此. 噫! 貴富非所以論人, 而貴富所易也, 不苟所難也. 得其難而不得其易, 豈非命也耶? 君子其如命何哉?"

『枕雨談草』

19 李閣監東臣

李東臣, 字友隣. 祖師膺, 以內閣監, 事正純兩朝有勞. 純廟悶其老, 使傳于友隣. 友隣才勝冠入, 處內閣, 得窺秘府圖籍, 涉獵頗廣, 下筆沛然. 翼廟齋宿摛文院, 宣索稗官可消遣者. 友隣對曰: "天府秘藏, 本無小說. 且有之, 恐累睿德, 如『貞觀政要』, 好矣." 翼廟嘉悅, 讀之畢.

一日, 純廟御春塘臺試射, 命翼廟代試. 遽還內, 過射墩, 索弓矢初巡四中, 再巡五中, 三巡因雨不御. 時上靜攝已二十年, 而至於五矢俱中, 左右呼萬歲. 翼廟聞之大喜, 使中使金永業, 稟于大朝, 乞依正廟故事, 賜試, 記閣監第, 純廟可之. 於是, 友隣得武及第, 翼廟又賜法樂, 以侈其行.

友隣在內閣, 續修『閣志』草本, 藏于篋. 內有揔閹黨語, 羣璫銜之已而. 落職居外, 隱於樊里, 未幾卒, 年才三十九.

『枕雨談草』

20 玄希庵錡

玄錡, 字信汝. 幼聰慧, 學詩警發, 人多傳誦. 捷漢文科, 落魄不屑也. 無妻孥室家, 常從朋友家游息, 日崇飮狂縱, 因而病聾.

自號希庵, 少與鄭壽銅齊名, 及長才思荒落, 不及壽銅. 然知舊愛其名, 爲之留畜. 終不受羈靮, 益放浪不檢. 年五十四, 大醉而歿, 詩皆散佚不傳.

『枕雨談草』

권 8

1 韓石峯濩

韓石峯濩, 字景洪, 海東第一名筆也. 人只知筆名, 不知文章之超群, 所著「淸妙草廬詩序」曰:

岑城古縣, 海西奧區; 曰維石峯, 雄盤屹立. 下壓后土以磅礴; 上磨靑穹而崢嶸. 巨靈潛藏神光, 鐘淸淑之氣; 富媪守護瑞物, 畜精英之華. 南對秀龍, 北控鶴鳳; 西揖軍岡之岌嶪, 東臨別嶽之嶙峋. 郊原綠蕪之迢迢, 桑痲百里; 川澤白沙之皓皓, 鷗鷺千群. 洞裏乾坤, 岩中日月; 風俗敦朴, 境物安閒. 谷邃林深, 宜爲鳥獸之淵藪; 雲興霞蔚, 翳然草木之蒙籠.

爰結草廬, 揭名淸妙; 澹乎闃靜, 聊以棲遲. 有琴有書, 載彈載詠. 松籟淅瀝, 弘景之聽自怡; 蘿影婆娑, 子美之衣堪挂. 一村無懷之地; 千古羲皇之天. 栗里田園, 偃蹇晉代高士; 商山石室, 倜儻秦時老翁. 渴時飮倦時眠, 惟意自適; 醒則吟醉則臥, 從心所如. 養性怡神, 坐老閒中光景; 樂天知命, 行占物外烟霞. 也宜春, 也宜夏, 也宜秋; 乃有雨, 乃有風, 乃有月. 得此畎畝之樂; 忘彼塵寰之憂. 朝看出峀孤雲; 暮送投林倦鳥. 至若松壇日高, 衡門人靜. 抱冥鴻志, 懷友鹿心. 桂樹空山, 正是崑丘秋月; 桃花流水, 何謝武陵春風? 緬思山陰王子猷, 遙憶剡溪戴安道; 謝病辟穀張良, 便從赤松子遊. 棄家辭朝盧躭, 已乘白鶴仙去; 淸芬可仰, 高蹈難追.

於是, 爐熏馡馡; 茶烟裊裊. 臨池乘興, 戲墨方酣. 鳳翥鸞翔, 彷彿元常之古雅; 龍跳虎躍, 想像逸少之淸眞. 長史顚狂, 草聖三昧; 藏眞放浪, 筆妙千文. 舒幽鬱懷, 或草或額; 展高尙志, 乃楷乃行. 且夫蘭亭風流, 茂林脩竹; 鶴樓勝槩, 芳草晴川. 錦繡心肝, 挹謫仙之文采; 池塘春草, 感靈運之夢思. 靈襟皎然, 足躡天根月窟; 胸次洒落, 眼豁河圖洛書. 討月評雲; 論詩說賦. 及其巢由洗耳, 遠播芳名; 夷齊采薇, 淸脩苦節. 神仙煉玉, 閱黃庭三十六章; 老子探玄, 著道德五千餘字. 岩穴知養賢之域; 林泉實秘寶之區. 而或鳳飛高岡, 覽德輝而必下; 蘭生幽谷, 待淸風而自香. 聲相應氣相求, 各隨其類; 雲從龍風從虎, 會有其時.

嗚呼! 達人知幾; 君子守志. 高潔其跡, 宜順時而行藏; 獨善其身, 遵直道而去就. 枯松晚歲, 無改節於風霜; 老驥餘年, 期盡力於蹄足. 倚太虛而長嘯, 與無何而爲隣; 感古悲今,

吟成短引詩曰:

石峯之下卽吾廬, 萬丈芙蓉入紫虛. 高臥雲松塵想絶, 朗吟霜月俗緣疎.
林深自愛幽禽託, 境僻還宜靜者居. 閒寫黃庭北窓裏, 好風時卷一牀書.

韓濩者, 松都人, 號石峯, 筆法遒勁, 自成一體. 公私碑碣屛簇, 皆出其手, 人皆寶藏之. 宣祖大王, 天縱聖質, 又於書畵, 皆得其妙. 每見筆跡, 歎曰: "間世絶藝也, 不料偏邦生此奇材" 中國以善書爲名者, 亦見韓筆, 不勝驚歎, 批曰: '渴觬赴壑', 言其筆勢雄健也. 以此華人爭相購得, 石峯之名, 傳於天下.

韓濩自言, 平生着力處, 在於徐花潭碑, 今見印本, 眞妙筆也. 國朝安平以後書法, 以韓濩爲第一. 爲人恭謹, 起自寒微, 以善書得名, 官至郡守而終.

『竹泉閒說』

2 李北岳海龍

李北岳海龍, 字海叟, 善書, 與韓石峰齊名. 宣廟朝, 命書千字文以進, 至今尙在內府. 諸孫家, 無此本, 余嘗見, 後孫東鉉摸寫藏于家. 其子孫, 十餘世, 爲寫字官, 極爲繁衍.

『兼山筆記』

3 金學官振興

金振興, 字興之, 中譯科, 後爲篆文學官. 從呂副學爾徵, 習篆文, 得朱天使之蕃篆訣, 朝夕耽賾, 殆忘寢食, 遂通三十八體. 所書「大學章句」「篆海心鏡」, 竝刊行于世.

『震彙續考』

4 李貞谷壽長

李壽長, 字仁叟, 安山人, 號貞谷. 自少爲字, 刻志鍾王, 老而愈篤, 五十年, 一日未嘗捨筆. 以臨池之樂, 忘其寢食, 外其聲利, 貧窮寒饑之憂, 無足以動其中. 其用功專而造詣至, 大小楷行, 遂逼永和. 臨模蘭亭·聖教等諸法, 與眞本毫髮不爽, 觀者, 殆不能辨其眞假. 非善學晉者, 能如是乎?

以其祿仕槐院, 寫事大文書, 故不得不旁爲景洪以應時需, 盖景洪之法, 實自晉骨變化來. 唯翁之得於晉旣深, 故其肖於韓, 尤酷矣.

筆之晋, 猶詩之唐, 斷爲千古絶調, 固天所以限古今而非人力之可到. 我東自羅麗以來, 歷數千年, 名家書代出, 各自爲杏村·匪懈·聽松·孤山·蓬萊·石峯, 而獨爲晉者絶少, 豈非以憚其難而不爲之歟? 間有名爲學者, 僅數人, 唯金生獨得逕徑, 而餘皆自檜無譏, 若是乎, 學晉之難也. 孟子曰: "服堯之服, 誦堯之言, 是亦堯而已." 楚莊, 見優孟抵掌而疑叔敖之復生. 今翁獨能用力於古人所難, 終成其功, 可謂挺世之偉材王氏之佐命矣.

余嘗謂天地間詩翰, 不可復見晉唐, 而近幸有洪滄浪爲詩, 能一蹴而造開寶之盛. 適與翁生幷一世, 意者, 天之生二翁以文明東國者, 意非偶然. 而世方貴耳而踐目, 其晉其唐, 信者, 十才一二, 疑者半, 不知者, 亦三四矣. 子寅錫.

『省齋集』

5 嚴晩香齋漢朋[56]

嚴晩香齋漢朋, 字道卿. 工草隸, 尤善雙鉤廓塡, 手摸古今書法, 號集古帖. 其子啓膺「錦衾記」曰:

幼時家有一錦衾, 慈氏曰: "此, 皇帝賜汝爺潤筆者也." 不肖只記其語, 猶未詳其事. 當宁壬辰, 三從兄萬戶大裕氏, 以冬至正使洪尙書參佐赴燕, 袖其燕行時所錄, 示之曰: "從使臣後望, 見太和殿東登化門傍有景化門, 題曰: '朝鮮國人嚴漢朋書' 八字. 驚問之, 曰: '昔雍正皇帝見朝鮮咨文, 歎其楷法精妙. 其後勅行, 齎送一匹紅錦, 使寫咨文者, 書景化門額, 來揭於此." 老譯知其事者亦曰: "昔日, 詔使出來時, 焚香宣勅書而持去." 不肖見此, 然後怳然覺其吾家舊錦之爲伊時物也.

『兼山筆記』

6 同樞 申矣則(子 也汲)

申同樞矣則, 字何事. 家貧, 幼失學放縱, 年幾二十, 從隣兒始見『小學』, 至 '鷄初

56) 저본에는 '明'으로 되어 있으나, 『壺山外記』에 의거하여 '朋'으로 고침

鳴，咸盥潄’語，惕然驚省．明日初鷄鳴，入父母寢所，行定省禮，遂折節爲學．於筆法，有妙悟，受業者甚多．

余幼時，亦往謁，略聞其法．其說簡而易知，令人覺悟．每以『圓嶠書訣』，反復辨論，公嘗曰：“筆法，當直管伸毫，使萬毫齊力，筆先手後，意以手從筆，後專心推去盡一身之力而送之．一如千里陣雲，點如高峯墜石，撇如陸斷犀象，戈如百勻弩發，努如萬歲枯藤，波如崩浪雷奔，句如勁弩筋節．「永字八法」曰：‘側蹲鴟而墜石，勒緩縱以藏機，努彎環而細曲，趯峻快而如錐．策依稀而似勒，掠髣髴而宜肥，啄　騰凌而速進，磔抑趞以遲移．

公每以此等筆法，申復言之，而余時蒙騃，未得其要領，然至今追思，皆是筆家至論也．其子也汲字古綆，亦得家庭之法，草楷篆隸幷能善也．

『兼山筆記』

7 金自靜齋鶴聲

金自靜齋鶴聲，字于天，壽彭之孫也．善書爲籌司掾，每公退，臨寫「蘭亭帖」一遍，後乃寢．正廟朝，善書之名，達于宸聰．『圖書集成』，自燕京貿來，裝潢作函，珍藏于內閣，松下曺星州題大籤，公題小籤．

『兼山筆記』

8 金牛川聲厚

金牛川聲厚，字聞遠．善草楷，時稱獨步．又善詩，「漫吟」詩曰：“斂跡成吾拙，易安蝸屋居．自知閒日月，頗解古琴書．醉倒新篘後，眠甘一飽餘．紛華人世事，太半夢相疎.”

『兼山筆記』

9 李寫官明藝(子宜中・宜兼)

李明藝，自幼時，好筆藝．十餘歲，入薪智島，受業於圓嶠李公，書法大就．長爲槐院寫官，能善書而敏速，時稱獨步．其子宜中宜兼，竝善書，亦趾其美．

『兼山筆記』

10 曺訥人匡振

曺匡振, 字正甫, 居平壤, 口訥, 自號訥人. 家貧, 游學四方, 習李圓嶠書, 晩乃大悟, 深得顔魯公法髓. 有篆隷金石氣, 尤長於臨模古法. 行草類劉石菴, 指隷擬張水屋, 屈鐵鎔金, 不似世間書, 天篆雲雷, 不啻過也. 今快哉亭扁, 卽其指隷, 華使見之, 大驚以爲東國有此大手, 要一見. 或諉以家在千里, 今已死矣, 華使悵惜不已, 榻百本以去.

紫霞申公·秋史金公, 皆一代宗匠, 大加推許. 秋史公有曰: "蒼雅奇拔, 怪偉挺特, 鴨水以東, 未嘗有也." 仿博明書, 較之原本, 駸駸欲過之, 臨董書, 亦畢肖其眞. 凡習於東人一種木强風氣者, 於董書, 門逕大異, 不能仿其一撇一波, 而萬化千變, 無不爲之, 非具大神通力, 何以與於是也?

宜石金尙書爲箕尹, 欲試訥人大字書. 乃於練光亭, 盡其亭之大, 聯付數束紙, 亭可三十間, 作大筆, 以杵爲管, 濡毫如牛腰, 訥人解衣, 取巨繩, 繫筆肩胛上, 大步行墨, 如蟻行盤中. 書一翼字, 又書戰字, 觀者辟易, 在欄楹上, 迫而臨之, 不能辨工拙, 乃懸諸五十武之外, 始驚結構之妙, 金公嘆曰: "戰短翼長, 而疎密相等, 非手目之所及也." 大加賞與. 翠微申太史, 携入燕, 有蜀士得之, 作書謝訥人, 厚有贈遺.

『枕雨談草』

11 金悌源

金悌源, 字君本. 性癖藝術, 術家諸書, 無不閱覽, 而尤明於算數. 余嘗就學君本, 遺以朞三百籌法, 曰: "先置三百六十五度四分度之一, 以分母四通之, 加入分子一, 得一千四百六十一. 再以月分母十九通, 得二萬七千七百五十九, 爲日周天之數. 爲實更列月不及, 日十二度十九分度之七, 以十九通, 加入七, 得二百三十五. 再以日分母四通, 得九百四十, 爲日法. 除實, 得二十九日九百四十分日之四百九十九, 爲合朔. 更置日周天之數, 以十二乘之, 爲一歲, 十二月合朔度分, 以日法除之, 得三百五十四日, 九百四十分日之三百四十八, 是一歲, 月行之數也.

又置日與天會之數, 三百六十五日, 九百四十分日之二百三十五, 以日法通, 得三十四萬三千三百三十五爲實. 以合朔度分二萬七千七百五十九除, 得十二箇月, 不盡一萬二百二十七, 以日法, 除得十日, 九百四十分日之八百二十七, 是一歲閏率也.

故通一歲閏率, 一萬二百二十七, 以十九乘之, 得十九萬四千三百十三, 以合朔度分除, 得七箇閏, 是爲分齊也.

日與天會而多五日九百四十分日之二百三十五, 爲氣盈, 月與日會而少五日九百四十分日之五百九十二, 爲朔虛. 一年十二月, 一月三十日, 所以紀干支之序, 則常數也.

三百六十五日, 九百四十分日之二百三十五者, 周天之歲數也, 三百五十四日, 九百四十分日之三百四十八者, 月行之年數也, 歲數恒盈, 年數恒縮, 故較其盈縮而日氣盈朔虛者, 所以寓消息盈虛之機也.

『兼山筆記』

12 金就成(弟就英)

金就成, 安東戶長之孫, 以善書聞于朝. 壬辰之變, 以軍功免鄕, 薦爲承文院寫字官. 弟就英, 筆法尤奇, 倭使求大小扁額, 載一船去. 又承召入皇朝, 厚蒙褒賞. 晩中司馬, 擢爲興海訓導. 自號懼齋.

『掾曺龜鑑』

13 安玄洞堅

安堅, 字可度, 號玄洞, 善畵. 世宗朝, 承命, 畵太祖所御八駿, 集賢諸公製贊. 成宗朝, 華使金湜, 工畵竹, 爲一歲絶筆, 請見東國畵竹. 上命廣搜國中, 以示之, 湜曰: "此非竹也, 或麻也, 蘆也." 請見眞竹. 時安堅妙畵, 聞於中國. 上令苑囿, 進一盆竹, 盡摘密葉, 置軒, 當夕陽, 使堅依樣畵之, 示湜. 湜一見, 輒大驚曰: "此眞竹, 雖中國妙畵, 罕與之倫." 上大奇之, 又出尙方縑素, 受湜畵, 藏之.

『震彙續考』

14 崔別提涇(安貴生)

崔涇, 善畵人物. 德宗在東宮薨逝, 世祖以其嗣皆幼, 不可不傳其貌而遺之, 命崔涇 · 安貴生, 圖寫藏之. 及成宗卽位, 賜二人賞爵, 言官論其濫, 上敎曰: "予生纔月餘, 乃失

顧復, 不意今日復覩天顔, 二人不可不錄." 筵中聞天語者, 莫不下淚. 涇爲別提, 貴生爲主簿,

『震彙續考』

15 李畵師上佐(子 崇孝·興孝 孫 楨)

李上佐, 自幼工畵. 其山水人物, 冠絶一時. 中廟, 特命屬圖畵署, 圖寫中廟御眞. 嘉靖丙午, 圖功臣像, 錄從勳.

子崇孝, 字伯達, 善畵. 子興孝, 字仲順, 亦善畵, 寫明宗御眞. 崇孝之子楨, 字公幹, 號懶齋. 從崔簡易, 學詩文, 又善畵, 寫中明兩朝御眞. 楨五歲, 弄筆作僧形, 甚善. 叔興孝奇之, 敎以家法, 十歲已大成. 年十二時, 改構金剛山長安寺, 其壁畵山水及天王諸軀, 皆其所畵.

『震彙續考』

16 金畵師鳴國

畵師金鳴國者, 仁祖時人也. 不知其氏族所出, 而自號蓮潭. 其畵不法古而得之心. 尤工人物水石, 善用水墨淡彩爲之主風神氣格, 而絶不作世俗丹粉藻飾之法, 以取悅人目. 爲人疎放, 善諧謔, 嗜酒能一飮數斗. 其作筆, 必得大醉揮灑, 筆益肆, 意益融, 淋漓酣醲, 神韻流動. 盖其得意者, 多在醉後云.

人有造門求畵者, 必甗酒自隨, 士大夫邀致其家者, 亦多置酒, 以浹其量然後, 乃肯下筆. 故世稱爲'酒狂', 而其知者, 愈益奇之.

嘗有嶺南僧, 持大絹, 就乞「冥司圖」, 用細布數十疋爲幣. 鳴國喜而受之, 以布付家人曰: "用此充酒材, 使我得數月快飮." 旣而僧來謁, 鳴國曰: "汝姑去, 俟我意到時爲之" 如是者數四. 一日痛飮至醉, 遂臨絹繹思, 瞪視良久, 一筆掃盡.

其殿宇位置, 鬼物形色, 森森有氣. 而其捽而前者, 曳而刑者, 剉燒者, 舂磨者, 率用和尙比丘而爲之. 僧見之, 愕然而喘曰: "噫嘻! 公何誤我大事." 鳴國箕踞而笑曰: "爾徒一生惡業, 是惑世誣民, 則入地獄者, 非爾徒而誰也." 僧瞠蹙曰: "公何誤我大事, 願以此茶毗, 而還我布也." 鳴國笑曰: "爾徒欲完此, 其益市酒來, 吾且爲爾改之." 僧市酒

而至, 鳴國仰而復笑, 乃引滿而倚酣援筆, 剃者髮之, 髡 者髾之, 緇者衲者, 采以易其色. 頃刻而就筆, 意愈新, 無迹可求. 寫訖投筆, 復大噱引滿. 僧環視嗟異曰: "公誠天下神筆也." 拜謝而去. 今其圖尙在, 爲沙門之寶云.

鳴國死, 其徒有浿江曺世傑[57]者, 傳其遺法, 以水墨人物見稱, 然未得其神髓也. 余年十五六時, 於衣冠家, 見其所謂弟子者, 略聞蓮潭事, 又從里中故老, 聞「冥司圖」始終. 又見其遺墨, 恢詭卓絶, 有可以想像其人者矣.

『浣巖集』

17 金檀園弘道(子良驥)

金弘道, 字士能, 號檀園. 美風度, 磊落不羈, 人目之以神仙中人. 畵山水・人物・花卉・翎毛, 無不臻妙, 尤工神仙. 皴擦句染軀幹衣紋, 不襲前人, 自運天倪, 神理蕭爽, 奕奕怡人, 藝苑之別調也.

正廟時, 供奉內廷, 每進一畵, 輒稱旨. 嘗粉堊巨壁, 命畵海上群仙. 使宦者捧濃墨數升, 脫帽攝衣而立, 揮毫若風雨, 不數時而成, 水洶洶欲崩屋, 人蹁蹁欲凌雲, 古之大同殿壁, 未足多也. 命寫金剛四郡山水, 令列郡, 廚供如經幄之臣, 盖異數也. 以蔭補, 官至延豊縣監, 家貧或食不繼, 一日, 有人售一梅, 甚奇, 無金可易, 適有乞畵, 贄錢三千. 乃捐二千易梅, 以八百沽酒數斗, 聚同人, 作梅花飮, 二百爲米薪資, 不一日計. 其疎曠如是.

子良驥, 字千里, 號肯園. 畵有家法, 山水屋木, 有跨竈之目. 與余友善, 今歿已數年矣.

『壺山外記』

18 崔毫生館北

崔北七七者, 世不知其族系貫縣, 破名爲字, 行于時. 工畵, 眇一目, 常帶靉靆, 半臨帖摹. 本嗜酒, 喜出遊. 入九龍淵, 樂之甚, 飮劇醉, 或哭或笑, 已又叫號曰: "天下名人崔北, 當死於天下名山." 遂翻身躍至淵, 傍有救者, 得不墮. 舁至山下盤石, 氣喘喘臥, 忽起劃然長嘯, 響動林木間, 棲鶻皆磔磔飛去.

七七飮酒, 常一日五六升. 市中諸沽兒携壺至, 七七輒傾其家, 書卷紙幣, 盡與取之. 貲

57) 저본에는 '杰'자로 되어 있으나, '曺世傑'로 통용되므로 '傑'로 바꿈

湓窘, 遂客遊西京萊府賣畵, 二府人持綾綃踵門者相續. 人有求爲山水, 畵山不畵水. 人怪詰之, 七七擲筆起曰; "唉! 紙以外皆水也." 畵得意而得錢少, 則七七輒怒罵裂其幅, 不留, 或不得意, 而過輸其直, 則呵呵笑, 拳其人, 還負出門, 復指[58]而笑, "彼竪子不知價." 於時, 自號'毫生子'.

七七性, 亢傲不循人. 一日與西平公子, 圍碁賭百金. 七七方勝, 而西平請易一子. 七七遂散黑白, 斂手坐曰: "碁本於戱, 若易不已, 則終歲不能了一局矣." 後不復與西平碁.

嘗至貴人家. 閽者嫌擧姓名, 入告崔直長至, 七七怒曰: "胡不稱政丞, 而稱直長." 閽者曰: "何時爲政丞" 七七曰: "吾何時爲直長耶? 若欲借啣而顯稱我, 則豈可捨政丞而稱直長耶?" 不見主人而歸.

七七畵, 日傳於世, 世稱'崔山水'. 然尤善花卉·翎毛·怪石·枯木·狂草戱作, 翛然超筆墨家意匠. 始余因李佃識七七. 嘗與七七遇山房, 剪燭, 寫澹墨竹數幅, 七七爲余言, "國家置水軍幾萬人, 將以備倭, 倭固習水戰, 而我俗不習水戰. 倭至而我不應, 則彼自浄死爾, 何苦三南赤子騷擾爲." 復取酒打話, 悤至曙.

世以七七爲'酒客', 爲'畵史', 甚者目以'狂生'. 然其言, 時有妙悟實用者, 類此. 李佃言, 七七好讀『西廂記』『水滸傳』諸書, 爲詩, 亦奇古可諷, 而秘不出云. 死於京師旅邸, 不記其年壽幾何.

『金陵集』

19 林水月熙之

林熙之, 自號'水月道人', 漢譯人也. 爲人慷慨, 有氣節. 圓面戟髥, 身長八尺, 峥嶸如道人羽客. 嗜酒, 或廢食, 累日不醒. 善寫竹蘭, 竹與姜豹庵並名, 而蘭則過之.

寫輒書'水月'二字, 必連綴之, 或有題語, 如符錄難解, 字畵奇古, 不類人間字. 善吹笙, 人多學之. 家貧無長物, 猶能蓄琴劒鏡硏, 就中古玉筆架, 直七千, 比家直倍之. 又蓄一姬, 曰: "吾無園圃養花, 此可當名花一朶." 所居不過數椽, 隙地不半畝, 而必鑿一池, 方數尺, 不得泉, 集淅米水, 注之, 渾渾也. 每嘯歌池畔曰: "不負吾水月之意, 月豈擇水而照乎?" 不藏他書, 惟『晋書』一部.

嘗泛舟向喬桐, 行到中洋, 大風雨, 幾不得渡. 舟人皆迷倒, 號呼'佛菩薩僧', 而熙之

58) 저본에는 '招'로 되어 있으나, 『金陵集』에 의거하여 '指'로 고침

忽大笑, 起舞於雲黑浪白之間. 風定, 人問故, 曰: "死常也, 而海中風雨之奇壯不可得, 能不舞乎?" 鵝毛編而爲衣, 夜月明, 雙髻跣足, 被羽衣, 橫吹笙, 行十字街上, 邏者見而爲鬼, 皆走. 其狂誕, 類如是. 嘗爲余畵一石, 不數筆而具緲漏玲瓏之趣, 眞奇筆也.

『壺山外記』

20 張生

張生, 嶺南人, 遊學京師. 每酒酣, 吸墨數碗, 噴於大幅, 以指頭揮抹, 隨其淺深大小, 畵松竹·花卉·鳥獸·魚龍, 或作篆隷行草飛白, 而濃淡曲折, 莫不隨意. 見者, 不知其爲指頭戲也.

『秋齋紀異』

21 李石塘維新

李維新, 號石塘, 善畵, 性愛石. 紫霞申學士有怪石, 置案上, 透漏可愛. 石塘嘗於元朝拜歲, 來見石, 摩沙不忍別. 申公見其如此也, 使奴携去. 石塘曰: "審矣乎" 下謝僕僕. 揮使奴去, 雙手奉石, 揚揚過市途. 時石塘老白首矣. 聞諸申公只此, 可想其爲人矣.

『枕雨談草』

22 李小塘在寬

李在寬, 字元剛, 號小塘, 石塘維新之姪也. 少孤家貧, 售畵以養母. 畵無私淑, 而沕合於古, 殆天授也. 烟雲·草木·飛走·蠢潛, 俱入精妙. 尤長於傳神寫照, 上下百年, 無此筆也. 日本人, 自東萊館, 購小塘翎毛, 無虛歲.

太祖御眞一本, 奉于永興府濬源殿. 丁酉春, 命在寬重摸, 還安于本殿, 特除登山僉使. 解官歸, 病卒于家, 時年五十五. 余以詩哭之, 贊曰: "布衣遭逢, 千載罕覯. 摸畵日月, 在四百年之後. 殆應時, 非虛生也. 花鳥一派, 又在島夷矣." 嘗贈詩云: "彩筆昔曾供日角, 花禽已復到蠻荒" 記實也.

『壺山外記』

23 金丹溪永冕

丹溪金永冕, 字周卿, 貌類婦人, 吹氣如蘭. 詩一, 書二, 畵三, 琴四. 詩墨關紐, 透入琴畵, 所以超塵絶俗也. 凡以詩書琴畵會者, 一周卿而東西南北矣. 三十而沒, 有二子尙存否也. 贊曰: "豊於才而嗇於壽者, 爲周卿道耳. 風晨月夕, 吾胸中尙有周卿."

『壺山外記』

24 金不染子喜誠

金不染子喜誠, 字仲益, 官泗川縣監. 工畵, 尤善傳神. 豹菴姜尙書, 嘗題於畵帖曰: "不染子金君, 以工繪, 名一代, 供御輒稱旨. 官止縣監, 不幸早逝. 其胤亦箕裘善繼, 悉收其考遺跡, 裝爲累卷. 爲次軸中韻以贈. 夫君妙譽擅丹靑, 絶藝其如限短齡. 遺墨收藏賢嗣在, 考心其足慰冥冥."

『兼山筆記』

25 秦畵師再奚

畵師秦再奚, 英廟時, 以畵擅名, 尤善傳神. 大宗伯徐尙書, 嘗於筵中奏曰: "秦再奚, 當虎賊勳畵之日, 苦辭不執筆. 鏡黨再喝之, 再奚曰: '此手已畵先大王睟容, 安忍更畵虎龍乎.' 至今, 凜凜有生氣矣. 聞其孫窮不能自存云, 請令軍門, 相當窠除給, 少酬其忠義." 上可之, 仍差別付料, 陞別軍職, 盖異數也.

『兼山筆記』

26 金復軒應煥(孫和鍾)

金復軒應煥, 字永受, 官尙衣別提, 召村察訪. 以畵名世, 與檀園金弘道, 齊名. 尤長於山水. 正廟戊申, 承命, 與檀園遍行金剛內外山, 盡爲畵來以獻. 己酉, 又遍往嶺南, 盡畵名山, 有畵帖在大內. 時稱復軒優於檀園. 其孫和種, 亦能繩先善畵.

『兼山筆記』

27 李古松流水館寅文

李畵師寅文, 字文郁, 號古松流水館. 少時好畵山水, 積工十數年, 多寫雨景. 一幅片楮, 有深遠千里之勢, 人莫不嘆賞. 余嘗於內省, 觀李公之畵松, 運筆, 凌亂淋漓, 不似老耋人筆. 須臾而成, 其盤屈偃蹇之幹, 蕭灑蒼翠之葉, 落落逼眞, 人稱其神筆.

『兼山筆記』

28 金兢齋得臣(子建鍾 · 夏鍾)

金兢齋得臣, 字賢輔, 復軒之姪. 早業畵藝, 善於人物翎毛. 正廟嘗覽其扇畵曰: "與金弘道可伯仲." 其時, 賞鑑家皆曰: "直入於吳顧之域, 不局於邊張之能."

其二子並繩箕裘. 建鍾, 字大中, 號松菴. 善傳神, 圖寫純廟睟容, 賞除監牧官. 上嘗下敎於其父曰: "汝子骨格非常, 畵藝夙成." 夏鍾, 字大汝, 號留堂. 善畵山水, 有名稱焉.

『兼山筆記』

29 張畵師漢宗(子駿良)

張畵師漢宗, 字廣叟. 善畵魚蟹, 少時買鯔鯉蟹鱉之屬, 細察其鱗甲而摸之. 每畵成, 人莫不歎其逼眞.

其子駿良, 畵手亦妙, 而尤精於魚蟹, 盖得於家庭者也.

『兼山筆記』

30 李畵師潤民(子亨祿)

李畵師潤民, 字載化. 善畵文房, 搢紳家屛障, 多出於其手, 時稱高妙無儔. 其子亨祿, 亦承箕裘, 極其精工. 余有數幅文房圖屛, 每設於房舍, 或有來見者, 認以冊帙滿架, 近察而哂之. 其精妙逼眞如此.

『兼山筆記』

31 田古藍琦

田琦, 字瑋公, 號古藍. 頎而秀, 幽情古韻盎然如晋唐畵中人. 作山水煙雲, 蕭廖簡澹, 輒造元人妙境, 筆意偶到, 非學元而元者也. 爲詩則奇奥, 盖人云不云, 而眼力筆力, 不在鴨江以東也. 年纔三十, 病卒于家.

『壺山外記』

32 金畵師禔

金司圃禔, 國朝名畵. 嘗遊楓岳, 縱看內外山, 畵意溢於胸襟, 而無畵本不可寫. 歸路至逆旅, 遇一士人, 橐中多貯好紙. 司圃曰: “吾粗識丹靑. 今見金剛內外山, 極欲揮洒而無紙本. 君若借數幅, 則坐卽當揮筆以奉. 君意如何?” 士人曰: “方往見李玉山, 欲受其筆, 携紙而來, 不可從.” 玉山卽栗谷弟瑀, 居其地, 以善書名故也. 司圃悵然而去.

士人往見玉山, 道其事曰: “爲受筆多携楮來, 路遇遊山客, 自稱善畵而請之. 可笑.” 玉山, 嗟嘆不已曰: “纔聞金禔來遊, 想畵思滿腔, 有是言也. 金絶世名畵. 遇名畵難, 看山欲寫時尤難, 君之遇此而差過, 甚可惜.” 士人始大恨.

『左溪裒談』

33 金古山正浩

金正浩, 自號古山子. 素多巧藝, 癖於輿地之學, 博攷廣蒐, 嘗作『地球圖』, 又作『大東輿地圖』, 能畵能刻, 印布于世, 詳細精密, 古今無比. 余得一本, 誠爲可寶. 又輯『東國輿地攷』十卷, 未及脫藁而沒, 甚可惜也.

『兼山筆記』

1 楊太醫禮壽

楊禮壽, 字敬南, 號退思翁, 太醫也. 學于山人張漢雄, 神於醫理, 著『醫林撮要』. 嘗隨使赴燕, 越江露宿, 有虎乘夜負去, 置之高阜上, 出諸雛置前, 拜跪伏地, 有乞憐狀. 禮壽揣其雛有病, 遍察之, 一子折脚將死. 乃出囊中丸藥以付, 且以松脂遞付之, 示其狀, 又以手指松, 虎頷之. 因跪謝不已, 出一片黑石置前. 禮壽取而藏之, 虎又負還故處. 及入燕, 以其石示博物者, 驚曰: "此酒泉石也. 沈水, 水化爲酒, 儘絶寶也." 試之果驗.

『震彙續考』

2 許太醫浚

許浚, 字清源. 自幼好學, 博通經史, 尤精醫學. 號龜岩, 以太醫階至崇祿. 著『東醫寶鑑』二十五卷, 『痘瘡集要』二卷, 諺解二卷, 『胎産集』一卷, 『辟瘟新方』一卷, 『救急方』一卷, 諺解一卷.

『震彙續考』

3 安醫師德壽

安德壽, 宣廟時名醫也. 年老多病, 罕與人相接, 而其診病命藥, 百無一失. 有一人遇邪祟, 沈痛累月. 德壽以藥療之, 其證五變, 藥亦五變, 皆見效. 夢有一人謂曰: "吾與若人, 有世讐, 告上帝, 必殺之乃已, 公以藥治之, 吾將不勝公矣. 明當變證, 公若更變新藥, 當移讐於公矣." 德壽異之. 其家來問其病, 德壽以疾辭, 其人竟不救.

『震彙續考』

4 柳知事瑺

柳知事瑺, 少時以醫術名於世, 頗有才, 而未得其妙境. 適隨嶺南伯, 以冊室下去, 屢朔留連, 無所事, 爲甚無聊, 請於巡相而告歸. 柳渡琴湖, 未及牛岩倉, 奴以放屎授轡. 柳擧鞭一打, 騾驚奔馳突, 終日不停. 將暮忽踰一嶺, 立於一家堂前. 堂中老人, 呼其子曰: "有客騎騾來, 善喂且備客子夕飯." 柳升堂, 叙寒暄, 主客相對黙然. 俄有跫音. 主人曰: "來乎?" 卽携長劒而出曰: "長者書冊勿看." 柳心甚疑怪. 更看下房, 近壁垂帳, 迎風自開, 隱隱若有可觀.

遂起立披帳, 則盈箱滿架, 盡是醫書. 柳亂抽而繙閱之. 自外有人跡, 卽揷卷而退. 少頃主人入顧柳曰: "太無禮. 見長者書籍乎." 柳謝罪, 仍問持劒出入之故. 主人曰: "有友於江陵, 要我酬怨故耳." 仍與就寢. 鷄初鳴, 主人曰: "速發勿逗遛." 柳騎騾, 主人子, 亦一鞭打了, 如昨馳突. 當午至廣州板橋, 掖隷十餘, 連絡道路, 促柳入京, 曰: "方有聖痘, 有神人現夢, 招柳醫." 云云.

柳過銅峴, 有嫗負經痘兒. 街人問之, 嫗曰: "此兒, 以黑陷, 呼吸不通, 束手待盡. 幸有過去僧, 以柿蔕湯治之得效." 柳聞柿蔕湯之說, 昨夜山中所見書, 亦有之. 入侍診候, 與嫗負兒同症. 遂進柿蔕湯奏效, 聖候平復, 柳遂以擅名.

又一本, 柳瑺入診肅廟痘候, 欲用豬尾膏, 稟于明聖大妃, 大妃大驚曰: "如此峻劑, 不可進御." 柳屢奏而不許. 柳乃袖入潛進, 諸症差勝, 遂爲平復. 除豊德府使, 赴任後, 肅廟進御軟泡湯, 成關格, 以撥馬召柳醫. 到新門外, 聞老嫗之言: "米泔水, 滴於豆泡, 則消融." 云云. 乃赴闕, 以米泔進御而平復, 亦異矣.

『靑邱野談』

5 白太醫光炫

太醫白光炫, 生於仁祖世. 爲人醇謹, 在鄕里, 悀悀若愚人. 身長大, 好鬚髯, 目炯炯有光. 家素貧, 常衣大布貼裏, 戴破笠, 施施行市隧間, 從人匄貸, 人多厭之. 少年或觝踢侮戱, 光炫笑而不怒.

初善醫馬, 專用鍼療之. 不本方書, 久益手熟, 以試人腫瘡, 往往有奇效. 遂專以治人爲務, 以是周行閭閻, 得視人腫瘡甚多, 其知益精而鍼益善. 凡疔疽毒盛有根者, 古方無治法, 而光炫遇之, 必用大鍼, 決裂疏毒拔根, 能轉死爲生. 初則用鍼過猛, 或至殺人. 然其效而活者且衆. 故病者日集其門, 而光炫亦自喜其術, 爲之益力不懈. 用此, 名聲大振, 號曰神醫.

肅廟初, 選補御醫. 有功, 輒加秩, 至崇品, 而歷職爲縣監, 閭里榮之. 然其遇病者, 無貴賤疎親, 有請卽往, 往必盡心極能, 見其良已然後止. 不以老且貴爲解, 非惟爲技能所使, 盖其天性然也.

余年十五時, 內舅姜君病脣疔, 邀白太醫, 視之. 曰: "不可爲矣. 恨不前二日見之. 急治喪具. 夜必死!" 至夜果然. 時白太醫已篤老, 而神識尙全, 能知病死生不失毫髮. 其在盛時, 至其家, 治某病, 而得神效, 起死云者, 非妄語也. 白太醫卒. 其子興齡, 嗣爲業, 粗有能聲. 弟子有朴淳者, 亦以治腫名.

今世疔疽決裂之法, 自白太醫始, 而後學者, 傳爲經驗之方. 然其子孫與他人學者, 皆莫能及焉. 人有病疽毒難治者, 必歎曰: "世無白光炫, 噫! 死而已矣!"

『浣巖集』

6 李醫益成

李益成, 正廟時人. 少貧, 客於一宦家. 主人嘗有疾, 邀許照視之. 許照, 良醫也. 使益成, 供烟吸, 益成怒, 不肯曰: "我雖微, 豈能向渠作僕隷事乎?" 乃辭去, 專攻軒岐之學十年, 以良醫聞.

一貴人, 病陽明, 許照治之, 累月[59]不效, 請益成診. 照先在座, 避閤中. 益成援筆, 書白虎湯. 照出, 握手謝曰: "我許照也, 吾豈不知有此方? 我特老而怯, 未敢", 從袖中, 出一紙, 示之, 果白虎湯也. 照曰: "可讓此人一頭地. 從此, 不復醫矣." 一進而卽痊.

一宦家子, 年甫二十, 一夕暴瘖, 百醫難效. 益成往視之, 過內庭, 見南榮上列銅器五六, 以錢實之, 益成怪問之, 其父曰: "老妻憫之, 令術者筮之, 謂鬼爲祟, 將以此禳之." 益成笑曰: "吾非徒善醫, 兼善禳法, 不必遠致術者" 乃搬列於前, 拾一小錢, 買巴豆數顆, 納瘖者鼻孔. 少頃, 一噴嚏而卽言, 其父喜問故. 曰: "少年夜有勞慾, 火上克肺金, 故瘖. 巴豆性熱, 此以火攻火之法也."

其精敏, 類皆如是. 有氣節, 雖貧賤厮養, 必殫力而療. 不以禮, 雖卿相之貴, 不能屈.

『壺山外記』

59) 저본에 '日'로 되어 있으나, 『壺山外記』에 의거하여 '月'로 고침

7 金醫應立

金應立者, 嶺右常賤也. 目不識丁, 而以神醫, 名于嶺外. 其術, 不診脈而不論症, 但觀形察色, 而知其病祟. 所命之藥, 不是恒用之藥料者.

李銘之爲金山倅, 其子婦, 自入門之初, 咳嗽苦劇. 李亦曉醫理, 雜試藥餌, 邀應立, 問之. 對曰: "一瞻顔色而後, 可議藥, 此則不敢請之事." 李銘曰: "今至死境, 一見何傷?" 應立入門, 熟視曰: "此是至易之病. 腸胃有生物之滯而然也. 飴糖數箇, 和水鎔化而服之, 必吐出矣." 服之未幾, 吐出一痰塊, 剖而視之, 中有小茄子一枚, 而少不傷敗. 問于病人, 則以爲十餘歲時, 摘食茄子, 誤呑下, 必是也.

李銘之姪婿, 積年沈痼, 使應立診視, 則見而笑曰: "不必服他藥. 今當秋節葉落, 毋論某葉, 擇其不傷朽者數駄, 以大釜五六箇煎之, 次次煎, 至一椀, 無時服." 如其言, 果得效.

又有一人, 病如角弓反張. 應立見, 而使作紙針, 刺鼻孔, 作咳逆狀, 如是終日, 而病愈. 其所命藥, 皆如是, 亦可異矣.

『靑邱野談』

8 老學究

銅峴有一藥鋪. 一日, 有老學究, 弊衣草屨, 貌似鄕愿, 突如而入, 坐於室隅, 口無一言, 移晷不去. 主人, 怪問之, 學究曰: "某與客約會于此. 故今方若企, 淹留貴肆, 心竊不安." 主人曰: "何不安之有?" 至食時, 主人請飯, 則不應, 走出門外, 以囊錢, 買飯于市, 復來凝坐如前. 如是數日, 所待之友, 終不見至.

忽有一庶人曰: "妻方臨産, 不省人事, 願以良藥救急." 主人謂: "以問醫後, 以方來示, 則當製給." 庶人苦求一藥. 學究曰: "若服藿香正氣散三貼, 則卽愈矣." 主人笑曰: "此是消痞解鬱之方. 若投産病, 則不可." 學究, 固執前言, 庶人曰: "事已急矣! 萬望製給此劑." 主人不得已製給. 向夕, 又有一庶人, 來謁曰: "某與某甲隣居. 某甲妻, 方産垂絶, 幸得良藥于此鋪, 得以回甦. 此必有良醫, 故來謁. 某之子, 方三歲, 患痘, 方危劇, 望以珍劑救活." 學究曰: "亦服藿香正氣散三貼." 主人謂以大不可, 庶人固請, 主人又與之, 旣而庶人來告, 果得立效. 自是, 聞風者, 踵門而至. 學究, 莫不以藿香正氣散應之, 無不良已, 捷於桴鼓. 殆近數月, 學究未嘗去, 所俟客亦不至.

一日, 有一宰相之子, 來藥舖, 以其親病沈綿, 百藥無效. 昨邀嶺南一儒醫, 命補劑, 請別擇新採, 欲望收效云. 仍問彼坐者誰也. 主人以此間有異事, 述前狀. 宰相子, 乃整襟詣前, 備告其親病症候, 仍請良方. 學究, 無所改容, 但曰: "藿香正氣散最佳."

宰相子, 暗笑而退, 歸向其親, 語及學究事而一笑. 宰相曰: "此藥未必不是當劑, 試服之." 其子及其門人皆曰: "不可." 宰相, 暗覆所進之藥, 使左右潛製正氣散三貼合煎, 分三服之, 詰朝起坐, 則神淸氣舒, 病根已釋. 其子候起居, 則曰: "宿痾已祛體矣." 其子曰: "某醫, 眞和扁也!" 宰相曰: "非也. 藥肆之學究, 未知何方人, 而眞神醫也." 仍言覆藥而服正氣散之事. 又曰: "數朔貞疾, 一朝氷釋, 恩莫大焉! 汝須親往迎之." 其子卽往, 致感謝之意, 仍請偕往. 學究拂衣而起曰: "吾誤入城闉, 致此汚衊之言. 吾豈作幕中之賓耶?", 遂飄然而去. 宰相子, 憮然而退, 歸告其由, 宰相益歎其耿介拔俗之士矣.

旣而, 上候違豫, 輾轉沉篤, 良醫迷其所向, 擧朝莫不焦遑. 其宰相, 時任藥院提調, 適感學究事, 因入診口達. 上曰: "此劑, 未必有益, 亦無所害." 仍命煎入進御, 而翌日乃瘳. 上益嗟異之, 令物色而訪之, 終不可得.

識者曰: "此異人也. 盖醫書有年運之循環, 一時之間, 百病雖異, 而其根則年運之所使也. 苟知其年運, 而投襯合之劑, 則雖不相當之症, 無不有效. 近世業醫者, 全昧此理. 故但隨症而試藥, 治其末而捨其本, 所以殺人也. 此學究, 必預知上躬之當有警度, 而非此劑則無以能救, 故假此而自達耳."

『靑邱野談』

9 皮醫載吉

皮載吉者, 醫家子也. 其父業治腫, 善合藥. 旣沒, 載吉年尙幼, 未及傳父術, 其母, 以聞見教諸方. 載吉未嘗讀醫書, 但知聚材煎膏而已. 一切瘡瘍, 賣以資給, 行于閭巷間, 不敢齒醫列. 士大夫聞而招致之, 試其藥, 頗有驗.

癸丑夏, 正廟患頭癤, 雜試針藥, 久未奏效, 浸及於面頷諸部. 時當盛暑, 燕寢不寧. 諸內醫, 罔知攸措, 廷臣日成班起居, 有以載吉名白者. 命召入問, 載吉賤夫也, 戰汗不能對. 左右諸醫, 皆竊笑之. 上使近前診視曰: "無畏也, 盡爾技." 載吉曰: "臣有一方可試." 命退而製進, 乃以熊膽和諸藥, 料熬成膏, 付之. 上問幾日可痊, 對曰: "一日痛止,三日收矣.” 已而一如其言.

上書諭藥院曰: “傳藥少頃, 脫然忘前日之痛, 不意今世有隱技秘笈, 醫可謂名醫, 藥可謂神方. 其議所以酬勞者.” 院臣啓請, 先差內針醫, 賜六品服, 授正職. 上可之, 卽除羅州監牧官. 一院諸醫, 皆驚服歛手讓其能. 於是, 載吉之名, 聞國中, 熊膽膏, 遂爲千金方, 傳于世.

『靑丘野談』

10 申針醫

申老人, 通黃岐之術, 尤善針炙之法, 時稱良醫. 余在幼少時, 有志於醫學, 乃持『銅人經』, 就正於老人, 十二經絡點穴之法, 精細講究. 余見老人出針治病, 圓利針則純金而其細如芒, 三稜針則鐵刃而金柄, 有異於他. 余問之, 老人曰: “吾師善針, 入日本國, 治病得瘳. 日本醫人, 謂術勝於己, 以此二針贐之. 師丈以此針, 治病多奇效, 常珍之, 臨終傳于吾. 吾亦以此治幾多人病疾, 至今尙存, 而年久摩挲, 今卽其細如芒也.” 老人歿[60]後, 其子亦以其針, 多年治病.

『兼山筆記』

11 李腫醫同

李同, 不知名, 以小字稱. 目無一丁, 而以瘍醫名播一世. 其療治之法, 針灸之外, 不過爪 · 髮 · 尿 · 屎 · 津 · 垢之屬, 雖有草木虫魚, 皆不値一錢者. 常語人曰: “一身之中, 自具良藥, 何假外物.”

正廟嘗有痔疾, 命同視之, 同脫笠俯伏視候, 髮禿不勝髻. 上笑賜宕巾覆之. 平復之後, 賜度支錢十萬, 人爲之榮.

嘗至人家, 與主人語, 聞婦人咳嗽聲曰: “此病內癰人也.” 主人驚曰: “此吾姊也, 尙健矣, 何病爲?” 曰: “聞其聲, 癰方膿矣. 過數日, 無救.” 主人試延而視, 鍼脅間, 果吐膿數升而痊. 其神術類多如是. 老而眊, 以手摸之而療, 百無一爽.

壺山居士曰: “嘗聞, 同少時貧無以資, 爲林國瑞御夫, 聞緖論而得其術. 國瑞果何如

---

60) 저본에는 ‘殆’로 되어 있으나 문맥을 고려해 ‘歿’로 고침

醫也? 讀古方, 終身行之, 寥寥不聞有異能. 以同之不學, 縱得其術, 反下之, 烏能神其術? 乃爾以牛溲·馬勃·敗鼓之皮, 作玉札·丹破·赤箭·青芝之用, 吁亦奇矣. 人或嗤之以非古而賤, 許胤宗之防風·趙卿之芥醋·錢乙之黃土·葛可久之桐葉, 是豈古而貴乎. 同之所用, 人或用之, 不中, 輒詬之. 古人之對症投劑, 其書滿家. 今按古而施之, 天下之病復自如故, 何也? 故曰: '同症而異病, 同病而異症' 惟在醫者之以意得之之如何. 若有古人所不道之症, 且將何施乎? 意難於博, 博難於理, 醫得其意, 方稱國手. 賈耽之蝨瘕·徐嗣伯之針疽·徐之才之蛤精·周顧之蛟龍, 是已."

『壺山外記』

12 崔醫雲(孫倫·曾孫宗震)

崔老人雲, 好軒岐之術, 又傍通卜筮及相訣, 手自鈔謄者甚多. 余嘗於其孫家, 得見鈔『寶鑑』等書, 字畫甚精細. 朴無聲子, 嘗與崔老人書曰: "得讀先生醫序, 首言乾道成男坤道成女, 仰賀先生見識卓越高明. 曾聞先生又於大學上, 積累熟工, 了悟格致, 所以能理會得, 但恐此非人人所可知."

其孫倫, 字致孝, 能繩先業, 以醫名於一時. 又其子宗震, 亦能醫, 登武科, 官察訪.

『兼山筆記』

13 李同樞喜福

李同樞喜福, 字子厚, 遺腹生也. 母多病, 因讀『景岳書』, 深悟其理, 用大劑, 有效, 終享遐壽. 余少時, 有志軒岐之術, 有時往議, 公每稱張景岳之高見, 能洗丹溪河澗之累, 爲皇明第一良醫. 盖其術, 以補腎爲主, 以人蔘熟地黃, 爲治世之良相, 以大黃附子, 爲亂世之良將. 其『傳忠錄』『求正錄』等書, 皆宗『素問』『靈樞』, 傷寒則以張仲景爲主. 近年, 多購來其書, 用其法者, 大有效云.

『兼山筆記』

14 宋醫學天

宋學天, 以善醫名於一時, 而以僻術稱. 時人以奇疾久病來問, 多奇效. 又能曉運氣之理, 於某年, 都下多疾病, 宋以歸芪湯一方, 應酬諸症, 多見效云.

『兼山筆記』

15 趙醫師光一

趙光一, 其先, 泰安大姓, 家貧, 寓居合湖之西厓. 無異能, 以鍼名, 自號曰: '鍼隱'. 吾嘗過生廬, 有老嫗, 匍匐而叩其門曰: "子病殊死, 敢丐其命." 生卽應曰: "諾." 立起, 徒行無難色. 其爲人, 大略如此. 余心異之, 遂交焉.

其人, 踈坦易直, 與物無忤. 其術不治古方, 常以一小革囊自隨, 中有銅鐵鍼十餘, 以是, 決癰疽, 治瘡痏, 通瘀隔, 踈風氣, 起跛癃, 無不立應. 余嘗問曰: "醫者賤技, 閭巷卑處也. 以子之能, 何不交貴顯, 取聲名, 乃從閭巷小民遊乎?" 生笑曰: "吾疾世之醫, 挾術以驕人, 三四請然後, 肯往, 又所往, 非貴家則富家也, 若貧而無勢者, 百請而不一起. 是豈仁人之情哉? 吾懲此輩也, 所哀憐者, 獨閭巷窮民耳. 吾操鍼而遊於人, 十餘年矣, 所全活不下數百千人. 吾今年四十餘, 復數十年, 可活萬人. 活人至萬, 吾事畢矣." 余聞而歎曰: "趙生, 術高而不干名, 施博而不望報, 其賢於人遠矣. 吾聞活千人, 必食陰報, 生其有後於是邦乎."

『耳溪集』

16 金國碁鍾貴

金鍾貴, 以碁名, 世人稱國朝第一手, 年九十餘而卒. 鍾貴之後, 得三人焉, 金漢興·高同·李學述, 學述尙存焉. 漢興與鍾貴竝名, 而時方年少, 自以爲無敵.

嘗與鍾貴賭碁, 觀者如蝟, 漢興目光透局, 橫縱背觸, 如駿馬饑鷹, 鍾貴手龍鍾, 下子如不勝重, 審其勢, 輸已半局矣. 觀者, 相與附耳而語曰: "今日一局, 可讓漢興獨步." 鍾貴, 推枰而歎曰: "老且眊矣! 留待明朝神稍淸." 衆曰: "古來名手, 未聞以一局作兩日着." 鍾貴, 以手擦眸, 更攬局而坐, 瞪視良久, 忽出一奇, 如截流斬關, 竟以敗局取勝,一座驚歎. 此可謂不畏其不誤, 而畏其誤者也.

壺山居士曰: "古今之戲, 流傳最遠, 莫如碁. 其開闔·操縱·進退·取舍·奇正·虛實, 眞韜幹[61]之上乘也. 奕秋·杜夫子·王抗·江[62]彪·王積薪·滑能之技, 未知云何. 尙所傳, 王積薪所遇姑婦之說, 事在有無之間, 荒誕, 不足信. 今之遺譜, 所謂大小鐵網·捲簾邊·金井欄之類, 以百計, 而此皆不可以倣而得之者也. 陸象山, 懸局仰觀, 而悟河圖數, 有聰明才辯之士, 或精心究之, 而不能者. 嚴滄浪云: '詩有別才, 非關學', 余於碁之道亦云."

『壺山外記』

17 金國碁漢興

國碁金漢興, 字定審, 自少, 以善碁名. 儀容端雅, 沈默安靜, 時稱碁中君子. 常與人對局, 人或遲久商量, 不肯下子, 而不以爲嫌; 人或從旁贊助, 而不以爲嫌; 人或爭劫退子, 亦不爲嫌; 人若着子, 輒應之, 一局雖竟日, 無一言, 凝然而坐, 眞有德之人也. 古人有言曰: "琴以養性, 碁以養德", 誠哉!

『兼山筆記』

18 金琴師聖基

琴師金聖基者, 初爲尙方弓人. 性嗜音律, 不居肆執工, 而從人學琴, 得精其法, 遂棄弓而專琴. 樂工之善者, 皆出其下. 又旁解洞簫琵琶, 皆極其妙, 能自爲新聲, 學其譜擅名者, 亦衆. 於是, 洛下有金聖基新譜.

人家會客讌飮, 雖衆伎充堂, 而無聖基, 則以爲歉焉. 然聖基家貧浪遊, 妻子不免飢寒. 晩乃僦居西湖上, 買小艇, 篛蓑手一竿, 往來釣魚以自給, 自號釣隱. 每夜風靜月朗, 搖櫓中流, 引洞簫三四弄, 哀怨瀏亮, 聲徹雲霄, 岸上聞者, 多徘徊不能去. 宮奴虎龍者, 上變起大獄, 屠戮搢紳, 爲功臣封君, 氣焰熏人. 嘗大會其徒飮, 具鞍馬禮請金琴師聖基, 聖基辭以疾不往. 使者至數輩, 猶堅臥不動, 虎龍怒甚, 乃脅之曰: "不來, 吾且大辱汝." 聖

61) 저본에 '鈐'으로 되어 있으나 『壺山外記』에 '幹'으로 되어 있어 그것을 따랐음
62) 저본과 『壺山外記』에는 '王'으로 되어 있으나, 이는 '江彪'이란 인물이 명백하므로 고침

基方與客鼓琵琶, 聞而大恚, 擲琵琶使者前, 罵曰: "歸語虎龍, 吾年七十矣, 何以汝爲懼? 汝善告變, 其亦告變我殺之." 虎龍色沮爲之罷會. 自是聖基不入城, 罕詣人作伎. 然有會心者, 訪至江上, 則用洞簫爲歡, 而亦數弄而止, 未嘗爛漫.

余自幼少時, 習聞金琴師名. 嘗於知舊家遇之, 鬚髮皓白, 肩高骨稜, 口喘喘不絶咳聲. 然强使操琵琶, 爲靈山變徵之音, 座客無不悲惋隕涕. 雖老且死, 而手爪之妙, 能感人如此, 其盛壯時, 可知也. 爲人精介, 少言語, 不喜飮酒, 窮居江上, 若將終身, 是豈無守而然哉? 況其憤罵虎賊凜然有不可犯者, 嗚呼, 其亦雷海青[63]者流歟! 世之士大夫, 奊詬去就, 以汚迹於匪人者, 其視金琴師, 亦可以知媿哉.

『浣巖集』

19 南師古

南師古, 蔚珍人, 明宗朝天文敎授. 邃於易學, 善風水 · 天文 · 卜筮 · 相法, 俱得不傳之訣, 言發必中. 明廟末年, 語人曰: "社稷洞有王者氣, 當有聖主出其坊." 嘗東指駱峰, 西指鞍峴曰: "他日朝廷, 必有東西之黨." 又曰: "將有倭變, 若起於辰年則猶可救, 起於巳年則不可救." 丁卯, 宣廟自社稷洞潛邸, 入承大統, 乙亥年間, 朝廷起東西論, 壬辰倭變作, 八年乃定.

『靑邱野史』

20 洪繼灌

洪繼灌, 盲人, 以神卜稱. 洪公允成, 少時落拓, 入京造繼灌推命, 繼灌致敬曰: "公, 人臣極貴之命也." 仍曰: "某年, 公必判刑部, 某之子必以罪繫獄, 當死, 幸公活之." 洪公愕然不敢諾, 後十年果超授刑判. 一日鞫大獄, 一囚呼曰: "囚是洪繼灌子, 願公活之." 洪公悟而釋之.

『震彙續考』

---

63) 저본에는 '淸'으로 되어 있으나 역사 인물 '雷海靑'이 확실하므로 '靑'으로 고침

21 劉雲台

劉雲台, 鳳山盲人也. 七歲失明, 自六歲已讀史記, 作古體詩. 失明後勤學, 十三誦經書, 讀易而有悟, 肆力於先後天之學. 大通於卜筮, 百無一失, 遂鳴于國中, 自號曰 '鳳岡先生' . 人有來決疑事者, 輒隨而陳其孝悌忠信之道, 故世以爲有嚴君平之風.

『秋齋紀異』

권10

1 蔣都令

中廟朝, 京城有一丐者. 容貌醜惡庸陋, 年若四十許, 猶作後髻, 肩掛一袋, 行乞於市, 晝則遍歷城中, 無處不到. 夜則托宿於人家門側, 而多在鍾樓近處街上. 傭奴無賴輩, 逐日相見, 仍而親熟, 與之同戲拏. 自稱姓蔣, 衆皆呼以號'蔣都令'. 都令, 乃國俗士夫未娶之稱也.

時方士田禹治, 挾其異術, 頗驕傲於世. 而每於衢路上, 逢蔣都令, 則輒滾下馬, 趍進拜謁, 不敢仰視. 蔣不頷首, 問曰: "汝邇日好況否?" 田拱而對曰: "唯唯", 其色甚畏. 時或拜謁, 蔣視之蔑如, 不顧而過去. 見者怪之, 問於田, 則曰: "東國卽今有三仙人, 蔣都令上仙也, 其次鄭𥖝, 又其次尹世平. 世人皆不知, 而吾獨知之, 安得不敬而畏之耶?" 人或爲訝, 而以田之妖誕故, 亦不之信也.

城中有一蔭官人, 門臨路旁, 累見蔣行乞在路. 一日招見問之. 蔣答以本湖南士夫, 父母俱沒於癘疫, 旣無兄弟, 且乏族黨. 孑然一身, 無所依賴, 流離丐乞, 仍以萍蓬到京, 百無一能, 目不識丁云. 蔭官人聞其士夫, 而甚矜憐之, 饋以酒食, 而周以米粟. 自是, 每家有飮食, 必使人招而饋之, 果如存恤焉.

一日, 蔭官人出, 遇一死屍傳替牽向興仁門者. 於馬上, 未及便面, 瞥然見之, 乃蔣都令也. 心甚惻然, 歸家嘆曰: "世間薄命者, 何限, 而豈有如蔣都令者乎?" 掘指計之, 蔣之來乞於鍾街者, 十五霜矣.

伊後數十年, 蔭官人有事, 往湖南地, 過智異山下, 忽然迷失道. 轉入山中, 日將向暮, 進退維谷. 見有細逕, 若樵路, 意其必有人家, 迤邐而行. 初只深邃而已, 慚覺山明水麗, 草木淸佳, 愈入愈奇. 行數十里, 恍是別乾坤世界, 非復人間塵土境矣.

遙望, 一人衣靑衣騎靑驢, 張蓋從數人而來, 其疾如飛. 蔭官人意謂, 大官之行, 深山中安得有官行, 心竊疑惑. 欲引馬入于林藪, 而以避之, 未及避屛, 忽已至矣. 其人於馬上揖問曰: "公別來安否?" 蔭官人惝怳, 逡巡不能對. 其人笑曰: "吾居在此, 公其卽賜過臨也", 卽回驢而先, 其疾又如飛, 倏忽已不見矣. 蔭官人, 隨後而行.

俄到一處, 見大宮殿, 彌滿數里, 樓臺縹緲, 金碧照暎. 門有一衣冠候之, 見蔭官人之至, 迎拜引入. 經三四殿閣, 至一殿, 引之而上, 見一美丈夫. 衣冠甚偉, 左右侍姬數十人,顔皆絶代, 靑童侍者, 亦且十餘人, 帳御使令從官, 有若王者. 蔭官人恐懼, 趍進拜謁, 不敢仰視. 美丈夫答揖, 笑謂曰: “君不識我乎? 須諦視之.” 蔭官人, 乃敢仰視, 卽騎驢張蓋迎于路上之人, 而不曾相識. 伏而對曰: “昔者之拜, 不自省識, 今承下問, 莫知所對.” 美丈夫曰: “我乃蔣都令也. 君何不識.” 蔭官人, 始仰首諦視之, 面目果蔣也, 而風神秀朗, 英彩溢發, 非復昔日之醜惡庸陋矣. 蔭官人大驚, 莫測其端倪矣.

蔣卽命設宴以待之, 肴饌之盛異, 器玩之瑰琦, 俱非人世所有. 十數少娥, 列奏音樂, 絲竹歌舞, 亦皆非人世所聞見, 衆娥之美麗, 眞所謂‘瑤姬玉女’也. 蔣謂蔭官人曰: “東方有四大名山, 各有仙官主之, 吾則主此山者也, 曩有微過, 暫謫塵間. 在謫之日, 君遇我厚, 吾不能忘, 君見吾之死屍, 惻然有悼念之情, 吾亦知之. 吾非死也, 乃謫限旣滿, 尸解還仙也. 今知君行在此山, 欲報舊恩, 要與一見, 亦君有些少宿緣, 故能得到此耳.” 乃與酣讌, 盡飮而罷.

夜使寄宿於一別殿, 窓闥簾櫳, 皆以珊瑚水晶等奇寶爲之. 玲瓏瑩澈, 通明若晝, 骨冷魂淸, 不能成寐矣. 明日又設一晏以餞之, 酒酣, 蔣謂之曰: “此非君久留之地, 今可歸矣. 仙凡路殊, 後會難期. 望君好自珍重.” 卽命一侍者, 導其歸路. 蔭官人, 拜辭而出, 行未久, 卽達於大路, 而此非初來入山之路矣, 蔭官人, 頻揷竹木以表記之. 導路者到此, 辭歸.

蔭官人, 於翌年, 更往訪之, 重崖疊嶂, 草樹如織, 終不得尋其蹊徑焉. 蔭官人, 顔貌轉少, 鬢髮不白, 年至九十餘, 無疾而終. 蔭官人嘗言: “追思蔣都令在世之日, 無他異事, 但容貌不少變衰, 着一藍縷垢穢之衣, 無所改易, 十五年如一日. 此可知其非凡人, 而肉眼不識云.”

『天倪錄』

2 曺生

曺生, 不知何許人. 以鬻書, 走於世久已, 故見者無貴賤賢愚, 皆能知生之爲生也. 生日出而走於市, 走於巷, 走於庠塾, 走於官府. 上自搢紳大夫, 下至小學童子, 無不走見之. 而其走如飛, 其懷袖充然者, 書也. 書已售, 携其贏, 走壚上沽飮醉, 日暮走而歸. 人未嘗知其處, 又未嘗見其飯食. 而一布衣一草履走, 更時年而不易也.

英宗辛卯, 以朱璘所著明紀輯略, 有汚衊我太祖 · 我仁祖之語, 控于上國, 大蒐天下, 火其書, 戮賣書者. 於是, 國中鬻書者擧就誅, 而生先是走遠方, 以故獨免焉. 後歲餘, 生復來走如故. 人頗異之, 詰其故, 生笑曰: "生今在, 何走乎?" 或有問生年者, 生笑曰: "忘之已." 時或曰, 生年三十五. 今年問者, 明年復問, '生年奈何不過三十五云爾', 生笑曰: "人生三十五時好, 故吾欲以三十五終吾年, 而不加數也." 好事者或曰: "生年已數百歲." 生瞠曰: "若安能知數百歲事耶?" 人不能難. 然酒後, 往往道聞見者, 默考之, 則百十年故事也.

問生, "苦賣書, 何爲?" 曰: "賣書以買醉耳." "書皆生有, 而亦解其義耶?" 曰: "我雖無書, 而某氏藏某書若干歲, 某書自生賣之若干編, 是以雖不知其義, 亦能知某書爲某著某釋幾套幾冊也. 然則天下之書, 皆吾書也, 天下之知書者, 亦莫吾若也. 使天下無書, 吾不走也, 天下之人不買書, 吾不得日飮醉也. 是天以天下之書命吾, 而以吾了天下之書. 且疇昔者, 某氏之祖之父買書, 而身貴顯, 今也, 其子孫, 賣書而家窮窶. 吾以書閱人多, 而天下之智愚賢不肖, 比類從群, 生生不息, 則吾豈特了天下書也? 將以了天下人世也."

經畹子曰: "始余七八歲時, 頗解屬文. 先子嘗一日拉生至, 買八家文一部, 賜之曰: '此鬻書曺生, 而家藏書, 皆從生來.' 以其貌若四十者, 而計其時, 亦四十年. 生不老, 生固異於人也. 時余喜見生, 生亦愛余甚, 數過余. 余今髮種種, 已抱孫數歲, 而生則長軀朱頰, 綠瞳烏髭. 顧曩日曺生, 吁已奇矣. 余嘗問生何不食, 生曰 : '汚不潔也.' 又謂余曰: '人欲長年, 藥餌不及. 惇行孝悌, 陽德也. 子爲我喩天下人, 毋使苦問我也.' 噫! 生固有道, 而自隱玩世者也, 夫斯言也, 曾是老莊氏之所可得道也哉?"

『秋齋紀異』

3 金神仙可基

金仙之名, 何由而得哉. 少而無他異, 合巹 之夕, 一擧而得一子, 終身獨栖而已. 步蹀與人同而三入金剛, 一層不弊. 正陽寺中, 有老釋, 不食五穀, 不出戶外, 已十年. 金仙入而視之, 釋跏趺瞑目而坐, 仙不交一語, 跪而對坐. 有小闍梨進松花水於釋, 次進於仙, 仙合目不應. 如是三日, 坐如故, 釋乃愧謝之.

居家或晨起, 至澗水處, 露尻坐水, 腹有聲, 水從口中出. 已而, 以口吸泉, 泉如寫自肛下, 如是數回而止. 無疾而逝, 異香滿室, 數日不絶, 人以爲尸解. 金仙名可基, 曾孫名守德, 尙存.

壺山居士曰: “仙果學而得之乎? 然則道德·參同·金碧·黃庭等經, 焚香禮誦, 可乎? ‘熊經鳥伸’, ‘龍吟虎嘯’, 是果飛昇之津逮乎? 坎離交媾, 五氣朝元, 是果拔宅之眞諦乎? 世或有納氣·嚥津·休粮·辟穀·捻呪·驅邪, 竟歸於窮餓夭閼, 未聞白日輕擧嚇人耳目者. 然則道書所云, ‘駕鳳驂螭’, ‘步罡履斗’者, 果以何術致之乎? 王烈謂嵇 康曰: ‘有仙骨而無仙緣’, 然則骨與緣可生而有之, 不可學而得之. 無仙骨仙緣, 而徒事於爐鼎之間者, 非餓則閼矣. 金仙之步虛辟食呑精洗腸, 豈學而能之乎? 且讀列仙書, 但記其自行遐擧之事, 關尹之於老子; 子房之於赤松, 未可多見. 故曰: “不可學而致之者仙也.” 取諸身中, 人人可得而有之者, 孝悌忠信禮義廉恥也.”

『壺山外記』

4 東海居士

土亭李先生, 嘗以商販到東海上, 夜宿濱海一漁村. 又有一行人, 亦來止宿, 其狀有若居士, 與主人靜坐不寐. 其夜天色淸明, 海波恬靜, 無半點風. 居士仰瞻海天良久, 率然大驚曰: “大變將生.” 左右怪問其故. 居士曰: “今不過數時, 將有海溢之變. 此村將入萬頃波底, 若不急避, 則人其魚乎.” 土亭聞此, 亦仰觀天文而終未解. 見主人不之信, 無意出避. 居士曰: “主人雖以吾言爲妄, 幸願暫避於後山絶頂. 過數時後, 如不驗, 還入家中, 亦何害也? 猶以吾言爲疑, 則勿移財產, 只主人家人, 盡登高以避, 俾免胥溺也.” 土亭雖不解其理, 而異其言, 勉從之. 主人, 亦携老幼挈輕裝隨居士, 登家後山, 居士使之必登絶頂. 土亭獨不上絶頂, 坐於山腰曰: “亦可以避乎?” 居士曰: “他人則不可, 君則雖暫驚動, 可以避耳.” 及鷄鳴時, 海果溢, 波浪駕天而來. 水及於土亭雙趺之下. 濱海諸村盡沒, 黎明而止. 土亭遂拜居士, 願爲弟子而受學. 居士牢拒曰: “偶然知此, 他無所識.” 終不肯言其所蘊. 土亭問其所居, 在於不遠, 指示而去. 土亭明日往訪, 家已空.

『天倪錄』

5 碧瀾老人

吾先子於少時, 有事, 往海州. 暮至碧瀾渡, 渡卽候潮行船, 故行人擧將止宿, 鷄鳴乃渡. 見一老者, 衣敗絮, 喘汗病暑, 坐廠下, 店人索飯錢, 詈不休. 吾先子, 憫其老, 代還飯錢, 又出槖中布襦袴, 衣之. 老者, 飯其飯, 衣其衣, 無一語. 少焉, 從頌進曰: “此地不可過夜, 願公還尋舊路, 再明日可渡.” 云云. 吾先子亦心動, 趣駕還, 未及一亭, 雷雨暴注, 避次村舍. 雨三晝夜直下, 再明曉, 方開霽, 自西來者喧言, 碧瀾渡三十餘戶, 崩頹蕩墊, 牛馬鷄犬, 幷不得免矣. 嗚呼! 老者, 誠異人也.

『秋齋紀異』

6 申斗柄

申斗柄, 不知何許人. 好讀『參同契』64), 爲承文院散員, 事大文字, 皆照管. 院有事, 不待報而必先至, 不使人知其所居. 如是幾年, 忽投狀告歸曰: “有寡姊, 無以養, 所以干祿. 今姊沒矣, 何用祿爲.” 遂拂衣而去.

嘗與一人, 友善, 詣其人, 別曰: “今吾去矣. 後某年, 可相逢於楓嶽.” [其人疑其誕, 至是年, 其人, 果遊楓岳.]65) 至斷髮嶺, 斗柄, 戴凉笠來, 班荊道舊, 沽酒盡歡而去. 其人要與偕遊, 曰: “有去處, 不敢留矣. 某年月日, 當相訪於君之先壟.” 至其年, 其人沒. 歸葬之日, 斗柄携一壺酒來, 臨壙一痛而去. 竟不知所終. [有一女, 綽約有仙姿. 持誦道書, 造次不撤, 年過笄而未字於人. 亦不知所終.]66)

『壺山外記』

7 水仙

水仙者, 果川民, 無親屬, 賃人爲生. 嘉慶甲戌, 大饑, 米至石二千. 水仙曰: “死分耳. 作潔鬼足矣.” 冠嶽東麓, 有二泉, 名品也. 日往掬飮, 飮滿曝日, 臥山下. 夜宿店之空舍, 或與飯, 不受曰: “不負人恩.” 又走泉飮之. 消搖於兩泉之間, 終無飢困.

明年大熟, 人復延使傭, 水仙曰: “向以口腹累形骸, 幸得却穀方, 心亦安矣. 何忍重勞筋骨哉.” 既數年專精水性, 深悟水味, 泉井江溪, 辨之不差. 於是, 邑人皆稱 ‘水仙’.

尙書某公, 召致京師, 徧汲都下名泉, 使品之. 水仙以三淸之星泉爲第一, 訓練之通井, 鞍峴之玉瀑, 幷列第三, 而無第二. 曰: “輕重可知.” 秤之果然. 後游名山, 去不還.

---

64) 『壺山外記』에는 ‘好讀參同契’ 부분이 ‘正廟時’라고 되어 있음
65) 저본에는 이 구절이 없으나 『호산외기』에 의거하여 보충
66) 『호산외기』에는 이 부분이 없음

玉山子曰: “人之不食, 腹虛力竭, 以至於死, 則勢必疲苶乾直, 臍肚貼腔. 今見, 擧皆浮黃脹膩, 何也? 飢餒所驅, 不能定慾, 草頭木根, 强梗之物, 無不入口. 腸胃既乾, 消化不得, 乃至重滯, 上下隔塞, 氣不流通, 以生腫浮也. 如心有定主, 無誘於慾, 安心順氣, 吐納得宜, 且以好水, 潤其肺腑, 不死宜矣.

昔余友金守約, 在金剛, 飮水辟穀, 四十九日. 彼讀書人也, 必有定力. 若水仙無識賤流, 特以必死之心, 無競於外物, 所以心無外馳而專於內守, 其得效, 豈不宜哉? 世之不節飮食, 閼其天年者, 十之九矣. 是知食而死者多矣, 未有不食而死者也. 嘗見湖中一士, 歲儉多眷, 闕食. 早起烹水, 具盤卓, 列盂碗, 如常. 盛熱水, 家衆會坐, 吹熱長歠. 腹既果, 執常工如前, 炊烟不失時, 顔色益以潤. 視彼自廢不振者, 氣像何如. 此眞好箇讀書人忍飢法.”

『枕雨談草』

8 文有采

文有采, 尙州人. 有至行, 曾居父憂, 廬墓三年, 跡不到家. 服闋而歸, 其妻黃氏失行. 文生默之, 黃逃匿. 黃之族, 疑文生殺之, 詣官告訐, 拘囚七年. 趙尙書正萬, 爲牧使時, 知其寃, 譏捕得黃女, 杖殺之, 遂放釋.

文生仍出, 棲止山寺, 行辟穀法, 不食十餘日, 一食輒進五六升. 行步如飛, 日行四百里, 冬夏一單衣, 不知寒暑, 常着木履, 周遊四方. 至海州神光寺, 時大雪, 生服單衣, 略無寒色, 僧皆異之. 及設食, 辭而不食, 夕將寢, 僧引就暖處, 又辭而處冷地, 獨坐撤曉不寐. 時雨雪不止, 留三日而不食不眠, 僧輩皆知爲異人. 又以一斗米, 作飯以進, 生作塊呑之, 須臾而盡. 食畢將去, 僧以健步者, 踵其後. 生至石潭書院, 拜謁題名, 始知爲文有采. 行步迅速, 僧不可追, 遂歸云.

生性甚靜, 厭喧閙, 非僻處空菴, 則不處焉. 秋冬之交, 上絶頂廢寺, 雪積路塞, 便無聲息, 諸僧皆云: “處士必凍死.” 及至春回雪融, 卽往訪之, 則生以單布衫, 厚積落葉, 蕭然危坐, 顔色敷腴, 無凍餒色. 獨居時, 念誦之聲, 鏗如金石, 或有聞者, 卽撤. 有經師欲與論難, 答曰: “只能讀, 不知其旨.” 終不與酬酢, 莫能測其淺深. 自白華, 移處摩訶, 未幾而逝. 藁葬于拜岾, 已多年而無反葬之人云.

金百鍊曰: “聞楓山僧言, 文生, 一日獨處一房, 命衆僧勿近. 夜半, 忽聞屋壁震坼若霹靂聲, 而室內通明如白晝. 僧徒盡驚就見, 則文生目已瞑. 盖解化也."

『靑丘野談』

9 兪生

兪生, 南陽士人. 少喜遊山, 好談神仙事. 而家富厚故, 鞍馬僕從, 徧遊國內名勝, 不以寒暑廢焉, 曰: "四時之景, 皆不同." 嘗冒大雪, 入金仙臺, 止宿. 俄有二老人一少年入而夜已央矣. 見三人, 皆袒幘跣足, 疑其爲鬼怪, 竊恐悸. 已而, 三人曰: "天甚寒, 飮酒可乎." 袖出一酒壺一蕉葉. 葉中裹小兒手數枚, 壺中酒鮮如血也. 生益喫驚, 不敢語. 三人者, 各飮一杯, 佐以一手, 又酌以勸生, 又勸一手, 生謝曰: "生天戒不近酒肉." 三人笑曰: "君旣不食, 吾將食之." 遂盡其餘而出戶, 不知其處. 生始驚悔, 聞葉上餘瀝芳烈, 舐之則甘香淪肌. 乃知當面錯過. 雖垂死之日, 言輒淚下, 自恨無福分.

『秋齋記異』

10 李生

李生, 忘其名者. 自幼質弱多病, 於某友得攝生之方, 頗有效, 又得『性命圭旨』, 多試咽津運氣之法. 嘗謂余曰: "欲養生, 先要運氣, 通任督脉. 則百病不生." 著『內外金丹訣』三百六十句, 示余, 句語多出於『性命圭旨』, 而其說修鍊工夫, 有次序甚精密, 可觀.

『兼山筆記』

11 金世麻

金世麻, 寧邊人也. 早從異人, 學修鍊法, 寒不衣絮, 飢不茹穀. 入妙香山, 徜徉於淸凉雪嶺之間, 殆四五十年. 西關, 皆以神仙號之. 入其境, 問金神仙家, 樵童饁婦, 莫不指示焉. 其神皃, 不踰中人, 而淸癯無俗樣. 一日所啖, 只松葉數匙和淸水而已. 夜則徹曉危坐不寐, 至五更, 必出戶盤桓於階庭, 少焉, 暫入室, 唯恐傍人知之. 又精於推命, 多奇中. 自言: "讀『黃庭經』九千餘遍, 欲入中毗盧, 讀萬遍而還" 云. 年六十餘, 而着木屐, 行懸厓絶頂, 捷如飛, 僧輩敬奉如神明, 所傳多靈異涉誕, 或秘之. 後至金剛楡岾, 坐化, 踰年, 其舍姪, 返骸而去.

『鶴山閒言』

12 休靜

淸虛禪師休靜, 久住香山, 故又稱 '西山'. 俗姓崔氏, 宣廟壬辰, 爲僧將, 八道都摠攝. 休靜少習儒家言, 已通大義, 忽發願投芙蓉門下, 被剃受法. 流通八敎, 透徹三關. 其門人, 收拾遺稿, 爲『淸虛堂集』一卷, 刊行于世. 「香爐峯」詩曰: "萬國都城如垤蟻, 千家豪傑若醯鷄. 一窓明月淸虛枕, 無限松風韻不齊."

『兼山筆記』

13 惟政

惟政, 字離幻, 號四溟堂, 又號松雲. 俗姓任, 西河人, 名應奎. 父贈刑判守成, 家密陽. 十三歲, 就黃岳直指寺, 信默被剃. 辛酉, 中禪科, 與一時學士大夫唱和. 乙亥, 入妙香山, 受益於淸虛, 學蓮華經, 苦行三載, 盡得其法. 甲辰, 奉國書, 往日本, 日本人加待焉. 年六十七歿, 私謚慈通弘濟尊者. 有集七卷, 享密陽表忠祠.

『震彙續考』

14 彦機

鞭羊禪師彦機, 幼有異性. 受戒於玄賓, 旣長證印於西山, 道旣成, 聲聞日播, 登門叩質者甚多. 嘗住于楓岳天德寺, 九龍山大乘庵, 妙香山天授庵. 弟子說淸, 收遺書, 編刊『鞭羊堂集』一卷. 「贈信元山人」詩曰: "拈花微笑最初句, 六代相傳只此心. 可憐若我癡狂輩, 但向經文紙上尋."

『兼山筆記』

15 熙彦

熙彦者, 明川良民也. 十二歲, 出家, 入七寶山雲住寺, 十三歲, 落髮居雲住, 幾二十年. 惟至勤, 手自梱屨, 晝夜不息, 片刻不休. 三十一歲, 始以所業草屨, 貿細布十五六匹, 三度來, 販於京中及關西. 得細布一同, 負還, 至安邊·元山地, 弛擔憩于路上, 忽然棄其所負, 直走皆骨山, 便斷穀, 蓋頓悟也.

悟道之後, 與衆混跡, 不爲崖異人, 未之奇也, 皆以爲凡流, 中斷穀者. 碧岩師覺性一見異之曰: "天下高僧也", 與之相友, 由是知名. 其爲道, 以孤高刻苦爲主, 參禪入定之後, 晝夜跏趺兀坐, 不臥不睡. 一衲, 無冬夏不換, 至死無袴, 只以一幅巾掩下. 平生無一言, 僧俗有往來者, 但合掌曰: "成佛." 其意, 盖以勸人學道成佛也. 初不能文, 悟道之後, 覺性叩之, 多知經語云.

光海朝, 設水陸齋於山中, 聞其道高, 製賜錦繡袈裟. 使者置于前, 合眼不視, 良久, 手推而逸去. 嘗至智異山寺, 入定兀坐, 屢十年. 寺僧悶其飢, 以飯進之, 終不食. 僧徒密以釜底燒飯, 和水, 置于師傍, 不使知之. 始食之, 夜還其器而去, 必置于飯主之房前, 人以爲他心通云. 晚至俗離山法住寺, 爲土窟而居之, 晝夜兀坐, 三十餘年而終. 死時亦坐化, 年八十餘. 茶毗之夕, 大風振山云. 余至俗離山寺, 見熙彦·守一·覺性畵像, 問三師中, 誰人最高? 寺僧曰: "彦師最高." 問其事蹟, 有信玄者, 吉川人也, 與之同鄕, 且居此寺, 見其就化. 故略見其始終, 如此.

『天倪錄』

16 守一

守一禪師者, 嶺南釋子也. 居於蔚山之某寺, 有道術多異事, 寺僧極敬畏之. 師[67]無徒弟而甚貧, 同寺僧數百互供其食. 每當飯時, 輒訪所供食之僧而就座, 有若人相報知者焉. 未嘗一錯, 人以此知其他心通焉.

晝多合眼而眠, 夜登寺後小麓, 靜坐不眠. 夜未深, 寺僧或時時相訪, 作語而歸. 一夕謂諸僧曰: "今夜, 爾輩勿或來訪我." 夜將半, 有少年闍梨四五人, 同往訪之. 遙望, 禪師與一衲對坐, 而兩人語聲隱隱, 衆爭趍之, 其相對一衲, 卽化大虎, 見闍梨輩, 大吼逐之,

---

67) 저본에는 '寺'로 되어 있으나 『天倪錄』을 참고하여 '師'로 고침

聲振山谷. 衆大驚奔還, 或有僵仆出矢者. 一師笑止其虎曰: "汝勿如此, 汝勿如此." 虎便還上禪師坐前, 衆又潛往望之, 對坐者, 非虎乃僧也. 人莫知其故.

又一日, 師將往金剛, 道經某地, 坐路旁石上. 其時有一相公, 有臧獲在某邑, 頑不從令. 相公抵書於其道兵使, 使之分付其邑, 多囚其妻子族屬, 解送京中. 兵使使鎭撫一人持秘關, 往其邑, 行其事, 如相公之命. 鎭撫者, 到其邑, 適昏夜. 太守已罷衙而宿矣. 邑吏謂鎭撫曰: "吾太守眠已牢矣, 明曉, 傳關, 猶未晚也." 衆仍共邀鎭撫, 會飮大醉, 竊視其秘關. 所謂相公之奴, 非吏胥之族黨, 則乃其比隣也. 事遂大漏, 未曉, 而相公之奴盡逋.

明日, 邑宰見其關, 使捕之, 家家烏有. 遂報其逃狀, 兵使揣知其漏失, 大怒, 急走一驛卒, 逮還其鎭撫. 其逮來之行, 適及於一師所坐石下. 係馬將點心, 鎭撫見僧, 念其飢, 先以飯和水進一器, 師受喫不讓. 鎭撫長吁曰: "我殆其死矣. 彼禪師若是佛, 可以活我矣." 師問其故, 鎭撫細語之. 師默然良久曰: "君將以何時就見兵使否?" 對以"在於今日日中矣", 師曰: "今日不吉, 必現於明日亭午可矣." 更問之, 師便不言, 遂各東西而別.

鎭撫者, 如其言, 姑遲其行, 明日亭午, 始入告. 兵使方與褊裨閑坐. 曳入其鎭撫, 怒問其狀, 將施刑杖. 兵使忽自語自答曰: "杖此漢, 可乎? 否乎?" 良久不決, 褊裨親密者進曰: "使道! 於此漢之決罪, 何如是狐疑乎?" 兵使曰: "我有一段怪事, 故如是耳." 褊裨請問之, 兵使曰: "我夜夢, 我之先考與一異僧偕來, 敎我曰: '鎭撫某者, 汝愼勿施杖.' 我對曰: '敢不如敎乎?'. 仍而覺悟. 曉而又夢, 先考與僧, 復至敎曰: '念汝或以夢中事, 爲虛誕, 誤杖此人, 故不免再至耳. 汝愼勿杖之', 再三丁寧而去, 覺來怳然明白. 此吾所以趑趄也." 兵使問於鎭撫曰: "汝作佛事否?" 對以無有, 又問: "汝或舍施佛人否?" 對曰: "平生無舍施之事, 昨日途中, 遇一行脚過僧, 以一器飯齋之耳." 兵使問其狀, 果如夢中所見與其先考偕來者也. 兵使詳問齋飯時事, 對以相問答之語. 兵使大加驚異, 遂釋之云.

師狀貌豊碩魁傑, 一見可知其非常人. 堪輿者金應斗, 少時, 親見之, 爲余言如此.

『天倪錄』

17 處能

白谷禪師處能, 善詩, 有集二卷. 其「白馬江懷古」詩曰: "白馬波聲萬古愁, 男兒到此涕堪流. 始誇魏國山河寶, 終作烏江子弟羞. 廢堞有鴉啼落日, 荒臺無妓舞殘秋. 三分割據英雄盡, 但看西風送客舟." 「呈白洲相公」詩曰: "信宿曾遊寺, 風光記往年. 曉雲濃滿峽, 春雨細鳴泉. 深樹鶯聲老, 幽庭草色鮮. 悠悠生別意, 把筆寫新篇."

『兼山筆記』

18 頓認

西岳禪師頓認, 善詩文. 其門人天倪, 爲集二卷刊行. 竹石徐尙書序之曰:

西岳, 法名頓認, 本關西人, 年十五出家, 爲空門. 顧喜爲詩以自娛. 其詞多淸警可誦. 昔在庚子, 始與師, 遇於臨湍道上, 見其貌頎而秀, 心異[68]之, 問其所住何寺. 叩之以文, 師對甚敏, 與之共行, 幾十餘里, 馬上聽其詩幾篇, 皆可喜者. 乙卯, 余守寧邊, 師自香積來訪, 出其詩一卷, 益淡雅, 如其爲人. 相見喜甚, 留數日, 所唱酬, 亦累篇. 乙丑, 余以儐使, 赴龍灣, 師會余於安州百祥樓, 贈余長律一篇, 師已老且病矣. 余感其意勤, 而閔其早衰也. 戊辰, 余按節至浿城, 則師之徒天倪, 抱師之詩文, 謁余爲序, 盖其示寂, 已在丁卯矣.

『兼山筆記』

19 栗峰

栗峰禪師, 名靑果, 高僧也. 甲戌春, 來住僧伽寺. 余姑夫李公仁栻氏, 與崔生忘其名者, 偕往訪之, 余從焉. 見栗峰, 趺足坐蒲團, 年可七十餘, 黙無一言. 李公與崔生持『金剛經』, 問難, 栗峰乃言曰: "『金剛經』, 卽大乘法門也. 大旨卽阿耨多羅三藏三菩提心. 人若能知此卽是覺也. 如斯而已." 徒敬豁等五人從之, 言: "禪師將往住[69]于金剛摩訶衍." 後自金剛來者, 見栗峰于摩訶衍云.

『兼山筆記』

20 安慶昌

68) 저본에는 '里'로 되어 있으나 『竹石館遺集』에 의거하여 고침
69) 저본에는 '往'으로 되어 있으나 문맥상 '住'임이 분명함

安慶昌, 松都人也. 號四耐, 性倜儻多氣節. 少時從僧, 受業於華藏寺. 有老僧, 盡日露頂跣足, 行步雪上, 盛夏, 着百結衣, 臥於岩上, 鼻息如雷. 羣髡咸敬, 以爲神僧. 慶昌, 心甚慕悅, 願爲闍梨, 師許之.

從游幾半年, 竊看所爲, 師每夜拜北斗, 夜半而起, 喇口誦經, 所喫, 只松葉而已. 慶昌請於師曰: "願聞凌寒耐暑之方." 師曰: "是豈他方? 久服松葉, 則自至寒不寒, 暑不暑矣, 飢渴不能侵爾." 慶昌曰: "尊師所誦何經?" 曰: "北斗." 又問曰: "他僧喫松者, 多矣. 未聞有寒暑飢渴之能耐." 師曰: "他喫鹽醬, 亦不能收斂精神." 又問曰: "何以則收斂精神?" 師曰: "無慾." 慶昌粗傳其法, 頗耐四苦, 因以自號焉. 師實異僧, 而慶昌亦非常人也. 冬月, 着布衫, 赤脚以行, 又析氷入浴, 顔如渥丹, 年八十餘. 而萬曆甲辰, 余以應敎爲試才御使於松都, 以武額最多, 留連十餘日. 每與慶昌同處, 慶昌遍游國內名山, 能說向來游覽之事. 余聽之亹亹, 頗有臥游之興.

『竹泉閑說』

21 張老人尙袪

張尙袪, 爲騎省掾, 三十年, 不干要任, 居常閒靜少言, 公退則處一室, 不汲汲於家産. 年至七十康强, 臨終, 戒其子, '死後忌祭, 勿用魚肉.' 沒後, 異香滿室, 累日不散. 其子依其命, 忌日備素饌祭之.

『兼山筆記』

22 金處士理璟

金道月理璟, 字就明, 自少好釋敎, 內典諸經, 無不閱覽. 嚴於戒行, 平生蔬食, 不飮酒食肉. 晩年住念佛庵, 遺言火葬. 其子從其志, 以燼餘, 作浮圖于念佛庵云.

『兼山筆記』

23 權生

權生, 失其名, 禮山人. 隣居有朴處士者, 好佛法, 晝夜念佛, 權生每非笑之. 朴處士病將死, 權生忽夢, 有衆僧著袈裟, 護繞朴家, 乃曰: "奈破戒何?", 皆退去. 又有衆惡鬼, 來圍其家, 少頃, 有哭聲. 權生怪之, 仍夢覺探問, 朴果死矣.

問其子曰: "汝父臨終, 有何所喫?" 其子曰: "別無所食, 而因口臭, 吸烟草少許." 權生知烟草爲孽, 乃盡燒家儲累千斤, 盖種烟草爲業者也. 子孫止之曰: "寧賣, 毋燒!" 權生曰: "己所不欲, 不可施於人." 竟燒之. 吸烟之具, 盡毁棄之, 誓不更吸烟, 遂勤念佛. 臨終, 戒其子孫, 忌日必設齋于佛寺云.

『兼山筆記』

24 德川衲子

德川校宮傍近有曠谷, 而谷中皆惡樹亂石, 似無尺寸饒沃. 一日一衲子來白曰: "願墾谷爲田, 耕三年後, 依法納稅, 分地可乎?" 校曰: "諾." 明朝, 裹數斗餠, 携一柯斧, 至則啖餠盡飮水. 旣入谷中, 手拔樹且伐[70], 足蹴石轉下. 日未中, 而蒨叢磽确, 已爲平衍. 又明日, 一手推雙犂, 起于原, 止于峯, 縱橫上下, 作數十百畝, 種粟數石, 而結草廬居之. 及秋, 穫粟千五六百斛, 今年如此, 明年如此, 又明年又如此, 積粟三千餘斛矣. 一日來告曰: "佛不可耕而學也. 僧今告歸, 田畝納于校宮." 明日, 招本邑暨傍邑近里民三千餘戶, 戶施一石, 僧竟飄然而去.

『秋齋紀異』

25 城麒

釋城麒, 金剛山正陽寺居住沙門也. 稟質聰慧, 多讀內典, 嘗撰「勸往歌」一篇, 凡一千一百八十餘句, 言多懇至[71]. 三十而沒. 林川人金安富, 嘗住金剛諸寺, 八年讀醫書, 與城麒友善. 後入京診病, 得「勸往歌」一本而來, 讀而好之, 謄數本, 示知舊, 莫不稱之以爲城麒必見性高僧云.

『兼山筆記』

---

70) 저본에는 '代'로 되어 있으나, 『秋齋紀異』에 의거하여 '伐'로 고침
71) '言多' 뒤에 글자가 빠진 듯하여 '懇至' 두 자를 보충함

인용서목 해설

1. 겸산필기兼山筆記

『이향견문록』의 편자 유재건의 저서이나 현전하지 않아 그 구체적인 내용은 알 수 없다. 혹 유재건이 『이향견문록』을 편찬하면서 자신이 새로이 입전한 글에 대하여 '겸산필기'라고 명명했을 수도 있다. 한편 『이향견문록』의 인용서목 끝부분에 "『겸산필기』 84칙은 모두 주를 달지 않는다兼山筆記八十四則並不懸注"라 한 것으로 보아, 수록된 작품 84편이 『겸산필기』에서 온 것임을 알 수 있다. 이는 『이향견문록』 전체 287편의 3할에 이르는 분량으로, 여러 인용서 중에서 가장 많은 편수를 차지하는 것이다.

권1: 박무성자상우朴無聲子常遇, 김퇴정재항령金退靖齋杭齡

권2: 윤교관민성尹敎官民性, 백학고당윤구白學古堂胤耉, 안공참태신安工參泰新

권3: 김무구자경직金无咎子敬直, 이천관연李天官掾, 김혜국연金惠局掾, 박만호朴萬戶, 유동추공후택劉同樞公厚澤, 홍석사윤수洪碩士胤琇, 권동추정일權同樞廷一, 서학포헌경창徐學圃軒慶昌, 박동추원묵朴同樞元默, 유노촌한겸劉蘆村漢謙, 배동추광옥裴同樞光鈺, 윤학록암수하尹鶴鹿庵壽河, 서송간의석徐松磵義錫

권4: 절부김씨節婦金氏, 이간취자수익李看翠子受益

권5: 김시한재순간金是閒齋順侃, 박시은계강朴市隱繼姜, 정넉헌치鄭櫟軒致, 백대붕白大鵬, 석남천희박 · 자 만재石南川希璞 子萬載, 현금곡덕윤玄錦谷德

潤, 최동계윤창崔東溪潤昌, 박담옹창원朴澹翁昌元, 송매곡규빈宋梅谷奎斌, 이간취자수익李看翠子受益, 이장와성중李壯窩聖中, 김분진규金汾津圭, 김도선암홍서金逃禪庵弘敍, 최항은태완崔巷隱泰完, 최귀곡기남崔龜谷奇男, 최창애대립 崔蒼厓大立

권6: 유동추명표柳同樞明杓, 홍백화자신유洪白華子愼猷, 이송목각언진李松穆閣彦瑱, 임쌍백당광택林雙柏堂光澤, 김동애환金東厓瓛, 태약고화太藥皐龢, 정어산이조丁漁山彛祚, 지연소덕귀池蓮巢德龜, 임송월헌득명林松月軒得明, 이경재경연李儆齋景淵, 이진우당덕함李眞愚堂德涵

권7: 방백취효일方白醉孝一, 정광윤鄭光允, 이자상李子常, 박응모朴膺模; 유죽원한렴劉竹園漢廉, 박국은기열朴菊隱基說, 최감재경흠 崔憨齋景欽

권8: 김불염자희성金不染子喜誠, 이북악해룡李北岳海龍, 엄만향재한붕嚴晩香齋漢朋, 신동추의칙 · 자야급申同樞矣則 子也汲, 김우천성후金牛川聲厚, 이사관명예李寫官明藝 · 자 의중, 의겸子宜中宜兼, 김제원金悌源, 김고산정호金古山正浩, 진화사재해秦畵師再奚, 김복헌응환 · 손화종金復軒應煥 孫和鍾, 이고송류수관인문李古松流水館寅文, 김긍재득신 · 자 건종, 하종金兢齋得臣 子建鍾夏鍾, 장화사한종 · 자 준량張畵師漢宗 子駿良, 이화사윤민 · 자 형록李畵師潤民 子亨祿, 김자정재학성金自靜齋鶴聲

권9: 신침의申針醫, 안의사덕수安醫師德壽, 김국기한흥金國碁漢興, 이동추희복李同樞喜福, 송의학천宋醫學天, 최의운崔醫雲 · 손 륜孫倫, 증손 종진曾孫宗震

권10: 장노인상현張老人尙絃, 성기城麒, 권생權生, 율봉栗峰,이생李生, 휴정休靜, 언기彦機, 처능處能, 돈인頓認, 김처사리경金處士理璟, 유정惟政

2. 계서잡록溪西雜錄

이희평李羲平(1772~1839)이 편찬한 야담집. 여러 이본들이 있는데, 체제나 내용으로 미루어볼 때 『계서야담』 계통의 야담집으로 추정된다. 이 책은 『청구야담靑邱野談』 『동야휘집東野彙輯』 등의 이조후기 야담집과 긴밀한 연관성을 보여주고 있어 야담 연구에서 주목되는 작품집이다.

이희평은 자가 준여準汝, 호는 계서溪西, 본관은 한산韓山이다. 1810(순조 10)년에 사마시에 급제하여 전주판관 · 황주목사를 지냈다. 그의 집안은 노론 벌열층으로 혜경궁 홍씨의 외척이기도 하다. 국문체 기행문인 『화성일기華城日記』와 생부 이태영李泰永의 행적을 기록한 『과정록過庭錄』을 남겼다.

권3: 노동지盧同知, 홍동석洪東錫

3. 극옹이상서찬屐翁李尙書撰

이만수李晩秀(1752~1820)의 글. 이만수는 자가 성중成仲, 호는 극옹屐翁 · 극원屐園, 본관은 연안延安이다. 1783(정조 7)년 사마시에 합격하여, 대사성 · 대사간 등을 거쳐 이조판서에 올랐고, 1811년 홍경래 난 때에는 평안도 관찰사로 있다가 파직, 유배되기도 하였다. 문학은 변려문에 특출하였고, 글씨에도 능하였다. 저서로 『극옹집屐翁集』이 있는데, 인용된 유광진에 대한 글은 보이지 않는다.

권3: 유만취헌광진劉晩翠軒匡鎭

4. 근재집近齋集

박윤원朴胤源(1734~1799)의 시문집. 32권 16책의 활자본으로 간행 연대는 1817년경으로 추정된다. 그의 제자 홍직필洪直弼과 조카 박종경朴宗慶이 주로 편집 간행하였으며, 서문이나 발문이 없다.

박윤원은 자가 영숙永叔, 호는 근재近齋, 본관은 반남潘南이다. 1792(정조 16)년에 학행學行으로 관직에 천거되었으나 사퇴하고 학문 연구에만 전념하였다. 그는 김창협 · 이재李縡 · 김원행金元行으로 이어지는 학통을 계승하여 이조후기 성리학의 중요한 학파를 형성한 인물이다. 저서로 『근재집』 이외에 『근재예설近齋禮說』이 있다. 인용한 이몽리에 대한 글은 『근재집』 권23 잡저의 「기이생몽리사記李生夢鯉事」를 옮긴 것이다.

권1: 이학관몽리李學官夢鯉

5. 금릉집金陵集

남공철南公轍(1760~1840)의 시문집. 24권 12책 활자본으로, 1815(순조 15)년에 저자가 직접 편집 · 간행하였다. 문집 내용 중 정조를 입시하면서 들은 내용을 기록한 『일득록日得錄』, 구양수歐陽脩의 『역동자문易童子問』의 체제를 따라 시의 원리와 작법 등을 문답식으로 설명한 「시동자문詩童子問」 등이 흥미롭다. 또한 「서화발미書畵跋尾」는 그의 서화관을 알 수 있게 하는 자료이다.

남공철은 자가 원평元平, 호는 사영思穎 · 금릉金陵, 본관은 의령宜寧이다. 1792(정조 16)년 문과급제하여 9번이나 이조판서에 제수되었고, 영의정에까지 올랐다. 패관문체를 일신하려는 정조의 문체반정에 지목된 뒤로 순정한 육경고문六經古文을 연찬하여 당대 제일의 문장가로 알려졌다. 저서로 이 책 외에도 『영옹속고潁翁續稿』 『영옹재속고潁翁再續稿』 『귀은당집歸恩堂集』 『고려명신전高麗名臣傳』 등이 있다.

인용된 송규휘와 최북에 대한 글은 이 책 권13 잡저 「논송생회효행장論宋生奎輝孝行狀」과 「최칠칠전崔七七傳」을 옮긴 것이고, 최규현에 대한 글은 권13 제발題跋 「서최순옹영원전후書崔淳翁永元傳後」를 옮긴 것이다.

권2: 송치옹규휘宋恥翁奎輝

권3: 최규현崔奎顯

권8: 최호생관북崔毫生館北

6. 김소은고金素隱稿

김희령金羲齡의 시문집인 듯하나 현전하지 않아 자세한 내용은 알 수 없다. 김희령은 자가 백경伯敬, 호가 소은素隱으로, 이조후기 여항시인이다. 김낙서金洛瑞의 아들로 교서관 서리를 지냈으며, 송석원시사松石園詩社의 뒤를 이은 서원시사西園詩社의 중심인물로 활동하였다. 『풍요삼선』에 그의 시 16수가 전한다. 본서 권7 「11 소은 김희령」 항에 입전되어 있다.

권1: 김석천영金石泉泳, 박만취정영석朴晩翠亭永錫

권3: 김중진金仲眞, 황순승黃順承

7. 뇌연집雷淵集

남유용南有容(1698~1773)의 시문집. 30권 15책, 활자본이다. 1782(정조 6)년 정조의 명으로 운각芸閣에서 편집 간행하였는데, 서문은 정조가 직접 지은 것이다.

남유용은 자가 덕재德哉, 호가 뇌연雷淵 · 소화小華, 본관은 의령이다. 정언正言으로 재직 시에 영조의 뜻을 거슬러 해남으로 유배당하였으며, 그 뒤 예조참판을 거쳐 원손보양관元孫輔養官으로 왕세자를 어릴 때부터 보필하여 후일 정조가 그 은혜를 오래도록 잊지 못하였다고 한다. 저서로 이 책 외에 『명사정강明史正綱』『천의리편闡義理編』 등이 있다.

권2: 윤효자명상尹孝子明相

8. 만취정고晩翠亭稿

박영석朴永錫(1734~1801)의 시문집, 필사본 1책이다. 이 책의 편성 내력은 알 수 없고, 그 가운데 시는 모두 123수로 문집의 절대 분량을 차지하는데 목차의 구별 없이 수록되어 있다.

박영석의 자는 이극爾極, 호는 만취정晩翠亭, 본관은 전주로서 이조후기 여항시인이다. 서울 순화방順化坊 누각동樓閣洞에 거주하였는데, 그의 전기가 『호산외기』『희조일사熙朝軼事』 등에 나와 있으나 관력官歷은 전혀 보이지 않는다. 본서 권1 「8 만취정 박영석」 항에 입전되어 있다.

인용된 한이형에 대한 글은 이 책 중 「한석사이형묘문韓碩士以亨墓文」을 옮긴 것이다.

권1: 한율촌이형韓栗村以亨

9. 매옹한록梅翁閑錄

박양한朴亮漢(1677~1746)이 펴낸 야담집. 『매옹한설梅翁閑說』 『매옹문록梅翁聞錄』 등 다른 이름으로 전하기도 하며, 국내외에 여러 이본이 전한다. 이 책은 자신의 견문을 비롯하여 외조부 윤지완尹趾完과 외숙 정태화鄭太和 등으로부터 들은 이야기를 기록한 것으로, 야사적野史的인 성격이 강하다. 조선조 개국 이래 숙종 때까지 약 300년간의 기사를 다루고 있는데, 당쟁 · 임병양란 · 인조반정 · 북벌론 · 예론에 관한 기사 등 사료적 가치가 풍부하다.

박양한은 자가 사룡士龍, 호는 매옹梅翁, 본관은 고령高靈이다. 소론의 명문가 출신으로 1696년 진사가 되고, 영조 때 고산현감高山縣監 · 평양서윤平壤庶尹 등을 역임하였다.

권2: 이효자익삼李孝子益三

10. 미수기언眉叟記言

허목許穆(1595~1682)의 시문집. 93권, 원집 67권, 별집 26권 25책의 목판본이다. 그가 생전에 수편手編하고 서명을 붙인 것으로, 학술적인 저술과 일반적인 시문을 독자적인 체제를 세워 분류 · 편차編次하였다.

허목은 자가 문보文父·화보和甫, 호는 미수眉叟, 본관은 양천陽川으로 한강寒岡 정구鄭逑의 문인이다. 1626년 인조의 생모 복상 문제와 관련하여 유신儒臣 박지계朴知誡를 비난하다가 인조에게 정거停擧를 당하였다. 그후 50여 세까지 은거하며 학문에만 전념하여 예학에 일가를 이루었다. 1657년 지평이 된 후 대사헌을 거쳐 우의정에 이르렀으며, 예론에서 송시열과 맞서 남인 중 청남淸南의 영수로 활약하였다. 저서로 이 책 외에 『동사東史』『방국왕조례邦國王朝禮』『경설經說』『경례류찬經禮類纂』 등이 있다.

인용된 전언옹에 대한 글은 이 책 별집 권20의 「총산선생묘갈蔥山先生墓碣」을 인용한 것이다.

권1: 정총산언옹鄭蔥山彦窅

11. 박국은고朴菊隱稿

박기열朴基說의 글. 박기열은 자가 이습而習, 호는 국은菊隱, 본관은 밀양이다. 그는 이조후기 여항시인으로 『풍요삼선』에 그의 시 6수가 전한다. 본서 권7 「10 국은 박기열」 항에 입전되어 있다.

권1: 김석천영金石泉泳

12. 박씨가장朴氏家狀

작자 미상. 박수천朴受天 집안 내지 밀양 박씨 집안에 내려오는 가장家狀인 듯하다.

권2: 박동추수천朴同樞受天

13. 번암집樊巖集

채제공蔡濟恭(1720~1799)의 시문집. 60권 27책, 목판본이다. 정조가 「어정범례御定凡例」를 내려 문집 간행을 명하였으며, 소疏·차箚·계啓 등이 많은 양을 차지하고 있어 그의 정치적 위상을 보여주고 있다.

채제공은 자가 백규伯規, 호는 번암樊巖·번옹樊翁, 본관은 평강平康이다. 1734(영조 19)년 문과급제하여 병조판서를 거쳐 1793(정조 17)년 영의정에 이르렀다. 영조 당시 시파時派로서 벽파僻派에 대립하여 영조와 정조의 신임을 얻었고, 또 공서파攻西派에 맞서 신서파信西派의 영수로 활동하며, 이가환李家煥·정약용 등 실학파의 정치적 진출에 배후가 되었다.

인용된 6편은 이 책 권55에 실려 있는 14편의 전에서 옮긴 것이다.

권2: 애남愛男, 임효자林孝子, 백효자사량白孝子士良

권3: 이오위장충백李五衛將忠伯

권4: 만덕萬德, 청풍의부清風義婦

14. 범곡기문凡谷記文

미상. 권6 〈14 송석원 천수경〉을 보면, 『범곡기문』을 인용문에 "내 선친인 미헌공"이란 구절이 있는 것으로 보아 미헌彌軒 박경렬朴景烈의 아들 되는 인물이 지은 것으로 추정됨.

권4: 만덕萬德, 면성월綿城月

권6: 천송석원수경千松石園壽慶, 조추재수삼趙秋齋秀三, 김호고재낙서金好古齋洛瑞

15. 보만재집保晩齋集

서명응徐命膺(1716~1787)의 시문집. 16권 8책. 저자의 아들과 손자에 의해 편집, 1822(순조22)년에 간행되었다. 이 문집은 시에 비해 문이 차지하는 비중이 높은데, 문 가운데서도 소疏·차箚 같은 정사에 관계된 내용이 많다.

서명응은 자가 군수君受, 보만재保晩齋라는 호를 정조에게 하사받았으며, 본관은 달성達成이다. 북학파의 비조로 일컬어지며, 그의 학문은 아들 서호수徐浩修와 손자 서유구徐有榘에게 전수되어 이용후생利用厚生을 추구하는 가학家學의 전통을 세웠다. 청나라를 사행使行으로 왕래하며 정조에게 학문적 영향을 끼쳤고, 규장각 운영과 사서史書·유서類書 편찬에 주도적 역할을 하였다.

권1: 한시은순계韓市隱舜繼·증손섬曾孫暹, 안죽헌광수安竹軒光洙

16. 비연상초斐然箱抄

장지완張之琬(1806~1858)의 시문집, 3권 1책, 목활자본. 그의 지우 이자전李紫田과 현보여玄報汝가 1857년에 간행하였다. 여기에는 시가 83수 실려 있고,

이조 성리학 발달사를 살필 수 있는 「찬성리서서례纂性理書敍例」가 수록되어 있다. 『비연상초』에 수록된 글들은 이후 그의 아들에 의해 간행된 『침우당집枕雨堂集』에 거의 그대로 수록되었으나, 「찬성리서서례」는 빠져 있다.

장지완은 자가 옥산玉山·여영汝瑛, 호는 침우당枕雨堂·비연斐然, 본관은 인동仁同이다. 율과 출신의 중인가계中人家系로 1825(순조 25)년 율과에 합격하였다. 장혼의 문하에서 수업하였는데 그 문하의 여항시인들을 주도하여 자신의 호를 딴 '비연시사斐然詩社'를 결성하였으며, 유재건이 주동이 된 『풍요삼선』 편집 간행에 참여하였다. 그의 저서는 『비연상초』 외에 『침우당집枕雨堂集』 『침우담초枕雨談草』가 있으나, 『침우담초』는 현전하지 않는다.

인용된 9편 중 「김육지金六指」와 「변의고卞義姑」는 이 책에 실려 있지 않고, 그 외의 것은 이 책 권3에 실려 있다. 김대섭과 장혼, 그리고 절부 하씨, 이효녀, 숙천 김씨에 대한 글은 각각 「김대섭전金大涉傳」 「장선생혼전張先生混傳」 「고행전孤行傳」에서 옮겨온 것이고, 단인 장씨와 고진원에 대한 글은 「사고장단인행장四姑張端人行狀」과 「두은고근재묘지명斗隱高近哉墓地銘」에서 옮겨온 것이다.

권3: 김육지金六指, 김대섭金大涉

권4: 단인장씨端人張氏, 절부하씨節婦河氏, 이효녀李孝女, 변의고卞義姑, 숙천김씨肅川金氏

권6: 장이이엄혼張而已广混

권7: 고두은진원高斗隱晉遠

17. 삼강록三綱錄

각 도에서 충忠·효孝·열烈의 삼강三綱을 실천하는 데 귀감이 될 수 있는 사람의 기사記事를 가려 뽑은 책으로, 모두 18책의 사본寫本이다. 1776년부터 1783년 사이 과거가 있는 해(子·卯·午·酉)마다 팔도에서 삼강에 행실이 있는 자를 보고하고, 예조에서 다시 왕에게 아뢰어 증직贈職·급복給復·상전賞典을 내렸는데, 이 책은 이를 뒷받침하는 사적事蹟을 편집, 수록한 것이다. 뒤에 『삼강속록三綱錄續』『속수삼강록續修三綱錄』 등의 이름으로 속간되기도 하였으며, 각 지방에서도 그 군읍의 『삼강록』을 자체적으로 간행하기도 하였다.

권2: 오효자태관吳孝子泰觀, 이효자근李孝子根, 이효자방익李孝子邦翼, 이효자병연李孝子秉淵, 이효자제극李孝子濟極, 홍효자명관洪孝子命寬, 김효자치린金孝子致麟, 신효자옥辛孝子沃, 박효자주국朴孝子柱國

권4: 포천박씨抱川朴氏, 단천조씨端川趙氏, 철원한씨鐵原韓氏, 시흥이씨始興李氏

18. 석재고碩齋稿

윤행임尹行恁(1762~1801)의 시문집. 20권 11책 필사본이다. 다양한 시문 속에는 명절이나 왕실의 경사에 관한 내용이 주류를 이루고 있으며, 문 가운데에는 경의經義를 밝히거나 여러 학술 사상에 관해 논의한 글이 많다.

윤행임은 자가 성보聖甫, 호는 석재石齋, 본관은 남원이다. 1782(정조 6)년 초계문신抄啓文臣으로 선발되어 규장각 대교로 임명되었다. 시파時派로 활동하며 벽파僻派로부터 공격을 받아 유배당하기도 하였다. 예조판서 · 전라도 관찰사를 역임한 뒤, 서학西學을 신봉하였다는 탄핵을 받아 신지도에 안치되었다가 곧 사약을 받았다. 인용된 김창국에 대한 글은 이 책 권15 「제김창국전후題金昌國傳後」에서 옮긴 것이다.

권2: 김효자창국金孝子昌國

19. 성재집省齋集

고시언高時彦(1671~1734)의 시문집으로 현전하지 않는다. 고시언은 자가 국미國美, 호는 성재省齋, 본관은 개성으로, 이조후기 여항시인이다. 1687(숙종 13)년에 역과에 합격하여 역관이 되었고, 외교에 공로가 많아 2품의 품계에 올랐다. 시선집인 『소대풍요』를 편찬하는 등 여항의 문단에서 적극적인 활동을 펼쳤다. 저서로 이 책 외에 『주소차의註疏箚疑』 2권이 있으나, 현존 여부는 알 수 없다. 본서 권5 「15 성재 고시언」에 입전되어 있다.

권2: 김동자중진金童子重鎭
권4: 박효녀朴孝女
권5: 이죽재득원李竹齋得元
권8: 이정곡수장李貞谷壽長

20. 소대풍요昭代風謠

채팽윤蔡彭胤과 고시언高時彦 등이 편찬한 이조후기 여항시인의 시선집. 9권 2책, 활자본이다. 이 시선집은 『해동유주海東遺珠』를 토대로 하여 증선增選·속보續補한 것으로 1737(영조 13)년에 간행되었는데, 이후 60년 주기마다 『풍요속선』 『풍요삼선』이 연속적으로 간행되었다. 시인 162명의 시 685수가 시체詩體에 따라 선집되어 있으며, 수록 시인은 중인中人·서인庶人을 비롯하여 상인, 천예 출신까지도 망라되어 있는데, 고시언은 시제詩題에서 사대부의 『동문선東文選』과 표리관계에 있음을 천명하고 있다. 인용된 5편의 글은 이 책에서 시인을 소개하고 있는 부분을 옮긴 것이다.

권1: 고두표高斗杓, 서고청기徐孤青起

권2: 최취수당정헌崔醉睡堂廷憲

권3: 김옥호충열金玉湖忠烈

권5: 홍조총유손洪篠叢裕孫

21. 송석김상서찬松石金尙書撰

김학성金學性(1807~1875)의 글. 김학성은 자가 경도景道, 호는 송석松石, 본관은 청풍淸風이다. 1828(순조 28)년 문과에 급제한 후, 대사성·예조판서·판의금부사·홍문관제학·이조판서 등의 청요직淸要職을 두루 역임하였으며, 헌·철종대를 거쳐 흥선대원군이 집권한 뒤에도 계속 중용重用되었다. 저서로 시문집인 『송석유고松石遺稿』 13책 필사본와 편서인 『청풍김씨세보淸風金氏

世譜』가 있다. 인용된 오인식에 대한 글은 『송석유고』 권3 「서오효자인식사병찬書吳孝子寅植事竝贊」을 옮긴 것이다.

권2: 오판윤인식吳判尹寅植

22. 심암조상국찬心菴趙相國撰

조두순趙斗淳(1796~1870)의 글. 조두순은 자가 원칠元七, 호는 심암心菴, 본관은 양주楊州다. 1826(순조 26)년 문과에 급제, 여러 벼슬을 거쳐 1866(고종 3)년 영의정으로 치사致仕하기까지 40여 년 동안 순조 · 헌종 · 철종 · 고종을 보필하였다. 저서로 시문집인 『심암유고心菴遺稿』 30권 30책, 필사본이 있으며, 『대전회통大典會通』과 역대의 인보印譜인 『보소당인존寶蘇堂印存』 등을 편집하였다. 정지윤에 대한 글은 『심암유고』 권30 「정수동전鄭壽銅傳」에서 옮긴 것이다.

권7: 정하원지윤鄭夏園芝潤

23. 안우현진석소기安又玄晉錫所記

안진석安晉錫(1791~1875)의 글. 안진석은 자가 효승孝升, 호는 우현재又玄齋, 본관은 순흥順興이다. 그의 집안은 경아전京衙前 계통으로 추정되는데, 아들 안홍구安鴻逑가 진사시에 합격하고 벼슬이 현감에 이르렀던 것으로 보아 여항문인 중 비교적 상층에 속했던 것으로 보인다. 오창렬吳昌烈 · 조희룡 등을 비롯하여 송석원시사의 조수삼 · 노윤적盧允廸과도 교유하였다. 1871년에 안홍구가 그의 시 89수를 수습하여 『우현재시초又玄齋詩抄』 1권 1책, 활자본을 간행하였다. 권두에 조희룡의 서문이 있고, 권말에 사위 이경민李慶民의 발문이 있다. 인용된 절부 최씨에 대한 글은 『우현재시초』에는 수록되어 있지 않다.

권4: 절부최씨節婦崔氏

24. 앙엽기盎葉記

이덕무李德懋(1741~1793)의 저서. 역사 · 풍속 · 서적 · 경전 등에 관한 해설과 자료를 인용하여 정리한 백과사전류의 필기筆記로 『청장관전서靑莊館全書』 권54~권61에 수록되어 있다.

이덕무는 자가 무관懋官, 호는 형암炯菴 · 아정雅亭, 본관은 전주로서 종실 무림군茂林君(정종의 아들)의 후손이나 서출이었으므로 크게 등용되지 못하였다. 그는 북학파 실학자들과 깊이 교유하는 한편, 1778(정조 2)년 연경에 가서 중국학자들과 교유하였으며, 북학을 제창하여 박제가 · 유득공 · 이서구 등과 함께 '사가四家'로 일컬어졌다. 그의 명성을 들은 정조에게 발탁되어, 1779년 초대 규장각 검서관이 되어 『국조보감國朝寶鑑』 『규장전운奎章全韻』 등 많은 규장각 도서 편찬에 종사하였다.

특히 정조의 명으로 『송사宋史』를 산정하며 고려 · 요 · 금 · 몽고 등의 열전列傳을 편찬한 『편찬잡고編纂雜稿』와 『송사보전宋史補傳』과, 554명에 달하는 명말청초의 인물을 입전한 『뇌뢰낙락서磊磊落落書』는 그의 높은 학식을 보여준다. 인용된 오효성에 대한 글은 『앙엽기』에 「팔장사八壯士」라는 제목으로 실려 있다.

권2: 오장사효성吳壯士孝誠

25. 여리등장閭里等狀

여리閭里 즉 민간에서 조정에 상신上申한 문서들을 모아놓은 책 같으나 자세한 것은 알 수 없다.

권2: 이판윤사룡 처 고씨李判尹思龍妻高氏

26. 연조귀감掾曹龜鑑

정조 때 이진흥李震興이 향리의 사적事蹟을 집약·정리한 책. 1848(헌종 14)년 이진흥의 증손 이명구李明九가 증보하여 목활자로 간행하였다. 현재는 이 책의 3권으로 구성된 중간본重刊本과 필사본 몇 종류가 전하고 있다. 이 책은 본래 월성月城 이씨李氏 향리 집안의 후손인 저자가 향리의 기원과 형성 과정 및 위업을 밝혀 향리와 양반이 처음에는 같은 신분이었음을 재인식시키고, 그에 상응하는 향리들의 신분상 지위 변화를 개진하려는 의도로 편찬한 것이다. 중간본 권1의 「연조기담掾曹奇談」은 향리들에 얽힌 기담을 모은 것이고, 권2와 3의 「관감록觀感錄」은 향리열전이라고 할 수 있는 것으로, 각각 고려·조선편으로 구분되어 있다. 또 『연조귀감속편掾曹龜鑑續編』이 전하는데 그 대상 범위를 역리驛吏 · 진리鎭吏 · 경아전까지 확대하였고 효자 · 열녀까지도 별전別傳을 설정하여 다루고 있다.

권2: 이효자탁영李孝子擢英, 유효자석진兪孝子石珍, 임수호자기林垂胡子芑 [자우춘子遇春 자부 홍씨子婦洪氏], 고제흥군언백高濟興君彦伯, 옥효자종손玉孝子從孫, 황효자재黃孝子載, 신효자희민愼孝子希閔, 김효자원명金孝子遠鳴

권8: 김취성 제취영金就成 弟就英

27. 연천홍상국찬淵泉洪相國撰

홍석주洪奭周(1774~1842)의 글. 홍석주는 자가 성백成伯, 호는 연천淵泉, 본관은 풍산豊山이다. 1795(정조 19)년 문과급제 후 충청도 관찰사 · 대제학 · 이조판서 등 요직을 거쳐 좌의정을 역임하였다. 그는 '심외무문心外無文, 도외무심道外無心'이라는 도학가적 문학론을 주장하며, 당시의 의고문가擬古文家를 맹렬히 비판하고 당송의 고문古文으로 되돌아갈 것과 시의時宜에 맞는 진솔한 글을 쓸 것을 역설하였다.

저서로 『연천집淵泉集』 44권 20책, 필사본을 비롯하여, 『영가삼이집永嘉三怡集』 『학강산필鶴岡散筆』 등이 있고, 『속사략익전續史略翼箋』 『상예회수象藝薈粹』 『풍산세고豊山世稿』 『대기지의戴記志疑』 『상서보전尙書補傳』 등의 편저가 있다.

권6: 김호고재낙서金好古齋洛瑞

28. 영야서상서찬寧野徐尙書撰

서준보徐俊輔(1770~1856)의 글. 서준보는 자가 치수穉秀, 호는 영야寧野·죽파竹坡, 본관은 달성達成이다. 1790(정조 14)년에 문과급제 후 충청도 관찰사·예조판서·이조판서 등의 여러 내외직을 거쳤으며, 두 차례 청나라를 다녀왔다. 글씨에도 조예가 있었다.

인용된 박윤묵에 대한 글은 당시 이조판서로 있던 서준보가 박윤묵을 위해 지은 「묘지명墓誌銘」으로, 박윤묵의 시문집인 『존재집』 권26 「부록」에 실린 것이다.

권7: 박존재윤묵 朴存齊允默

29. 완암집浣巖集

정래교鄭來僑(1681~1757)의 시문집. 4권 2책. 현재 목판본과 필사본 2종이 전한다. 목판본은 1756년에 홍자순洪子順이 편집하여 홍봉한洪鳳漢의 주선으로 전라감영에서 간행한 것이다.

정래교는 자가 윤경潤卿, 호는 완암浣巖, 본관은 하동河東으로 이조후기 여항시인이다. 이문학관吏文學官이 되어 인의引義·찰방·제술관을 역임하였으며, 1705년 통신사 역관으로 일본에 갔을 때 그의 시재詩才를 떨쳐 명성을 얻었다. 본서 권5 「16 완암 정래교」 항에 입전되어 있다.

『완암집』 권4의 전 「오효부전吳孝婦傳」 「취매전翠梅傳」 「김성기전金聖基傳」 「임준원전林俊元傳」 「백태의전白太醫傳」 「화사김명국전畵師金鳴國傳」 등 6편이 모두 인용되었으며, 이몽리에 대한 글은 각각 「김택보만최묘지명金澤甫萬最墓誌銘」과 「창랑공공묘지명滄浪洪公墓誌銘」에서 옮겨온 것이다. 또 정민교에 대한 글은 출전이 『완암집』으로 되어 있으나, 정민교의 시집인 『한천유고寒泉遺稿』 「부록」에 「망제계통본말亡弟季通本末」에서 인용한 것이다. 한편 문중욱과 고시언에 대한 글은 『완암집』에 실려 있지 않다.

권1: 이학관몽리李學官夢鯉, 문판윤중욱文判尹重郁

권4: 효녀취매孝女翠梅, 오효부吳孝婦

권5: 김남곡만최金嵐谷萬最, 정한천민교鄭寒泉敏僑, 홍유하세태洪柳下世泰, 고성재시언高省齋時彦, 임서헌준원林西軒俊元

권8: 김화사명국金畵師鳴國

권9: 김금사성기金琴師聖基, 백태의광현白太醫光炫

30. 위항쇄문委巷鎖聞

여항에서 떠도는 자잘한 얘기들을 모아 엮은 책인 듯하나 현전하지 않으므로 자세한 것은 알 수 없다. 『위항쇄문』의 저자는 『희조일사熙朝軼事』 인용서목에 '신생원광현저申笙園匡絢著'로 되어 있는 것으로 보아 신광현申匡絢인 듯하다. 신광현(1813~?)은 자가 금유錦癸·이중彛仲, 호는 생원笙園·적암適庵·낭환蜋丸, 본관은 평산平山이다. 이조후기 문인화가로, 시서詩書에도 뛰어나 삼절三絶로 불렸다.

권2: 연기효자燕岐孝子, 정효자鄭孝子, 연지효자燃指孝子

권3: 염시도廉時道, 향인우도鄕人遇盜

권4: 창녕열부昌寧烈婦, 안협효부安峽孝婦, 김씨金氏, 정부인임씨貞夫人林氏, 영동열녀嶺東烈女

31. 유하집柳下集

홍세태洪世泰(1653~1725)의 시문집. 14권 7책, 활자본이다. 홍세태 자신이 평생 지은 시문을 가려 모아 「자서自序」를 쓰고 연대순으로 나열해놓은 것이 그의 사후 6년(1731) 만에 간행되었다. 시는 모두 1600여 편이 수록되어 있어 그의 시재를 짐작케 하며, 한편 『동사록東槎錄』은 일본 견문을 자세히 기록하여 사료적 가치가 있다.

홍세태는 자가 도장道長, 호는 창랑滄浪·유하柳下, 본관은 남양南陽으로, 이조후기 여항시인이다. 1675(숙종 1)년 잡과雜科에 합격하여 이문학관에 제수되었으며, 여러 차례 제술관을 역임하였다. 김창협·김창흡·이규명李奎明 등 명문 사대부와 교유하였으며, 유찬홍·최대립·임준원林俊元 등 중인들과 낙사시회洛社詩會를 조직하여 활동하기도 하였다. 최초의 여항시선집인 『해동유주』를 간행하였으며, 천기론天機論에 입각한 문학론을 펼쳤다. 본서 권5 「13 유하 홍세태」 항에 입전되어 있다.

인용된 유희경과 유찬홍에 대한 글은 이 책 권10의 「유촌은묘지명劉村隱墓誌銘」과 권9의 「유술부전庾述夫傳」을 옮긴 것이다.

권1: 유촌은희경劉村隱希慶

권5: 유춘곡찬홍庾春谷纘洪

32. 육화이상국찬六化李相國撰

이천보李天輔(1698~1761)의 글. 이천보는 자가 의숙宜叔, 호는 진암晋庵, 본관은 연안延安이다. 1739(영조 15)년 문과에 급제한 후, 1749년에 이조참판을 거쳐 영의정에 올랐으나 장헌세자莊獻世子의 평양 원유遠遊 사건에 인책되어 음독 자결하였다. 저서로 『진암집晋庵集』이 있다. 『진암집』은 8권 4책, 고활자본으로 1762(영조 38)년에 간행되었으며, 남유용南有容·황경원黃景源의 서문과 김양택金陽澤의 발문이 있다. 인용된 정래교에 대한 글은 이 책 권6 「완암고서浣巖稿序」를 옮긴 것이다.

권5: 정완암래교鄭浣巖來僑

33. 은송당집恩誦堂集

이상적李尙迪(1804~1865)의 시문집. 12권 4책 목판본이다. 1847(헌종 13)년에 저자 자신이 북경 우박계관藕船溪館에서 간행했는데, 헌종이 그의 시를 애송하여 『은송당집』이라는 서명이 붙여졌다. 특히 이 저서에는 금석학과 서화에 관한 내용이 풍부하다.

이상적은 자가 혜길惠吉, 호는 우선藕船, 본관은 우봉又峰이다. 역관 집안 출신으로서 그 역시 역관이 되어 온양군수를 거쳐 지중추부사知中樞府事에 올랐고, 추사 김정희의 문인으로 '역관사가譯官四家'로 칭해졌으며, 12차에 걸쳐 중국을 왕래하며 중국 문인들과 교류하였고, 「세한도歲寒圖」에 청나라 문사 16명의 제찬題贊을 받아온 일은 널리 알려져 있다.

인용된 정민수에 대한 글은 「정벽산선생묘지명鄭碧山先生墓誌銘」을 옮긴 것이며, 이외에 「효아전孝兒傳」「이우상선생전李虞裳先生傳」 등 2편의 전 작품이 있다.

권7: 정벽산민수鄭碧山民秀

34. 이계집耳溪集

홍양호洪良浩(1724~1802)의 시문집. 38권 17책 전사자全史字본이다. 1843(헌종 9)년에 손자 홍경모洪敬謨가 편집, 간행하였다. 또 『이계집』 외에 별도로 『이계외집耳溪外集』이 12권 5책의 전사자본으로 전하는데, 『강설講說』『육서경위六書經緯』『목민대방牧民大方』『북새기략北塞記略』 등의 저작들이 편찬되어 있다.

홍양호는 자가 한사漢師, 호는 이계耳溪, 본관은 풍산豊山이다. 1752년 문과에 급제하여 황해도 · 평안도 관찰사와 대사성 · 대제학 · 이조판서 등을 두루 역임하였다. 두 차례 청나라를 다녀왔으며 중국 석학들과 교유하며 문명文名을 날렸고, 고증학을 수요 · 보급하는 데 기여하였다. 특히 1781년 영조실록 편찬 당상관英祖實錄編纂堂上官이 되어 후에 자신의 전을 「태사씨자서太史氏自序」라 하고 자신을 '조선태사朝鮮太史'로 칭하여 가장 영예롭게 여겼으며 『해동명장전海東名將傳』 6권 3책을 저술하는 등 학술과 역사 분야에서 업적을 많이 남겼다.

이 책 권9의 전 중 「침은조생광일전針隱趙生光一傳」과 「의사수문장문기방전義士守門將文紀房傳」이 인용되었고, 이외에도 『청구야담』에서 인용한 것으로 기록된 홍차기와 피재길에 대한 글도 원 출전은 이 책이다.

권2: 문수문장기방文守門將紀房

권9: 조의사광일趙醫師光一

35. 이좌랑맹휴찬李左郎孟休撰

이맹휴李孟休(1713~1751)의 글. 이맹휴는 자가 순수醇叟, 호는 두산杜山, 본관은 여주驪州로 성호星湖 이익李瀷의 아들이다. 1742(영조 18)년에 문과급제하여 특명으로 한성부 주부에 제수되었다. 영조의 각별한 총애를 받으며 예조좌랑과 사관의 직을 겸하였으나 서른일곱 살의 젊은 나이로 요절했다. 그의 학문은 아버지 이익으로부터 실학을 가학으로 계승하였으며 특히 예설에 밝았다.

저서는 왕명으로 찬술한 『춘관지春官志』를 비롯하여 『창대원류蒼臺源流』 『왜접역년고倭接歷年考』 『거관일록居官日錄』 『거현일록居縣日錄』 『예기설禮記說』 등이 있지만 전하지 않는다.

권2: 박효자태성朴孝子泰星

36. 좌계부담左溪裒談

저자, 저작 연대 미상. 선조 이후 조야朝野의 인물들의 볼만한 사적을 기록한 내용이다. 여성들에 대해서 따로 부록하고 있는데, 규방의 이야기를 재미있게 적어놓았다. 규장각에 소장된 야승野乘 제20책에 수록되어 있다.

권2: 이술원李述源, 유원수극량劉元帥克良

권8: 김화사시金畵師諟

37. 죽천한설竹泉閒說

이덕형李德泂(1566~1645)의 저서. 이 책의 이름은 이본에 따라 『죽창한화竹窓閒話』『죽천만록竹泉漫錄』『죽창잡화竹窓雜話』 등 일정하지 않다. 이 책의 대체적인 내용은 저자 자신이 견문한 풍속 · 제도 · 점복 · 꿈 · 당쟁 · 인재 · 과거 등에 관한 것들을 포괄하고 있다.

이덕형은 자가 원백遠伯, 호는 죽천竹泉, 본관은 한산韓山이다. 1596(선조 29)년 문과에 급제, 대사간 · 병조참판 등을 역임하였으며, 한성부판윤으로 이괄의 난을 진압한 공로로 숭정으로 승계하였고, 정묘 · 병자호란에 이어 왕을 호종한 공로로 숭록崇祿으로 승계하였다. 이외의 저서로 『송도기이松都記異』가 있다.

권3: 이유성李有成

권8: 한석봉호韓石峯濩

권10: 안경창安慶昌

38. 진휘속고震彙續考

저자 미상의 필사본(고려대학교 소장). 이 책에 조희룡의 『호산외기』가 인용되어 있고, 또 『이향견문록』에 이 책이 발췌되어 있는 것으로 보아, 이 두 책이 저작되던 시기에 편집된 것임을 알 수 있다. 이 책의 목차를 보면, 의원醫員 ·

공신功臣 · 시인詩人 · 간인奸人 · 사노私奴 · 공장工匠 · 형괴形怪 · 거량巨量 · 초모肖貌 · 귀신鬼神 · 구역區逆 · 도적盜賊 등으로 잡록의 성격을 잘 보여주고 있다.

이본異本으로 『장지연전서張志淵全書』 동양학연구소편에 수록된 장지영 수택본手澤本이 있는데, 이 본의 목차는 명화가名畵家 · 용력가勇力家 · 역관譯官 · 승니僧尼 · 무격巫覡 · 규범閨範 · 기妓 등으로 되어 있다.

권3: 한역관원 韓譯官瑗, 김역관지남 · 자경문金譯官指南 子慶門

권5: 최역관세진崔譯官世珍, 강로주취주姜鷺洲就周

권6: 김삼양재덕형金三養齋德亨 · 손 건식孫健植

권8: 이화사상좌李畵師上佐, 자 숭효子崇孝 · 흥효興孝 · 손 정孫楨, 최별제경崔別提涇 안귀생安貴生, 안현동견安玄洞堅, 김학관진흥金學官振興

권9: 홍계관洪繼灌, 양태의예수楊太醫禮壽, 허태의준許太醫浚

39. 천예록天倪錄

임방任埅(1640~1724)의 저서. 내용을 토대로 저작 연대를 추정하면 1717(숙종 43)~1724(경종 4)년 사이로 추정된다. 내용은 신이한 이야기나 이인들의 이야기로 초기 야담의 특성을 보여주는 작품이다. 즉 『청구야담』 『동야휘집東野彙輯』과 같은 본격적인 야담집에서 드러나는 실사에 바탕한 것이라기보다는 신비적이고 낭만적인 경향이 짙게 그려져 있다.

임방은 자가 대중大仲, 호는 수촌水村 · 우졸옹愚拙翁, 본관은 풍천豊川으로 송시열의 문인이다. 1663(현종 4)년 문과에 합격하여 1689년 호조정랑이 되었으나 기사환국으로 인현왕후가 폐위되고 송시열이 유배되자 사직하였다가, 인현왕후가 복위된 후 다시 정계에 진출하여 대사성을 거쳐 우참찬에 이르렀다. 그러나 신임사화辛壬士禍 때 함종咸從으로 유배, 후에 금천金川으로 이배되어 그곳에서 죽었다.

그는 당시唐詩를 특히 좋아하여 『가행육선歌行六選』『당절회최唐絶薈蕞』『당률집선唐律輯選』『당아唐雅』 등의 시가집을 편집하였으며, 이외에 『논어취분論語聚分』『사가할영史家割榮』『문선文選』『철영시掇英詩』『수촌집水村集』 등이 있다.

권10: 희언熙彦, 동해거사東海居士, 장도령蔣都令, 수일守一

40. 청구야담靑邱野談

편찬자 및 편찬 연대 미상의 야담집. 그러나 순조 11년의 기사가 실려 있는 것으로 보아 19세기 초 순조 대에 편찬된 것으로 추정된다. 19세기 초에는 이 『청구야담』을 비롯하여 『동야휘집』『계서야담溪西野談』『청야담수靑野談藪』 등 많은 한문 야담집이 쏟아져 나왔는데, 그중 가장 방대한 분량으로 한문본 · 한글본 등 다수의 이본이 있으며, 여러 야담집 중에서 내용이 풍부하고, 세태 묘사를 자세하게 한 것이 특징이다. 다양한 인물 형상을 통해 지배층의 부패, 몰락 양반의 현실, 신흥사회층의 대두, 농민의 빈궁과 저항, 인정의 세태 · 풍속 등 이조후기 사회적 변화를 여실히 구현해놓았다. 특히, 하층민이 겪는 사회적 갈등에 깊은 관심이 투영되어 있다.

권2: 오효자천송吳孝子千松, 홍동자차기洪童子次奇, 이효자종희李孝子宗禧, 박효자사신朴孝子士信

권3: 김채삼인金採蔘人, 홍역관순언洪譯官純彦

권4: 노과녀老寡女, 홍주최씨洪州崔氏, 향단香丹, 절부이씨節婦李氏

권9: 피의재길皮醫載吉, 김의응립金醫應立, 노학구老學究, 유지사상柳知事瑺

권10: 문유채文有采

41. 청구야사青邱野史

미상未詳.

권2: 강좌윤효원姜左尹孝元

권9: 남사고南師古

42. 청성집青城集

성대중成大中(1732~1812)의 문집. 10권 5책으로 간행 연대는 미상. 성대중은 자가 사집士執, 호는 청성青城, 본관은 창녕昌寧으로 서얼이다. 당대의 석학碩學이었던 지재遲齋 김준金㒟에게 배웠으며 통신사 조엄曮晻을 수행하여 일본에 다녀오기도 하였다. 노론老論 낙론계洛論系와 북학파의 중간적 위치에 처하여, 홍대용 · 박지원 등과 교유했으면서도 문체반정 때에는 정조의 입장을 적극 지지하기도 하였다.

인용된 최천익崔天翼에 대한 글은 이 책 권9의 「진사최군묘지명進士崔君墓誌

銘」을 옮긴 것인데, 성대중이 홍해興海 군수로 있을 때 그 지방의 명망 있는 아전 최천익이 죽자 지어주었던 글이다.

권5: 최농수천익崔農叟天翼

43. 최씨가장崔氏家狀

미상未詳.

권2: 최동추도식崔同樞道植

44. 추사김시랑찬秋史金侍郎撰

김시랑은 곧 김정희(1786~1856)이다. 시랑侍郎은 참판을 달리 부르는 말인데, 이는 추사가 병조참판 등을 역임한 데서 연유한 것이다.

유정주劉定柱에 대한 글은 지금 남아 있는 『완당전집阮堂全集』에는 수록되어 있지 않다. 본문의 내용 중에 "유정주는 내가 30년을 사귄 벗이다. (…) 이에 그의 죽음을 슬퍼하여 사辭를 달아둔다"라 한 것으로 보아, 추사가 유정주 사후에 애도하는 마음으로 지은 글인 듯하다.

권7: 유묵재정주劉默齋定柱

45. 추재기이秋齋紀異

조수삼趙秀三(1762~1849)의 『추재집秋齋集』 권7에 실려 있는 『기이紀異』 편을 말한다. 주로 18세기 말~19세기 초 서울의 각양각색의 서민적 인간 군상에 대한 묘사로서, 시정市井 주변 인간들의 실체적 모습이 부각되어 있다.

조수삼은 자가 지원芝園, 호는 추재秋齋, 본관은 한양으로 알려져 있다. 19세기의 대표적 여항시인으로, 시뿐만 아니라 공령문功令文 · 글씨 · 의학 · 바둑 등에 두루 재주가 있었다. 벼슬은 오위장에 그쳤다. 본서 권6의 「17 추재 조수삼」에 입전되어 있다.

권3: 홍이양금洪李讓金, 이달문李達文, 정동리윤鄭東里潤

권4: 희천효부熙川孝婦

권8: 장생張生

권9: 유운태劉雲台

권10: 덕천납자德川衲子, 유생兪生, 벽란노인碧瀾老人, 조생曺生

46. 침우담초枕雨談草

장지완張之琬(1806~1858)의 저술이나 지금은 전하지 않는다. 다만 『희조일사』나 『근역서화징槿域書畵徵』 등에 이 책을 인용한 기록이 보인다. 현전하는 『침우당집枕雨堂集』 권3의 「침우담초서枕雨談草序」에 따르면, 책을 저술할 때가 마침 장마철이었는데, 지붕에서 빗물이 새어 침구가 젖었기 때문에 '침우담초枕雨談草'라고 이름했다 한다. 장지완에 대해서는 앞의 '16 비연상초' 항 참조.

권1: 이학서지화李學西至和

권3: 진종환秦鍾煥, 연박烟朴

권4: 연홍蓮紅

권5: 정초부봉鄭樵夫鳳

권7: 유사포기柳史逋记, 이각감동신李閣監東臣, 현희암기玄希庵錡

권8: 조눌인광진曺訥人匡振, 이석당유신李石塘維新

권10: 수선水仙

47. 풍고집楓皐集

김조순金祖淳(1765~1832)의 문집. 16권 8책 중 시가 1천여 수나 수록되어 있어 그의 문학예술 방면에 남다른 취향을 확인할 수 있다. 김조순은 자가 사원士源, 호는 풍고楓皐, 본관은 안동安東이다. 1785(정조 9)년 문과급제하여 이조참의 · 대제학 등을 역임하였고, 문장에 능하고 그림에도 뛰어났다. 특히 그의 딸이 순조의 비妃로 봉해지면서 안동김씨 세도정치의 시발이 되었다.

인용된 고절부에 대한 글은 이 책 권11의 「고절부묘갈高節婦墓碣」을 옮긴 것이다.

권4: 고절부高節婦

권6: 이송목각 언진李松穆閣 彦瑱

48. 학산한언鶴山閒言

신돈복辛敦復(1692~1779)이 견문한 이야기를 모아놓은 야담집. 총 100여 편이 실려 있는데 이중 30여 편은 『청구야담』에 실려 있어, 『청구야담』 성립에 상당한 영향이 있었던 것으로 평가되며, 도교 관련 인물과 자료도 다수 수록되어 있어 도교 연구에도 중요한 자료이다.

신돈복은 숙종대 인물로 자가 중후仲厚, 호는 학산鶴山, 본관은 영월寧月이다. 1715년 진사시에 합격하였고, 1718년에는 삼연 김창흡을 찾아가 제자의 예를 갖추었다. 벼슬은 음직으로 봉사를 지내는 데 그쳤다. 저서로 『학산한언』 이외에 『단학지남丹學指南』 『도가직지독조경道家直指獨照鏡』 『해동전도록증전海東傳道錄證傳』 등 도교 관련 저술이 다수 있는 것으로 알려져 있다.

권10: 김세휴金世庥

49. 해동외사海東外史

윤행임尹行恁이 지은 것인데, 그의 문집 『석재고碩齋稿』 중 권9가 『해동외사』이다. 그 내용은 안용복 · 백대붕 · 서산대사 등 우리나라의 인물과 이원李源 · 문가상文可尙 등 중국인들의 전기이며, 구봉산九鳳山 등 몇몇 지명에 대한 상세한 설명도 볼 수 있다. 윤행임에 대해서는 앞의 「18 석재고」 항 참조.

권2: 전은사만거田隱士滿車, 최노崔老

50. 호고재고好古齋稿

김낙서金洛瑞의 시문집이나 지금은 전하지 않는다. 김낙서는 자가 문초文初, 호는 호고재好古齋, 본관은 김포金浦이다. 규장각 서리로서 시문에 능하여, 천수경 · 조수삼 등과 함께 송석원시사를 결성, 그 핵심 일원으로 활동하였다. 본서 권6의 「13 호고재 김낙서」 항에 입전되어 있다.

권2: 김효자익춘金孝子益春

권3: 문김생원文金生員

권7: 박돌몽朴突夢

51. 호산외기壺山外記

조희룡趙熙龍(1789~1866)이 엮은 여항의 전기집이다. 여항인들 가운데 특이한 행적을 남긴 42인을 입전한 그의 대표 저서로, 모두 자신이 직접 견문한 바를 기록한 것이다. 전에서 통상적으로 시작되는 본관이나 가계 등을 생략하고, 입전 대상이 특이한 인간 면모에 초점을 맞춰 기술하는 한편, 뒤에 저자의 평을 붙여 그 인물에 대한 자기 나름의 평석을 붙여놓았다. 특히 여항인들이 비록 세상에 알려질 만한 재주가 있음에도, 풀이나 나무처럼 여항에서 소리 없이 사라진다는 사실에 대해 강개한 어조로 탄식하는 부분이 자주 보이는 것으로 보아, 그가 여항인으로서의 자각이 대단하였음을 입증하고 있다.

조희룡의 본관은 평양平壤, 자는 치운致雲이며, 호는 호산壺山 · 우봉又峰 · 창주滄洲 등 여러 가지를 사용하였다. 추사 김정희의 문인으로 시 · 글씨 · 그림에 모두 뛰어나, 19세기 서화단에서 중요한 위치를 점한다. 『호산외기』 외에 『석우망년록』 『수경재해외적독壽鏡齋海外赤牘』 『한와헌제화잡존』 등의 산문과 시집으로 『우해악암고』 『일석산방소고一石山房小稿』 등이 전한다.

유재건은 『호산외기』 39편 중에서 29편을 인용하였으니, 자신의 『겸산필기』를 제외한다면 여타의 인용서 중에서 가장 많은 숫자에 해당한다. 요컨대 『이향견문록』이 『호산외기』를 전폭적으로 수용하여 이루어졌음을 알 수 있다.

권1: 함판향진숭咸瓣香鎭嵩

권2: 권효자재중權孝子載中

권3: 이오위장홍윤李五衛將興潤, 김지부수팽金地部壽彭, 유주사세통庾籌司世通, 김완철金完喆, 장풍죽헌우벽張風竹軒友壁

권4: 엄열부嚴烈婦

권6: 조추재수삼趙秋齋秀三, 이해상자양필李海桑子陽馝, 이필재단전李疋齋亶佃, 왕수리태王數里太, 김석손金秳孫, 김동애환金東厓轘, 천송석원수경千松石園壽慶, 엄국산계흥嚴菊山啓興

권7: 박치재기연朴癡齋基淵, 김소재양원金塑齋亮元, 오대산창렬吳大山昌烈

권8: 임수월희지林水月熙之, 전고람기田古藍琦, 김단계영면金丹溪永冕, 이소당재관李小塘在寬, 김단원홍도金檀園弘道 · 자 양기子良驥

권9: 김국기종귀 金國碁鍾貴, 이종의동李腫醫同, 이의익성李醫益成

권10: 김신선가기金神仙可基, 신두병申斗柄

52. 휴휴이하구찬休休李廈九撰

이하구李廈九는 이구하李九廈를 잘못 쓴 것이다. 이구하는 19세기 여항인으로 『지비고초知非稿抄』란 문집을 남겼는데, 인용된 전문조에 대한 글은 이 책의 「전옹전全翁傳」을 옮긴 것이다.

권6: 전노인문조全老人文祖

53. 흠휼당지欽恤堂志

여항인의 전기를 모아놓은 『희조일사』에는 이 책을 서병숙徐秉璹(1767~?)이 지었다고 소개하고 있는데, 책이 전하지 않고 있다. 서병숙은 자가 문옥文玉, 호는 직하稷下, 본관은 부여夫餘로, 1786(정조 10)년 율과律科 시험에서 1등으로 합격한 율관律官으로 집안이 대대로 율과 출신이었던 듯하다. 『풍요삼선』에 시 한 수가 전한다.

권2: 이검률진화李檢律震華

표제 인명 찾아보기

찾아보기

ㅁ

ㅇ

ㅋ

ㅌ

각 권별 번역자

■ 권1

권진호 학관 이몽리, 무성자 박상우, 학서 이지화, 판향 함진숭, 석천 김영, 총산 정언웅

김진균 촌은 유희경

나종면 고청 서기, 고두표

이철희 시은 한순계 증손 · 섬, 율촌 한이형, 퇴정재 김항령, 만취정 박영석

■ 권2

권진호 효자 박태성, 치옹 송규휘, 동자 김중진, 판윤 문중욱, 효자 김익춘, 효자 오천송 · 손 철조, 효자 박사신, 효자 권재중, 검률 이진화, 최노

김진균 학고당 백윤구, 판윤 이사룡 처 고씨, 장사 오효성, 이술원

나종면 동추 박수천 정효자, 효자 홍명관, 효자 오태관, 효자 김치린, 효자, 애남, 제홍군 고언백, 수호 임기 · 아들 우춘 · 부 홍씨, 수문장 문기방, 효자 이근, 효자 이방익, 효자 신옥, 효자 이제극, 효자 박주국, 효자 황재, 효자 옥종손, 효자 유석진, 효자 이탁영, 효자 신희민, 효자 김원명, 임효자, 효자 백사량

신익철 동자 홍차기, 동추 최도식, 취수당 최정헌, 연지 효자, 연기 효자, 효자 이종희, 판윤 오인식, 교관 윤민성

윤세순 효자 이병연, 효자 윤명상, 효자 김창국, 효자 이익삼, 원수 유극량

한영규 공참 안태신, 좌윤 강효원, 은사 전만거

■ 권3

권진호 동추 유후택, 석사 홍윤수, 동추 권정일, 죽헌 장우벽, 만취헌 유광진, 학포헌 서

경창, 동추 박원묵

김진규 노촌 유한겸, 연박, 동추 배광옥

나종면 김대섭, 김중진, 송간 서의석, 무구자 김경직, 홍이양금, 진종환

신익철 박만호

윤세순 역관 홍순언, 역관 한원, 역관 김지남, 옥호 김충렬, 오위장 이충백, 김육지, 향인우도, 홍동석, 노동지

이성호 김채삼인, 최규현, 김완철, 오위장 이홍윤, 황순승

한영규 동리 정윤, 염시도, 지부 김수팽, 주사 유세통, 천관 이연, 혜국 김연, 학록암 윤수하, 문김생원 이달문, 이유성

■ 권4

김명균 이효녀, 절부 하씨, 고절부

신익철 정부인 임씨, 김씨, 안협 효부

윤세순 변의고

이지양 오효부, 절부 최씨, 절부 이씨, 노과녀, 홍주 최씨, 희천 효부, 숙천 김씨, 단인장씨, 시홍 이씨, 철원 한씨, 단천 조씨, 절부 김씨, 향단, 만덕, 연홍, 면성월

이현우 포천박씨, 창녕 열부, 청풍의부, 효녀 취매, 박효녀

한영규 엄열부, 영동 열녀

■ 권5

권진호 시은 박계강, 녁헌 정치, 백대붕, 역관 최세진, 귀곡 최기남, 창애 최대립, 남천 석희박 · 아들 만재, 춘곡 유찬홍

김진규 죽재 이득원

나종면 조총 홍유손

신익철 간취자 이수익, 장와 이성중, 분진 김규, 도선암 김홍서, 시한재 김순간, 동계 최윤창, 초부 정봉

이지양 서헌 임준원, 금곡 현덕윤, 항은 최태완, 담옹 박창원, 매곡 송규빈, 농수 최천익

이철희 노주 강취주, 유하 홍세태, 남곡 김만최, 성재 고시언, 완암 정래교, 한천 정민교

■ 권6

권진호 어산 정이조

김진균 호고재 김낙서

이성호 송목각 이언진

이철희 송석원 천수경, 이이엄 장혼, 연소 지덕귀, 추재 조수삼

한영규 국산 엄계흥, 백화자 홍신유, 김석손, 필재 이단전, 쌍백당 임광택, 진우당 이덕함, 동애 김환, 삼양재 김덕형 손자 건식, 동추 유명표, 해상자 이양필, 수리 왕태, 송월헌 임득명, 경재 이경연, 약고 태화, 노인 전문조

■ 권7

김명균 벽산 정민수, 소재 김양원, 이자상, 소은 김희령, 치재 박기연

김진균 죽원 유한렴, 하원 정지윤, 희암 현기

나종면 국은 박기열

이지양 존재 박윤묵, 묵재 유정주, 감재 최경흠, 박응모, 두은 고진원, 사포 유기

이철희 각감 이동신

한영규 백취 방효일, 정광윤, 대산 오창렬, 박돌몽

■ 권8

김명균 동추 신의칙, 고산자 김정호

김진균 불염자 김희성, 화사 진재해, 복헌 김응환 · 손 화종, 고송류수관 이인문, 긍재 김득신, 화사 장한종, 화사 이윤민

나종면 화사 김시

신익철 석봉 한호, 북악 이해룡, 학관 김진홍

이성호 소당 이재관, 단계 김영면, 고람 전기

이지양 김취성 · 제 취영, 현동 안견, 별제 최경 · 안귀생, 이상좌 · 자 숭효, 홍효, 손 정, 화사 김명국, 단원 김홍도

이철희 김제원, 호생관 최북, 수월 임희지, 장생, 석당 이유신

한영규 정곡 이수장, 만향재 엄한붕, 자정재 김학성, 우천 김성후, 사관 이명예 · 자의중의겸, 눌인 조광진

■ 권9

김명균 태의 양예수, 태의 허준, 의사 안덕수, 지사 유상

김진균 종의 이동, 의원 송학천, 의사 조광일

신익철 신침의, 의원 최운 · 손 륜, 증손 종진, 동추 이희복

이지양 태의 백광현, 의원 이익성, 의원 김응립, 노학구, 국기 김종귀, 국기 이철희, 의원 피재길

한영규 금사 김성기, 남사고, 홍계관, 유운태

■ 권10

김명균 언기, 수일

김진균 동해거사, 신두병, 수선, 문유채, 유생, 이생, 김세휴, 휴정, 율봉

이성호 신선 김가기, 노인 장상현, 처사 김이경

이지양 벽란 노인, 유정, 처능, 돈인

이철희 장도령, 희언, 안경창

한영규 조생, 덕천 납자, 성기

이향견문록

1판 1쇄 2008년 2월 11일
1판 2쇄 2016년 6월 29일

지 은 이 유재건
옮 긴 이 실시학사 고전문학연구회
펴 낸 이 강성민
편 집 장 이은혜
편　　집 장보금 박세중 이두루 박은아 곽우정 차소영
편집보조 조은애 이수민
마 케 팅 정민호 이연실 정현민 김도윤 양서연
홍　　보 김희숙 김상만 이천희

펴 낸 곳 (주) 글항아리
출판등록 2009년 1월 19일 제406-2009-000002호
주　소 10881 경기도 파주시 회동길210
전자우편 bookpot@hanmail.net
전화번호 031-955-8891(마케팅) 031-955-8898(편집부)
팩스 031-955-2557

ISBN 978-89-546-0504-5 03900

이 도서의 국립중앙도서관 출판시도서목록(CIP)은 e-CIP 홈페이지(http://www.nl.go.kr/cip.php)에서 이용하실 수 있습니다.
(CIP제어번호: CIP2008000278)